Herausgegeben von Hans Bohrmann,
Institut für Zeitungsforschung
der Stadt Dortmund

NS-Presseanweisungen der Vorkriegszeit

Edition und Dokumentation
Bd. 1: 1933

Bearbeitet von
Gabriele Toepser-Ziegert

Mit einem Vorwort von
Fritz Sänger †

K·G·Saur
München·NewYork·London·Paris 1984

CIP-Kurztitelaufnahme der Deutschen Bibliothek

NS-Presseanweisungen der Vorkriegszeit : Ed. u. Dokumentation / hrsg. von Hans Bohrmann. Bearb. von Gabriele Toepser-Ziegert. — München ; New York ; London ; Paris : Saur
ISBN 3-598-10551-7

NE: Bohrmann, Hans [Hrsg.]; Toepser-Ziegert, Gabriele [Bearb.]

Bd. 1. 1933 / mit e. Vorw. von Fritz Sänger. — 1984. —
ISBN 3-598-10552-5

NE: Sänger, Fritz [Vorr.]

© 1984 by K. G. Saur Verlag KG, München
Satz: Fotosatz H. Buck, 8300 Kumhausen
Druck/Binden: Hain-Druck GmbH, Meisenheim/Glan
Printed in the Federal Republic of Germany
ISBN 3-598-10551-7 (Gesamt)
ISBN 3-598-10552-5 (Band 1)

Inhalt

Abkürzungsverzeichnis... 7*

Vorwort I *Fritz Sänger* †.. 11*

Vorwort II *Hans Bohrmann*...................................... 15*

Danksagung... 19*

Einführung

Maßnahmen und Instrumente der Presselenkung im Nationalsozialismus

1. Die Presselenkung im Nationalsozialismus..................... 21*

2. Die Berliner Pressekonferenzen............................... 29*

3. Die Anweisungen an die Presse............................... 39*

Zur Überlieferung der Presseanweisungen

4. Überlieferte Sammlungen der Presseanweisungen (Forschungsstand)... 44*

5. Die edierten Sammlungen (Quellenbeschreibung)................ 53*
   a) Sammlung Brammer... 53*
   b) Sammlung Sänger... 56*

Adressaten der Presseanweisungen

6. Die Journalisten.. 59*
   a) Georg Dertinger.. 60*
   b) Dr. Hans-Joachim Kausch................................... 65*
   c) Fritz Sänger.. 66*
   d) Karl Brammer.. 69*

7. Die Zeitungen.. 73*
   a) Schlesische Zeitung, Breslau (1742—1945).................... 73*
   b) Hamburger Nachrichten (1792—1939)........................ 79*
   c) Frankfurter Zeitung (1856—1943)............................ 89*
   d) Allgemeine Zeitung, Chemnitz (1898—1943).................. 102*

Nutzungsmöglichkeiten der Edition

8. Stationen der Presselenkung 106*
   a) Analytische Möglichkeiten der Anweisungen 113*
   b) Bedeutung von Kommentar und Dokumentationsteil 118*

Editionsprinzipien

9. Grundsätze 122*
   a) Anordung 125*
   b) Wiedergabe 126*
   c) Kommentar 127*
   d) Dokumentationsteil 128*
   e) Register 129*
   f) Literaturverzeichnis 129*

Editions- und Dokumentationsteil

Chronologisches Register der Anweisungen I

Die Anweisungen Mai — Dezember 1933 1

Anhang

Literaturverzeichnis 279

Zeitungs- und Zeitschriftenregister 311

Personenregister 321

Sach- und Ortsregister 337

Abkürzungsverzeichnis

AA	Auswärtiges Amt
A.A.	Abendausgabe
ADAP	Akten zur Deutschen Auswärtigen Politik
ADCA	Allgemeine Deutsche Credit-Anstalt
ALA	Auslands GmbH, später Allgemeine Anzeigen Gesellschaft mbH
AP	Auslandspresse
	Associated Press
ARRH	Akten der Reichskanzlei. Regierung Hitler
AZ	Allgemeine Zeitung
BA	Bundesarchiv
B.A.	Berliner Ausgabe
BBC	Berliner Börsen-Courier
BDM	Bund Deutscher Mädel
BLA	Berliner Lokalanzeiger
BT	Berliner Tageblatt
BZ	Berliner Zeitung am Mittag
CDU	Christlich-demokratische Union Deutschlands
CvD	Chef vom Dienst
D.a.D.	Dienst aus Deutschland. Mitteilungen und Stimmen aus dem Reich
DAF	Deutsche Arbeitsfront
DAZ	Deutsche Allgemeine Zeitung
DBB	Deutscher Beamten-Bund
DBZ	Deutsche Bergwerks-Zeitung
DC	Deutsche Christen
DDP	Deutsche Demokratische Partei
DDR	Deutsche Demokratische Republik
DHD	Deutscher Handelsdienst
Dienatag	Dienst nationaler Tageszeitungen
DINAT	Dienst nationaler Zeitungen
DNB	Deutsches Nachrichtenbüro
DNVP	Deutschnationale Volkspartei
DP	Deutsche Presse
dpa	Deutsche Presseagentur
dpd	Deutscher Pressedienst
DVP	Deutsche Volkspartei

FZ	Frankfurter Zeitung
GDP	Großdeutscher Pressedienst
gtz	Bearbeiterin
Hdb	Handbuch
HHF	Hamburger Fremdenblatt
HHN	Hamburger Nachrichten
HHT	Hamburger Tageblatt
HJ	Hitlerjugend
HR	Hessischer Rundfunk
IfZ	Institut für Zeitgeschichte
IG-Farben	Interessengemeinschaft Farbenindustrie
ILO	Internationale Arbeitsorganisation
K.D.A.I.	Kampfbund der Deutschen Architekten und Ingenieure
KDF	„Kraft durch Freude"-Gemeinschaft
Keesing	Keesings Archiv der Gegenwart
KPD	Kommunistische Partei Deutschlands
KV	Kölnische Volkszeitung
KVR	Korrespondenz für Volksaufklärung und Rassenpflege
M.A.	Morgenausgabe
MS	Maschinenschrift
MZ	Magdeburgische Zeitung
NFZ	Neue Frankfurter Zeitung
NIU	Nachrichten- und Informationsblatt
NSDAP	Nationalsozialistische Deutsche Arbeiterpartei
NSDStB	Nationalsozialistischer Deutscher Studentenbund
NSK	Nationalsozialistische Partei-Korrespondenz
NSKK	Nationalsozialistisches Kraftfahrer-Korps
NTB	Das Neue Tage-Buch
NZ	National-Zeitung
NZZ	Neue Zürcher Zeitung
OKW	Oberkommando der Wehrmacht
PA	Politisches Archiv des Auswärtigen Amtes
Pg	Parteigenosse
R.A.	Reichsausgabe
RAK	Rassenpolitische Ausland-Korrespondenz

RDP	Reichsverband der Deutschen Presse
RGBl	Reichsgesetzblatt
RMV	Rhein-Mainische Volkszeitung
RMVP	Reichsministerium für Volksaufklärung und Propaganda
RRG	Reichs-Rundfunk-Gesellschaft
RWZ	Rheinisch-Westfälische Zeitung
SA	Sturmabteilung
SBZ	Sowjetische Besatzungszone
SED	Sozialistische Einheitspartei Deutschlands
SPD	Sozialdemokratische Partei Deutschlands
SS	Schutzstaffel
SZ	Schlesische Zeitung
Tass	Telegraphen-Agentur der Sowjet-Union
TO	Transocean
TU	Telegraphen-Union Internationaler Nachrichtendienst GmbH
VB N.A.	Völkischer Beobachter, Norddeutsche Ausgabe
VDA	Volksbund für das Deutschtum im Ausland
VDI	Verein Deutscher Ingenieure
VDZ	Nachrichtenbüro des Vereins Deutscher Zeitungsverleger GmbH
VjhZ	Vierteljahreshefte für Zeitgeschichte
VZ	Vossische Zeitung
WHW	Winterhilfswerk
WTB	Wolff's Telegraphisches Büro
ZSg.	Zeitgeschichtliche Sammlung
ZV	Zeitungsverlag
ZV+ZV	Zeitungsverlag und Zeitschriftenverlag
ZW	Zeitungswissenschaft

Vorwort I.

Am 13. März 1933 wurde zum ersten Male in der deutschen Geschichte ein „Reichsminister für Volksaufklärung und Propaganda" berufen. Seine Aufgabe war schon in der offiziellen Bezeichnung des Amtes deutlich festgestellt worden. Der Reichsminister — es war Dr. Joseph Goebbels — und das von ihm geführte Haus sollten das deutsche Volk „aufklären" und zwar durch Propaganda. Eine Verordnung über die Aufgaben und ihre Erfüllung war seit langem vorbereitet worden und erging am 30. Juni 1933.

Nicht Information, nicht Mitteilung von Tatsachen, nicht sachliche Berichterstattung, nicht Aufhellung dunkler Hintergründe sollte dieses Reichsministerium leisten, was auch immer mit ausgesuchten Worten in der Verordnung stand, sondern es sollte Werbung betreiben. Die politischen Ziele der nationalradikalen Regierung Adolf Hitlers und seiner Helfer sollten durch Agitation, durch Stimmungsmache, durch ein Trommelfeuer von Behauptungen die Bürger injizieren, die nichts anderes erfahren sollten als die Argumente der allein regierenden Partei, deren Regierung unterstand keiner Kontrolle. Das Parlament, dessen Name erhalten wurde, wurde zu einem Instrument der Propaganda entwürdigt. Welche Institution, welches Amt, welcher Mensch auch immer sprechen, schreiben und tätig sein konnte — vom Regierungsantritt der Nationalsozialisten an sollten alle allein der neuen Regierungsgewalt gefügig sein. Sie verfolgte vom 30. Januar 1933 an bis zum 1. September 1939 konsequent das Ziel: Deutschland über alles in der Welt zur Geltung zu bringen.

Welche Pläne von der Reichsregierung unter Hitlers Befehlsgewalt im einzelnen verfolgt wurden, das konnte dem nicht fremd sein, der Hitlers „Bibel", das in seiner Festungshaft geschriebene Buch „Mein Kampf" nicht nur gelesen, sondern die darin ausgebreiteten rücksichtslosen Phantasien auch beachtet und bedacht hatte. Keine der Methoden, mit denen Hitler dann seine Regierung zu seinen Zielen zwang, ist je offen und realistisch dargelegt worden. Hätte er das geschehen lassen, so wären die Wege verraten worden, auf denen er mit Phrasen, Täuschungen, Verdrehungen, auch mit Betrug und Lüge seine wirklichen Absichten verbergen wollte.

Zwei Beispiele sollen für ungezählte kleine und große, weltweit wichtige und kaum wahrnehmbare Vorgänge stehen: Am 26. Januar 1934, noch kein Jahr an der Regierung, schloß Hitler mit Polen einen Nichtangriffs- und Freundschaftsvertrag ab — und am 1. September 1939 überfiel er Polen. Der Krieg begann, auf den er in den fünf Jahren intensiven Wirkens Wirtschaft und Industrie, Verwaltung und Technik und vor allem eine neu aufgebaute Wehrmacht vorbereitet hatte.

Am 23. August 1939 schloß Hitlers Außenminister Joachim von Ribbentrop in Moskau einen deutsch-sowjetischen Nichtangriffs- und Konsultationsvertrag mit Stalin ab — und am 14. Juni 1941 marschierten deutsche Truppen in die Sowjetunion ein.

Zwischen beiden sorgfältig vorbereiteten, psychologisch und materiell akkurat geplanten militärischen Aktionen lagen internationale Gespräche, Konferenzen, Friedensreden Hitlers und Beteuerungen seines guten Willens zur Zusammenarbeit mit allen Nachbarvölkern. Von seinen offiziellen, immer wiederholten Erklärungen, eine territoriale Forderung — die nächste — sei die einzige oder die letzte seiner Regierung, nur eine Auswahl der bekanntesten: 1934 war es die Saarfrage gegenüber Frankreich, um die es ging. 1936 traf er ein Abkommen mit Österreich zur Wiederherstellung freundschaftlicher Beziehungen und marschierte im März 1938 in Wien ein. Im März 1938 beteuerte er „das Sudetenland ist die letzte Revisionsforderung", die er stelle, marschierte dann ein, und überschritt am 14. März 1939 die Grenzen von Böhmen und Mähren und besetzte damit zum ersten Male nicht von Deutschen bewohnte Gebiete. Am 25. März 1939 marschierten deutsche Truppen in das Memelgebiet ein. Im Dezember 1938 hatte Hitler gerade noch Gelegenheit, eine deutsch-französische Nichtangriffserklärung zu unterzeichnen. Die Reihe der Pakte und Zusagen und der Gewaltakte ist damit noch lange nicht beendet.

Man muß wohl doch im Saale gewesen sein, wie unsereiner, als der deutsche Diplomat, Gesandter Braun von Stumm am 22. August 1939, zehn Tage vor Beginn des zweiten Weltkrieges, in der Pressekonferenz in Berlin als Sprecher der Reichsregierung und des Außenministeriums, zu dem er gehörte, offiziell von dem gerade in Moskau fertiggestellten Pakt zwischen Hitler und Stalin, zwischen Nationalsozialismus und Bolschewismus, um die damals gültigen Bezeichnungen zu gebrauchen, vor der Presse sprach.

Ein deutsch-sowjetischer Beistands- und Freundschaftspakt war abgeschlossen worden! Aus den „Wegelagerern", „den Verbrechern" (Ausdrücke der Nazis über die Menschen in der Sowjetunion vor Abschluß dieses Vertrages) waren über Nacht „Waffenbrüder" geworden. Für den bewährten Diplomaten muß wohl die grausamste Stunde seines Lebens geschlagen haben, als er begann, von einer durch Jahrhunderte andauernden deutsch-russischen Zusammenarbeit zu sprechen, von der „Freundschaft der beiden Völker", die, wie er sagte, „sich wiedergefunden" hätten. Immer dann, wenn die beiden Völker miteinander verbunden waren, hätten Russen und Deutsche die glücklichsten Epochen ihrer Geschichte erlebt. Nun sei wieder „ein Wendepunkt in der Geschichte" eingetreten.

Die Journalisten im überfüllten Saale des Propagandaministeriums brachen immer wieder in stürmische Heiterkeit aus. Das zu akzeptieren war dann doch zuviel von ihnen verlangt! Der Diplomat erschrak. Er wollte sich verteidigen oder doch erklären und ihm fiel ein zu sagen: „Ich lese die Weisungen vor, die mir gegeben wurden". Der Sturm im Saale wurde nur noch stärker. Hans Fritzsche, der geschickte und mit allen Wassern gewaschene Leiter der Pressekonferenz, griff ein: „Ich sehe in dem Gefühlsausbruch nur den Ausdruck der Freude darüber, daß dieses Ergebnis erzielt werden konnte. Es war gewiß keine Kritik zu den Worten des Herrn von Stumm, das möchte ich in Ihrem Namen doch ausdrücklich feststellen. Ich weiß ja, meine Herren, daß man Ihnen nichts vormachen kann".

Die Journalisten in Berlin, die sich täglich in der Pressekonferenz trafen, waren nur zu einem kleinen Teil jederzeit getreue Vasallen ihres Führers und selbst stramme Nazis, die das Abzeichen der Zugehörigkeit zur Partei Hitlers stets auf der Vorderseite des Revers trugen, haben keineswegs alles „geschluckt", was man ihnen politisch vorsetzte. Auf den Heimwegen von der Konferenz in die Redaktionen fiel manches kritische Wort, wurde oft zynische Nachlese gehalten, die nicht ungestraft geblieben wäre, hätte jemand das kollegiale Vertrauen gebrochen. Auch unter dem härtesten Druck einer Verbotsdisziplin und einem eifrigen Einsatz von offenen oder geheimen Helfern der Partei konnte die Einsicht nicht erschlagen werden, blieb die Vernunft immer wieder wach.

Es war verboten, Aufzeichnungen über das zu machen, was in jenen „Konferenzen", die mehr „Befehlsempfängen" glichen, geschah. Auf einem Platz hinter dem ungewöhnlich breiten Rücken eines Berufskollegen sitzend hatte ich eine Chance für stenographierte Notizen. Als ich 1975 einen Teil davon veröffentlichte, die vom Beginn der Regierungszeit der Nationalsozialisten an bis zum Kriegsanfang festgehalten worden waren, wurde der Wunsch laut, nun auch zu erfahren, wie denn Zeitungen und Rundfunk die Vorschriften zur Lenkung der öffentlichen Meinung, die Weisungen aus der Pressekonferenz, beachtet und verarbeitet hätten. Mein Anliegen war, daß das von der Regierung für die Öffentlichkeit gezeichnete Bild des Wollens von Staat und Partei ungeschminkt und unkommentiert deutlich werden sollte. Das System der Lenkung sollte im Detail erkannt werden können.

Das vorliegende Buch erfüllt nun den nur zu verständlichen Wunsch, das Verhalten der Zeitungen und des Rundfunks zu erkennen, also zu erfahren, wie die Medien auf den Druck der staatlichen und der Parteimacht reagiert haben. Ein heimlicher Widerstand, der sich in veränderten Formulierungen oder in der Placierung der Nachrichten, im Unterschied zwischen Überschrift und Text zeigte, wird heute auch den Journalisten sehr viel schwieriger erkennbar sein als damals. Man hatte gelernt, zwischen den Zeilen zu lesen, eine einzige Anmerkung der Quelle mit dem Inhalt des Textes in Bezug zu bringen. Eine mit dem Zeichen DNB versehene Nachricht war eine Mittelung aus den Ämtern, also „zweckformuliert", so wußte es der Redakteur und erkannte es der aufmerksame Leser.

Bei einem Besuch im britischen Ministerium für auswärtige Politik in London machte mich nach dem Kriege ein englischer Beamter darauf aufmerksam, daß beim Studium der dort gesammelten deutschen Artikel in der Hitler-Zeit erkannt worden war, was eine Nachricht, ein Kommentator „eigentlich" mitteilen oder erkennen lassen wollte. In Deutschland war man gewohnt, alles als Nazi-Propaganda zu werten, auch das, was das Gegenteil war. Die Journalisten in der Berliner Pressekonferenz machten sich gegenseitig aufmerksam auf „Abweichungen" von der vorgeschriebenen Linie, auf fehlende Nachrichten, die aber verlangt worden waren, auf Informationen, die nicht aus amtlicher Naziquelle kamen.

Nicht immer hatten gewagte Entscheidungen einer Redaktion Glück und mancher geschätzte Berufskollege kam eines Tages nicht wieder.

Wer heute in der Bundesrepublik Deutschland nach dem Grundrecht des Artikels 5 des Grundgesetzes arbeitet, wird nur schwer verstehen, wie in jenen Jahren der Herrschaft der Obrigkeit ein Volk uninformiert bleiben und verdummen mußte, gemessen an der weltweiten Einsicht der Menschen in freien Ländern.

Dieses Buch ist ein Zeichen des Gedenkens an die, die in jenen Jahren Opfer der Herrschaft einer Macht wurden, die Freiheit und Unabhängigkeit der Presse fürchtete. Elemente solcher Gesinnung und Haltung erstreben in jedem gesellschaftlichen und politischen System Macht, sei es, daß sie diese legal oder heimlich ausüben könnten. Sie fürchten das freie Wort und die Auseinandersetzung und wollen im Trüben fischen. Das ständige, offene politische Gespräch aber erschwert oder verhindert die Auge und Ohr entzogene Manipulation und die gefährliche Herrschaft unverantwortlicher Sonderinteressen. Die Freiheit der Presse ist kein Vorrecht. In der demokratischen Verfassung eines Volkes muß sie den Anspruch des Bürgers auf Kontrolle und Information erfüllen.

München, im Januar 1984　　　　　　　　　　　　　　　　　Fritz Sänger †

Vorwort II.

Die Pressegeschichtsschreibung ist, zumal in den Augen des Sozialwissenschaftlers, auf einem häufig enttäuschenden Stand. Die Ursachen dieser Enttäuschung liegen einmal in der unterschiedlichen Perspektive. Der Kommunikationswissenschaftler, der in den heutigen Situationen der publizistischen Medien die Signaturen der Vergangenheit aufsucht, um deren Entstehung zu erfassen, stellt Fragen, die der Presse- und Medienhistoriker für frühere Zeiträume nicht oder nicht präzise genug beantworten kann. Hier ist auf ein, wenn auch langsames, Erweitern unseres Wissens zu setzen. Zum anderen hat die Pressegeschichtsschreibung sich bislang fast ausschließlich bemüht die Genesis ihres Mediums von den Anfängen bis zur Gegenwart aufzuhellen. Es ging um das kombinierte Feld von Kommunikator- und Medienforschung. Das Publikum als Adressat kam nur in groben Umrissen als Hintergrund ins Bild, da die Quellen, zumal für die Publikumsforschung, häufig nicht zutage liegen. Wenn überhaupt brauchbare Feststellungen getroffen werden können, wird hier ein Mangel bleiben. Ähnlich steht es mit der systematischen Einbeziehung der publizistischen Inhalte in die Pressegeschichtsschreibung. Die herkömmliche Inhaltsanalyse ist auf Gegenwartsmaterialien zugeschnitten und kaum historisch zu verwerten. Hinzu kommt, daß auch entwicklungsgeschichtlich wichtige Zeitungen häufig nicht vollständig überliefert sind[1]. Besondere Aufmerksamkeit kommt deshalb auch der Stichprobenanalyse zu, die nicht nur arbeitsökonomisch häufig der einzig gangbare Weg ist, sondern auch durch Extrapolation die lückenhafte Quellenbasis zu überbrücken helfen kann. Voraussetzung für das richtige Ansetzen solcher Untersuchungen ist, neben der genauen Kenntnis der Medienentwicklung, die Einsicht in die Arbeitssituation der Kommunikatoren. Da Befragungen retrospektiv nicht möglich sind, muß das Augenmerk des Pressehistorikers auf Quellenbestände gerichtet werden, die über diese Zusammenhänge Auskunft geben können. Deshalb kommt den sogenannten Presseanweisungen nicht nur für die Erkenntnis der Lenkungsmechanismen der nationalsozialistischen Publizistik Bedeutung zu, sondern wir haben es mit Quellen zu tun, deren systematische Auswertung Aussagen über die Arbeitssituation der Journalisten und ihrer Redaktionen zuläßt, die eine sozialwissenschaftlich orientierte Pressegeschichtsschreibung dringend benötigt.

---

1 In der Rundfunkgeschichte geht es gegenwärtig auch um die Frage der Programminhalte, deren mühsame Rekonstruktion aus überlieferten Manuskripten und Programmzeitschriften und wenigen Tonaufzeichnungen unternommen wird. Vgl. programmatisch: Winfried B. Lerg: Programmgeschichte als Forschungsauftrag. Eine Bilanz und eine Begründung, in: Mitteilungen. Studienkreis Rundfunk und Geschichte, Jg. 8, 1982, S. 6—17; vgl. ferner den ersten Bericht über das Forschungsprojekt Rundfunkprogrammgeschichte: Susanna Großmann-Vendrey (u.a.): Auf der Suche nach sich selbst. Anfänge des Hörfunks in Deutschland — Oktober 1923 bis März 1925, in: ARD Jahrbuch 83, Hamburg: Hans-Bredow-Institut, 1983, S. 41—61.

Bei den Presseanweisungen handelt es sich um die journalistischen Mitschriften bei der Reichspressekonferenz, die vom Juni 1933 bis zum Ende des 2. Weltkrieges abgehalten wurde. Die Mitschriften dienten der Information der großen Zeitungen innerhalb und außerhalb Berlins und sind gegen ausdrückliches Verbot von einigen wenigen Journalisten aufbewahrt und nach Kriegsende der historischen Forschung zur Verfügung gestellt worden. Die besonders auch um die 50jährige Wiederkehr der nationalsozialistischen Machtübernahme 1983 intensivierte historische Forschung hat die Presseanweisungen in mancherlei Zusammenhängen herangezogen, war allerdings fast immer nur in der Lage, diese Quellen illustrativ zu verwerten. Ursache für diese unbefriedigende Verwertung war einerseits die problematische innere Gliederung der Überlieferung. Es fehlen immer wieder genaue Datierungen; die Mitschriften sind mit Material anderer Herkunft angereichert. Andererseits bedeutete die Fülle des Materials schon in der je einzelnen Sammlung ein Hindernis, um so mehr als die erforderliche Quellenkritik immer die parallele Nutzung aller Sammlungen fordert. Wenn die Presseanweisungen für die Forschung besser genutzt werden sollten, bedurfte es einer genauen Sichtung oder in der Sprache der Bearbeiterin dieses Projekts, einer „Edition und Dokumentation" der Mitschriften der Pressekonferenz, die bereits seit 3 Jahrzehnten im Bundesarchiv Koblenz vorlagen[2].

Von den ersten Planungen dieses Projekts im Sommer 1978 bis zum Erscheinen des hier vorliegenden ersten Bandes, mußte ein mühevoller Forschungsweg zurückgelegt werden. Es galt die Überlieferungsgeschichte der Bestände von der Entstehung der Mitschriften durch Georg Dertinger, Dr. Hans Falk und Dr. Hans-Joachim Kausch (sogenanntes Brammer-Material), die für ehemalige DNVP-Zeitungen in Berlin arbeiteten, und Fritz Sänger, den seinerzeitigen Berliner Korrespondenten der Frankfurter Zeitung, nachzuzeichnen. Fritz Sänger hat durch seine Publikationen[3] und ein intensives Interesse an der Editionsarbeit unser Projekt gefördert. Kern der eigentlichen Editionsarbeit war die Ordnung der Mitschriften in chronologisch zutreffender Folge. Sofern für einen Pressekonferenztermin Mitschriften mehrerer Journalisten überliefert worden sind, mußten sie untereinander abgeglichen werden. Schließlich galt es, die Texte dem heutigen Verständnis zu erschließen. Dabei zeigte sich, daß drei unterschiedliche Ebenen des Verständnisses jeweils nacheinander durchschritten werden mußten. Zunächst galt es, die Dimension der fachlichen Kommunikation zwischen den Journalisten in Berlin und deren journalistischen Kollegen in ihren Heimatredaktionen verstehend zu erkennen. Dazu war eine möglichst genaue Kenntnis der Entwicklung der Zeitungen (Frankfurter Zeitung/Hamburger Nachrichten/Schlesische Zei-

---

[2] Kurt Koszyk wies schon in seiner Berliner Habilitationsschrift (1967) auf die Wichtigkeit einer dokumentierenden Veröffentlichung der Presseanweisungen hin. Vgl. Kurt Koszyk: Deutsche Pressepolitik im 1. Weltkrieg, Düsseldorf: Droste, 1968, S. 187, Anm. 3.
[3] Sänger hat in seinen Publikationen immer wieder auf die Bedeutung der Presseanweisungen aufmerksam gemacht. Vgl. vor allem: Fritz Sänger: Politik der Täuschungen. Mißbrauch der Presse im Dritten Reich. Weisungen, Informationen, Notizen. 1933 bis 1939. Wien: Europa-Verlag, 1975.

tung/Allgemeine Zeitung, Chemnitz) als Adressaten der Mitschriften notwendig. Die zweite Ebene des Verständnisses war durch die Rahmenbedingungen der Reichspressekonferenz im nationalsozialistischen Staat gegeben. Die Mitschriften standen unter dem Gebot, das vom Regime Gewünschte zu transportieren ohne, wie die Auswertung zeigt, in dieser Funktion ganz aufzugehen. Techniken der Andeutung und Umschreibung wurden gewählt, um dem festen Rahmen der staatlich geregelten Kommunkation wenigstens teilweise zu entgehen. Hier den Zugang des Verständisses zu finden, war nur durch immer erneute, vergleichende Lektüre der Mitschriften und der Zeitungsartikel möglich. Schließlich gehört als dritte Ebene hinzu die für Editionen typische Erläuterung von Personen und Sachverhalten, die im Text genannt werden.

Unabhängig von diesen, den Text erschließenden Operationen, schienen nun weitere Recherchen erforderlich. Die Mitschriften berichten über Gebote und Verbote der Berichterstattung. Es war nun nicht nur interessant, sondern zur Abschätzung der Bedeutung dieser Ge- und Verbote unumgänglich zu überprüfen, ob und in welcher Weise diese von den Zeitungen auch beachtet wurden. Diese Dokumentation will nicht vollständig sein und etwa die gesamte deutsche Presse erfassen, sie wurde auf die Titel der in den Anweisungen genannten Organe und die großen überregionalen, vornehmlich Berliner Zeitungen, ferner die Neue Zürcher Zeitung, die Londoner Times und selbstverständlich die Blätter, an deren Redaktionen die Mitschriften der Pressekonferenz adressiert waren, eingegrenzt. Soweit beim heutigen Stand der Dokumentation absehbar ist, hat die Arbeit eine erhebliche Differenzierung der bisher am Leitbild der „totalitären Gleichschaltung"[4] orientierten Mediengeschichtsschreibung gebracht. Die vorwiegend institutionenbezogene Historiographie erlag allzuleicht der Versuchung mit der Perspektive der mehrheitlich überlieferten Quellen zugleich die Perspektive des Propagandaministers zu übernehmen, das heißt, den Lenkungsapparat und dessen Arbeitsweise als zunehmend perfekt und lückenlos zu beschreiben. Auf diese Weise wurde auch eine Zuweisung von Verantwortung vorgenommen, die so nicht der Realität entspricht. Goebbels hatte viele Helfer, nur durch sie konnte er wirksam werden. Und der Medienapparat war auch kein Orchester, das genauestens seinem Dirigenten, Goebbels, folgte, noch gelang es, die Presse tatsächlich im Wortsinne gleichzuschalten, da nach dem Verbot von SPD- und KPD-Zeitungen noch immer gegenläufige Tendenzen in der weiter bestehenden bürgerlichen Presse erkennbar wurden. Die Geschichte von der totalitären Gleichschaltung ist eine Legende, die seinerzeit zur Konformierung und Warnung vor abweichendem Verhalten erfunden und nach dem 2. Weltkrieg zur Verschiebung von Verantwortung gut war.

---

[4] Welche Bedeutung bei der Ausprägung pro-nazistischer Berichterstattung die Selbstgleichschaltung besitzt, mag am Beispiel der Deutschland-Berichterstattung der Neuen Zürcher Zeitung — die außerhalb von Goebbels Einflußbereich publiziert wurde — ermessen werden. Vgl. dazu die Zeugnisse von Thomas Mann: Tagebücher 1933–1934. Hrsg. von Peter de Mendelssohn, Frankfurt/M.: S. Fischer, 1977.

Das Editionsprojekt umfaßt in einer ersten Etappe die Vorkriegsjahre Juni 1933 bis Dezember 1935. Der hier vorgelegte erste Band der Edition und Dokumentation konnte nur durch die intensive Tätigkeit von Frau Dr. Gabriele Toepser-Ziegert zustande kommen. Sie hat seit April 1979 unermüdlich alle Schwierigkeiten der Quellenbeschaffung und -erschließung auf sich genommen. Die Erstellung des Literaturverzeichnisses und der Register oblag Frau Doris Kohlmann (Bochum). Das Bundesarchiv Koblenz hat nach gewissem Zögern die Einwilligung zur Benutzung der sogenannten Brammer-Mitschriften gegeben. Die Mitschriften Fritz Sängers lagen in einer Mikrofilmfassung bereits seit längerer Zeit im Institut für Zeitungsforschung vor. Für diese hilfreiche Initiative danke ich Herrn Sänger auch an dieser Stelle besonders herzlich. Die Edition konnte nur zum kleineren Teil aus Mitteln des Instituts für Zeitungsforschung der Stadt Dortmund finanziert werden. Durch Bewilligung von Forschungsgeldern haben das Ministerium für Wissenschaft und Forschung des Landes Nordrhein-Westfalen (Düsseldorf) von 1979 bis 1982 und ab 1983 die Deutsche Forschungsgemeinschaft (DFG, Bonn) das Projekt überhaupt ermöglicht, wofür hiermit der gebührende Dank abgestattet wird. Erste Anregungen, die Mitschriften der Goebbels'schen Pressekonferenz wissenschaftlich auszuwerten, erhielt ich während meiner Tätigkeit am Institut für Publizistik der Freien Universität Berlin (1967—1973) von Peter Heilmann, heute Studienleiter der Evangelischen Akademie Berlin. Als Sohn des preußischen SPD-Landtagsfraktionsvorsitzenden Ernst Heilmann, der im Konzentrationslager ermordet wurde, hatte er am eigenen Leibe die Folgen der durch das Reichsministerium für Volksaufklärung und Propaganda gelenkten gesellschaftlichen Kommunikation erfahren. Die Edition und Dokumentation der NS-Presseanweisungen sollen einen Beitrag zur historischen Analyse dieser Jahre leisten und damit dazu beitragen, eine Wiederholung solcher politischen Greuel in Deutschland zu verhindern, in welcher Form sie künftig auch immer auftreten möge.

Hans Bohrmann   Im Januar 1984

Danksagung

Jeder, der mit wissenschaftlichen Projekten jeglicher Größenordnung zu tun gehabt hat, weiß, daß es unmöglich ist, alle daran Beteiligten namentlich zu würdigen. Trotzdem ist mir die Auflistung der folgenden Personen und Institutionen ein Anliegen, ohne den Anteil der ungenannten Helfer geringer zu achten. Die Bearbeitung der vorliegenden Edition wurde erst ermöglicht durch die finanzielle Unterstützung des Ministeriums für Wissenschaft und Forschung des Landes Nordrhein-Westfalen (April 1979 — Dezember 1982) und der Deutschen Forschungsgemeinschaft (DFG) (seit Januar 1983). Beiden Institutionen bin ich zu Dank verpflichtet.

Ebenfalls an der Finanzierung beteiligt hat sich die Stadt Dortmund, die gleichzeitig die Bewirtschaftung der zur Verfügung gestellten Mittel übernommen hat. Besonderen Dank schulde ich Dr. Hans Bohrmann, dem Direktor des Instituts für Zeitungsforschung der Stadt Dortmund, der die Edition angeregt und die finanziellen wie organisatorischen Voraussetzungen geschaffen hat, die für meine Arbeit in den vergangenen Jahren von entscheidender Bedeutung waren. Seine wissenschaftliche Betreuung und seine beständige Gesprächsbereitschaft haben mich über die Anregung hinaus motiviert, die Editionsarbeiten weiterzuführen, und seine moralische Unterstützung in arbeitstechnisch schwierigen Situationen war mir eine Ermutigung.

Eine große Hilfe und Bereicherung bedeuteten mir die Gespräche mit und Briefe von Frau Maria Dertinger und Frau Dorothea Kausch, deren Aufgeschlossenheit gegenüber meinen Fragen die Möglichkeit bot, die Situation der Journalisten unter den Arbeitsbedingungen des Nationalsozialismus realitätsnah zu sehen. Ganz besonders kam mir dabei zustatten, daß Frau Kausch vor ihrer Heirat selbst journalistisch tätig war.

Fritz Sänger, dessen Sammlung der Presseanweisungen in der Berliner Redaktion der „Frankfurter Zeitung" Gegenstand der Edition ist, hat mit Ausdauer und Geduld den gesamten Werdegang der Editionsarbeiten begleitet, zahlreiche Fragen zur Sache beantwortet und die stenographischen Kommentare in Langschrift übertragen. Ich danke ihm sehr für diesen Beistand und nicht zuletzt für die Mühen, denen er sich unterzogen hat, um neben seinen vielen anderen Arbeiten und Verpflichtungen auch noch das Vorwort abzufassen.

Folgende Institutionen haben mir bei meinen Recherchen weitergeholfen, wofür ich den jeweiligen Mitarbeitern dankbar bin: Amtsgericht Berlin-Charlottenburg; Bibliothek des Instituts für Auslandsbeziehungen, Stuttgart; Bibliothek des John F. Kennedy-Instituts für Nordamerikastudien an der Freien Universität Berlin; Bibliothek des Instituts für Weltwirtschaft an der Universität Kiel; Bundesarchiv, Koblenz; Institut für Zeitgeschichte, München; Landesarchiv Berlin; Niedersächsische Staats- und Universitätsbibliothek, Göttingen; Politisches Archiv des Auswärtigen Amtes, Bonn; Staatsarchiv Hamburg; Staatsarchiv

Ludwigsburg; Stadtarchiv Heidelberg; Stadtarchiv Kempten; Stadt- und Landesbibliothek Dortmund; Westfälisches Wirtschaftsarchiv, Dortmund; Zentralarchiv des Verlages Gruner + Jahr, Hamburg.

An dieser Stelle möchte ich nicht vergessen, die Anregungen zu erwähnen, die sich für meine Arbeit bei Diskussionen in Seminaren zur Kommunikationsgeschichte ergaben, die ich während mehrerer Semester am Institut für Publizistik der Universität Münster durchführen durfte.

Für schriftliche Auskünfte danke ich Heinz Lorenz, Düsseldorf; Herbert Müller, Augsburg und Peter Longerich, München.

Die Register und Literaturverzeichnisse wurden mit großer Sorgfalt und Umsicht von Frau Doris Kohlmann M.A. erstellt. Darüberhinaus hat von ihrer Mitarbeit nicht nur die Endfassung des Manuskripts profitiert.

Allen Kolleginnen und Kollegen in Bibliothek und Magazin des Instituts für Zeitungsforschung, die in unterschiedlicher Weise an meinem Projekt Anteil genommen haben, sowie den Kolleginnen der Photostelle im Haus der Bibliotheken, gilt mein herzlicher Dank. Ausdrücklich hervorheben möchte ich Frau Gisela Hoffmann, Frau Heike Backer und Frau Waltraud Busse, die trotz der außergewöhnlichen Anforderungen, die die Manuskriptform an sie stellte, nie die Geduld zu verlieren schienen.

Die Form der Veröffentlichung ist der wirtschaftlichen Lage von Wissenschaftsbetrieben angemessen. Ein aufwendigerer Satz und Druck wäre zwar wünschenswert, da lesefreundlicher, aber von der Kalkulation her unerschwinglich für die Rezipienten gewesen, die auch bei dieser Produktionsform bereits sicherlich mehr in Bibliotheken und Instituten zu finden sein werden. Bereits 1977 hat Wolfram Werner als Editions-Bearbeiter richtig festgestellt: „Bei einem weiteren Ansteigen der Personal-, Druck- und Verlagskosten könnte es jedoch geschehen, daß große Editionsvorhaben nicht mehr finanzierbar sein werden. Wann dieser Moment eintreten wird, dürfte nicht zuletzt davon abhängen, welchen Preis unsere Gesellschaft für die Erhellung ihrer geschichtlichen Zusammenhänge und Entwicklungen zu zahlen bereit ist."[1] Bis jetzt ist noch nicht abzusehen, wie weit die Reihe der hier begonnenen Editionen weitergeführt werden kann.

Dortmund, im Februar 1984　　　　　　　　　　　　　Gabriele Toepser-Ziegert

---

[1] Wolfram Werner, Probleme zeitgeschichtlicher Editionen am Beispiel der Publikation „Akten zur Vorgeschichte der Bundesrepublik Deutschland". In: Aus der Arbeit des Bundesarchivs, hrsg. v. H. Boberach und H. Booms, Boppard 1977, S. 486

Einführung

Maßnahmen und Instrumente der Presselenkung im Nationalsozialismus

1. Die Presselenkung im Nationalsozialismus

Dem Nationalsozialismus lag eine nationalistische, rassistische und imperialistische Ideologie zugrunde, die im Nachkriegsdeutschland des 1. Weltkrieges besonders dadurch einen Nährboden fand, daß sie sich gegen die Erfüllung des Versailler Vertrages und die Demokratisierungsversuche der Weimarer Republik richtete.

Die vielfach dargestellte nationalsozialistische Herrschaftsform war ihrer theoretischen Struktur nach sehr einfach und überschaubar, in der Praxis dagegen sehr komplex und unüberschaubar[1]. Die Einfachheit beruhte auf der Vorstellung, sämtliche Lebenszusammenhänge auf ein hierarchisches Ordnungssystem reduzieren zu können („Führerprinzip"), die Kompliziertheit ergab sich aus der Undurchführbarkeit solcher Vorhaben aufgrund der Kompetenzüberschneidungen der beiden Machtebenen von Partei und Staat. Darüberhinaus waren die Partei und ihre Gliederungen (SA, SS, NSKK, HJ, BDM) so strukturiert, daß bereits innerhalb dieser Organisationen die Einflußbereiche nicht klar gegeneinander abgegrenzt waren und Streitigkeiten vorprogrammiert waren, die von der jeweils nächsthöheren Stelle bis hin zu Adolf Hitler geschlichtet werden mußten. Auffallend am praktizierten Nationalsozialismus ist das hohe Maß an Flexibilität hinsichtlich der angewandten Prinzipien zur Machterhaltung, das an Prinzipienlosigkeit innerhalb großzügig ausgelegter ideologischer Richtlinien grenzt.

Die nationalsozialistische Rechtsprechung stützte sich zum großen Teil auf neugeschaffene Gesetze, die meistens einen „Gummiparagraphen" aufwiesen, der neben der gesetzlichen Regelung auch „unbürokratische", autoritäre Lösungen vorsah. So wurde in sämtlichen neuen Gesetzen dem jeweiligen Fachminister die letzte Entscheidung vorbehalten.

---

[1] Zur Diskussion der Entstehung, Hintergründe und Entwicklung des Nationalsozialismus unter ereignis- wie strukturgeschichtlichen Aspekten s. K. Hildebrand, Das Dritte Reich, 2. Aufl., München, Wien 1980. — K. D. Bracher, W. Sauer, G. Schulz, Die nationalsozialistische Machtergreifung. Studien zur Errichtung des totalitären Herrschaftssystems in Deutschland 1933/34. Köln 1960, Neuaufl. Berlin 1973. — M. Broszat, Der Staat Hitlers. Grundlegung und Entwicklung seiner inneren Verfassung, München 1969. Für Faschismustheorien aus politikwissenschaftlicher wie historischer Sicht s. R. Saage, Faschismustheorien. Eine Einführung, 2. Aufl. München 1973. — E. Nolte, Der Faschismus in seiner Epoche. Action française. Italienischer Faschismus. Nationalsozialismus, 5. Aufl. München 1979. — W. Wippermann, Faschismustheorien. Zum Stand der gegenwärtigen Diskussion, 4. Aufl. Darmstadt 1980

Zentrales Element der nationalsozialistischen Bewegung war die an kommunistischen Vorbildern orientierte Propaganda zur Beeinflussung breiter Bevölkerungsschichten. Geprägt von den Erfahrungen des 1. Weltkrieges, entwickelte Hitler schon früh ein Propagandakonzept, in dessen Mittelpunkt die unvermittelte Kommunikation stand[2]. Davon ausgehend nahm die Rednerschulung einen besonderen Raum in der Parteiarbeit schon vor der Machtübernahme ein.

Nachdem die Nationalsozialisten die Regierung übernommen hatten, setzte sich im Medienbereich eine Entwicklung fort, die bis dahin die Ambivalenz der NSDAP kennzeichnete: die Wiederbelebung alter Traditionen und Werte in Verbindung mit „modernen" Strömungen. Die neue Elite bildete sich unabhängig von der sozialen Herkunft, damit wurde der Anspruch der „Volkspartei" gerechtfertigt. Zur Propagierung traditioneller Werte wie „Volk und Vaterland" wurden die modernsten Medien eingesetzt, der Nationalsozialismus wurde gespeist aus ideologischen Rückgriffen auf die Vergangenheit und aus umwälzenden sozialen Neuerungen, die in völligem Gegensatz zu den überkommenen Wertvorstellungen standen[3]. Während die Propaganda darauf abgestellt war, ein simples, antisemitisches Feind-Freund-Bild bei der Bevölkerung zu verbreiten, um ein Zusammengehörigkeitsgefühl zu inspirieren, war Joseph Goebbels, zunächst als Reichspropagandaleiter seiner Partei und ab 1933 als Propagandaminister ständig darum bemüht, die neuesten Technologien dafür einzusetzen. Diese Bemühungen scheiterten zunächst an den beschränkten finanziellen Möglichkeiten der Partei, die den Nationalsozialisten am Vorabend ihrer Machtübernahme nur den Besitz von 120 kleinen und kleinsten Tageszeitungen erlaubten[4]. Das änderte sich schlagartig nach der Amtseinführung von Goebbels als Reichsminister für Volksaufklärung und Propaganda am 13. März 1933. Der Rundfunk, der den Nationalsozialisten bis dahin so gut wie verschlossen war, wurde sofort dem Ministerium unterstellt, die Zentralisierung der Rundfunkorganisation war bereits durch die Regierung von Papen im Herbst 1932 vorbereitet worden.

Das nach der Umstellung auf Tonfilm (1929/30) teuer gewordene Massenmedium, von dem behauptet wird, daß es Hitler und Goebbels gleichermaßen begeisterte, wurde in das neue Ministerium eingegliedert. Die Entwicklung des Fernsehens war Gegenstand zahlreicher Streitigkeiten zwischen den Ministerien, die sich dafür zuständig hielten[5]. Allein die Presse bereitete aufgrund der dezentralen Organisation Schwierigkeiten beim propagandistischen Zugriff.

---

[2] Adolf Hitler, Mein Kampf, 317.—321. Aufl. München 1938, S. 649 ff. Hitler vertrat die Auffassung, daß der 1. Weltkrieg mit einer besseren propagandistischen Rückendeckung, etwa nach dem Muster Großbritanniens, hätte gewonnen werden können. vgl. S. 193 ff.
[3] z.B. die Aufwertung des Bauern- und Arbeiterstatus, die Abwertung der Aristokratie; die Festschreibung des Frauenbildes als Ehefrau und Mutter wurde unter dem Druck der Kriegsvorbereitungen eingeschränkt durch die juristische und finanzielle Rehabilitierung der ledigen Mutter, die auch den Bevölkerungszuwachs sichern sollte.
[4] 1932 existierten im gesamten Deutschen Reich ca. 4.700 Tageszeitungen, vgl. Handbuch der deutschen Tagespresse, 4. Aufl. 1932, S. 27*
[5] vgl. A. Diller, Rundfunkpolitik im Dritten Reich, München 1980, S. 184 ff.

Der Begriff der Gleichschaltung fällt fast zwangsläufig, wenn es um die Medienpolitik des Nationalsozialismus geht. Dabei muß unterschieden werden zwischen der propagierten Absicht, in sämtlichen Bereichen des öffentlichen Lebens das „Führerprinzip" einzuführen und dem realisierten Tatbestand, der sich, wie so häufig, nicht mit der Zielvorstellung deckte. Die Nationalsozialisten selber bezeichneten die Eingriffe und Veränderungen der Pressepolitik neutraler als „Neuordnung des deutschen Pressewesens"[6]. Bei genauerer Betrachtung der Assoziation Gleichschaltung und Presse wird deutlich, daß der Begriff „Gleichschaltung" im allgemeinen Sprachgebrauch einen Vorgang, aber auch einen Zustand beschreiben kann. Diese Differenzierung dürfte eine Erklärung dafür sein, daß es unter den medienhistorischen Darstellungen der nationalsozialistischen Pressepolitik viel mehr Überlegungen zu dem Vorgang oder dem Weg gibt, der zur Gleichschaltung führen sollte, während der Zustand oder das Ziel, das tatsächlich erreicht wurde, angesichts der Unüberschaubarkeit, nur ausschnittsweise untersucht und exemplarisch dokumentiert wurde[7]. Die vorliegende Edition setzt sich mit dem Vorgang und dem Zustand der Presselenkung auseinander, wobei durch die relativierende Bezeichnung angedeutet werden soll, daß es eine gleichgeschaltete deutsche Presse nicht gab, wohl aber eine gelenkte Presse. Um Mißverständnisse von vornherein auszuschließen, wäre noch zu ergänzen, daß diese Einschätzung keine Verharmlosung der diktatorischen Maßnahmen bedeutet, sondern eine berechtigte Aufwertung des Journalistenberufes und der damals tätigen Journalisten aufgrund eines Vergleichs der Presselenkungsmaßnahmen mit ihren Auswirkungen, d.h. aufgrund der Frage, welche konkreten Anweisungen gab es an die deutsche Presse, und wie wurden sie von den Jounalisten umgesetzt?

Das Ergebnis des Vergleichs ist gleichzeitig eine Dokumentation von Zeitgeschichte in Form einer Chronik.

Die Presselenkung unter nationalsozialistischer Herrschaft wurde auf drei Ebenen durchgeführt:
1. auf der institutionellen,
2. auf der ökonomischen und
3. auf der inhaltlichen Ebene.

Die medienhistorische Forschung hat sich seit 35 Jahren mit Nachdruck der institutionellen Seite der publizistischen Leitung und Lenkung im Dritten Reich angenommen. Die Institutionen, die inneren Spannungen, ihre Außenverflechtungen, die wichtigsten Personen an ihrer Spitze wurden mehrfach thematisiert.

Auch die ökonomischen Bedingungen der Massenmedien und der Einsatz wirtschaftlicher Sanktionen zur einheitlichen Ausrichtung sind wiederholt beschrieben worden. Ungeklärt blieb, abgesehen von Einzelthemen meist in strikter zeitlicher Begrenzung, die Frage der inhaltlichen Anleitung. Während der Rundfunk direkt staatlich durch die Rundfunkabteilung des RMVP und der Film indi-

---

[6] Handbuch der deutschen Tagespresse, 6. Aufl. 1937, S. 401
[7] Weitere Gründe dürften in der Qualität und Quantität der Aktenüberlieferung zu suchen sein.

rekt über staatlich kontrollierte Produktionsfirmen gesteuert wurde, erfolgte die Lenkung der Presse einerseits durch die Nachrichtengebung des Deutschen Nachrichtenbüros (DNB), andererseits durch die Weisungen auf den Pressekonferenzen des RMVP.

Der jüngste Beitrag zu diesem Gebiet der Presselenkung ist mittlerweile über zehn Jahre alt[8], und er bietet einen ersten Ansatz zur Beantwortung der Frage nach der inhaltlichen Anleitung, da er sich nicht nur auf die Beschreibung des Weges konzentriert, den eine für die Presse bestimmte Anweisung im Verlauf der hierarchischen Ordnung des Ministeriums bis zu den Journalisten nahm, sondern auch schwerpunktmäßig Themen, die Gegenstand der Anweisungen waren, untersucht. Da aber die Gesamtzahl der Anweisungen, die von 1933 bis 1945 ergingen bzw. überliefert wurden, auf 80 bis 100 000 zu schätzen ist, kann auch bei J. Hagemann nur von einem sehr sporadischem Zugriff gesprochen werden.

1) Unter den Begriff der institutionellen Presselenkung fallen alle Maßnahmen, die auf einer formal gesetzlichen Grundlage Institute und Institutionen zur Überwachung und Kontrolle der Presse schaffen, sei es die Reglementierung des Berufszugangs (Schriftleitergesetz), seien es organisatorische und berufsständische Voraussetzungen für die Berufsausübung (Reichspressekammer) oder die Einrichtung eines Ministeriums „für Volksaufklärung und Propaganda", dessen Presse-Abteilung eigens für sämtliche Belange des Pressewesens zuständig war bis hin zu den Devisenzuteilungen für Auslandskorrespondenten.

Durch das Schriftleitergesetz vom 4. Oktober 1933 war die Zulassung zum Journalistenberuf gebunden an verschiedene Bedingungen (§ 5: Mindesalter 21 Jahre, „arische Abstammung und nicht mit einer Person von nichtarischer Abstammung verheiratet", „fachmännisch ausgebildet" u.a.). Die Zulassung erfolgte durch Eintragung in die Berufsliste (auf Antrag), die bei den Landesverbänden der deutschen Presse geführt wurde (§ 8). Die Entscheidung über die Zulassung lag beim Leiter des Landesverbandes, der aber bei Intervention durch den Reichsminister für Volksaufklärung und Propaganda eine Ablehnung verfügen mußte.

Gleichzeitig mit der Eintragung in die Berufsliste wurde der Journalist Mitglied im Reichsverband der Deutschen Presse, der seinen verbandsrechtlichen Schutz gewährleisten sollte (§ 22 ff.). Die Begründung zum Schriftleitergesetz besagte nämlich, „aus dem Verhältnis zwischen öffentlichem und privatem Recht ergibt sich der unbedingte Vorrang der öffentlichen Pflichten des Schriftleiters vor seinen Verpflichtungen gegenüber dem Verleger." In der Konsequenz sollte die Kündigung eines Journalisten anfechtbar sein, die ein Verleger aufgrund mangelnder Übereinstimmung mit seiner Überzeugung ausgesprochen hatte, während die Übereinstimmung mit dem „öffentlichen Verantwortungsbewußtsein" gegeben war. Zu diesem Zweck wurden durch den Reichsverband der Deutschen Presse Berufsgerichte installiert, die über solche und andere Fälle zu befinden hatten, z.B. auch bei Verstoß gegen die öffentlichen Berufspflichten (§ 31). Durch das

---

[8] J. Hagemann, Die Presselenkung im Dritten Reich, Bonn 1970. s.a. das Kapitel 4. Überlieferte Sammlungen der Presseanweisungen (Forschungsstand), S. 50* f.

Schriftleitergesetz wurde die Funktion des Verlegers auf die wirtschaftliche reduziert und die Position des Journalisten, nicht ohne Hintergedanken, mit einem öffentlichen Status versehen[9]. Der Reichsverband der Deutschen Presse hatte über die berufsständische Schlichtung hinaus die Aufgabe, die journalistische Aus- und Fortbildung zu regeln.

Neben der Pflicht-Mitgliedschaft im Reichsverband der Deutschen Presse, die mit einer Umlage verbunden war, war zur Berufsausübung die Zugehörigkeit zur Reichspressekammer zwingend vorgeschrieben[10]. Die Aufgaben der Kammern, die für alle kulturellen Bereiche unter dem Dach der Reichskulturkammer zusammengefaßt waren, gestalteten sich sehr flexibel: „Die Reichskulturkammer und die Einzelkammern können Bedingungen für den Betrieb, die Eröffnung und die Schließung von Unternehmungen auf dem Gebiet ihrer Zuständigkeit festsetzen und Anordnungen über wichtige Fragen innerhalb dieses Gebietes, insonderheit über Art und Gestaltung der Verträge zwischen den von ihnen umfaßten Tätigkeitsgruppen treffen." (§ 25). Die Mitgliedschaft in einer der Kammern war beitragspflichtig (§ 24). Von dem Recht Anordnungen zu erlassen, machte der Präsident der Reichspressekammer, Max Amann, häufig Gebrauch. Allein von der „Anordnung über Fragen des Vertriebes und der Bezieherwerbung sowie Neugründungen auf dem Gebiet der Presse zur Befriedung der wirtschaftlichen Verhältnisse im deutschen Zeitungswesen" vom 13. Dezember 1933 gab es bis zum April 1937 13 Fassungen[11]. In einem „Pressehandbuch", das 1938 im Verlag des Reichsverbandes der deutschen Zeitungsverleger erschien, wurden auf 525 Seiten „Gesetze, Anordnungen, Erlasse und Bekanntmachungen zusammengestellt und erläutert nach den Bedürfnissen der Praxis" aufgeführt[12]. Auf dem Reichspressetag in Köln (28. bis 30. November 1935) konnte der Leiter des Reichsverbandes der Deutschen Presse und stellvertretende Hauptschriftleiter des „Völkischen Beobachters", Wilhelm Weiß, verkünden, daß im Jahre 1934 die deutsche Presse von „mindestens 1300 jüdischen und marxistischen Journalisten befreit wurde" und das mit Hilfe der neuen Bestimmungen[13]. Die Zahl der Verleger, die von der Durchführungsverordnung des Reichskulturkammergesetzes

---

[9] s. dazu Kapitel 3. Die Anweisungen an die Presse, S. 39* ff.
[10] Reichskulturkammergesetz v. 22. September 1933, § 4
[11] vgl. Handbuch der deutschen Tagespresse, 6. Aufl. 1937, S. 401 ff.
[12] Pressehandbuch. Gesetze, Anordnungen, Erlasse, Bekanntmachungen, zusammengestellt und erläutert nach den Bedürfnissen der Praxis, Berlin 1938
[13] vgl. W. Weiß, Die deutsche Presse eine wirkliche Großmacht. In: DP, 25. Jg. (1935), Nr. 49 v. 7. Dezember 1935, S. 650. Die Gesamtzahl der Journalisten belief sich zu diesem Zeitpunkt auf ca. 10300, vgl. E. Aleff (Hrsg.), Das Dritte Reich, 9. Aufl. Hannover 1979, S. 35
[14] W. Hagemann, Publizistik im Dritten Reich, Hamburg 1948, S. 39, s.a. (F. Schmidt), Presse in Fesseln, Berlin 1948, S. 19 f.
§ 10 DVO: „Die Aufnahme in eine Einzelkammer kann abgelehnt oder ein Mitglied ausgeschlossen werden, wenn Tatsachen vorliegen, aus denen sich ergibt, daß die in Frage kommende Person die für die Ausübung ihrer Tätigkeit erforderliche Zuverlässigkeit und Eignung nicht besitzt."

vom 1. November 1933 betroffen wurden und aus dem Verlagswesen ausgeschlossen wurden, lag bei 1500[14].

2) Eine ganze Reihe der neuen Bestimmungen sollte dazu dienen, durch wirtschaftliche Maßnahmen die Pressebetriebe in den Griff zu bekommen[15]. Die ökonomische Presselenkung begann mit der „1. Anordnung über Fragen des Vertriebes und der Bezieherwerbung sowie Neugründungen auf dem Gebiet der Presse zur Befriedung der wirtschaftlichen Verhältnisse im deutschen Zeitungswesen", die vom Präsidenten der Reichspressekammer auf Grund des § 25 der 1. Verordnung zur Durchführung des Reichskulturkammergesetzes vom 1. November 1933 am 13. Dezember 1933 erlassen wurde[16]. Mit dieser und anderen Anordnungen wurde die Neugründung von Zeitungen, Zeitschriften sowie Korrespondenzbüros verhindert, um — nach der offiziellen Begründung — die Existenz der bestehenden Unternehmen nicht zu gefährden. Eine weitere zentrale Maßnahme der ökonomischen Presselenkung stellte die „Anordnung über Schließung von Zeitungsverlagen zwecks Beseitigung ungesunder Wettbewerbsverhältnisse vom 24. April 1935"dar, in der bestimmt wurde: „Ist in einem Orte eine Mehrzahl von Zeitungsverlagen vorhanden, deren Betriebe auf den Absatz einer höheren Auflage angewiesen sind, als nach den örtlichen Verhältnissen und gesunden verlegerischen Grundsätzen insgesamt vertrieben werden kann, so können zur Herbeiführung gesunder wirtschaftlicher Verhältnisse einzelne Verlage geschlossen werden."[17] Es liegt auf der Hand, daß mit derartigen Anordnungen, deren Durchführung die Reichspressekammer überwachte, nicht nur eine „Befriedung der wirtschaftlichen Verhältnisse" beabsichtigt war, sondern auch eine Klärung der politischen und ideologischen Verhältnisse, konnte doch schon allein die Möglichkeit eines Verbots einschüchternd auf Verleger und Journalisten wirken. Auf der anderen Seite konnte der parteieigene Eher-Verlag, dessen Generaldirektor der Präsident der Reichspressekammer, Max Amann, war, von Verlagsschließungen nur profitieren. Durch die Vermittlung von Max Winkler[18], eines schillernden Wirtschaftsmanagers im gesamten privatwirtschaftlichen Medienbereich, kaufte sich Amann unter dem Deckmantel verschiedener Tochtergesellschaften (Standarte Verlags- und Druckerei GmbH, Phönix GmbH und Vera Verlags GmbH, später zusammengeschlossen in Herold Verlagsanstalt GmbH) ein ansehnliches Presseimperium zusammen, dessen Finanzkraft ihm die Möglichkeit

---

[15] Zur NS-Pressewirtschaft s. (F. Schmidt), Presse in Fesseln, Berlin 1948 und die umfangreiche und detaillierte Studie von O. J. Hale, Presse in der Zwangsjacke 1933—1945, Düsseldorf 1965

[16] s. o. und Handbuch der deutschen Tagespresse, 5. Aufl. 1934, S. 325

[17] Handbuch der deutschen Tagespresse, 6. Aufl. 1937, S. 400

[18] Max Winkler (1857—1961) betätigte sich auch in der Filmindustrie als „Reichstreuhänder", indem er mit staatlichen Geldern über seine Firma Cautio Treuhand GmbH Filmproduktionsbetriebe aufkaufte. Für Winklers Aktivitäten in der Weimarer Republik s. H. Wermuth, Dr. h.c. Max Winkler. Ein Gehilfe staatlicher Pressepolitik in der Weimarer Republik. Phil. Diss. München 1974. Für eine biographische Skizze s. W. B. Lerg, Max Winkler, der Finanztechniker der Gleichschaltung. In: ZV + ZV, 60. Jg. (1963), Nr. 13 v. 1. Mai 1963, S. 610—612

zu wirtschaftspolitischen Aktivitäten besonderer Art bot. Mit den Profiten aus den auflagenstarken Blättern (z.b. Völkischer Beobachter) konnte er die Verluste kleinerer Blätter ausgleichen, auf die sich die Partei von der Tendenz her stützte, die aber nicht genug Abnehmer fanden. Er kaufte aber auch kleinere Zeitungsbetriebe auf, nur um sie zu schließen.

Der Kriegsausbruch war der Auslöser für weitere finanzielle Manipulationen und Gewinne des Eher-Konzerns. Das Papier wurde rationiert (der Papierbedarf der einzelnen Zeitungen wurde in weiser Voraussicht schon seit 1936 regelmäßig festgestellt) und darüber hinaus wurde durch drei als „kriegsbedingte Maßnahmen"deklarierte Stillegungs- bzw. Zusammenlegungsaktionen von Zeitungsbetrieben (1941, 1943, 1944) das Aussterben der privateigenen Zeitungen beschleunigt[19]. Der Anteil der parteieigenen Presse an der täglichen Gesamtauflage betrug bei Kriegsende ca. 85 %, das Verhältnis der parteieigenen Presse zur privateigenen Presse bezüglich der Auflage von 1933 hatte sich umgekehrt[20]. Die ökonomischen Möglichkeiten der Presselenkung dürfen nicht unterschätzt werden, eine besondere Problematik ergibt sich jedoch bei ihrer Darstellung durch die mangelhafte Quellenlage, die nur vage Zahlenangaben zuläßt, wo zuverlässige Fakten vonnöten wären. Nicht meßbar bleiben allerdings die Wirkungen, die von einer massiven staatlich gesteuerten Pressekonzentration auf die Pressebetriebe und die darin tätigen Menschen ausgingen.

Die Presselenkung mit wirtschaftlichen Mitteln lief relativ unauffällig ab. Die Zeitungsaufkäufe wurden in der Regel den Lesern nicht mitgeteilt, die dementsprechend erst nach einiger Zeit durch Abonnementskündigungen reagieren konnten[21]. Die während des Krieges von Stillegungs- und Zusammenlegungsaktionen betroffenen Zeitungen nahmen meistens die letzte Ausgabe zum Anlaß, sich von ihren Lesern zu verabschieden. Mit der Begründung der Einstellung ging eine Empfehlung einher, welcher anderen Lokalzeitung sich die bisherigen Abonnenten zuwenden sollten[22].

3) Genauso unauffällig wie die ökonomische Presselenkung sollte von der Anlage her die inhaltliche Presselenkung vor sich gehen. Die Journalisten, die zur

---

[19] s. O.J. Hale, a.a.O., S. 283, 286
Die genauen Zahlen der davon betroffenen Zeitungsverlage sind nicht mehr festzustellen. Von den rund 2000 bei Kriegsanfang existierenden Zeitungen, erschienen im Februar 1945 noch 700 einigermaßen regelmäßig.
[20] Zu den Angaben s. O. J. Hale, a.a.O., S. 283 ff. (F. Schmidt), a.a.O., S. 166 ff. sowie Handbuch der deutschen Tagespresse, 7. Aufl. 1944, S. XXVII ff.
[21] So z.B. beim Dortmunder „General-Anzeiger", der tatsächlich über Nacht einen neuen Besitzer bekam. Anlaß war eine Porträtzeichnung von Adolf Hitler, die bei den Dortmunder Parteistellen Mißfallen erregt hatte. Die Übernahme in Parteibesitz erfolgte offiziell, um die Arbeitsplätze der Angestellten und Arbeiter wegen eines Fehlers der Zeitungsleitung nicht zu gefährden. s. dazu K. Koszyk, Jakob Stöcker und der Dortmunder „General-Anzeiger" 1929—1933. In: Publizistik, 8. Jg. (1963), Nr. 4, S. 282—295. — M. Wolf, Das Ende des Dortmunder General-Anzeigers. In: Beiträge zur Geschichte Dortmunds und der Grafschaft Mark. Bd. 70 (1976), S. 349—364
[22] s. dazu Kapitel 7. Die Zeitungen, S. 79*

Pressekonferenz zugelassen wurden, wurden überprüft, die Anweisungen, die sie bei den Konferenzen bekamen, sollten geheimgehalten, die Aufzeichnungen darüber regelmäßig vernichtet werden[23]. Die Effektivität dieser Maßnahme läßt sich nicht quantifizieren. Aber dafür läßt sich der Umgang der Journalisten mit den Presseanweisungen dokumentieren, wobei die mögliche Bandbreite journalistischer Betätigung deutlich wird. Die inhaltliche Presselenkung war schwieriger zu bewerkstelligen als die institutionelle und die ökonomische, weil die inhaltliche Kontrolle aller Zeitungen Tag für Tag nicht durchführbar war. Die Strategie, die Journalisten zu Vertrauensleuten des Propagandaministeriums zu machen[24], schlug fehl, weil sie ihre Mitwisserschaft nicht alle mit Stillschweigen vergüten wollten. Dementsprechend verschärfte sich im Laufe der Jahre der Nachdruck, mit dem die Presseanweisungen eingesetzt wurden, bis zur Einführung der wörtlich fixierten „Tagesparole" (1940), die dem Regierungssprecher keinen Spielraum mehr ließ, innerhalb dessen er sonst den vorgegebenen Inhalt formulieren konnte.

Trotz der inhaltlichen Ausrichtung durch das Propagandaministerium sah nicht eine Zeitung wie die andere aus und behielt ihre Tendenz, die sie vor 1933 deutlich vertreten hatte, bei. Dieser Befund wird durch die Edition der Presseanweisungen belegt. Selbst das Zusammenspiel der drei Presselenkungsstrategien erreichte nicht die angestrebte Gleichschaltung und einheitliche Ausrichtung der Presse. Für eine genauere Analyse der inhaltlichen Presselenkung soll die Edition der Presseanweisungen, die ein wesentlicher Bestandteil davon waren, die Vorstufe sein.

Durch die Edition werden Materialien bereitgestellt, die einen Zugang zu dem von der Forschung vernachlässigten Gebiet der inhaltlichen Presselenkung eröffnen. Dafür wird der unmittelbare Rahmen beschrieben, in dem die Presseanweisungen entstanden und wirkten. Die Pressegeschichte der Jahre 1933 ff. kann nur skizziert und in ihren Grundzügen aufgezeigt werden, dagegen wird der wichtige Ausschnitt der Pressekonferenzen und der auf diesen Veranstaltungen übermittelten Anweisungen eingehend dargestellt. Danach wird eine Bilanz der Quellenüberlieferung und des derzeitigen Forschungsstandes gezogen, an die sich die Quellenbeschreibung der edierten Presseanweisungssammlungen anschließt. Zur Interpretation der in den Sammlungen zusammengefaßten Anweisungen ist es notwendig, die Protokollanten der Anweisungen bzw. die durch sie informierten Zeitungen zu kennen, deren Geschichte in zwei Kapiteln aufgearbeitet wird.

Bevor die editionstechnischen Prinzipien dargelegt werden, werden anhand von verschiedenen Stationen der Presselenkung Möglichkeiten der Nutzung der Edition aufgezeigt und zwar zum einen die analytischen Möglichkeiten, die die Anweisungen selbst bieten, zum anderen die Bedeutung von Kommentar und Dokumentationsteil.

Die Edition und Dokumentation der NS-Presseanweisungen haben lange auf

---

[23] vgl. dazu die Kapitel 2. Die Berliner Pressekonferenzen, und 3. Die Anweisungen an die Presse, S. 40*, 43*

[24] vgl. dazu das Kapitel 3. Die Anweisungen an die Presse. S. 39* f.

sich warten lassen. Dabei wies Hans Booms bereits 1965 zu Recht auf die Bedeutung und den wissenschaftlichen Nutzen dieser Quelle hin, die damals schon „seit Jahren der wissenschaftlichen Forschung ... zur Verfügung" stand: „Der Reiz, der in der Konfrontierung der amtlichen Dokumente (gemeint sind die Presseanweisungen, gtz) mit der vom zeitgenössischen Kommentar vermittelten politischen Vorstellung (gemeint sind die Informationsberichte, gtz) zu kosten ist, soll zur weiteren Vertiefung der wissenschaftlichen Erkenntnis genützt werden."[25]

2. Die Berliner Pressekonferenzen

Nur allzu bereitwillig wird auch in der Fachliteratur das Klischee von der Gleichschaltung der Presse aufgegriffen und reproduziert[26]. Begriffe wie „Presse in Fesseln" und „Presse in der Zwangsjacke" sind verbreitete Metaphern, die eine Knebelung des Journalismus beinhalten, bei der jede eigenständige journalistische Betätigung von vornherein ausgeschlossen wird[27]. Die Frage ist nur, was bleibt übrig, wenn man die nationalsozialistische oder auch nur die angepaßte Komponente abzieht von den Anweisungen der Pressekonferenz und ihrer Umsetzung?

Es läßt sich nicht unterscheiden, ob z.B. eine Anweisung wörtlich übernommen wurde, weil es eine Anweisung der Regierung war oder weil ein ähnliches Übernahmeverfahren praktiziert wurde wie beim Agenturmaterial, wie es im übrigen auch heute noch fester Bestandteil journalistischer Arbeit ist. Der Journalist entscheidet, ob er eine Meldung wörtlich übernimmt, kürzt oder umformuliert, und es bleibt seiner Kreativität (und seinen intellektuellen und jeweiligen zeitlichen Möglichkeiten) überlassen, ob er den vorgegebenen Text reproduziert oder noch in Form eigener journalistischer Recherche eine zweite bzw. dritte Quelle hinzuzieht.

In diesem Zusammenhang sind die Forschungsergebnisse von Barbara Baerns besonders aufschlußreich[28]. Ausgehend von der These, „Öffentlichkeitsarbeit determiniere publizistische Aussagen", hat sie untersucht, inwiefern Medienbeiträge von Öffentlichkeitsarbeit initiiert werden. Sie kam zu dem Ergebnis, daß rund 2/3 aller Einzelleistungen der Medien (Druck- oder Funkmedien, öffentlichrechtliche oder privatwirtschaftliche Einrichtungen) auf Öffentlichkeitsarbeit (Pressemitteilungen, Pressekonferenzen) basieren. Über 80% aller Medienbeiträge stützen sich (mit geringen Differenzen je nach Medium) auf nur eine Quelle, so daß B. Baerns zu der Vermutung kommt, „daß Journalismus als autonomes Informationsleistungssystem neben Selbstdarstellung durch Öffentlichkeitsarbeit zu-

---

[25] H. Booms, Der Ursprung des 2. Weltkrieges — Revision oder Expansion? In: Geschichte in Wissenschaft und Unterricht, 16. Jg. (1965), H. 6, S. 331 u. Anm. 9
[26] Zuletzt in: H. D. Fischer (Hrsg.), Deutsche Kommunikationskontrolle des 15. bis 20. Jahrhunderts, München 1982, S. 229—255 (Totale Kommunikationskontrolle in der Vorkriegsphase)
[27] vgl. (F. Schmidt), a.a.O. und O. J. Hale, a.a.O.
[28] B. Baerns, Vielfalt und Vervielfältigung. Befunde aus der Region — eine Herausforderung für die Praxis. In: Media Perspektiven, 3/83, S. 207—215

rücktritt und Informationsvielfalt fast nur durch unterschiedliche Selektion und/oder Interpretation des per Öffentlichkeitsarbeit vorgegebenen Angebots sowie durch medientechnisch und -dramaturgisch unterschiedliche Umsetzung entsteht."[29]. Dementsprechend kontrollieren auch nicht — wie man annehmen könnte — die in den Medien tätigen Journalisten die Themen der Medienberichterstattung, sondern die Öffentlichkeitsarbeit von Behörden und Institutionen"[30]. B. Baerns kommt auf Grund der Datenbasis zu der These, „Öffentlichkeitsarbeit sei fähig, journalistische Recherchekraft zu lähmen und publizistischen Leistungswillen zuzuschütten."[31] Unter diesem Aspekt wird deutlich, daß eine Vermehrung von Medien nicht unbedingt eine Vermehrung von Informationen mit sich bringt, sondern nur die Vervielfältigung der Beiträge aus denselben Quellen[32]. Versieht man diese Befunde mit einer historischen Dimension und verändert das politische Umfeld von einer parlamentarischen Demokratie zu einer Diktatur, dann kann man vermutlich davon ausgehen, daß auf Grund der verstärkten Kanalisation der Informationen, der determinierende Anteil der Öffentlichkeitsarbeit (Pressekonferenz, Presseanweisungen) größer war als er heute noch ist (auch wenn das nur in geringem Umfang möglich ist). Dennoch ist die Überlegung nicht von der Hand zu weisen, daß strukturell die einspurige Informationspraxis die „gelähmte journalistische Recherchekraft" provoziert und die Anweisungen nicht nur ein Instrument der Bevormundung waren, sondern auch ein vorgefundenes Muster journalistischer Arbeitsweise[33]. Gleichwohl darf nicht übersehen werden, daß ab 1933 eine quantitative und qualitative Veränderung der Informationsquellen, die der Mehrheit der Journalisten zur Verfügung standen, eintrat. Die Pressekonferenz wurde zu einer Einrichtung der Regierung, die übrigen staatlichen Informationsquellen wurden offiziell ausgeschaltet, so daß die Zahl der Quellen stark reduziert und eine Konzentration der Informationen ausgelöst wurde.

Die erste Pressekonferenz, damals noch Pressebesprechung genannt, fand am 3. August 1914 „auf Aufforderung des Generalstabs" im Reichstag statt[34]. Sie hatte die Unterrichtung der Journalisten über die Art und Weise der Berichterstattung durch den Generalstab zum Ziel. „Die Ausführungen ... schlossen: „Wir werden nicht immer alles sagen können, aber was wir Ihnen sagen werden, ist

---

[29] ebd., S. 210
[30] ebd., S. 212
[31] ebd.
[32] ebd., S. 214
[33] So berichtet beispielsweise Karl Brammer, daß es bereits vor 1933 eine Differenzierung der Mitteilungen der Regierungsstellen für die Presse gab: 1. Mitteilungen, die veröffentlicht werden konnten; 2. .... die nicht veröffentlicht werden sollten und nur zur Information dienten; 3. ..., die streng vertraulich waren und nicht veröffentlicht werden durften. (IfZ: NG 3070 — Affidavit v. Karl Brammer v. 22. Oktober 1947)
[34] W. Nicolai, Nachrichtendienst, Presse- und Volksstimmung im Weltkrieg, Berlin 1920, S. 51. Nicolai war im 1. Weltkrieg Abteilungschef (III.B) im Generalstab, damit verantwortlich für Nachrichten- und Pressedienst sowie den „vaterländischen Unterricht".

wahr.'""[35] Fast zwei Jahrzehnte später wurde an dieser Stelle der Anspruch auf Wahrheit nicht mehr erhoben. Statt dessen teilte der neue „Meinungsführer" Goebbels den versammelten Journalisten zur Bedeutung und Aufgabe der Presse mit: „Sie müssen nicht nur dafür sorgen, daß die Maßnahmen der Regierung dem Volke mitgeteilt werden, denn dazu hat die Regierung tausend andere Mittel, sondern müssen es als Ihre Aufgabe betrachten, die Maßnahmen der Regierung im Volke verständlich zu machen. Deshalb sehe ich auch in der Aufgabe der täglich hier stattfindenden Pressekonferenz etwas anderes, als bisher hier betrieben worden ist. Selbstverständlich sollen Sie hier Informationen bekommen, aber auch Instruktionen. Sie sollen nicht nur wissen, was geschieht, sondern sollen auch wissen, wie die Regierung darüber denkt und wie Sie das am zweckmäßigsten dem Volke klar machen können."[36]

Die ersten Pressebesprechungen waren das Ergebnis von Überlegungen im Generalstab, wie die Kriegsberichterstattung in den Zeitungen am wirkungsvollsten zu kontrollieren wäre. Den Vorsitz übernahmen abwechselnd Vertreter des Reichsmarineamts, des Oberkommandos und des stellvertretenden Generalstabs. Gleichberechtigt gab es daneben einen Ausschuß, den sich die Pressevertreter gewählt hatten, „der die Interessen der Versammlung gegenüber den Behörden wahrnahm . . . . Unter Vorsitzendem und Ausschuß traten Vertreter der Behörden und der Presse zu völlig freier Aussprache zusammen, deren Inhalt nach Bedarf als vertraulich galt."[37] Diese Informationspraxis wurde bis zum Kriegsende beibehalten und konnte, nachdem der Vorsitz ganz an die Journalisten übergegangen war, ihren Stellenwert so stabilisieren, daß ab 1919 der erste Leiter der „Vereinigten Presseabteilung der Reichsregierung", Ulrich Rauscher (1884—1930) als Gegengewicht den „Presseempfang" einführte, der im Wechsel mit den traditionellen Pressebesprechungen dreimal wöchentlich stattfand. Der Unterschied bestand darin, daß zum „Presseempfang" der Pressechef oder sein Stellvertreter einlud und zu den anderen Terminen die Journalistenversammlung[38]. Qualitativ änderte sich dadurch nichts an der Informationsübermittlung. Auf diese Weise war an sechs Tagen der Woche den Journalisten die Möglichkeit gegeben, sich

---

[35] ebd., S. 52
[36] ZV, 34. Jg. (1933), Nr. 3 v. 18. März 1933, S. 172
[37] W. Nicolai, a.a.O., S. 52. s. a. K. Koszyk, Deutsche Pressepolitik im 1. Weltkrieg, Düsseldorf 1968, S. 186 ff.
[38] P. Bauer, Die Organisation der amtlichen Pressepolitik in der Weimarer Zeit. (Vereinigte Presseabteilung der Reichsregierung und des Auswärtigen Amtes), phil. Diss. Berlin 1962, S. 53 f.
Zur Entstehung und Entwicklung der Presseabteilung des AA seit Bismarck s. W. Boelcke, Presseabteilung und Pressearchive des Auswärtigen Amtes 1871—1945. In: Archivmitteilungen, 9. Jg. (1959), H. 2, S. 43—48. Die 1917 eingerichtete Stelle des „Pressechefs beim Reichskanzler" wurde 1918 mit der des Leiters der Presseabteilung beim Auswärtigen Amt zusammengelegt und die Abteilung unter der Bezeichnung „Vereinigte Presseabteilung der Reichsregierung" weitergeführt. Etatmäßig ressortierte der Pressechef bei der Reichskanzlei und die Abteilung beim AA.

Auskünfte zu verschaffen und über Maßnahmen, Gedanken und Planungen der Reichsregierung zu unterrichten.

Das erste Anzeichen für Veränderungen in der — mittlerweile Pressekonferenz genannten — Institution war eine räumliche Verlegung der Zusammenkunft bereits eine Woche nach der Errichtung des Reichsministeriums für Volksaufklärung und Propaganda und der Ernennung von Joseph Goebbels zum Leiter dieses auf deutschem Boden neuen und bislang einmaligen Amtes[39].

„Die tägliche Reichspressekonferenz... ist am 24. März in das ehemalige Herrenhaus verlegt worden und tagt jetzt im Sitzungssaal des Staatsrates. Fast 19 Jahre hindurch hat sie täglich mittags 12.15 Uhr im großen Gartensaal des Palais Prinz Leopold, dem Sitz der Presseabteilung, stattgefunden."[40] Zwei Jahre später, zum 1. März 1935, stand wieder der „Pompejianische Saal" des Propagandaministeriums für die Pressekonferenzen zur Verfügung[41].

Eine weitere Etappe bei der angestrebten Übernahme des Pressebereichs in den nationalsozialistischen Propagandaapparat war die Umbildung des Journalisten-Ausschusses der Pressekonferenz. In den neuen Ausschuß wurden 4 Nationalsozialisten und 5 Vertreter deutsch-nationaler Zeitungen gewählt, von „Gleichschaltung" kann man bei diesem Vorgang im April 1933 schlecht sprechen[42]. Viel entscheidender war die sogenannte „Neuordnung der Berliner Pressekonferenz" zum 1. Juli desselben Jahres. Die Meldung, die die „Deutsche Presse", das Verbandsorgan der Journalisten, zu diesem Ereignis veröffentlichte, mag als Zeugnis für die Möglichkeiten der Distanzierung gelten: „Die Pressekonferenz, die regelmäßig mittags in Anwesenheit von Mitgliedern der Reichsregierung abgehalten wird, ist aufgelöst worden. Der Leiter der Pressestelle im Propagandaministerium, Dr. Jahncke, teilte nach der erfolgten Auflösung mit, daß er eine neue Konferenz einberufe, die unter seinem Vorsitz stehen werde. Die Bedeutung der Neuord-

---

[39] Zur Organisation, Funktion und Entwicklung der Reichspressekonferenz im Nationalsozialismus s. L. Zöller, Die wirtschaftspolitischen Quellen der Tageszeitung, phil. Diss. Heidelberg 1935, S. 122 ff. Zöller charakterisiert die Pressekonferenzen als „tägliche Fühlungnahme der Reichsregierung mit Vertretern der großen Blätter der Reichshauptstadt und des Reiches". — G. W. Müller, Das Reichsministerium für Volksaufklärung und Propaganda, Berlin 1940 (Schriften zum Staatsaufbau. II. 43) — W. Hagemann, Publizistik im Dritten Reich, Hamburg 1948, S. 316 ff. — Wilhelmplatz Nr. 7—9. Ein Tatsachenbericht über die Tätigkeit des Reichspropagandaministeriums unter besonderer Berücksichtigung des Pressesektors (1. Folge). In: ZV, 47. Jg. (1950), Nr. 7/8 v. 30. April 1950, S. 7—10. — K. D. Abel, Presselenkung im NS-Staat, Berlin 1968, S. 37 ff. — J. Hagemannn, Die Presselenkung im Dritten Reich, Bonn 1970, S. 32 ff. ((Schwerpunkt der Darstellung nach 1939)) — H. Storek, Die dirigierte Öffentlichkeit, Oplanden 1972, S. 57 ff. — E. Schwarzenbeck, Nationalsozialistische Pressepolitik und die Sudetenkrise 1938, München 1979, S. 91 ff.
[40] ZW, 8. Jg. (1933), Nr. 3 v. 15. Mai 1933, S. 184. In eben dies Palais zog das neue Ministerium ein, vgl. H. Heiber, Joseph Goebbels, Berlin 1962, S. 129 f.
[41] ZSg. 110/1/12 v. 27. Februar 1935
[42] s. dazu auch Kapitel 6. Die Journalisten. a) Georg Dertinger, S. 62* und DP, 23. Jg. (1933), Nr. 8 v. 30. April 1933, S. 122

nung liegt darin, daß bisher die Pressekonferenz als ein selbständiges Gebilde in Erscheinung trat, das seinen eigenen Vorsitzenden wählte, der seinerseits wieder durch einen ebenfalls gewählten Verwaltungsausschuß unterstützt wurde. Künftig fällt diese Selbständigkeit weg, und die täglichen Konferenzen, an denen auch in Zukunft festgehalten werden soll, kommen Empfängen bei der Reichsregierung gleich. ... Die Neuordnung stellt also eine Anpassung an die Grundsätze des neuen Deutschland dar, eine Übertragung des Führerprinzips auch in diese Institution."[43] Mit dieser Umgestaltung behielt sich das Ministerium die Möglichkeit vor, die Regeln, nach denen die Pressekonferenzen ablaufen sollten, selbst zu bestimmen. Dazu gehörte auch die Auswahl der Journalisten, die zu den Versammlungen geladen wurden. Wer zur Pressekonferenz zugelassen war und einen Ausweis erhalten hatte, der mußte sich an die neuen Bestimmungen, wie mit den amtlichen Informationen zu verfahren sei, halten, andernfalls drohte der Ausschluß[44]. Rechtzeitig erging von dem Berliner Vertreter der „Frankfurter Zeitung" der Hinweis an die Zentrale: „Die Zeitungen haben Gesuche um Zulassung einzureichen, wobei der Vertreter des Blattes Lebenslauf und polizeiliches Führungszeugnis vorlegen muß."[45] Der daraufhin ausgestellte Ausweis war mit einem Lichtbild ausgestattet, um den Zugang zu kontrollieren. Zu dem täglichen Eintritt-Ritual gehörte außerdem noch die Eintragung in eine Anwesenheitsliste[46]. Ein Jahr später wurden die Zulassungsbestimmungen noch weiter präzisiert. Jeder Konferenzteilnehmer hatte sich schriftlich zu verpflichten, nur die Zeitungen mit Informationen der Pressekonferenz zu beliefern, die in der dazugehörigen Erklärung aufgeführt waren. Es war nicht gestattet, darüberhinaus andere Zeitungen zu informieren. Bei Verletzung dieser Verpflichtung sollte „automatisch der Ausschluß aus der Pressekonferenz und ein ehrengerichtliches Verfahren" erfolgen[47]. Besondere Vorschriften gab es auch für den Umgang mit den Mitteilungen der Pressekonferenz und für ihre Aufbewahrung.

Der Ablauf der einzelnen Pressekonferenzen war folgendermaßen: der stellvertretende Reichspressechef, der jeweilige Leiter der Abteilung Presse im RMVP oder einer seiner Referenten, trug den versammelten Journalisten in knappen Sätzen die Informationen vor, die aus den einzelnen Ministerien oder der Reichskanzlei weitergeleitet worden waren. Auch Anliegen der Partei wurden hier formuliert. Das Auswärtige Amt war durch einen eigenen Sprecher vertreten.

---

[43] DP, 23. Jg. (1933), Nr. 12 v. 30. Juni 1933, S. 181, s. a. ZW, 8. Jg. (1933), Nr. 4 v. 15. Juli 1933, S. 264 und ZV, 34. Jg. (1933), Nr. 27 v. 8. Juli 1933, S. 443

[44] Die nationalsozialistische „National-Zeitung", das Sprachrohr Görings, berichtete in diesem Zusammenhang von einer „scharfen Auslese", die ab sofort vorgenommen werde und legitimierte die Abschaffung der „privaten Konferenzen" mit dem Resumée „Damit hört die bisherige Pressekonferenz... in der jahrelang Juden und Marxisten das große Wort führen konnten, auf zu bestehen." NZ, Nr. 169 v. 22. Juni 1933, S. 3

[45] ZSg. 102/1 v. 20. Juni 1933

[46] vgl. IfZ: NG 3070, Affidavit v. Karl Brammer vom 22. Oktober 1947, S. 3

[47] ZSg. 102/1 v. 8. Juni 1934. Brief des Reichsministers für Volksaufklärung und Propaganda an sämtliche zur Pressekonferenz zugelassenen Schriftleiter. Kommentar des Berliner FZ-Redakteurs: Hier entscheidet nicht mehr die Konferenz!

Jede Meldung wurde anschließend durch den Sprecher erläutert und danach war Gelegenheit für die Journalisten, Fragen zu stellen, die je nach Thema mehr oder weniger ausführlich beantwortet wurden. Im Anschluß an die Konferenzen diskutierten die Teilnehmer meistens noch in kleineren Gruppen die gerade empfangenen Wünsche und Verbote und tauschten zusätzliche Informationen aus. Die Pressekonferenzen waren auch der Ort, wo die vertretenen Zeitungen von der Regierung einer Kritik unterzogen wurden. Blätter, die die Anweisungen vom Vortag in ihrer Ausgabe nicht ausreichend gewürdigt hatten, erhielten eine öffentliche Rüge, andererseits — sehr viel seltener — wurden Zeitungen auch lobend erwähnt, die durch ihre Beiträge oder die Aufmachung dem Propagandaministerium oder anderen offiziellen Stellen positiv aufgefallen waren.

Bei passender Gelegenheit traten die Vertreter anderer Dienststellen persönlich auf, um ihre Anliegen zu erläutern (z.B. aus dem Auswärtigen Amt, Reichswirtschaftsministerium), und im Krieg kam dazu noch der Pressesprecher des OKW zum täglichen Lagebericht[48]. Während die Reichspressekonferenz für die Vertreter von inländischen Tageszeitungen anberaumt wurde, berief das Propagandaministerium ab dem 5. Juli 1933 für die Fachpresse eine eigene „Fachpressekonferenz" ein, die sich mit speziellen Themenkreisen wie Wirtschaft, Finanzen usw. beschäftigte[49].

Auf Grund der anhaltenden Kompetenzstreitigkeiten zwischen dem Auswärtigen Amt und dem Propagandaministerium, die entstanden waren, weil beide Institutionen die Oberaufsicht über die ausländische Presse beanspruchten, wurden schließlich zwei Pressekonferenzen für die Vertreter ausländischer Zeitungen eingerichtet und abgehalten[50]. Während die Hauptaufmerksamkeit der Presseabteilung (IV) des Propagandaministeriums in den ersten Jahren der nationalsozialistischen Herrschaft den inländischen Journalisten galt[51], kam es im Vor-

---

[48] s. dazu weiter unten, S. 38* und E. Fröhlich, Die Kulturpolitische Pressekonferenz des Reichspropagandaministerium. In: VjhZ, 22. Jg. (1974), S. 348 Anm. 9

[49] Dortmunder Zeitung, Nr. 309 v. 6. Juli 1933, S. 3. Später wurde die „Wirtschaftspresse-Konferenz" zur festen Einrichtung.

[50] Zur Auslandspressekonferenz s. a. den Augenzeugenbericht von Howard K. Smith, „Feind schreibt mit". Ein amerikanischer Korrespondent berichtet über Deutschland, Berlin 1982, S. 44 ff. Smith beschreibt hier die Freizügigkeit, in der die Pressevertreter ihrer Arbeit nachgehen konnten, verglichen mit der dreifachen Zensur bei den Rundfunkkommentaren (im Krieg).
Zum Thema „Die Auslandskorrespondenten und ihre Stellung in Berlin" s. a. E. K. Bramsted, Goebbels und die nationalsozialistische Propaganda 1925—1945, Frankfurt/M. 1971, S. 175 ff. Bramsted (S. 177) spricht unter Bezug auf K. D. Abel, Presselenkung im NS-Staat, Berlin 1968, S. 47 mißverständlich von der Einrichtung einer „dritten täglichen Konferenz für ausländische Journalisten". Tatsächlich handelte es sich um drei tägliche Konferenztermine, die von zwei Institutionen (RMVP und AA) angeboten wurden.

[51] Zur „Vernachlässigung" der ausländischen Korrespondenten in dieser Zeit, s. L. P. Lochner, Stets das Unerwartete. Erinnerungen aus Deutschland 1921 — 1953, Darmstadt 1955, S. 247. Zur Informationspraxis vor der Machtübernahme, s. ders., Hinter den Kulissen der amerikanischen Berichterstattung. Teil I und II. In: DP, 21. Jg. (1931), Nr. 7 und 8 v. 14. Februar und 21. Februar, S. 73—76 bzw. 85—88

feld des Krieges zur Aufteilung der Presseabteilung in zwei Unterabteilungen. Nach dem Einmarsch der deutschen Truppen in Österreich wurden die Abteilungen IV a Presse Inland (DP) und IV b Presse Ausland (AP) eingerichtet. Dadurch wurde der Machtbereich des derzeitigen Abteilungsleiters Alfred-Ingemar Berndt (1905—1945) eingeschränkt[52]. Zum Leiter der Abteilung Auslandspresse wurde Professor Dr. Karl Bömer ernannt[53].

In dieser Funktion führte er täglich eine Pressekonferenz für die ausländischen Korrespondenten durch. Goebbels, der dem Auswärtigen Amt am liebsten über die Befugnisse hinaus, die seiner Presseabteilung bei der Institutionalisierung zugewiesen worden waren, auch noch die eigene Presseabteilung streitig gemacht hätte, sah in der neuen Einrichtung eine Möglichkeit, den Konkurrenzkampf zu seinen Gunsten zu entscheiden.

Schwarzenbeck beschreibt ausführlich anhand von Akten des AA die Kompetenzüberschneidungen, die im Bereich der Presseabteilungen des AA und der Presseabteilung der parteiamtlichen „Dienststelle Ribbentrop" im Wettbewerb um die Einflußnahme auf in- und ausländische Journalisten existierten[54]. Besonders aufschlußreich ist die Darstellung der Überlegungen im AA Anfang April 1938, nachdem Karl Bömer zum Leiter der Abteilung IV b (AP) ernannt worden war: Nach den Vorstellungen des AA sollte dem Außenministerium weiterhin die Pressepolitik vorbehalten bleiben, „während die Presseabteilung der Reichsregie-

---

[52] Im Dezember 1938 wurde Berndt durch Hans Fritzsche abgelöst und als Abteilungsleiter zur Abteilung Schrifttum versetzt. Fritzsche war bereits im Juni 1938 zum Stellvertreter Berndts ernannt worden, s. M. Groth, Ein Publizist im Dritten Reich (Hans Fritzsche), M.A.-Arbeit, Münster 1979, S. 55

[53] Karl Bömer (1900—1942) bekleidete dieses Amt von 1938—1941. Er zählte zu den profiliertesten Mitarbeitern des RMVP. Nach dem volkswirtschaftlichen Studium, das er mit einer Dissertation über „Die Entwicklung des münsterschen Bankwesens" (1926) abschloß, wandte sich der Sohn des Direktors der Universitätsbibliothek Münster dem Journalismus zu. 1927 übernahm er die Auslandsabteilung des damaligen „Deutschen Instituts für Zeitungskunde" (später Institut für Zeitungswissenschaft) an der Universität Berlin. Auf vielen Auslandsreisen machte er sich mit der Auslandspresse vertraut. Sein Wissen dokumentierte er in verschiedenen Nachschlagewerken (Bibliographisches Handbuch der Zeitungswissenschaft, 1929. Internationale Bibliographie des Zeitungswesens, 1932. Handbuch der Weltpresse, 2. Aufl. 1931, 3. Aufl. 1937. Das Internationale Zeitungswesen, 1934). Ab 1933 betätigte er sich verstärkt in der Lehre, 1935 Lehrauftrag für ausländisches Zeitungswesen, Universität Berlin, 1937 a. o. Professor der Zeitungswissenschaft, 1937/38 kam er in die Presseabteilung des Auswärtigen Amtes, ab 5. April 1938 Leiter der neuen Abteilung Auslandspresse im RMVP. Mai 1941 verbreitete er auf einem Empfang der bulgarischen Botschaft unter Alkoholeinfluß geheime Informationen, die auf den Überfall auf die Sowjetunion hindeuteten; vom Volksgerichtshof wegen „fahrlässigen Landesverrats" zu drei Jahren Gefängnis verurteilt. Nach einem Jahr an die Ostfront geschickt, starb er am 22. August 1942 nach einer Verletzung, die eine Amputation erforderlich machte, im Lazarett in Krakau. Vgl. ZV, 43. Jg. (1942), H. 35, S. 277. — Walther Heide, Karl Bömer zum Gedächtnis. In: ZW, 17. Jg. (1942), H. 9, S. 431—440. — Kriegspropaganda 1939—1941, hrsg. v. Willi A. Boelcke, Stuttgart 1966, S. 69 ff.

[54] E. Schwarzenbeck, Nationalsozialistische Pressepolitik und die Sudetenkrise 1938, München 1979, S. 140 ff. (5. Kapitel: Der Pressepolitische Apparat des Auswärtigen Amtes)

rung für deren technische Durchführung entsprechend den Wünschen bzw. Anordnungen des Außenministers Sorge trägt"[55].

Es gibt eine ganze Reihe von Darstellungen ausländischer Korrespondenten, die die Zeit des Nationalsozialismus in Deutschland miterlebt haben[56]. Aus diesen Beschreibungen wird deutlich, daß die Informationen aus der Pressekonferenz des Auswärtigen Amtes bei den Korrespondenten für glaubwürdiger gehalten wurden als die aus dem Propagandaministerium. Es liegen keinerlei Belege darüber vor, daß bereits vor 1938 Pressekonferenzen für die Auslandskorrespondenten stattgefunden haben, die Nachrichten- und Informationsbeschaffung erfolgte über Telefonkontakte zum Auswärtigen Amt[57] und über Einzelgespräche mit den Vertretern des Ministeriums.[58, 59]

Eine weitere Form der Unterrichtung von ausländischen Journalisten war durch Abendgesellschaften gegeben, zu denen einerseits der „Verein der ausländischen Presse" Repräsentanten der Behörden einlud[60], andererseits organisierten

---

[55] PA: Presse-Abt. 484/5 Aufzeichnung über eine Besprechung mit Ges. Aschmann, Berlin den 7. April 1938, S. 1 zit. n. Schwarzenbeck a.a. O., S. 151

[56] Louis P. Lochner (1887–1975) kam 1924 nach Berlin, wo er Mitarbeiter bei der amerikanischen Nachrichtenagentur Associated Press wurde. 1928 übernahm er die Leitung, die er bis zu seiner Internierung Anfang 1942 behielt. Er war lange Jahre Vorsitzender des „Vereins der ausländischen Presse". Seine Eindrücke und Erfahrungen in und mit Deutschland faßte er zusammen in seinem Buch „What about Germany?" New York 1942. 1948 gab er die Goebbels-Tagebücher (1942–1943) heraus und versah sie einleitend mit persönlichen Erinnerungen, die einen Teil seines Erinnerungsbuchs „Stets das Unerwartete. Erinnerungen aus Deutschland 1921–1953", Darmstadt 1955, ausmachten. Andere Auslandskorrespondenten waren George Ward Price (Daily Mail), Extra-special Correspondent, London u. a. 1957. – William L. Shirer (Herald Tribune/CBS), Berlin Diary, New York 1941. – Howard K. Smith (CBS/United Press), Last Train from Berlin, London 1942 (dt.: Feind schreibt mit. Berlin 1982). – Hermann Böschenstein (Basler Nachrichten), Vor unseren Augen, Bern 1978. – Wilhelm Kalberer (Schweizer Journalist), Ich sprach mit Hitler, Himmler, Goebbels, St. Gallen 1945

[57] s. W. L. Shirer, Berlin Diary, a.a.O., S. 49

[58] ebd. S. 73

[59] Keinerlei Angaben zur Information der Auslandskorrespondenten machte der Leiter der Presse- und Nachrichtenabteilung des Auswärtigen Amtes, Paul Karl Schmidt, in seiner Erklärung zur „Presseführung", abgdr. in: L. Poliakov u. J. Wulf, Das Dritte Reich und seine Denker, Berlin 1959, S. 445 ff.
Für die Weimarer Republik liegen Schilderungen von Tee-Empfängen für die ausländischen Journalisten vor, die einmal wöchentlich (freitags) veranstaltet wurden. Diese Gelegenheiten nahm als erster Außenminister Stresemann zur informellen Unterrichtung der ausländischen Presse wahr, und Julius Curtius als sein Nachfolger folgte ihm in diesem Brauch. Darüberhinaus vermittelte die Presseabteilung der Reichsregierung den ausländischen Korrespondenten Interviewtermine mit Ministern. s. dazu A. Lückenhaus, Von draußen gesehen. Bericht eines deutschen Auslandskorrespondenten aus Großbritannien, den Vereinigten Staaten von Amerika, Japan und China 1924 bis 1945, Düsseldorf 1955, S. 56 f. – J. Curtius, Sechs Jahre Minister der Deutschen Republik, Heidelberg 1948, S. 149 f. – W. Zechlin, Pressechef bei Ebert, Hindenburg und Kopf. Erlebnisse eines Pressechefs und Diplomaten, Hannover 1956, S. 13

[60] L. P. Lochner, Stets das Unerwartete, S. 249

Parteivertreter Stammtischabende für die ausländischen Journalisten[61]. Daneben wurden Besichtigungsfahrten für die Korrespondenten arrangiert, um ihnen die neuen nationalsozialistischen Errungenschaften oder Einrichtungen wie Arbeitslager oder Flughäfen so nahe wie möglich zu bringen[62].

Lediglich zu besonderen Anlässen wurden sogenannte Sonderkonferenzen im Auswärtigen Amt abgehalten, etwa bei Interventionen Deutschlands im spanischen Bürgerkrieg[63] oder bei der Wiedereinführung der allgemeinen Wehrpflicht (März 1935)[64] und beim Abschluß des Anti-Komintern-Paktes zwischen Japan und Deutschland[65].

Natürlich wurden die ausländischen Redaktionen mit dem offiziellen DNB-Material versorgt. Es war aber grundsätzlich verboten, Informationen aus der Pressekonferenz für die deutsche Presse an Auslandskorrespondenten weiterzugeben[66]. Bis zur Aufteilung der Presseabteilung im April 1938 war Wilfrid Bade der zuständige Referent für die Auslandspresse und er war darauf bedacht, die Berichte der Journalisten (nach ihrem Abdruck) auf Linientreue zu überprüfen[67].

Im April 1938 wurde die Neuordnung im Pressebereich des Propagandaministeriums, die durch die Ernennung des Parteipressechefs Otto Dietrich zum Reichspressechef und Staatssekretär im RMVP (Januar 1938) eingeleitet worden war, fortgeführt, indem eine Aufteilung der Presseabteilung in Deutsche Presse (DP) und Ausländische Presse (AP) vorgenommen wurde. Die Betreuung der Auslandskorrespondenten wurde intensiviert, nicht zuletzt, weil auf Grund der angespannten außenpolitischen Situation eine geregelte Informationskontrolle vonnöten war. Man richtete eine Pressekonferenz für die ausländischen Journalisten ein, die daneben auch eine Pressekonferenz des Auswärtigen Amtes wahrzunehmen hatten. Die Konferenz des Propagandaministeriums fand zweimal täglich

---

[61] Übereinstimmend berichten die Korrespondenten von den Bierabenden, die Rosenberg veranstaltete, um den Kontakt zur ausländischen Presse aufrecht zu erhalten, vgl. H. Böschenstein, a.a.O., S. 61. — W. L. Shirer, Berlin Diary, a.a.O., S. 24.

[62] W. L. Shirer, Berlin Diary, a.a.O., S. 64 „Dem Auslandskorrespondenten im Dritten Reich stellte sich dauernd die Frage, ob es einen Sinn habe, Einladungen zu Kundgebungen aller Art Folge zu leisten, denn ausnahmslos mündeten sie in eine mehr oder weniger aufdringliche Propaganda für das Regime und seine Machthaber." H. Böschenstein, a.a.O., S. 82

[63] W. L. Shirer, Berlin Diary, S. 74

[64] ebd., S. 28

[65] ebd., S. 69

[66] Sowohl Lochner (1935) als auch Shirer (1936) berichten davon, daß ein Teilnehmer der Inlands-Konferenz die Presseanweisungen an Auslandskorrespondenten weitergegeben habe, und in beiden Fällen wurden die Angeklagten vom Volksgerichtshof zum Tode verurteilt, die Strafe anschließend aber in lebenslänglich umgewandelt. L. P. Lochner, What about Germany? a.a.O., S. 259. — W. L. Shirer, Berlin Diary, a.a.O., S. 44

[67] W. L. Shirer, Berlin Diary, a.a.O., S. 44. Überhaupt scheint die Überwachung der ausländischen Presse nicht so streng gewesen zu sein wie die der übermittelten Rundfunkbeiträge. S. dazu W. L. Shirer, Berlin Diary, a.a.O., S. 73 und H. K. Smith, Feind schreibt mit, a.a.O., S. 44 ff.

statt, einmal am späten Vormittag und einmal am Nachmittag. In der Mittagszeit wurde die Konferenz des AA abgehalten[68].

In der zweiten täglichen Konferenz des RMVP wurden die Lageberichte des Oberkommandos der Wehrmacht (OKW) präsentiert. Im Mai 1944 erschien ein Artikel in der schweizerischen Tageszeitung „Die Tat", der die 4000. Auslandspressekonferenz in Berlin zum Thema hatte. Er legt die Vermutung nahe, daß die Pressekonferenzen des Auswärtigen Amtes auch erst sehr spät eingeführt wurden[69].

Für die Redakteure und Korrespondenten deutscher Zeitschriften wurde 1936 eine „Kulturpolitische Pressekonferenz" eingerichtet[70]. Während die erste Konferenz dieser Art am Freitag, dem 24. Juli, stattfand — eine Woche vor Beginn der Olympischen Spiele — sollten die nachfolgenden Veranstaltungen regelmäßig donnerstags „im Anschluß an die große Konferenz" um 13 Uhr abgehalten werden[71].

Einige Monate später (am 26. November) wurde jegliche Kunstkritik verboten und die Kunstbetrachtung eingeführt[72]. Die kulturpolitische Uniformierung wurde fortgesetzt mit der Herausgabe des „Zeitschriften-Dienst". Die wöchentliche Korrespondenz enthielt Berichte und Meldungen des Propagandaministeriums für die Zeitschriften mit genauen „Ausrichtungen" wie ein Thema zu behandeln sei, angelehnt an die Presse-Anweisungen für die Tagespresse. Die Informationen des Zeitschriften-Dienstes unterlagen strengster Geheimhaltung. Der ersten Nummer war ein „Merkblatt für die Behandlung des Zeitschriften-Dienstes" beigefügt, das besagte: „1. Dieses Merkblatt ist genau durchzulesen... 4. Nur die vom Herausgeber ausdrücklich zugelassenen Empfänger dürfen den Dienst zu Gesicht bekommen. 5. Die Nummern sind in der Reihenfolge ihres Erscheinens abzuheften und unter sicherem Verschluß zu halten...."[73] Schließlich

---

[68] Die Angaben über den genauen Zeitpunkt differieren, vgl. L. P. Lochner, What about Germany? a.a.O., S. 310. — D. Sington und A. Weidenfeld, The Goebbels Experiment, New Haven 1943, S. 105. Die Differenz kann möglicherweise mit kriegsbedingten Verschiebungen erklärt werden, von denen auch die Pressekonferenzen für die deutsche Presse betroffen wurden, die üblicherweise um 12 Uhr angesetzt waren, im Laufe des Krieges aber immer später durchgeführt wurden.

[69] Von der Berliner Auslandspresse. Die Tat, Nr. 117 v. 8. Mai 1944, S. 2. Von den genannten 4000 Konferenzen sollte jeweils die Hälfte auf das RMVP und auf das AA fallen. Geht man davon aus, daß das Propagandaministerium 2 mal täglich einlud, erscheint diese Zahl bezogen auf 7 Jahre etwas zu niedrig. Immerhin war die Angabe der „Union nationaler Journalistenverbände", einer von Nationalsozialisten geführten Vereinigung, wichtig genug, um sie in ihrem „Nachrichten- und Informationsblatt" (NIU), (Nr. 7, Mai/Juni 1944, S. 33) aufzugreifen.

[70] vgl. E. Fröhlich, Die Kulturpolitische Pressekonferenz des Reichspropagandaministeriums. In: VjhZ, 22. Jg. (1974), H. 4, S. 347—381. — D. Strothmann, Nationalsozialistische Literaturpolitik, Bonn 1960, S. 294 ff.

[71] s. ZSg. 102/62 v. 22. Juli 1936: Brief des RMVP an den Vertreter auf der Kulturpolitischen Pressekonferenz. (hektogr.)

[72] s. dazu D. Strothmann, Nationalsozialistische Literaturpolitik, Bonn 1960, S. 271 f.

[73] Zeitschriften-Dienst, Nr. 1 v. 9. Mai 1939

wurde die Zeitschriftenpresse ganz aus der mittlerweile gebildeten Abteilung Deutsche Presse ausgegliedert. Im Juli 1941 wurde Wilfrid Bade, der langjährige Referent im RMVP, zum Leiter der Abteilung ernannt, die im Juni 1944 die Bezeichnung Zeitschriften- und Kulturpresse erhielt. Eine zusätzliche Pressekonferenz entstand im Jahr 1937 für die Journalisten der Tagespresse, die sogenannte Glossenkonferenz, die keine festumrissene Zielsetzung hatte[74]. Auf dieser Konferenz ging es weniger um Nachrichten als vielmehr um deren Auslegung und damit zu verbindende Kommentare. Sie fand vor oder nach der großen Konferenz im Zimmer des Regierungssprechers statt und war zunächst keine regelmäßige Veranstaltung, an der nur einige der 150 Journalisten, die zur Reichspressekonferenz kamen, teilnahmen[75]. Teilweise wurden bei dieser Gelegenheit Anregungen und Kommentare der Regierung lanciert, die in Form von Glossen der Öffentlichkeit und so auch dem Ausland unterbreitet wurden, auf der anderen Seite war die Offenheit der Regierungssprecher beim Gespräch im kleinen Kreis größer als in der Hauptkonferenz und brachte dadurch auch abweichende bzw. differenziertere Stellungnahmen zu dem tatsächlichen Sachverhalt einzelner Ereignisse zutage. Der Umgang mit den Informationen der Glossenkonferenz wurde ähnlich restriktiv gehandhabt wie mit den täglichen Presseanweisungen.

3. Die Anweisungen an die Presse

Dreieinhalb Monate nach der „Neuordnung der Reichspressekonferenz" sah sich der Propagandaminister genötigt, in die aktuelle Gestaltung der deutschen Tagespresse einzugreifen, nachdem er durch das Schriftleitergesetz vom 4. Oktober 1933 signalisiert hatte, daß ihm an einer leicht kontrollierbaren Presse gelegen war. Für diese Zielsetzung scheute er auch nicht vor der Disziplinierung der parteieigenen Presse zurück, deren Vertreter, ermutigt durch die neuen Machtverhältnisse, manchmal bei der Formulierung ihrer Artikel über die Stränge schlugen. Auf der Pressekonferenz vom 20. Oktober 1933 wurde den Journalisten mitgeteilt, welches Selbstverständnis ihnen Goebbels zugedacht hatte und welche Konsequenzen für sie und ihre Arbeit damit verbunden waren: „Man will nicht, daß überall einheitlich geschrieben wird, man will, daß die Presse ihr lebendiges Gesicht behält, aber die konkreten Anweisungen der Regierung und die Gesamtlinie müssen unter allen Umständen innegehalten werden. Das bedeutet praktisch, daß bis in die kleinsten Einzelheiten hinein die Regierungsweisungen die stärkste Berücksichtigung erfahren müssen. Der Leiter der Pressekonferenz, Ministerialrat Dr. Jahncke, hat heute mitgeteilt, daß die Regierung entschlossen sei, alle Schriftleiter, insbesondere die Chefredakteure, persönlich zur Verantwortung zu ziehen,

---

[74] s. dazu F. Sänger, Politik der Täuschungen, Wien 1975, S. 225, Fn. und E.K. Bramsted, Goebbels und die nationalsozialistische Propaganda 1925–1945, a.a.O., S. 153
[75] Nach F. Sänger waren das überwiegend Vertreter von Reichszeitungen und nicht von Berliner Zeitungen. Brief v. 30.4.83

wenn irgendwelche Verstöße passieren.... Ich ((d. i. Dertinger)) darf ... hinweisen, daß die Mitglieder der Pressekonferenz in Berlin nicht wie früher als Vertreter ihrer Zeitungen gegenüber der Regierung gelten, sondern umgekehrt auch die Vertrauensmänner des Ministers Goebbels gegenüber den Zeitungen sind und daß ihren Anweisungen usw. eine Art amtlicher Charakter zukommt."[76] Verbunden mit diesem „amtlichen Charakter" war eine Geheimhaltungsstrategie, deren Umsetzung und Terminologie[77] für einige Verwirrung unter den Journalisten sorgte. Ludwig Zöller unterscheidet in seiner Dissertation aus dem Jahr 1935 drei Gesichtspunkte, unter denen die Mitteilungen der Pressekonferenz ausgegeben wurden: 1. für die Veröffentlichung zu verwerten, 2. vertraulich, aber zur Weitergabe an die Redaktion, 3. streng vertraulich, nur für die Mitglieder der Pressekonferenz[78]. Nach Karl Brammer war diese Dreiteilung schon vor 1933 auf der Pressekonferenz praktiziert worden[79]. Am 11. Juli 1933 wurde den großen Nachrichtenagenturen das Recht entzogen, die Anweisungen des Propagandaministeriums zu übernehmen[80], weil sich herausgestellt hatte, daß auf diesem Wege Informationen ins Ausland gelangt waren. Diese Regelung[81] wurde bereits im August stillschweigend wieder rückgängig gemacht. Ein Grund dafür dürfte die projektierte Zusammenlegung der beiden großen Nachrichtenbüros Wolff's Telegraphisches Büro (WTB) und Telegraphen-Union (TU) zum Deutschen Nachrichtenbüro (DNB) gewesen sein, die zum 1. Januar 1934 realisiert wurde. Danach hatte das Nachrichtenbüro, das als Privatunternehmen geführt wurde, „halbamtlichen Charakter" und war deshalb besser einzusetzen und zu kontrollieren[82]. Zwei Tage vor der Veröffentlichung des Schriftleitergesetzes wurde ein Exempel statuiert, das die Teilnehmer der Pressekonferenz einschüchterte und Gelegenheit bot, ihren Umgang mit den „streng vertraulichen Informationen der Reichsregierung" noch einmal gründlich zu überprüfen und notfalls neu zu regeln[83]. Eine Korrespondenz war verboten worden und dem verantwortlichen Redakteur war die Zulassungskarte zur Pressekonferenz entzogen worden, weil er die Vertraulichkeit der Information nicht respektiert hatte. Als

---

[76] ZSg. 101/1/132a ff. v. 20. Oktober 1933
[77] vgl. dazu auch die Begriffsunsicherheit bei K. D. Abel, Presselenkung im NS-Staat, a.a.O., S. 50 ff. (Die schriftlichen Anweisungen der Presselenkungsstellen). J. Hagemann, Die Presselenkung im Dritten Reich, a.a.O., S. 36 ff. Hagemann, der bei der Schilderung von Organisationen und Strukturen schwerpunktmäßig die Kriegszeit wiedergibt, ohne das allerdings sonderlich zu vermerken, hält sogar die als Wandzeitung ab 1936 konzipierte „Parole der Woche" für eine Variante der Tagesparole (s. weiter unten), die angeblich für die Zeitschriftenpresse ausgegeben wurde (S. 38).
[78] L. Zöller, Die wirtschaftspolitischen Quellen der Tageszeitung, a.a.O., S. 122
[79] IfZ: NG 3070, Affidavit v. Karl Brammer v. 22. Oktober 1947, S. 4
[80] ZSg. 101/1/56 v. 11. Juli 1933
[81] s. dazu auch Kapitel 8. Stationen der Presselenkung, S. 108*
[82] Handbuch der deutschen Tagespresse, 5. Aufl. 1934, S. 292
Zu den Anfängen des DNB s.a. H. Lorenz, „Such is life". In: 1933: Wie die Deutschen Hitler zur Macht verhalfen. Ein Lesebuch für Demokraten. Hrsg. v. I. Brodersen, K. Humann, S.v. Paczensky, Reinbek 1983, S. 222—265
[83] ZSg. 101/26/555 — 556 v. 2. Oktober 1933

Konsequenz wurde den Journalisten „nahegelegt, keinerlei vertrauliche Mitteilungen telefonisch weiter zu geben, sondern diese nur innerhalb eines geschlossenen Briefes den Chefredakteuren persönlich zu übermitteln." Seitens der Regierung wurde sogar daran gedacht, zu dem sich in Vorbereitung befindlichen Schriftleitergesetz ein Zusatzprotokoll herauszugeben, in dem die Verantwortlichkeit der Mitglieder der Pressekonferenz geklärt werden sollte. Die Vertreter der Dienatag[84] sahen sich daraufhin gezwungen, eine Unterteilung in „streng vertrauliche" Mitteilungen und in „technische Anweisungen" vorzunehmen. Die schriftlich übermittelten vertraulichen Bestellungen der ersten Kategorie, die an die Chefredakteure gerichtet wurden, sollten „noch sorgfältiger geheim(ge)halten (werden) als bisher". Die Anweisungen der zweiten Kategorie wurden als „allgemeine Bestellungen" bezeichnet, „die für den Tagesdienst wichtig sind" und „oft auch eine gewisse Vertraulichkeit verlangen". Die in der Pressekonferenz vom 20. Oktober präzisierte „Vertrauensmänner"-Position klang bereits Anfang des Monats an: „Wir bitten insbesondere die politischen Sachbearbeiter nachdrücklich darauf hinzuweisen, daß eine Umgehung dieser aus staatspolitischen Gründen notwendigen Anordnungen uns als Mitglieder der Pressekonferenz außerordentlich gefährlich werden kann". Darüber hinaus behielt sich das Berliner Büro vor, „bei außergewöhnlich vertraulichen Mitteilungen ... die maßgebenden Herren lediglich mündlich bei ihrer gelegentlichen Anwesenheit in Berlin zu unterrichten."

An der Ungenauigkeit der einzelnen Definitionen und Zuordnungen kann man ablesen, daß das Dilemma vorprogrammiert war. Tatsächlich war die Abwicklung der Informationsübermittlung anschließend — nach einer kurzen Übergangsphase — bei der Dienatag einheitlicher, gestraffter, die Texte in einzelne Punkte unterteilt und ab dem 23. Oktober sogar durchnumeriert und mit den Paraphen der Mitarbeiter abgezeichnet. Um den Stellenwert der Anweisungen im Meinungsbildungs- und -lenkungs-Plan des Propagandaministeriums noch genauer einschätzen zu können, ist eine Anweisung vom 21. September 1933 von Bedeutung, die besagte, „daß die außenpolitischen Anweisungen unter allen Umständen Beachtung finden müßten und daß vor allem die Berichte der Auslandskorrespondenten unter den Gesichtspunkten der Berliner Regierungsanweisungen nachgeprüft und mit ihnen in Einklang gebracht werden müßten."[85] Anders ausgedrückt bedeutete das, daß den Berichten der Journalisten vor Ort weniger Glauben zu schenken war als den regierungsamtlichen Äußerungen zum selben Thema.

Der Primat der Anweisungen der Pressekonferenz vor allen anderen Informationen wurde im Laufe der Jahre immer wieder festgestellt und bestätigt[86]. Eine Einschränkung dieser Maßgabe war nur unter bestimmten Bedingungen möglich, beispielsweise „bei lokalem Interesse" war für „ein an sich verbotenes Thema mit

---

[84] s. dazu Kapitel 6. Die Journalisten. a) Georg Dertinger, S. 60* ff.
[85] ZSg. 101/1/103 (4.) v. 21. September 1933
[86] ZSg. 102/1/70 (1) v. 18. Januar 1935, (zit. bei ZSg. 101/5/14/Nr. 1044 v. 18. Januar 1935)

Rücksicht auf die örtlichen Verhältnisse... eine Befreiung von dem Verbot zu erlangen."[87] Im Oktober 1934 wurden auf Wunsch von Goebbels „allen deutschen Schriftleitern" ... „Richtlinien für die Gesamthaltung der deutschen Presse" bekanntgegeben mit dem Hinweis „es ist erwünscht, schon im Hinblick auf eventuelle Entstellungen in der feindlichen Emigranten- und Judenpresse, daß darüber, ohne auf interne Einzelheiten einzugehen, in der Presse berichtet wird."[88] In diesen Richtlinien werden grundsätzliche Erklärungen zu der vom Ministerium gewünschten Presseberichterstattung zusammengefaßt: „Die nachstehenden Richtlinien sollen jedem deutschen Schriftleiter ein Vademecum sein bei seinem Bemühen, den richtigen Weg zu diesem neuen Pressestil zu finden."[89] Zur Innen-, Außen-, Wirtschaftspolitik werden 15 Statements gegeben und erläutert, z.B. „6. Der Führer und die Regierung haben ihren Auftrag vom Volke... Es ist daher eine Erörterung über die Staatsform untragbar" oder „7. Es ist dringend erwünscht, die Prozeßberichterstattung dem Geiste der neuen Zeit anzupassen... 8. Die Kirchenfrage ist heute in Deutschland entschieden. 9. Die deutsche Presse soll beispielgebend für die Presse der Welt sein... Ich habe daher auch die Aufführung des Films über die Ermordung des Königs Alexander von Jugoslawien und des französischen Außenministers Barthou in Deutschland untersagt."[90] Die Ambivalenz, mit der die Richtlinien von den Journalisten aufgenommen wurden, spiegelt sich wieder in einem vom Chefredakteur der „Deutschen Allgemeinen Zeitung", Karl Silex, verfaßten Leitartikel „Unser öffentliches Amt", in dem er die Richtlinien vorstellt und kommentiert. Er schließt: „Wir haben den Leser ein wenig hinter die Kulissen geführt. Denn es ist nötig, daß unser öffentliches Amt auch öffentlich verstanden werde."[91] Im Juli 1936 wurde erneut seitens des Propagandaministeriums versucht, das leidige Thema des Umgangs mit den „vertraulichen Mitteilungen" durch die Aufstellung von neuen „Richtlinien" in den Griff

---

[87] ZSg. 101/3/184/Nr. 471 v. (21. April 1934)
[88] Richtlinien für die Gesamthaltung der deutschen Presse, o. O. (1934), S. 7; vgl. dazu auch den gleichnamigen Aufsatz von W. B. Lerg in: Gazette, Vol. 8 (1962), Nr. 3, S. 228—245. Die Datierung von Lerg (November 1934) stützt sich auf die Veröffentlichung in DP, 24. Jg. (1934), H. 44 v. 3. November 1934, S. 11 und die handschriftliche Angabe in der Broschüre von H. Traub, aus dessen Nachlaß das von Lerg benutzte Exemplar stammt. Da Traub zu dieser Zeit nicht Schriftleiter war, ist er vermutlich erst im Laufe des Novembers in den Besitz der Broschüre gekommen. Nach dem Silex-Artikel (s. u.) der montags erschien, ist der zeitliche Abstand zum 1. Reichspressetag des RDP nicht „nur wenige Tage" (S. 233), sondern 3 Wochen.
[89] Richtlinien..., a.a.O., S. 1
[90] Richtlinien..., a.a.O., S. 3 ff.
Es handelte sich hier, nicht wie von Lerg vermutet wird, um den Film „Dreißig Jahre Weltgeschehen", einen deutschen Dokumentarfilm, der zur Aufführung gelangte (s. Der Deutsche, Nr. 270 v. 18. November 1934, S. 9), sondern um die Aufnahmen ausländischer Wochenschauen, die von Goebbels bereits am 11. Oktober — 2 Tage nach dem Attentat — „aus Gründen des internationalen Taktes" verboten worden waren (s. FZ, Nr. 520 v. 12. Oktober 1934, S. 2).
[91] Sx., Unser öffentliches Amt. DAZ (Berliner Ausg.), Nr. 506 v. 29. Oktober 1934 (A.A.), S. 1 (=R. A., Nr. 505—506 v. 30. Oktober 1934, S. 1)

zu bekommen[92]. Danach war das Verfahren ganz genau vorgegeben: „Das täglich von den Vertretern der Pressekonferenz . . . eingehende vertrauliche Material ist entweder in einer Redaktionskonferenz mündlich bekanntzugeben oder im Umlauf verschlossen in einer Ledermappe denjenigen Schriftleitern zuzuleiten, die unbedingt von ihnen Kenntnis haben müssen. . . . Ältere und überholte vertrauliche Mitteilungen können nach angemessener Frist vernichtet werden. Über die Vernichtung, die durch Verbrennen oder durch Papierwolf geschehen muß, muß ein Protokoll angefertigt werden, das von dem Hauptschriftleiter und einem Zeugen zu unterzeichnen ist." Die „sachgemäße Behandlung und Aufbewahrung" des Materials konnte „jederzeit durch einen Beauftragten der Presseabteilung der Reichsregierung nachgeprüft werden". In Verbindung mit diesen Richtlinien war von den betroffenen Hauptschriftleitern ein „Verpflichtungsschein" zu unterschreiben, daß sie bei Aufgabe der Stellung die „Richtlinien innerhalb von drei Tagen an die Stelle zurückreichen, die sie mir übergeben hat." Außerdem mußten sie die Einhaltung der Richtlinien für die ganze Redaktion garantieren. Es gibt allerdings keinerlei Belege darüber, wie es um die Durchführung der Aufbewahrung bzw. Vernichtung bei den einzelnen Heimatredaktionen bestellt war. Die Tatsache, daß nur drei Sammlungen der aufgezeichneten Anweisungen überliefert sind, muß nicht unbedingt ein Beweis dafür sein, daß sich alle Redaktionen und Redakteure an die Anordnungen gehalten haben. Auf der anderen Seite können nicht ausschließlich Kriegseinwirkungen dafür verantwortlich gemacht werden, daß nicht mehr Sammlungen erhalten geblieben sind, denn beispielsweise ist die Sammlung Sänger (ZSg. 102) überliefert, obwohl das gesamte Verlags-Archiv verbrannt ist und die Sammlung der Dienatag (ZSg. 101), obwohl das Bürogebäude ausgebombt wurde.

Nicht überliefert sind leider auch die amtlichen Protokolle der Pressekonferenzen[93], die als Grundlage für die Presseanweisungen dienten, die im Anschluß an die Pressekonferenzen über die Landesstellen des RMVP (ab September 1937 Reichspropagandaämter) per Fernschreiber an die Provinzzeitungen weitergeleitet wurden[94], denen kein Berliner Korrespondent zur Verfügung

---

[92] Richtlinien für die Behandlung vertraulicher Mitteilungen der Presseabteilung der Reichsregierung vom 22. Juli 1936, IfZ: 1140/53 zit. n. J. Hagemann, Presselenkung im Dritten Reich, S. 98. Dort weitere Angaben zu „Geheimhaltung, Zensur und Maßregelung", S. 48 ff. Die „Richtlinien" sind auch abgedruckt bei J. Wulf, Presse und Funk im Dritten Reich, Gütersloh 1964, S. 80. Die Journalisten selbst bezeichneten die Informationen, die sie von der Pressekonferenz an die Heimatredaktionen übermittelten als „Bestellungen" (ZSg. 101) oder „Ausrichtung" (ZSg. 102).

[93] vgl. auch ZSg. 102/1/64 v. 3. November 1934
Im Bundesarchiv befinden sich solche hektographierten Aufzeichnungen nur für die Jahre 1944/45: R 34/26—27 Pressekonferenzen (Geheimakten). Außerdem sind für die Zeit 1939—1945 die auf diesem Wege verbreiteten Presseanweisungen des Reichspropagandaamtes Hessen-Nassau erhalten geblieben. Das Material ist im Besitz des Instituts für Publizistik, Münster, und als Depositum im Bundesarchiv unter der Signatur ZSg. 109 (Sammlung Oberheitmann).

[94] vgl. O. Rentrop, Die Reichspropagandaämter. In: ZW 13. Jg. (1938), Nr. 1, S. 6. — (F. Schmidt), Presse in Fesseln, Berlin 1948, S. 224

stand. Im weiteren Verlauf der Kompetenzstreitigkeiten zwischen Goebbels und Dietrich setzte sich der neue Reichspressechef und Staatssekretär im RMVP im November 1940 mit einer sogenannten „Tagesparole" durch, deren Formulierung er sich selbst vorbehielt, um seinen Einfluß auf die Presselenkung geltend zu machen. Bald nach Kriegsbeginn hatte Goebbels seine „Ministerkonferenz", auf der die Pressekonferenz mit allen möglichen Referenten und Verbindungsleuten vorbereitet wurde, zur festen Einrichtung gemacht[95]. Otto Dietrich, der sich meistens im Führerhauptquartier aufhielt und deswegen keinen direkten Kontakt zu den Vertretern der deutschen Presse hatte, versuchte sich über die Tagesparole seinen Anteil an der Informationspolitik zu sichern. Sie wurde täglich telefonisch übermittelt, schriftlich fixiert und auf der Pressekonferenz verlesen[96]. Sie unterlag denselben Geheimhaltungsvorschriften wie die Presseanweisungen und sie war genauso verbindlich. Tatsächlich war ihre Einführung letztlich für die Journalisten keine Neuerung in der Sache, sondern lediglich ein neues Etikett für ein bekanntes Verfahren. Der Unterschied bestand nur darin, daß ein Teil der Anweisungen als von Otto Dietrich veranlaßt gekennzeichnet wurde; das konnten eine oder mehrere Meldungen sein[97]. Wichtig war für Dietrich nur, daß er namentlich auf der Pressekonferenz vertreten war. Die anschließenden Ausführungen und Erläuterungen unterschieden sich in nichts von denen für die übrigen Presseanweisungen.

Zur Überlieferung der Presseanweisungen

4. Überlieferte Sammlungen der Presseanweisungen (Forschungsstand)

Eine der ersten umfassenden Beschreibungen der nationalsozialistischen Meinungslenkung wurde noch während des Krieges veröffentlicht[98]. Das erstaunlich faktenreiche Buch gibt auf Grund von deutschen Hörfunk-Sendungen, deutschen Zeitungen und Zeitschriften und deutschen amtlichen Veröffentlichungen zur Organisation im Medienbereich eine Übersicht über die NS-Publizistik, wobei

---

[95] s. dazu Kriegspropaganda 1939—1941. Geheime Ministerkonferenzen im Reichspropagandaministerium, hrsg. v. Willi A. Boelcke, Stuttgart 1966
[96] vgl. H. Sündermann, Tagesparolen. Deutsche Pressweisungen 1939—1945. Hitlers Propaganda und Kriegführung, hrsg. v. G. Sudholt, Leonie am Starnberger See 1973, S. 15 Anm. Sündermann (1911—1972) nimmt die Einführung der Tagesparole für sich in Anspruch: „Ich hatte dem Reichspressechef Dr. Dietrich, dessen Stabsleiter für den Bereich der Reichspressestelle der NSDAP ich seit 1937 war, im Oktober 1940 die Einführung der gegenüber dem bisherigen Verfahren prägnanteren „Tagesparole" vorgeschlagen und war dann von ihm zum Sachbearbeiter für diese neue Einrichtung bestimmt worden."
[97] Dabei war immer nur die Rede von der „Tagesparole des Reichspressechefs" im Singular. Im Plural wurden die Meldungen von verschiedenen Tagen bezeichnet.
[98] D. Sington u. A. Weidenfeld, The Goebbels Experiment. A study of Nazi Propaganda Machine, New Haven 1943. — s. a. E. Kris u. H. Speier, German Radio Propaganda, London u.a. 1944, die sich darauf stützen.

der Schwerpunkt verständlicherweise auf der Zustandsbeschreibung des Krieges liegt. Dabei wird unterschieden zwischen der Propaganda der Partei und ihrer Organisationen und den Untergliederungen des Ministeriums für Volksaufklärung und Propaganda für die Bereiche Presse, Rundfunk, Truppenbetreuung, Film, Theater, Literatur, Bildende Kunst und Musik. In dem hier besonders interessierenden Abschnitt „Presse" werden die bereits erwähnten Pressekonferenzen für in- und ausländische Presse dargestellt[99]. Dabei werden auch die „confidential directives"[100] angeführt, die die Journalisten aufs Genaueste zu beachten hatten. Bemerkenswert an dieser amerikanischen Arbeit ist der damit verbundene Hinweis: „Any journalist who deviates from the Home Press Division directives or who commits an indiscretion is warned or punished."[101] Wäre die Presse und die Geheimhaltung der Anweisungen wirklich so scharf überwacht worden, wie in einigen Nachkriegsveröffentlichungen, von denen noch die Rede sein wird, behauptet wird, hätten die zu der Zeit gegnerischen Beobachter sicher nicht diese nüchterne Art der Beschreibung gewählt.

Unmittelbar nach dem Krieg erschien anonym eine erste deutsche Veröffentlichung zum Thema NS-Pressepolitik, die auf detailliertem Insider-Wissen basierte[102]. Der Verfasser, Fritz Schmidt, war als ehemaliger Leiter der Papierzuteilungsstelle im Verwaltungsamt des „Reichsleiters für die Presse der NSDAP", Max Amann, ein Kenner der Materie, allerdings ist die Angabe „auf Grund authentischen Materials" insofern irreführend, als die Zahlenangaben, bis auf die allgemein zugänglichen Auflagenhöhen und Zeitungsstatistiken, aus der Erinnerung zitiert wurden. Schmidt hatte durch die Position, die er zwei Jahre bekleidete, einen guten Überblick über den organisatorischen Aufbau des Zeitungswesens. Seine spätere Anstellung als Geschäftsführer der „Arbeitsgemeinschaft der privateigenen Zeitungen" trug wesentlich dazu bei, daß seine Nachkriegs-Darstellung auf drei Hauptthesen reduziert werden kann. „1. Nationalistische Presse habe zum Aufstieg des Nationalsozialismus nicht beigetragen, 2. Alle Privatverleger seien Opfer des Nationalsozialismus und seine Gegner gewesen; 3. Das drastische Vorgehen gegen die Presse während des Krieges sei auf politische Motive zurückzuführen gewesen, weniger auf kriegsbedingte Sparmaßnahmen, Bombenangriffe und den Zusammenbruch des Transportsystems."[103] O.J. Hale, der die wirtschaftlichen Aspekte der NS-Pressepolitik untersucht hat, setzt sich mit dem Buch von Fritz Schmidt kritisch auseinander und korrigiert ihn auf Grund

---

[99] Sington u. Weidenfeld, a.a.O., S. 125 ff. und 104 ff.
[100] ebd., S. 126
[101] ebd., S. 127
[102] (Fritz Schmidt), Presse in Fesseln. Eine Schilderung des NS-Pressetrusts. Gemeinschaftsarbeit des Verlages auf Grund authentischen Materials, Berlin 1948
[103] O.J. Hale, Presse in der Zwangsjacke 1933–1945, Düsseldorf 1965, S. 335 (Orig.: The Captive Press in the Third Reich, Princeton, N. J. 1964, S. 341)
Zur Problematik der deutschen Fassung vgl. die Rezension von W. B. Lerg in: Publizistik, 12. Jg. (1967), H. 1, S. 60–62

seiner eigenen Recherchen[104]. Hale (im Krieg Chef der Auslandspresse-Abteilung im US-Kriegsministerium) war nach dem Krieg amerikanischer Vernehmungsoffizier und dadurch in der Lage, im August 1945 Max Amann, den ehemaligen Vorgesetzten von Schmidt, zu verhören.

Während der Schwerpunkt von Schmidts Darlegungen deutlich auf den Interessen der privaten Verleger und ihrer Reglementierung durch den NS-Staat liegt, bezieht Hale in seine Untersuchung auch die Pressegesetzgebung ein und zeigt ihre symbiotische Verflechtung mit der wirtschaftlichen Entwicklung des parteieigenen Eher-Konzerns unter Max Amann auf.

Im selben Jahr wie „Presse in Fesseln" erschien Walter Hagemanns „Publizistik im Dritten Reich"[105]. In seinem Vorwort erhebt der Münsteraner Professor für Zeitungswissenschaft den Anspruch „eine erste systematische Zusammenfassung des umfangreichen Stoffbereichs... der publizistischen Massenführung des NS-Regimes" vorzulegen[106]. Für seine Studie zog Hagemann neben dem Schmidt-Buch eine Quelle heran, die von Koszyk für „eine der wertvollsten... für die Pressepolitik des Nationalsozialismus" gehalten wird und die für die nachfolgenden Analysen der NS-Pressepolitik von entscheidender Bedeutung war, nämlich die von Fritz Sänger gesammelten NS-Presseanweisungen[107]. Während die ersten Kapitel, die etwas mehr als die Hälfte der Darstellung ausmachen, „Bedingtheit und Aufbau der totalitären Publizistik und ihre verschiedenen Erscheinungs- und Wirkungsformen behandeln"[108], wird in einem zweiten „besonderen Teil" anhand von Beispielen die Presselenkung skizziert. Im Gegensatz zu dem im ersten Teil gemachten Versuch der Systematisierung der NS-Ideologie und ihrer propagandistischen Umsetzung, ist der „besondere Teil" konkreter, weil Hagemann hier — auch aus eigener Anschauung — den organisatorischen Ablauf der Informationspraxis schildert[109].

Bevor er anhand der Sänger-Anweisungen die offiziellen Veröffentlichungsstrategien erläutert, geht er auf die diversen Pressekonferenzen und das amtliche Korrespondenzwesen ein. Die bereits bei Sington/Weidenfeld erwähnte „Pflicht zur Geheimhaltung" der Mitteilungen an die Journalisten war nach Hagemann unter „strenge Strafen" gestellt, und er spricht von „einer Reihe von empfindlichen Bestrafungen wegen Bruchs der Geheimhaltungspflicht" ohne diese im ein-

---

[104] ebd., S. 7, 332—335

[105] W. Hagemann, Publizistik im Dritten Reich. Ein Beitrag zur Methodik der Massenführung, Hamburg 1948. W. Hagemann (1900—1964) war nach seiner Promotion zunächst als Auslandsredakteur tätig. Als Chefredakteur des ehemaligen, der katholischen Kirche nahestehenden, Zentrum-Blatts „Germania" (1934—1938) sammelte er journalistische Erfahrungen zur Zeit des Nationalsozialismus. 1947 wurde der a. o. Professor zum Direktor des Instituts für Publizistik der Universität Münster ernannt.

[106] ebd., S. 10

[107] K. Koszyk, Deutsche Presse 1914—45. Geschichte der deutschen Presse, T. III, Berlin 1972, S. 370 f.

[108] W. Hagemann, a.a.O., S. 8

[109] ebd., S. 316 ff.

zelnen zu belegen[110]. Im folgenden schränkt Hagemann allerdings ein, „nicht jede verhängte Strafe wurde in voller Schärfe durchgeführt"[111]. Die Themen, zu denen Hagemann die ihm zur Verfügung stehenden Anweisungen interpretiert hat, sind u.a. in chronologischer Reihenfolge der 30. Juni 1934, die Kirchenprozesse, die Sudetenkrise, der Luftkrieg 1940—43 und die Goebbels-Rede vom 18. Februar 1943. Allerdings kommt er dabei nicht über eine zeitgeschichtliche Einordnung und eine einfühlende Interpretation hinaus[112]. Auch aus den ersten fünf Nachkriegsjahren stammt eine Schilderung „Wilhelmplatz Nr. 7—9", die in mehreren Folgen im „Zeitungs-Verlag", der Zeitschrift des Zeitungs-Verleger-Vereins veröffentlicht wurde[113]. Der ungezeichnete Bericht versteht sich als Ergänzung zu den beiden vorher erwähnten Abhandlungen von Schmidt und Hagemann und entspricht in seiner Grundtendenz der apologetischen und entlastenden Darstellung der Entnazifizierungszeit, wobei mit dem Beriff „authentisches Material" großzügig umgegangen wird: „Weder in dem 1948 erschienenen Buch „Presse in Fesseln" noch in dem umfassenden Werk von Professor Hagemann „Publizistik im III. Reich" war es möglich, über Teilgebiete hinaus authentisches Material über die Tätigkeit von Dr. Goebbels und seinem Ministerium . . . zusammenzutragen. Gerade dies scheint uns aber zur eindeutigen Klarstellung der Verhältnisse, unter denen die Nicht-Parteipresse im III. Reich zu arbeiten hatte, notwendig zu sein."[114] Die deskriptive Zusammenfassung weist jedoch bis auf einzelne Details keine neuen Ergebnisse auf, die Pressekonferenzen werden in gewohnter Weise abgehandelt, die Presseanweisungen selbst und besondere Ge-

---

[110] ebd., S. 316 f.
[111] ebd., S. 320
[112] Unter Hagemanns Anleitung sind verschiedene Dissertationen zu Einzelfragen des Themenbereichs NS-Publizistik entstanden. In seinem Geleitwort zu Carin Kessemeiers Arbeit, Der Leitartikler Goebbels in den NS-Organen „Der Angriff" und „Das Reich", Münster 1967, spricht Henk Prakke, Hagemanns Nachfolger als Institutsdirektor, von 10 Dissertationen bis zu diesem Zeitpunkt, unter ihnen K. Schmeer, Die Regie des öffentlichen Lebens im Dritten Reich, München 1956. — D. Strothmann, Nationalsozialistische Literaturpolitik. Ein Beitrag zur Publizistik im Dritten Reich, Bonn 1960. — B. Wittek, Der britische Ätherkrieg gegen das Dritte Reich. Die deutschsprachigen Kriegssendungen der British Broadcasting Corporation, Münster 1962. — G. E. Stoll, Die evangelische Zeitschriftenpresse im Jahre 1933, Witten 1963. Zu ergänzen sind I. Pitsch, Das Theater als politisch-publizistisches Führungsmittel im Dritten Reich, Münster 1952. — H. Epping, Die NS-Rhetorik als politisches Kampf- und Führungsmittel. Ihre organisatorische Entwicklung, Bedeutung und Wirkung. Ein Beitrag zur Publizistik im Dritten Reich, Münster 1954. — R. R. Koerner, Die publizistische Behandlung der Österreichfrage und der Anschlußvorbereitungen in der Tagespresse des Dritten Reiches, Münster 1955. — K. H. Götte, Die Propaganda der Glaubensbewegung „Deutsche Christen" und ihre Beurteilung in der deutschen Tagespresse. Ein Beitrag zur Publizistik im Dritten Reich, Münster 1957
[113] Wilhelmplatz Nr. 7—9. Ein Tatsachenbericht über die Tätigkeit des Reichspropagandaministeriums unter besonderer Berücksichtigung des Pressesektors. In: ZV, 47. Jg. (1950), Nr. 7/8 (30. April), S. 7—10, Nr. 9/10 (30. Mai), S. 3—6, Nr. 11/12 (30. Juni), S. 7—8, Nr. 13/14 (31. Juli), S. 4—5
[114] ZV, 47. Jg. (1950), Nr. 7/8 (30. April), S. 7

heimhaltungsvorschriften werden allerdings nicht erwähnt. Erst nach weiteren 15 Jahren erschienen in den USA zwei Bücher, denen die mittlerweile verbreitete Quellenlage zugute kam.[115] Hale legt in seiner Untersuchung den Schwerpunkt auf die wirtschaftlichen Lenkungsmaßnahmen. Dafür bediente er sich zahlreicher Akten und Dokumente, die nach dem Krieg in die Hände der US-Militärregierung gelangt waren und zunächst im Berlin Document Center Aufnahme fanden. Außerdem hatte er als Vernehmungsoffizier Gelegenheit, die für das Pressewesen zuständigen NS-Funktionäre zu interviewen (u.a. A. Rosenberg, M. Amann, W. Weiß, H. Schwarz van Berk, Dr. Paul Schmidt, Rolf Rienhardt)[116]. Im Sommer 1958 hielt er sich noch einmal zu einem Forschungsaufenthalt in Deutschland auf, aber im Gegensatz zu Bramsted, der im selben Jahr im Bundesarchiv Koblenz arbeitete, nahm er die dort gelagerten Quellen nicht in Augenschein. Dieser Umstand schmälert allerdings nicht den Aussagewert seiner detaillierten Studie, die bis heute die umfassendste Darstellung des weitverzweigten partei-eigenen Eher-Konzerns beinhaltet[117].

Bramsted behandelt in seinem Buch zwanzig Jahre nationalsozialistischer Propaganda (1925—1945). Schon durch diesen Zeitraum ist der Rahmen viel weiter gesteckt als bei Hale, der sich auf den Pressebereich konzentriert. Dennoch hat Bramsted unter einem speziellen Aspekt gearbeitet: „Meine besondere Aufmerksamkeit habe ich der Presse als Propagandamedium und der Stellung der Journalisten unter der Bevormundung des Propagandaministeriums zugewendet."[118] Er begründet dies mit der Gelegenheit, die sich ihm anläßlich eines Forschungsfreijahres in Europa bot, die inzwischen ins Bundesarchiv gelangten Mitschriften der Presseanweisungen aus den Sammlungen Brammer und Sänger einzusehen, außer-

---

[115] O. J. Hale, The Captive Press in the Third Reich, Princeton 1964 (= dt. Presse in der Zwangsjacke 1933—1945, Düsseldorf 1965). — E. K. Bramsted, Goebbels and National Socialist Propaganda 1925—1945, East Lansing/Mich. 1965 (= dt. Goebbels und die nationalsozialistische Propaganda 1925—1945, Frankfurt/M. 1971)

[116] Zur Auseinandersetzung Hales mit dem Buch von F. Schmidt, s. o., S. 45*

[117] s. dazu K. Koszyk, Deutsche Presse 1914—1945, Geschichte der deutschen Presse T. III, Berlin 1972, S. 495, Kapitel III, Anm. 5, S. 496 Kapitel V, 1 Anm. 1, der sich über weite Teile auf Hale's Buch stützt.

[118] E. Bramsted, a.a.O., S. 13. Im folgenden beziehe ich mich auf die deutsche Fassung. Für seine deutsche Fassung und Überarbeitung hat Bramsted die inzwischen erschienenen Veröffentlichungen zu seinem Thema herangezogen und in den Anmerkungen berücksichtigt, z. B. W. A. Boelcke (Hrsg.), Kriegspropaganda 1939—1941. Geheime Ministerkonferenzen im Reichspropagandaministerium, Stuttgart 1966. — ders., „Wollt Ihr den totalen Krieg?" Die geheimen Goebbels-Konferenzen 1939—1943, München 1969. — H. Boberach (Hrsg.), Meldungen aus dem Reich, Neuwied, Berlin 1965. — K. D. Abel, Presselenkung im NS-Staat, Berlin 1968.

[119] ebd. Bramsted berichtet von dem Vorliegen der Jahrgänge 1933—1936 (Brammer) und 1936—1943 (Sänger), wie auch Koerner bei der Abfassung seiner Dissertation (1955) die Brammer-Sammlung nur bis 1936 zur Verfügung stand. Nach Angaben des Findbuchs ZSg. 101 (Vorbemerkung) im Bundesarchiv soll aber der hier interessierende Teil I der Sammlung (1933—1945) bereits in seiner Gesamtheit 1953 dem Bundesarchiv übergeben worden sein; Teil II im Jahre 1954. Möglicherweise war bis zu diesem Zeitpunkt erst das Material bis 1936 archiviert (paginiert bzw. foliiert und gebunden).

dem im Institut für Publizistik der Universität Münster die sogenannte Oberheitmann-Sammlung für die Kriegszeit[119]. In dem Kapitel „Lenkung der Presse" wertet er die Sammlungen zur Beschreibung der Pressekonferenzen und einzelner Propagandafeldzüge aus, wobei die Mitschriften zur Illustration bestimmter Veröffentlichungstaktiken verwendet werden, sofern sie sich nicht auf den organisatorischen Ablauf beziehen[120]. Insgesamt wird in dieser umfassenden Studie den Quellen der angemessene Stellenwert eingeräumt zur Abrundung des Bildes des nationalsozialistischen Propagandainstrumentariums.

Einen pressehistorischen Beitrag ganz anderer Art leistete Margret Boveri, die ebenfalls 1965 ihr Buch[121] vorlegte, in dem sie die Geschichte des „Berliner Tageblatts" aus ihrer Sicht und persönlichen Erfahrung beschrieb, bei dem sie bis 1937 außenpolitische Redakteurin war. Sie zeichnete darin das Bild der Presselenkung aus der Perspektive der betroffenen Journalisten und beendete jedes Kapitel mit einer „Dokumentation" von Zeitungsartikeln, Protokollen, Tagebucheintragungen, Briefen. Darunter fallen auch die Mitschriften aus der Sammlung Sänger zum Thema BT in den Jahren 1934—1936[122].

Drei Jahre nach Bramsteds Originalausgabe und drei Jahre vor dem Erscheinen der deutschen Fassung, wobei hinzuzufügen wäre, daß die 6 Jahre für die Erstellung der deutschen Fassung mit Gewinn genutzt wurden, legte Karl-Dietrich Abel seine „Studie zur Geschichte der Publizistik in der nationalsozialistischen Zeit" vor, die auf einer ungleich schmaleren Quellenkenntnis basiert[123]. Die von Emil Dovifat betreute Berliner Dissertation gliedert sich in drei Kapitel, zuerst werden die personell definierten „Bereiche der Presselenkung" abgesteckt, dann „Technik und Taktik der Presselenkung" beschrieben und schließlich am Beispiel der Wochenzeitung „Das Reich" das „Ergebnis der Presselenkung" umrissen. Nach eigenen Angaben[124] hat sich der Autor auf „eine bisher für dieses Thema ungenutzte Materialgrundlage" gestützt, womit er die ungedruckten, hektographierten Akten aus dem sogenannten „Wilhelmstraßen-Prozeß"[125] und die gedruckten Akten des Internationalen Gerichtshofes in Nürnberg meint. Darüber hinaus bezeichnet er die „Quellenlage gerade zu dieser Thematik sonst als recht ungünstig". Obwohl in den „Vorbemerkungen" der Kontakt zu Fritz Sänger eigens hervorgehoben wird, vermißt man die fundamentale Quelle zu dieser Thematik, nämlich die Sammlungen Brammer und Sänger, die inzwischen schon fast 15 Jahre im Bundesarchiv lagerten. Statt dessen werden nicht näher spezifizierte „Presse-Rundschreiben", „Vertrauliche Informationen", „Zeitschriftendienst" und „Kulturpolitische Informationen" für die Jahre 1940 — 1945 angeführt und im Anhang

---

[120] ebd., S. 149 ff.
[121] M. Boveri, Wir lügen alle. Eine Hauptstadtzeitung unter Hitler, Olten u. Freiburg i. Br. 1965
[122] ebd., S. 571 f.
[123] K.-D. Abel, Presselenkung im NS-Staat, Berlin 1968
[124] ebd., S. IX
[125] Fall Nr. 11 vor dem US-Militärgerichtshof in Nürnberg (gegen von Weizsäcker u.a.) wurde von E. K. Bramsted auch herangezogen.

wiedergegeben. Die auf den ersten Blick minuziösen Darstellungen der Pressekonferenzen, der „schriftlichen Anweisungen der Presselenkungsstellen", der „Tagesparole" usw., entpuppen sich bei näherem Hinsehen als eine Kumulation der Affidavits von Journalisten, die in Nürnberg als Zeugen gehört wurden. Entsprechend deren aktueller Erinnerungen spielt die Kriegszeit darin die Hauptrolle mit dem Ergebnis, daß sich in Abels Beschreibung zwangsläufig Ungenauigkeiten einschleichen, die immer zu befürchten sind bei der Nutzung einer einzigen Quellengattung[126].

Ganz anders verhält es sich mit der Arbeit von Jürgen Hagemann[127]. Für die Bonner Dissertation wurde das gesamte Spektrum der Sammlungen Brammer und Sänger genutzt (1933 — 1945), und die herangezogenen Mitschriften wurden zur Dokumentation schon nahezu überstrapaziert. Die etwas irritierende Zitierweise in den zahlreichen Anmerkungen soll durch ein chronologisches Register der verwendeten Anweisungen entschärft werden. Ein knappes Drittel seines Buches verwendet Hagemann auf den „nationalsozialistischen Propagandaapparat"[128] und die Beschreibung der Institutionen und des organisatorischen Ablaufs der Pressekonferenzen, wobei auch hier wieder die Zustandsbeschreibung der Kriegs- und Vorkriegszeit in unzulässiger Weise vermischt werden. Angesichts der Fülle von zitierten Anweisungen ist es doch recht verwunderlich, wie wenig Hagemann sich mit seiner Hauptquelle auseinandergesetzt hat, deren (falsche) Charakterisierung sich auf drei Sätze beschränkt: „Beispielsweise wird bei der „Frankfurter Zeitung" meist unterschieden zwischen der kurzgefaßten Anweisung selbst und einer ausführlichen, ebenfalls nach Frankfurt übermittelten Begründung zum Teil mehrerer Sprecher. Die in der Sammlung Brammer dagegen erhaltenen Anweisungen sind anders gegliedert. In ihnen werden inhaltlich zusammengehörende Weisungen und Informationen zu einem Punkt zusammengefaßt."[129] Tatsächlich ist es umgekehrt: Die Anweisungen, die der FZ übermittelt wurden, setzten sich zusammen aus offizieller Diktion und Interpretation des Berliner Korrespondenten, während in der Dienatag-Sammlung streng unterschieden wird zwischen Anweisungen (ZSg. 101/1 ff.) und Informationsberichten (ZSg. 101/26 ff.), die auch separat den Heimatredaktionen zugestellt wurden. Die Anweisungen geben nur den „amtlichen" Text wieder.

Zwei Drittel des Buches machen die „Objekte der nationalsozialistischen Propaganda" und die „Methoden nationalsozialistischer Meinungsführung" aus. Hinter diesen Überschriften verbergen sich Auslegungen und Interpretationen der Presseanweisungen, zusammengefaßt zu bestimmten Themen, wobei die Wahl der Kategorien recht willkürlich erscheint. Immerhin hat Hagemann bei seiner

---

[126] s. a. die Rezension von W. B. Lerg in: Publizistik, 16. Jg. (1971), H. 2, S. 217 f. Lergs Einschätzung von der „im Befund relativ bescheidenen Studie" ist zuzustimmen.
[127] J. Hagemann, Die Presselenkung im Dritten Reich, Bonn 1970
[128] ebd., S. 25 ff.
[129] ebd., S. 37
Das Kapitel „Quellenverzeichnis chronologisch 1933—1945 und Quellenlage" im Anhang (S. 323 f.) ist in diesem Punkt auch nicht wesentlich erhellender.

Arbeit erkannt: „Die Methoden, deren sich eine totalitäre Propaganda bedient, zu systematisieren, stößt auf erhebliche Schwierigkeiten."[130] Mit diesen Schwierigkeiten hatte schon zwanzig Jahre vorher Walter Hagemann zu kämpfen, der die Presseanweisungen in ähnlicher Weise unter thematischen Aspekten zusammenfaßte und versuchte, sie zur Theorienbildung zu nutzen[131]. Jürgen Hagemann, dem die beiden Sammlungen zur Verfügung standen[132], hat sie wie einen Steinbruch ausgebeutet und durch das Sach- und Personenregister sichergestellt, daß seiner Veröffentlichung dasselbe wiederfährt. Es war naheliegend, daß bei nachfolgenden Erörterungen zum Thema Presselenkung sach- bzw. personenbezogen eine weitere Auswahl der Auswahl getroffen wird, ohne die Gesamtheit zu kennen[133].

Sehr viel sporadischer werden die Presseanweisungen bei Henning Storek ausgewertet, der vom Gegenstand „Zeitung" ausgehend versucht, der nationalsozialistischen Meinungslenkung der Anfangsjahre auf die Spur zu kommen und damit einen Beitrag zur Totalitarismusforschung zu liefern[134]. Dafür setzt er sich mit den politischen Voraussetzungen und „gesetzlichen Maßnahmen zur Presse-Gleichschaltung" auseinander, streift „Elemente des nationalsozialistischen Kommunikationssystems" unter denen die Beschreibung „der Rolle des Journalisten" einen bis dahin zuwenig beachteten Aspekt darstellt. Für die Bonner politikwissenschaftliche Dissertation wurde weder K. D. Abel noch J. Hagemann herangezogen, dafür werden als Quellen die Sammlungen Brammer, Sänger, Traub und Oberheitmann aufgeführt. „Auf Interviews mit Beteiligten am damaligen Kommunikationsprozeß haben wir bewußt verzichtet. Die organisatorischen Fragen der Propaganda und Presselenkung sind geklärt, inhaltlich qualitative Aussagen meistens apologetisch und daher unbrauchbar. So stützen wir uns im wesentlichen auf die lückenhaften Bestände westdeutscher Archive und auf wichtige Zeitungen jener Jahre."[135] Bei einem derart begrenzten Forschungskonzept ist es

---

[130] ebd., S. 175

[131] vgl. die Rezension von W. B. Lerg in: Publizistik, 16. Jg. (1971), H. 2, S. 217—219 „Eine Totalerhebung nach einem undefinierten Katalog irgendwelcher, zufällig gefundener „Methoden" in den ausgewerteten Zeugnissen mit der Hoffnung, irgend etwas würde dabei schon herausspringen, ist selten ertragreich."

[132] Die Sammlung Oberheitmann ist ihm offensichtlich entgangen. Sie wurde 1960/61 im Bundesarchiv verfilmt.

[133] Die im selben Jahr erschienene Studie von K. L. Günsche, Phasen der Gleichschaltung. Stichtags-Analysen deutscher Zeitungen 1933—1938, Osnabrück 1970 (Dialogos. Zeitung und Leben. N.F. 5) bringt der Untersuchungs-Methode entsprechend Stichproben aus den Sammlungen. „In dieser an der Zeitungswirklichkeit orientierten Arbeit wurde absichtlich darauf verzichtet, andere Quellen als Veröffentlichungen in Tageszeitungen heranzuziehen. Diese Untersuchung versteht sich als Versuch der Rekonstruktion des Zeitgesprächs in seiner Pressemanifestation. . . . Als zusätzliches Element wurden — soweit vorhanden — die Bestellungen aus der Reichspressekonferenz (die sogenannten „Presseparolen") . . . zu den gewählten Stichtagen aus den Sammlungen Sänger und Brammer einbezogen". (S. 12)

[134] H. Storek, Dirigierte Öffentlichkeit. Die Zeitung als Herrschaftsmittel in den Anfangsjahren der nationalsozialistischen Regierung, Opladen 1972

[135] ebd., S. 15

von geringerer Bedeutung, daß Storek sich nicht näher mit den Sammlungen befaßt hat und die Dienatag-Mitschriften mit der Korrespondenz Brammer verwechselt[136].

Im Literaturverzeichnis seiner Pressegeschichte führt Kurt Koszyk bis auf die im selben Jahr erschienene Arbeit von H. Storek sämtliche hier besprochenen deutschsprachigen Vorstudien auf[137]. In seiner Darstellung stützt er sich über weite Strecken auf O.J. Hales pressewirtschaftliche Analyse und für die institutionellen Details auf K. D. Abel. J. Hagemann spielt nur eine untergeordnete Rolle[138]. Darüber hinaus hat Koszyk offensichtlich Einblick in die Informationsberichte der Sammlung Brammer und in die Mitschriften-Sammlungen von Sänger und Oberheitmann genommen. Der noch nicht archivalisch aufbereitete Nachlaß Traub wird auch angeführt. Die Beispiele der Presseanweisungen, die im Kapitel „Zensur- und Informationspraxis" erwähnt werden[139], stammen aus der Sammlung Sänger. Sie wurde auch herangezogen für eine Auflistung der in der Pressekonferenz ergangenen Monita. In drei Tabellen werden sie differenziert nach dem Namen der Zeitung oder Zeitschrift, nach der Art der Bezeichnung (Eine Zeitung in ...) und nach Art des Monitums (Außenpolitik, Innenpolitik, Wirtschaftspolitik usw.), wobei gerade die letzte Kategorisierung problematisch ist und eine Replizierung erschwert. Von den 6 Seiten, die auf die Beschreibung der Zensur- und Informationspraxis entfallen, sind 2 tabellarische Darstellungen. Dennoch darf man den Gesamtrahmen nicht übersehen, in dem die knappe Zusammenfassung eingepaßt ist, der immerhin die Zeit von 1914—1945 bildet.

Die Arbeiten von Koszyk und Storek sind seit nunmehr gut 10 Jahren die letzten Beiträge zum Thema Presselenkung. Seitdem hat es einzelne Fallstudien — meistens Examensarbeiten — gegeben, die Teilbereiche behandeln, über die institutionelle Beschreibung hinausgehen und sich mit Inhalten befassen[140]. Möglicherweise kann die Edition der Presseanweisungen einen neuen Impuls geben, die Forschung in dieser Richtung zu vertiefen, um das Phänomen der einheitlichen Ausrichtung der Presse besser verdeutlichen zu können.

---

[136] ebd., S. 86 und 146
[137] K. Koszyk, Deutsche Presse 1914—1945. Geschichte der deutschen Presse. T. III, Berlin 1972
[138] Es ist zu vermuten, daß die „Richtlinien für die Behandlung vertraulicher Mitteilungen..." vom 22. Juli 1936 (S. 371) nach J. Hagemann (S. 98, Anm. 335) zitiert wurden.
[139] ebd., S. 370 ff.
[140] z.B. E. Schwarzenbeck, Nationalsozialistische Pressepolitik und die Sudetenkrise 1938, München 1979 oder auch M. Groth, Ein Publizist im Dritten Reich. Vorstudien zu einer Biographie von Hans Fritzsche, M. A.-Arbeit, Münster 1979 (MS.)

5. Die edierten Sammlungen (Quellenbeschreibung)

In einer Zeitspanne von knapp zehn Jahren (1953—1961) gelangten die wichtigsten der zeitgeschichtlichen Sammlungen zur NS-Pressepolitik ins Bundesarchiv Koblenz[141].
1. ZSg. 101 (Sammlung Brammer) 1953/54
2. ZSg. 110 (Sammlung Traub) 1958
3. ZSg. 102 (Sammlung Sänger) 1958/59
4. ZSg. 109 (Sammlung Oberheitmann) 1961

Es würde an dieser Stelle zu weit führen, auf alle genannten Sammlungen gleich intensiv einzugehen. Eine kurze Charakterisierung soll vorläufig genügen, im Anschluß daran werden die beiden für die Edition herangezogenen Sammlungen näher beschrieben[142]. Die vier Sammlungen sind unter 3 Kategorien zu subsumieren.
1. Mitschriften der täglichen Pressekonferenz des RMVP und damit verbundene Informationsberichte der Berliner Korrespondenten für die Heimatredaktionen (ZSg. 101 und 102).
2. Mitschriften der täglichen Pressekonferenz durch eine dem DNB unterstellte Korrespondenz (ZSg. 110)[143].
3. Das offizielle Protokoll der täglichen Pressekonferenz wie es vom RMVP an die Reichspropagandaämter übermittelt wurde zur Weiterleitung an die Provinzzeitungen, die sich keinen eigenen Berliner Korrespondenten oder eine entsprechende Korrespondenz leisten konnten (ZSg. 109). Zeitlich werden durch die vier Sammlungen die Pressekonferenzen der zwölf Jahre nationalsozialistischer Herrschaft abgedeckt[144].

a) Sammlung Brammer

Die erste Sammlung der überlieferten Mitschriften von Presseanweisungen kam 1953/54 durch Karl Brammer in das Bundesarchiv[145]. Tatsächlich kann Karl Brammer aber nur als der Vermittler der gesammelten Mitschriften gelten und nicht als Verfasser oder auch Sammler. Wie an anderer Stelle deutlich gemacht

---

[141] s. die Vorbemerkungen in den entsprechenden Findbüchern des Bundesarchivs und: Die Nachlässe in den deutschen Archiven, bearb. v. W. A. Mommsen, Bd. 1, T. I, Boppard 1971 (Schriften des Bundesarchivs 17), Bd. 1, T. II, Boppard 1983 (Schriften des Bundesarchivs 17/II), der teilweise unterschiedliche Angaben bezüglich der Jahreszahl verzeichnet.
[142] vgl. dazu auch die vergleichende Charakterisierung der Sammlungen in der „Vorbemerkung" des Findbuches ZSg. 110 (Traub) des Bundesarchivs.
[143] Es ist vorgesehen, im Jahresband 1935 dieser Edition näher auf den Metger-Sonderdienst und seine Geschichte einzugehen. Ursprünglich arbeitete Kurt Metger unter dem Dach der Hugenberg angehörenden Telegraphen-Union (TU).
[144] ZSg. 101/102: 1933—1942/43; ZSg. 110: 1935—1940; ZSg. 109: 1939—1945.
[145] s. dazu auch das Kapitel 6. Die Journalisten. d) Karl Brammer, S. 69* und die „Vorbemerkung" zum Findbuch ZSg. 101 aus dem April 1956

wird[146], kam Brammer durch Kurt Waas, den technischen Leiter der Dienatag, erst nach dem Krieg an das Material und legte es auch bei den Nürnberger Prozessen vor. Durch die irreführende Namensgebung der Sammlung könnte man vermuten, es handele sich hier um Unterlagen der Korrespondenz Brammer, dabei fällt das Verdienst der Sammlung und Überlieferung der Dienatag GmbH-Mitschriften ihren Redakteuren Dertinger, Kausch und Falk zu, die allzu häufig unerwähnt bleiben.

Das Bundesarchiv hat die Materialien, die es von Karl Brammer erhalten hat und die in der „Sammlung Brammer" zusammengefaßt sind, in 4 Abteilungen untergliedert, von denen die ersten beiden von besonderem Interesse sind[147].
I. „Bestellungen aus der Reichspressekonferenz" 1933—1942.
II. Informationsberichte.
Die III. Abteilung enthält „sonstige Presse-Informationen" und die IV. Abteilung wurde aus der Zeitungsausschnittsammlung gebildet, die Karl Brammer nach 1945 angelegt hat.

Die „Bestellungen aus der Reichspressekonferenz" (ZSg. 101/1 ff.) sind Gegenstand der vorliegenden Edition. Sie setzen 1933 am 19. Mai ein und sind ab Juni 1933 regelmäßig gesammelt. Dabei handelt es sich um die Durchschriften der maschinenschriftlich abgefaßten Presseanweisungen aus dem Propagandaministerium, die den Berliner Journalisten entweder direkt mündlich auf der Pressekonferenz übermittelt wurden oder die von der Pressestelle des RMVP in Form eines „Rundrufs" telefonisch an die Korrespondenten zwischen den Konferenzen weitergeleitet wurden[148]. Die allermeisten Durchschläge sind mit einem Datum versehen, teilweise sogar noch mit der Uhrzeit des Anrufs, im Fall von Rundrufen. In den ersten Monaten faßten die Dienatag-Redakteure Briefe ab, in denen sie die Hauptschriftleiter über die Wünsche des Propagandaministeriums hinsichtlich der Pressegestaltung und der Presseinhalte unterrichteten. Die Adressaten der überlieferten Durchschläge sind die Redaktionen der „Hamburger Nachrichten", der „Schlesischen Zeitung" in Breslau und der „Allgemeinen Zeitung" in Chemnitz[149]. Dabei fällt auf, daß sich Dertinger und Kausch die Mühe machten, individuelle Anreden und Schlußformeln zu formulieren, während der übrige Text immer gleich lautete. Danach wurden nach den Pressekonferenzen bei der Dienatag jeweils drei einzelne Briefe geschrieben. Diese etwas umständliche Regelung wurde bis Oktober 1933 beibehalten[150]. Nach einem erläuternden

---

[146] S. 70*
[147] s. Findbuch ZSg. 101, Vorbemerkung
[148] s. dazu auch die Beschreibung des Rundrufs durch D. Kausch, S. 124*
[149] s. dazu das Kapitel 7. Die Zeitungen, S. 73* ff.
[150] Bei identischen oder fast identischen Briefen an die verschiedenen Redaktionen wird in der Edition kein besonderer Wert auf die Anrede- und Schlußformeln gelegt, die nach Adressaten differieren, weil sie nur Ausdruck der unterschiedlichen persönlichen Beziehung des Absenders (Dertinger oder Kausch) zu dem Adressaten sind, also einen sehr subjektiven Aspekt dokumentieren, der nachweislich keinen Einfluß auf die inhaltlichen Formulierungen hat.

Brief der Berliner Redaktion vom 20. Oktober wurden die Anweisungen ab dem 23. Oktober 1933 schematisiert, d.h. mit einer laufenden Nummer bzw. mit der Überschrift „Anweisung Nr...." versehen[151]. Bei mehreren Anweisungen am selben Tag ist das Blatt mit „Bestellungen aus der Pressekonferenz vom ..." überschrieben. Unter der letzten Anweisung eines jeden Tages stehen die Paraphen der Dienatag-Redakteure (D. K. Fa.) unter dem Vermerk „Gesehen". Schließlich wurden die Zeitungen verzeichnet, zu denen die Anweisungen telefonisch weitergeben bzw. ob sie brieflich weitergeleitet wurden. Bh. Brf. ist dabei die Abkürzung für Bahnhofs-Brief, eine besondere Express-Zustellart. Die Paraphen waren in der Regel handschriftlich; die Zeiten gelegentlich handschriftlich angegeben. Bei diesen Angaben wurde darauf verzichtet, jedesmal durch eine einfache Klammer () anzuzeigen, daß es sich um handschriftliche Vermerke handelt. In der Edition zeigt die Zeile „Bestellungen ..." an, ob es sich um eine einzelne Anweisung handelt oder ob zum selben Zeitpunkt mehrere Anweisungen abgesetzt wurden: steht sie über der Signatur der Anweisung, ist es ein Blatt mit mehreren Anweisungen, steht sie unter der Signatur, handelt es sich um eine einzige Anweisung auf dem jeweiligen Blatt. Der Anfang einer neuen Seite wird auch ersichtlich aus der vom Bundesarchiv verzeichneten Seitenzahl. Darüber hinaus werden oberer bzw. unterer Rand einer Durchschlagseite durch einen eingerückten Strich markiert[152]. Die „Informationsberichte" (ZSg. 101/26 ff.) sind ausführliche Hintergrundsberichte der Berliner Redakteure, mit denen sie die Presseanweisungen interpretierten und kommentierten. Sie basieren in den meisten Fällen nicht auf Informationen aus der Pressekonferenz, sondern auf Gesprächen mit Informanten aus den unterschiedlichen Ministerien und auf anderen informellen Kontakten, die nur teilweise präzisiert werden. Die Informationsberichte, die auch in der Form von Durchschlägen vorliegen, sind nicht Gegenstand der Edition. Sie wurden selbstverständlich zu der Aufbereitung herangezogen und sie tauchen in den Kommentaren auf. Auf die Informationsberichte wird innerhalb der Kommentare verwiesen, wenn zu einer Anweisung noch zusätzliches Material an die Redaktionen im Reich geliefert wurde. Die Informationsberichte wurden auf dem Briefweg übermittelt; sie wurden unregelmäßig abgefaßt und überschrieben mit z.B. „Informationsbericht Nr. 3 v. 6. April 1933", um den Heimatredaktionen eine Möglichkeit zur Vollständigkeits-Kontrolle zu geben. Sie geben auch Einschätzungen der verantwortlichen Redakteure wieder und haben vertraulichen Charakter. Die Berichte sind nur grob gegliedert und mit Überschriften versehen, z.B. Außenpolitik, Innenpolitik. Sie sind als Ergänzung zu den Anweisungen zu

---

[151] s. dazu ZSg. 101/1/132—133a v. 20. Oktober 1933 und ZSg. 101/2/1/Nr. 1 v. 23. Oktober 1933. Da die Bezeichnung nicht einheitlich durchgehalten wurde, wurde auf die unregelmäßige Wiederholung verzichtet und nur die laufende Nummer verzeichnet.
[152] Die Signatur setzt sich zusammen aus:
ZSg. 101 = Sammlung Brammer im Bundesarchiv
/1 ff. = Nummer des Bandes
/2 = Seitenzahl des Bandes
/Nr. 3 ff. = laufende Nummer der Anweisung.

sehen, in denen sich die Journalisten in der Regel eines eigenen Kommentares enthalten. Ihre Einführung fällt nicht mit dem Beginn der nationalsozialistischen Pressepolitik und Presselenkung zusammen, sie sind vielmehr Bestandteil des Agenturjournalismus und können daher lediglich zur Erläuterung der Anweisungen herangezogen werden, wofür sie eine wertvolle Quelle sind. Es existiert eine Überlieferungslücke von Ende Juni bis zum 12. August 1933. Zu dem Zeitpunkt, zu dem die Bestellungen einsetzen (Anfang Juni), werden die Informationsberichte zwar regelmäßiger, dafür sind sie aber nicht mehr so ausführlich. Während sie vorher 10—20 Seiten füllten, beschränken sie sich dann auf 1—2 Seiten. Ihre innere Struktur ist stringenter, es sind keine allgemeinpolitischen Abhandlungen mehr wie zu Beginn des Jahres, sondern eher gezielte Informationen zu den Bestellungen.

b) Sammlung Sänger

Das Material der Sammlung Sänger (ZSg. 102) wurde zusammengetragen in der Berliner Redaktion der Frankfurter Zeitung. Es wurde nicht von Anfang an (1933) gezielt gesammelt, sondern eher zufällig und ungeachtet der anderslautenden Bestimmungen aufbewahrt. Bei einem Redaktionsumzug fiel es Fritz Sänger in die Hände, der seit Oktober 1935 bei der FZ angestellt war. Er vermerkte im Stenogramm auf den Fernschreiber-Fahnen die Kommentare der für den Text zuständigen Journalisten, die auf beigelegten Zetteln aus der Situation heraus aufgezeichnet worden waren. Diese Kommentare werden in der Edition mit dem Hinweis „Korrespondenten-Kommentar:..." aufgeführt. Vom Zeitpunkt des Eintritts von Fritz Sänger in die Berliner Redaktion der FZ an ist die Authentizität der überlieferten Presseanweisungen noch höher einzuschätzen, weil Sänger im Gegensatz zu den anderen Kollegen die Ausführungen der Pressesprecher mitstenographieren konnte.

Seit seiner Anstellung sammelte Sänger die Fernschreiben, die im Zusammenhang mit den Pressekonferenzen standen, systematisch, darunter auch längere Ausführungen allgemein-politischer Art, die mehr einem Stimmungs- oder Lagebericht gleichen. Da diese Berichte mit den „Informationsberichten" bzw. „Vertraulichen Informationen" in ZSg. 101 gleichzusetzen sind und häufig unterschiedliche Informationsquellen haben, wurden sie für die Edition nur als Interpretationshilfe berücksichtigt. Die Fernschreiben übergab Sänger seinem Freund, Wilhelm Thomas, bei dessen gelegentlichen Besuchen in Berlin. Thomas war ein von den Nationalsozialisten entlassener Lehrer, der als Direktor der Torfwerke in Neudorf-Platendorf (heute Niedersachsen) die Möglichkeit hatte, die Unterlagen im Großen Gifhorner Moor zu verstecken.[153] Nach dem Krieg wurden die Unterlagen von den amerikanischen Besatzungsbehörden auf deren Initiative ausgegraben und nach Nürnberg gebracht. Dort holte sie Sänger 1947 aus dem

---

[153] Brief von Fritz Sänger v. 19. Juni 1980; s. a. Fritz Sänger, Verborgene Fäden, Bonn 1978, S. 93

Zimmer von Robert M. W. Kempner, dem stellvertretenden US-Ankläger ab, „wo sie ... in wüster Unordnung am Fußboden (uneingeheftet) lagen".[154] Er brachte sie zu Walter Hagemann nach Münster, der sie nach einer ersten Aufarbeitung für sein Buch dem Bundesarchiv übergab zur Verfilmung.[155] Die Originale kamen 1977 wieder nach Koblenz zurück, nachdem Fritz Sänger die Anweisungen der Vorkriegszeit für eine eigene Veröffentlichung ausgewertet hatte.[156] In diesem Buch wird anhand von chronologisch geordneten Beispielen die inhaltliche Presselenkung im Nationalsozialismus aus der Sicht des betroffenen Journalisten geschildert.

Das in ZSg. 102 zusammengefaßte Material aus der Sammlung Sänger basiert zwar auf derselben Grundlage wie Abteilung I und II aus ZSg. 101, nämlich den Pressekonferenzen, aber die Form der Überlieferung ist eine andere. Es handelt sich hierbei nicht um Briefe oder Aufzeichnungen von telefonischen Mitteilungen, sondern um die Fernschreibertexte, die von der Berliner Redaktion der Frankfurter Zeitung an die Zentrale in Frankfurt abgesetzt wurden. Dementsprechend ausführlich und ohne besonderes Schema sind die Texte abgefaßt, durchsetzt mit Schreibfehlern und Wiederholungen. Jedes einzelne Fernschreiben wird eingeleitet mit einer Zahl und der Bezeichnung des Ressorts des zuständigen Redakteurs, für den die „Ausrichtung" gedacht war.[157] Auf die Wiedergabe dieser Zuordnung wurde in der Edition verzichtet, weil sie auf Einschätzungen der Journalisten zurückgeht und eine interne Regelung bedeutet, aber keine Aussagekraft hinsichtlich der offiziellen Pressepolitik besitzt. In der Edition fällt auch der abschließende Gruß des verantwortlichen Redakteurs (z. B. Fackler) weg. Verzichtet wurde weiterhin auf die Wiedergabe der standardisierten Vorbemerkung „aus der Pressekonferenz", da nur Texte, die auf die Pressekonferenz zurückgehen, in die Edition aufgenommen wurden, falls nicht anders vermerkt. Dagegen wird die jeweils vorangestellte Zahl aufgeführt, um ein Unterscheidungskriterium zu haben für die einzelnen Ausrichtungen, von denen es pro Tag mehrere gab.[158]

Die in Fernschreiber-Fahnen übliche Großschreibung der Texte wurde nicht übernommen, sondern an die übliche Groß-Klein-Schreibung angeglichen. Die in der Edition verzeichnete Signatur orientiert sich an der Einteilung durch das Bundesarchiv und zwar an der Bandeinteilung der Originale und nicht der 1958 angefertigten Mikroverfilmung. Wichtigster Anhaltspunkt ist hierbei das Datum, weil

---

[154] Brief von Fritz Sänger v. 23. Dezember 1982. Im selben Brief korrigiert Sänger die Darstellung von J. Wulf, Presse und Rundfunk im Dritten Reich, 1964, S. 79 f.
[155] Publizistik im Dritten Reich, Hamburg 1948. S. dazu das Kapitel 4. Überlieferte Sammlungen der Presseanweisungen, S. 46*
[156] Fritz Sänger, Politik der Täuschungen. Mißbrauch der Presse im Dritten Reich. Weisungen, Informationen, Notizen 1933–1939, Wien 1975
[157] z.B. Ausrichtung Herrn Reifenberg, Ausrichtung Handel und Wip (Wirtschaftspolitik)
[158] „Ausrichtung" ist nicht identisch mit „Anweisung", eine Ausrichtung enthält in der Regel mehrere Anweisungen; mit diesem Begriff wird markiert, daß es sich im folgenden um offizielle Verlautbarungen handelt. Zu den allgemeinen Prinzipien der Wiedergabe s. Editionsprinzipien. b) Wiedergabe, S. 126* f.

die Anweisungen nicht wie bei ZSg. 101 durchlaufend numeriert waren. Nur innerhalb eines Tages wurden die abgesetzten Fernschreibtexte mit durchlaufenden Zahlen gekennzeichnet, um eventuelle Rückfragen seitens der Heimatredaktion zu erleichtern. Anhand dieser Numerierung kann man erkennen, daß nicht der gesamte Fernschreibverkehr zwischen Berlin und Frankfurt überliefert ist, sondern nur wesentliche Teile von Berlin aus. Durch den Vergleich mit den überlieferten Mitschriften anderer Pressekonferenzteilnehmer (ZSg. 101 und ab 1935 ZSg. 110) kann man aber ziemlich genau feststellen, welche Anweisungen insgesamt auf der Pressekonferenz ergingen, ausgewählt und teilweise interpretiert durch die Korrespondenten der verschiedenen Zeitungen. Insofern ist es ein besonderer Vorteil, daß die Sammlungen von Vertretern politisch unterschiedlicher Richtungen erhalten sind, die sich letzten Endes ergänzen.[159] Die Ausrichtungen aus der Sammlung Sänger sind erst ab Oktober 1934 in die Edition eingearbeitet, weil aus dem Zeitraum vorher nur vereinzelt Blätter überliefert sind, die in der Mehrzahl lediglich aus Agenturmeldungen bestehen, die von vornherein aus der Edition ausgeschlossen waren. Da eine Seitenzählung entfällt, setzt sich die Signatur der Sammlung Sänger in der Edition ab Oktober 1934 folgendermaßen zusammen:

ZSg. 102 = Sammlung Sänger im Bundesarchiv

/48 = Nummer des Fernschreibens

(1) = Position des Themas innerhalb der Ausrichtungen (hinzugefügt durch den Bearbeiter, um das Auffinden zu erleichtern).

Auf Anweisungen aus ZSg. 102, die als Ergänzung zu den Anweisungen aus ZSg. 101 aufgeführt werden, wird mit folgender Schreibweise verwiesen: s. a. ZSg. 102/1/50 (2) v. 23. Januar 1935 (= ZSg. 101/5/21/Nr. 1057 v. 23. Januar 1935).

Es gibt keine Garantie für die Vollständigkeit der Überlieferung sämtlicher auf den offiziellen Pressekonferenzen verbreiteten Presseanweisungen, zumal da die offiziellen Konferenz-Protokolle bis heute verschwunden sind und selbst diese nur eingeschränkt als authentisch gelten können, weil wie auch in den Fernschreibtexten für die Reichspropagandaämter einzelne Punkte fehlen, die zwar angesprochen wurden, aber nicht schriftlich fixiert werden sollten. Es gibt Indizien dafür, daß es neben den brieflich bzw. telefonisch weitergegebenen Anweisungen noch zusätzlich mündlich/telefonische Kontakte zwischen den Korrespondenten und den Zeitungen gegeben haben muß. Es liegt beispielsweise eine Bestellung der Hamburger Redaktion an Georg Dertinger vor: „Wenngleich es nahelag, das Zusammentreffen Hitler-Mussolini in den Hamburger Nachrichten zu kommentieren, habe ich mich an Ihre Bestellung von Sonnabend und Montag mittag gehalten und von einem Kommentar abgesehen..."[160]. Vom Verbot eines Kommentars ist aber in den vorliegenden Anweisungen, die immer ohne Lücken durchnume-

---

[159] s. dazu das Kapitel 7. Die Zeitungen, S. 73* ff.
[160] ZSg. 101/3/240 v. 11. Juni 1934 (= ZSg. 101/3/239/Nr. 531 v. 11. Juni 1934).

riert sind, nicht die Rede.[161] Dasselbe gilt in erhöhtem Maße für ZSg. 102, die man nicht auf „Vollständigkeit" kontrollieren kann,
   weil man die Gesamtmenge der Anweisungen nicht kennt,
   weil sämtliche Fernschreiben eines Tages durchgezählt wurden, ungeachtet des Inhalts, ob es sich um FZ-Interna handelte oder um offizielle Ausrichtungen und
   weil nur die Texte, die im Zusammenhang mit den Pressekonferenzen stehen, überliefert wurden.

Rückschauend beschreibt es Fritz Sänger als eine tägliche Übung: „In telephonischen Unterhaltungen über solche Weisungen, die bereits über den Fernschreiber übermittelt worden waren, in zahlreichen brieflichen Erläuterungen, die oft durch Reisende mitgenommen wurden, um sie einer Überwachung zu entziehen, hat das Berliner Büro versucht, die spürbaren Schwächen des Gegners bloßzulegen. Und der Gegner war und blieb das Propagandaministerium."[162]

Die Vollständigkeit der Anweisungen ist zum Beleg für nationalsozialistische Presse- und Informationspolitik gar nicht so entscheidend. Ein Vorteil der Kombination von journalistischen Aufzeichnungen unterschiedlicher politischer Provenienz ist in der gegenseitigen Ergänzung der dementsprechenden Zeitungen zu sehen, da die deutschnationalen „Hamburger Nachrichten" mehr auf Innenpolitik spezialisiert waren, während der Schwerpunkt der „Frankfuter Zeitung" deutlich auf der Außenpolitik und ihrer Wirkung ins In- und Ausland lag. Dem Dementi von Auslandsmeldungen durch die FZ kam besonderes Gewicht zu.

6. Die Journalisten

Die Presseanweisungen in der vorliegenden Form sind aufgezeichnet worden von Journalisten unterschiedlicher politischer Herkunft. Während die Redakteure der Dienatag Zeitungen deutschnationaler Prägung vertraten, ist die Haltung der FZ-Redakteure als liberal-demokratisch zu charakterisieren.[163] Über diese Feststellung hinaus ist es wichtig zu erfahren, vor welchem politischen Hintergrund die „Protokollanten" ihre Notizen abfaßten, um dem subjektiven Element, das dieser Filter der offiziellen Presseanweisungen darstellt, gerecht zu werden.

Die Authentizität der Presseanweisungen ist schon dadurch gewährleistet, daß sie in ihrer überlieferten Form selbst Teil der angestrebten Presselenkung waren und einen festen Bestandteil des alltäglichen Journalismus bildeten. Gerade beim Vergleich der beiden Sammlungen (ab Oktober 1934) werden Unterschiede in der Perzeption ein und derselben Presseanweisung deutlich und auch die unterschiedliche Auslegung. Zum besseren Verständnis dieser Unterschiede sollen im folgenden die Lebensläufe der beteiligten Personen geschildert werden.

---

[161] ähnlich auch in ZSg. 101/3/74/Nr. 277 v. 15. Februar 1934: „...auf das wir schon hingewiesen haben."
[162] Fritz Sänger, Das schmale Seil. In: Die Gegenwart. Sonderheft: Einhundert Jahre Frankfurter Zeitung, 11. Jg. (1956), S. 24

a) Georg Dertinger

Als ein Vertreter der deutschnationalen Provinzpresse besuchte Georg Dertinger regelmäßig die Reichpressekonferenzen auch vor ihrer Unterstellung unter das RMVP.[164] Er wurde am 25. Dezember 1902 in Berlin-Friedenau geboren. Sein Vater, Rudolf Dertinger, kam aus Baden und seine Mutter, Sophie, geb. Kreth, aus Hannover.[165] Nach dem Realgymnasium erhielt er eine Ausbildung in der preußischen Haupt-Kadetten-Anstalt im Berliner Vorort Groß-Lichterfelde ab Ostern 1918[166]. Aus dem Wehrdienst schied er 1920 als Unteroffizier aus.[167] Er nahm zunächst ein Studium in Jura und Volkswirtschaft auf, das er aber im selben Jahr wieder abbrach, um eine journalistische Laufbahn als Redaktionssekretär bei der „Magdeburgischen Zeitung" (MZ) in Magdeburg zu beginnen. 1924 hatte er das Volontariat beendet und arbeitete nur noch für kurze Zeit als politischer Redakteur bei der MZ. Danach ging er als verantwortlicher politischer Redakteur zum „Stahlhelm", dem Bundesorgan der gleichnamigen Organisation, dem 1918 von Franz Seldte in Magdeburg gegründeten Bund der Frontsoldaten. Die Redaktion befand sich damals noch in Magdeburg, bevor sie im November 1926 nach einem sechswöchigen Verbot der Zeitung nach Berlin verlegt wurde.[168] In seiner „Stahlhelm"-Zeit war Dertinger Mitglied der „Magdeburger Herrengesellschaft", einer Dependance des später durch Franz von Papen bekannt gewordenen „Deutschen Herrenklubs, Berlin".[169] Verschiedentlich wird Georg Dertinger als An-

---

[163] vgl. dazu Kapitel 7. Die Zeitungen, S. 73* ff.

[164] IfZ: NG 3414, Affidavit Georg Dertinger v. 10. November 1947

[165] Ausgebildet als Kaufmann arbeitete Rudolf Dertinger nacheinander als Direktor des Kaufhauses Wertheim, Leiter der Berliner Zoo-Gaststätten und schließlich als Generaldirektor der Berliner Hotelbetriebe A. G., zu der die angesehenen Hotels „Continental" und „Bristol" gehörten. Er fiel 1914 als Reserveoffizier in Rußland. Die Mutter heiratete 1927 einen Oberkirchenrat und starb 1943.

[166] Der gleichaltrige Erich von Salomon beschreibt diese Zeit in einem Buch „Die Kadetten", Berlin 1933.

[167] BA: R 55/395 Auslandpressebüro 1942–1944, Bd. 1, A – H, S. 233.
Nach Angaben seiner Frau, Maria Dertinger, blieb er bis Ostern 1922 in der Kadettenanstalt und späteren Bildungsanstalt. Brief v. 1. 8. 1983.

[168] Diffamierende Artikel gegen die Weimarer Republik und die Verherrlichung der Mörder Erzbergers und Rathenaus hatten zu einem Verbot der Stahlhelm-Blätter „Standarte" und „Stahlhelm" „auf Grund des Republikschutzgesetzes" geführt. s. Alois Klotzbücher, Der politische Weg des Stahlhelm, Bund der Frontsoldaten in der Weimarer Republik, phil. Diss. Erlangen-Nürnberg 1964, S. 88 f. u. 97

[169] Der „Herrenklub" war ab 1924 eine Nachfolgeorganisation des im Juni 1919 gegründeten „Juniklubs", einer in verschiedenen Städten angesiedelten Vereinigung antidemokratischer und antiparlamentarischer Kräfte mit dem Ziel über die Herstellung von Beziehungen und Verbindungen, den politischen Nachwuchs zu schulen und Eliten zu bilden. Im Herrenklub verkehrten Aristokraten, Wirtschaftsführer, Wissenschaftler, höhere Beamte und konservative Politiker. Die politischen Ideen Moeller van den Brucks bildeten das geistige Zentrum dieser Kreise. Der Stahlhelm-Führer, Franz Seldte, war Mitglied des Berliner Klubs. vgl. H. J. Schwierskott, Arthur Moeller van den Bruck und der revolutionäre Nationalismus in der Weimarer Republik, Göttingen u.a. 1962, S. 166 ff.

hänger des „Tat-Kreise" bezeichnet[170], was aber nicht belegt werden konnte. Dertinger verließ nach dem Ortswechsel der Redaktion den „Stahlhelm", bei dem er insgesamt 2 Jahre (1925—1927) gearbeitet hatte. In der Folgezeit war er als Berliner Korrespondent der in ihrer Tendenz deutschnationalen „Hamburger Nachrichten" tätig[171]. Am 12. Mai 1930 wurde durch den Abschluß des Gesellschaftsvertrages die Firma „Dienatag" Nachrichtendienst als Gesellschaft mit beschränkter Haftung gegründet.[172] Der Vorläufer der Korrespondenz war der DINAT (Dienst nationaler Zeitungen), der am 1. Oktober 1929 eingestellt worden war.[173]

Das Stammkapital betrug 24.000 Reichsmark, der Geschäftsführer hieß Josef Robens[174]. Der „Gegenstand des Unternehmens" wurde folgendermaßen umschrieben: „Das Unternehmen ist nicht auf Erzielung von Gewinn gerichtet, sein Gegenstand ist vielmehr die Schaffung einer Umschlagstelle zwecks Entgegennahme der Nachrichten eigener Auslandsvertreter und die Weitergabe dieser Nachrichten an die beteiligten Verlagsunternehmen". Die „beteiligten Verlagsunternehmen" waren zunächst der Verlag „Hermanns Erben", der die „Hamburger Nachrichten" herausgab, der Verlag „Wilhelm Gottlieb Korn" in Breslau, in dem die „Schlesische Zeitung" erschien und der Verlag der „Allgemei-

---

[170] So bei J. B. Gradl, Anfang unter dem Sowjetstern, Köln 1981, S. 192 und im Lexikon zur Geschichte und Politik im 20. Jahrhundert, Köln 1971, S. 163.
Möglicherweise sympathisierte er mit den Ideen des „Tat-Kreises", der „ideologisch auf Moeller van den Bruck fußt" (H. J. Schwierskott, a.a.O., S. 75 Anm. 125), allerdings erst 1929 entstand, als Hans Zehrer die redaktionelle Leitung der kulturpolitischen Zeitschrift „Die Tat" übernahm. Der Kern des „Tat"-Kreises war die Redaktionsgemeinschaft, aber ähnlich wie beim „Herrenklub" bildeten sich an verschiedenen Orten „Tat"-Kreise aus den Lesern der Zeitschrift. Ausgangspunkt dieser Interessengemeinschaften waren — ähnlich wie beim „Herrenklub" antidemokratische Vorstellungen und der Wunsch durch die Bildung neuer Eliten die Republik in einer „Revolution von oben" zu überwinden. Im Unterschied zum Herrenklub unterstützte der „Tat"-Kreis General von Schleicher und stand dem Reichswehrministerium nahe. J. Pöhls, Die „Tägliche Rundschau" und die Zerstörung der Weimarer Republik 1930 bis 1933, Münster 1975, S. 159 u. S. 586 Anm. 577. s. dazu a. W. Struve, Elites Against Democracy. Leadership Ideals in Bourgeois Political Thought in Germany, 1890—1933, Princeton, N. J. 1973. — K. Sontheimer, Der Tatkreis. In: VjhZ, 7. Jg. (1959), H. 3, S. 229—260. — H. P. Brunzel, Die „Tat" 1918 — 1933, phil. Diss. Bonn 1952. — J. A. Bach, Franz von Papen in der Weimarer Republik, Düsseldorf 1977. — Klaus Fritzsche, Politische Romantik und Gegenrevolution, Frankfurt/M. 1976. — K. v. Klemperer, Konservative Bewegungen, München, Wien 1962.

[171] s. dazu das Kapitel 7. Die Zeitungen. b) Hamburger Nachrichten, S. 79*—89*

[172] Dienatag = Dienst nationaler Tageszeitungen. Die Eintragung in das Handelsregister des Amtsgerichts Berlin erfolgte am 18. Juli 1930 unter der Geschäftsnummer HRB 44490.

[173] K. Koszyk, Deutsche Presse 1914—1945, a.a.O., S. 173

[174] Leider waren keine weiteren Einzelheiten zu Josef Robens zu ermitteln. Fest steht nur, daß er die Geschäftsführerposition bis zu seinem Tode 1935 bekleidete.

nen Zeitung" in Chemnitz (Geyer, Hilscher & Co.)[175]. Dertinger war in diesem Korrespondenz-Unternehmen der verantwortliche Schriftleiter. Daneben gab es zunächst noch einen Redakteur, der für Wirtschaftsfragen zuständig war[176] und eine Sekretärin[177]. Untergebracht war die „Dienatag" im Berliner Stadtteil Tiergarten, in der Linkstr. 16. In diesem Gebäude hatten zahlreiche Korrespondenten verschiedenster Provinzzeitungen ihre Büros, u.a. Friedrich Heißmann, der spätere Hauptschriftleiter der „Deutschlanddienst GmbH"[178]. Zur Bürogemeinschaft der „Dienatag" gehörte auch Kurt Waas, der Berliner Vertreter des Hamburger Adreßbuchs, das auch im Verlag der „Hamburger Nachrichten" gedruckt wurde[179]. 1932 kam noch Dr. Hans-Joachim Kausch zur „Dienatag"[180]. Noch bevor die Reichspressekonferenz dem Propagandaministerium direkt unterstellt wurde, wurde im April 1933 der Ausschuß der Reichspressekonferenz, der bestehend aus neun teilnehmenden Journalisten den Vorsitz in den Konferenzen führte, neu gewählt[181]. Das Ergebnis waren vier Vertreter nationalsozialistischer Zeitungen und fünf Vertreter nationaler Zeitungen, wobei Theodor Maria Strewe von der nationalen „Deutschen Allgemeinen Zeitung" (DAZ) als Vorsitzender wiedergewählt wurde. Georg Dertinger wurde als Vertreter der „Hamburger Nachrichten und Deutschnationalen Provinzpresse" in den Ausschuß berufen.

Die auch nach der Machtübernahme betont deutsch-nationale Haltung Dertingers mag ein Grund gewesen sein, für seine gleichzeitige Beauftragung mit der Herausgabe eines neuen Pressedienstes[182]. Die Nr. 1 des „Dienst aus Deutschland. Mitteilungen und Stimmen aus dem Reich" (D.a.D.) erschien am 15. Juni 1934[183]. Als verantwortlicher Schriftleiter wurde Georg Dertinger genannt, der auch an der Konzeption des Dienstes mitgearbeitet hatte. Dieser Nachrichtendienst von Inland-Nachrichten für Zeitungen im Ausland unterstand der Presse-

---

[175] In einer Aufstellung, die den Stand vom 31. Dezember 1943 wiedergeben soll, werden als Gesellschafter neben dem Verlag Wilhelm Gottlieb Korn und dem Verlag Geyer, Hilscher & Co. (die AZ hatte ihr Erscheinen allerdings am 31. 3. 1943 eingestellt) noch der Verlag Reismann-Grone, Essen, genannt (Rheinisch-Westfälische Zeitung) sowie der Nordwestdeutsche Verlag, Wesermünde und die Verlage des Fränkischen Kurier, Nürnberg, und der Kieler Zeitung. Die Hamburger Nachrichten hatten ihr Erscheinen 1939 eingestellt. HRB 57811, Amtsgericht Berlin

[176] Dr. Hans Falk, geb. am 23. September 1902 in Bonn, Freikorpskämpfer, Studium der Staatswissenschaften in Köln und Bonn, ab 1927 Wirtschaftsredakteur in Hannover, Hamburg, Leipzig und Berlin, 1938—1943 Betriebsberater einer Versicherungsgesellschaft in Berlin, 1943—1945 illegal in Österreich, 1946 Mitherausgeber und Chefredakteur der Zeitung „Der Allgäuer" in Kempten, Mitglied des Stadtrats, 1948 aus der SPD ausgeschlossen. Er lebt heute in Bayern.

[177] Die Sekretärin hieß Frl. Nowak.

[178] vgl. Handbuch der deutschen Tagespresse, 4. Aufl. 1932, S. 442

[179] Waas wurde als „technischer Leiter" der Dienatag bezeichnet. s. dazu den Abschnitt d) Karl Brammer, S. 70* u. 72*

[180] s. Abschnitt b) H. J. Kausch, S. 65*

[181] DP, 23. Jg. (1933), Nr. 8 v. 30. April 1933, S. 122

[182] Nach der Meinung von Frau Kausch, 15. Januar 1983

[183] PA: Presse-Abteilung 227, 1 u. 2

Abteilung des Auswärtigen Amtes, die daran interessiert war, daß bei den Abnehmern im Ausland nicht der Eindruck erweckt wurde, es handle sich um einen Pressedienst der Regierung. Die oberste Leitung dieses und anderer Pressedienste lag bei dem Geheimrat Prof. Dr. Walther Heide, der die Finanzierung regelte[184]. Der Nachrichtendienst „D.a.D." erschien in einem neugegründeten Verlag „Deutschlanddienst GmbH", dessen Hauptschriftleitung Dr. Friedrich Heißmann hatte[185]. Die Verlagsleitung teilten sich 2 Personen, mit der Schriftleitung waren 6 Personen betraut, 2 waren für die Druckerei und Expedition zuständig[186]. Als die Aufgabe des Pressedienstes wurde die „Unterrichtung des Auslandes über Deutschland und die Werbung für Deutschland" bezeichnet. „Der besonderen Aufgabe dieser Korrespondenz wurde von vornherein dadurch Rechnung getragen, daß ihre Bezieher fast ausschließlich deutschsprachige Zeitungen im Auslande sind, während reichsdeutsche Zeitungen nicht zu den Abnehmern der Korrespondenz gehören dürfen."[187] Eine Ausgabe hatte im Durchschnitt 14 Seiten, von denen 6 der Politik, 4 der Kulturpolitik und 4 der Wirtschaft gewidmet waren. Sie erschien 3 mal wöchentlich (montags, mittwochs, freitags), donnerstags kam die Wochenausgabe heraus[188]. 1935 wurden 421 Exemplare der Normalausgabe und 448 Exemplare der Wochenausgabe ins Ausland ausgeliefert[189]. Die Gesamtauflage der dem „D.a.D." angeschlossenen Blätter (Zeitungen, Wochenzeitungen und Zeitschriften) wurde mit 2,1 Millionen beziffert[190]. Im Vorfeld der Saarabstimmung (Januar 1935) fiel Dertinger bei den offiziellen Stellen in Ungnade, weil er einen mißliebigen Artikel zu diesem Thema verfaßt hatte[191]. Es wurde ein Schreibverbot über ihn verhängt, das aber offen-

---

[184] Heide (1894—1945 verschollen) war 1932—1933 der Leiter des Referats I (Inland) der seit 1919 vereinigten Presse-Abteilung der Reichsregierung und des Auswärtigen Amtes und dadurch stellvertretender Pressechef. Er war für die Überleitung des Inlandreferats in das neugeschaffene Reichsministerium für Volksaufklärung und Propaganda zuständig. Am 27. Mai 1933 löste ihn Kurt Jahncke als neuer Presseabteilungsleiter ab. Heide blieb danach weiterhin für das RMVP und das Auswärtige Amt tätig, für das er Sachaufgaben wie z.B. die Betreuung offiziöser Pressedienste wahrnahm. s. dazu auch H. Bohrmann u. A. Kutsch, Der Fall Walther Heide. Zur Vorgeschichte der Publizistikwissenschaft. In: Publizistik, 20. Jg. (1975), H. 3, S. 805—808
[185] Heißmann war gleichzeitig Korrespondent verschiedener Zeitungen („Leipziger Neueste Nachrichten", „Allgemeine Zeitung" Chemnitz) und ab 1934 auch im „Patria Literarischer Verlag mbH." (früher der TU, dann DNB zugehörig) für Auslandskorrespondenzen tätig
[186] PA: Presse-Abteilung des Auswärtigen Amtes 227/1, S. 126 ff. Der „Dienst aus Deutschland" im Dienst für Deutschland. Januar 1935
[187] ebd., S. 127. Besonders erwähnt wird in diesem Bericht noch die Sonderausgabe vom 2. Juli 1934, „die im Ausland große Beachtung fand und zur Beruhigung und Abwehr der Lügenberichte beigetragen haben dürfte". S. 130
[188] ebd.,
[189] ebd., S. 131
[190] ebd., S. 135
[191] Mitteilung von Frau Maria Dertinger am 12. März 1982. s. a.ZSg. 101/5/52/Nr. 1119 v. 18. Februar 1935

sichtlich nur für den „D.a.D." galt, denn die „Dienatag"-Arbeit setzte er, nach einem längeren Urlaub an der österreichischen Grenze, fort[192]. Im Mai 1935 wurde der Gesellschaftsvertrag anläßlich des Todes des Geschäftsführers der „Dienatag" abgeändert[193]. Der neue Geschäftsführer war Georg Dertinger. Nach dem Anschluß Österreichs an das Deutsche Reich (März 1938) wurde ihm die Chefredaktion des „Neuen Wiener Tagblattes" unter der Bedingung des Eintritts in die NSDAP angeboten, die er aber ablehnte[194]. Statt dessen erhielt er nun zusätzlich die Berliner Vertretung der Zeitung, die nach der Zusammenlegung mit der „Neuen Freien Presse" und des „Neuen Wiener Journals" im Januar 1939 ihre Berliner Redaktion ausbaute. Außerdem arbeitete er noch als Korrespondent der „Königsberger Allgemeinen Zeitung", die er im Austausch auch mit österreichischen Nachrichten versorgte.

Die Vielzahl der Verpflichtungen verschiedenen Zeitungen und Korrespondenzen gegenüber war ein journalistisches Tätigkeitsmerkmal der Korrespondenten im In- und Ausland. Die Finanzkraft der meisten Zeitungen war nicht ausreichend, um einen eigenen Korrespondenten zu unterhalten (Ausnahme die „Frankfurter Zeitung") und deswegen mußten umgekehrt die Korrespondenten darum bemüht sein, für mehrere Zeitungen zu arbeiten. Mit Kriegsbeginn erschien der „D.a.D.", für den Dertinger mittlerweile wieder schrieb, zweimal täglich[195]. Am 31. Juli 1940 wurde Hans-Joachim Kausch zum Geschäftsführer der „Dienatag" bestellt, nachdem Dertinger dort ausgeschieden war und wieder die Hauptschriftleitung des „D.a.D." übernommen hatte[196]. Auf diese Weise sollte einer Einziehung zur Wehrmacht vorgebeugt werden, von der Unternehmen bedroht waren, die über mehr Personal verfügten als für „kriegswichtig" erachtet wurde[197]. Das Auslandpressebüro, das von Walther Heide geleitet wurde und die Oberaufsicht über die Auslands-Korrespondenzen hatte, bemühte sich unablässig

---

[192] Das Verbot hielt an bis 1937. Nachfolger in der Hauptschriftleitung des „D.a.D." wurde 1935 Dr. Max Clauss, der 1933 (zunächst unter Hugenberg) Pressereferent im Reichsernährungsministerium wurde und in der Folgezeit als Sprecher dieses Ministeriums in der Pressekonferenz auftrat.

[193] Die Nummer der Firma wurde umgeschrieben nach HRB 57 811

[194] Mitteilung Frau Maria Dertinger am 12. März 1982. Im Hinblick auf die österreichische Herkunft seiner zweiten Frau, einer geborenen Freiin von Neuenstein-Rodeck, liegt es nahe, daß Dertinger durchaus an dieser Stelle interessiert war.

[195] PA: Presse-Abteilung 227/2, S. 220. Brief von Walther Heide an das AA v. 16. September 1939

[196] Der Posten war frei geworden, weil sich Max Clauss auf eine längere Amerikareise begeben hatte.

[197] Da der Wirtschafsredakteur Falk bereits vor dem Krieg ausgeschieden war, hatte jetzt Kausch allein den Betrieb aufrecht zu erhalten, unterstützt von einer Sekretärin und Kurt Waas. Der vom Auswärtigen Amt unterstützte „D.a.D." verfügte auch zu Kriegszeiten über eine üppigere personelle Ausstattung. So war z.B. der ehemalige Chefredakteur der „Germania", Wilhelm Gries (1894—1971) von 1938—1945 auch Redakteur beim „D.a.D."

[198] s. dazu BA: R 55/395 Auslandpressebüro, insbesondere politische Zeichner. 1942—1944, Bd. 1, A—H

um die UK-Stellung der ihm untergebenen Journalisten[198]. Der letzte Antrag auf UK-Stellung Dertingers datiert vom 13. April 1945[199].

Unmittelbar nach dem Kriegsende war Georg Dertinger einer der Mitbegründer der Berliner CDU in der sowjetisch besetzten Zone. Er wurde 1946 zunächst Pressereferent und dann Generalsekretär der CDU in der SBZ. Nachdem Jakob Kaiser sein Amt niederlegen mußte (1947), förderte Dertinger gemeinsam mit Otto Nuschke die Zusammenarbeit der Ost-CDU mit der SED. Vom Oktober 1949 — Januar 1953 war er Minister für Auswärtige Angelegenheiten der DDR. Im Zuge der politischen Säuberungen in der DDR zu Beginn der 50er Jahre, die sich hauptsächlich gegen den bürgerlichen Mittelstand, die Intellektuellen und die Kirche richteten, wurde Georg Dertinger vom Staatssicherheitsdienst als „Spion" und „Landesverräter" verhaftet und im Juni 1954 zu 15 Jahren Zuchthaus verurteilt.

Nach seiner Begnadigung 1964 war er als juristischer Berater des katholischen Leipziger Benno-Verlages und für die Caritas des Bistums Meißen tätig[200]. Er starb am 21. Januar 1968 in Leipzig.

Die „Dienatag", deren Büroräume bei Kriegsende völlig ausgebombt waren, wurde 1951 aus dem Handelsregister gelöscht auf Grund des „Gesetzes über die Auflösung und Löschung von Gesellschaften und Genossenschaften" vom 9. Oktober 1934, das besagt: „(§ 2) Eine ... Gesellschaft mit beschränkter Haftung, die kein Vermögen besitzt, kann ... von Amts wegen gelöscht werden."[201]

b) Dr. Hans-Joachim Kausch

Der jüngste der „Dienatag"-Redakteure war Hans-Joachim Kausch. Er wurde am 23. August 1907 in Berlin-Wilmersdorf als 2. Sohn eines Chemikers geboren. Der Vater war Beamter beim Reichspatentamt in Berlin. H. J. Kausch beendete seine Schulzeit 1925 mit dem Abitur am Heinrich v. Kleist-Realgymnasium in Berlin-Schmargendorf. Anschließend studierte er Germanistik, Geschichte und Philosophie in Berlin, Freiburg und Breslau, wo er 1929 zum Dr. phil. promoviert wurde. 1930 trat er als Volontär in die „Allgemeine Zeitung", Chemnitz ein[202]. Nach Beendigung des Volontariats ging er nach Berlin zurück und wurde Redakteur der „Dienatag". Dort konzentrierte er sich nach einer Einarbeitungszeit vor allen Dingen auf außenpolitische Themen. Gemeinsam mit Georg Dertinger nahm er die „mittäglichen Pressekonferenzen" wahr[203], verfaßte für die korrespondierenden Zeitungen Informationsberichte, die zusätzliche Informationen und Interpretationshilfen zu den offiziellen Presseanweisungen enthielten und kümmerte sich um die Übermittlung der Presseanweisungen an die jeweiligen Heimatredaktio-

---

[199] ebd., S. 59. In einem Brief an das RMVP bittet Heide um Dertingers Freistellung vom mittlerweile 2. Aufgebot des Volkssturms.
[200] Während seiner Haft war er 1963 zum katholischen Glauben übergetreten.
[201] RGBl. 1934, I, S. 914
[202] s. dazu das Kapitel 7. Die Zeitungen. d) Allgemeine Zeitung, Chemnitz, S. 102*
[203] IfZ: ZS 1088, Affidavit Dr. H. J. Kausch v. 16. 10. 1947

nen. Nachdem Georg Dertinger endgültig zum „Dienst aus Deutschland" übergewechselt war, wurde Kausch am 31. Juli 1940 zum Geschäftsführer der „Dienatag" bestellt. Diese Position hatte er bis zum September 1944 inne. Durch die dann erfolgte Aufhebung der UK-Stellungen für die Redakteure von sogenannten „bürgerlichen" (= nicht parteigebundenen) Zeitungen stand einer Einziehung zur Wehrmacht nichts mehr im Wege, zumal da auch eine angebotene Übernahme an die „Chemnitzer Zeitung", eine Parteizeitung, nicht zustande kam[204]. Kausch erhielt zunächst die militärische Grundausbildung in Spandau, eine sich daran anschließende Fernmeldeausbildung dauerte bis Februar 1945.

Anfang März 1945 kam er in Ungarn zum Einsatz und war an Rückzugsgefechten von Preßburg bis Wien beteiligt. Nach der Genesung von einer Verwundung, die er dabei erlitten hatte, wurde er erneut eingesetzt und diesmal in Mähren, wo er in der legendären Armee Schörner bis zur Kapitulation seinen Dienst tat. In Passau geriet er in amerikanische Gefangenschaft, aus der er im Juni/Juli 1945 bereits wieder entlassen wurde. Daraufhin begab er sich auf eine Wanderung von Passau nach Diepholz (Niedersachsen), wohin sich Dorothea Kausch mit ihren drei Kindern in der Nacht vom 1./2. April 1945 abgesetzt hatte. Sie war vorher aus Berlin nach Prenzlau evakuiert worden und traf dort wieder auf Maria Dertinger, die mit ihren drei Kindern auf ihrem Gut in Pasewalk lebte.

Hans-Joachim Kausch betätigte sich nach seiner Rückkehr zunächst als Dolmetscher beim Landratsamt Diepholz. Gleichzeitig bemühte er sich um eine Kontaktaufnahme zu ehemaligen Berufskollegen, u.a. zu Fritz Sänger, der beim Landrat im benachbarten Gifhorn beschäftigt war, bevor er im Oktober 1945 Chefredakteur der „Braunschweiger Neuen Presse" wurde[205]. Durch Sängers Vermittlung kam Kausch 1946 als Nachrichtenredakteur des „Deutschen Pressedienstes" (dpd) nach Hamburg. 1947 wechselte er als Chef der Nachrichtenredaktion zur Tageszeitung „Die Welt" über, die von der britischen Besatzungsbehörde kontrolliert wurde. Nach drei Jahren (1950) wurde Kausch Leiter des Bonner Büros der „Welt", die 1953 in den Besitz des Verlages „Axel Springer AG" überging. Vom März 1954 bis zum September 1957 arbeitete er als Chefredakteur der „Bremer Nachrichten" in Bremen, ging dann aber wieder zur „Welt" zurück und zwar diesmal als Leiter des Berliner Büros. Diese Position bekleidete er bis 1965. Danach war er bis zu seinem Tod am 30. September 1974 als Leiter der Informationsabteilung des Hauses Springer in Berlin tätig.

c) Fritz Sänger

Im Gegensatz zu den bisher vorgestellten Korrespondenten hat Fritz Sänger seine zu Papier gebrachten „Erinnerungen... eines Journalisten" auch veröffentlicht und damit ein Zeugnis abgelegt, das zum Nachspüren einer wichtigen Phase im

---

[204] Mitteilung Frau Kausch v. 15. Januar 1983
[205] s. dazu Abschnitt c) Fritz Sänger, S. 69*

deutschen Journalismus anregt[206]. In einer vorher publizierten Darstellung[207] hatte Sänger eine Auswahl der von ihm überlieferten Sammlung der Presseanweisungen bis zum Kriegsausbruch zusammengefaßt und kommentierend in den politischen Zusammenhang gestellt. Außerdem schildert er in diesem Buch auch die journalistischen Reaktionen der von den Anweisungen betroffenen FZ-Mitarbeiter und die sorgfältig ausgetüftelten Vermeidungsstrategien, mit denen man den Sprachregelungen ausweichen konnte. Sänger hat sich immer um eine detaillierte Dokumentation des Journalismus während der Zeit des Nationalsozialismus bemüht, und seine facettenreichen Beschreibungen lassen keinen Raum für die abgestandenen Klischees von einer total gleichgeschalteten Presse ohne Manövrierraum[208]. Sänger vermittelt den Ernst der Situation, den jede Einschränkung der Pressefreiheit mit sich bringt, allerdings ohne Selbstmitleid oder Resignation, und das in der Form eines Appells, das journalistische Handwerk nicht verkümmern zu lassen, gerade in Zeiten der Vorschriften und Diktatur. Mit dieser Einstellung liegt er ganz auf der Linie seiner ehemaligen FZ-Kollegen, die sich gegen die Emigration der Zeitung gewendet und für ein Durchhalten auch unter schwierigen Arbeitsbedingungen entschieden hatten[209].

Fritz Paul Sänger wurde am 24. Dezember 1901 in Stettin geboren[210]. Der Tod des Vaters, des Großhandels-Exportkaufmanns, Paul Sänger im Herbst 1908 brachte die hinterbliebene Frau Ida, geb. Kempe, mit 4 Kindern in finanzielle Not und verhinderte den mit hohen Schulgeldern verbundenen Besuch eines Gymnasiums. Nach Abschluß der Mittelschule (1918) nahm Fritz Sänger die Ausbildung zum Volksschullehrer am Lehrerseminar in Pyritz (Pommern) auf, für die staatliche Beihilfen gewährt wurden. Bereits während seiner Seminarzeit wurde ihm die Leitung der Zeitschrift des Preußischen Lehrervereins „Der Ruf" (Juli 1920 – 1925) übertragen. Die Halbmonatsschrift war 1919 gegründet worden und erschien bis 1926. Im selben Jahr (1920) trat er in die SPD ein. Seine eigentliche journalistische Ausbildung begann er unmittelbar nach der bestandenen Lehramtsprüfung im September 1921. Er trat sein Volontariat beim „General-Anzeiger für Stettin und die Provinz Pommern" in Stettin am 1. Oktober 1921 an und blieb dort bis zum 30. November 1922. Seine stenographischen Kenntnisse, die er sich schon in der Schulzeit angeeignet hatte, kamen ihm bei seiner neuen Tätigkeit besonders zugute und sollten auch bei der weiteren journalistischen Kar-

---

[206] Fritz Sänger, Verborgene Fäden. Erinnerungen und Bemerkungen eines Journalisten, Bonn 1978
[207] ders., Politik der Täuschungen. Mißbrauch der Presse im Dritten Reich. Weisungen, Informationen, Notizen 1933–1939, Wien 1975
[208] Mit diesem Klischee wird man weder der Zeit noch den Journalisten gerecht, denen dadurch die Sensibilität eines Roboters zuerkannt wird.
[209] s. dazu Kapitel 7. Die Zeitungen. c) Frankfurter Zeitung, S. 97*
[210] Zum Lebenslauf s. a. Munzinger-Archiv/Int. Biograph. Archiv, Lief. 34/82 und F. Sänger, „Wählt Adolf Hitler und ihr wählt den Krieg". In: 1933: Wie die Deutschen Hitler zur Macht verhalfen, hrsg. v. I. Brodersen, K. Humann u.S.v. Paczensky, Reinbek 1983, S. 176 f.

riere von Bedeutung sein. Die nächste Station war die Geschäftsstelle des Provinzkartells Pommern des Deutschen Beamtenbundes, die Sänger bis Ende 1926 leitete. Danach ging er für ein Vierteljahr als Verbindungsmann der Zentrale des Beamtenbundes zu offiziellen Einrichtungen wie Reichstag, Reichsrat, Preußischer Landtag und Staatsrat nach Berlin.

Eine im DBB gebildete „Arbeitsgemeinschaft Sozialdemokratischer Beamter" beauftragte Sänger in dieser Zeit mit der Leitung ihres Organs „Der freie Beamte", was nicht ohne Kritik blieb und zu Spannungen im Beamtenbund führte. Zum 1. Mai 1927 wechselte er daraufhin als Chefredakteur zur dreimal wöchentlich erscheinenden „Preußischen Lehrerzeitung" des Preußischen Lehrervereins, der seinen Sitz in Magdeburg hatte.

Im Dezember 1932 kam Sänger wieder nach Berlin, wohin der Lehrerverein inzwischen übergesiedelt war. Unmittelbar nach dem 30. Januar 1933 wurde er beurlaubt und schließlich entlassen, das auslösende Moment dafür war seine Hilfe für einen sozialdemokratischen Schulpolitiker, dem und dessen Familie er Unterschlupf gewährt und zur Flucht verholfen hatte. Es folgten fast drei Jahre Erwerbslosigkeit. In dieser Zeit versuchte Sänger unter Zuhilfenahme seiner Abfindung vom Lehrerverein mit zwei Freunden aus der Gewerkschaftsarbeit ein Pressebüro aufzubauen. Gemeinsam gaben sie drei Korrespondenzen heraus: den „Kulturpolitischen Dienst", der sich an die Lehrervereine richtete, die „Sozialpolitische Information" für ehemalige Gewerkschaftsfunktionäre und den „Wochenend-Dienst" für Freunde und Bekannte. Wegen anhaltender finanzieller Schwierigkeiten mußten nach und nach alle drei Dienste eingestellt werden, die bis Mitte 1935 nur eineinhalb Jahre existiert hatten. Für einen Monat konnte Sänger dann beim Deutschen Nachrichtenbüro (DNB) als Aushilfskraft im Stenographenraum unterkommen, bevor er wegen seiner Parteizugehörigkeit entlassen wurde. Seine Aufgabe bestand in der wörtlichen Aufnahme von telefonischen Korrespondentenberichten und ihrer Übertragung in einen Schreibmaschinentext.

Bereits seit 1932 hatte er als freier Mitarbeiter für die FZ geschrieben und im Oktober 1935 trat er in die Berliner Redaktion der Zeitung ein, die zu diesem Zeitpunkt nahezu 30 Redakteure umfaßte. Während der nächsten 8 Jahre besuchte Sänger für die FZ die täglich stattfindenden Reichspressekonferenzen, stenographierte die Anweisungen mit und übermittelte sie anschließend per Fernschreiber an die Frankfurter Zentrale. Nach der Einstellung der FZ im August 1943[211] war für Sänger die Redaktion der von Goebbels herausgegebenen Zeitung „Der Angriff" als neue Arbeitsstelle vorgesehen; durch eine private Intervention gelang es ihm aber als Berliner Vertreter des „Neuen Wiener Tagblatts" eingesetzt zu werden[212]. Diese Aufgabe nahm er bis zum Ende des Krieges wahr. In den letzten Kriegswochen siedelte er mit seiner Familie nach Gifhorn um, wo er nach der

---

[211] s. dazu das Kapitel 7. Die Zeitungen. c) Frankfurter Zeitung, S. 100*
[212] s. dazu auch Abschnitt a) Georg Dertinger, S. 64*

Kapitulation zunächst als Sonderbeauftragter beim Landrat im Wiederaufbau aktiv wurde.

Schon im Oktober 1945 wurde ihm von den britischen Besatzungsbehörden der Posten des Chefredakteurs der „Braunschweiger Neuen Presse" angeboten, dem „Nachrichtenblatt der Alliierten Militärregierung", das im Januar 1946 als erste Zeitung in der britisch besetzten Zone lizensiert wurde. Bei der Gelegenheit wurde der Titel in „Braunschweiger Zeitung" abgeändert. Fritz Sänger schied im September desselben Jahres aus der Redaktion aus und wandte sich einer Tätigkeit zu, die er schon früher ausgeübt hatte, nämlich der Herausgabe einer Korrespondenz. Der „Sozialdemokratische Pressedienst", der von den Nationalsozialisten verboten worden war, sollte ab Mai 1946 wieder belebt werden. Während Sänger ab Oktober 1946 dessen Leitung übernahm, setzte er seine Parteiarbeit in der SPD fort. 1947 wurde er in den neukonstituierten niedersächsischen Landtag gewählt. Dieses politische Amt gab er wieder auf, als er im Juli desselben Jahres Chefredakteur und Geschäftsführer der Nachrichtenagentur in der britischen Zone wurde. Die Agentur „Deutscher Pressedienst" (dpd) wurde als Genossenschaft von Zeitungsverlegern und Rundfunkanstalten betrieben und in Hamburg aufgebaut. 1949 entstand daraus die „Deutsche Presseagentur" (dpa), deren Chefredakteur Sänger bis 1959 blieb, während er die Geschäftsführung 1955 abgegeben hatte, um Interessenkonflikten aus dem Wege zu gehen.

Vom damaligen Bundeskanzler Adenauer (CDU) wurde seine Tätigkeit in besonderer Weise kritisiert und erschwert. Er war „mit der Wahl eines Sozialdemokraten unzufrieden"[213] und im Vorfeld der Bundestagswahlen 1961 wurde Sängers Entlassung durch den 12-köpfigen Aufsichtsrat bewerkstelligt. Am 1. Juni 1959 wurde sie wirksam. Sänger kandidierte bei den Bundestagswahlen und kam über die Landesliste Schleswig-Holstein der SPD in das Bonner Parlament. Für zwei Legislaturperioden (1961 — 1969) war er MdB. Seitdem bekleidete er zahlreiche Ehrenämter in Politik und Journalismus. Er schrieb mahnende Artikel und Aufsätze, in denen er sich für einen fairen Umgang im Journalismus und in der Politik einsetzte. Anläßlich seines 80. Geburtstages (1981) wurde vom SPD-Vorstand der „Fritz-Sänger-Preis" für mutigen Journalismus gestiftet, der im Jahre 1983 erstmalig an die ARD-Korrespondentin Franca Magnani verliehen wurde. Fritz Sänger starb am 30. Juli 1984 in München.

d) Karl Brammer

Der Mann, dessen Namen die Zeitgeschichtliche Sammlung ZSg. 101 im Bundesarchiv trägt, war Karl Brammer. Er hat die von Georg Dertinger und Hans-Joachim Kausch aufgezeichneten Texte der Anweisungen aus der Pressekonferenz zunächst dem Militärgericht in Nürnberg besonders für den „Wilhelmstraßenprozeß" (u.a. Otto Dietrich) zur Verfügung gestellt und 1953, mit dem Wissen Kauschs, an das Bundesarchiv abgegeben[214]. Der Verbleib seiner eigenen (Bram-

---

[213] F. Sänger, Verborgene Fäden, a.a.O., S. 201

[214] vgl. H. Booms, Der Ursprung des 2. Weltkrieges — Revision oder Expansion? In: Geschichte in Wissenschaft und Unterricht, 16. Jg. (1965), H. 6, S. 331

mers) Aufzeichnungen aus der Pressekonferenz, die er als Herausgeber einer Korrespondenz zweifellos haben mußte, konnte nicht geklärt werden, möglicherweise hat er sie ordnungsgemäß nach ihrer Verwendung vernichtet. In seinem Affidavit in Nürnberg erklärt er die ihm vorgelegten Aufzeichnungen für authentisch[215]. „Das in meinem Besitz befindliche Material entstammt den Aufzeichnungen, die bei der Verlesung im gleichen Raum sofort gemacht wurden. Da ich selbst Ohrenzeuge der Verlesung war, bestätige ich die Echtheit und Authentizität der Aufzeichnungen". Brammer erhob also selber keinen Anspruch auf eine „Urheberschaft" der aufgezeichneten Anweisungen und ihrer Kommentare. Leider wird nur allzu oft nach der zugegebenermaßen irreführenden Bezeichnung Brammer für den Aufzeichner gehalten, und selbst das Bundesarchiv schreibt die Sammeltätigkeiten neben Kausch und Dertinger auch Brammer zu[216], tatsächlich sind die Aufzeichnungen aber von den Mitarbeitern der Dienatag GmbH gesammelt und Kurt Waas, dem technischen Leiter der Dienatag zur Aufbewahrung übergeben worden[217]. Er hatte ein Haus in Neu-Babelsberg, wo vermutlich die Aufzeichnungen versteckt wurden[218]. Nach dem Krieg war er in der Ost-Berliner Geschäftsstelle der CDU „als Wirtschaftsleiter" tätig, dort ging auch Karl Brammer als stellvertretender Chefredakteur des CDU-Organs „Neue Zeit" ein und aus[219]. Georg Dertinger war zu der Zeit als Pressechef bei der Berliner Geschäftsstelle der CDU angestellt (später Generalsekretär)[220]. Im Winter 1947/48 starb Waas in Berlin an Unterernährung[221].

Karl August Brammer wurde am 11. Juli 1891 in Hannover geboren. Nach dem Besuch der dortigen Technischen Hochschule ging er als Volontär zum „Hannoverschen Tageblatt". Anschließend war er Redakteur bei der „Hagener Zeitung". Der 1. Weltkrieg unterbrach seine journalistische Laufbahn; er wurde eingezogen.

Ab 1919 betätigte er sich als Referent in der Pressestelle der Reichsregierung. In seiner politischen Einstellung tendierte er zur Deutschen Demokratischen Partei (DDP, ab 1930 Deutsche Staatspartei). Das Jahr 1926 war geprägt von den Auseinandersetzungen um die Volksabstimmung über die Abfindung der Fürsten und um das Verbot der „Schmutz- und Schundschriften". Diese Meinungsverschiedenheiten gefährdeten auch den Zusammenhalt der DDP. Einerseits zogen finanz-

---

[215] IfZ: NG 2655, Affidavit Karl Brammer v. 2. Oktober 1947, S. 1 f.
[216] Das Bundesarchiv und seine Bestände, 3. erg. u. neubearb. Aufl. Boppard 1977, S. 701
[217] Kurt Waas (Offizier im 1. Weltkrieg, deutschnational) war zunächst Vertreter des Hamburger Adreßbuches, das auch im Verlag „Hermanns Erben", dem Verlag der „Hamburger Nachrichten" erschien und zwar in Berlin, wo er für Anzeigen warb. So wurde er in die Bürogemeinschaft der „Dienatag" aufgenommen und „koordinierte die Finanzen". Brief Maria Dertinger v. 18. März 1982
[218] Gespräch Dorothea Kausch, 15. Januar 1983
[219] Brief Maria Dertinger, a.a.O.
[220] s. Parteien in der Bundesrepublik. Studien zur Entwicklung der deutschen Parteien bis zur Bundestagswahl 1953, S. 72, Anm. 237
[221] Gespräch Dorothea Kausch, 15. Januar 1983

kräftige Industrielle ihre Unterstützung ab (Austritt von Gründungsmitglied Hjalmar Schacht), andererseits gab es Austritte auf dem linken Flügel der Partei (Gründungsmitglied Theodor Wolff)[222]. In diesem Jahr wechselte Brammer als Chefredakteur und Herausgeber zum „Demokratischen Zeitungsdienst". Die Korrespondenz war 1920 von einem Schüler Friedrich Naumanns, Friedrich Weinhausen, gegründet worden. Sie erschien täglich abends um 5.30 Uhr[223]. Gleichzeitig war Brammer der Berliner Korrespondent der „Aachener Post" und des „Heidelberger Tageblatts". Am 30. Juni 1933 stellte der „Demokratische Zeitungsdienst" sein Erscheinen ein[224]. Daraufhin gründete Brammer eine eigene Korrespondenz. 1937 hatte die „Korrespondenz Brammer" 3 Ausgaben:
1. Korrespondenz Brammer
2. Korrespondenz für Rasseforschung und Familienkunde
3. Deutsche Wehrbeiträge.
Ihr Stoff war entsprechend Politik, Wehrfragen, Sippenforschung[225]. Daneben vertrat Brammer noch die „Nordhäuser Zeitung und General-Anzeiger" sowie das „Jenaer Volksblatt" in Berlin. Er war Teilnehmer an der Reichspressekonferenz bis 1944. In seinem Affidavit vom 2. Oktober 1947 (NG 2655) im Zuge der Nürnberger Prozesse gab er an, von 1919 bis 1944 Teilnehmer an den Pressekonferenzen der Presse-Abteilung der Reichsregierung gewesen zu sein. Anläßlich seiner Befragung am 22. Oktober 1947 gab er eine Darstellung der Situation der Presse, die seitdem immer wieder so oder in anderen Worten mit demselben Inhalt wiederholt wurde, ohne eine Differenzierung erfahren zu haben: „Nach dem 30. Januar 1933 gab es in Deutschland keine Pressefreiheit mehr. Nunmehr forderte die Presseabteilung der Reichsregierung die Journalisten auf, in den von ihr veranstalteten Pressekonferenzen, Nachrichten und Anweisungen entgegenzunehmen. Somit wurde die deutsche Presse ein Werkzeug der Staatsführung. . . . Bei Nichtbefolgung der Anweisung war es gewiß, daß eine Bestrafung der Journalisten oder ein Verbot der Zeitung erfolgen würde."[226] Brammer vergröberte den Sachverhalt in dem offenbaren Bestreben, in der unmittelbaren Nachkriegszeit die journalistische Tätigkeit zu rechtfertigen. Dennoch ist es erstaunlich, daß die zugegebenermaßen griffige Darstellung nur immer wieder reproduziert wurde, obwohl die Chance zur Prüfung bestand: die Sammlungen der Presseanweisungen stehen seit Mitte der 50er Jahre der Wissenschaft zur Verfügung und wurden auch für Untersuchungen herangezogen.

1944 wurde Karl Brammer als Hilfspolizist eingezogen. Nach Kriegsende war er in Berlin als Journalist und Politiker aktiv. Am 22. Juli 1945 kam die erste Nummer der Tageszeitung „Neue Zeit" heraus, die ein Organ der CDU in Berlin

---

[222] Lexikon zur Geschichte der Parteien in Europa, hrsg. v. F. Wende, Stuttgart 1981, S. 87
[223] Handbuch der deutschen Tagespresse, 4. Aufl. 1932, S. 393
[224] DP, 23. Jg. (1933), Nr. 15 v. 15. August 1933, S. 228
[225] Handbuch der deutschen Tagespresse, 6. Aufl. 1937, S. 316
[226] IfZ: NG 3070 v. 22. Oktober 1947, S. 2 s.a. S. 5: „Ein Vergehen gegen die vorgeschriebene Behandlung (konnte) in schweren Fällen strenge Strafen nach sich ziehen".

war. Wilhelm Gries (1894 — 1971) wurde ihr Chefredakteur und Brammer sein Stellvertreter und Leiter des innenpolitischen Ressorts[227]. In der neugegründeten CDU wurde er zum Vorsitzenden des Kreisverbandes Zehlendorf gewählt[228]. Nach Differenzen mit der sowjetischen Besatzungsmacht erklärten im Dezember 1947 der erste und zweite Vorsitzende der CDU, Jakob Kaiser und Ernst Lemmer, ihren Rücktritt. Damit war die Spaltung der Partei besiegelt, die anschließend neuorganisierte Ost-CDU unter Georg Dertinger und Otto Nuschke arrangierte sich mit der Besatzungsmacht und der SED. Im Laufe dieser Entwicklung wurde Gries als Chefredakteur der „Neuen Zeit" abgesetzt, und die übrigen Redakteure gaben ihre Posten auf. Brammer und seine Kollegen arbeiteten danach bei der mit einer amerikanischen Lizenz versehenen Morgenzeitung „Der Tag" in den Westsektoren[229]. Die erste Nummer kam am 23. Juni 1948 heraus und führte den Untertitel „Unabhängige Zeitung für Deutschland". Obwohl „Der Tag" kein Parteiblatt war, vertrat es doch die politische Richtung der CDU[230].

Im Herbst 1947 wurde in Nürnberg der Prozeß gegen die Wilhelmstraße (amtlich Fall 11) vor dem Internationalen Militärtribunal vorbereitet. Die Anklageschrift wurde am 15. November 1947 unterzeichnet[231]. Im Vorfeld der Ermittlungen hat auch Karl Brammer eidesstattliche Erklärungen abgegeben zu dem Ablauf der Reichspressekonferenzen, weil einer der Angeklagten in diesem Prozeß der ehemalige Reichspressechef Otto Dietrich war[232]. Bereits bei der ersten Befragung wies er auf das in seinem Besitz befindliche Material hin, das, um es für die Nachwelt zu erhalten, „im Hinblick auf seine spätere Bedeutung als Geschichtsquelle aufgehoben und während der Angriffe in Berlin nach außerhalb gebracht und vergraben (wurde), um es auf jeden Fall sicherzustellen."[233] In seiner zweiten Aussage präzisierte er die Herkunft des Materials: „Ich habe dieses Material von Herrn Waas, dem technischen Büroleiter der DIENATAG (Dienst nationaler Tageszeitungen) in Berlin W 9, Linkstr. 16 erhalten. Es umfaßt die Zeit von 1936 bis etwa 1942 und ist die Originalniederschrift, die täglich unmittelbar nach den Pressekonferenzen angefertigt wurde. Einige meiner Kollegen und ich er-

---

[227] s. dazu J. B. Gradl, Anfang unter dem Sowjetstern. Die CDU 1945 — 1948 in der sowjetischen Besatzungszone Deutschlands, Köln 1981, S. 26 f. Der Zeitungswissenschaftler und ehemalige Journalist Emil Dovifat (1890—1969), der zunächst den Posten des Chefredakteurs inne hatte, wurde nach einem knappen Vierteljahr auf Wunsch der sowjetischen Militär-Administration abgelöst.
[228] Neue Zeit, 1. Jg. (1945), Nr. 109 v. 27. November 1945, S. 2
[229] Zeitungsgründer waren Kaiser und Lemmer, die aus dem sowjetischen Sektor kommenden CDU-Mitglieder Robert Tillmanns, Walther Schreiber, der Vorsitzende des Landesverbandes Berlin und Johann Baptist Gradl, vgl. W. G. Oschilewski, Zeitungen in Berlin. Im Spiegel der Jahrhunderte, Berlin 1975, S. 279 f.
[230] Nach einer Zusammenlegung mit dem „Kurier" am 21. März 1963 existierte die Zeitung noch bis Ende 1966. W. Oschilewski, a.a.O., S. 280
[231] Das Urteil im Wilhelmstraßen-Prozeß hrsg. von Robert M. W. Kempner und Carl Haensel, Schwäbisch-Gmünd 1950, S. VIII
[232] IfZ: NG 2655 v. 2. Oktober 1947, NG 3070 v. 22. Oktober 1947
[233] NG 2655, S. 2

kannten seit langem die Wichtigkeit dieser Dokumente für die Nachkriegszeit und haben diese vor Beendigung des Krieges im Hause des vorgenannten Herrn Waas versteckt."[234]

Das letztendlich ins Bundesarchiv gelangte Material geht sogar bis zum 19. August 1931 zurück (ZSg. 101/24). Die damals von Georg Dertinger angefertigten Informationsberichte, die auf Informationen der Pressekonferenz basierten, unterscheiden sich von denen ab 1933 dadurch, daß sie ausführlicher und mit persönlichen Einschätzungen versehen waren. Offensichtlich ging aber die Idee, die Aufzeichnungen zu sammeln, nicht einher mit dem „Erkennen der Wichtigkeit dieser Dokumente für die Nachkriegszeit". Die „Korrespondenz für Rasseforschung und Familienkunde" (1934, April 1936 — August 1943), im Bundesarchiv dem Bestand ZSg. 116 (Pressedienst-Sammlung Deutsches Nachrichtenbüro) eingegliedert, von Brammer nach der Einstellung des „Demokratischen Zeitungsdienstes" (Juni 1933) herausgegeben, ist das einzige selbst verfaßte Material, das aus der Zeit 1933—1945 überliefert wurde.

Karl Brammer schied 1950 bei dem „Tag" aus und wurde Leiter der Presse- und Informationsstelle des Bundesministeriums für gesamtdeutsche Fragen in Berlin. Von 1951—1958 betätigte er sich wieder in der Verbandspolitik als Vorsitzender des Presseverbandes Berlin[235]. Nach seiner Pensionierung (1959) arbeitete er als freier Journalist. Am 20. März 1964 starb er in Berlin.[236]

7. Die Zeitungen

Genau wie die Lebensgeschichte der Journalisten von Bedeutung ist für ihren Umgang mit den Presseanweisungen, ist die Berücksichtigung der Geschichte und Traditionen der einzelnen Zeitungen, für die sie gearbeitet haben, notwendig.

Die Reihenfolge der Darstellung orientiert sich an den Gründungsjahren der „Schlesischen Zeitung" (Breslau), der „Hamburger Nachrichten", der „Frankfurter Zeitung" und der „Allgemeinen Zeitung" (Chemnitz), die als Anweisungs-Empfänger im Rahmen der Edition von besonderem Interesse sind.

a) Schlesische Zeitung, Breslau (1742—1945)

Die längste Tradition als Familienbetrieb hatte die „Schlesische Zeitung", Breslau, die ihr Privileg Friedrich dem Großen verdankte.

Im Zuge der Schlesischen Kriege, die mit dem Siebenjährigen (1756—1763) endeten, besetzte der preußische König 1740 Schlesien. Bereits Ende des Jahres bot sich dem Firmengründer Johann Jacob Korn (1702—1756) die Gelegenheit, neben seiner Tätigkeit als Buchverleger auch als Zeitungsverleger aufzutreten[237].

---

[234] NG 3070, S. 6
[235] Schon 1932 war er zum stellvertretenden Schriftführer in den Vorstand des Vereins der deutschen Korrespondenzverleger gewählt worden. DP, 22. Jg. (1932), Nr. 11 v. 12. März 1932, S. 132
[236] W. Wegner, Karl Brammer. In: Der Journalist, 14. Jg. (1964), H. 4, S. 28--29
[237] N. Conrads, Schlesische Zeitung, Breslau/Bunzlau (1742—1945). In: H. D. Fischer (Hrsg.), Deutsche Zeitungen des 17. bis 20. Jahrhunderts, Pullach 1972, S. 115 ff.

In dem bis dahin unter habsburgischer Oberhoheit stehenden Breslau war das einzige kaiserliche Zeitungsprivileg an den Verleger des „Schlesischen Nouvellen-Couriers" (1708—1741) ausgegeben worden. Der Protestant Korn, der enge familiäre Beziehungen nach Berlin hatte, setzte sich sogleich für den preußischen König ein und druckte neben den amtlichen Erlassen und Verordnungen auch Kriegsberichte, die teilweise sogar vom König selbst geschrieben worden waren[238]. Nach der Aufhebung der Neutralität der Stadt und der Vereidigung auf den preußischen König, kam Johann Jacob Korn um ein Privileg ein. Am 22. Oktober 1741 wurde ihm das „Privilegium exclusivum" gewährt, und der Österreich-orientierte „Nouvellen-Courier" mußte eingestellt werden. Die Konzession sollte eine Laufzeit von 20 Jahren haben. Am 3. Januar 1742 erschien die erste Nummer unter dem Titel „Schlesische Privilegirte Staats-Kriegs- und Friedenszeitung" im Folio- und Quartformat und in der Folgezeit dreimal wöchentlich in der kleineren Ausgabe[239]. Korn redigierte die Zeitung selber, indem er aus anderen Zeitungen nachdruckte, was seine Leser interessieren könnte. Auf diese Weise lief er kaum Gefahr mit der Zensur in Konflikt zu kommen. 1766 wurde der Titel der Zeitung verändert zu „Schlesische Privilegirte Zeitung"[240]. Inzwischen führte Wilhelm Gottlieb Korn (1739 — 1806), ein Sohn aus der 2. Ehe des Johann Jacob Korn, den Verlag, der 1793 auch mit der Konzession für eine eigene Buchdruckerei ausgestattet wurde. Sein Name blieb dem Verlagsunternehmen bis heute erhalten[241]. Während Wilhelm Gottlieb Korn bis zu seinem Tode die Redaktion der Zeitung inne hatte, kümmerte sich der Sohn Johann Gottlieb Korn (1760 — 1837) um die Gesamtleitung der Firma.

Das 19. Jahrhundert war für die Geschichte der „Schlesischen Zeitung" von großer Bedeutung. Die Zensur wurde immer strenger, was sich auch nicht durch die französische Besatzung Breslaus änderte[242]. Entscheidender war die Aufhebung der Zeitungsprivilegien, die Einführung der Gewerbefreiheit (1810). Die

---

[238] ebd.
[239] N. Conrads, a.a.O., S. 116
   In der verlagseigenen Broschüre „Drei Jahrhunderte Schlesien im Spiegel der Schlesischen Zeitung", Breslau 1935, wird der Bogen von den Anfängen bis zur Zeit des Nationalsozialismus mühelos geschlagen; es heißt im Vorwort: „Die Zeitung ist die Bildungsanstalt der Erwachsenen. Sie ist nicht die trockene Übermittlerin von Nachrichten, sondern ein wesentlicher Erzieher des Volkes. Diese Gedanken, die heute gesetzliche Form gefunden haben, sind zum erstenmal ausgesprochen und erprobt worden im Zeitalter Friedrichs des Großen. Der große König, der in entscheidenden Stunden selbst die in der Zeitung veröffentlichten Berichte schrieb, forderte von seinen preußischen Journalisten unbedingte Treue und Hingabe an den Staat. Nur bewährten und erprobten Leuten gab er das Recht, eine Zeitung herauszugeben. Aus diesem Grund entzog er dem alten Verleger des „Nouvellen-Couriers" Adametz das Recht ..."
[240] W. Klawitter, Die Zeitungen und Zeitschriften Schlesiens von den Anfängen bis zum Jahre 1870, beziehungsweise bis zur Gegenwart (1930), Nachdr. Hildesheim 1978, S. 25 Nr. 17
[241] Bergstadt Verlag Wilh. Gottlieb Korn in München
[242] N. Conrads, a.a.O., S. 120

"Schlesische Privilegirte Zeitung", die nun nicht mehr privilegiert war, legte aber dieses Prädikat erst 1848 ab. Die Konkurrenz mit anderen Zeitungen wirkte sich auf das Anzeigenaufkommen der bis dahin einzigen Zeitung negativ aus. In diese Zeit fiel die große historische Stunde der "Schlesischen Zeitung". Schon ab Anfang 1812 formierte sich in Breslau die preußische Erhebung. Zu ihren Anführern (Gneisenau, Scharnhorst, Clausewitz u.a.) stieß im Januar 1813 der preußische König, Friedrich Wilhelm. Und die "Schlesische Zeitung" stellte sich ihm als Organ zur Verfügung[243]. Dadurch konnte sie als erste Zeitung den königlichen Aufruf "An mein Volk" veröffentlichen, in dem die Untertanen aufgefordert wurden, sich für einen "glorreichen" Frieden im Kampf mit den Franzosen einzusetzen[244].

1820 kam es zur Gründung eines Konkurrenzblattes, der "Neuen Breslauer Zeitung" (später nur noch "Breslauer Zeitung"), die ihre Auswirkungen auf die "Schlesische Zeitung" hatte. Es gab Umbesetzungen in dem Mitarbeiterstab, und ab 1828 erschien die Zeitung an jedem Wochentag und nicht mehr nur dreimal in der Woche[245]. Weitere nötige Reformen nahm der neue Redaktionschef Julius Korn (1799—1837) vor, der mit der Konkurrenz zu Absprachen kam über Preise und Aufmachung der beiden Blätter. Neue Mitarbeiter sollten daran mitwirken, der Zeitung eine ausgeprägte parteipolitische Richtung zu geben, die für den gemäßigten Fortschritt eintrat[246]. Die neue Pressepolitik hatte zur Folge, daß sich die Zeitung durch immer kritischere Äußerungen vor allem des Redakteurs Friedrich Daniel Rudolf Hilscher in offenen Gegensatz zur Regierung brachte[247]. Sie wurde zum führenden Organ im Schlesien des Vormärz und hatte sich ständig mit Zensur und Gerichten auseinanderzusetzen. Der Höhepunkt der Streitigkeiten war die Forderung der Regierung nach Vorlage einer Konzession, der man seitens der Zeitung nicht entsprechen konnte. Die Erteilung der Konzession wurde allerdings abhängig gemacht von der Entlassung des Redakteurs Hilscher. Am 30. Dezember 1847 wurde der Zeitung die Konzession erteilt, und ab 1. Januar 1848 verzichtete sie auf das Privileg im Titel.

Nach dem Tode von Julius Korn (1837) hatte seine Witwe Bertha Korn den Verlag weitergeführt, bis sie 1850 die Geschäftsleitung ihrem Sohn Heinrich Korn (1829—1907) überließ[248]. Nach einer Phase der politischen Enthaltsamkeit (als Reaktion auf die innerbetrieblichen Schwierigkeiten im Vormärz) gelangte die "Schlesische Zeitung" mit der neuen Mannschaft in ein konservatives Fahrwasser, was die bürgerliche Breslauer Leserschaft auch honorierte.

---

[243] In der Zeit vom 1. Februar bis zum 6. Oktober 1813 von Kanzler Hardenberg zur "Staats- und Hofzeitung" ernannt, N. Conrads, a.a.O., S. 121
[244] Schlesische Zeitung, Nr. 34 v. 20. März 1818
[245] N. Conrads, a.a.O., S. 122
[246] ebd.
[247] Hilscher war ab 1840 bei der Zeitung beschäftigt und wurde auf Druck der Regierungsbehörden entlassen (1847), s.u.
[248] Die Auflage der Zeitung hatte sich inzwischen fast verdoppelt auf 6 000. Ab 1853 erschien sie zweimal täglich.

Wie später auch die „Hamburger Nachrichten" räumte die „Schlesische Zeitung" dem preußischen Ministerpräsidenten Bismarck bald nach seinem Amtsantritt Raum für seine oder von ihm lancierte Artikel ein und ging so Auseinandersetzungen mit der Regierung aus dem Wege.

Unter Heinrich Korn nahm die Firma einen erheblichen Aufschwung. 1866 kam die Auflage über die 10 000 hinaus und 1881 sogar über 15 000[249]. Er baute die Nebenerwerbszweige aus: den bis heute bestehenden Bergstadt-Verlag (jetzt München), der durch seine Adreß- und andere Handbücher, aber auch durch evangelisch-religiöse Literatur (Liederbücher) einen guten Umsatz hatte[250], die Zeitschriftenabteilung für in der Hauptsache landwirtschaftliche Fachpublikationen sowie die chemigraphische Kunstanstalt mit einer Kupfertiefdruckanlage.

Angesichts seiner kaufmännischen Leistungen wurde Heinrich Korn 1882 der erbliche Adelstitel verliehen. Ein Namensvetter Heinrich von Korns, der nicht mit ihm verwandt war, Dr. Wilhelm Korn, trat 1894 in den Verlag ein. Er hatte Theologie und Kunstgeschichte studierte[251]. 1907 wurde er zum Mitinhaber und gehörte in dieser Funktion dem Verlag bis 1930 an[252]. In dieser Zeit erweiterte sich der Personalbestand von 200 auf 450 Personen.

Nachdem Heinrich von Korn beide Söhne verloren hatte, sollte der Sohn seiner Tochter Luise von Bergmann sein Nachfolger werden. Richard von Bergmann-Korn (1885—1945) übernahm dementsprechend 1907 die Verlagsleitung. Er hatte eine schwere Zeit vor sich, denn die Krise auf dem Zeitungsmarkt, die sich durch den I. Weltkrieg bemerkbar machte, ging auch an der „Schlesischen Zeitung" nicht spurlos vorüber. Ab 1917 reichten die von der Kriegswirtschaftsstelle in Berlin festgesetzten Papierkontingente nicht aus, die Zeitung in der üblichen Form und Qualität zu produzieren. Auch der weitsichtige Kauf einer Papiermühle in den 90er Jahren des vergangenen Jahrhunderts half nicht, die Selbstversorgung zu erreichen[253]. Als Sparmaßnahmen mußten Einschränkungen in der Häufigkeit des Erscheinens und des Umfangs hingenommen werden.

Die Abdankung des Kaisers am 9. November 1918 löste in der Zeitung große Trauer aus, die ihren Niederschlag in einem Leitartikel fand, der die Treue zur Monarchie beteuerte. Die Nachkriegszeit zwang die Zeitungsbetriebe, wie Betriebe anderer Wirtschaftszweige auch, sich an die einsetzende Wirtschaftskrise anzupassen. Die „Schlesische Zeitung" brachte ab 1922 eine Ausgabe A heraus, die nur siebenmal in der Woche erschien und einen entsprechend niedrigeren Abonnementspreis hatte. Auf diese Weise sollte versucht werden, wenigstens einen Teil der Abonnenten zu halten, die wegen der Inflation drastische Einsparungen vor-

---

[249] N. Conrads, a.a.O., S. 124 f.
[250] Korn wurde sogar der Verleger der evangelischen Kirche Schlesiens (s. H. Jessen, Zweihundert Jahre Wilh. Gottl. Korn, Breslau 1732—1932, Breslau 1932, S. 320 f.)
[251] Dr. Wilhelm Korn, Breslau. In: ZV, Nr. 14 v. 8. April 1933, S. 229
[252] 1916 kam er in den Vorstand des Vereins Deutscher Zeitungs-Verleger, ebd.
[253] H. Jessen, a.a.O., S. 360 u. Zeitungs-Chronik des 17. und 18. Jahrhunderts. In: ZV, 29. Jg. (1928), Nr. 18 v. 12. Mai, S. 165—166

nehmen mußten. Gleichzeitig sollte den gestiegenen Ansprüchen der finanziell potenten und politisch interessierten Leserschaft entsprochen werden, um sich im stärker werdenden Wettbewerb behaupten zu können. Dafür wurde die Auslandsberichterstattung intensiviert, der Wirtschaftsteil ausgebaut, und neben dem Breslauer Büro wurde 1922 noch ein Redaktionsbüro in Gleiwitz eingerichtet[254]. Zahlreiche Beilagen wurden angeboten[255]. Trotz sämtlicher Anstrengungen blieb die Auflage unter 30 000. In dieser Größenordnung bewegte sich die Auflagenhöhe auch in den noch folgenden Jahren[256].

Anfang der 30er Jahre charakterisierte sich die SZ als „rechtsstehend, christlich" und „rechts, national". Eine Verlagsanzeige beschreibt die SZ als „Die Zeitung des gebildeten Schlesiers — vertritt die deutschen Belange in Politik und Wirtschaft — verbreitet nationale Gesinnung und Geistesleben — hält Grenzwacht im Osten."[257] Der größte Teil der Leserschaft waren Großindustrielle, Gewerbetreibende, selbständige Kaufleute, Direktoren, Prokuristen (25 %) und akademisch gebildete Kreise, Behörden, höhere Beamten, Offiziere (24 %). Weitere Lesergruppen waren Gutsbesitzer, Forstbeamte, Landwirte (17 %) und mittlere Beamte (12 %), jeweils 11 % der Leser waren Geistliche und Lehrer sowie in Hotels, Restaurants, Cafés, Bädern und Lesehallen zu finden[258]. In der letzten Auflage des Handbuchs der deutschen Tagespresse (1944) wird die SZ beschrieben als „Traditionsbewußte Heimatzeitung, die einen kulturpolitischen Teil eigener Prägung aufweist und sich in ihrem Handelsteil besonders der wirtschaftlichen Neugestaltung der schlesischen Provinz annimmt."[259]

Das Jahr 1930 brachte wieder einschneidende personelle Veränderungen mit sich. Dr. Richard von Bergmann-Korn trennte sich von seinem Firmen-Mitinhaber, und der Chefredakteur Dr. Richard Schottky schied am 1. Juli nach 41jähriger Tätigkeit aus. An seine Stelle trat Arvid Balk, zunächst kommissarisch, dann endgültig. Er hatte vorher bei der „Kölnischen Zeitung" (Verlag DuMont — Schauberg) und in der Hauptredaktion der Telegraphen-Union, der Nachrichtenagentur Hugenbergs, in Berlin gearbeitet[260]. Allerdings konnte er sich nur

---

[254] H. Jessen, a.a.O., S. 367
[255] Neben der „Schlesischen Illustrierten Zeitung", „Volk und Kultur", „Jugend und Nation" auch eine landwirtschaftliche Beilage. Hdb. d. dt. Tagespresse, 5. Aufl. 1934, S. 194. 1937 wird darüber hinaus eine Roman-Beilage verzeichnet und neben der landwirtschaftlichen Beilage auch „Reich der Frau", „Soldatentum", „Industrie und Technik", „Der Sippenforscher", „Das Buch in der Zeit", „Technik der Zeit", „Das Recht", Hdb. d. dt. Tagespresse, 6. Aufl. 1937, S. 187
[256] Nach dem ALA-Zeitungskatalog 59. Jg. (1934) — 63. Jg. (1938) ging die Zahl von 33 000 auf 27 000 zurück. Die letzte Auflagen-Angabe macht das Handbuch der deutschen Tagespresse, 7. Aufl. 1944, S. 139 für September 1939 mit 29 190.
[257] Hdb. d. dt. Tagespresse. 4. Aufl. 1932, S. 182, Handbuch d. öff. Lebens, 6: Aufl. 1931, S. 792
[258] ALA-Zeitungskatalog, 55. Jg (1930), Verlags-Anzeigen, S. 83
[259] Handbuch der dt. Tagespresse, 7. Aufl. 1944, S. 139
[260] H. Jessen, a.a.O., S. 373 f.

4 Jahre auf diesem Posten halten, da er „nichtarisch" verheiratet war. Er ging zunächst für kurze Zeit nach Hamburg zu den „Hamburger Nachrichten"[261] und danach als Auslandskorrespondent nach Tokio.

Neuer Hauptschriftleiter wurde Dr. Carl Dyrssen, der schon seit 1931 bei der „SZ" als Schriftleiter im Politik-Ressort tätig war. Vorher war er Chefredakteur bei der „Oberhessischen Landeszeitung" in Marburg gewesen (1920—1922), danach bei den „Frankfurter Nachrichten" (1922—1924) und der deutsch-nationalen „Pommerschen Tagespost" (1925—1931) in Stettin. Dyrssen verfaßte auch eine politische Schrift, die sich an die Ostideologie Arthur Moeller van den Brucks anlehnte[262]. Er wurde 1939 zur Wehrmacht eingezogen. Der ehemalige Hauptschriftleiter der mittlerweile eingestellten „Hamburger Nachrichten", Fritz Roßberg, wurde daraufhin mit der Hauptschriftleitung beauftragt. Ansonsten gab es wenig Umbesetzungen in den verantwortlichen Positionen der einzelnen Ressorts. Erst durch den Krieg gab es sie in Form von „Kriegsvertretungen", bei denen auch Frauen berücksichtigt wurden. So tauchen erstmals festangestellte Redakteurinnen in den Ressorts Feuilleton, Lokales und Wirtschaft auf[263].

Ein Grund für die anhaltende Existenz der „Schlesischen Zeitung", auch während der von Zeitungsschließungen geprägten Kriegsjahre, dürften die guten privaten Beziehungen gewesen sein, die von Bergmann-Korn zu dem NS-Gauverlagsleiter Dr. Fritz Rudolph pflegte[264].

Erst die letzte reichsweite Stillegungsaktion im Februar 1944 erfaßte auch die „Schlesische Zeitung". Gemeinsam mit den „Breslauer Neuesten Nachrichten" und der „Schlesischen Volkszeitung" wurden die letzten nicht NSDAP-gebundenen Breslauer Zeitungen zusammengelegt. Ab dem 1. März 1944 erschien unter dem Titel „Schlesische Zeitung" ein Blatt im Format und der Aufmachung der „Breslauer Neuesten Nachrichten", in deren Druckerei es auch hergestellt wurde. Herausgegeben wurde die Zeitung von einem neugegründeten Verlag „Schlesische Zeitung K.G.", der von der parteieigenen VERA-Verlagsanstalt kontrolliert wurde[265]. Komplementäre waren Richard von Bergmann-Korn und Fritz Rudolph, der Verleger des auflagenstarken NS-Blattes „Schlesische Tageszeitung". Als Verlagsleiter wurde Dr. Werner Bornschier, der bisherige stellvertretende Betriebsführer des Korn-Verlages, eingesetzt.

Fritz Roßberg, der Hauptschriftleiter, gab seine Aufgaben ab an Dr. Karl Weidenbach, der bis zur endgültigen Einstellung der Zeitung sein Amt ausübte. Der weitere Kriegsverlauf machte eine Verlegung der Zeitungsdruckerei nach Bunzlau

---

[261] für Einzelheiten s. b) Hamburger Nachrichten, S. 85*
[262] Die Botschaft des Ostens. Faschismus, Nationalsozialismus und Preußentum, Breslau 1933. Vgl. H. J. Schwierskott, Arthur Moeller van den Bruck und der revolutionäre Nationalismus in der Weimarer Republik. Göttingen, Berlin, Frankfurt/M. 1962, S. 141 Anm. 59
[263] Hdb. d. dt. Tagespresse, 7. Aufl. 1944, S. 139
[264] N. Conrads, a.a.O., S. 129 f.
[265] N. Conrads, a.a.O., S. 130

(Niederschlesien) notwendig. Die letzte Nummer erschien in der ersten Februarhälfte 1945. Nach der Kapitulation wurde der Verleger von Bergmann-Korn festgenommen. Er kam bei der Deportation nach Polen ums Leben, sein Todestag wurde auf den 11. Dezember 1945 festgesetzt.

b) Hamburger Nachrichten (1792—1939)

Im 148. Erscheinungsjahr wurden die „Hamburger Nachrichten" eingestellt. In einer Mitteilung „An unsere Leser!" wurde auf der Titelseite der Abend-Ausgabe vom 9. August 1939 auf den die Gründe erläuternden Leitartikel und auf die Übernahme durch das „Hamburger Tageblatt" hingewiesen: „Der Verlag Hamburger Tageblatt als Gauverlag der NSDAP hat sich bereit erklärt, alle Verpflichtungen, die wir von unserer Leserschaft übernommen haben, auf sich zu übernehmen. Der Verlag Hamburger Tageblatt wird darum auch den Beziehern der „Hamburger Nachrichten" sein Organ, das „Hamburger Tageblatt" liefern. Die Lieferung erfolgt automatisch ab morgen.... Da eine Reihe unserer Schriftleiter und Mitarbeiter in den Verlag Hamburger Tageblatt übernommen wird, wird unsere Leserschaft im übrigen manche bekannte Feder im Gauorgan wiederfinden".

In seinem letzten Leitartikel beschreibt der Hauptschriftleiter Fritz Roßberg den Werdegang der Zeitung als den eines Blattes, das eine „große Linie eingehalten" und „die Ehre der Nation, vor allem die Ehre der damals oft geschmähten Wehrmacht verteidigt" habe. Er kommt zu dem Urteil: „Es wird nicht viele Zeitungen im ganzen deutschen Reich geben, die sich aufrichtiger zum Schöpfer Groß-Deutschlands, zu Adolf Hitler, bekannt haben, als die ‚Hamburger Nachrichten'." Diese Einschätzung enspricht mehr einer taktischen Notwendigkeit als der Realität, denn sie leugnet die politische Nähe zur Deutschnationalen Volkspartei (DNVP), die zur Zeit der Weimarer Republik noch sehr deutlich unterstrichen wurde, die aber auch nach 1933, nach der Auflösung der Partei tendenziell immer noch nachzuweisen ist. Fritz Roßberg, der schon 1931 Lokalredakteur bei den Hamburger Nachrichten war, avancierte im November 1934 zum Hauptschriftleiter und blieb es bis zum Schluß, er hatte also die Entwicklung miterlebt und schrieb dennoch: „Wenn früher behauptet wurde, die Hamburger Nachrichten hätten im Dienste einer Partei gestanden, so sei in dieser Abschiedsstunde noch einmal betont, daß eine parteipolitische Bindung niemals bestanden hat,... und die Männer, die daran arbeiteten... fühlten sich... niemals als Beauftragte einer Partei.... Dieser oder jener gehörte der Deutschnationalen Volkspartei an, andere der Volkspartei, der größte Teil der Schriftleiter aber, vornehmlich die Kriegsteilnehmer, blieben dem Parteiwesen fern, sie schlossen sich früher oder später der nationalsozialistischen Bewegung an...." Mit dieser relativierenden Aussage wird man der Zeitung nicht gerecht, die sehr wohl Partei ergriffen hat und nicht erst unter der Herrschaft des Nationalsozialismus. Sie wurde als „Wöchentliche gemeinnützige Nachrichten von und für Hamburg" am 29. Februar 1792 gegründet[266].

Der Gründer Johann Heinrich Hermann war gleichzeitig Verleger der ersten Hamburger Adreßbücher. Nachdem der Hamburger Senat der Herausgabe der Zeitung zugestimmt hatte, wurde sie in der verlagseigenen Buch- und Akzidenzdruckerei hergestellt. Ab 1814 erschien sie 6 mal wöchentlich. Nach dem Tode von Hermann übernahm sein Schwiegersohn Ambrosius Heinrich Hartmeyer die Leitung des Unternehmens, das nun Hermann's Erben als Firmentitel führte und von der Gründung bis zur Schließung der Zeitung im Besitz derselben Familie war. 1848 brachte sie ihren ersten Leitartikel, und danach setzt eine allmähliche Politisierung des Blattes ein. 1852 ging die Leitung über an Dr. jur. Heinrich Emil Hartmeyer, den Sohn des 2. Verlegers.

Als er Chefredakteur der „Hamburger Nachrichten" war, stellte Bismarck nach seiner Entlassung als Reichskanzler (1890) die Verbindung zu dem Blatt her, die sich in den nächsten Jahren prägend auswirken sollte.

Bereits im April 1890 wurde Hartmeyer nach Friedrichsruh eingeladen und er wurde sich schnell einig mit Bismarck, der bis dahin die Berliner „Norddeutsche Allgemeine Zeitung" als sein Sprachrohr benutzt hatte. Auch wegen der räumlichen Entfernung zu Berlin war es naheliegend, daß eine Zeitung aus der engeren Umgebung diese Funktion übernehmen sollte. Hartmeyer berichtete über seinen Besuch bei Bismarck: „Ich habe nach dem württembergischen Wahlspruch gehandelt ‚furchtlos und treu'!" und dem Fürsten Bismarck das gesamte ‚weiße Papier' der „Hamburger Nachrichten" zur Verfügung gestellt".[267] Der leitende politische Redakteur Hermann Hofmann wurde als Verbindungsmann eingesetzt. Über seine „Zusammenarbeit" mit Bismarck schreibt er in seiner dreibändigen Darstellung: „Mein Verkehr mit dem Fürsten vollzog sich dann in der Folge derart, daß ich, in der ersten Zeit wöchentlich mehrere Male, später in längeren Zwischenräumen, auf jedesmalige Einladung nach Friedrichsruh fuhr und einige Stunden mit dem Fürsten arbeitete. Dies geschah meistens nach dem Frühstück, in der Zeit zwischen zwei und fünf Uhr. Ich saß dem großen Staatsmann an dessen Schreibtisch gegenüber, der Fürst rauchte seine lange Pfeife und hatte neben sich Depeschen, Zeitungen und Broschüren liegen, die irgend etwas enthielten, worüber er mit mir sprechen wollte. Diese Schriftstücke und Drucksachen waren mit Marginalien von seiner Hand versehen. Einzelne Wörter, die seine Aufmerksamkeit auf die betreffende Stelle lenken sollten, mit Bleistift eingerahmt. Wenn der Fürst mit mir sprach, unterschied er stets scharf zwischen dem, was nur zu meiner Information dienen, und dem, was in die Zeitung kommen sollte. Nachdem der Fürst sein Material erschöpft hatte, pflegte er die Frage an mich zu richten, ob ich meinerseits noch irgendeine Sache vorzubringen habe, worauf ich,

---

[266] Zum folgenden s. W. Sembritzki, Das politische Zeitungswesen in Hamburg von der Novemberrevolution bis zur nationalsozialistischen Machtübernahme, phil Diss. Leipzig 1944, S. 1—33
[267] H. Hofmann, Fürst Bismarck 1890—1898, Bd. 1, 8. Aufl. 1914, S. 5

sofern es der Fall war, die auf der Redaktion der „Hamburger Nachrichten" eingegangenen Zusendungen, Anfragen und dergleichen vorlegte, soweit sie sich auf den Fürsten bezogen. Die Zahl dieser Eingänge war damals Legion, so daß nur das Wichtigste zur Kenntnis gebracht werden konnte."[268]

Bereits seit 1883 war eine wöchentliche „Auslands-Ausgabe" der „Hamburger Nachrichten" eingerichtet worden, die die Auslandsdeutschen über das politische, geistige, kulturelle und wirtschaftliche Geschehen in der Heimat informieren sollte[269].

Als Heinrich Emil Hartmeyer 1902 starb, wurde sein Enkel, Dr. jur. Hermann Hartmeyer sein Nachfolger. Der Sohn, Hermann Hartmeyer sen., war bereits 1891 gestorben. 1895 war Hermann Hartmeyer jun. als Mitarbeiter in die Schriftleitung eingetreten. Er war der letzte Verleger der „Hamburger Nachrichten".

Auch nach dem Ende der Bismarckschen Einflußnahme (1898)[270] vertrat die Zeitung eine national-konservative Richtung. Nur ganz allmählich hatte sich um die Jahrhundertwende eine parteipolitisch orientierte Presse durchgesetzt, allen voran der sozialdemokratische „Vorwärts" (1891 gegründet). 1911 wurde bei den „Hamburger Nachrichten" ein „staatspolitisches Ressort" eingerichtet[271], das politische Vorgänge nicht nur darstellte, sondern auch bewertete. 1915 schloß sich das Blatt mit 6 anderen Zeitungen, die alle eine ähnliche politische Richtung vertraten (Hannoverscher Kurier, Tägliche Rundschau, Rheinisch-Westfälische Zeitung, Leipziger Neueste Nachrichten, Schlesische Zeitung, Königsberger Allg. Zeitung) zum „Dienst nationaler Zeitungen" (DINAT) zusammen, um die Beschaffung von Nachrichten zu erleichtern. „Diese Nachrichtenorganisation, die aus Kriegsbedürfnissen entstand, hatte die Aufgabe, die ihr angeschlossenen Zeitungen regelmäßig mit Berichten eigener Mitarbeiter und Korrespondenten aus dem neutralen Ausland zu versorgen. (Die Hauptsammelstellen der vereinigten Auslandsberichterstattung waren Bern, Genf, Haag, Lugano, Helsingfors, Oslo). Die Organisation wurde nach dem Kriege ausgebaut und hat als „Dienst nationaler Tageszeitungen" die von ihr belieferten Zeitungen in einem erheblichen Teil von den Nachrichtenstofflieferungen des Wolffschen Telegraphenbüros unabhängig gemacht..."[272]

Die Nachkriegszeit des 1. Weltkriegs war für die „Hamburger Nachrichten" von ihrer Beziehung zur DNVP geprägt und von den Bemühungen ihres späteren

---

[268] H. Hofmann. a.a.O. Bd. 1, S. 5—6, s. a. J. Penzler, Bismarck und die Hamburger Nachrichten, Bd. 1, April 1890 bis März 1892, Berlin 1907
[269] Sembritzki, a.a.O. S. 19
[270] Zu den „Hamburger Nachrichten" in der Bismarck-Zeit, s. a. K. Koszyk, Deutsche Presse im 19. Jahrhundert, Berlin 1966 (Geschichte der deutschen Presse. 2), S. 137, 248, 251 ff.
[271] W. Sembritzki, a.a.O., S. 24, s. a. Th. Hübbe, Von Bismarck zu Hitler. Hamburger Nachrichten, Nr. 68 v. 9. März 1939 (A.A.), S. 5—6
[272] W. Sembritzki, a.a.O., S. 17 f. Zum „Dienst nationaler Tageszeitungen" (Dienatag) s. a. Kap. 6. Die Journalisten. a) Georg Dertinger, S. 61*

Vorsitzenden (ab 1928) Hugenberg, nationale Zeitungen durch Stützungskäufe zu erhalten.

Die direkte Verbindung zwischen den „Hamburger Nachrichten" und Hugenberg wurde schon früh geknüpft. Sie sollte sich in der Zeitungskrise des 1. Weltkriegs und den nachfolgenden Jahren als nützlich erweisen für das wirtschaftliche Überleben der Zeitung. Ab 1917 wurde Dr. Hermann Hartmeyer, der Verleger, als Aufsichtsrat-Mitglied der zum Hugenberg-Konzern gehörenden Auslands GmbH (ALA) — später Allgemeine Anzeigen Gesellschaft m.b.H. — in deren Geschäftsbericht aufgeführt[273]. Das damit verbundene Anzeigenaufkommen führte die so dringend notwendige Verbesserung der Verlagsbilanz herbei. Nach Guratzsch flossen den „Hamburger Nachrichten", in den Jahren 1916—1918 515 000 RM vom Hugenberg-Konzern zu[274]. Ein Aufkaufversuch seitens Hugenberg 1923 schlug fehl[275]. Unternehmerisch waren die Jahre nach dem 1. Weltkrieg besonders erfolgreich für den Verlag Hermann's Erben, denn er konnte seine Nebenerwerbszweige weiter ausbauen[276]. Zu dem bereits bestehenden Verlag für das Großhamburgische Adreß- und Fernsprechbuch und der Akzidenzdruckerei, die auch verlagsfremde periodische Druckschriften im Lohndruck herstellte, kam noch ein Buchverlag (1919) und der „Seedienstverlag" (mit Schiffsjahrbuch), die „Industrie- und Gewerbezeitung" (1919—23) und das „Übersee-Jahrbuch GmbH" (1922). Der Verlag verfügte über ca. 500 Beschäftigte am Ort, davon 100—120 im kaufmännischen Bereich, zwischen 350—450 im technischen Bereich und 20 Festangestellte in der Redaktion der „Hamburger Nachrichten" einschließlich der Nebenausgaben („Hamburger Nachrichten am Mittag" und „Hamburger Nachrichten am Montag"), die seit 1919 erschienen.

Die Entwicklung der Nebenausgaben orientierte sich an der gesamtwirtschaftlichen Situation. Sobald die Inflation einsetzte, wurde der Sportteil immer weiter ausgedehnt, bis er eine eigene Ausgabe (Hamburger Nachrichten am Mittag) füllte, danach kamen allmählich die anderen Ressorts dazu, und den „Hamburger Nachrichten am Montag" blieb die Funktion des reinen Sportblatts überlassen[277]. 1929 erschien eine neue Ausgabe auf dem Markt, der „Stadt-Anzeiger", der nur 6 x wöchentlich (morgens) herausgegeben wurde. Der „Stadt-Anzeiger" sollte neue Leserkreise erschließen, nämlich die weniger finanzkräftigen und weniger politisch Interessierten. Als Konsequenz davon wurde das Feuilleton breiter angelegt, die Lokalberichterstattung auf Kosten des Wirtschaftsteils ausgedehnt, „die Frau und die Jugend"[278] sollten als neue Leser geworben werden. Die preisgünstige Zeitung (2,20 RM monatlich/6 RM die große Ausgabe) hatte mit einem Umfang von 8—12 Seiten kaum weniger als die große Ausgabe.

---

[273] D. Guratzsch, Macht durch Organisation, Düsseldorf 1974, S. 267 Anm. 477
[274] ebd., S. 324
[275] W. Sembritzki, a.a.O., S. 12
[276] Zum folgenden vgl. W. Sembritzki, a.a.O., S. 16 ff.
[277] ebd., S. 32 ff.
[278] ebd., S. 30

Nach der Einstellung des „Dienstes nationaler Zeitungen" beteiligten sich die „Hamburger Nachrichten" ab 1929 als Gesellschafter an der neugegründeten „Dienst nationaler Tageszeitungen G.m.b.H." (Dienatag)[279].
Das Jahr 1933 war für die „Hamburger Nachrichten" mit Umstellungen verbunden. Obwohl Hugenberg zunächst in Hitlers Kabinett als Reichswirtschafts- und -ernährungsminister fungierte, schwand der Einfluß der DNVP innerhalb der Regierung. Nach der Verabschiedung des Ermächtigungsgesetzes im März geriet auch die Position Hugenbergs ins Wanken. Bereits im Juni gab die DNVP dem Drängen der Nationalsozialisten nach Selbstauflösung nach. Dieser Vorgang war durch die Zusicherung eines „Freundschaftsabkommens" beschleunigt worden[280].

Bevor die Nachricht von dem Rücktritt Hugenbergs in die Öffentlichkeit drang, schrieb der Chefredakteur der Dienatag, Georg Dertinger, an den verantwortlichen Politik- und Wirtschaftsredakteur der Hamburger Nachrichten, Hans-Joachim von Neuhaus und mahnte zur Zurückhaltung bei der Behandlung der „Probleme um Hugenberg": „In diesem Zusammenhang möchte ich noch kurz einige wichtige Mitteilungen machen, die ich auch Herrn Dr. Hartmeyer zu unterbreiten bitte, daß in dem Freundschaftsabkommen zwischen Hitler und Hugenberg, das im übrigen, wie ich höre nicht veröffentlicht werden soll, ein sehr wichtiger Passus enthalten ist, der bestimmt, daß alle Einrichtungen, die direkt mit ihnen sympathisiert haben, ausdrücklich unter Schutz gestellt worden sind. Das gilt insbesondere für die Zeitungen, Filmunternehmen, Nachrichtenagenturen usw., die direkt Hugenberg gehörten oder sachlich mehr oder weniger lose, den Deutschnationalen nahestanden. Diesen soll ihre ungehinderte Tätigkeit auch weiterhin gewährleistet werden. Wenn wir auch direkt mit den Deutschnationalen nichts zu tun haben und uns in den letzten Monaten stark zurückgehalten haben, so glaube ich, daß in diesem Passus auch für uns eine gewisse Sicherheit liegt."[281]

Auch ohne den Schutz eines Regierungsmitgliedes existierten die „Hamburger Nachrichten" noch über 6 Jahre, bevor sie aus dem Wettbewerb mit dem „Hamburger Fremdenblatt" (1828–1945) und dem „Hamburger Tageblatt" (1928–1945) ausschieden. Das ähnlich traditionsreiche „Fremdenblatt", das sich 1932 noch eine unabhängig-liberale Richtung attestierte, wendete sich nach eigenen Angaben an „Alle Schichten der kaufkräftigen Bevölkerung"[282], während die „Hamburger Nachrichten" ihre Richtung als „national ohne parteiliche Bindung" einschätzten und der größte Teil ihrer Leserschaft Beamte, Angestellte und Handwerker waren (47, 50 %). Offenbar war der Wettbewerb zwischen diesen beiden Zeitungen stärker als mit dem nationalsozialistischen „Tageblatt". In einer zeitgenössischen Untersuchung zum Zeitungswesen des Jahres 1944 wird das

---

[279] s. a. Kap. 6. Die Journalisten a) Georg Dertinger, S. 61*
[280] vgl. ZSg. 101/1/33 v. 28. Juni 1933 ff. in der Edition
[281] ZSg. 101/1/34a v. 28. Juni 1933
[282] Handbuch der deutschen Tagespresse, 4. Aufl. 1932, S. 80

„Fremdenblatt" als schlechthin *die* „Hamburger Familienzeitung" bezeichnet. „Im Gegensatz zu den „Hamburger Nachrichten" ... lag das Schwergewicht der Verbreitung des Fremdenblatts ... beim Mittelstand und umfaßte dort ... jene kaufkräftigen Schichten, die gleichzeitig dem Inserenten ein vorteilhaftes Werbungs- und Absatzfeld erschlossen".[283] Das enge Konkurrenzverhältnis wird noch unterstrichen durch die in der Korrespondenz zwischen Heimat- und Berliner Redaktion geäußerten Klagen seitens der Schriftleitung, daß man mit der aus Berlin signalisierten restriktiven Informationspolitik häufig hinter dem „Fremdenblatt" zurückbliebe und nicht länger die vom „Fremdenblatt" praktizierte Umgehung der Anweisungen hinnehmen wolle[284]. Aus Berlin kam daraufhin die beschwörende Bitte, nicht auf die Sensationsmeldungen des „Fremdenblattes" einzugehen. Ähnlich wie die „Frankfurter Zeitung" genieße das „Fremdenblatt" aus außenpolitischen Gründen eine gewisse Narrenfreiheit, die anderen Zeitungen nicht zugebilligt werde[285]. Das bewahrte das „Fremdenblatt" aber nicht vor Rügen, die ihm auf der Pressekonferenz erteilt wurden[286].

Am 1. April 1934 übernahm der Verlag der „Hamburger Nachrichten" die Zeitungen des Verlages „Hamburger Börsenhalle GmbH". Dadurch stellte der „Hamburgische Correspondent" mit „Hamburger Börsenhalle und Schiffahrtslisten" sein selbständiges Erscheinen nach 150 Jahren ein. Außerdem waren auch die „Hamburger Neuesten Nachrichten", das „Hamburger 8-Uhr-Abendblatt" und das „Mittagsblatt" davon betroffen[287].

Durch das Schriftleitergesetz (4. Oktober 1933) wurde der Verleger Dr. Hermann Hartmeyer gezwungen, sich aus der Redaktion zurückzuziehen, die er bis dahin als Hauptschriftleiter geleitet hatte. Er fungierte weiter als Verleger, durfte sich aber nicht in die redaktionellen Belange einmischen.

Hans-Joachim von Neuhaus, der seit 1930 Hauptschriftleiter für Politik und Wirtschaft war, wurde im Oktober 1933 abgelöst. Vor 1930 hatte v. Neuhaus als Berliner Korrespondent der „Hamburger Nachrichten" gearbeitet (Büro: Berlin W9, Linkstr. 16; das war auch die Adresse der späteren Dienatag GmbH). In der Sonntags-Ausgabe vom 15. Oktober 1933 (Ausg. C) hatte er sich in einem Leitartikel mit der Überschrift „Kurzschluß in Genf" für die Entscheidung der deutschen Regierung, aus dem Völkerbund auszutreten, eingesetzt und für den Frieden mit Hitler plädiert. Ab der nächsten Ausgabe (Nr. 484 v. 16. Oktober 1933) wurde der Hauptschriftleiter nicht mehr im Kopf der Titelseite aufgeführt, sondern im Impressum auf S. 3. Der neue Hauptschriftleiter hieß Dr. Wilhelm Esser.

Auf den Wechsel in der Hauptschriftleitung wird in der Zeitung nicht eingegangen. Das ist ein Grund mehr für die Vermutung, daß sich das Blatt von seinem Hauptschriftleiter getrennt hat. Von Neuhaus arbeitete dann ab November 1933

---

[283] W. Sembritzki, a.a.O., S. 108
[284] vgl. ZSg. 101/3/204 v. 11. Juni 1934, ZSg. 101/3/255 v. 20. Juni 1934
[285] ZSg. 101/3/257 v. 21. Juni 1934
[286] z.B. ZSg. 102/1/55 v. 20. Oktober 1934, ZSg. 102/1/50(2) v. 23. Januar 1935
[287] vgl. NZ, Nr. 90 v. 3. April 1934, S. 1 und FZ, Nr. 163 v. 30. März 1934, S. 3

im parteieigenen „Völkischen Verlag" in Düsseldorf, zunächst als außenpolitischer Redakteur der „Volksparole", einem amtlichen Organ der NSDAP. Noch in diesem Monat übernahm er die Hauptschriftleitung der im selben Verlag erscheinenden „Völkischen Zeitung", deren leitende Idee sich mit den Gedanken Alfred Rosenbergs deckte, wie er sie im „Mythus des zwanzigsten Jahrhunderts" dargelegt hatte („Notwendigkeit der Durchführung der Totalitätsidee, vor allem auch auf dem Gebiet der Kunst und Kultur")[288].

Die erste Nummer der Zeitung mit kulturellem Schwerpunkt erschien am 28. September 1933. Ab dem 14. Januar 1934 stellte das Blatt seine Erscheinungsweise auf wöchentlich um, Vorbild der Wochenzeitung sollte nun der englische „Observer" sein[289]. Aber die „Völkische Zeitung" konnte sich nicht lange halten und mußte ihr Erscheinen ganz einstellen[290].

Der Nachfolger von Neuhaus als Hauptschriftleiter der „Hamburger Nachrichten", Dr. Wilhelm Esser, war schon 1931 als politischer Schriftleiter der Zeitung tätig. Er schied am 28. Juni 1934 aus dem Verlag aus[291]. Sein Werdegang läßt sich erst wieder ab 1937 weiterverfolgen, als er bei der nationalsozialistischen „Volksgemeinschaft" ab dem 5. Mai in Heidelberg als Hauptschriftleiter beschäftigt war[292]. 1944 fungierte er bei dem „Vogtländischen Anzeiger und Tageblatt" in Plauen als Verlagsleiter, obwohl die Heidelberger Zeitung weiterbestand.

Der bisherige Stellvertreter des Hauptschriftleiters Politik, Friedrich Köhn, mußte jeweils nur für kurze Übergangszeiten die Vertretung der Hauptschriftleitung wahrnehmen: Zunächst vom 28. Juni 1934 bis zum Samstag, dem 5. August 1934 und im selben Jahr vom 10. November bis zum 13. November. Seine kurze Dienstzeit setzte ein mit der Sonnabend-Abendausgabe (Nr. 527) und endete mit der Dienstag-Morgenausgabe (Nr. 581). Danach war er weiter als stellvertretender Hauptschriftleiter und CvD tätig.

Gut 3 Monate war Arvid Balk Hauptschriftleiter der „Hamburger Nachrichten" (5. August 1934 — 10. November 1934). Er kam von der „Schlesischen Zei-

---

[288] 4 Jahre Völkischer Verlag. Die NS-Presse im Gau Düsseldorf. Kampf und Aufbau 1930—1934, Düsseldorf 1934, S. 114

[289] ebd., S. 115

[290] Das genaue Einstellungsdatum ließ sich nicht ermitteln, aber es muß bei 1935/36 liegen. In seiner Dissertation schrieb H. Tödt 1937, Neuhaus habe bis zum 5.4.36 die Verantwortung für die Außenpolitik bei der parteieigenen Tageszeitung in Düsseldorf getragen. H. Tödt, „Volksparole" und „Rheinische Landeszeitung". Geschichte des Kampfblattes des Gaues Düsseldorf, Düsseldorf 1937 (=phil. Diss. Köln 1937), S. 79. Nach diesem Zeitpunkt gibt es keinen Hinweis auf eine weitere journalistische Betätigung von Neuhaus. Das Impressum weist aber schon seit Januar 1936 seinen Nachfolger Dr. Lange als verantwortlichen außenpolitischen Schriftleiter aus.

[291] In der Abendausgabe der HHN v. 27. Juni 1934 (Nr. 293) wird er noch im Impressum aufgeführt, ab der Morgenausgabe (Nr. 294) v. 28. Juni 1934 wird als Hauptschriftleiter i.V. der Chef v. Dienst, Friedrich Köhn (* 1875, seit 1902 bei den HHN), genannt.

[292] Hdb. d. dt. Tagespresse 6. Aufl. 1937, S. 3 und 6. Auskunft d. Stadtarchivs Heidelberg v. 9. Mai 1983

tung" Breslau[293], wo er auch Hauptschriftleiterfunktionen wahrgenommen hatte (s. 1931). Die „Schlesische Zeitung" hatte dieselben Berliner Korrespondenten wie die „Hamburger Nachrichten"[294].

Nach seinem kurzen Einsatz verschwand auch er ohne weitere Notiz in der Zeitung aus dem Verlag. Sein weiterer Weg führte ihn nach Tokio, wo er deutsche Zeitungen vertrat[295].

Nach dem 13. November 1934 wurde Fritz Roßberg zum Hauptschriftleiter ernannt. Sein Vertreter war weiterhin Friedrich Köhn. Roßberg, der bis dahin die lokale Berichterstattung besorgt hatte, blieb auf diesem Posten bis zur Einstellung der Zeitung am 9. Mai 1939. Er übte zum Schluß auch die Funktion des Verlagsleiters aus. Danach ging er als Hauptschriftleiter zur „Schlesischen Zeitung" Breslau[296].

Dr. Hans Langenberg, der Friedrich Köhn als stellvertretenden Hauptschriftleiter am 21. Oktober 1938 abgelöst hatte, wurde nach der Übernahme der Zeitung durch das „Hamburger Tageblatt" verantwortlicher Schriftleiter für das Ressort Politik beim „Tageblatt". Langenberg kam von den „Dresdner Nachrichten" nach Hamburg, wo er politischer Schriftleiter gewesen war. Er hatte von Friedrich Köhn Anfang Dezember 1937 die Schriftleitung Politik übernommen. Köhn hatte zeitweise die Schriftleitung Politik inne, nachdem der 1934 dafür eingestellte Dr. Ernst Rasch Anfang 1937 zur „Niedersächsischen Tageszeitung" (Hannover) als kulturpolitischer Schriftleiter übergewechselt war.

Otto Dammann wurde nach der Einstellung der „Hamburger Nachrichten" beim „Hamburger Anzeiger" (Girardet) als „Mitarbeiter am Erscheinungsort" beschäftigt. Er hatte bei den „Hamburger Nachrichten" den Handelsteil betreut.

Der Ressortchef von Kunst, Wissenschaft und Unterhaltung, Otto Küster, kam bei den Blankeneser „Norddeutschen Nachrichten" als Mitarbeiter ohne feste Ressortzuordnung unter. Gleichzeitig arbeitete er bei den „Harburger Anzeigen und Nachrichten" (Theater) und als Hamburger Korrespondent des „Rostocker Anzeigers".

Hans Hauptmann war der zuständige Schriftleiter für Musik bei den „Hamburger Nachrichten". Er ging zu der „Bergedorfer Zeitung", wo er als stellvertre-

---

[293] s. a. in diesem Kap. a) Schlesische Zeitung, Breslau, S. 77* f.
[294] vgl. „Dienatag" S. 61* Übrigens vertrat auch der Wiener Korrespondent, Dr. Hans Hartmeyer, die in der Dienatag zusammengeschlossenen Zeitungen.
[295] Fränkischer Kurier (Nürnberg), Berliner Börsen-Zeitung, Kasseler Neueste Nachrichten, Kölnische Zeitung, Neuer Görlitzer Anzeiger, Danziger Neueste Nachrichten (1937) sowie zusätzlich Hakenkreuzbanner (Mannheim), München Augsburger Abendzeitung, Münchner Neueste Nachrichten, Dresdner Neueste Nachrichten, Hannoverscher Kurier (1944), die bis auf das Hakenkreuzbanner von ihrer Tradition her als bürgerliche Blätter einzustufen sind.
[296] Die Angaben über den Verbleib der HHN-Mitarbeiter nach der Zusammenlegung mit dem „Tageblatt" wurden dem Handbuch der deutschen Tagespresse, 7. August 1944 entnommen.

tender Hauptschriftleiter eingestellt wurde und in Kriegsvertretung als kulturpolitischer Schriftleiter.

Die Besetzung der übrigen Ressorts änderte sich im Laufe der Jahre kaum. Bis auf Werner Dette, der die Schiffahrtszeitung betreut hatte, fanden alle anderen Abteilungsleiter der letzten Ausgabe eine Anstellung, und zwar wurden sie auf die noch verbleibenden sieben Tageszeitungen des Gaues Hamburg (mit Ausnahme des „Fremdenblatts") verteilt. Carl Düsterdieck (vorher Reich- und Welt-Ressort) übernahm die Kriegsvertretung der Hauptschriftleitung des „Mittagsblatts", einer Straßenverkaufszeitung aus dem nationalsozialistischen Verlag des „Tageblatts". Bei derselben Zeitung fand auch Heinrich Hase (Sport) eine Beschäftigung.

Die letzte Nummer der „Hamburger Nachrichten" erschien als Abend-Ausgabe des 9. März 1939 (Donnerstag). Das Einstellungsdatum läßt vermuten, daß die Einstellung überraschend kam und nicht von langer Hand vorbereitet war.

Einen sehr persönlichen Rückblick auf die Entwicklung der Zeitung gibt in der letzten Ausgabe Thomas Hübbe aus dem Lokalressort[297]. Er war 1908 in die Redaktion eingetreten: ... „Ich war zu den „H.N." aus dem völkischen, rassenantisemitischen und romgegnerischen Lager gekommen. ... Die „Hamburger Nachrichten" waren zu der Zeit ein entschiedenes Arbeitgeberblatt. Man konnte ihnen dieses Recht nicht wohl absprechen, denn in Deutschland tobte noch der wildeste Klassenkampf, und das Unternehmertum befand sich im Zustande der Notwehr".

Die Zeichen der Zeit erkennend, setzte sich Hübbe für die Einrichtung einer „staatspolitischen Sparte" ein und stieß damit nicht auf Widerstand. Ab 1910 schrieb er über die hamburgische Staatspolitik: „Schon bald hatte ich die Freude, daß das Marxistenblatt die „H.N." als „das Hübbe-Blatt" beschimpften. Ich benannte meinen Teil: „Staat und Stadt Hamburg". Aus dem Senat konnte er nun über den Kampf der Parteien untereinander und das erfolgreiche Abschneiden der Nationalsozialisten berichten: „Achtung: Hitler vor den Toren! Er durfte zunächst in Hamburg nicht öffentlich sprechen. ... Mein altes völkisches Herz aber frohlockte; und ein großer Teil unserer Kollegenschaft trug schon die Parteinadel. Nach der ersten Kanzlerrede Hitlers aber erkannte unser politischer Leiter: „Donnerwetter, das war eine staatsmännische Rede." Das alte Bismarckblatt war entschieden nationalsozialistisch geworden! Die Erlösung war da. Ja, es war „das" Bismarckblatt, und ist es bis zum Ende geblieben; aber gerade deswegen mußte sein Weg zu Hitler führen!" Der Artikel wird unterbrochen von einer Anzeige für Emser Pastillen: „Heiserkeit kommt, drum beugen Sie vor mit den echten Emser Pastillen".

Ein Vergleich der Angaben des „Handbuchs der deutschen Tagespresse" (4. Aufl. 1932, 5. Aufl. 1934, 6. Aufl. 1937) ergibt folgendes: Der „Hamburger Anzeiger" aus dem Hause Girardet blieb im gesamten Vergleichszeitraum die auflagen-

---

[297] Thomas Hübbe, Von Bismark zu Hitler. HHN, Nr. 68 v. 9. März 1939 (A.A.), S. 5—6

stärkste Zeitung in Hamburg. Die Auflage bewegte sich zwischen 160 000 (1932) und 166 000 (1937). Lediglich 1934 war ein Schwund von 20 000 (auf 146 000) zu verzeichnen. Etwas stärkeren Schwankungen unterworfen war die Auflagenzahl des vor allem außerhalb Hamburgs angesehenen „Hamburger Fremdenblatts": 150 000 (1932), 113 000 (1934), 123 000 (1937). In der Kategorie der Zeitungen mit einer Auflage unter 100 000 befinden sich auch die „Hamburger Nachrichten". Das zunächst größere, sozialdemokratisch orientierte „Hamburger Echo" (62 000) wurde 1933 verboten.

Anders als der „Anzeiger" und das „Fremdenblatt" hatten die „Hamburger Nachrichten" keine Einbußen zwischen den Erhebungen 1932 und 1934 zu verzeichnen. Durch die Einrichtung weiterer Nebenausgaben (Stadt-Anzeiger am Morgen, Stadt-Anzeiger am Abend, Nachtausgabe) neben den bereits bestehenden Ausgaben „am Mittag" und „am Montag" konnte im Gegenteil die Auflage noch gesteigert werden von 40 000 (1932) auf 44 000 (1934)[298].

Für das 1. Quartal 1937 gaben die HHN eine Auflage von 29 000 an und in der letzten Nummer vom 9. Februar 1939 ist eine Gesamtdurchschnittsauflage von 31 000 ausgewiesen[299].

Abgesehen von den saisonalen Schwankungen ging danach die Auflage von 1933 bis 1939 ständig zurück. Die Einbuße belief sich auf ca. 20 000 Exemplare.

Eine ganz andere Entwicklung zeichnete sich bei dem 1928 gegründeten „Hamburger Tageblatt" ab, das mit NSDAP-Mitteln gestützt wurde und das ab 1929 von dem Gauleiter in Hamburg, Karl Kaufmann, herausgegeben wurde[300].

Die Auflage des Jahres 1932 (15 — 20 000) steigerte sich 1934 auf 59 350 (mit den Nebenausgaben). Das mittlerweile „Amtliche Organ der NSDAP" brachte es im März 1937 auf eine Auflage von 65 000. Auch nach der Einstellung der „Hamburger Nachrichten" (1939) blieb das „Hamburger Tageblatt", an das die „Nachrichten" ihre Leser verwiesen hatte, die kleinste der noch verbleibenden drei Hamburger Zeitungen, allerdings mit einer stattlichen Auflage von 135 000 (Sept. 1939, Hamburger Anzeiger 182 000, Hamburger Fremdenblatt 167 000). Ende August 1944 wurde das „Tageblatt" mit dem „Anzeiger" zusammengelegt und bestand als „Hamburger Zeitung" bis zum 2. Mai 1945. Inhaltlich gleichgestaltet wie

---

[298] Im Widerspruch zu diesen Angaben stehen die Zahlen, die Werner Sembritzki in seiner Dissertation „Das politische Zeitungswesen in Hamburg..." 1944 verwendet. Er nennt für 1933 bzw. 1934 eine Auflage von 50 000 bzw. 52 665 (S. 15). Sembritzki stand das Verlagsarchiv zur Verfügung. Eine noch höhere Auflage gibt die Zeitung selber an, nachdem die Zeitungen mit Wirkung vom 5. Januar 1934 dazu verpflichtet wurden, im Impressum diese Angaben über die Höhe der Durchschnittsauflage zu machen: ca. 56 000 (Anfang 34) und 63 000 (Ende 1934). Die unterschiedlichen Angaben resultieren auch aus der unterschiedlichen Erfassung von Haupt- und Nebenausgaben. Zu Beginn 1937 betrug die Gesamtauflage der Tageszeitungen aus dem Verlag Hermanns Erben 41 000.
[299] 23 200 ohne die „H. N. am Mittag"
[300] Das HHT war als Wochenzeitung gegründet worden und erschien ab 1. Januar 1931 täglich.
Vgl. a. A. Krebs, Tendenzen und Gestalten der NSDAP, Stuttgart 1959. S. 78 ff.

die neue „Hamburger Zeitung" wurde ab demselben Termin auch das „Fremdenblatt", das aber in einem Umkreis von über 100 km unter dem alten Kopf erschien[301].

Der Anzeigenteil der HHN nahm bis zu 50 % des Gesamtumfangs ein, selten weniger als 35—40 %, dabei lag das Hauptgewicht der Einnahmen nicht so sehr auf den Kleinanzeigen als vielmehr auf den Großaufträgen der Reedereien und Schiffahrtslinien.

Eine „Bezieher-Analyse" des Jahres 1932, die die Leserschaft der „Kleinen Ausgabe" (Ausg. C) und des „Stadt-Anzeigers" miteinander vergleicht, weist 41 % der Abonnenten als Firmen, Selbständige, Kaufleute, Gewerbetreibende und Betriebsführer aus, wohingegen der „Stadt-Anzeiger" seine größte Lesergruppe bei den Angestellten und Beamten fand (33 %). Beide Gruppen zusammen ergeben 60 % der Leserschaft (Ausg. C) bzw. 54 % (St.A.)[302]. Weitere Aufschlüsselungen der Lesergruppen nach diesem Zeitpunkt liegen nicht vor.

c) Frankfurter Zeitung (1856—1943)

Die Beschreibung und Charakterisierung der „Frankfurter Zeitung" (im folgenden: FZ) ist im Vergleich zu den anderen behandelten Zeitungen einfacher und zugleich schwieriger.

Einfacher, weil es sich dabei um eine Zeitung mit einem hohen Bekanntheitsgrad handelt, deren wechselhaftes Schicksal viele Autoren bewogen hat, einzelne Aspekte hervorzuheben und zu beschreiben. An diesem Punkt setzen die Schwierigkeiten ein, denn bei einer so ergiebigen Material- und Quellenlage, fällt es schwer, das Wesentliche herauszufiltern und sich in der Darstellung darauf zu beschränken. Das Problem ist also nicht — wie bei den anderen Zeitungen — die Materialbeschaffung, sondern vielmehr die Materialsichtung und -gewichtung.

Die Geschichte der FZ muß noch geschrieben werden, verständlicherweise ist hier nicht der Platz, dieses Defizit auszugleichen. Es liegt eine verlagseigene Darstellung der Entwicklung der Zeitung vor, von ihren Anfängen bis kurz nach der Jahrhundertwende[303]. Darin wird auf fast 1000 Seiten ausführlich die Geschichte der ersten 50 Jahre beschrieben: die Motivation des Zeitungsgründers Leopold Sonnemann, sein Einfluß, den er in der gesamten Zeit geltend machte, die Zusammensetzung der Redaktion und die Herausbildung der Ressorts, die politischen Entwicklungen vor und in der Bismarck-Zeit und die Auseinandersetzungen mit den staatlichen Institutionen. Die Tatsache, daß hier Journalisten über ihre Zeitung geschrieben haben, schmälert nicht die Aussagekraft der detaillierten Arbeit[304].

---

[301] J. Fromme, Hamburger Fremdenblatt (1828—1945). In: H. D. Fischer (Hrsg.), Deutsche Zeitungen des 17. bis 20. Jahrhunderts, Pullach 1972, S. 174 Anm. 79
[302] W. Sembritzki, a.a.O., S. 31.
[303] Geschichte der Frankfurter Zeitung 1856—1906, hrsg. vom Verlag der Frankfurter Zeitung, Frankfurt/M. 1906
[304] Die Verfasser nennen in ihrem Vorwort das Buch ein Nachschlagewerk: „Und seine

Für die Zeit nach 1906 gibt es zahlreiche Untersuchungen zu Einzelaspekten, vergleichende Studien über die Berichterstattung über verschiedene Zeiträume hinweg in unterschiedlichen Zeitungen (meistens Dissertationen)[305], es gibt Erinnerungen, aufgezeichnet von ehemaligen Mitarbeitern der FZ[306], aber keine

Tendenz? Wir hoffen ungescheut, daß es auch der Sache unserer Überzeugung dienen wird, aber als eine Parteischrift haben wir es nicht aufgefaßt. Wir wollten die Geschichte der Frankfurter Zeitung nach dem Rezepte eines alten Autors schreiben, der da sagt, man schreibe Geschichte ad narrandum non ad probandum, um zu erzählen, nicht um zu beweisen." Geschichte der Frankfurter Zeitung, a.a.O., S. VII.
Weitere Verlagsdarstellungen: Die Frankfurter Zeitung in Wort und Bild, Frankfurt 1914. — Ein Jahrhundert Frankfurter Zeitung, begründet von Leopold Sonnemann. In: Die Gegenwart. Sonderheft. 11. Jg. (1956). — Facsimile. Querschnitt durch die Frankfurter Zeitung. Hrsg. v. Ingrid Gräfin Lynar, Bern, München, Wien 1964.— Werner Wirthle, Frankfurter Zeitung und Frankfurter Societäts-Druckerei GmbH. Die wirtschaftlichen Verhältnisse 1927—1939, Frankfurt/M. 1977. — Eine weitere, zusammenfassende historische Darstellung schrieb Kurt Paupié, Frankfurter Zeitung, Frankfurt a. M. (1856—1943). In: H. D. Fischer (Hrsg.), Deutsche Zeitungen des 17. bis 20. Jahrhunderts, Pullach 1972, S. 241—256.

[305] (in chronologischer Reihenfolge ihres Erscheinens) August Eigenbrodt, Berliner Tageblatt und Frankfurter Zeitung in ihrem Verhalten zu den nationalen Fragen 1887—1914. 2. Aufl. Berlin-Schöneberg 1917. — Franz Collasius, Die Außenpolitik der Frankfurter Zeitung im Weltkrieg, phil. Diss. Greifswald 1920. — Karl Stoll, Die politische Stellung der Frankfurter Zeitung (Neue Frankfurter Zeitung, Frankfurter Handelszeitung) in den Jahren 1859 bis 1871, phil. Diss. Frankfurt/M. 1932. — Wolff Heinrichsdorff, Die liberale Opposition in Deutschland seit dem 30. Januar 1933 (dargestellt an der Entwicklung der „Frankfurter Zeitung".) Versuch einer Systematik der politischen Kritik, Hamburg 1937 (=phil. Diss. Hamburg 1937). — Fred Hepp, Der geistige Widerstand im Kulturteil der „Frankfurter Zeitung" gegen die Diktatur des totalen Staates 1933—1943, phil. Diss. München 1949. — Helmut Diel, Grenzen der Presselenkung und Pressefreiheit im Dritten Reich untersucht am Beispiel der „Frankfurter Zeitung", phil. Diss. Freiburg/Br. 1960. — Klaus Vieweg, Der Funktionswandel der sogenannten seriösen bürgerlichen Presse, dargestellt an einem Vergleich zwischen der „Frankfurter Zeitung" der Weimarer Republik und der „Frankfurter Allgemeinen Zeitung" in Westdeutschland, Diss., Fakultät für Journalistik, Leipzig 1963. — Werner Becker, „Demokratie des sozialen Rechts". Die politische Haltung der Frankfurter Zeitung, der Vossischen Zeitung und des Berliner Tageblatts 1918—1924, phil. Diss. München 1965. — Michael Krejci, Die Frankfurter Zeitung und der Nationalsozialismus 1923—1933, phil. Diss. Würzburg 1965. — Rudolf Werber, Die „Frankfurter Zeitung" und ihr Verhältnis zum Nationalsozialismus, untersucht an Hand von Beispielen aus den Jahren 1932—1943. Ein Beitrag zur Methodik der publizistischen Camouflage im Dritten Reich, phil. Diss. Bonn 1965. — Michael Bosch, Liberale Presse in der Krise. Die Innenpolitik der Jahre 1930—1933 im Spiegel des „Berliner Tageblatts", der „Frankfurter Zeitung" und der „Vossischen Zeitung", Bern, Frankfurt/M., München 1976 (= phil. Diss. Tübingen 1974).

[306] Von oder über Mitarbeiter der FZ (in alphabetischer Reihenfolge der Mitarbeiter): Karl Apfel, In den zwanziger Jahren. Erinnerungen an die Frankfurter Zeitung, Frankfurt 1976. Sonderdruck aus: Archiv für Frankfurts Geschichte und Kunst, Heft 55. — Max von Brück, Im Lauf der Zeit. Arbeiten eines Feuilletons, Frankfurt a. M. 1970. — Karl Bücher, Lebenserinnerungen, Bd. 1 (1847—1890), Tübingen 1919. — Maxim Fackler, München Perusastraße Nr. 5. Erinnerungen an das Jahr 1930. In: Publizistik, 10. Jg. (1965), H. 3 (Festschrift für Otto Groth), S. 206—208. — Rudolf Geck, -ck. Die schön-

durchgängige Darstellung, wie zuletzt 1977 von Fritz Sänger bei einer umfangreichen Materialsichtung angeregt wurde[307].

Die FZ war ihrer Entstehungsgeschichte nach ein ausgesprochenes Wirtschaftsblatt und auf den wirtschaftlichen Schwerpunkt wurde seitens des Verlages immer Wert gelegt. Die Zeitung hatte eine konfliktträchtige politische Entwicklung, da sie nicht — wie etwa die „Schlesische Zeitung" durch eine lange Geschichte an eine obrigkeitsergebene Haltung gewöhnt war. Während die „Hamburger Nachrichten" und die „Schlesische Zeitung" in verschiedenen Phasen ihr Papier Bismarck zur Verfügung stellten, bezog die FZ eine Gegenposition zu dem preußischen Ministerpräsidenten und späteren deutschen Reichskanzler aufgrund ihrer speziellen demokratisch-liberalen Grundeinstellung, die von Leopold Sonnemann geprägt und Zeit seines Lebens beibehalten wurde. Entstanden war die FZ in einer bestimmten wirtschaftsgeschichtlich-bedeutenden Situation: Nachdem die Wirtschaftskrise als Folge der industriellen Revolution überwunden war und die Eisenbahnbauten entscheidend für den Wirtschaftsaufbau waren, stieg die Konjunktur ab 1852 an. Der Höhepunkt war 1866 erreicht. „In dieser

---

sten Geschichten von Rudolf Geck. Ein Zeitungsmann erzählt, Frankfurt/M. 1962. — Bergita Gradl, Rudolf Geck. Theaterkritiker der „Frankfurter Zeitung" (1898—1936), phil. Diss. FU Berlin 1968. — Bernhard Guttmann, Schattenriß einer Generation. 1888—1919, Stuttgart 1950. — ders., Das alte Ohr, Frankfurt/M. 1979. — Eckhard Heftrich, Das Gewissen der Demokratie. Bernhard Guttmann — Porträt eines Publizisten. HR, I. Progr. 28.12.1965. — Ute Klimka, Bernhard Guttmann. Sozialbiographie eines liberalen Publizisten. Hausarbeit zur 1. Staatsprüfung für das Lehramt (Sekundarstufe II), Münster 1983. — Dolf Sternberger, Bernhard Guttmann. HR, II. Progr., 7.4.1959. — Wilhelm Hausenstein, Licht unter dem Horizont. Tagebücher 1942 bis 1946, München 1967. — Konrad Heiden, Adolf Hitler. Eine Biographie. 1. Das Zeitalter der Verantwortungslosigkeit, 2. Ein Mann gegen Europa, Zürich 1936 und 1937. — Rudolf Kircher, Im Land der Widersprüche. Ein Deutschland Buch. Frankfurt/M. 1933. — Herbert Küsel, Zeitungs-Artikel, Heidelberg 1973. — Artur Lauinger, Das öffentliche Gewissen. Erfahrungen und Erlebnisse eines Redakteurs der Frankfurter Zeitung, Frankfurt 1958. — Siegfried Nassauer, Josef Stern. Lebensbild eines Journalisten, Frankfurt/M. o.J. — Albert Oeser, Proben aus vierzig Jahren Arbeit für die Frankfurter Zeitung, Frankfurt 1942. — Vierzig Jahre — Albert Oeser — Frankfurter Zeitung, Frankfurt/M. 1942. — Albert Oeser und die Frankfurter Zeitung. Hrsg. v. Erich Welter, Frankfurt/M. 1979 (Neudr.). — Erich Achterberg, Albert Oeser. Aus seinem Leben und hinterlassenen Schriften, Frankfurt/M. 1978 (Studien zur Frankfurter Geschichte. 13). — Benno Reifenberg, Landschaften und Gesichter, Wien 1973. — Fritz Sänger, Politik der Täuschungen. Mißbrauch der Presse im Dritten Reich. Weisungen, Informationen, Notizen 1933—1939, Wien 1975. — ders., Zur Geschichte der „Frankfurter Zeitung". In: Publizistik, 22. Jg (1977), H. 3, S. 275 — 294. — ders., Verborgene Fäden. Erinnerungen und Bemerkungen eines Journalisten, Bonn 1978. — Oskar Stark zu seinem achtzigsten Geburtstag, Freiburg 1970. — Es war alles anders. Aus der Werkstätte eines politischen Journalisten 1891—1914. Aufsätze August Steins. („Irenäus"). 2. verm. Aufl., Frankfurt/M. 1922. — Franz Taucher, Frankfurter Jahre, Wien, München Zürich 1977. — Werner Wirthle, Feuer vom Feuer lebt, Frankfurt 1970.

[307] F. Sänger, Zur Geschichte der „Frankfurter Zeitung". In: Publizistik, 22. Jg. (1977), H. 3, S. 275—294

Hochkonjunktur und in dem ihr folgenden Rückschlag beginnt die systematische Konjunkturbeobachtung[308]."

Seit 1853/54 versorgte der Bankier Heinrich Bernhard Rosenthal an Börsentagen seine Kundschaft mit einem im Überdruck gefertigten Geschäftsbericht. In einer Zeit des zunehmenden wirtschaftlichen Aufschwungs sollten die Börsenberichte in Form eines Handelsblatts einer breiteren Öffentlichkeit zugänglich gemacht werden[309]. Dieses Anliegen unterbreitete er Leopold Sonnemann, der auch Bankier war und Interesse für ein derartiges Unternehmen zeigte. Unter dem Titel „Frankfurter Geschäftsbericht" erschien am 21. Juli 1856 die erste, vierseitige Nummer mit Börsenkursen, Wirtschaftsartikeln und Kommentaren. Die beiden Herausgeber planten jedoch nicht das langfristige Projekt, das es letztendlich wurde[310].

Am 27. August 1856 wurde der Titel geändert in „Frankfurter Handelszeitung", damit ging eine Erweiterung des Inhalts und Umfangs (auf 6—8 Seiten) einher und eine Reduzierung des Abonnementpreises, da nun nicht mehr Bank- und Börsenkreise das Lesepublikum bildeten, sondern auch weniger betuchte, ökonomisch interessierte Bürger[311].

Ab 1857 gab es eine Feuilleton-Beilage, und um die Umgestaltung der Zeitung in ein Blatt mit allgemein politischem Inhalt auch nach außen hin zu signalisieren, erfolgte 1859 eine weitere Titeländerung in „Neue Frankfurter Zeitung — Frankfurter Handelszeitung"[312].

Sie erschien dreimal täglich, die dritte Ausgabe wurde nachmittags herausgegeben, direkt nach Schließung der Börse. Die politischen Leitartikel der Jahre 1860—1866 wurden ergänzt durch politische Übersichten, zunächst über ausländische, dann auch über deutsche Verhältnisse. Dazu trugen die Korrespondenten in vielen europäischen Städten bei[313].

In der Auseinandersetzung von 1859 (Unterstützung Österreichs durch Preußen im Kampf gegen Frankreich um die Neutralität Italiens) ergriff die in der Freien Stadt Frankfurt ansässige Zeitung Partei für Preußen und setzte sich für ein gemeinsames Vorgehen Deutschlands ein, um Napoleon III. von einem Krieg abzuhalten. Unter dem Nachfolger von Friedrich Wilhelm IV., König Wilhelm I., wurde die Haltung der Zeitung ab 1861 zunehmend kritischer gegenüber der preußischen Regierung[314]. Sie schlug völlig um, als in der Frage der Heeresorganisation die preußische Volksvertretung übergangen werden sollte und zu ihrer

---

[308] Fritz Hauenstein, Der Beginn: Wirtschaftspolitik. In: Die Gegenwart. Sonderheft: Ein Jahrhundert Frankfurter Zeitung. 11. Jg. (1956), S. 6
[309] dazu und für das folgende s. Geschichte der Frankfurter Zeitung 1856 — 1906, hrsg. v. Verlag der Frankfurter Zeitung, Frankfurt/M. 1906, S. 18 f.
[310] ebd., S. 20
[311] ebd., S. 24
[312] ebd., S. 43
[313] ebd., S. 45
[314] ebd., S. 55

Durchführung Otto von Bismarck berufen wurde. Seine Bereitschaft, sich mit Napoleon zu arrangieren, wurde mit Mißtrauen registriert. Die „Neue Frankfurter Zeitung", nun auf Seiten der deutschen Fortschrittspartei, äußerte ihre Bedenken gegen die neue Führungsspitze. In der Folgezeit wurde die Ablehnung einer deutschen Einigung unter preußischer Vorherrschaft in der NFZ immer stärker. Die Gegnerschaft gegenüber Bismarck wurde in den folgenden Jahren noch verstärkt durch dessen Versuche, Preußen in Deutschland zur führenden Machtposition zu verhelfen unter Auseinandersetzungen mit Österreich, dessen Partei die NFZ zwangsläufig ergriff.

Die Abneigung, die das Verhältnis des preußischen Ministerpräsidenten zur Freien Stadt Frankfurt beherrschte, war gegenseitig. Mit Hilfe des rigiden Presserechts setzte sich Bismarck gegen die „Neue Frankfurter Zeitung" zur Wehr: ihre Verbreitung wurde in Preußen verboten[315]. Auf der anderen Seite distanzierte sich Leopold Sonnemann entschieden von der von Lassalle erhobenen Forderung nach einer eigenständigen Arbeiterpartei, um den Gegensatz zwischen Arbeitern und Arbeitgebern nicht noch größer und das linksgerichtete Bürgertum nicht zu einer Minderheit werden zu lassen, neben den größeren konservativen Parteien[316]. Stattdessen trat er für die Arbeiterbildungsvereine ein und unterstützte sie als Funktionär. Jeder Auftritt Lassalles wurde von der NFZ mit äußerster Kritik bedacht.

Mit Beginn der kriegerischen Auseinandersetzungen zwischen Österreich und Preußen 1866 um die Vorherrschaft in Deutschland stiegen die Abonnentenzahlen der „Neuen Frankfurter Zeitung", die die Neutralität der Stadt Frankfurt in diesem Streit unterstützte, deutlich an (Auflage Ende März 7000, Ende Mai 8000, und Anfang Juli war die Nachfrage so groß, daß sie nicht mehr befriedigt werden konnte[317]).

Als die Preußen schließlich in Frankfurt einmarschierten und die Einstellung der NFZ durchsetzten, hatte Leopold Sonnemann mit einem Mitarbeiterstab die Stadt bereits verlassen, um in Stuttgart die Herausgabe seiner Zeitung zu betreiben[318].

Am 2. August 1866 erschien die erste Ausgabe der „Neuen Deutschen Zeitung" im Format der alten „Neuen Frankfurter Zeitung" und mit derselben demokratischen Tendenz. Eine Änderung in der Aufmachung wurde von da an beibehalten bis zum Ende 1943: das Feuilleton wurde nicht mehr in einer Beilage untergebracht, sondern „am Fuße des politischen Textes"[319]. Die preußischen Behörden stellten auch diese Zeitung unter ein Verbot, aber ihre Verbreitung in Süddeutschland erlitt dadurch keinen Schaden[320].

---

[315] ebd., S. 119
[316] ebd., S. 75 ff.
[317] ebd., S. 125 ff.
[318] ebd., S. 128
[319] ebd., S. 131
[320] ebd.

Das süddeutsche Intermezzo dauerte nicht lange. Nach der Aufhebung des Kriegszustandes, und nachdem die Druckerei in Frankfurt von den preußischen Behörden wieder freigegeben worden war, kehrten Leopold Sonnemann und seine Mitarbeiter wieder zurück. Wegen der Aussicht auf schwierige und langwierige Verhandlungen über die Aufhebung des Zeitungsverbots beschritt Sonnemann einen anderen Weg, um weiterhin seine Zeitung herausgeben zu können: Er stellte eine Kaution für die Gründung eines neuen Zeitungsunternehmens. Am 16. November 1866 erschien dann auch die „Frankfurter Zeitung und Handelsblatt" mit politischem und Handelsteil. Einziger Eigentümer war Leopold Sonnemann, der seine bisherigen Miteigentümer (Braunfels, Doctor, Rosenthal und Vogtherr) aus ihren finanziellen Verpflichtungen entließ[321]. Der neue Anfang war auch mit Neubesetzungen in der Redaktion verbunden[322].

Nach dem Wechsel einiger Redakteure kam die Zeitung ab 1873 ohne Chefredakteur aus, die Redaktionskonferenz war das entscheidende Gremium, wenngleich es auch immer einen „primus inter pares" gab und sehr viel später, nach dem nationalsozialistischen Schriftleitergesetz ein „Hauptschriftleiter" benannt werden mußte. Dementsprechend erschien der Leitartikel unsigniert, weil er das Produkt der Diskussion in der Redaktionskonferenz darstellte.

Einen Lieblingswunsch erfüllte sich Sonnemann mit dem Einsatz eines „sozialpolitischen Redakteurs". Zunächst nahm Gustav Cohn (später Professor für Nationalökonomie in Zürich und Göttingen) diese Aufgabe wahr. Nach seinem Ausscheiden überbrückte Karl Bücher zunächst die Zeit mit einzelnen Beiträgen bis er 1878 für zwei Jahre in die Redaktion eintrat[323].

Wie bei den anderen vergleichbaren Zeitungen wurde bei der FZ ab 1870 das Korrespondentennetz hauptsächlich in Europa, aber auch in Übersee, ausgebaut, und durch den Einsatz der Telegraphie wurde der Austausch der Nachrichten erheblich beschleunigt.

---

[321] ebd., S. 133
[322] ebd., S. 137 ff.
[323] ebd., S. 143
Karl Bücher (1847—1930) wurde 1871 Gymnasiallehrer. Nach seiner Tätigkeit bei der FZ habilitierte er sich 1881 in München und wurde 1882 als Professor der Nationalökonomie in Dorpat berufen. Weitere Stationen waren Basel (1883), Karlsruhe (1892) und schließlich Leipzig (1900). Er gründete 1916 das erste deutsche zeitungswissenschaftliche Institut, das Institut für Zeitungskunde in Leipzig und war dessen erster Direktor. Im selben Jahr wurde er emeritiert.
Ein weiterer in seinem späteren Wirken für die Zeitungswissenschaft wichtiger Mitarbeiter der FZ war nach der Jahrhundertwende Otto Groth (1875—1965). Er war seit 1908 Korrespondent, zunächst in Stuttgart, ab 1922 leitete er das Münchener Büro der FZ. 1934 wurde er aus rassischen Gründen im Alter von 56 Jahren entlassen. 1913 war er mit einer staatswissenschaftlichen Dissertation über die poltische Presse Württembergs in Tübingen promoviert worden. In den Jahren 1928—1930 erschien sein vierbändiges Werk über „Die Zeitung", das den Versuch einer systematischen Betrachtung des Zeitungswesens darstellte, unter dem besonderen Aspekt der journalistischen Praxis (Herstellungsprozeß, journalistische Genres, historische Entwicklung). Es sollte bei der Ausbildung von Journalisten eingesetzt werden.

1877 entschloß sich die Redaktion zur Herausgabe eines „Stadt-Anzeigers mit Fremdenblatt", um die FZ von der zunehmenden Lokalberichterstattung zu entlasten. Der Anzeiger wurde kostenlos an die Abonnenten verteilt, da er sich über die zahlreichen Inserate der Frankfurter Geschäftsleute finanzierte. Die FZ begnügte sich in der Folgezeit mit einem Resümee der Frankfurter Geschehnisse und der Wiedergabe des Stadtverordnetenberichts[324].

Bereits seit dem November 1866, dem Neubeginn der FZ, verfügte sie über ein eigenes Berliner Büro (Friedrichstr. 100)[325].

Im Rahmen einer neuerlichen Umgestaltung 1893 wurde das Zeitungsunternehmen in eine Gesellschaft mit beschränkter Haftung umgewandelt und erhielt die Bezeichnung Frankfurter Societätsdruckerei GmbH[326]. Den Aufsichtsratvorsitz hatte Leopold Sonnemann bis 1902[327].

Nach seinem Tode (1909) übernahmen die Enkel Heinrich (1880—1941) und Kurt Simon (1881—1957) die Geschäftsführung des Unternehmens und setzten im redaktionellen Bereich die Arbeit des Gründers fort. Die Zeitung behielt ihre kritische Haltung gegenüber Institutionen und militärischen Instanzen auch im 1. Weltkrieg bei und erreichte 1917 die nach vorliegenden Angaben höchste Auflage mit 170 000 Exemplaren[328].

In den darauffolgenden Jahren der Weimarer Republik setzte sich die FZ für die Annahme des Versailler Vertrages ein und verteidigte diese Position gegen viele Widerstände[329]. Auch in der Berichterstattung aus dem Reichstag nahm die FZ eine Sonderposition ein, um nicht auf den den meisten Zeitungen zugehenden Informationsdienst des Vereins Deutscher Zeitungsverleger (VDZ) angewiesen zu sein. Mit der eigenen parlamentarischen Berichterstattung baute sie ihre bedeutende Stellung unter den großen deutschen Zeitungen im In- und Ausland aus.

Die Wirtschaftskrise nach dem 1. Weltkrieg verschonte auch die Frankfurter Societäts-Druckerei nicht. 1921 gründeten die Brüder Simon den „Societäts-Verlag", um mit einem Buchverlag die FZ weiter finanzieren zu können. Diesem Zweck sollte ebenso der Versuch dienen, mit einem Massenblatt (Die Neueste Zeitung, ab 1931) die Finanzlücken zu überbrücken; der Versuch war erfolgreich[330].

---

[324] ebd., S. 144 f.
[325] ebd., S. 150. Die spätere Adresse (Potsdamer Str. 133) mußte die FZ-Redaktion 1938 wieder aufgeben, weil im Zuge der architektonischen Umgestaltung Berlins nach Hitlers Wünschen die Potsdamer Straße zur Prachtstraße ausgebaut werden sollte. Die letzte Adresse war Kurfürstenstr. 143, wo die Redaktion über ein ganzes Haus verfügte. Brief F. Sänger vom 24. September 1983
[326] ebd., S. 576
[327] K. Paupié Frankfurter Zeitung, a.a.O., S. 246
[328] vgl. K. Paupié, a.a.O., S. 248 f.
[329] s. Oskar Stark, Im Reichstag der Weimarer Zeit. In: Gegenwart. Sonderheft: Ein Jahrhundert Frankfurter Zeitung 11. Jg. (1956), S. 17 ff.
[330] vgl. K. Paupié, a.a.O., S. 251. Zur schlechten finanziellen Lage noch *vor* der Wirtschaftskrise s. K. Apfel. In den zwanziger Jahren, a.a.O., S. 236 f.

Vorher hatte der Einsatz des Privatvermögens der Familie Simon selbst keine durchgreifende Sanierung des Unternehmens bewirkt. 1929 wurde eine finanzielle Rettungsaktion durchgeführt, die die später umstrittene IG-Farben-Beteiligung bzw. Übernahme einleitete.

Carl Bosch (1874—1940) und Hermann Hummel (1876—1952), der frühere badische Staatspräsident (beide Mitglieder der Deutschen Demokratischen Partei, Hummel sogar Vorstandsmitglied), finanzierten eine Gesellschaft „Imprimatur GmbH", die 1929 48 % der Anteile des Unternehmens übernahm. Die Frage, woher die Mittel zu dieser Transaktion kamen, ist bis heute ungeklärt[331].

Die Zugehörigkeit der neuen Teilhaber zur DDP wirkte sich nicht als eine Parteibindung der FZ an diese Partei aus. Bei einem Teil der Redaktion war auch schon vorher eine Identifikation mit den liberal-demokratischen Ideen der DDP

---

[331] vgl. dazu W. Wirthle, Frankfurter Zeitung und Frankfurter Societätsdruckerei GmbH, a.a.O., S. 26 ff. In dieser Darstellung wird die Meinung vertreten, eine Beteiligung der IG-Farben an der Imprimatur sei nicht zu beweisen. Carl Bosch wurde erst 1935 Vorsitzender des Aufsichtsrats der IG-Farbenindustrie, war aber vorher — wie Hummel — schon Mitglied des Aufsichtsrates. Dagegen schreibt der FZ-Mitarbeiter K. Apfel, der 1925 in die FZ eintrat: „Professor Carl Bosch ... sprang ein. Natürlich nicht aus eigener Tasche, aber als Verwalter eines von dem Industriekonzern gestifteten Fonds für kulturelle Zwecke." K. Apfel, In den zwanziger Jahren, a.a.O., S. 248. Nach Auskunft von Margret Boveri ist auch die Frage des Einflusses von Bosch, mit der sie sich beschäftigt hatte, nicht geklärt, s. F. Sänger, Zur Geschichte der „Frankfurter Zeitung", a.a.O., S. 282. Bei M. Bosch wird folgende Schlußfolgerung aufgestellt: „Die Familie Simon-Sonnemann verkaufte ... zunächst einmal 49 % der Kapitalanteile an die IG Farben-Chemie. Das veranlaßt die Redakteure Guttmann, Feiler und Stark zum Ausscheiden." M. Bosch, Liberale Presse in der Krise, a.a.O., S. 15. Diese nach Ernst Feder zitierte Behauptung in der Dissertation von Michael Bosch ist so nicht aufrechtzuerhalten: 1. Es waren 48 % der Unternehmensanteile, die die von Hermann Hummel und Carl Bosch finanzierte Imprimatur GmbH 1929 übernahm, s. dazu W. Wirthle, Frankfurter Zeitung und Frankfurter Societäts-Druckerei GmbH, a.a.O., S. 18. 2. Bernhard Guttmann (1869—1959) ließ sich zum 1. Juli 1930 im Alter von 61 Jahren pensionieren, um weiterhin als freier Mitarbeiter (bis 1935) und Schriftsteller tätig zu sein. Sein Briefwechsel mit der Verlagsleitung im Vorfeld der Pensionierung (Nachlaß Guttmann im Institut für Zeitungsforschung der Stadt Dortmund) gibt keinerlei Aufschluß darüber, daß sie im unmittelbaren Zusammenhang mit der IG Farben-Beteiligung stand. Vielmehr wurden zwischen dem Verlag und Guttmann Vereinbarungen getroffen über eine künftige Reiseberichterstattung, s. dazu Eckhard Heftrich, Das Gewissen einer Demokratie, a.a.O., S. 13 f. 3. Arthur Feiler (1879—1942) hatte sich 1928 an der Universität Frankfurt/M. habilitiert und verfolgte danach seine Hochschulkarriere, bis er im Sommer 1933 emigrierte, vgl. W. Becker, Demokratie des sozialen Rechts, a.a.O., S. XII. 4. Oskar Stark (1890—1970) wurde 1931 von Theodor Wolff als „Chef vom Dienst" zum „Berliner Tageblatt" geholt, und er ging nach der Einschätzung von Margret Boveri (Wir lügen alle, a.a.O., S. 40), weil er sich unter dem neuen Mann, Rudolf Kircher, nicht wohl fühlte. Stark war seit 1920 engster Mitarbeiter Guttmanns im Berliner Büro. 1935 kehrte er zur FZ zurück und zwar in die Frankfurter Zentrale, bis das Kriegsende folgte. Heinrich Scharp, Oskar Stark. In: Oskar Stark zu seinem achtzigsten Geburtstag, a.a.O., S. 12 f., s. dazu auch K. Apfel, In den zwanziger Jahren, a.a.O., S. 248, der den Zusammenhang zwischen der Bosch-Beteiligung und dem Weggang der Redakteure nicht als einzige Erklärung gelten läßt.

zu registrieren, die in einigen Fällen (Salli Goldschmidt und Wilhelm Cohnstaedt) zur Parteizugehörigkeit führte. Dennoch bewahrte sich die Zeitung eine „offene Haltung gegenüber Zentrum und SPD"[332].

Die Höhe der Auflage, die auf ca. 100 000 zu schätzen ist, ist für die Zeit der Weimarer Republik nicht dokumentiert, erst 1934 war die Veröffentlichung der durchschnittlichen Gesamtauflage gesetzlich vorgeschrieben. Es gab 3 Ausgaben der Stadtausgabe und eine Reichsausgabe[333].

Obgleich ein Dorn im Auge der nationalsozialistischen Machthaber, überstand die FZ das Jahr 1933 einigermaßen unbeschadet[334].

Das Schriftleitergesetz, das am 1. Januar 1934 in Kraft trat, schrieb vor, daß jeder Redaktion ein „Hauptschriftleiter" vorzustehen hätte, der die Verantwortung zu tragen hätte für den Inhalt der Zeitung. Rudolf Kircher (1885—1954), der Leiter der Berliner Redaktion (ab 1930), wurde für diese Aufgabe, die er nur nach außen ausführen sollte, nominiert. Die innerbetriebliche Organisation der Zeitung wurde nicht verändert, Entscheidungsgremium blieb weiterhin die Redaktionskonferenz in der Frankfurter Zentrale und Kircher weiterhin in Berlin[335].

Mit Beginn des Jahres 1934 mußten Zeitungen und Zeitschriften ihre Auflagenzahlen regelmäßig veröffentlichen. Dies nahm die „Deutsche Presse", das Organ des Reichsverbandes der Deutschen Presse, zum Anlaß für einen Artikel über „Die deutsche Presse und ihre Leser", in dem zwei Feststellungen getroffen werden: 1. „die sogenannte „bürgerliche Presse" hat, verglichen mit früheren Zeiten, einen wesentlichen, zum Teil katastrophalen Rückgang erfahren. 2. ein großer Teil der früheren deutschen Leserschaft hat sich überhaupt von den Zeitungen zurückgezogen." Und bevor die Abwanderung der Leser zu der nationalsozialistischen Presse nahegelegt wird, wird das ganze Ausmaß des Rückgangs geschildert:

---

[332] K. Apfel, In den zwanziger Jahren, a.a.O., S. 246 f.
[333] Das Abendblatt wurde um 11.20 Uhr gedruckt, das 1. Morgenblatt um 17 Uhr und das 2. Morgenblatt nachts gegen 1 Uhr, vgl. K. Apfel, In den zwanziger Jahren, a.a.O., S. 250. Nach 1933 erfolgte eine Umstellung auf zweimaliges Erscheinen. Abendblatt/1. Morgenblatt wurde gegen 17 Uhr ausgeliefert, 2. Morgenblatt gegen 7 Uhr. Die Reichsausgabe erschien weiter einmal täglich und zwar abends. Brief F. Sänger vom 19. 6. 80.
[334] Es gab Überlegungen mit der Zeitung — wie 1866 — ins Exil zu gehen, etwa in die Schweiz. Aber die Mitarbeiter entschieden sich dagegen, um nicht zu einem aus der Ferne beschreibenden Emigrantenblatt zu werden. „Das Blatt hätte außerhalb der deutschen Grenzen notwendig die Sprache der Emigration gesprochen, und das war — nach aller geschichtlichen Erfahrung — eine taube Sprache". B. Reifenberg, Die zehn Jahre. 1933—1943. In: Die Gegenwart. Sonderheft: Ein Jahrhundert Frankfurter Zeitung, 11. Jg. (1956), S. 41
[335] Auch als römischer Korrespondent seiner Zeitung (ab 1938) wurde er offiziell als Hauptschriftleiter geführt. Das Handbuch der deutschen Tagespresse, 4. Aufl. 1932 (S. 168) verzeichnet in der Rubrik Chefredaktion der FZ: „Die FZ hat keinen Chefr., die täglich zusammentretende Redaktionskonferenz unter ihrem Vorsitzenden, z. Zt. Dr. Heinrich Simon, bestimmt kollegial die Haltung des Blattes." Es folgt die Aufzählung der Namen der Teilnehmer an der Redaktionskonferenz in alphabetischer Reihenfolge (ohne Ressortzuordnung). In der 5. Aufl. 1934 (S. 125) ist die für die anderen Zeitungen übliche Einteilung in Funktionen und Ressorts übernommen worden.

„Der Rückgang hat die große Presse des ganzen Reiches erfaßt mit, soweit von hieraus festzustellen ist: einer einzigen Ausnahme, der „Frankfurter Zeitung", die ihre Auflage gegenüber früher nicht nur behaupten, sondern sogar steigern konnte[336]."

4 Monate später meldete die „Deutsche Presse" den „Besitzwechsel bei der „Frankfurter Zeitung".... Über die Ursache des Besitzerwechsels wird mitgeteilt, daß die verlegerischen Erfolge der Zeitung nur durch Hochhaltung der Qualität erzielt werden konnten... Die wirtschaftliche Krise der letzten Jahre, die sich auch bei dem Unternehmen der „Frankfurter Zeitung" fühlbar gemacht habe, verlangte Opfer. Die Gründer-Familie habe diese gebracht, zunächst allein, später durch die Hilfe bewährter Partner-Freunde. Diese übernehmen heute den Verlag."[337] Die Partner-Freunde sind Bosch und Hummel, Heinrich und Kurt Simon emigrierten unmittelbar zu diesem Zeitpunkt. Die Gesamtauflage wird 1934 mit 102 731 angegeben[338].

Die Praxis der Informationsbeschaffung war bei der FZ wie bei den anderen großen Zeitungen gleichermaßen schwierig und belastet mit zahlreichen An- und Rückfragen zwischen der Frankfurter Zentrale und der Redaktion in Berlin. Rügen, die auf der Reichspressekonferenz der FZ erteilt wurden wegen Nichteinhaltung einer Nachrichtensperre wurden auf diesem Wege weitergeleitet. Die Redakteure bemühten sich bis an die Grenze des Möglichen zu gelangen und etwas darüber hinaus. Das Lesen zwischen den Zeilen, ein Charakteristikum der Meinungsbildung in allen Diktaturen, wurde zwangsläufig vorausgesetzt[339]. „Wer von meinen Berufskollegen, den Journalisten, nicht über das hinaus unterrichtet war, was ihm in den Diensten des Deutschen Nachrichtenbüros (DNB), in den Weisungen der täglichen Pressekonferenz der Reichsregierung oder durch die Rundrufe des „Reichsministeriums für Volksaufklärung und Propaganda" , die das Nachrichtenbüro verbreitete, bekannt wurde, der konnte in jenen Jahren des totalen Regimes in Deutschland kaum wesentliche journalistische Arbeit leisten."[340]

Fritz Sänger, der Verfasser dieser Zeilen, trat zum 1. Oktober 1935 in die Berliner Redaktion der FZ ein und blieb dort bis zur Einstellung im August 1943. Seine stenographischen Mitschriften der Reichspressekonferenz machen einen wesentlichen Teil der vorliegenden Edition aus. Dreimal täglich wurde — in der Regel — Material von Berlin nach Frankfurt übermittelt.

---

[336] Dr. W., Die deutsche Presse und ihre Leser. In: DP, 24. Jg. (1934), Nr. 7 v. 17. Februar 1934, S. 74—75
[337] DP, 24. Jg. (1934), Nr. 22 v. 22. Juni 1934, S. 12
[338] Handbuch der deutschen Tagespresse, 5. Aufl. 1934, S. 125
[339] Die verschiedenen Möglichkeiten „zwischen den Zeilen" zu schreiben, wurden bereits festgestellt und analysiert von R. Werber, Die „Frankfurter Zeitung" und ihr Verhältnis zum Nationalsozialismus, phil. Diss. Bonn 1964, s.a. F. Sänger, Zur Geschichte der „Frankfurter Zeitung", a.a.O., S. 286
[340] F. Sänger, Verborgene Fäden, a.a.O., S. 51, s.a. Kap. 6. Die Journalisten c) Fritz Sänger, S. 66*

Von den neuen Eigentümern des Unternehmens wurde Wendelin Hecht (1893—1947) als Verlagsleiter und Geschäftsführer der „Frankfurter Societäts-Druckerei" eingesetzt. Unter seiner Leitung ging die Arbeit in den Redaktionen unverändert weiter[341]. Die oft auch kritische Haltung gegenüber der Staatsmeinung wurde beibehalten, wie die Presseanweisungen zeigen[342]. Die privatwirtschaftliche Unabhängigkeit der Zeitung unter den neuen Besitzern hielt bis 1939 an[343].

Am 13. Juni 1939 erhielt die Vera-Verlagsanstalt GmbH (eine Tochter des parteieigenen Eher-Verlages) eine Option, die sie am selben Tag an die Herold-Verlagsanstalt GmbH (eine weitere Eher-Tochter) abtrat[344]. Damit war die FZ in den Konzern der Zeitungsunternehmen aufgenommen, der sich im Besitz der NSDAP befand[345].

[341] s. a. Wendelin Hecht. In: Die Gegenwart. Sonderheft: Ein Jahrhundert Frankfurter Zeitung, 11.Jg. (1956), S. 35 f.

[342] Das Ansehen, das die FZ im In- und Ausland hatte, wurde von Goebbels für seine propagandistischen Zwecke ausgenutzt. Wie er in seinem Tagebuch beschrieb, setzte er sie gezielt als Vehikel für seine Informationspolitik ein: „15. Mai 1942: Aus bestimmten Gründen lancieren wir in die „Frankfurter Zeitung" einen disziplinlosen Artikel, der vor allem die wirtschaftlichen und operativen Möglichkeiten eines Angriffs auf Moskau darlegt. Wir versuchen mit diesem Artikel die Aufmerksamkeit des Feindes auf ein anderes Gebiet abzulenken, als das, auf dem tatsächlich die großen Angriffsabsichten liegen. ... 20. Mai 1942: Der von uns inspirierte Artikel in der „Frankfurter Zeitung", der den Blick der bevorstehenden feindlichen Öffentlichkeit von der Südfront mehr auf die Mitte ablenken soll, ist mittlerweile erschienen. Er wird offiziell gesperrt und in der Pressekonferenz gerügt. ..." s. Goebbels Tagebücher. Aus den Jahren 1942—1943, hrsg. v. Louis P. Lochner, Zürich 1948, S. 200, 206

[343] Im November 1938 wurde der Name des Gründers aus dem Titelkopf gestrichen, vgl. B. Reifenberg, Die zehn Jahre. 1933—1943, a.a.O., S. 50.

[344] F. Sänger berichtet, daß bereits in der Zeit zwischen März und Mai 1933 die Gefahr einer Übernahme der FZ in Parteibesitz bestand, weil sie zu diesem Zeitpunkt mit Verlust arbeitete. (Im Widerspruch dazu s. o. S. 95* f. Diese Gefahr konnte nur abgewendet werden durch den Verzicht der Betriebsangehörigen auf einen Teil ihres Gehalts. Bei der Übernahme in den Eher-Konzern (1939) bestanden jedenfalls nach dieser Darstellung keine finanziellen Gründe mehr. F. Sänger, Zur Geschichte der „Frankfurter Zeitung", a.a.O., S. 283

[345] W. Wirthle, Frankfurter Zeitung und Frankfurter Societäts-Druckerei GmbH, a.a.O., S. 46

Benno Reifenberg (1892—1979), der es eigentlich besser wissen müßte (er gehörte 1932 bis 1942 der politischen Redaktion in der Zentrale an), beschreibt die Geschichte der FZ so, als sei die Übernahme in die Herold-Holding erst nach dem Tode von Carl Bosch (1940), sozusagen nach dem Wegfallen dieses Schutzes vorgenommen worden. s. B. Reifenberg, Die zehn Jahre. 1933—1943, a.a.O., S. 40—54. Dieser mißverständlichen Darstellung folgt auch W. Becker in seiner Dissertation „Demokratie des sozialen Rechts", a.a.O., S. 28 f. Eine ganz besondere Variante bringt Kurt Koszyk ins Spiel, indem er aus einem Brief eines Gesellschafters der konkurrierenden „Frankfurter Nachrichten" zitiert, der die Information beinhaltet, bei dem Geldgeber Bosch handele es sich nicht um den Generaldirektor der IG Farben, Carl Bosch, sondern um den Stuttgarter Großindustriellen, Robert Bosch. Diese Einschätzung wird nicht präzisiert. Vgl. K. Koszyk, Deutsche Presse 1914—1945. Geschichte der deutschen Presse. 3. Berlin 1972, S. 270. An

In den Jahren vor dem 2. Weltkrieg pendelte sich die Auflage bei 77 000 ein. 1943 war sie auf 30 000 zurückgegangen[346].

Am 10. August 1943 fiel die Entscheidung, daß die FZ ihr Erscheinen zum 31. August einzustellen habe[347]. Auslösender Faktor für die Einstellungsverfügung, der erst nach der 2. großen Stillegungsaktion im Frühjahr 1943 Folge geleistet wurde, soll der Artikel von Herbert Küsel zum 75. Geburtstag des 1923 gestorbenen NS-Dichters Dietrich Eckart gewesen sein, der das Mißfallen von führenden Parteigenossen erregt hatte, weil er nicht das Bild eines Helden der nationalsozialistischen Bewegung beschrieb, sondern das eines alkohol- und drogenabhängigen Bohémiens[348]. Als Hitler darauf aufmerksam gemacht worden war, soll er auf einem Verbot der FZ bestanden haben[349]. Offiziell wurde die Einstellung mit „kriegswirtschaftlichen Maßnahmen" begründet[350].

Die Mitarbeiter wurden auf andere, noch bestehende Zeitungen verteilt, es sollte vermieden werden, daß sie, auch nur in kleinen Gruppen, zusammenblieben. Zum „Völkischen Beobachter" dienstverpflichtet wurden neben Franz Taucher August Dresbach, Paul Sethe, Erich Welter und Irene Seligo (Lissabon), wobei sie zwischen den Redaktionen in Berlin, München und Wien wählen konnten[351]. Einige Kollegen kamen in verschiedenen Ressorts der Wochenzeitung „Das Reich" unter, F. Sänger sollte für den „Angriff" arbeiten, erreichte aber, daß er als Berliner Vertreter des „Neuen Wiener Tagblatts" engagiert wurde[352]. So endete das Zeitungsunternehmen, dessen Familientradition bereits 1934 unfreiwillig abgebrochen worden war.

Weiten Raum nimmt in der Literatur die Diskussion der Gründe für die vergleichsweise späte Einstellung des Blattes bzw. für die langfristige Duldung der dem Regime unbequemen Zeitung ein und für das Durchhalten der Redakteure. In seiner Dissertation bezweifelt K. Vieweg, daß die Entscheidung der Redaktion, nicht ins Ausland zu gehen, ein Beweis für Opposition ist; er beschreibt sie vielmehr als „komplette Kapitulation vor Hitler". „Dann war man sich auch darüber

---

anderer Stelle (S. 397) schreibt er Robert Bosch (1861—1942) den Besitz an Anteilen der FZ zu, ohne das allerdings zu belegen.
[346] s. Handbuch der deutschen Tagespresse, 6. Aufl. 1937, S. 118, 7. Aufl. 1944, S. 61. — K. Paupié, Frankfurter Zeitung, a.a.O., S. 250
[347] K. Paupié, Frankfurter Zeitung, a.a.O., S. 255
[348] Die dem Jubiläums-Artikel vorausgehende Presseanweisung lautete: Der bevorstehende 75. Geburtstag am 23. III. von Dietrich Eckart ist in der deutschen Presse in besonderer Weise zu würdigen. Dazu Fischer ((d.i. der Leiter der Abteilung Deutsche Presse)): Die Presse werde sicher das Bedürfnis haben, den Stammvater des Nationalsozialismus zu feiern ... Der VB werde sich wohl eine besondere Aufmachung angelegen sein lassen. ZSg. 102/43/26(4) v. 20. März 1943.
[349] s. dazu H. Küsel, Corpus delicti. In: Die Gegenwart. Sonderheft: Ein Jahrhundert Frankfurter Zeitung. 11. Jg. (1956), S. 36—39. S. dazu auch H. Diel, Grenzen der Presselenkung und Pressefreiheit, a.a.O., S. 29 ff.
[350] FZ, Nr. 35/439 (Sonntag), v. 29. August 1943 (1. M.A.), S. 1
[351] F. Taucher, Frankfurter Jahre, a.a.O., S. 174 ff.
[352] vgl. F. Sänger, Verborgene Fäden, a.a.O., S. 46 f.

im klaren, daß von nun an die Funktion der FZ nicht mehr die alte sein konnte, sondern daß sie sich nun in den Propagandaapparat der Nazis einordnen mußte."[353] Die von den offiziellen Informationen abweichende Berichterstattung wird hier mit „optischen Gründen" erklärt. „Der Taktik allein war diese Haltung in Wirklichkeit geschuldet, denn die FZ wurde vom Hitlersystem in voller Übereinstimmung mit den Geldgebern des Blattes, mit den IG Farben ... in zweifacher Hinsicht benutzt: Einmal sollte sie in In- und Ausland die Nazipolitik „salonfähig" machen. (S. 28) Der gepflegte Stil der FZ und der Leserkreis, der durch sie erfaßt wurde, erschienen die beste Gewähr dafür zu bieten. Zum anderen sollte dem Ausland „bewiesen" werden, daß auch in Nazideutschland durchaus eigenständige Meinungen vertreten werden konnten, wobei allerdings die Zeitung weder gegen Einzelerscheinungen noch etwa gegen die Herrschaftsprinzipien der Nazis polemisierte."

Die von H. Diel vorgetragene Argumentation, die FZ habe sich dem NS-Regime gegenüber kritisch verhalten, läßt Vieweg nicht gelten. Er verkehrt die Interpretation der Belege, die Diel für diese Einschätzung anführt, gerade ins Gegenteil: Die von Wolff Heinrichsdorff geschriebene Dissertation „Die liberale Opposition in Deutschland seit dem 30. Januar 1933, dargestellt an der Entwicklung der „Frankfurter Zeitung" wurde bei ihrer Veröffentlichung 1937 mit einem Besprechungs-Verbot von Goebbels belegt[354]. Anhand des Verbots schließt Diel auf eine Bestrebung Goebbels „diese Zeitung ... dem Regime zu erhalten ..., die im Ausland ein großes Ansehen besaß"[355].

Vieweg interpretierte Goebbels Intention dahingehend, daß er die FZ brauchte, um seine Ideologie auch den oberen Bevölkerungsschichten näherzubringen und nicht wollte, daß diese Taktik offenbar wurde[356]. Dieser Schlußfolgerung Viewegs ist entgegenzuhalten, daß, wenn die FZ die Funktion des NS-Apologeten für die intellektuellen und anspruchsvollen Lesergruppen in Goebbels Sinne wahrgenommen hätte, er sich den Einsatz der Wochenzeitung „Das Reich" (ab 1940) für das „gehobene Leserpublikum" hätte sparen können, in einer Zeit, wo es an Personal und Material (Papier) fehlte. Aber fast vier Jahre haben beide Blätter nebeneinander existiert und hatten sicher nicht dieselben Abonnenten. Die These, die Redakteure der FZ hätten sich für die NS-Ideologie einspannen lassen und ihre Zeitung als Vehikel für diese Ideologie im Ausland mißbrauchen lassen, wird durch nichts gestützt und ist auch nicht überzeugend, würde man sie akzeptieren hieße das, nicht nur die FZ-Redakteure zu unter-, sondern auch Goebbels zu überschätzen.

---

[353] K. Vieweg, Der Funktionswandel..., a.a.O., S. 27 f.
[354] s. H. Diel, a.a.O., S. 6. In seinem Vorwort schreibt Heinrichsdorff: „Wenn in vorliegender Arbeit, die „Frankfurter Zeitung" öfters zitiert wird, so nur als Sprachrohr der typisch liberalen Opposition, die hier in ihrer Ideologie und vor allen Dingen in ihrer politischen Zweckbedingtheit untersucht und dargestellt werden sollte".
[355] H. Diel, a.a.O., S. 7
[356] K. Vieweg a.a.O., S. 29

Kontrovers diskutiert werden in fast allen Abhandlungen über die FZ die Gründe für die späte Einstellung der Zeitung im Sommer 1943. Bei Vieweg[357] dient der Termin als Beweis für die Anpassung an die NS-Ideologie. R. Werber[358] setzt sich mit den verschiedenen anderen Versionen (Einfluß des Auswärtigen Amtes, Schutz durch Goebbels) auseinander und kommt zu dem Schluß, daß 1943 der Zeitpunkt gekommen war, zu dem man das Aushängeschild FZ gegenüber dem Ausland nicht mehr benötigte, da man sich mit den meisten Ländern im Krieg befand und keinerlei Rücksichten dieser Art mehr auf der Tagesordnung standen[359]. Das auslösende Moment, darin stimmen alle Abhandlungen überein, war der Artikel von Herbert Küsel zum 75. Geburtstag von Dietrich Eckart am 23. März 1943. Ganz offensichtlich war es keine leichte Entscheidung, denn erst am 10. August erging die Vefügung über die endgültige Einstellung der Zeitung zum Monatsende, und die nationalsozialistische Praxis der Zeitungsschließung weist auch Beispiele eines zügigeren Vorgehens auf, ohne die Einhaltung irgendwelcher Fristen (z.B. die „Hamburger Nachrichten")[360].

d) Allgemeine Zeitung, Chemnitz (1898–1943)

In seiner Darstellung des Hugenbergkonzerns gibt Dankwart Guratzsch eine Aufstellung Hugenbergs aus dem Jahre 1912 wieder, in der eine Einteilung in „industriefreundliche Presse" und „bedingt industriefreundliche Presse" vorgenommen wird[361]. Dabei fallen in die Kategorie I der „industriefreundlichen Blätter" die „Schlesische Zeitung" (rechtsnational-liberal) und die „Dortmunder Zeitung" (rechtsnational-liberal). In der II. Kategorie („Blätter, die der Industrie mehr oder weniger freundlich, aber auch nicht feindlich gegenüberstehen") taucht die „Allgemeine Zeitung/Chemnitz" (unabhängig national) auf. Tatsächlich war die „Allgemeine Zeitung" (im folgenden AZ) von Anfang an das amtliche Organ der Chemnitzer Börse und der reichen Textilindustrie in Chemnitz durchaus wohl gesonnen[362].

Die erste Nummer der AZ kam am 18. Februar 1898 heraus. Einen Monat lang wurde die Probenummer mit einer Auflage von 100 000 kostenlos verteilt[363]. Herausgeber waren der Fabrikant Hilscher und der „Zeitungsfachmann" Max

---

[357] ebd., S. 27 ff
[358] R. Werber, a.a.O., S. 157
[359] s. dazu auch den Brief von Benno Reifenberg an den Chefredakteur der „Neuen Zürcher Zeitung", die sich an dieser Debatte beteiligte in: E. Achterberg, Albert Oeser, a.a.O., S. 152 f.
[360] s. Kap. 7. Die Zeitungen. b) Hamburger Nachrichten, S. 79*. Zu den innerparteilichen Meinungsverschiedenheiten bezüglich des Küsel-Artikels s. a. F. Sänger, Zur Geschichte der „Frankfurter Zeitung", a.a.O., S. 286
[361] D. Guratzsch, Macht durch Organisation, Düsseldorf 1974, S. 397
[362] G. Noßke, Das Zeitungswesen der Industriestadt Chemnitz und ihrer Umgebung, phil. Diss. Leipzig 1938/Würzburg-Aumühle 1940, S. 53
[363] ebd., S. 52

Geyer, die zu diesem Zweck eine Kommanditgesellschaft gegründet hatten. Ab dem 1. April 1898 erschien die AZ sechsmal in der Woche (mittags)[364]. Das Verbreitungsgebiet war Chemnitz, Mittelsachsen und das Erzgebirge. Als Leserschaft konnten Bürgertum, Mittelstand und Industrie gewonnen werden. Die AZ kam in einer Zeit auf den Markt, in der die Generalanzeiger-Presse ihren Aufschwung nahm. Um im Wettbewerb mit den konkurrierenden „Chemnitzer Neuesten Nachrichten" bestehen zu können, setzte der Verlag eine Reihe von Werbemaßnahmen ein, wie die Einrichtung von Auskunftstellen, eines unentgeltlichen Arbeitsmarktes, einer Volkslesehalle mit rund 200 Zeitungen und verschiedenen Ausstellungen[365].

Von Anfang an verfügte das Blatt über moderne Drucktechnik und ein eigenes Büro in Berlin, zu dem später noch eins in Dresden, dem Sitz der sächsischen Regierung, kam. Wegen seiner guten Verbindungen zu Handel und Industrie wurde die AZ zu einem Finanz- und Handelsblatt, das als erste Chemnitzer Zeitung einen selbständigen Handelsteil hatte (ab 1910). Zunächst wurde über Parteien nur berichtet, soweit es „unumgänglich" war. Wenn die Zeitung Stellung bezog, vertrat sie eine national-liberale Haltung[366].

1905—1908 war der Zeitungsverleger Paul Raabe Kommanditist und gleichzeitig Redakteur. Unter seiner Leitung setzte ab 1906 eine Modernisierung des Inhalts ein durch die Einrichtung neuer Sparten und Beilagen. Es gab „belebende und nützliche Ratschläge für Haushalt und Familie" (Küchenzettel, land- und hauswirtschaftliche Hinweise, graphologische, juristische und Kinderbriefkästen)[367].

Außerdem sollte durch wöchentliche Frauen-, Kinder-, Sonntags- und wissenschaftliche Beilagen die kaufkräftige Leserschaft gebunden werden. Die Auflage betrug 1904 41 000 Exemplare und 1908 52 000 (im Vergleich dazu: die ebenfalls bürgerlichen „Chemnitzer Neuesten Nachrichten" 55 000 bzw. 70 000 und die sozialdemokratische „Volksstimme" 25 000 bzw. 38 000)[368].

Die Inflation nach dem 1. Weltkrieg konnte die Zeitung relativ unbeschadet überstehen. 1928 hatte sie sieben Ressorts aufzuweisen (Politik, Leitartikel, Kunst-Wissenschaft-Unterhaltung, Lokales-Provinzielles, Gerichtsberichterstattung, Börsenblatt, Volkswirtschaft, Sport). Sie hatte sich vom General-Anzeiger[369] zum Familienblatt entwickelt, obwohl sie gerade nach dem 1. Weltkrieg von zahlreichen Miet-, Pacht- und Kaufanzeigen profitierte. 1928 machte der Anzeigenteil ca. 50 % einer durchschnittlichen Ausgabe aus[370].

Wie die „Schlesische Zeitung" Breslau und die „Hamburger Nachrichten" gehörte die AZ, dem „Dienst nationaler Tageszeitungen" (Dienatag), an, der ein ge-

---

[364] ebd.
[365] ebd., S. 53
[366] ebd.
[367] ebd., S. 53 f.
[368] ebd., S. 70
[369] ebd., S. 64
[370] ebd., S. 65

meinsames, von diesen Zeitungen finanziertes Korrespondentennetz im In- und Ausland unterhielt, um nicht allein auf die großen Nachrichtenagenturen angewiesen zu sein[371].

Gegen Ende der Weimarer Republik stufte sich die AZ als „politisch unabhängig und national" bzw. „nationalbürgerlich" ein[372]. Sie warb mit dem Prädikat „Das führende Anzeigenblatt" und ihre Leserschaft setzte sich zusammen aus Fabrikbesitzern, Großkaufleuten, Direktoren und Geschäftsführern (1930, 28,7 %), aus Ingenieuren, technischen und kaufmännischen Angestellten (18,7 %), Reichs-, Staats-, Kommunal-Beamten und Angehörigen freier Berufe (18,1 %), Gewerbetreibenden und Handwerkern (10,5 %), Hausbesitzern und Rentnern (9,6 %) und sonstigen Berufen (14,4 %)[373].

Die Auflagenhöhe bewegte sich mit rückläufiger Tendenz von 47 000 (1930) auf 30 000 (1938) und die letzte Angabe von September 1939 verzeichnete nur einen geringen Aufschwung auf 32 500[374].

Im selben Zeitraum ging die Auflage der konkurrierenden, ebenfalls bürgerlichen „Chemnitzer Neuesten Nachrichten" von 78 000 (1930) auf 50 000 zurück. Die nationalsozialistische „Chemnitzer Tageszeitung", die ab 1932 erschien, konnte als einzige ihre Auflage geringfügig steigern und zwar von 35 000 (1934) auf 36 200 (1938). Am 31. Mai 1941 übernahm der Verlag der AZ die „Chemnitzer Neuesten Nachrichten", obwohl sie eine fast doppelt so hohe Auflage aufzuweisen hatten.

Auch nach der Machtübernahme durch die Nationalsozialisten war die AZ das Organ des Mittelstandes und der Wirtschaft[375]. Sie enthielt die Bekanntmachungen des Oberbürgermeisters, der Amtshauptmannschaft Chemnitz und des Bezirksverbandes Chemnitz-Land sowie anderer staatlicher Behörden, außerdem war sie das offizielle Organ des Amtlichen Großmarktes für Getreide- und Futtermittel[376].

Ihre Beilagen hießen „AZ-Sonntag", „AZ-Kraftfahrer", „Gedankenbastelei", „Onkel Pipifax" (Briefkasten), „Unsere Wehrmacht" (ab 1935), „Wir Arbeitsmänner", „Wir Hitlerjungen", „Wir vom BDM", „Welt des Films", „Interessantes vom Radio", „AZ-Frauenzeitung"[377]. Das vielseitige Angebot war notwendig

---

[371] K. Koszyk, Deutsche Presse 1914—1945. Geschichte der deutschen Presse 3, Berlin 1972 S. 173. Es ist zu bezweifeln, ob das in diesem Zusammenhang genannte „Hamburger Fremdenblatt" auch Gesellschafter der Dienatag (ab 1929) war wegen des Konkurrenzverhältnisses zu den „Hamburger Nachrichten". S. dazu auch das Kap. 7. Die Zeitungen b) Hamburger Nachrichten, S. 83* f. und S. 111*
[372] Handbuch des öffentlichen Lebens, 6. Aufl. 1931, S. 793
[373] ALA-Zeitungskatalog, 55. Jg. (1930), S. 91
[374] ALA-Zeitungskatalog, 55. Jg. (1930), S. 102 und 63 Jg. (1938), S. 277. Handbuch der deutschen Tagespresse, 7. Aufl. 1944, S. 183
[375] G. Noßke, a.a.O., S. 105
[376] ebd., S. 107
[377] ebd.

geworden durch den anhaltenden Wettbewerb der 20 Tages- und Wochenzeitungen in Chemnitz und Umgebung[378].

Mit der Anzahl der Beilagen lag die AZ deutlich an der Spitze, obwohl sie nicht die größte Zeitung war. Anders als die „Schlesische Zeitung" Breslau und die „Hamburger Nachrichten" unterstützte die AZ nicht die DNVP, sondern die Deutsche Volkspartei (DVP)[379].

Die personellen Veränderungen innerhalb der Redaktion und Verlagsleitung waren, soweit sich das ab 1928 anhand von Unterlagen verfolgen läßt, gering[380]. Die Verleger und persönlich haftenden Gesellschafter waren zunächst Max Geyer und Dr. jur. Herbert Klippgen. Ab 1937 war Klippgen alleiniger Verleger. Verlagsdirektoren waren Dr. Ernst Sieverts und Will Rinne, ab 1934 nur Sieverts[381].

1937 wird Sieverts als Verlagsleiter und Hauptschriftleiter der „Braunschweiger Neuesten Nachrichten/Braunschweigische Landeszeitung" aufgeführt. Neuer Verlagsleiter der AZ wurde Hans Besenbeck, der diese Funktion bis zur Einstellung der Zeitung innehatte.

In der Nachfolge von Paul Raabe nahm Dr. Ernst Heerdegen die Funktion des Hauptschriftleiters wahr, wobei er sein Amt vorübergehend im neu eingerichteten Dresdener Büro ausübte. Ab 1933 war er wieder in der Chemnitzer Redaktion tätig[382].

Der langjährige Ressortchef „Volkswirtschaft", Dr. Alphons Weill, war ab 1937 zunächst stellvertretender Hauptschriftleiter, dann am Ende — nach dem Ausscheiden von Dr. Ernst Heerdegen — Hauptschriftleiter.

Bevor Georg Dertinger und Hans-Joachim Kausch als Vertreter der Dienatag die Berliner Korrespondenten der AZ waren (ab 1930), war Hans Ohlsberg in dieser Funktion tätig.

Unter den Auslandskorrespondenten wäre noch Dr. Hans Hartmeyer hervorzuheben, der — wie die Auslandskorrespondenten an anderen Standorten auch — gleichzeitig für die „Schlesische Zeitung", Breslau und die „Hamburger Nachrichten" (neben anderen Zeitungen) arbeitete. Allerdings vertrat er ab 1937 nicht die AZ in Wien, sondern die „Dresdner Nachrichten"[383].

---

[378] ebd., S. 107—110
[379] ebd., S. 112
[380] Jahrbuch der Tagespresse, 1. Jg. (1928), S. 40, 2. Jg. (1929), Sp. 455, 3. Jg. (1930), Sp. 478. Handbuch der deutschen Tagespresse, 4. Aufl. 1932, S. 313—314, 5. Aufl. 1934, S. 236, 6. Aufl. 1937, S. 240
[381] Im März 1934 war Ernst Sieverts zum stellvertretenden Beisitzer im Berufsgericht Dresden ernannt worden, wie auch sein Kollege Dr. Werner Bornschier von der „Schlesischen Zeitung" seine Ernennung zum Beisitzer im Berufsgericht Breslau erhielt. Die Berufsgerichte waren vorgesehen nach dem Schriftleitergesetz vom 4. 10. 1933, um berufsständische Fragen zu klären. T-70/82/357548-49 National Archives, Washington (German Records Filmed at Alexandria, Va.)
[382] Heerdegen war 1920 in Leipzig bei K. Bücher promoviert worden mit der Arbeit „Der Nachrichtendienst der Presse".
[383] Zu diesem Zeitpunkt arbeitete Dr. Hans Langenberg, der im Oktober 1938 zu den „Hamburger Nachrichten" ging, noch als politischer Schriftleiter bei den „Dresdner Nachrichten". s. dazu Kap. 7. Die Zeitungen. b) Hamburger Nachrichten, S. 86*

Die letzte Charakterisierung der Aufgaben der AZ wurde veröffentlicht als sie bereits ihr Erscheinen am 31. März 1943 eingestellt hatte: „Politische Unterrichtung und Aufklärung durch eigenen Mitarbeiterstab im In- und Ausland. Betonung des Chemnitzer und Erzgebirgischen Heimatcharakters. Kultur- und Wirtschaftspolitik."[384]

Nutzungsmöglichkeiten der Edition

8. Stationen der Presselenkung

Der Briefwechsel, der die Anweisungen aus der Pressekonferenz, die in der Sammlung ZSg. 101 zusammengefaßt sind, zunächst häufiger, dann immer seltener begleitet, markiert wichtige Stationen der pressepolitischen Entwicklung, die bislang in keiner pressehistorischen Darstellung so aktualisiert wurden[385]. In der ersten Anweisung wird eingegangen auf die „Form der Übermittlung vertraulicher Informationen zwischen Berliner Vertretern und den Chefredakteuren der Provinzzeitungen". Der Leiter der Pressekonferenz machte nachdrücklich darauf aufmerksam, daß die Korrespondenten, *„die absolute volle Verantwortung* (Hervorh. i. O.) für diese Übermittlung tragen, gleichgültig ob in den Heimatredaktionen eine von den Berliner Vertretern unverschuldete Indiskretion vorkommt".

Das hierin angesprochene Prinzip der Haftbarmachung eines Verantwortlichen ist typisch für das nationalsozialistische Führungssystem. In der Ausführung stieß dies Prinzip auf Schwierigkeiten, da auf der einen Seite zuviele Parteigenossen und -anhänger sich in verantwortliche Positionen bringen wollten, zum anderen Hitler und seinen Ministern dieser Tatbestand entgegenkam nach dem Grundsatz „divide et impera", nach dem sie sich überschneidende Kompetenzbe-

---

[384] Hdb. d. dt. Tagespresse, 7. Aufl. 1944, S. 183
[385] In der chronologischen Reihenfolge sind das
  1. ZSg. 101/26/555—556 v. 2. Oktober 1933
  2. ZSg. 101/26/581—583 v. 19. Oktober 1933
  3. ZSg. 101/1/132—133a v. 20. Oktober 1933
  4. ZSg. 101/3/182 v. 20. April 1934
  5. ZSg. 101/3/240 v. 11. Juni 1934
  6. ZSg. 101/3/242 v. 12. Juni 1934
  7. ZSg. 101/3/255 v. 20. Juni 1934
  8. ZSg. 101/3/257 v. 21. Juni 1934
[386] Im Medienbereich traf das z. B. zu für die Bereiche von Goebbels und dem späteren Reichspressechef, Otto Dietrich (Staatsinstanz contra Parteiinstanz). Das RMVP und das Auswärtige Amt konkurrierten in allen Auslandsbelangen; speziell im Pressebereich überschnitten sich die Zuständigkeiten für die Pressewirtschaft (M. Amann, M. Winkler, Goebbels), bei der Fernsehentwicklung gab es Spannungen zwischen dem Reichspostministerium und Luftfahrtministerium, darüberhinaus gab es im lokalen Bereich Kompetenzüberschneidungen der für die gesamte „weltanschauliche" Überwachung zuständigen Gauleiter (Parteistellen) mit den Landesstellen des Propagandaministeriums (Reichsbehörde).

reiche mit mehreren Verantwortlichen so besetzten, daß es zwangsläufig zu Kompetenzstreitigkeiten kommen mußte[386]. Aufgrund der Ermahnung seitens des stellvertretenden Reichspressechefs wurde dann ein Übermittlungs-Verfahren entwickelt, das die Geheimhaltung gewährleisten sollte: Die vertraulichen Mitteilungen sollten „nur innerhalb eines geschlossenen Briefes den Chefredakteuren persönlich" zugestellt werden. Ähnlich wie bei den durch Farben kenntlich gemachten Kategorien der Vertraulichkeit des DNB-Nachrichtenmaterials[387], sollten die Meldungen der Berliner Korrespondenten mit Kennwörtern (streng vertraulich, technische Anweisungen) versehen werden, die auf einen bestimmten Adressatenkreis verweisen[388]. Tatsächlich wurde diese Differenzierung bei der „Dienatag" bald wieder aufgegeben, nachdem sich die Durchführung offensichtlich als schwierig erwies[389]. Die Erörterung der Thematik gerade zu diesem Zeitpunkt, zwei Tage vor der Verkündung des Schriftleitergesetzes, läßt darauf schließen, daß die Anweisungsproblematik akut war und daß sich das Propagandaministerium unbehaglich fühlte mit dem Konflikt Geheimhaltung — Veröffentlichung, Instruktion — Information, Dirigismus auch in der Presse.

Bereits einen Monat vorher waren Probleme bei dem Versuch der Gleichschaltung der Presse aufgetreten, die die deutschen Auslandskorrespondenten und die Wirtschaftsredakteure verursacht hatten[390]. Die Berichte der deutschen Korrespondenten im Ausland, die den Anweisungen des RMVP nicht so einfach zugänglich und nicht auf diese Informationen angewiesen waren, sollten „in Einklang gebracht" werden mit der offiziellen Linie. Außerdem ließen nach Meinung der Regierung die Artikel auf den Handels- und Wirtschaftseiten zu wünschen übrig, nämlich die nationalsozialistische Tendenz, die auch bei der Behandlung von Sachthemen deutlich erkennbar sein sollte, „die Ideen der neuen Wirtschaftsgesinnung (sollten) stärker propagiert werden"[391]. Dennoch wurde auch nach diesem Zeitpunkt der Handelsteil als Versteck für Informationen, die nicht gebracht werden sollten, in Betracht gezogen. So hatte beispielsweise der „Norddeutsche Lloyd" für seine Dollaranleihe einen Zinsaufschub erhalten, was nicht publik werden sollte. Aus dem Berliner Büro wurde ein Vorschlag zur Umgehung der Verbots-Anweisung gemacht: „Ich persönlich schlage vor, die Meldung umzudiktieren und in einer mehr privaten Form ruhig im Handelsteil zu veröffentlichen. Wir werden trotz des Verbots damit rechnen müssen, daß ein Teil der Presse die Meldung bringt und es ist nicht einzusehen, warum wir immer nachhinken sollen. Die Hauptsache ist, daß die Meldung eine Form erhält, als ob sie lokal, etwa vom

---

[387] vgl. dazu K. D. Abel, a.a.O., S. 57 f. und Das Bundesarchiv und seine Bestände, 3. erg. u. neubearb. Aufl. Boppard 1977, S. 719
[388] vgl. ZSg. 101/26/556 v. 2. Oktober 1933
[389] ZSg. 101/1/120 v. 4. Oktober 1933 trägt sogar die Kennzeichnung „Technische Anweisung (vertraulich)"
[390] ZSg. 101/1/103 (4. bzw. 5.) v. 21. September 1933
[391] ZSg. 101/1/103—103a v. 21. September 1933

Norddeutschen Lloyd, uns gegeben wäre. Ich muß natürlich der Redaktion die Verantwortung überlassen."[392]

Auch die Nachrichtenbüros hatten unter der ersten Phase der strengen Geheimhaltung von Regierungsinformationen zu leiden. Ihre telefonischen Rundrufe, in denen außerhalb der Pressekonferenzen Meldungen übermittelt wurden, sollten keine offiziellen Anweisungen mehr enthalten, „da es sich herausgestellt hat, daß auf diesem Wege das Ausland von manchen Dingen Kenntnis erhalten hat, die für das Ausland nicht angebracht waren..."[393]. Diese Regelung wurde allerdings nicht lange eingehalten, ab August 1933[394] enthielten die Rundsprüche der Nachrichtenbüros wieder Regierungsanweisungen.

Die allgemeine Anweisungs- und Informationsberichtsunsicherheit im Spätsommer 1933 wird auch deutlich an dem Umstand, daß zwischen dem 8. September 1933 (Nr. 26) und dem 18. Oktober 1933 (Nr. 27) kein Informationsbericht gegeben wurde. Nur teilweise kann dafür als Erklärung gelten, daß im September Urlaubszeit war, denn die Aufzeichnung der Anweisungen erfolgte auch in dieser Zeit chronologisch lückenlos.

Als nächste pressehistorische Station wäre der 19. Oktober zu nennen: Zu diesem Zeitpunkt liefen die Vorbereitungen für die Volksabstimmung am 12. November an, der damit verbundene Reichstagswahlkampf wurde am 24. Oktober offiziell eröffnet. In dem Brief Dertingers[395] an die Hauptschriftleitung der „Hamburger Nachrichten" wird deutlich, daß im Propagandaministerium die Diskrepanz zwischen der Forderung nach einem bis in die Provinzpresse einheitlichen Wahlkampf und der Uniformierung der Propaganda, die die Überzeugungskraft mindern würde, sehr wohl gesehen wurde. Die Ausgabe vorgefertigter Artikel und anderer Materialien sollte so geregelt werden, daß jede Zeitung anderes Material erhielt und andere Artikel, als die sonst noch in ihrem Erscheinungsbereich liegenden Zeitungen. „Es wird dringend gewünscht, daß die Zeitungen ihr besonderes Gesicht erhalten." Der propagandistische Aufbau des Wahlkampfes wurde genau vorgezeichnet[396]. Um die Kompetenzen, zunächst nur für den Wahlkampf, deutlich zuzuweisen, wurde die folgenschwere und psychologisch so effektive Erklärung abgegeben, „daß die Berliner Vertreter der auswärtigen Zeitungen, soweit sie durch Minister Goebbels zur Pressekonferenz aufgefordert sind, nicht nur als Vertreter ihrer Zeitungen betrachtet werden müssen, sondern vor allem auch Beauftragte und Vertrauensleute des Ministers Goebbels gegenüber der Presse sind und daß ihre Anweisungen grundsätzlich als dem Willen und dem Auftrage des Ministers entsprechend angesehen und demgemäß

---

[392] ZSg. 101/2/28/Nr. 41 v. 2. November 1933. Besonders zur Frage der Verantwortung s. weiter unten
[393] ZSg. 101/1/56 v. 11. Juli 1933
[394] ZSg. 101/1/94—97 u. 108
[395] Der Brief ist zwar unterzeichnet von Kausch, aber das Diktatzeichen weist auf Dertinger als Verfasser hin.
[396] ZSg. 101/26/582 v. 19. Oktober 1933

berücksichtigt werden müssen"[397]. Weiter wurde darauf hingewiesen, daß die von den Berliner Korrespondenten übermittelten Anweisungen eher zu beachten waren als die „lokaler Instanzen". Noch bestand unter den Journalisten die Hoffnung, die inhaltliche Presselenkung sei nur in einer Übergangsphase. „Es empfiehlt sich im Interesse der Zeitungen klug und vorsichtig von dieser Chance Gebrauch zu machen, um allmählich aus der engen Klammer der Reglementierung insbesondere durch die lokalen Instanzen herauszukommen."[398] Im Mittelpunkt des Wahlkampfes sollten die Reden Adolf Hitlers stehen, der hier durchgängig als „Reichskanzler" bezeichnet wurde.

Interessant ist ein weiteres Detail der Wahlkampagne, das sich mit dem Anzeigenaufkommen beschäftigt: Offensichtlich wurde nicht nur von der Parteipresse, sondern auch von der „bürgerlichen" Presse erwartet, daß sie die amtlichen Anzeigen kostenlos aufnahm[399]. Leider gibt es keine Erkenntnisse über den weiteren Fortgang dieses Vorhabens. Es bleibt festzuhalten, daß selbst nach der Verkündung des Schriftleitergesetzes im Herbst 1933 die Einschätzung unter den Journalisten vorherrsche, es könne sich vieles noch zum Besseren wenden.

Dieser Optimismus findet sich auch wieder in einem Brief[400] mit Datum des folgenden Tages: „Wie ich schon ... mitteilen konnte, macht sich in stärkerem Maße innerhalb der Regierung des Reiches das Bestreben geltend, die unglückselige Uniformierung der deutschen Presse zu beseitigen."

Die Parteipresse hatte sich die Kritik Hitlers zugezogen, verbunden mit der Aufforderung, „sich endlich die bürgerliche Presse zum Vorbild (zu) nehmen". Allerdings wurde die darin enthaltene Gefahr erkannt, mindestens ebenso kontrolliert zu werden wie die NS-Presse. Als abschreckendes Beispiel wird der Fall der „Essener Allgemeinen Zeitung" erwähnt, die am 17. Oktober 1933 das Verbot des Polizeipräsidenten ereilte. Der Grund war die Verwechslung einer Bildunterschrift (die Unterschrift unter die Theateraufführung eines Schulfestes: „Eine Szene aus dem lustigen Komödien-Spiel" kam unter das Bild vom Aufmarsch eines SA-Nachrichtensturms). Für einen Tag wurden der Chefredakteur, der verantwortliche Redakteur, der Metteur und der Sohn des Verlegers Girardet verhaftet (und nicht wie im Brief erwähnt „ins Konzentrationslager abgeführt")[401]. Das Fazit für den davon unterrichteten Journalisten lautete: „Es ist also wichtig, auf der einen Seite von der gewährten Pressefreiheit vorsichtig Gebrauch zu machen, im übrigen aber den Rahmen streng zu beachten." Um auf diesem „schmalen Seil"[402] balancieren zu können, wurde ein System von Vor-

---

[397] ebd.
[398] ebd.
[399] ZSg. 101/26/583 v. 19. Oktober 1933
[400] ZSg. 101/1/132—133a v. 20. Oktober 1933
[401] Bericht des Chefredakteurs Stephan Quirmbach in seinem Nachkriegs-Fragebogen. Institut für Zeitungsforschung: Nachlaß Quirmbach. Persönliche Dokumente, Wulle.
[402] vgl. den so überschriebenen Artikel von Fritz Sänger zum 100. Jubiläum der „Frankfurter Zeitung". In: Die Gegenwart, Sonderheft, 11. Jg. (1956), S. 23—25

sichtsmaßnahmen entwickelt, das Berliner Korrespondenten wie die Heimatredaktionen vor einem Absturz bewahren sollte. Es war vorgesehen, ab sofort die von dem Berliner Büro der „Dienatag" abgesetzten Anweisungen aus der Pressekonferenz mit einer laufenden Nummer zu versehen, um die lückenlose Übermittlung für beide Seiten kontrollierbar zu machen. Die Durchschläge der brieflich oder telefonisch weitergeleiteten Anweisungen sollten von den drei Redakteuren (Dertinger, Kausch, Falk) abgezeichnet und als Beweis aufbewahrt werden; außerdem sollten die Heimatredaktionen den Eingang der Informationen schriftlich bestätigen. Ob das Verfahren in dieser Kompliziertheit beibehalten wurde, war nicht mehr in Erfahrung zu bringen. Die Einführung des Verfahrens bereitete einige Schwierigkeiten, denn ab dem 23. Oktober gibt es neben den numerierten Anweisungen auch solche ohne laufende Nummer, erst nach dem 28. Oktober[403] hat sich die vorgeschlagene Regelung, soweit das zu übersehen ist, eingespielt.

Als Legitimation für die Selbstkontrolle führte Dertinger die in der Erklärung vom Vortage angesprochene staatstragende, neue Funktion der Journalisten an, die an dieser Stelle noch einmal bekräftigt wird, daß nämlich „die Mitglieder der Pressekonferenz in Berlin nicht wie früher als Vertreter ihrer Zeitungen gegenüber der Regierung gelten, sondern umgekehrt auch die Vertrauensmänner des Ministers Goebbels gegenüber den Zeitungen sind und daß ihren Anweisungen usw. eine Art amtlicher Charakter zukommt"[404]. Die Journalisten wurden damit in dem Glauben gelassen, ausgestattet mit der Autorität des Ministeriums und dem Vertrauen des Ministers dürften sie sich als „Mitwisser" fühlen, gleichermaßen als Verbündete im Kampf für „Volksaufklärung und Propaganda" und in der Sicherheit, die auf Seiten der Macht ist.

Die Phase der Übereinstimmung und Anpassung dauerte nicht lange an: am 19. April 1934 sprach Goebbels vor Vertretern der deutschen Presse und kündigte dabei seinerseits die Schonfrist für die nicht-nationalsozialistischen Journalisten auf. Möglicherweise war er mit der Wirkung der „Vertrauensmänner-Taktik" nicht zufrieden und versuchte sich nun in einer entgegengesetzten Methode. Die davon betroffenen Journalisten reagierten prompt, sie weigerten sich einen — dringend erwünschten — Kommentar zu dem ministeriellen Auftritt zu schreiben. „Auf Grund der gestrigen Ausführungen des Minister Goebbels, die eine unterschiedslose Diffamierung aller nichtnationalsozialistischen Journalisten enthält, sind wir nicht in der Lage, einen Kommentar zu schreiben, der unseren Auffassungen entsprechen und andererseits in Übereinstimmung mit dem heute möglichen stehen würde. Wir bitten gegebenenfalls selber einen Kommentar zu schreiben, falls Sie nicht der Auffassung sind, daß die Selbstachtung eines bürgerlichen Journalisten eine Stellungnahme verbietet."[405] Danach kommt die Sprache

---

[403] ZSg. 101/2/12/Nr. 17 v. 28. Oktober 1933
[404] ZSg. 101/1/133 v. 20. Oktober 1933
[405] ZSg. 101/3/182 v. 20. April 1934

auf die Praxis der nationalsozialistischen Propaganda. „Ich mache darauf aufmerksam, daß zweifellos in dem in Aussicht stehenden amtlichen Text die gröbsten Schärfen entfernt sein werden." Schließlich wird der Unmut noch einmal unterstrichen, solche Praktiken weiterhin mitzutragen: „Wir selber aber, die wir alle die Rede gehört haben, könnten nicht über die tatsächlich gemachten Ausführungen hinwegsehen."

Die Aufmachung der Goebbels-Rede in den „Hamburger Nachrichten" ist nach derartigen Vorausinformationen vergleichsweise bescheiden, in der Morgen-Ausgabe des 21. April 1934 wird erst auf der zweiten Seite der Text der Rede ohne Kommentar abgedruckt.

Die Distanz zwischen Propagandaministerium und den nichtparteigebundenen Journalisten war wieder größer geworden. In der Folgezeit hielt die Diskussion über den Stellenwert der Presseanweisungen im journalistischen Alltag, die zwischen dem Berliner Büro und der Hamburger Redaktion geführt wurde, an. Die Offenheit, in der das geschah, dürfte ein Indiz dafür sein, daß man diesen Gedankenaustausch sehr wohl stellvertretend für die Überlegungen nehmen kann, die auch in anderen Redaktionen angestellt wurden.

Ein weiterer Konflikt trat auf im Vorfeld der Berichterstattung über das Treffen Hitler — Mussolini in Venedig am 15./16. Juni 1934. Wie bei solchen Anlässen üblich, durfte zwar über die Tatsache der Zusammenkunft berichtet werden, aber weder der Ort, noch die Zeit, noch die Zusammensetzung der deutschen Delegation durften veröffentlicht werden. Außerdem muß noch in einer offenbar nicht überlieferten Anweisung jeglicher Kommentar zu diesem Thema verboten worden sein. Der Hauptschriftleiter der „Hamburger Nachrichten", Dr. Wilhelm Esser, der sich daran gehalten hatte, teilte daraufhin dem Berliner Büro mit: „ . . . wie jedes Mal, wenn solche Bestellungen vorlagen, zogen wir gegenüber dem Fremdenblatt den Kürzeren, denn prompt brachte das Fremdenblatt in seiner nächsten Ausgabe einen Kommentar oder Artikel, so auch heute abend über Hitler — Mussolini. Ich werde künftig gerne mit Interesse Ihre Bestellungen in solchen Fällen entgegennehmen, jedoch von hier aus entscheiden, ob dazu geschrieben werden muß oder nicht. Denn anders kann ich mich gegen das Vorprellen des Fremdenblattes nicht wehren. Ich teile Ihnen dieses zu Ihrer Unterrichtung mit."[406] An diesem Vorgang wird wiederum deutlich, daß die erste Phase der ängstlichen Anpassung seitens der Journalisten überwunden war. Wie sich an dem Konkurrenzkampf zeigt, wurde der Wettbewerb über politisches Wohlverhalten gestellt, die politische Ausrichtung trat hinter wirtschaftliche Interessen zurück. Allerdings gab es dabei Abstufungen, denn wie der Antwortbrief Dertingers belegt, war die Entscheidung für die Berliner Korrespondenten nicht einfach zu treffen.

„Sehr geehrter Herr Dr. Esser! Ich erhielt Ihre Bestellung vom 11. Juni betr. Behandlung der Berliner Anweisungen. Ich stehe durchaus auf Ihrem Standpunkt,

---

[406] ZSg. 101/3/240 v. 11. Juni 1934 (= ZSg. 101/3/239/Nr. 531 v. 11. Juni 1934)

daß die Anweisungen nur soweit berücksichtigt werden, als es die Konkurrenzverhältnisse erlauben. Dennoch werde ich pflichtgemäß Sie laufend auch weiterhin mit den Anweisungen der Pressekonferenz bedienen und werde in den Fällen, in denen ich den Eindruck habe, daß im Falle einer Nichtbefolgung besonders ernsthafte Schwierigkeiten auftreten können, Sie besonders darauf aufmerksam machen. Mit Rücksicht darauf, daß wir hier in Berlin als Mitglieder der Pressekonferenz besonders der Regierung auf Innehaltung der Anweisungen verpflichtet sind, kann ich natürlich im Falle einer Panne keine Verantwortung übernehmen. Heil Hitler gez. D."[407] Die räumliche Nähe zu den Regierungsinstanzen macht sich hier deutlich bemerkbar, und es ist eine der seltenen Gelegenheiten, bei denen in diesem Schriftwechsel mit „Heil Hitler" unterzeichnet wird.

Doch damit ist der Fall noch nicht geklärt, denn wie der Wettbewerb mit dem „Fremdenblatt" bleiben auch die daraus resultierenden Probleme bestehen. Eine Woche später fragte der Handelsredakteur Otto Dammann im Berliner Büro um einen Artikel zum Thema „Steuersenkung, Vereinheitlichung und sozialer Ausgleich" nach, da das „Fremdenblatt" bereits einen längeren Artikel gebracht habe[408]. Die Antwort Dertingers ging diesmal an den Hauptschriftleiter und den zuständigen Redakteur, die vor zu großen Eigenmächtigkeiten gewarnt wurden: „Nach Rücksprache mit den hiesigen maßgeblichen Stellen möchte ich empfehlen, auf die Sensationsmeldung des „Hamburger Fremdenblattes" über die Steuerreform nicht einzugehen. Es hat hier peinliches Aufsehen erregt, daß das Fremdenblatt in so eigentümlich großer Aufmachung ein Programm ankündigt, daß angeblich in Vorbereitung sei. Die Meldung selber enthält nicht die geringsten konkreten Angaben, sondern ist nur eine Zusammenstellung bekannter Grundsätze, die auch von den „Hamburger Nachrichten" bei der jeweils passenden Gelegenheit veröffentlicht worden sind. Die Art der Berichterstattung des Fremdenblattes wird hier in Berlin als unerwünschter Rückfall in eine frühere Pressepraxis bezeichnet. Ich möchte nicht empfehlen, den gleichen Fehler mitzumachen. Es ist mein fester Eindruck, daß unsere Zurückhaltung für unsere Stellung gegenüber den Regierungsstellen zweckmäßiger ist als die Versuche des Fremdenblattes, denen keine Tatsachen gegenüberstehen, durch künstliche Aufmachung sich einen besonderen Auftrieb zu verschaffen. Wenn man auch nicht annehmen kann, daß dem Fremdenblatt hieraus unmittelbar Schaden erwächst, so glaube ich nicht, daß wir uns das gleiche leisten können. Das Fremdenblatt genießt ebenso wie die „Frankfurter Zeitung" aus außenpolitischen Gründen eine gewisse Narrenfreiheit, die uns ((verbessert: den anderen Zeitungen)) jedoch nicht zugebilligt wird. Gerade in der gegenwärtigen innerpolitischen Spannung anläßlich der Papenrede rate ich zu allergrößter Vorsicht, und möchte an die alte Anweisung erinnern, daß Vorankündigungen in der Presse über angebliche Pläne von jeher als unerwünscht von der Regierung bezeichnet worden sind. gez. Der-

---

[407] ZSg. 101/3/242 v. 12. Juni 1934. Zum Wettbewerb mit dem „Hamburger Fremdenblatt" s. Kapitel 7. Die Zeitungen b) Hamburger Nachrichten, S. 83* f.
[408] ZSg. 101/3/255 v. 20. Juni 1934

tinger."⁴⁰⁹ Die Einstellung der Journalisten im Berliner Büro war deutlich flexibler als noch im Oktober 1933, es wurde nicht mehr abgehoben auf die Vertrauensposition gegenüber dem Propagandaministerium, da auch von dieser Seite die Vertrauensstrategie nicht weiter verfolgt wurde.

Bemerkenswert ist im Zusammenhang mit den „Hamburger Nachrichten" noch die Tatsache, daß mit dem 27. Juni 1934 der Hauptschriftleiter, Wilhelm Esser, abgelöst wurde. Der naheliegende Verdacht, er sei auf Druck der Regierungsstellen entlassen worden, wird dadurch entkräftigt, daß er anschließend bei parteiamtlichen Organen als Hauptschriftleiter tätig war und nicht etwa aus seinem Beruf ausschied.

Nach einjährigem Bestehen der Reichspressekonferenz und den damit verbundenen Erfahrungen nationalsozialistischer Presse- und Informationspolitik hatten die Journalisten gelernt, mit den Presseanweisungen zu leben, ohne sich dadurch zu Befehlsempfängern degradieren zu lassen. Sie hatten auch gelernt, die Lücken des Informationssystems aufzuspüren und für ihre Tätigkeit je nach politischer Einstellung zu nutzen⁴¹⁰. Das Angebot der „Zusammenarbeit" mit dem Propagandaministerium wurde nicht mehr erneuert, die Redakteure der „Frankfurter Zeitung" bezeichneten das Propagandaministerium sogar als ihren Gegner⁴¹¹. Die einschränkende Verfügung über den Adressatenkreis, die besagte, daß nur der Hauptschriftleiter und der verantwortliche Schriftleiter Zugang zu den Presseanweisungen aus Berlin haben sollten, konnte so nicht aufrecht erhalten werden. „Früher war einmal gesagt worden, daß die vertraulichen Mitteilungen aus der Pressekonferenz nicht für die Verleger und Verlagsdirektoren bestimmt seien. Heute wurde diese Anweisung nun dahingehend abgeändert, daß in allen Fällen, in denen diese Herren ein berechtigtes Interesse an den Mitteilungen und Anweisungen hätten, ihnen, natürlich unter Wahrung der Vertraulichkeit ihrerseits, davon Mitteilung gemacht werden könne."⁴¹²

a) Analytische Möglichkeiten der Anweisungen

Das Ziel der Edition ist die Gewinnung authentischen Materials, das die Presse- und Informationspolitik des Nationalsozialismus inhaltlich kennzeichnet. Nachdem die institutionalisierten Lenkungsmechanismen wiederholt beschrieben worden sind, wurde die Darstellung der NS-Pressepolitik nach inhaltlichen Gesichtspunkten wichtiges Desiderat. Dazu ist es erforderlich den Weg nachzuzeichnen, den eine Meldung nahm, von der Pressekonferenz über die Korrespon-

---

⁴⁰⁹ ZSg. 101/3/257 v. 21. Juni 1934
⁴¹⁰ S. dazu F. Sänger, Das schmale Seil. In: Die Gegenwart, Sonderheft, 11. Jg. (1956), S. 23 „Es war in jenen Jahren die wesentliche Aufgabe für alle Redakteure, welche die Zeitung ja in diesen „Konferenzen" zu vertreten hatten, daß sie sich einen wachen Sinn für die Möglichkeiten bewahrten, durch die immer enger werdenden Maschen von Weisungen, Anordnungen und direkten Befehlen schlüpfen zu können."
⁴¹¹ vgl. Kapitel 5. b) Sammlung Sänger, S. 59*
⁴¹² ZSg. 102/1/33 (2) v. 7. Januar 1935

denzbüros bzw. Korrespondenten zu den Zeitungen und wenn, dann welche Veränderungen dabei vorgenommen wurden. Die Analyse dieses Vorgangs, von der Verlautbarung zur Umsetzung, gibt verschiedene Auskünfte über Strömungen und Tendenzen der jeweiligen historischen und politischen Situation: Über die offizielle Informationspolitik, über das Verhalten der Journalisten bei der Verwertung von Informationen in der Rolle des Nachrichtenübermittlers und -interpreten (als Korrespondent) und in der Rolle des für die Nachricht letztendlich Verantwortlichen (bei der Schlußredaktion). Wenn man von dem Klischee der erfolgreich gleichgeschalteten deutschen Presse ausgeht, müßte eine solche Analyse die unveränderte Übernahme der offiziellen Verlautbarungen von den Korrespondenten bzw. den Redakteuren in der Heimatredaktion ergeben. Dem würde die Klage Goebbels über die „Eintönigkeit der deutschen Presse" entsprechen, die er beheben wollte[413]. Ein wichtiger Faktor, der beim Zustandekommen dieser Gleichförmigkeit eine Rolle spielte, war die Kostenersparnis durch (Matern)-Korrespondenzen. „Die wirtschaftliche Lage zwingt den Verleger dazu, sich einer Korrespondenz (einer Maternkorrespondenz!) zu bedienen, da er auf diese Art billig und tragbar zu dem unbedingt notwendigen täglichen Stoff kommt. Schon der DNB-Dienst ist für manche kleine Zeitung nicht zu erschwingen, um wieviel weniger als so kostspielige Sachen wie auswärtige Mitarbeit, ..., die aber im Etat der Zeitung unmöglich darzustellen ist."[414] Danach machte sich der Kostenfaktor bei kleineren Blättern mehr bemerkbar als bei größeren, die sich Korrespondenten leisten konnten und zu großen Teilen nicht auf die vorformulierten Korrespondenztexte angewiesen waren.
In einem Vortrag vor dem Institut für Zeitungskunde und der Zeitungswissenschaftlichen Vereinigung in München am 19. Mai 1938 bemühte sich F. Dalichow, immer noch dem Vorwurf der Uniformität der deutschen Presse zu begegnen, in dem er sie als „menschliche grundsätzliche Übereinstimmung" interpretierte[415]. Die Frage der Wirtschaftlichkeit einer Zeitung spielt heute genauso eine Rolle, und bei einem Vergleich muß man feststellen, daß der Grad der Uniformität in einem anderen, demokratischen System auf Grund der ökonomischen Strukturen ähnlich ist, allerdings ist die Bandbreite größer, und es existieren Blätter unterschiedlicher politischer Richtungen. Ansonsten muß man dem Pressemarkt unter nationalsozialistischer Herrschaft bis zum Kriegsbeginn konzedieren, daß er über Vielfalt verfügte in der Gestaltung seiner Aussagen. Eintönigkeit herrschte vor bei sogenannten Auflagenachrichten, die alle Zeitungen übereinstimmend brachten

---

[413] Goebbels an die deutschen Schriftleiter (Oktober 1934), s. W. B. Lerg, Richtlinien für die Gesamthaltung der Deutschen Presse. In: Gazette, vol. 8 (1962), Nr. 3, S. 228—245, bes. S. 242 „Das Wort von der Eintönigkeit der deutschen Presse muß verstummen."
[414] Zweimal die „leidige Korrespondenz": Fritz Dalichow, II. ... und wie sieht die finanzielle Seite des Problems aus? In: ZV, 36. Jg. (1935), Nr. 15 v. 13. April 1935, S. 250. s. a. H. Niemitz, Die leidige Korrespondenz. Wer schreibt eigentlich die Zeitung, der Schriftleiter der Korrespondenz oder der Zeitung? In: ZV, 36. Jg. (1935), Nr. 4 v. 26. Januar 1935, S. 51—52
[415] F. Dalichow, Die deutschen Landschaften in ihren Zeitungen, Heilbronn 1938, S. 35

und bringen mußten, lediglich die Plazierung war den einzelnen Redaktionen überlassen. Die Auswahl der Nachrichten jedoch läßt deutlich unterschiedliche Tendenzen bei den verschiedenen Zeitungen erkennen, die der Presse unter dem Nationalsozialismus bisher in der wissenschaftlichen Diskussion abgesprochen bzw. nicht zugebilligt wurden[416]. So sind z. B. Themen aus der katholischen Kirche vor allem in der „Germania" zu finden, dem führenden Organ des Zentrums, Themen der Reichswehr oder des Adels in der konservativen „Neuen Preußischen Kreuz-Zeitung", wirtschafts- und außenpolitische Meldungen, die mit einem Verbot belegt waren, waren häufig in der „Frankfurter Zeitung" nachzulesen. Die unter Geheimhaltung stehenden Überlegungen und Beschlüsse zu Fragen der Seeschiffahrt, zum Schiffsbau (auch im Rahmen der Reichsmarine) wurden wiederholt in den „Hamburger Nachrichten" erwähnt.

In diesem Zusammenhang ist auch folgende Anweisung von besonderer Bedeutung: „Mit Rücksicht darauf, daß im Laufe der Zeit eine Fülle von Verboten und Anweisungen ergangen ist über Dinge, die vor allem auf wirtschaftspolitischem Gebiet nicht gebracht werden dürfen, steht jetzt eine Durchsicht der Anweisungen in Aussicht. Grundsätzlich möchte ich in diesem Zusammenhang darauf hinweisen, daß für manche Zeitungen besonders lokale Interessen vorhanden sind, die eine Behandlung eines an sich verbotenen Themas verlangen... z. B. Schiffahrtsfragen in Hamburg oder Grenzlandfragen in Schlesien, Textilfragen in Chemnitz usw...."[417] Das restriktive Element der Presseanweisungen wurde mit dieser Ausnahmegenehmigung überdeckt, nach der Ereignisse oder Informationen, die die Leser an Ort und Stelle überprüfen konnten, nicht aus der Berichterstattung ausgespart werden sollten. Das galt z. B. auch für Unfälle und die Saar-Arbeitsdiensttagung in Kassel im Februar 1934[418], ein doppelt heikles Thema, über das die „lokalen Stellen" Mitteilungen machten. Im Gegensatz dazu sollte über Grenzzwischenfälle zwischen Polen und Deutschland nichts gebracht werden, auch nicht von Grenzlandzeitungen[419].

Eine Zeitung fiel aus anderen Gründen aus dem vom Propagandaministerium gesteckten Rahmen. Die Essener „National-Zeitung" stand unter dem Schutz von Hermann Göring in seiner Funktion als preußischer Ministerpräsident. Bei einem

---

[416] Es soll nicht übersehen werden, daß dem Wortlaut nach eine ähnliche Einschätzung von dem bereits erwähnten F. Dalichow, einem Apologeten der NS-Pressepolitik vorliegt, wenn er sagt: „Es ist leicht, sich hinzustellen, die deutschen Zeitungen schlecht zu machen und damit eine anständige, verantwortungsbewußte und auch vielgestaltige Arbeit mißzuverstehen; leichter jedenfalls, als sich die deutschen Zeitungen Stück für Stück Monate, Jahre lang vorzunehmen und sie allgemein und auf jenen Vorwurf hin zu untersuchen... Wer sich dieser Arbeit unterzöge, der käme zu anderen Ergebnissen... F. Dalichow, a.a.O. (1938), S. 35 f. Die Arbeit der konsequenten Durchsicht ist hiermit gemacht worden, allerdings nicht mit dem Ziel, den Vorwurf der eintönigen, einfallslosen deutschen Presse zu widerlegen.
[417] ZSg. 101/3/183/Nr. 471 v. (21. April 1934)
[418] ZSg. 101/3/66/Nr. 258 v. 10. Februar 1934
[419] ZSg. 101/3/128/Nr. 371 v. 17. März 1934

Besuch in Essen am 14. Juli 1933 verfügte er: „Ich habe den heutigen Tag zum Anlaß genommen der Notwendigkeit nachzukommen, auch im preußischen Westen ein Organ zu schaffen, das die Politik der preußischen Staatsregierung vertritt. Aus diesem Anlaß habe ich den Berliner Vertreter der „National-Zeitung" zu Essen in den Amtlichen Preußischen Pressedienst berufen und ernenne die „National-Zeitung" zu meinem offiziellen Organ. Durch diese Maßnahme möchte ich meiner besonderen Verbundenheit mit dem preußischen Westen Ausdruck geben. . . ."[420] Von da an hatte die Zeitung im Titel „Amtliches Blatt des Preußischen Ministerpräsidenten". Am 19. Oktober 1933 wurde diese Ernennung wieder rückgängig gemacht und auch das den Lesern erläutert: „Ein Wunsch des Führers an die NZ / Bei der Gauleitertagung am Dienstag hat der Führer eingehend über die Aufgaben der nationalsozialistischen Presse gesprochen und gelegentlich dieser Ausführungen dem Wunsche Ausdruck gegeben, daß die nationalsozialistischen Minister ihre offiziellen Beziehungen zu einzelnen nationalsozialistischen Zeitungen lösen möchten, ebenso wie er durch Herausnahme seines Namens aus dem Kopfe des „Völkischen Beobachter" hierfür schon ein Beispiel gegeben habe. Pg. Ministerpräsident Göring hat uns darauf . . . gebeten, vom heutigen Tage ab durch Streichung der den amtlichen Charakter der National-Zeitung kennzeichnenden Kopfnote dem Wunsche des Führers Folge zu leisten. Für uns ist eine Selbstverständlichkeit, diesem Wunsche zu willfahren, da wir uns bewußt sind, als nationalsozialistisches Organ zu des Führers politischen Soldaten zu gehören."[421]

Die „National-Zeitung" nahm auf Grund der Rivalität zwischen Göring und Goebbels eine besondere Position ein. Sie wurde 1930 von Josef Terboven (1898—1945) gegründet und herausgegeben. Der Gauleiter der Rheinprovinz (ab 1935 Oberpräsident) war mit Göring befreundet. 1931 war ein anderer Gegenspieler von Goebbels, Otto Dietrich, der spätere Reichspressechef, stellvertretender Chefredakteur, nach einer Anstellung als Wirtschaftsredakteur bei der „München-Augsburger Zeitung"[422]. Chefredakteur der „National-Zeitung" war Eberhard Graf von Schwerin, der sogar zeitweise von seinem Posten suspendiert wurde, weil er sich über die Presseanweisungen hinweggesetzt hatte[423]. Anhand der Beispiele, die in der Edition dokumentiert werden, wird ganz deutlich, daß Göring versuchte, mit Hilfe der Zeitung eine eigene Politik zu machen und nicht nur die Goebbelschen Anweisungen zu konterkarieren[424]. Der Göring — Goebbels-Konflikt wurde besonders deutlich ausgetragen bei der Entlassung des Rundfunkkommissars Krukenberg, den Göring durch seine Nachrichtenpolitik

---

[420] NZ, Nr. 192 v. 15. Juli 1933, S. 1
[421] NZ, Nr. 288 v. 19. Oktober 1933, S.1
[422] Dietrich heiratete später die Tochter des Besitzers der konkurrierenden „Rheinisch-Westfälischen Zeitung" und Oberbürgermeisters von Essen, Theodor Reismann-Grone.
[423] s. a. K. Koszyk, Deutsche Presse 1914—1945, Berlin 1972, S. 384. vgl. A. Lückenhaus, Von draußen gesehen, Düsseldorf 1955, S. 94
[424] vgl. ZSg. 101/1/27 v. 24. Juni 1933. ZSg. 101/1/42 v. 4. Juli 1933. ZSg. 101/1/105 v. 23. September 1933

noch zu stützen suchte. Das wird erkennbar bei dem Vergleich mit den anderen Zeitungen (z. B. „Hamburger Nachrichten"), die die diesbezüglichen Presseanweisungen respektierten[425].

Auf diese Weise erfüllte die linientreue Zeitung bei der Bearbeitung dieselbe Funktion wie die gegnerischen ausländischen Blätter, nämlich die Aufklärung von Verbots-Anweisungen, die in den übrigen inländischen Blättern befolgt wurden.

Es muß betont werden, daß das zusammengestellte Material wiedergibt, was ein bzw. zwei Korrespondenzbüros über die Mitteilungen der Nachrichtendienste hinaus in ihrer täglichen redaktionellen Arbeit berücksichtigt haben. Zu vielen Meldungen der Titelseite liegen keine Anweisungen vor, weil die über (WTB, TU) DNB verbreitet wurden und meistens (wie heute auch vielfach) unverändert übernommen wurden. Die Artikel, die durch die Pressekonferenzen veranlaßt wurden, erschienen unterschiedlich formuliert und auch nicht zum selben Termin, im Großteil der Zeitungen.

Die Anweisungen lieferten Hintergrundinformationen zu Tagesaktualitäten, die über die bloße Schilderung von Ereignissen und Entwicklungen hinausgingen. An ihnen lassen sich offizielle Veröffentlichungsstrategien ablesen und semantische Besonderheiten der Regierungssprache. Im Zuge des „Neuaufbaus des Reiches", der am 30. Januar 1934 mit dem entsprechenden Gesetz eingeleitet wurde, ging die Oberhoheit der Länder an das Reich über. Dementsprechend wurde versucht, auf sämtlichen Gebieten des öffentlichen Lebens eine Zentralisierung (Führerprinzip) durchzuführen, gegen die sich die bisherigen lokalen und regionalen Funktionäre verständlicherweise gesträubt hatten. Besondere Schwierigkeiten traten auch bei der „Verreichlichung der Polizei"[426] auf. Trotzdem ließ sich eine Meldung zu den entsprechenden Überlegungen nicht unterdrücken: „Es wird . . . erinnert, daß die Meldung über die Verreichlichung der Polizei nur unauffällig gebracht werden darf, sobald sie durch DNB herausgegeben wird. Das wird zusammen mit einer anderen Meldung über die Reichsreform erfolgen, deren Inhalt dann in den Vordergrund gestellt werden soll. Kommentare zur Unterstellung der Polizei bleiben verboten."[427]

Ein anderer bemerkenswerter Fall ist die Abfolge der Anweisungen zur Auseinandersetzung Österreichs mit Deutschland vor dem Völkerbund Anfang 1934[428]. In der 1. Anweisung (Österreich unternimmt Schritte beim Völkerbund gegen die Einmischung durch Deutschland) ist davon die Rede, daß längere Kommentare nicht erwünscht sind und lediglich die Meldung des Sachverhalts gebracht werden soll. In der 2. Anweisung zu diesem Thema (einen Tag später) heißt es dann schon „das Verbot . . . wird wiederholt". In der 3. Anweisung schließlich wird das „Verbot" aufgehoben. Danach bedeutet „längere Kommenta-

---

[425] ZSg. 101/1/8 v. 16. Juni 1933. ZSg. 101/1/10 v. 16. Juni 1933. ZSg. 101/1/47 v. 6. Juli 1933
[426] ZSg. 101/3/59/Nr. 241 v. 5. Februar 1934
[427] ZSg. 101/3/73/Nr. 270 v. 14. Februar 1934
[428] ZSg. 101/3/29/Nr. 196 v. 23. Januar 1934. ZSg. 101/3/34/Nr. 201 v. 24. Januar 1934. ZSg. 101/3/35/Nr. 203 v. 24. Januar 1934

re sind nicht erwünscht"im Klartext, nicht nur kürzere Kommentare sind nicht erwünscht, vielmehr ist die Meldung verboten. Die Auseinandersetzung mit derartigen sprachlichen Feinheiten machte damals wie heute den journalistischen Alltag in einer Diktatur aus.

Hauptgegenstand der Edition sind die Verlautbarungen der Pressekonferenzen des Propagandaministeriums, das für sich beanspruchte, direkt mit der Presse zu verhandeln, während alle anderen Ministerien auf die Vermittlung des Propagandaministeriums angewiesen waren. Die einzige Ausnahme war das Auswärtige Amt, das sich das Vorrecht behielt durch einen eigenen Sprecher vertreten zu werden. Dieses Vorrecht stammte aus der Entstehungszeit der Pressekonferenzen, als die Presseabteilung der Reichsregierung noch beim Auswärtigen Amt ressortierte. Die Pressekonferenzen des Auswärtigen Amtes gestalteten sich, wie man aus den Aufzeichnungen Sängers ersieht, mehr als Informationstreffen, auf dem Hintergründe erläutert wurden und Begründungen für Pressevorschriften gegeben wurden. Die „Anregungen" für die Presse wurden sehr unverbindlich formuliert. Sie erscheinen in der Edition (weil sie außerhalb der Verantwortung des RMVP lagen) nur als Verweis in dem Kommentar zu dem dazugehörigen Thema.

b) Bedeutung von Kommentar und Dokumentationsteil

Die in die Edition aufgenommenen Presseanweisungen wurden jeweils mit einem Kommentar versehen, in dem Namen, Daten und alle anderen Angaben, Begriffe und Ereignisse erläutert werden, die dem heutigen Leser nach 50 Jahren Zeitgeschichte nicht (mehr) geläufig sind. Diese Erläuterungen sind nur einmal verzeichnet und zwar anläßlich der ersten Erwähnung des erläuterten Gegenstandes. Querverweise werden nur auf andere Anweisungen zum selben Thema gegeben, d.h. wenn ein Name in einem anderen Zusammenhang wieder auftaucht, wird nicht auf die Fundstelle der ersten Erwähnung hingewiesen. Für solche Fälle ist das Personenregister zu benutzen.

Die Querverweise auf andere Anweisungen sollen dazu dienen, sachbezogen im zeitlichen Zusammenhang ein Thema verfolgen zu können. Ansonsten ist auf das Sachregister zu verweisen. Für den Kommentar wurden zeitgenössische Quellen (Keesings Archiv der Gegenwart, Das Archiv) sowie Sekundärliteratur ausgewertet und angegeben[429].

Eine in diesem Zusammenhang besonders ergiebige Quelle waren die Tageszeitungen, die zur Dokumentation herangezogen wurden. Die Diskussion um die Nutzung der Zeitung als historische Quelle hat eine lange Tradition[430]. Aus-

---

[429] Selbstverständlich wurden auch Akteneditionen herangezogen und verzeichnet wie zuletzt z.B. die Akten der Reichskanzlei, Regierung Hitler 1933—1938, hrsg. v. K. Repgen und H. Booms, Teil I, 1.2. 1933/34, Boppard/Rh. 1983 (abgekürzt ARRH), die nach ihrem Erscheinen erst nachträglich eingearbeitet werden konnten.

[430] M. Spahn, Die Presse als Quelle der neuesten Geschichte und ihre gegenwärtigen Benutzungsmöglichkeiten. In: Internationale Wochenschrift für Wissenschaft, Kunst und Technik, Beigabe zur Münchener Allgemeinen Zeitung, 2. Jg. (1908), Nr. 37 v. 12. Sep-

gangspunkt dazu waren die von Martin Spahn auf dem Historikertag 1908 vorgetragenen Überlegungen, in denen er sich für das systematische Zeitungssammeln einsetzte mit dem Ziel der besseren Auswertungsmöglichkeiten für Historiker. Spahn war später Begründer eines Zeitungsinstituts und eines Seminars für Journalistik an der Universität Straßburg. Nach dem 1. Weltkrieg übernahm er zum Sommersemester 1920 die Leitung des Instituts für Zeitungswesen und öffentliche Meinung an der Kölner Universität. Durch seine Bemühungen wurde das Fach Zeitungswissenschaft als Haupt- und Nebenfach in die Kölner Promotionsordnung aufgenommen[431]. Der Historiker plädierte für die Einrichtung eines „Reichszeitungsmuseums", das sich das Archivieren von Zeitungen aus dem gesamten deutschen Reich zur Aufgabe machen sollte, um eine zentrale Forschungsstelle für alle möglichen Disziplinen zur Verfügung zu haben. Allerdings riet er von der Hinzuziehung der Presse bei der Bearbeitung nationalgeschichtlicher Themen ab, da „für solche umfassende Untersuchungen (...) die Presse als wissenschaftliches Werkzeug erst brauchbar gemacht werden (muß)."[432] Stattdessen trat er ein für die Untersuchung der öffentlichen Meinung in bestimmten historischen Situationen.

Spahns Gedanken griff 29 Jahre später der Zeitungswissenschaftler Hans Amandus Münster wieder auf, wobei er verstärkt auf die Gefahren der Auswertung von Zeitungen als historische Quelle hinwies und damit Spahns Optimismus hinsichtlich der Universalität der Quelle einschränkte. „Aus alledem ergibt sich, daß die Zeitung als Geschichtsquelle nur dann mit Nutzen herangezogen werden kann, wenn man die in jedem einzelnen Fall verschieden gelagerten Einflüsse auf die Zeitungsherstellung sorgfältig untersucht und gegeneinander abgewogen hat."[433] Auf den heutigen Leser haben diese Zeilen aus dem Jahre 1937 eine ganz eigene Wirkung. Nicht berücksichtigt hat Münster in seinem Aufsatz die Ausführungen eines anderen Historikers, Wilhelm Mommsen (1926), die zwei Neuauflagen ohne wesentliche Änderungen erlebten, die letzte 1952[434]. Mommsen gab praktische Anregungen zur Arbeit mit Zeitungen, wobei er den Arbeitsaufwand hoch veranschlagte. „Es gibt vielleicht keine zeitraubendere und mechanischere Arbeit, als eine Reihe von Jahrgängen einer täglich in Folioformat erschienenen Zeitung unter gewissen Gesichtspunkten durchzusehen, um vielleicht nicht nur einige wichtige Einzelheiten zu finden."[435] Es wäre noch hinzuzufügen, daß es

---

tember 1908, Sp. 1163—1170 und Nr. 38 v. 19. September 1908, Sp. 1202—1212. W. Mommsen, Die Zeitung als historische Quelle. In: Archiv für Politik und Geschichte, 4. Jg. (1926), S. 244—251; ders., In: Zeitungswissenschaft, 18. Jg. (1943), S. 4—13 und zuletzt in: Beiträge zur Zeitungswissenschaft. Festgabe für Karl d'Ester, Münster 1952, S. 165—173. — H. A. Münster, Die Zeitung als Quelle der historischen Forschung. In: Berliner Monatshefte, N.F., 15. Jg. (1937) Juni, S. 452—475

[431] A. Wand, Aus der Jugendzeit der Zeitungswissenschaft in Westdeutschland. In: Beiträge zur Zeitungswissenschaft. Festgabe für Karl d'Ester, a.a.O., S. 39 f.
[432] M. Spahn, a.a.O., Sp. 1169
[433] H. A. Münster, a.a.O., S. 475
[434] W. Mommsen, a.a.O.
[435] W. Mommsen, a.a.O., S. 245

bereits vor der Jahrhundertwende Zeitungen gab, die mehr als einmal täglich erschienen, aber der Blick des Historikers hier deutlich auf die Vergangenheit gerichtet war.

Er empfahl zur Auswertung der Zeitungen ein analytisches Verfahren. „Eine Vollständigkeit ist nun aber bei der Benutzung der Presse als historischer Quelle eigentlich nie nötig... Für den historischen Bearbeiter kann es also nur darauf ankommen, typische Vertreter zu finden. Die „Typen" aber nur, wie es meist geschieht, in den großen Zeitungen zu sehen, ist falsch."[436] Des weiteren sprach er sich, wie auch später H. A. Münster, für eine eingehende Berücksichtigung der Einflüsse, denen die jeweilige Zeitung ausgesetzt war, aus.

Dennoch kam er zu dem weitsichtigen Urteil: „Allgemein kann man sagen, daß es bei jeder geschichtlichen Untersuchung und auch bei solchen, die in keiner Einzelfrage Antwort von der Presse als Quelle suchen, zweckmäßig ist, wenigstens einmal in einigen Zeitungen der Zeit zu blättern, über die man arbeitet... Dabei ist übrigens nicht nur der politische Teil wichtig, auch das Feuilleton und sogar der Anzeigenteil sind oft lehrreich."[437] Im Rahmen der Edition wurden die zeitgenössischen Zeitungen weniger (aber auch) als Quelle genutzt, sondern vielmehr als Kontrollinstrument für alle möglichen Anzeichen von Presselenkung. Dabei wurde selbstverständlich die Umsetzung der Presseanweisungen in den heute verfügbaren „korrespondierenden" Zeitungen (Hamburger Nachrichten, Frankfurter Zeitung, Schlesische Zeitung) besonders berücksichtigt. In diesem als „Dokumentation" bezeichneten Teil des Kommentars werden aber auch andere Zeitungen ausgewertet, z.B. wenn ein Artikel eines bestimmten Blattes gerügt wurde, wird (wenn möglich) der monierte Artikel aufgeführt und falls nötig, auszugsweise oder ganz zitiert.

Grundsätzlich kann man davon ausgehen, daß, wenn im Falle eines Verbots einer Meldung keine Zeitung diesbezüglich im Kommentar verzeichnet ist, das Verbot in den zur Verfügung stehenden kontrollierten Zeitungen eingehalten wurde. Das schließt natürlich nicht aus, daß es dennoch eine kleinere der ca. 4000 damals existierenden Tageszeitungen überschritten hat.

Überprüft wurden in der Regel bei überregionalen Themen die großen Zeitungen wie „Berliner Tageblatt", „Germania", „Vossische Zeitung" (1933), „Berliner Lokal-Anzeiger", „Berliner Börsen-Courier" (1933), „National-Zeitung" (Essen), „General-Anzeiger (Dortmund) / Rote Erde/Westfälische Landeszeitung",

---

[436] W. Mommsen, a.a.O., S. 245
[437] W. Mommsen, a.a.O., S. 251. s. dazu ZSg. 101/4/5/Nr. 582 v. 4. Juli 1934. Nach der Ermordung Röhms war die Veröffentlichung von Todesanzeigen von anderen am 30. Juni 1934 Erschossenen untersagt. In den Fassungen von 1943 bzw. 1952 führte Mommsen dazu aus: „Wir möchten in diesem Zusammenhang mit Nachdruck auch auf die Bedeutung der Anzeigen hinweisen, weil gelegentlich die Ansicht vertreten worden ist, man brauche beim Sammeln von Zeitungsbänden die Anzeigen nicht mit aufzuheben. Sie sind nicht nur für die Wirtschaft- und Sozialgeschichte sehr lehrreich, sondern auch für das gesamte Milieu einer Zeit." W. Mommsen (1943) a.a.O., S. 5 bzw. (1952), S. 166.

„Kreuz-Zeitung", „Völkischer Beobachter". Bei lokalen Themen wurde möglichst eine ortsansässige Zeitung herangezogen.

Die Einschätzung einer zitierten Zeitung soll erleichtert werden durch eine kurze einführende Selbstcharakterisierung, wie sie zeitgenössischen Darstellungen zu entnehmen ist (Handbuch des öffentlichen Lebens, 6. Aufl. 1931, Handbuch der Deutschen Tagespresse, 4. Aufl. 1932 und 5. Aufl. 1934), um den historischen Kontext zu wahren und nicht heutige Maßstäbe an die Presseerzeugnisse von damals zu legen, jedenfalls nicht bei der Bestimmung der Position auf dem Pressemarkt der Jahre 1933–1934.

Eine besondere Rolle in der Dokumentation spielen die ausländischen Zeitungen, die häufig dann herangezogen wurden, wenn die inländischen Zeitungen durch ein Verbot, etwas zu melden, daran gehindert wurden, bestimmte Themen oder Ereignisse aufzugreifen. Die „Neue Zürcher Zeitung" (NZZ) war eine wichtige Hilfe bei der Entschlüsselung mancher mit einem Verbot verknüpften Andeutung. Ihre Vertreter waren als Ausländer nicht zur Reichspressekonferenz zugelassen, sondern nur zu den Konferenzen für die ausländische Presse, die unter der Aufsicht des Auswärtigen Amtes bzw. des Propagandaministeriums standen[438]. Außerdem war es unter Strafe verboten, Informationen der Reichspressekonferenz an Auslandskorrespondenten weiterzugeben. Wie sich aber gezeigt hat, wurden zahlreiche Verbots-Anweisungen gerade von der NZZ zum Anlaß für einen Artikel genommen. Bei der Lektüre des Dokumentationsteils ist deswegen sorgfältig darauf zu achten, aus welcher Zeitung der Artikel stammt. In einigen Fällen wurden ausländische Zeitungen sogar auf den Pressekonferenzen erwähnt. Die Gründe dafür waren unterschiedlich. Einmal sollten Deutschland gegenüber kritische bis ablehnende Meinungen des Auslands abgeblockt werden[439], zum anderen sollten gefällige Einschätzungen, Aussagen und Interpretationen zur Eigenwerbung dienen. Es fällt immer wieder auf, daß die Orientierung an ausländischen Pressestimmen ein wichtiges Mittel der Legitimation gewesen zu sein scheint[440]. Damit wurde suggeriert, die ausländischen Blätter nehmen Deutschland ernst, die Regierung wird anerkannt.

Ein Testfall für die Legitimation war die ausländische Berichterstattung über die Saarabstimmung 1935: „Schließlich meinte man noch, es sei angebracht, an Hand der Prognosen der ausländischen Presse über das Abstimmungsergebnis allgemein auf die Zuverlässigkeit der ausländischen Berichterstattung über Deutschland hinzuweisen."[441] Umgekehrt wurden auch Ausländer, die sich beruflich in Deutschland aufhielten, in der Presse berücksichtigt[442]. Auf diese „Legitimation

---

[438] vgl. dazu das Kapitel 2. Die Berliner Pressekonferenzen, S. 41*
[439] vgl. ZSg. 101/1/102 v. 19. September 1933. ZSg. 101/4/189/Nr. 928 v. 22. November 1934
[440] vgl. ZSg. 101/1/55 v. 10. Juli 1933 (der Rothermere-Artikel in der „Daily Mail")
[441] ZSg. 102/1/34 (3) v. 16. Januar 1935
[442] ZSg. 101/1/119 v. 3. Oktober 1933 (Teilnahme ausländischer Juristen am Juristentag)

von außen" wurde im Laufe der Jahre mit wachsendem politischen Selbstbewußtsein der Machthaber immer mehr verzichtet bis sie dann aus naheliegenden Gründen nach Kriegsbeginn nur noch vom verbündeten Ausland bezogen werden konnte.

Die gleiche Entwicklung läßt sich auch verfolgen am Beispiel der „Frankfurter Zeitung", die ins Ausland wirken sollte, und als das nicht mehr geboten war, eingestellt wurde[443]. Die Wichtigkeit, die von den Journalisten einer Anweisungen zugemessen wurde, läßt sich ablesen an der Plazierung des Artikels oder der Meldung, die danach in der Zeitung formuliert wurden. Bedeutende außen- und innenpolitische Themen wurden meistens auf der Titelseite abgehandelt[444]. Umgekehrt kann man sagen, daß Themen, die auf den hinteren Seiten einer Zeitung zu finden sind, ebenfalls ihren Stellenwert (mit umgekehrten Vorzeichen) haben. Unter diesem Aspekt kommt dem Dokumentationsteil innerhalb der Edition eine besondere Bedeutung zu, denn bei den Verweisen auf Artikel, die die Umsetzung einer Anweisung darstellen, ist immer an der Seitenzahl abzulesen, wie die diversen Blätter auf die diversen Anweisungen reagiert haben[445]. Eine spezielle Problematik für die Erstellung der Dokumentation ergab sich aus der Tatsache, daß zahlreiche Tageszeitungen und Pressedienste, auf die sich Anweisungen bezogen, nicht mehr in Bibliotheken nachzuweisen sind und deshalb auch nicht überprüft werden konnten. Da es sich dabei meistens um Verbote handelte, bestimmte Artikel zu übernehmen, lassen sich nachträglich keine Vermutungen über die monierte Tendenz anstellen.

Editionsprinzipien

9. Grundsätze

Bei der Projektierung und Planung der Edition waren die „Grundsätze für die Edition zeitgeschichtlicher Quellen", wie sie von dem Arbeitskreis „Editionsprobleme des 20. Jahrhunderts" in der Arbeitsgemeinschaft außeruniversitärer historischer Forschungseinrichtungen in der Bundesrepublik Deutschland ausgearbeitet worden sind, besonders hilfreich[446]. In den „Grundsätzen" werden die Anforderungen formuliert, die von Historikern und Archivaren an eine zeit-

---

[443] s. Kapitel 7. Die Zeitungen. c) Frankfurter Zeitung, S. 100* f.

[444] Dabei ist noch einmal darauf hinzuweisen, daß in der Edition das DNB-Material, das in der Regel unverändert auf die vorderen Seiten einer Zeitung übernommen wurde und nur in der FZ durchgängig als solches gekennzeichnet wurde, eine untergeordnete Rolle spielt, da es nicht Gegenstand der auf den Pressekonferenzen mündlich übermittelten Presseanweisungen war.

[445] z. B. ZSg. 101/1/55 v. 10. Juli 1933. Die Anweisung, einen positiven Artikel von Lord Rothermere über die Zustände in Deutschland gut herauszubringen, wurde von den „Hamburger Nachrichten" auf der 1. Seite berücksichtigt, vom „Berliner Börsen-Courier" auf Seite 2 und von der „Frankfurter Zeitung" auf Seite 3.

[446] Zur Edition zeitgeschichtlicher Quellen. In: Jahrbuch der historischen Forschung 1975, Stuttgart 1976, S. 137—147

geschichtliche Edition gestellt werden. Dabei wird deutlich, daß sich die editorische Bearbeitung immer an den Eigenheiten der zu edierenden Quelle zu orientieren hat, wenn sie für wissenschaftliche Forschung eine Hilfe sein soll. Wie groß die Bandbreite von Editionsverfahren ist, kann man an den Besprechungen von zwei unterschiedlichen Quelleneditionen sehen, von denen nach dem Urteil der erfahrenen Archivare Walter Vogel und Hans Booms die eine des guten zuviel und die zweite zuwenig bis gar nichts aufweist[447]. In beiden Rezensionen kommt darüberhinaus die weitverbreitete Meinung zum Ausdruck, der einzig mögliche Bearbeiter einer Edition sei ein Archivar, allenfalls noch ein Historiker. Damit wird der Anspruch erhoben, nur ein Archivar sei in der Lage, sich in ein fremdes Fachgebiet einzuarbeiten[448], wie es beispielsweise bei sachthematisch ausgerichteten Editionen notwendig ist, dagegen sei ein Wissenschaftler jedweder Fachrichtung außerstande, in die Geheimnisse der archivischen Aufbereitung einzudringen.

Unter Berücksichtigung der o. g. „Grundsätze" soll eine Edition vorgelegt werden, die eine fächerübergreifende Thematik hat, deren Grundlage aber die Pressepolitik 1933—1945 ist.

Da eine Edition von neuzeitlichen Quellen immer eine Auswahledition sein muß, sollen zunächst die Auswahlkriterien dargestellt werden, denn „unwissenschaftlich ist nicht die Auswahl an sich, sondern eine unreflektierte, nicht begründete und infolgedessen nicht nachprüfbare Auswahl"[449]. Die Erläuterung der Editionsprinzipien erfolgt mit dem Vorbehalt, daß Abänderungen im Rahmen der Gesamtedition möglich sind und daß solche Abweichungen jeweils am Anfang eines Jahresbandes mitgeteilt werden.

Da sich „das Editionsverfahren einer schematischen Normierung entzieht", soweit es um „inhaltliche Entscheidungen des Bearbeiters" geht, sollen im folgenden die „editorischen Grundsätze" und die „editionstechnische Bearbeitung" erläutert werden[450]. Die Zielsetzung der Edition wurde bereits dargelegt[451]. Infolgedessen stehen noch eine Definition der Auswahlkriterien und ihre Begründung aus sowie die Beschreibung der editionstechnischen Regeln.

Die häufig angreifbare subjektive Dokumentenauswahl hielt sich im vorliegenden Fall mit Hilfe der archivischen Aufbereitung des quellenverwahrenden Bun-

---

[447] W. Vogel, Erschließung moderner Quellen durch Edition und Darstellung. Zu den letzten Publikationen der Kommission für Geschichte des Parlamentarismus und der politischen Parteien und ihrem historischen Ertrag. In: Der Archivar, 15. Jg. (1962), Sp. 97—106. — H. Booms, Bemerkungen zu einer fragwürdigen Quellenedition. Die Veröffentlichung der „Kaltenbrunner-Berichte" vom „Archiv Peter". In: Der Archivar, 15. Jg. (1962), Sp. 105—112
[448] Die Bedenklichkeit dieses Anspruchs wird durch einige Einschätzungen und Darstellungen in den Findbüchern des Bundesarchivs zu kommunikationspolitischen und kommunikationshistorischen Archivalien manifestiert, die sicher teilweise auch mit Zeitmangel bei der Einarbeitung zu erklären sind.
[449] Zur Edition zeitgeschichtlicher Quellen, a.a.O., S. 140
[450] Zur Edition zeitgeschichtlicher Quellen, a.a.O., S. 140 u. 143
[451] vgl. Kapitel 8. Stationen der Presselenkung

desarchivs in Grenzen. Aus den bereits vorgestellten Sammlungen ZSg. 101 und 102 wurden in die Edition nur die Presseanweisungen in ihren verschiedenen Präsentationsformen aufgenommen, Hintergrundinformationen in Form von „Informationsberichten" oder „vertraulichen Informationen", die in den vom Bundesarchiv zusammengestellten Sammlungen auch zwischen den Anweisungen angeordnet sind, fallen hier weg. Sie wurden aber in Querverweisen berücksichtigt.

Es gibt keinen einheitlichen terminus technicus für die Mitteilungen, die auf der Pressekonferenz verbreitet wurden. In der „Dienatag"-Sammlung (ZSg. 101) werden sie als „Bestellungen" und „Anweisungen", in der FZ-Sammlung (ZSg. 102) als „Ausrichtung", in der Sekundärliteratur werden sie häufig als Sprachregelungen bezeichnet. Wulf nennt sie in Anlehnung an einen Brief von H. J. Kausch „Presseparolen"[452]. Der Begriff „Presseparolen" leitet sich her von der im Krieg (ab 1940) eingeführten Bezeichnung „Tagesparolen", die auf Otto Dietrich zurückgeht[453]. Er ist allerdings nicht authentisch. Goebbels spricht dagegen klar und deutlich von Anweisungen, die er der deutschen Presse zu bestimmten Themen gibt[454]. Auf dieser Grundlage, und weil der Begriff den Sachverhalt am treffendsten beschreibt, wurde in dieser Edition die Bezeichnung „Presseanweisungen" bevorzugt.

Aufgenommen wurden auch nicht die Texte der Nachrichtenagenturen[455], die vereinzelt in den Sammlungen enthalten sind, vorausgesetzt, sie sind nicht als „Mitteilung an die Redaktionen" qualifiziert und von den Korrespondenten wie Presseanweisungen behandelt worden[456]. Anders verhält es sich dagegen mit den Wolff- bzw. DNB-Rundsprüchen, die in die Edition mitaufgenommen wurden. Dieser Entscheidung lag die Überlegung zugrunde, daß die Rundsprüche dieselbe Funktion erfüllten wie die Presseanweisungen und nur unter technischer Einschaltung der Nachrichtenagenturen übermittelt wurden. Sie gelangten unmittelbar vom Propagandaministerium über die Kanäle der Agenturen zu den Berliner Korrespondenten und nicht in Verbindung mit den üblichen, regelmäßigen Depeschen.

Die Teilnehmer wurden vom Fernsprechamt angerufen mit den Worten „Bitte am Apparat bleiben, wichtiger Rundruf". Während der Zusammenschaltung

---

[452] J. Wulf, Presse und Funk im dritten Reich, Gütersloh 1964, S. 86 f.
[453] vgl. Kapitel 3. Die Anweisungen an die Presse, S. 44*
[454] Goebbels Tagebücher. Aus den Jahren 1942–43, hrsg. v. L. P. Lochner, Zürich 1948, S. 99
[455] Zunächst — 1933 — Wolff's Telegraphisches Büro (WTB), das entsprechend dem vollständigen Firmennamen Continental-Telegraphen-Compagnie, u. a. auch über einen zweimal täglich erscheinenden Nachrichtendienst verfügte, der das Kürzel „Conti" führte (vgl. ZSg. 101/1/112 v. 26. September 1933). Daneben gab es die Telegraphen-Union Internationaler Nachrichtendienst GmbH (TU), die dem Hugenberg-Konzern angehörte. Beide Agenturen wurden mit Wirkung vom 1. Januar 1934 zum „halbamtlichen" Deutschen Nachrichtenbüro" (DNB) vereinigt.
[456] vgl. ZSg. 101/3/196/Nr. 478 v. 26. April 1934

konnte man die anderen Teilnehmer sprechen hören, sich aber nicht mit ihnen unterhalten. Nachdem alle entsprechenden Teilnehmer erreicht und mit der anrufenden Dienststelle zusammengekoppelt worden waren, wurde eine kurze Mitteilung gegeben. Mit den Worten „Rundruf beendet" wurde dann die Übertragung eingestellt. Auf diesem Wege wurden auch Sonderkonferenzen anberaumt, zu denen alle eingeladenen Journalisten binnen einer halben Stunde zusammengerufen werden konnten[457]. Ein weiterer Beleg für die Legitimität der Gleichsetzung von Rundruf und Presseanweisung ist einer Presseanweisung selbst zu entnehmen: „... Wir machen ... ausdrücklich darauf aufmerksam, daß von heute ab die Nachrichtenbüros die Anweisungen des Propagandaministeriums nicht mehr bringen, da es sich herausgestellt hat, daß auf diesem Wege das Ausland von manchen Dingen Kenntnis erhalten hat...."[458] Bereits einen Monat später wurde diese Regelung wieder revidiert, weil man offensichtlich nicht auf die schnelle Informationsübermittlung außerhalb der Pressekonferenzen verzichten konnte[459]. Deswegen ist in der Edition die in der Überlieferung vorgegebene Zählung der Anweisungen stellenweise unterbrochen, wenn sich Anweisungen und Rundrufe abwechseln. Es erschien wenig sinnvoll, eine weitere Zählung einzuführen, die nur Anlaß zu Mißverständnissen in der Zuordnung sein würde. Schließlich ist es für die Benutzung am hilfreichsten, wenn die Einteilung der Quellen übernommen werden kann, vorausgesetzt die Eindeutigkeit der Zuordnung ist gewährleistet.

a) Anordnung

Angelehnt an die archivische Aufbereitung des Bundesarchivs und im Hinblick auf den größtmöglichen Nutzen für Wissenschaft und Forschung sowie den historisch interessierten Laien wurde eine chronologische Abfolge der Presseanweisungen gewählt, die nicht immer identisch mit der der Zusammenstellung der Sammlungen ist[460]. Die Chronologie als oberstes Ordnungsprinzip ist auch der Grund für die unterschiedliche Anordnung der Anweisungen am Ende des ersten Bandes von ZSg. 101 bzw. am Anfang des zweiten Bandes.

Die für den 21. Oktober 1933 angekündigte Durchnumerierung, die mit dem 23. Oktober (= ZSg. 101/2/1) beginnt, wird unterbrochen durch die späteren Anweisungen vom 24. und 28. Oktober, die noch in ZSg. 101/1 (136 und 138) enthalten sind.

Presseanweisungen waren in der Zusammenstellung des Bundesarchivs auch unter den „Informationsberichten" (ZSg. 101/26 ff.) zu finden und wurden selbstverständlich in die Edition unter dem jeweiligen Datum aufgenommen[461]. Wenn

---

[457] Diese ausführlichen Informationen verdanke ich Frau Dorothea Kausch, Brief v. 14. Februar 1983.
[458] ZSg. 101/1/56 v. 11. Juli 1933
[459] vgl. ZSg. 101/1/94—97 (August 1933)
[460] z. B. ZSg. 101/1/81—84 v. 14. — 18. August 1933
[461] z. B. ZSg. 101/26/555—556 v. 2. Oktober 1933. ZSg. 101/26/577 v. 20. Oktober 1933.

es aufgrund inhaltlicher Anhaltspunkte notwendig war, von der vorgegebenen Anordnung abzuweichen, bleibt als Orientierungshilfe immer noch das Datum[462]. Bei größeren Umstellungen wurden Verweise eingefügt. Eine nachträgliche Datierung durch den Bearbeiter wird durch eine (Klammer) angezeigt. In der Regel ist das Datum jedoch der Presseanweisung zu entnehmen gewesen.

b) Wiedergabe[463]

Bei der Wiedergabe der Anweisungs-Formalia (gesehen: . . .; weitergegeben . . .) wurde nicht schematisch verfahren, sondern entsprechend der willkürlichen Form der Aufzeichnung. Das verhinderte zwar eine Einheitlichkeit im Erscheinungsbild, sicherte aber die Authentizität. Dabei ist der Hinweis auf die Übermittlungszeit (und teilweise -art) ausschlaggebend für die Unterbringung eines Artikels oder einer Meldung in der nächstmöglichen Ausgabe. Grundsätzlich sind die als Presseanweisungen definierten Mitteilungen vollständig wiedergegeben. Kürzungen wurden erst ab Oktober 1934 vorgenommen, da zu diesem Zeitpunkt die kontinuierliche Parallelüberlieferung ZSg. 102 einsetzt.

Gekürzt wurde nur, wenn der abgedruckte Text mit dem Text der Parallelüberlieferung sinngemäß übereinstimmte. Kürzungen werden im Kommentar durch . . . angezeigt. Text-Varianten werden selbstverständlich immer verzeichnet.

Die Durchschläge der übermittelten Presseanweisungen sind im Archiv zu Bänden unterschiedlichen Umfangs vereinigt worden[464]. Die Größe der einzelnen Blätter orientiert sich an Anzahl und Länge der Anweisungen. Die einzelnen Blätter sind bei der archivischen Aufbereitung foliiert worden. Dabei kam es vor, daß zusammengehörende Anweisungstexte, die auf zwei kleinen Blättern notiert waren, getrennt und als zwei einzelne Anweisungen behandelt wurden[465]. In diesen Fällen wurden die zusammengehörigen Signaturen unter demselben Datum verzeichnet, wobei die sonst übliche Seitenmarkierung (größerer Abstand mit Trennungsstrich) entfiel.

Anfang und Ende eines Blattes wurden sonst durch einen Trennungsstrich angezeigt, der einen größeren Abstand zum nächsten Text halbiert. Darüber hinaus gibt die Signatur einen Hinweis auf ein neues Blatt.

Die Signatur setzt sich zusammen aus der
Bezeichnung der Sammlung ZSg. 101
    Nummer des Originalbandes   /3
       Seitenzahl   /1
durchlaufende Nummer der Anweisung i. O. / Nr. 147.

---

[462] z. B. ZSg. 101/2/61 v. 6. Dezember 1933 vor ZSg. 101/2/60 v. 6. Dezember 1933.
[463] zu den Besonderheiten der Wiedergabe s. die Quellenbeschreibungen der Sammlungen S. 55* f. bzw. S. 57* f.
[464] Die Blattzahl der einzelnen Bände bewegt sich um 200.
[465] ZSg. 101/3/40/Nr. 207 v. 26. Januar 1934 und ZSg. 101/3/42. ZSg. 101/3/43/Nr. 209 v. 27. Januar 1934 und ZSg. 101/3/44.

Normalerweise, d. i. wenn pro Anweisung ein Blatt und eine Übermittlungszeit zu verzeichnen sind, lautet die erste Zeile ZSg. 101/3/2/Nr. 148 in Verbindung mit dem Datum 2. Januar 1934. Danach folgt die Kennzeichnung der Mitteilung (Bestellung aus der Pressekonferenz, aus dem Promi, Rundruf), die Anweisung (1 1/2zeilig) und der Kommentar (engzeilig).

Wenn die „Bestellungen aus der Pressekonferenz" aber in der ersten Zeile angeführt werden, deutet das darauf hin, daß im Original (überliefert sind die Durchläge!) mehrere Anweisungen auf einem Blatt verzeichnet sind, die zum selben Zeitpunkt übermittelt wurden. Die Übermittlungszeit wird (soweit angegeben) folgerichtig im Anschluß an die letzte Anweisung aufgeführt. Die einzelnen Anweisungen verfügen jeweils über vollständige Signaturen, wobei jedesmal das Datum wiederholt wird, das im Original nur am Kopf der Seite steht.[466]

Zugunsten der Übersichtlichkeit entfällt die im Original jeder Anweisung vorangestellte Zeile „Anweisung Nr. . . . ." und wird durch die Signatur- und Datumszeile ersetzt.

Handschriftliche Anmerkungen oder Verbesserungen auf der Vorlage werden durch eine (Klammer) kenntlich gemacht. Lediglich bei den Paraphen unter den numerierten Anweisungen wurde auf die ständige Wiederholung der Klammer grundsätzlich verzichtet.

Entsprechend dem chronologischen Ordnungsprinzip ist bei Querverweisen von der Anweisung einer Sammlung zu der Anweisung einer anderen Sammlung zu einem früheren oder späteren Zeitpunkt in erster Linie auf das Datum als Ausgangspunkt zu achten. Die weitere Einteilung zum Auffinden einer Anweisung ist, nach dem Feststellen des Datums durch die Signatur angezeigt: ZSg. 101 kommt vor ZSg. 102 bei demselben Datum.

Wird eine Anweisung zitiert, die in der Edition nur als Variante der Parallelüberlieferung aufgenommen ist, wird zunächst die vollständige Signatur der Parallelüberlieferung angegeben und in Klammern die Signatur unter der die jeweilige Anweisung zu finden ist, um das Nachprüfen an den Originalen zu erleichtern[467]. Die orthographischen Eigenheiten der maschinenschriftlichen Vorlagen (z.B. ss statt ß) sowie die Zeichensetzung wurden übernommen. Lediglich offensichtliche Tippfehler werden stillschweigend korrigiert. Die Großschreibung der Fernschreibtexte in ZSg. 102 wurde in die geläufige Groß- und Kleinschreibung übertragen[468].

c) Kommentar

Der Kommentar setzt sich von dem Text der Anweisung ab durch einen großen

---

[466] Zur Entwicklung der schriftlichen Form der Anweisungen in der Edition, s. Kap. 5. Die edierten Sammlungen. a) Sammlung Brammer, S. 54* f.
[467] z. B. ZSg. 102/1/54 (3) v. 31. Oktober 1934 (= ZSg. 101/4/165/Nr. 874 v. 31. Oktober)
[468] Für die Signaturzusammensetzung ZSg. 102 s. Kapitel 5. Die edierten Sammlungen. b) Sammlung Sänger, S. 58*

Abstand und durch engzeilige Schreibweise. Er umfaßt biographische Daten, inhaltliche Erläuterungen, Verweise auf andere Anweisungen und die Dokumentation in Form von Zeitungsartikeln.

Bei zusammenhängenden Themen wie Reichstagsbrand-Prozeß, Deutsche Christen, Konkordat u.a. wird jeweils ein Verweis auf die letzte Anweisung dazu gegeben und auf die nächstfolgende(n). Den Voraus-Verweisen sind Grenzen gesetzt durch den Stand der editorischen Bearbeitung.

Soweit es möglich war, wurde Hinweisen auf DNB-Texte nachgegangen, wegen der bruchstückhaften Überlieferung der verschiedenen vom DNB herausgegebenen Pressedienste[469] nicht immer mit positivem Ergebnis[470]. Häufig mußte bei der Bearbeitung einzelner Anweisungen aus Zeit- und Platzmangel der Versuchung widerstanden werden, weitergehende Quellen-Forschung zu unternehmen, da manche Anweisung für sich Gegenstand einer längeren Abhandlung sein könnte. Da es nicht Ziel der Edition ist, diese Forschungsarbeiten vorwegzunehmen, sondern vielmehr Materialien dafür bereitzustellen, mußte ein realistisches Mittelmaß bei der Kommentierung gefunden werden.

Lediglich Anweisungen von besonders kommunikationspolitisch relevantem Inhalt, etwa aus dem Bereich der Medien[471], wurde größere Ausführlichkeit zugebilligt. Bei den Verweisen auf Sekundärliteratur werden aus Platzgründen immer nur Kurztitel angegeben, d.h. Untertitel fallen weg. Für die genauen und vollständigen bibliographischen Angaben ist das Literaturverzeichnis zu Rate zu ziehen.

Eine Literaturangabe in (Klammer) nach einem Text im Kommentar oder „vgl." bedeutet, daß es sich um ein sinngemäßes Zitat handelt. Eine Literaturangabe ohne Klammer kennzeichnet ein wörtliches Zitat. Um Mißverständnissen vorzubeugen, wurden auch vereinzelt Anführungszeichen zur Kennzeichnung eines wörtlichen Zitats benutzt.

d) Dokumentationsteil

Im Dokumentationsteil des Kommentars sind Artikel verzeichnet, die im Zusammenhang mit der jeweiligen Presseanweisung stehen. Sie werden ganz, auszugsweise oder nur mit der Überschrift zitiert. Die angeführten Artikel haben exemplarischen Charakter, ein anderer Anspruch scheint wenig sinnvoll.

Die Zeitungen (deutsche und ausländische), die für den Dokumentationsteil herangezogen wurden, wurden nach dem Inhalt der jeweiligen Presseanweisung ausgewählt, wenn die Dokumentation durch die „korrespondierenden" Zeitungen (Hamburger Nachrichten, Frankfurter Zeitung) nicht möglich war oder als nicht ausreichend erschien.

---

[469] Das Bundesarchiv und seine Bestände, 3. Aufl. Boppard 1977, S. 719
[470] z. B. ZSg. 101/3/231/Nr. 517 v. 2. Juni 1934
[471] z. B. zur Personalpolitik beim Rundfunk: ZSg. 101/1/8 v. 16. Juni 1933.

Wenn nicht anders vermerkt, konnten zu den Anweisungen ohne Dokumentationsteil, die dann meistens Verbote enthalten, keine Artikel nachgewiesen werden.

Die Angabe von Morgen- oder Abendausgabe (M.A. bzw. A. A.) erfolgt nur, wenn sie im Zusammenhang mit der Anweisung erforderlich bzw. von Interesse ist (z.b. wenn es heißt „Unbedingt in den Morgenblättern bringen...").

Die Seitenzählung der zitierten Zeitungen bezieht sich auf die im Institut für Zeitungsforschung (Dortmund) vorliegenden Zeitungsbände resp. Mikrofilme[472].

e) Register

An die kommentierten Presseanweisungen eines jeden Jahres schließt sich neben dem Quellen- und Literaturverzeichnis ein chronologisches Register, ein Personen-, ein Sach-/ Ortsregister sowie ein Zeitungs-/Zeitschriftenregister an.

Ein Verweis im Kommentar auf eine Fundstelle in den zeitgeschichtlichen Sammlungen[473] bedeutet nicht, daß der Text in der Edition abgedruckt ist. Zur Klärung trägt hier das chronologische Register bei, das, ausgehend von dem Datum, auf die entsprechende Signatur und auf die Seitenzahl in der Edition verweist. Damit soll auch bei der Suche nach Verweis-Signaturen (s. a. ZSg. 101... v....) eine Hilfestellung gegeben werden.

Die Texte, deren Signatur nicht in diesem Register aufgeführt ist (z.B. Agenturmaterial, Informationsberichte), sind auch nicht in der Edition abgedruckt.

Abweichungen von den festgelegten Editionsprinzipien ergaben sich dann, wenn die Verständlichkeit bzw. Eindeutigkeit beim Lesen gefährdet erschien. In diesen Fällen wurde das Interesse des Benutzers zum Maßstab genommen.

Ergänzungen bzw. Hinzufügungen des Bearbeiters wurden mit einer ((doppelten Klammer)) gekennzeichnet.

Personen (z.B. Hitler) werden nur im Personenregister und nicht zugleich unter der Amtsbezeichnung (z.B. Reichskanzler) nachgewiesen.

f) Literaturverzeichnis

Das Literaturverzeichnis soll keine neue Bibliographie zum Nationalsozialismus sein, sondern nur die in Einführung und Editionsteil verwendete Literatur verzeichnen, wobei eine Auswahl getroffen wurde. Zitierte Bücher bzw. Titel sind in jedem Fall aufgenommen.

Artikel und Aufsätze aus zeitgenössischen Fachzeitschriften (z.B. Deutsche Presse, Deutsche Wirtschafts-Zeitung) werden im Literaturverzeichnis nicht noch einmal aufgeführt.

---

[472] Besonders problematisch ist diese Angabe bei Zeitungen ohne eigene Seitenzählung, bei denen — wenn möglich — die Papierausgabe zugrunde gelegt wurde. Gerade z. B. beim „Völkischen Beobachter" weicht die Abfolge der Seiten in der Mikroverfilmung von der gebundenen Originalausgabe ab.
[473] z. B. ZSg. 101/27/... = Informationsbericht
ZSg. 101/4/110 v. 18. September 1934 = DNB-Material

Editions- und Dokumentationsteil

Chronologisches Register
der Anweisungen

Erläuterungen zum chronologischen Register

Die edierten Presseanweisungen sind ausgehend vom Datum verzeichnet.

In einfache Klammern gesetzte Signaturen verweisen auf längere Textpassagen aus - nicht als Presseanweisung definierten - Informationsberichten, die in den entsprechenden Kommentaren aufgegriffen wurden.

Ein in einfache Klammer gesetztes Datum signalisiert eine Presseanweisung, die nicht datiert war.

V

Jahr	Monat	Tag	Signatur	Seite
1933	Mai	19	ZSg. 101/1/1	1
	Juni	07	ZSg. 101/1/2	2
		10	ZSg. 101/1/3	3
		13	ZSg. 101/1/4 - 4a	4
		15	ZSg. 101/1/5 - 5a	6
		(13	ZSg. 101/26/455)	8
		15	ZSg. 101/1/6 - 6a	9
			ZSg. 101/1/7 - 7a	9
		16	ZSg. 101/1/8	9
			ZSg. 101/1/9	10
			ZSg. 101/1/10 - 10a	12
		(17	ZSg. 101/26/457)	15
		16	ZSg. 101/1/11 - 11a	16
			ZSg. 101/1/12 - 12a	16
		17	ZSg. 101/1/13	17
			ZSg. 101/1/14	18
			ZSg. 101/1/15	18
			ZSg. 101/1/16	19
		20	ZSg. 101/1/17	20
			ZSg. 101/1/18	21
		21	ZSg. 101/1/19	22
		(23	ZSg. 101/26/505)	22
		21	ZSg. 101/1/20	23
			ZSg. 101/1/21	25
			ZSg. 101/1/22	25
		22	ZSg. 101/1/23	25
		23	ZSg. 101/1/24 - 24a	26
		(	ZSg. 101/26/499)	28
		(	ZSg. 101/26/501)	28
			ZSg. 101/1/25	30
			ZSg. 101/1/26	30
		24	ZSg. 101/1/27	30
			ZSg. 101/1/28 - 28a	31

Jahr	Monat	Tag	Signatur	Seite
1933	Juni	24	ZSg. 101/1/29 - 29a	35
			ZSg. 101/1/31 - 31a	35
			ZSg. 101/1/30	36
		27	ZSg. 101/1/32	36
		28	ZSg. 101/1/33	37
			ZSg. 101/1/34 - 34a	39
			ZSg. 101/1/35 - 35a	41
			ZSg. 101/1/36	42
		29	ZSg. 101/1/37	43
			ZSg. 101/1/38	43
		30	ZSg. 101/1/39 - 39a	44
			ZSg. 101/1/40 - 40a	46
			ZSg. 101/1/41 - 41a	46
	Juli	04	ZSg. 101/1/42	47
			ZSg. 101/1/43 - 43a	48
		05	ZSg. 101/1/44	51
		06	ZSg. 101/1/45	54
			ZSg. 101/1/46 - 46a	54
			ZSg. 101/1/47	56
		(07)	ZSg. 101/1/48	57
		07	ZSg. 101/1/49	59
		08	ZSg. 101/1/50	60
			ZSg. 101/1/51	63
			ZSg. 101/1/52	63
			ZSg. 101/1/53	64
			ZSg. 101/1/54	65
		10	ZSg. 101/1/55	65
		11	ZSg. 101/1/56	66
			ZSg. 101/1/57	67
			ZSg. 101/1/58	68
			ZSg. 101/1/59	68
			ZSg. 101/1/60	69
			ZSg. 101/1/61	71

VII

Jahr	Monat	Tag	Signatur	Seite
1933	Juli	15	ZSg. 101/1/62	72
		17	ZSg. 101/1/63	72
			ZSg. 101/1/64	73
			ZSg. 101/1/65	75
		27	ZSg. 101/1/66	76
		29	ZSg. 101/1/67	79
	August	03	ZSg. 101/1/68 - 68a	81
			ZSg. 101/1/69	84
		04	ZSg. 101/1/70	85
		05	ZSg. 101/1/71	86
			ZSg. 101/1/72 - 72a	86
		(23	ZSg. 101/26/525-527)	88
		08	ZSg. 101/1/73	89
		(24	ZSg. 101/26/531 - 543)	91
		09	ZSg. 101/1/74 - 74a	92
		(24	ZSg. 101/26/545 - 547)	93
		09	ZSg. 101/1/75 - 75a	94
			ZSg. 101/1/76 - 76a	94
			ZSg. 101/1/77 - 77a	95
		10	ZSg. 101/1/78	95
		(23	ZSg. 101/26/527)	95
		10	ZSg. 101/1/79	96
		11	ZSg. 101/1/80	98
		(12	ZSg. 101/26/509f)	99
		14	ZSg. 101/1/83	99
		15	ZSg. 101/1/82	100
		17	ZSg. 101/1/81	101
		(17/18)	ZSg. 101/1/84	103
		18	ZSg. 101/1/85 - 85a	105
		(23	ZSg. 101/26/525)	107
		18	ZSg. 101/1/86 - 86a	108
			ZSg. 101/1/87 - 87a	108

Jahr	Monat	Tag	Signatur	Seite
1933	August	18	ZSg. 101/1/88 - 88a	108
		21	ZSg. 101/1/89	108
			ZSg. 101/1/90	109
		(24	ZSg. 101/26/537f)	110
		21	ZSg. 101/1/91	111
			ZSg. 101/1/92	111
			ZSg. 101/1/93	111
		26	ZSg. 101/1/94	111
			ZSg. 101/1/95	112
		30	ZSg. 101/1/96	113
		31	ZSg. 101/1/97	114
	September	02	ZSg. 101/1/98	115
		05	ZSg. 101/1/99	115
		08	ZSg. 101/1/100	116
		14	ZSg. 101/1/101	118
		(18)	ZSg. 101/1/122	119
		19	ZSg. 101/1/102	121
		21	ZSg. 101/1/103 - 103a	121
		22	ZSg. 101/1/104	124
		23	ZSg. 101/1/105	126
			ZSg. 101/1/106	128
		25	ZSg. 101/1/107	129
			ZSg. 101/1/108	131
			ZSg. 101/1/109 - 109a	131
		26	ZSg. 101/1/110 - 110a	134
			ZSg. 101/1/111	138
			ZSg. 101/1/112	138
		27	ZSg. 101/1/113	139
		29	ZSg. 101/1/114	141
			ZSg. 101/1/115	142
			ZSg. 101/1/116	143

Jahr	Monat	Tag	Signatur	Seite
1933	Oktober	02	ZSg. 101/1/117	145
			ZSg. 101/26/555 - 556	146
			ZSg. 101/1/118	149
		03	ZSg. 101/1/119	150
		04	ZSg. 101/1/120	151
		12	ZSg. 101/1/121	152
	(September	18)	ZSg. 101/1/122	155
	Oktober	16	ZSg. 101/1/123	155
		17	ZSg. 101/1/124	156
		(18	ZSg. 101/26/595)	157
		17	ZSg. 101/1/125	158
		18	ZSg. 101/1/126	160
		(18	ZSg. 101/26/567f)	161
		19	ZSg. 101/26/581 - 583	162
			ZSg. 101/1/127	165
			ZSg. 101/1/128	166
			ZSg. 101/1/129	167
		20	ZSg. 101/1/130	167
			ZSg. 101/1/131	168
			ZSg. 101/1/132 - 132a	169
			ZSg. 101/1/133 - 133a	170
			ZSg. 101/1/134 - 134a	175
			ZSg. 101/1/135 - 135a	175
			ZSg. 101/26/577 - 580	175
		23	ZSg. 101/2/1/Nr. 1	175
		24	ZSg. 101/1/136	176
			ZSg. 101/1/137	176
		(24	ZSg. 101/26/573)	177
		(24	ZSg. 101/26/575)	177
		24	ZSg. 101/2/2/Nr. 2	178
			ZSg. 101/2/3/Nr. 3	179
			ZSg. 101/2/4/Nr. 4	180
		25	ZSg. 101/2/5/Nr. 5	180

Jahr	Monat	Tag	Signatur	Seite
1933	Oktober	25	ZSg. 101/2/5/Nr. 6	180
			ZSg. 101/2/5/Nr. 7	181
			ZSg. 101/2/6/Nr. 8	182
			ZSg. 101/2/7/Nr. 9	183
			ZSg. 101/2/8/Nr. 10	183
		26	ZSg. 101/2/9/Nr. 11	184
		27	ZSg. 101/2/10/Nr. 12	185
			ZSg. 101/2/10/Nr. 13	185
			ZSg. 101/2/10/Nr. 14	186
			ZSg. 101/2/10/Nr. 15	187
			ZSg. 101/2/11/Nr. 16	187
		28	ZSg. 101/1/138	188
			ZSg. 101/2/12/Nr. 17	189
			ZSg. 101/2/12/Nr. 18	189
			ZSg. 101/2/12/Nr. 19	190
		30	ZSg. 101/2/13/Nr. 20	191
			ZSg. 101/2/13/Nr. 21	192
			ZSg. 101/2/13/Nr. 22	192
		31	ZSg. 101/2/14/Nr. 23	193
			ZSg. 101/2/15/Nr. 24	194
			ZSg. 101/2/15/Nr. 25	194
			ZSg. 101/2/16/Nr. 26	195
	(November	01	ZSg. 101/2/19-23)	195
	Oktober	31	ZSg. 101/2/16/Nr. 27	196
	November	01	ZSg. 101/2/17/Nr. 28	197
			ZSg. 101/2/18/Nr. 29	197
			ZSg. 101/2/18/Nr. 30	198
			ZSg. 101/2/24/Nr. 31	199
			ZSg. 101/2/24/Nr. 32	200
			ZSg. 101/2/24/Nr. 33	200
			ZSg. 101/2/24/Nr. 34	201
		02	ZSg. 101/2/25/Nr. 35	201

Jahr	Monat	Tag	Signatur	Seite
1933	November	02	ZSg. 101/2/25/Nr. 36	202
			ZSg. 101/2/25/Nr. 37	202
			ZSg. 101/2/26/Nr. 38	203
			ZSg. 101/2/27/Nr. 39	204
			ZSg. 101/2/28/Nr. 40	205
			ZSg. 101/2/28/Nr. 41	205
		03	ZSg. 101/2/29/Nr. 42	206
		04	ZSg. 101/2/30/Nr. 43	207
			ZSg. 101/2/30/Nr. 44	208
		07	ZSg. 101/2/31/Nr. 45	208
		08	ZSg. 101/2/32/Nr. 46	209
			ZSg. 101/2/32/Nr. 47	210
			ZSg. 101/2/32/Nr. 48	210
		09	ZSg. 101/2/33/Nr. 49	211
			ZSg. 101/2/34/Nr. 50	212
			ZSg. 101/2/35/Nr. 51	213
			ZSg. 101/2/36/Nr. 52	214
		10	ZSg. 101/2/37	214
			ZSg. 101/2/38/Nr. 53	215
			ZSg. 101/2/39	215
		12	ZSg. 101/2/40/Nr. 54	216
		(14/15)	ZSg. 101/2/41/Nr. 55	217
		(14/15)	ZSg. 101/2/41/Nr. 56	217
		17	ZSg. 101/2/42/Nr. 57	218
			ZSg. 101/2/42/Nr. 58	219
			ZSg. 101/2/42/Nr. 59	220
			ZSg. 101/2/42/Nr. 60	221
			ZSg. 101/2/42/Nr. 61	221
		(17)	ZSg. 101/2/43/Nr. 62	221
		17	ZSg. 101/2/44/Nr. 63	222
		20	ZSg. 101/2/45/Nr. 64	223
		21	ZSg. 101/2/46/Nr. 65	224
			ZSg. 101/2/47/Nr. 66	224

Jahr	Monat	Tag	Signatur	Seite
1933	November	22	ZSg. 101/2/48/Nr. 67	225
			ZSg. 101/2/48/Nr. 68	225
			ZSg. 101/2/48/Nr. 69	226
		24	ZSg. 101/2/49/Nr. 70	226
			ZSg. 101/2/49/Nr. 71	227
			ZSg. 101/2/49/Nr. 72	227
			ZSg. 101/2/49/Nr. 73	227
			ZSg. 101/2/49/Nr. 74	228
			ZSg. 101/2/50/Nr. 75	229
		27	ZSg. 101/2/51/Nr. 76	230
			ZSg. 101/2/51/Nr. 77	230
			ZSg. 101/2/52	231
			ZSg. 101/2/53	232
			ZSg. 101/2/53/Nr. 78	233
			ZSg. 101/2/53/Nr. 79	233
			ZSg. 101/2/53/Nr. 80	234
		28	ZSg. 101/2/54/Nr. 81	235
		30	ZSg. 101/2/55/Nr. 82	236
			ZSg. 101/2/55/Nr. 83	237
	Dezember	01	ZSg. 101/2/56/Nr. 84	239
			ZSg. 101/2/56/Nr. 85	239
			ZSg. 101/2/56/Nr. 86	240
		04	ZSg. 101/2/57/Nr. 87	240
			ZSg. 101/2/57/Nr. 88	241
		(05)	ZSg. 101/2/58/Nr. 89	241
		(05)	ZSg. 101/2/58/Nr. 90	242
		(05)	ZSg. 101/2/58/Nr. 91	243
			ZSg. 101/2/59/Nr. 92	243
			ZSg. 101/2/59/Nr. 93	244
		06	ZSg. 101/2/61	244
			ZSg. 101/2/60	245
			ZSg. 101/2/62/Nr. 94	246

XIII

Jahr	Monat	Tag	Signatur	Seite
1933	Dezember	06	ZSg. 101/2/62/Nr. 95	247
			ZSg. 101/2/63/Nr. 96	248
			ZSg. 101/2/64/Nr. 97	248
			ZSg. 101/2/64/Nr. 98	249
			ZSg. 101/2/64/Nr. 99	249
			ZSg. 101/2/64/Nr. 100	250
		07	ZSg. 101/2/65/Nr. 101	250
			ZSg. 101/2/65/Nr. 102	250
		08	ZSg. 101/2/66/Nr. 103	251
			ZSg. 101/2/66/Nr. 104	251
		09	ZSg. 101/2/67/Nr. 105	252
			ZSg. 101/2/67/Nr. 106	253
			ZSg. 101/2/67/Nr. 107	254
			ZSg. 101/2/67/Nr. 108	254
		11	ZSg. 101/2/68/Nr. 109	255
			ZSg. 101/2/68/Nr. 110	256
			ZSg. 101/2/68/Nr. 111	256
			ZSg. 101/2/68/Nr. 112	257
		12	ZSg. 101/2/69/Nr. 113	257
		14	ZSg. 101/2/70/Nr. 114	258
			ZSg. 101/2/70/Nr. 115	258
			ZSg. 101/2/70/Nr. 116	258
			ZSg. 101/2/70/Nr. 117	259
			ZSg. 101/2/70/Nr. 118	259
		15	ZSg. 101/2/71/Nr. 119	260
		16	ZSg. 101/2/73/Nr. 120	260
			ZSg. 101/2/73/Nr. 121	261
			ZSg. 101/2/72/Nr. 122	262
			ZSg. 101/2/72/Nr. 123	262
			ZSg. 101/2/72/Nr. 124	263
		19	ZSg. 101/2/74/Nr. 125	263
			ZSg. 101/2/75/Nr. 126	264
		20	ZSg. 101/2/76/Nr. 127	264

Jahr	Monat	Tag	Signatur	Seite
1933	Dezember	21	ZSg. 101/2/77/Nr. 128	265
			ZSg. 101/2/77/Nr. 129	265
			ZSg. 101/2/77/Nr. 130	266
		23	ZSg. 101/2/78/Nr. 131	266
			ZSg. 101/2/78/Nr. 132	267
			ZSg. 101/2/78/Nr. 133	268
	(November	16	ZSg. 101/26/605-607)	268
	Dezember	23	ZSg. 101/2/78/Nr. 134	268
			ZSg. 101/2/78/Nr. 135	269
		27	ZSg. 101/2/79/Nr. 136	269
		29	ZSg. 101/2/81/Nr. 137	270
			ZSg. 101/2/81/Nr. 138	270
			ZSg. 101/2/81/Nr. 139	271
			ZSg. 101/2/80	271
		30	ZSg. 101/2/82/Nr. 140	272
			ZSg. 101/2/82/Nr. 141	272
			ZSg. 101/2/82/Nr. 142	273
			ZSg. 101/2/82/Nr. 143	273
			ZSg. 101/2/82/Nr. 144	274
			ZSg. 101/2/82/Nr. 145	274

Die Anweisungen Mai – Dezember 1933

ZSg. 101/1/1 19. Mai 1933

Rundruf vom 19. Mai 1933.
Ausser der schon mitgeteilten Erklärung der deutschen Delegation über die Genfer Arbeitskonferenz dürfen weitere Nachrichten und Mitteilungen über diese Konferenz nicht veröffentlicht werden, bis eine weitere amtliche Benachrichtigung erfolgt.
Reichspropagandaministerium
Pressestelle.

Die 17. Tagung der Internationalen Arbeitskonferenz fand vom 8. bis zum 30. Juni 1933 in Genf statt. Im Vorfeld dieser Tagung kam es zu Streitigkeiten um die Zusammensetzung der deutschen Delegation.
s. a. ZSg. 101/1/10 v. 16. Juni 1933
    ZSg. 101/1/17 v. 20. Juni 1933
Die internationale Arbeitskonferenz in Genf
Dr. Ley voraussichtlich Stimmführer
Es steht nunmehr fest, daß am kommenden Freitag die Teilnehmer der deutschen Delegation für die Internationale Arbeitskonferenz in Genf bestimmt werden. Stimmführer wird aller Voraussicht nach der Führer der Deutschen Arbeitsfront Staatsratspräsident Dr. Ley sein.
NZ, Nr. 142 v. 25. Mai 1933, S. 1
s. a. HHN, Nr. 262 v. 8. Juni 1933, S. 2

Robert Ley (1890 - 1945) übernahm im Mai 1933 die Gewerkschaften und führte sie in die "Deutsche Arbeitsfront" (DAF) über. Er gründete die "Kraft durch Freude" -Gemeinschaft (KdF). Ab 1940 war er außerdem Reichskommissar für den sozialen Wohnungsbau. Im Militärgefängnis in Nürnberg beging er Selbstmord.

s. a. ARRH, Teil I, Bd. 1, Nr. 203

7.06.1933 - 2 -

ZSg. 101/1/2 7. Juni 1933

D/N. 7. Juni 1933
Kurfürst 9086
An die Hauptschriftleitung der "Hamburger Nachrichten"
Hamburg I
Speersort 11

Sehr geehrte Herren!
Anliegend übersenden wir Ihnen einen Artikel über die KPD als
Mordorganisation, der uns vom Minsterium für Volksaufklärung
und Propaganda übergeben worden ist. Das Ministerium bittet
dringend, den Artikel zu veröffentlichen. Falls der Artikel
wegen seiner Länge zum Abdruck nicht geeignet sei, bittet das
Ministerium auf Grund der Unterlagen einen eigenen Artikel zu
veröffentlichen.
In vorzüglicher Hochachtung
Berliner Schriftleitung
der   (Stempel)
Hamburger Nachrichten
(D.)
1 Anlage!

Die Anlage ist nicht erhalten.
1) D/N. ist das Diktatzeichen von Georg Dertinger und seiner
Sekretärin Frau Nowak. Seltener taucht das Zeichen Dr. K./N.
(Hans-Joachim Kausch) auf.
Kurfürst 90/86 war der Berliner Telefonanschluß der "Dien**atag**"
in der Linkstr. 16 (s. dazu die Einleitung).
<u>Die K.P.D. als Mordorganisation</u>
Am 8. und 9. Juni haben sich vor dem Schwurgericht des Berliner
Landgerichts II mehrere Mitglieder des verbotenen kommunistischen
Roten Frontkämpfer-Bundes wegen Mordes an dem SA-Mann Hermann
Thielsch und Mordversuchs an drei weiteren SA-Männern zu verant-
worten. ...
VB (N. A.), Nr. 160 v. 9. Juni 1933, S. 3
Mit diesem Artikel inhaltlich identisch ist ein Artikel mit
derselben Überschrift, allerdings um ein Drittel gekürzt, in
den Düsseldorfer Nachrichten, Nr. 287 v. 9. Juni 1933 (M.A.),

7./10.06.1933

S. 1-2, und zwar namentlich gekennzeichnet von "Polizei-Oberleutnant a.D. Gerhard Gieseke".
Dagegen:
Rundfunkübertragung des Rotmordprozesses
Der heutigen Verhandlung gegen die Kommunisten Beilfuß und Genossen wegen der Ermordung des SA-Mannes Thielsch wohnen Vertreter des Propagandaministeriums und der Funkstunde bei. Vor dem Platz des Vorsitzenden, vor dem Zeugentisch, der Anklagebank und dem Platz des Staatsanwalts sind Mikrophone aufgestellt. Auf Veranlassung des Propagandaministeriums sollen nämlich besonders wichtige Teile der Verhandlung auf Wachsplatten aufgenommen werden, damit durch Rundfunk die ganze Bevölkerung Ohrenzeuge dieser wichtigen politischen Gerichtsverhandlung sein soll. Es ist dies in Deutschland der erste Fall, in dem das neue technische Hilfsmittel des Radio im Gerichtssaal Anwendung findet.
HHN, Nr. 264 v. 9. Juni 1933 (A. A.), S. 1

ZSg. 101/1/3   10. Juni 1933

D/N.   10. Juni 1933
Kurfürst 9086
Herrn von Neuhaus,
Hamburg I
Speersort 11.

Lieber, verehrter Herr von Neuhaus!

Das Propagandaministerium regt folgendes an:

Die Entwicklung auf dem Arbeitsmarkt habe eine günstige Wendung genommen und es sei wünschenswert, daß die Zeitungen laufend in großer Aufmachung auf diese Tatsache hinweisen. Es wird empfohlen, eine ständige Rubrik unter der Ueberschrift "Der Ruf des Kanzlers" oder so ähnlich einzurichten, in der immer an der gleichen Stelle der Zeitung laufend über die Entwicklung des Arbeitsmarktes berichtet wird. Es handelt sich hier nicht um eine Auflage, sondern lediglich um eine Anregung, der aber, wenn auch nicht im strengen Sinne des Wortes, so

10./13.06.1933

doch wohl grundsätzlich zweckmäßiger Weise Folge geleistet wird.
In aufrichtiger Verehrung
Ihr
sehr ergebener
(D.)

Diese Anregung für eine ständige Rubrik wurde von den "Hamburger Nachrichten"nicht aufgegriffen.

ZSg. 101/1/4 13. Juni 1933

D/N. 13. Juni 1933
Kurfürst 9086
Herrn von Neuhaus
HamburgI
Speersort 11

Lieber, verehrter Herr von Neuhaus!
Ein hochwohllöbliches Propagandaministerium gibt folgende Weisungen aus:
1. Die Presse wird dringend ersucht, keine Mitteilungen und Veröffentlichungen insbesondere nicht in sensationeller Aufmachung zu bringen über Schmuggel mit Rauschgiften und Ereignissen im Rahmen des Kampfes gegen den Rauschgiftschmuggel, insbesondere keine Darstellungen und Abbildungen über nächtliche Schießereien auf der Ostsee usw. Derartige Veröffentlichungen seien geeignet, deutsche Jugend zu gefährden.
2. Das Reichspropagandaministerium erinnert aufs strikteste an die Anweisung, keine Mitteilungen über bevorstehende

Empfänge des Herrn Reichskanzlers zu veröffentlichen. Das Propagandaministerum wünscht desgleichen eine ähnliche Zurückhaltung gegenüber Empfängen, die beim Herrn Reichspräsidenten in Aussicht stehen, obwohl von dieser Seite ein direktes Verbot nicht ergangen ist. Der Grund für diese Bitte ist der, daß eine Mitteilung veröffentlicht wurde, daß der Reichsbischof

b.w.

((ZSg. 101/1/4a))
von Bodelschwingh durch den Reichskanzler und den Reichspräsidenten empfangen würde, wobei der Reichspräsident seine besondere Verbundenheit zu Bodelschwingh zum Ausdruck bringen wolle. Diese Mitteilung ist an sich richtig, ihre Veröffentlichung liegt aber naturgemäß nicht im Interesse der Reichsregierung.

In aufrichtiger Verehrung
Ihr
sehr ergebener
(D.)

Zu 2.
Friedrich von Bodelschwingh (1877-1946), Pfarrer und Leiter der Bethelschen Anstalten in Bielefeld, wurde im Mai 1933 von den evangelischen Landeskirchen Deutschlands zum Reichsbischof ernannt. Da aber der Widerstand gegen ihn in den Reihen der Deutschen Christen, einer zusehends stärker werdenden Gruppe von Protestanten, die ihr Glaubensbekenntnis mit dem Nationalsozialismus vereinbaren wollten, immer größer wurde, sah er sich schon nach einem Monat (Ende Juni 1933) gezwungen, sein Amt wieder abzugeben. Sein Nachfolger, der Wehrkreispfarrer Ludwig Müller, wurde am 27. September 1933 zum Reichsbischof gewählt.

s. dazu: Friedrich Zipfel, Kirchenkampf in Deutschland 1933-1945. Religionsverfolgung und Selbstbehauptung der Kirchen in der nationalsozialistischen Zeit, Berlin 1965

Klaus Scholder, Die Kirchen und das Dritte Reich, Bd. 1: Vorgeschichte und Zeit der Illusionen 1918-1934, Frankfurt a. M. u.a. 1977, S. 422 ff.

13./15.06.1933

Die HHN übernehmen zu diesen Vorgängen eine Meldung vom WTB:
Zur Reichsbischofsfrage
Der Bevollmächtigte des Reichskanzlers, Wehrkreispfarrer Müller, hat an die Bevollmächtigten der Kirche ein Schreiben gerichtet, in dem es heißt: "Der Reichskanzler hat mir sein außerordentliches Bedauern darüber ausgedrückt, daß die Arbeiten für den Neubau der deutschen evangelischen Kirche eine schwierige und durchaus unliebsame Entwicklung genommen haben. Er hat meine Bitte, die Bevollmächtigten zu empfangen, abgelehnt. Er lehnt auch den Empfang des Pastors von Bodelschwingh ab. Ein Empfang beim Herrn Reichspräsidenten ist zur Zeit ebenfalls nicht möglich. Meines Erachtens ist die Lage zur Zeit die, daß Pastor von Bodelschwingh als Reichsbischof zwar in Aussicht genommen ist, daß aber ein anerkanntes Reichsbischofsamt noch nicht besteht, solange nicht die Verfassung der deutschen evangelischen Kirche in Kraft ist. Diese Verfassung bedarf der Zustimmung des Kirchenvolkes wie der Zustimmung des Reiches. Es wird dankbar begrüßt, wenn die neuen Verhandlungen zwischen dem Dreier-Ausschuß und dem Bevollmächtigten des Kanzlers das Ziel verfolgen, in allen Landeskirchen neue Wahlen vorzubereiten oder einen anderen Ausweg aus den bestehenden Schwierigkeiten zu finden."
HHN, Nr. 279 v. 18. Juni 1933 (M.A.), S. 2

ZSg. 101/1/5   15. Juni 1933

D/N.
9086   15. Juni 1933
Herrn
Hauptschriftleiter Arvid Balk,
Breslau I.
Lieber Herr Balk!
Auf Grund von Mitteilungen des Reichspropagandaministers in der Pressekonferenz muß ich kurz folgende Bestellung übermitteln:
1. Die Reichsregierung erwartet aufs entschiedenste, daß die
   deutsche Presse sich in der Frage der deutsch-österreichischen
   Beziehungen ohne Einschränkung hinter die Reichsregierung
   stellt und insbesondere alle Erklärungen, Betrachtungen und

Meldungen unterläßt, die geeignet wären, Zweifel in die
rechtliche Zulässigkeit des Verhaltens der Reichsregierung
entstehen zu lassen: Des weiteren erwartet die Reichsregierung, daß dort, wo eine Wiedergabe ausländischer Stimmen,
die die Reichsregierung angreifen, nicht zu vermeiden ist,
sofort mit entschiedenen Kommentaren geantwortet wird. Die
Reichsregierung wird ein Aus-der-Reihe-tanzen nicht dulden.

b.w.

((ZSg. 101/1/5a))

2. erinnert das Propagandaministerium an den Wunsch, die
Arbeitsspende zu propagieren, sowie an den Wunsch, laufend
Berichte über die Entlastung des Arbeitsmarktes zu veröffentlichen. Ich möchte diesen Wunsch stark unterstreichen,
da diese Fragen meistens zum Kriterium für die Gesamthaltung der Zeitung gemacht werden.

Mit herzlichen Grüssen

Ihr

sehr ergebener

(D.)

Zu 1.
Zur Zeit der Dollfuß-Regierung gab es in Österreich zahlreiche
Kundgebungen gegen die Nationalsozialisten, in deren Verlauf
es zu Ausschreitungen und Attentaten kam. Von den anschließenden
Verhaftungen wurde auch Theo Habicht betroffen, Landesinspekteur
Österreichs der NSDAP, der durch seinen Status als Pressechef
der deutschen Gesandtschaft in Wien das Recht der Exterritorialität für sich in Anspruch nehmen wollte. Der deutsche Protest
auf diese Maßnahme bestand in einer Ausweisung des österreichischen Presse-Attachés, Dr. Wasserbäck ("Haust Du meinen
Pressechef, hau ich Deinen Pressechef", NZ, Nr. 162 v. 15. Juni
1933, S. 1), sowie in einer Ausreisesperre für Deutsche nach
Österreich. Nach dem "Gesetz über den Reiseverkehr nach
Österreich", das zum 1. Juni in Kraft treten sollte, mußte
jeder Deutsche für die Ein- oder Durchreise nach Österreich
1.000,-- RM bezahlen, ausgenommen Geschäftsreisende. Begründung: "die vorhandenen Reibungen auf ein Mindestmaß zu beschränken".
s.a Chronologische Übersicht der Dokumente der ADAP, Serie C,
Bd. I,1, S. XXXVI-XLI und Bd. II,1, S. XLII-XLIX
s.a. **ARRH**, **Teil I**, **Bd. 1**, **Nr. 180**

15.06.1933

s. dazu: <u>Minister Goebbels zum Fall Habicht</u>
Parteiinteressen spielen für Deutschland keine Rolle.
Österreichs Unrecht.
... Die Ausführungen des Ministers Goebbels und des
Reichstagsabgeordneten Habicht ergeben also mit aller
Deutlichkeit, daß die Reichsregierung sich streng im
Rahmen der völkerrechtlichen Bestimmungen gehalten
hat und daß andererseits die österreichische Regierung
sich willkürlicher Verletzung des Völkerrechtes aus
politischen Gründen schuldig gemacht hat...
HHN, Nr. 274 v. 15. Juni 1933 (A.A.), S. 1
<u>Goebbels über den Konflikt mit Wien</u>
BBC, Nr. 274 v. 15. Juni 1933 (A.A.), S. 1-2

Zu 2.
Im Rahmen des "1. Gesetzes zur Verminderung der Arbeitslosigkeit" vom 1. Juni 1933 war u. a. die Möglichkeit zu freiwilligen Spenden "zur Förderung der nationalen Arbeit" (Arbeitsspende) geschaffen worden. Auf diese Weise wurde "insbesondere ... Personen, die Steuern hinterzogen hatten, ein Weg gewiesen, durch Leistung "verschwiegener Spenden" Straffreiheit zu erlangen". Egelhaafs Historisch-politische Jahresübersicht für 1933, hrsg. von Friedrich Neubauer, Stuttgart 1934, S. 152

Die HHN sind diesen Wünschen nicht nachgekommen, lediglich ein Aufruf des Gauleiters Karl Kaufmann aus Hamburg zur <u>"Arbeitsbeschaffung für nationale Kämpfer!"</u> wird wiedergegeben.
"Die Leitung des Gaues Hamburg der NSDAP hat für alle Pgs, SA- und SS-Männer eine Arbeitsberatungsstelle eingerichtet, die es sich zur Aufgabe gesetzt hat, allen Mitkämpfern, die durch jahrelanges opfern ... erwerbslos geworden sind, zu helfen. Schnelle Hilfe tut not!"
HHN, Nr. 274 v. 15. Juni 1933 (A.A.), S. 6

Zur "Entlastung des Arbeitsmarktes" s. ZSg. 101/26/455 (Informationsbericht Nr. 19 v. 13. Juni 1933):
In diesem Zusammenhang nur ein ganz kurzes Wort zu den letzten Zahlen über die Entwicklung der Arbeitslosigkeit. Nach den amtlichen Ziffern ist ein erheblicher Rückgang der Zahlen innerhalb der verschiedenen Unterstützungsarten zu verzeichnen. Zur objektiven Beurteilung wird man aber berücksichtigen müssen, daß in diesen Zahlen nicht mehr die große Zahl der Hausangestellten enthalten ist, daß zum größten Teil die jüdisch entlassenen Angestellten bei den Arbeitsämtern aus Angst sich nicht gemeldet haben und daß durch den Arbeitsdienst die Zahlen erheblich korrigiert worden sind. Hierdurch erfährt jedenfalls der zunächst imponierende Eindruck der mitgeteilten Zahlen eine nicht unbeträchtliche Korrektur. Ich erwähne das zum Beweise dafür, daß die Regierung nicht den allmählichen günstigen Ablauf der Entwicklung wird abwarten können, sondern so oder so zu weiteren aktiven Maßnahmen schnell wirksamer Art schreiten muß.

ZSg. 101/1/6-6a   15. Juni 1933

Herrn v. Neuhaus, Hamburg, Hamburger Nachrichten

Bis auf die Anrede und Schlußformel ist der Text identisch
mit ZSg. 101/1/5-5a.

ZSg. 101/1/7-7a   15. Juni 1933

Herrn Dr. Heerdegen, Chemnitz, Allgemeine Zeitung

Bis auf die Anrede und Schlußformel ist der Text identisch
mit ZSg. 101/1/5-5a.
Außerdem wurde der erste Satz handschriftlich abgeändert in:
"muß (~~ich kurz~~) folgende Bestellungen übermittel((t))n ((werden))",
und der letzte Satz maschinenschriftlich in: "Ich habe den
Regierungsstellen bereits angestrichen die Nummern übersandt,
die die Rubrik "Der Ruf des Kanzlers" enthielten".

ZSg. 101/1/8   16. Juni 1933

<u>Rundruf   vom 16. Juni 1933.</u>
Ueber die Angelegenheit Krukenberg-Rundfunk-Gesellschaft
darf keine Nachricht gebracht werden.

s. a. ZSg. 101/10 v. 16. Juni 1933
      ZSg. 101/1/47 v. 6. Juli 1933

16.06.1933

Dr. jur. **Gustav Krukenberg** (1888-   ) war seit August 1932 Referent des Rundfunkkommissars des Innenministeriums (E. Scholz und W. Conrad). Am 14. Februar 1933 wurde er zum Reichsrundfunkkommissar ernannt. Mit der Errichtung des Reichsministeriums für Volksaufklärung und Propaganda (März 1933) gingen die politische Überwachung des Rundfunks und sämtliche Rundfunkangelegenheiten an dieses Ministerium über, und der zweite Reichsrundfunkkommissar **Kruckow kehrte zum Postministerium zurück.** Am 1. April übernahm Krukenberg, der mittlerweile als Abteilungsleiter der Abteilung Rundfunk im Propagandaministerium arbeitete, dann noch zusätzlich die Geschäftsführung der Reichs-Rundfunk-Gesellschaft (RRG), die bis dahin von K. Magnus und H. Giesecke wahrgenommen wurde. Am 14. Juni 1933 trat er zunächst vom Amt des Rundfunkkommissars zurück.

Krukenbergs Rücktritt
... Dr. Krukenberg, der vordem Referent des Rundfunkkommissars des Reichsministers des Innern war, wurde vom Reichsminister Dr. Frick unter dem 14. Februar mit der Wahrnehmung der Geschäfte eines Rundfunkkommissars beauftragt. Nach Fortfall des besonderen Reichsrundfunkkommissars des Reichspostministers und Übergang des Rundfunks an das Propagandaministerium trat Dr. Krukenberg am 1. April zu diesem über. Vom Reichsminister Dr. Goebbels wurde er mit einer Reihe organisatorischer und personeller Umstellungen beauftragt, die inzwischen großenteils abgeschlossen sind. Zuletzt nahm Reichsrundfunkkommissar Dr. Krukenberg als Delegierter an der Europäischen Rundfunkkonferenz in Luzern teil, von der er am Dienstag nach Berlin zurückgekehrt ist.
BBC, Nr. 273 v. 15. Juni 1933 (M.A.), S. 3

Die angesprochenen Umstellungen waren eine ideologische Säuberungsaktion, der 98 leitende und 38 sonstige Angestellte zum Opfer fielen, die aus den Rundfunkgesellschaften ausscheiden mußten. (s. HHN, Nr. 257 v. 4. Juni 1933)

Krukenbergs Nachfolger im Amt des Rundfunkkommissars wurde sein Referent und Stellvertreter Horst Dreßler-Andreß (1899-1979). (s. HHN, Nr. 273 v. 15. Juni 1933 (M.A.), S. 2)

ZSg. 101/1/9   16. Juni 1933

Rundruf vom 16. Juni 1933.
Die vom Verein Deutscher Ingenieure ausgegebene Mitteilung 574

16.06.1933

über die Gründung einer Reichsgemeinschaft der technisch-wissenschaftlichen Arbeit darf nicht ausgegeben werden. Es kommt in einigen Tagen eine amtliche Meldung von Hess.

Bereits auf der 71. Hauptverhandlung des VDI in Friedrichshafen/Konstanz (27.-29. Mai 1933) zeichnete sich eine Auseinandersetzung des VDI mit dem Kampfbund der Deutschen Architekten und Ingenieure (K.D.A.I.) ab. (vgl. Die Ingenieur-Tage am Bodensee, In: Zeitschrift des Vereines Deutscher Ingenieure, 77. Jg. (1933), Nr. 27 v. 8. Juli 1933, S. 725 ff.)

Angelegenheiten des Vereines
Mit dem Ziele, die technisch-wissenschaftliche Arbeit in den Dienst nationalsozialistischer Wirtschaftsordnung zu stellen und die mit der Gestaltung der Wirtschaft Beauftragten bei ihrer schweren Aufgabe zu unterstützen, haben sich folgende technisch-wissenschaftliche Verbände aller Fachrichtungen zur Reichsgemeinschaft der technisch-wissenschaftlichen Arbeit zusammengeschlossen: Fachgruppe Ingenieurwesen und Verkehrswesen, Fachgruppe Elektrotechnik, Fachgruppe Bauwesen, Fachgruppe Berg- und Hüttenwesen, Fachgruppe Werkstoffe.
Das Präsidium bilden die Vorsitzenden der zusammengeschlossenen Vereine; ferner gehören ihm führende Persönlichkeiten der Reichsregierung an. Der Ehrenvorsitz des Präsidiums der Reichsgemeinschaft wurde Herrn Dr. Otto Wagener, dem Leiter des Wirtschaftspolitischen Amtes der N.S.D.A.P., übertragen. Der Sitz der Reichsgemeinschaft befindet sich im Verein Deutscher Ingenieure, Berlin NW 7, Friedrich-Ebert-Str. 27.
Zeitschrift des Vereines Deutscher Ingenieure, 77. Jg. (1933), Nr. 26 v. 1. Juli 1933, S. 724

Auf der außerordentlichen Hauptversammlung in Eisenach am 1. Oktober 1933 wurden die Kompetenzstreitigkeiten als geregelt gemeldet:
"Die Anordnung vom 25.4.33 ..., wonach der Kampfbund Deutscher Architekten und Ingenieure als einzige von der N.S.D.A.P. anerkannte Organisation für diese Sammlung der Ingenieure und Architekten zu gelten hatte, ist überholt. Die größeren technisch-wissenschaftlichen Vereine und Verbände, insbesondere der VDI und die in der Reichsarbeitsgemeinschaft der technisch-wissenschaftlichen Arbeit zusammengeschlossenen Vereine haben sich unter nationalsozialistische Führung gestellt und werden von der N.S.D.A.P. anerkannt. Wie schon in der Verfügung vom 25.4.33 zum Ausdruck gebracht ist, ist es nicht Aufgabe des K.D.A.I., die von diesen Verbänden bisher geleistete technisch-wissenschaftliche Arbeit unter Ausschaltung dieser Verbände zu übernehmen.
München, den 26. September 1933,
gez. Rudolf Hess."

16.06.1933

Brief vom Stellvertreter des Führers an den Verein Deutscher
Ingenieure:
"München, 26. September 1933.
Ich bestätige Ihnen hiermit, daß der Verein Deutscher
Ingenieure und die in der Reichsgemeinschaft technisch-
wissenschaftlicher Arbeit zusammengeschlossenen Vereine und
Verbände nach ihrer Eingliederung in die Nationalsozialistische
Front die Billigung der Reichsparteileitung besitzen. Es ist
nicht der Wille der N.S.D.A.P., die vorbildlichen Einrichtung
dieser Vereine zu zerschlagen, sondern sie in brauchbarer
Form dem Staate einzugliedern.
Ich bestätige, daß Parteigenosse Schult als Vorsitzender des
VDI seitens der Reichsleitung der N.S.D.A.P. anerkannt ist.
Heil!
gez. Rudolf Heß."
Zeitschrift des Vereins Deutscher Ingenieure, 77. Jg. (1933),
Nr. 41 v. 14. Oktober 1933, S. 1128
Zur Situation des VDI im Sommer 1933 s.a. K.H. Ludwig, Technik
und Ingenieure im Dritten Reich, Düsseldorf 1974, S. 114ff

ZSg. 101/1/10   16. Juni 1933

D/N.
9086
Herrn
Hauptschriftleiter Arvid Balk,
Breslau I

Lieber Herr Balk!
Die heutige Wunschliste der Regierung über zu veröffentlichende
und nicht zu veröffentlichende Angelegenheiten ist folgende:
1. Mitteilungen über das Aussehen der Uniformen des Arbeitsdienstes sind unerwünscht, weil bisher keine Entscheidung
   gefallen ist. Die jetzt sichtbaren Uniformen sind Uniformen
   der einzelnen Arbeitsdienstträger, die später vereinheit-
   licht werden. Die Entscheidung hat der Reichskanzler selber.
2. sind alle Mitteilungen verboten, die sich mit dem Zwischenfall bei den Beratungen des Internationalen Arbeitsamtes in

16.06.1933

Genf beschäftigen, wo das Ausland die bekannten Indiskretionen über Äußerungen des Staatsrats Ley, der sich über die Bevorzugung wilder Volksstämme lustig machte und sie gegenüberstellt, zum Anlaß genommen hat, eine große Deutschenhetze zu entfesseln, in deren Verfolgung die Vertreter der b.w.

((ZSg. 101/1/10a))

roten Gewerkschaften jedes Zusammensein mit den deutschen Arbeitervertretern abgelehnt haben. Alle Veröffentlichungen über diese Dinge sind verboten, nicht dagegen ist verboten die Berichterstattung über die sachlichen Beratungen der Arbeitskonferenz.
3. Mitteilungen über Herrn Krukenberg sind auf Anordnung des Ministers Goebbels verboten, bis eine neue amtliche Erklärung erfolgt. Hierzu ist nur zu bemerken, daß die gestern durch VDZ verbreitete Mitteilung, daß Krukenberg weiter im Rundfunk bleiben werde, auf besonderen Wunsch des Ministers Göring verbreitet worden ist.
4. Berichte über Korruptionsfälle usw. dürfen nur nach vorheriger Rücksprache mit der Pressestelle des Preußischen Justizministeriums erfolgen, sofern diese Korruptionsfälle Vorgänge betreffen, bei denen ein Ausländer geschädigt worden ist. Inländische Korruptionsfälle können ohne besondere Nachprüfung gebracht werden.

Mit herzlichen Grüssen
Ihr
sehr ergebener
(D.)

16.06.1933   - 14 -

Zu 1.
s. a. ZSg. 101/1/13 v. 17. Juni 1933
      ZSg. 101/1/24 v. 23. Juni 1933
      ZSg. 101/1/28 v. 24. Juni 1933
      ZSg. 101/1/50 v. 8. Juli 1933
Die Ausgestaltung der Arbeitsdienstpflicht
Der Fachberater der N.S.D.A.P. für Arbeitsdienst und Organisationsleiter des deutschen Arbeitsdienstes im Reichsarbeitsministerium Dr. Helmut Stellbrecht, äußerte sich einem Mitarbeiter des "Völkischen Beobachters" gegenüber über die Gesamtausgestaltung der Arbeitsdienstpflicht. Dr. Stellbrecht erklärte, daß am 1. Juli 1933 100.000 Mann, evtl. sogar mehr, in nur geschlossenen Lagern im nationalsozialistischen Arbeitsdienst stünden. Damit sei der Kern geschaffen, um den eine Arbeitsdienstpflicht herumgelegt werden könnte...
Der nationalsozialistische Arbeitsdienst trägt das Feldgrau des Soldaten, darunter das braune Hemd des nationalsozialistischen Kämpfers und dazu die Armbinde mit dem Hakenkreuz.
HHN, Nr. 274 v. 15. Juni 1933 (A.A.), S. 2

s. a. Wolfgang Benz, Vom Freiwilligen Arbeitsdienst zur Arbeitsdienstpflicht. In: VjhZ, 16. Jg. (1968), H. 4, S. 317-346

s. a. **ARRH, Teil I, Bd. 1, Nr. 157**

Zu 2.
s. a. ZSg. 101/1/1 v. 19. Mai 1933
      ZSg. 101/1/17 v. 20. Juni 1933
Internationales Arbeitsamt: Ständiges Sekretariat der Internationalen Arbeitsorganisation (ILO).
Offensichtlich gab es mehrere "Zwischenfälle" im Verlaufe der Internationalen Arbeitskonferenz, auf deren Tagesordnung zur 17. Tagung (8.-30. Juni 1933) u. a. Arbeitslosenversicherung, Arbeitslosenfürsorge und Arbeitszeitverkürzung (vgl. Internationale Rundschau der Arbeit, 11. Jg. (1933), S. 901 ff.) standen:
Neuer Zwischenfall bei der Arbeitskonferenz
HHN, Nr. 271 v. 14. Juni 1933 (M.A.), S. 2

Rote Hetze über Genf
Staatsratspräsident Dr. Ley, der als Führer der Deutschen Arbeitsfront die deutsche Delegation auf der Internationalen Arbeitskonferenz führt, veröffentlicht folgende Erklärung: "Ein gewisser Dr. Dang, ehemaliger Redakteur des "Vorwärts", hat in der "Danziger Volksstimme" eine bewußte Falschmeldung verbreitet, die unserem deutschen Volke schadet. Er hat sich damit als echter Marxist und Landesverräter offenbart. Ich habe in der Pressekonferenz in Genf, in die sich Herr Dr. Dang eingeschmuggelt hatte, gesagt: Es wäre geradezu unerhört und unerträglich, daß man zwei der größten Völker Europas, Italien und Deutschland, das Mandat und die Sitze in den Kommissionen verweigern wollte, während jedem kleinsten Staat Mandate zugestanden seien. Der Sozialdemokrat und Landesverräter Dang hat

diese eindeutige Feststellung in eine Beleidigung der südamerikanischen Staaten umgefälscht. Dazu erkläre ich hiermit: Ich habe nie einen Staat und nie eine andere Nation beleidigt, sondern nur das Recht meines Volkes verteidigt".
... Wie sich nun herausstellt, hat die "Danziger Volksstimme" selbst den Artikel gar nicht veröffentlicht, sondern die Veröffentlichung abgelehnt.
HHN, Nr. 271 v. 14. Juni 1933 (M. A.), S. 2

Zu 3.
VDZ: Nachrichtenbüro des Vereins Deutscher Zeitungsverleger G.m.b.H. (gegr. 1919)
s. a. ZSg. 101/1/8 v. 16. Juni 1933

Dr. Krukenberg bleibt beim Rundfunk
Im Zusammenhang mit dem Rücktritt des bisherigen Reichsrundfunkkommissars Dr. Krukenberg ist irrtümlicherweise die Ansicht aufgetaucht, als ob Dr. Krukenberg nun dem Rundfunk verloren gehen würde, obwohl gerade er wesentlich an der Ausmerzung alter Übelstände für Rundfunk und am Neuaufbau beteiligt war. Dagegen ist darauf hinzuweisen, daß Dr. Krukenberg erster Geschäftsführer der Reichsrundfunkgesellschaft bleibt. Seine Arbeitskraft geht also weder dem Rundfunk noch der nationalen Regierung verloren. Diese Tatsache verdient deshalb hervorgehoben zu werden, weil es gerade Dr. Krukenberg war, der schon ((vor)) längerer Zeit als erster Nationalsozialist in eine zentral leitende Stelle als persönlicher Referent des damals neu geschaffenen Reichsrundfunkkommissars hineinkam. Dr. Krukenberg hat dann in den politisch besonders schwierigen Monaten mit den maßgeblichen Stellen der Bewegung zielbewußt zusammengearbeitet; es ist ihm zu danken, daß schon am 30. Januar wichtige Stellen im deutschen Rundfunk mit Nationalsozialisten besetzt waren und daß sehr bald der Kampf gegen marxistische und liberalistische Einflüsse im Rundfunk, den die nationale Regierung aufnahm, zu Erfolgen führte.
HHN, Nr. 275 v. 16. Juni 1933 (M.A.), S. 2

s. a. ZSg. 101/26/457 (Informationsbericht Nr. 20 v. 17. Juni 1933): ... Der Gegensatz Goebbels - Göring ist durch die Angelegenheit Krukenberg besonders deutlich geworden. Das Ziel von Goebbels ist naturgemäß darauf gerichtet, sein Propagandaministerium zu einer geschlossenen Waffe zu machen und durch eine möglichst allumfassende Propaganda auf allen Gebieten sich zum Liebling des Volkes und der Bewegung zu machen. Demgemäß kann er es nicht gebrauchen, wenn in seinem Ministerium und in den ihm unterstellten Stellen Männer sind, die als Gefolgsleute anderer Minister, in diesem Falle Görings anzusehen sind. Aus diesem Grunde ((459)) hat er Krukenberg aus

16.06.1933

seiner Stellung im Rundfunk herausgebracht, was Göring
sofort dazu benutzte, die Presse um Veröffentlichung einer
Erklärung Krukenbergs zu veranlassen. Goebbels hat daraufhin
mit dem Verbot aller Mitteilungen über Krukenberg geantwortet.
Die in Aussicht genommene Aussprache Hitlers mit Göring und
Goebbels hat meines Wissens noch nicht stattgefunden, aber in
irgendeiner Form wird Hitler für eine säuberliche Abgrenzung
der gegenseitigen Interessen Sorge tragen müssen, wenn nicht
unerwünschte Spannungen eintreten sollen.

In der von Göring protegierten "National-Zeitung", Essen, ist
keine Meldung nachzuweisen, die auf ein Verbleiben von Krukenberg beim Rundfunk hindeuten soll. Im Gegenteil wird in dem
Artikel, Die um Dr. Kruckenberg (sic), NZ, Nr. 164 v. 17. Juni
1933, S. 3, sein Ausscheiden im Zusammenhang mit den angeblichen
Veruntreuungen von Hans Bredow und dem "Juden" Flesch gebracht.
Am 6. Juli 1933 wurde Krukenberg schließlich auch als Geschäftsführer der RRG "beurlaubt". Sein Nachfolger wurde Eugen
Hadamovsky, der gemeinsam mit Claus Hubmann und Hermann Voss
das Direktorium der RRG bildete.

ZSg. 101/1/11-11a   16. Juni 1933

Herrn v. Neuhaus, Hamburg, Hamburger Nachrichten

Bis auf die Anrede und Schlußformel ist der Text identisch
mit ZSg. 101/1/10-10a. Außerdem: In der letzten Zeile der
ersten Seite des Textes wurde "Verfolg" abgeändert in "Verlauf".

ZSg. 101/1/12-12a   16. Juni 1933

Herrn Dr. Sieverts, Chemnitz

Bis auf die Anrede und Schlußformel ist der Text identisch
mit ZSg. 101/1/10-10a.

ZSg. 101/1/13   17. Juni 1933

D/N.
Herrn
Hauptschriftleiter Arvid Balk,
Breslau.

Lieber Herr Balk!
Die heutige Wunschliste der Regierung lautet:
Sämtliche Veröffentlichungen über organisatorische,
finanzielle, uniformmäßige und sonstige Absichten bezüglich des
Arbeitsdienstes sollen nicht gebracht werden. Bilder, die von
Arbeitsdienststellen vorgelegt werden, sollen vor ihrer Veröffentlichung in Berlin der Pressestelle des Arbeitsdienstes
im Reichsarbeitsministerium unterbreitet werden. In solchen
Fällen bitte ich mir zur schnellen Erledigung solche Bilder
sofort zu übersenden. Eine direkte Zusendung an das Ministerium
würde nur eine bürokratische Abwicklung zur Folge haben,
während ich den Oberst Müller-Brandenburg täglich spreche. Umgekehrt wünscht die Regierung, daß die Gesichtspunkte des
erzieherischen und sittlichen Wertes des Arbeitsdienstes
sowie sein volkswirtschaftlicher Nutzen immer wieder stark
unterstrichen werden, wobei allerdings Vergleiche mit der
Militärdienstpflicht usw. unerwünscht sind.
Mit herzlichen Sonntagsgrüßen
(D.)

s. a. ZSg. 101/1/10 v. 16. Juni 1933
Oberst a.D. Hermann Müller-Brandenburg, 1885 in Elberfeld
geboren, wurde nach einer Polizei-Karriere am 26. März 1933
Leiter des Aufklärungs- und Presseamts der Reichsleitung
des Arbeitsdienstes. Im Mai 1933 übernahm er diese Funktion
beim Staatssekretariat beim Arbeitsdienst. Neben verschiedenen
Veröffentlichungen gab er ab 1936 das "Jahrbuch des Reichs-
arbeitsdienstes" heraus. 1942 war er als Oberstarbeitsführer
Leiter der Abteilung für auswärtige Angelegenheiten beim
Reichsarbeitsführer.

17.06.1933

Offensichtlich auf diese Ermahnung hin erscheint am 24. Juni 1933 in den Hamburger Nachrichten ein Artikel von Korvettenkapitän a.D. Dette, in dem die "volkserzieherischen Notwendigkeiten" betont werden, "die die Einführung der Allgemeinen Arbeitsdienstpflicht zur unumgänglichen Forderung machen".
Der Arbeitsdienst des Stahlhelm B.d.F.
HHN, Nr. 290 v. 24. Juni 1933 (A. A.), S. 5

s. a.
Der unsinnige Genfer Arbeitsdienstbeschluß
Von Polizei-Oberst a.D. Müller-Brandenburg in der Reichsleitung für den Arbeitsdienst
HHN, Nr. 279 v. 18. Juni 1933 (M.A.), S. 3
und
Der Arbeitsdienstgedanke erobert die Völker
Von Müller-Brandenburg, Polizei-Oberst a.D.
HHN, Nr. 312 v. 7. Juli 1933 (A.A.), S. 2

ZSg. 101/1/14   17. Juni 1933

Herrn Verlagsdirektor Dr. Sieverts, Chemnitz

Bis auf Anrede und Schlußformel ist der Text identisch mit ZSg. 101/1/13.

ZSg. 101/1/15   17. Juni 1933

Herrn von Neuhaus, Hamburg

Bis auf Anrede und Schlußformel ist der Text identisch mit ZSg. 101/1/13.

ZSg. 101/1/16   17. Juni 1933

Der Präsident des Reichs-Landbundes hat einen Brief an Staatssekretär von Rohr gerichtet, der auch durch einzelne Nachrichtenbüros verbreitet worden ist. Das Propagandaministerium ordnet an, daß dieser Brief nicht veröffentlicht werden darf.

s. a. ZSg. 101/1/38 v. 29. Juni 1933
Der Reichs-Landbund war im Gegensatz zu den beiden anderen berufsständischen Organisationen der deutschen Landwirtschaft (Vereinigung der christlichen Bauernvereine und Deutsche Bauernschaft) großagrarisch orientiert. Er war dezentral strukturiert und hatte keine Direktmitglieder ("Bund der Bünde"). An seiner Spitze standen drei Präsidenten. Zunächst wurde der Bund 1929 politisch aktiv im Sinne der DNVP und unterstützte 1932 im zweiten Wahlgang der Reichspräsidentenwahl nicht sein Ehrenmitglied Hindenburg, sondern Hitler. Über die Zusammenarbeit in der "Harzburger Front" 1931 war eine Annäherung an die NSDAP erfolgt. Am 4. April 1933 fusionierten der Reichs-Landbund und der Agrarpolitische Apparat der NSDAP (Leitung: R. Darré), nachdem bereits im Dezember 1931 eine neuerlich eingerichtete vierte Präsidentenstelle mit dem Nationalsozialisten W. Willikens besetzt worden war (s. Lexikon zur Geschichte und Politik im 20. Jahrhundert, Bd. 2, Köln 1971, S. 666).
Seit März 1933 war <u>Wilhelm Meinberg</u> (1898-1973) Präsident des Reichs-Landbundes. Seit 1929 Mitglied der NSDAP, seit 1930 Organisator des Agrarpolitischen Apparates der NSDAP, 1932 Mitglied des Landtages (Preußen), 1933 Mitglied des Reichstags, 1934 Ständiger Vertreter des Reichsbauernführers, daneben Obersturmbannführer beim Reichsführer SS.
<u>Hans Joachim von Rohr (-Demmin)</u>, (1888-1971), 1924-1932 Mitglied des Landtages (Preußen, DNVP), Vorsitzender des Pommerschen Landbundes, Februar 1933 durch Hugenberg (DNVP) als Staatssekretär ins Reichsministerium für Ernährung und Landwirtschaft berufen; 19.-22. Juni 1933 Prozeß wegen Verdacht des Betruges bei der Umschuldung seines Landgutes mangels Beweisen eingestellt. 22. September 1933 in den einstweiligen Ruhestand versetzt. Längere Zeit als politisch Verfolgter in Greifswald, Stettin und Potsdam im Gefängnis, 1950-54 Mitglied des Landtages (Nordrhein-Westfalen, FDP).
Anlage zu ZSg. 101/26/469 (Informationsbericht Nr. 20 v. 17. Juni 1933):
(Schreiben des Landbund-Präsidenten Meinberg an Staats-

17./20.06.1933

sekretär von Rohr)
Sie haben durch Ihr Verhalten bei Behandlungen der ganzen
politischen Fragen in meinen Augen und bei den im Reichs-
Landbund zusammengeschlossenen Bauern jeden Anspruch ver-
wirkt, als Vertrauensmann des Deutschen Bauerntums zu gelten.
Sie haben sich vielmehr als Gegner der von mir, vom Reichs-
Landbund und von der gesamten nationalsozialistischen Bewegung
gewollten bäuerlichen Standesentwicklung und bäuerlichen
Standesführung erwiesen, die das Hochziel meines Kampfes für
Deutschlands Zukunft ist. Die von Ihnen verkörperten standes-
politischen Tendenzen beweisen eine derartige völlige Verken-
nung dessen, was das deutsche Bauerntum will und braucht, um
seine historische Aufgabe erfüllen zu können, daß dadurch
das im neuen Staate so dringend gebotene Vertrauensverhältnis
zwischen dem deutschen Bauern und seinem Spezialministerium
gänzlich fehlt. Nach der bei Ihnen während Ihrer Amtsführung
als Staatssekretär zunehmend erwiesenen Gegnerschaft gegen die
von deutschen Bauern gewollte und erstrebte Standesentwicklung
haben Sie durch Ihr persönliches Verhalten einen Zustand
geschaffen, der die Zusammenarbeit des Berufsstandes mit seinem
Ministerium unmöglich macht. Die dadurch für die sachliche
Betreuung des deutschen Bauerntums entstandene Schädigung
zwingt mich, an Sie die ausdrückliche Forderung zu richten,
Ihren Platz frei zu machen, um nicht durch Ihre Person eine
gesunde bäuerliche Entwicklung in Deutschland weiter schwer
zu schädigen. Der deutsche Bauer als Träger des nationalsozialistischen Staates und als Kämpfer für Weiterführung und Voll-
endung der nationalsozialistischen Revolution ist nicht gewillt,
sich durch Sie und die hinter Ihnen stehenden Kräfte auf seinem
Weg fernerhin aufhalten zu lassen.
Über die zunehmenden Angriffe der NSDAP gegen die DNVP schreibt
Georg Dertinger im Informationsbericht Nr. 21 v. 19. Juni 1933
(ZSg. 101/26/475): "... Zum anderen hat ja der Reichs-Landbund
den Kampf gegen Rohr in dem bekannten Brief des Präsidenten
Meinberg an den Staatssekretär eröffnet. Kurzum der Kampf ist
auf der ganzen Linie entbrannt".
s.a. ARRH, Teil I, Bd. 1, Nr. 171

ZSg. 101/1/17   20. Juni 1933

Wegen des Zwischenfalles bei der Arbeitskonferenz in Genf haben
die Ausländer eine Gegenerklärung gegen den deutschen Auszug
abgefaßt. Diese Erklärung darf nicht erscheinen, ehe nicht eine

deutsche amtliche Stellungnahme dazu vorliegt, was heute
abend der Fall sein wird.
Berlin, 20. Juni 1933.

s. a. ZSg. 101/1/10 v. 16. Juni 1933
Die Beleidigung der Deutschen in Genf
Ministerialdirektor Engel gab heute vor den Pressevertretern
eine Darstellung der Gründe, die zum Verlassen der Genfer
Arbeitskonferenz durch die deutsche Delegation geführt haben.
... Die deutschen Arbeitnehmervertreter seien u.a. als "Kerkermeister der deutschen Arbeiter" und ähnlich beschimpft
worden. Der Bitte der deutschen Delegation, diese Beleidigungen zurückzunehmen, sei man nicht nachgekommen. Die deutsche
Delegation habe deshalb die Konferenz verlassen müssen.
... Ministerialdirektor Engel wies ferner auf das Dementi
Dr. Leys hin, das unmittelbar nach dem Bekanntwerden des Vorfalls in der Presse erfolgte. ...
HHN, Nr. 287 v. 23. Juni 1933 (M.A.), S. 2
s. a. Deutschlands klare Haltung in Genf
Zurückweisung von Erklärungen der Internationalen Arbeitskonferenz / Die Richtigstellung
HHN, Nr. 283 v. 21. Juni 1933 (M.A.), S. 2

ZSg. 101/1/18   20. Juni 1933

Rundruf vom 20. Juni 1933.
Das Propagandaministerium bittet, unter allen Umständen jede
Diskussion über Kirchenfragen insbesondere über Streitigkeiten
in der evangelischen Kirche zu unterlassen. Wie weit kirchenamtliche Mitteilungen veröffentlicht werden können, wird noch
durch eine nähere Anweisung des Propagandaministeriums geklärt
werden.

s. dazu ZSg. 101/1/4 v. 13. Juni 1933

ZSg. 101/1/19   21. Juni 1933

Rundruf vom 21. Juni 1933.
Über angebliche Demonstrationen vor dem Gebäude der Reichsbahn-Hauptverwaltung und am Skagerrak-Platz darf in der Presse nichts berichtet werden.

Anläßlich des Jahrestages der Schlacht im Skagerrak (31. Mai 1916) war der Kemper-Platz in Berlin, am südlichen Ausgang der Sieges-Allee, in Skagerrak-Platz umbenannt worden.
ZSg. 101/26/505 (Informationsbericht Nr. 22 v. 23. Juni 1933):
Wie erinnerlich, sind wiederholt Parteibefehle rausgegangen, denen zufolge die Angriffe der NSDAP gegen den Reichsbahn-Generaldirektor Dr. Dorpmüller einzustellen seien. Vor zwei Tagen hat trotz dessen unter Führung von Nationalsozialisten, die durchaus als gemäßigt angesehen werden, eine solche Demonstration stattgefunden, obwohl vorher eine Warnung von Göring ergangen war und dieser zum Schutze Dorpmüllers SS ins Reichsbahngebäude ((507)) gelegt hatte. Bezeichnenderweise ist aber, obwohl man zu sehr eindeutigen Demonstrationen schritt, die SS nicht eingesetzt worden. Faßt man die ganzen Vorgänge zusammen, so ergibt sich mit Deutlichkeit, daß wir mitten im zweiten Abschnitt, und zwar im sozialistischen Abschnitt der Revolution stehen...

Dr. h.c. Julius Dorpmüller (1869-1945) parteilos, 1898 Eintritt in den Preußischen Staatseisenbahndienst, 1908-1917 Ingenieur beim Eisenbahnbau in China, 1924 Präsident der Reichsbahn-Direktion Essen, 1925 ständiger Stellvertreter des Generaldirektors der Deutschen Reichsbahn-Gesellschaft, 1926 Generaldirektor der Deutschen Reichsbahn-Gesellschaft. Ab 1933 Vorsitzender des Verwaltungsrates und des Vorstandes der Reichsautobahnen in Berlin, 1937-1945 Reichsverkehrsminister.

Die Reichsbahn
Die Säuberung hat begonnen
Wie wir hören, ist der Pressechef bei der Hauptverwaltung der Deutschen Reichsbahn-Gesellschaft, Reichsbahndirektor Baumann, am Freitag vom Dienst beurlaubt worden. Baumann ist jüdischer Abstammung. In unterrichteten Kreisen glaubt man, daß dieser Beurlaubung in den nächsten Tagen eine Reihe weiterer folgen werden, so daß nun auch bei der Reichsbahn-Gesellschaft endlich die Säuberungsaktion in Fluß kommt.
NZ, Nr. 171 v. 24. Juni 1933, S. 1

Kein Rücktritt Dorpmüllers
Amtlich wird mitgeteilt: Die Veröffentlichungen über einen

angeblich bevorstehenden Rücktritt des Generaldirektors der
Deutschen Reichsbahn-Gesellschaft, Dr. Dorpmüller, sind von
A-Z erfunden.
BBC, Nr. 289 v. 24. Juni 1933 (M.A.), S. 1

ZSg. 101/1/20 21. Juni 1933

D/N.
9086 21. Juni
Herrn
Verlagsdirektor Dr. Sieverts,
Chemnitz
Sehr verehrter Herr Doktor Sieverts!
Aus der heutigen Wunschliste des Propagandaministeriums sind
folgende drei Mitteilungen von Bedeutung:
1. Verschiedene Vorfälle in der vergangenen Woche geben dem
   Reichspropagandaministerium Veranlassung, hiermit nochmals
   mit aller Deutlichkeit zu sagen, daß keine Nachrichten
   über eine etwa bevorstehende Teilnahme des Kanzlers an
   irgenwelchen Veranstaltungen gebracht werden dürfen. Es
   wird an zuständiger Stelle zugegeben, daß vielfach Dienststellen solche Mitteilungen an die Presse gegeben haben.
   Aber auch in solchen Fällen ist der Abdruck untersagt, es
   sei denn, daß das Propagandaministerium ausdrücklich die
   Genehmigung hierzu erteilt hat. Die nachgeordneten Dienststellen tragen für eine Veröffentlichung derartig unauto-
   risierter Nachrichten eine ebenso große Verantwortung wie
   die Presse selbst. Keine Zeitung hat in Zukunft das Recht
   mehr, sich auf die Mitteilung irgend einer nachgeordneten
   Dienststelle in solchen Fällen zu berufen.
2. Die Erörterung über die Frage des Reichsbischofs ist in

21.06.1933

den letzten Tagen in einer Form wieder aufgelebt, die nicht wünschenswert ist. Das Reichspropagandaministerium legt Wert darauf, daß diese Frage möglichst wenig und mit der gebotenen Zurückhaltung in der Presse behandelt werde.

3. Die <u>Veröffentlichung von Urteilen in Spionageangelegenheiten</u> wird als erwünscht bezeichnet, weil dadurch abschreckend erzieherisch gewirkt wird. Es sollen aber weder der Name noch das Land genannt werden, für das der Betreffende gearbeitet hat. Es genügt die Angabe, daß der Spion für eine benachbarte oder fremde Macht gearbeitet hat.

Mit den angelegentlichsten Empfehlungen
Ihr
sehr ergebener
((D))

Zu 1.
s. a. ZSg. 101/1/46 v. 6. Juli 1933
Zu 2.
s. a. ZSg. 101/1/4 v. 13. Juni 1933
   ZSg. 101/1/18 v. 20. Juni 1933
<u>Warum Wehrkreispfarrer Müller?</u>
... Darum: Wehrkreispfarrer Müller wird Reichsbischof der evangelischen Kirche.
NZ, Nr. 168 v. 21. Juni 1933, S. 7
<u>Die Bischofsfrage akut</u>
Die "Deutschen Christen" bleiben fest
NZ, Nr. 169 v. 22. Juni 1933, S. 3
Nach einer Erklärung zu den Gründen am 25. Juni 1933 gibt Bodelschwingh schließlich seinen Auftrag zurück:
<u>Bodelschwingh's Rücktritt</u>
... Durch die Einsetzung eines Staatskommissars für den Bereich sämtlicher evangelischer Landeskirchen Preußens ist mir die Möglichkeit genommen, die mir übertragenen Aufgaben durchzuführen. Das nötigt mich, den mir vom deutsch-evangelischen Kirchenbund erteilten Auftrag zurückzugeben.
NZ, Nr. 172 v. 25. Juni 1933, S. 1

ZSg. 101/1/21   21. Juni 1933

Herrn Hauptschriftleiter Arvid Balk, Breslau

Bis auf Anrede und Schlußformel ist der Text identisch
mit ZSg. 101/1/20.

ZSg. 101/1/22   21. Juni 1933

Herrn von Neuhaus, Hamburg

Bis auf Anrede und Schlußformel ist der Text identisch
mit ZSg. 101/1/20.

ZSg. 101/1/23   22. Juni 1933

<u>Mitteilung an die Redaktionen!</u>
Die Meldung "Drei junge Leute suchen gemeinsam den Tod"
auf Seite 5 der Ausgabe Nr. 654, wird auf Wunsch von
Amtlicher Sächsischer Seite zurückgenommen.

Die Seitenangeabe bezieht sich vermutlich auf die Mitteilungen
des Wolff'schen Telegraphischen Büros (WTB).

ZSg. 101/1/24   23. Juni 1933

D/N.
9086   23. Juni 1933
Herrn
Hauptschriftleiter Arvid Balk,
Breslau I

Lieber Herr Balk!
Die heutige Wunschliste des Propagandaministeriums umfaßt folgende Punkte:
1. Der beigefügte Artikel von Waldemar Bonsels möge möglichst bald ungekürzt gebracht werden. Das Propagandaministerium hat mit Verwunderung festgestellt, daß dieser Artikel, der schon durch die Nachrichtenbüros verbreitet worden ist, bisher nirgends Aufnahme gefunden habe.
2. Das vom "Berliner Börsen-Courier" veröffentlichte Interview Hitlers darf nicht gebracht werden, da der Text nicht authentisch ist. Es wird des weiteren die Warnung ausgesprochen, Interviews von führenden Männern aus ausländischen Zeitungen zu übernehmen, ohne vorher mit dem Propagandaministerium Fühlung genommen zu haben.
3. Mitteilungen deutschnationaler Stellen bezüglich des Verbots der Kampfstaffeln, die irgendeinen Zweifel an der Richtigkeit der amtlichen Mitteilungen zum Ausdruck brächten dürfen nicht veröffentlicht werden, widrigenfalls Verbot (siehe "Deutsche Zeitung").
4. Es wird an das Verbot erinnert, die Frage des Arbeitsdienstes irgendwie im Zusammenhang mit wehrpolitischen Fragen zu erörtern.
Wie schwierig im übringen gerade dieses Kapitel ist, geht aus folgendem Zwischenfall hervor:

                                              b.w.

23.06.1933

((ZSg. 101/1/24a))

Eine große Kommission ausländischer Journalisten wurde
durch ein Arbeitsdienstlager geführt, wo der friedliche
Charakter der ganzen Angelegenheit deutlich demonstriert
werden sollte. Nach Schluß der Veranstaltung fiel einem
Teilnehmer auf, daß auf einem kleinen Hügel ein Signalmast
stand, zu dessen Füßen eine kleine Fahne hing. Auf seine
Frage bekam er die klassische Antwort: "Wenn die Fahne oben
hängt, wird scharf geschossen."
Mit herzlichen Grüßen
Ihr
sehr ergebener
(gez. Dtg.)
<u>1 Anlage!</u>

Die Anlage fehlt.
Zu 1.
<u>Vorstoß und Auswirkung</u>
von Waldemar Bonsels
Capri, Ende Mai 1933
... Da waren nun, um vom allgemeinen zu einem besonderen Fall
zu kommen, die Bücher-Autodafés der deutschen Studentenschaften
und ihre Verbrennungslisten, ein lautes, kritisches Bacchanal.
Ich sitze hier, nicht ohne besonderen Grund, in einer Wildnis
von Zuschriften, die mich zu einem flammenden Protest auffordern:
Der Ungeist verdränge den Geist, deutsche Kulturgüter
seien in Gefahr, das Mittelalter kehre zurück. Genau das
Gegenteil werde ich tun. ... Ich fand diesen ersten Vorstoß der
Studentenschaft, sich einmal ernstlich mit der schönen Literatur
auseinanderzusetzen, etwas zu stürmisch, aber von Nutzen. Gewiß,
das Hakenkreuz ist ein Wahrzeichen der neuen deutschen Freiheit
geworden, aber nicht alles, was deutsch ist, ist ein Hakenkreuz.
Zum anderen ist diese schwarze Liste der verfemten Dichter und
Schriftsteller jetzt durch eine gemeinsame Zusammenarbeit des
Vorstandes des Börsenvereins deutscher Buchhändler und des
Kampfbundes für deutsche Kultur revidiert worden. Das Kapitol
scheint gerettet. ...
Öffentliche Kritik behält darüber geduldige Gültigkeit; wenn

23.06.1933

nichts es beweist, so tut es dieser Aufsatz. Es ist nicht
richtig, daß man heute in Deutschland seine Gedanken nicht
äußern darf. Es ist aber für die Regierung von ungeheurer
Wichtigkeit, vorläufig mit Strenge darauf zu achten, daß nicht
unter dem Deckmantel selbst wohlwollender Kritik die heimliche
Intrige einsetzt.
HHN, Nr. 291 v. 25. Juni 1933 (M.A.), S. 9

Waldemar Bonsels (1880-1952) wurde vor allem durch sein Buch
"Die Biene Maja und ihre Abenteuer" bekannt, neben dem er noch
zahlreiche Romane, Erzählungen, Reisebeschreibungen und Essays
veröffentlichte. (vgl. Hellmut Jaesrich, Feinderkundungen im
Lager der Hornissen. Markenzeichen Biene Maja: W. Bonsels zum
100. Geburtstag, Die Welt, Nr. 44 v. 21. Februar 1980, S. 19)

Zu 2.
Interview mit dem Reichskanzler
Reichskanzler Hitler empfing gestern den Berliner Chefkorrespondenten der "Berlingske Tidende", Baron Schaffalitzky de
Muckadell, zu einem Interview. Das Interview wird in der heutigen
Spätabendausgabe des großen Kopenhagener Blattes veröffentlicht,
und wurde liebenswürdigerweise dem "Berliner Börsen-Courier"
zur Verfügung gestellt. ...
BBC, Nr. 287 v. 23. Juni 1933,(M.A.), S. 1

In dem Interview bezeichnet Hitler den Anschluß Österreichs
als "nicht nur eine deutsch-österreichische Frage, sondern ein
europäisches Problem". Außerdem äußert er sich zu dem von
Hugenberg in die Debatte gebrachten Kolonialproblem: "Wenn
wir Deutschen über Kolonisierung sprechen, so denken wir
zunächst auch an Ostpreußen, wo es so viel Grund und Boden
zur Bearbeitung noch gibt."

Zu 3.
ZSg. 101/26/499 (Informationsbericht Nr. 22 v. 23. Juni 1933):
... Das wichtigste Ereignis war das Verbot der Deutschnationalen
Kampfstaffeln wegen kommunistischer Zersetzung, eine Behauptung,
der der Führer der Kampfstaffeln Staatssekretär von Bismarck
aufs schärfste entgegengetreten ist. Die Wiedergabe dieser
abweichenden Auffassung hat der "Deutschen Zeitung" ein Verbot
von acht Tagen eingebracht. Mit dem Verbot der Deutschnationalen
Kampfstaffeln soll Hugenberg das kleine kümmerliche Machtinstrumentchen, das er hat, zerschlagen werden. Wie ich schon in früheren Informationen ... hingewiesen habe, greift der nationalsozialistische Staat überall da ein, wo die Gefahr einer neben dem
Staat stehenden Machtzusammenballung entstehen könnte. Die
Frage, die jetzt im Vordergrund steht, ist, ob unter diesen
Umständen Hugenberg noch im Kabinett bleiben kann oder nicht.
... ((501)) ... Hugenberg scheint in allererster Linie an seine
sachlichen Aufgaben zu denken und hat daher zwar der Auflösung
der Kampfstaffeln widersprochen, die Tatsache aber nicht zur
Kabinettsfrage gemacht.

s. a. Über 100 DNF-Staffelführer verhaftet
Kampfring verboten
... Auf Grund der Verordnung des Reichspräsidenten zum Schutze von Volk und Staat vom 28. Februar 1933 in Verbindung mit § 14 Polizeiverwaltungsgesetz hat der Preußische Minister des Innern die Kampfringe der deutschnationalen Front (früher deutschnationale Kampfstaffeln) einschließlich ihrer sämtlichen Formationen sowie die im Bismarck-Bund zusammengeschlossenen Jugendgruppen im Gebiete des Freistaates Preußen aufgelöst und verboten.
BBC, Nr. 284 v. 21. Juni 1933 (A.A.), S. 1

Verboten!
"Deutsche Zeitung" bis zum 30. Juni
Amtlich wird mitgeteilt: "Das Geheime Staatspolizeiamt hat die "Deutsche Zeitung" wegen des Artikels "Eine Richtigstellung im Falle Bismarck" in der Morgenausgabe von Nr. 145a vom Freitag, dem 23. Juni 1933, bis zum 30. Juni einschließlich verboten".
NZ, Nr. 171 v. 24. Juni 1933, S. 3

Auch der "Bayerische Kurier" verboten
Wie amtlich mitgeteilt wird, hat die Polizeidirektion München auf Anordnung des Staatsministers Esser den "Bayerischen Kurier" auf acht Tage verboten. Die Zeitung hat die Meldung über die Maßnahmen der Reichsregierung gegen die deutschnationalen Kampfstaffeln mit einer Überschrift in Anführungszeichen versehen, die eine lächerlich machende Herabsetzung der Maßnahmen der Reichsregierung darstellt. Außerdem hat das Blatt auf der dritten Seite Nr. 174 vom Freitag, dem 23. Juni, eine Reihe von Nachrichten über notwendige Festnahmen und Schutzhaftmaßnahmen in einer Zusammenstellung gebracht, aus der nach der ganzen Art der Aufmachung die Absicht, aufreizend zu wirken, klar hervorgeht.BBC, Nr. 288 v. 23. Juni 1933 (A.A.), S. 4

Zu 4.
s. a. ZSg. 101/1/10 v. 16. Juni 1933
ZSg. 101/1/13 v. 17. Juni 1933

Kommende Arbeitsdienstpflicht. Interessante Einzelheiten über den Verbrauch.
Die wirtschaftliche Seite.
... Nach diesen Beispielen (Bedarf an Nahrungsmitteln, gtz) kann sich wohl jeder Unternehmer, ob Industrieller, Kaufmann oder Handwerker ein Bild von dem wirtschaftlichen Aufschwung machen, der bei der Einführung der Arbeitsdienstpflicht mit Bestimmtheit zu erwarten ist.
NZ, Nr. 174 v. 27. Juni 1933, S. 7 (Wirtschaftspolitischer und Handelsteil)

Besichtigung zweier Arbeitsdienstlager
Die Aufklärungs- und Presseabteilung beim Staatssekretär für den Arbeitsdienst veranstaltete eine Besichtigungsfahrt nach zwei Lagern des Freiwilligen Arbeitsdienstes bei Spandau und

23./24.06.1933

bei Nauen, an der Vertreter der Berliner und auswärtigen
Presse teilnahmen. ...
FZ, Nr. 480/81 v. 1. Juli 1933 (1.M.A.), S. 8

ZSg. 101/1/25   23. Juni 1933

Herrn v. Neuhaus, Hamburg

Bis auf Anrede und Schlußformel ist der Text identisch
mit ZSg. 101/1/24.

ZSg. 101/1/26   23. Juni 1933

Herrn Verlagsdirektor Dr. Sieverts, Chemnitz

Bis auf Anrede und Schlußformel ist der Text identisch
mit ZSg. 101/1/24.

ZSg. 101/1/27   24. Juni 1933

Bestellung für Hamburg.
Das Interview der United Press mit dem Ministerpräsidenten
Göring über die Überfliegung der ausländischen Flugzeuge darf
nicht veröffentlicht werden. Göring hat angeblich nach diesem

Interview der United Press angekündigt, daß sofort mit dem Bau
von zwei Polizeiflugzeugen begonnen würde. Unter keinen
Umständen dürfen diese Angaben und die weiteren in diesem
Interview veröffentlicht werden.
(24.6.33 abds. n. Hgb.)

Chronik
Am Freitag nachmittag (23. Juni 1933, gtz) erschienen über
Berlin ausländische Flugzeuge von einem in Deutschland unbe-
kannten Typ und warfen über dem Regierungsviertel und im
Osten Flugblätter mit einem die Reichsregierung beschimpfenden
Text ab. ...
BBC, Nr. 290 v. 24. Juni 1933 (A.A.), S. 4
Die unter dem Schutz Görings stehende "National-Zeitung", Essen,
setzt sich mit dem Vorfall sehr ausführlich auseinander,
besonders damit, wie er in der französischen Presse kommen-
tiert wird:
Keine Verwechslung bitte!
Der Fliegerüberfall wurde auf Berlin unternommen, nicht auf
Paris. ...
Minister Göring als Polizeiminister wird die Folgerungen aus
dieser flagranten Verletzung der deutschen Luftsouveränität
bestimmt schon mit der ihm eigenen unbeugsamen Konsequenz
bereits gezogen haben und dafür sorgen, "daß der Staat keinen
weiteren Schaden leidet". ... Dafür braucht unsere Polizei
Polizeiflugzeuge, so wie es auf der Erde schnell fahrende und
armierte Polizeiautos benötigt. Das alles gehört zu Minister
Görings Amtsbereich, und in dem herrscht Ordnung.
NZ, Nr. 174 v. 27. Juni 1933, S. 3
s.a. ADAP, Serie C, Bd. I,2, Nr. 359.

ZSg. 101/1/28   24. Juni 1933

Dr.K./N.
9086
Herrn
Verlagsdirektor Dr. Sieverts
Chemnitz

24.06.1933

Sehr verehrter Herr Dr. Sieverts!
Die heutige Wunschliste des Propagandaministeriums umfaßt folgende Punkte:
1. Über die mutmaßliche Nachfolge des polnischen Gesandten in Berlin dürfen Meldungen vorläufig nicht gebracht werden. Erst wenn eine amtliche Meldung des Auswärtigen Amtes vorliegt, darf der Nachfolger des jetzigen polnischen Gesandten erwähnt werden.
2. In der Anlage übersenden wir einen Artikel "Denkt an die arbeitslosen Volksgenossen!", dessen Veröffentlichung vom Propagandaministerium dringend gewünscht wird.
3. teilt das Propagandaministerium folgende Vorschriften mit: "Die deutsche Presse berichtet in der letzten Zeit über die verschiedensten Veranstaltungen, an denen Mitglieder der Reichsregierung oder führende Persönlichkeiten der NSDAP oder nationaler Verbände teilnehmen, in Ausdrücken, die in einer vergangenen Zeit angebracht waren, die aber in keiner Weise in den heutigen Staat hineinpassen. Es ist durchaus nicht angebracht, dauernd von "Spitzen der Gesellschaft", Persönlichkeiten der ersten Kreise usw. zu sprechen. Diese reaktionäre Art der Berichterstattung muß im deutschen Volk den Eindruck erwecken, als ob wieder eine Klassen- oder Kastenschichtung sich vollzöge, was sowohl objektiv wie subjektiv unrichtig ist. Die deutsche Presse wird deshalb in ihrer Gesamtheit auf das nachdrücklichste ersucht, künftighin ihre Berichte genau durchzuprüfen, ob sie nicht etwa zu Beanstandungen der oben erwähnten Art Anlaß geben könnten."

<u>Veröffentlichungen, die nicht erwünscht sind:</u>[A)]
1. Kein <u>Kanzlerinterview</u> darf veröffentlicht werden, sofern nicht das Propagandaministerium ausdrücklich die Ermächtigung hierzu erteilt hat.

b.w.

((ZSg. 101/28a))

2. Vor der Verbreitung von Erklärungen gewisser Stellen über die <u>Deutschnationalen Kampfstaffeln</u> und alles was damit zusammenhängt, wird gewarnt.
3. Meldungen über den <u>Arbeitsdienst</u> dürfen nicht irgend welche Fragen der <u>Landesverteidigung</u> berühren. Die Redaktionen werden angehalten, alles das herauszustreichen, was z. B. mit Waffenausbildung, mit Wehrsport usw. zu tun hat. Die Veröffentlichung solcher Meldung hat auch dann zu unterbleiben, wenn sie von polizeilicher Seite ausgegeben worden ist.
4. <u>Meldungen über in Vorbereitung befindliche Gesetzentwürfe dürfen nicht gebracht werden.</u>
5. <u>Das Wort Deutsch-Österreichischer Anschluß soll nicht mehr benutzt werden.</u>
6. <u>Ankündigungen von Kabinettssitzungen und die Veröffentlichungen nicht amtlicher programmatischer Angaben über Kabinettssitzungen hat zu unterbleiben.</u>
7. Die Frage der <u>Uniform des Arbeitsdienstes</u> ist noch nicht entschieden. Erörterungen darüber sind nicht erwünscht.
8. Über <u>Standortverlegungen</u> bei Reichswehr und Polizei darf nichts veröffentlicht werden.

<u>Veröffentlichungen, die ausdrücklich erwünscht sind:</u>B)
1. Das Propagandaministerium bittet alle Redaktionen Fragen der <u>Arbeitsbeschaffung und der Arbeitsspende</u> möglichst eingehend zu behandeln.
2. Durch französische Tendenzmeldungen ist eine gewisse Beunruhigung bezüglich Sicherheit und Pünktlichkeit der von dem <u>Luftschiff Graf Zeppelin</u> durchgeführten Amerikafahrten entstanden. Als geeignete Gegenmaßnahme wird es im Interesse des Ansehens der Deutschen Luftfahrt für dringend erforderlich gehalten, in Zukunft über die Süd-Amerika-Fahrt in der Deutschen Presse mehr Zwischen- und Standortmeldungen zu

veröffentlichen, um die Sicherheit und Pünktlichkeit des
Luftschiffdienstes vor Augen zu führen.
Mit einer gehorsamen Empfehlung bin ich
Ihr
(K.)
1 Anlage!

Die Anlage fehlt.
Zu 1.
s. a. ZSg. 101/1/30 v. 24. Juni 1933
Bereits am 20. Mai 1933 stellte der Berliner Börsen-Courier
die Frage:
Wechsel in der polnischen Gesandtschaft?
Wie der "Kurjer Warszawski" gerüchteweise erfährt, soll der
jetzige polnische Gesandte in Berlin, Wysocki, als Botschafter
nach Rom versetzt werden, wo dieser Posten seit dem Tode des
letzten polnischen Botschafters unbesetzt geblieben ist. Als
Nachfolger Wysockis wird der bisherige Leiter der West-Abteilung
im polnischen Auswärtigen Amt, Joseph Lipski, genannt.
Einige Regierungsblätter haben diese Gerüchte wiederholt.
BBC, Nr. 234 v. 20. Mai 1933 (A.A.), S. 4
Erst am 26. Juli bestätigte die Frankfurter Zeitung die
Ernennung Lipskis (FZ, Nr. 547/548 v. 26. Juli 1933 (1.M.A.),
S. 2). Am 3. Oktober 1933 traf er in Berlin ein (HHN, Nr. 463
v. 4. Oktober 1933 (M.A.), S. 2) und am 15. November machte er
seinen Antrittsbesuch bei Hitler (s. Egelhaafs Historisch-
politische Jahresübersicht für 1933, Stuttgart 1934, S. 74).
Zu 2.
Denkt an die arbeitslosen Volksgenossen!
Der Führer hat das deutsche Volk zur Spende für die nationale
Arbeit aufgerufen. Zum ersten Male nach unheilvollen Jahren
inneren Haders und wachsender Zwietracht wird das durch die
nationalsozialistische Revolution geeinte deutsche Volk zu
gemeinsamer Abwehr gegen die Arbeitslosigkeit aufgefordert. ...
(("Spende für die nationale Arbeit"))
HHN, Nr. 294 v. 27. Juni 1933 (A.A.), S. 3
BBC, Nr. 299 v. 30. Juni 1933 (M.A.), S. 3
vgl. auch B 1. in dieser Anweisung.
Zu A 1.
s. a. ZSg. 101/1/24 v. 23. Juni 1933
Zu A 2.
s. a. ZSg. 101/1/24 v. 23. Juni 1933

24.06.1933

Zu A 3.
s. a. ZSg. 101/1/24 v. 23. Juni 1933
Zu A 5.
s. a. ZSg. 101/1/24 v. 23. Juni 1933 ((Kanzlerinterview))
Zu A 7.
s. A 3.
Zu B 1.
s. a. ZSg. 101/1/5 v. 15. Juni 1933
und 1. in dieser Anweisung
Zu B 2.
<u>Zeppelin startet planmäßig am Sonnabend</u>
<u>Dritte Südamerika-Fahrt.</u>
NZ, Nr. 176 v. 29.Juni 1933, S. 3
s. a. ZSg. 102/1/32 v. 4. Januar 1935

ZSg. 101/1/29-29a 24. Juni 1933

Herrn v. Neuhaus, Hamburg

Bis auf Anrede und Schlußformel ist der Text identisch mit ZSg. 101/1/28.

ZSg. 101/1/31-31a 24. Juni 1933

Herrn Hauptschriftleiter Arvid Balk

Bis auf Anrede und Schlußformel ist der Text identisch mit ZSg. 101/1/28.

ZSg. 101/1/30   24. Juni 1933

Rundruf vom 24. Juni 1933.
Über die Nachfolge des polnischen Gesandten in Berlin werden die Zeitungen gebeten, solange keine Mitteilungen zu veröffentlichen, als darüber amtliche Nachrichten nicht bekannt gegeben worden sind.
Propagandaministerium.
Mittags nach Hbg., abds. Bresl. und Chemnitz.

s. ZSg. 101/1/28 v. 24. Juni 1933

ZSg. 101/1/32   27. Juni 1933

Rundruf vom 27. Juni 1933.
Das im Amtlichen Preußischen Pressedienst vom 27. Juni unter der Überschrift "Ministerpräsident Göring zum Kirchenstreit" veröffentlichte Schreiben des preußischen Ministerpräsidenten an Kultusminister Rust ist nicht zur Veröffentlichung bestimmt. Das Schreiben darf von den Zeitungen nicht gebracht werden.
(P.M.)

s. a. ZSg. 101/1/4 v. 13. Juni 1933
     ZSg. 101/1/18 v. 20. Juni 1933
     ZSg. 101/1/20 v. 21. Juni 1933
Am 25. Juni 1933 war der Rücktritt Bodelschwingh's erfolgt.
<u>Bernhard Rust</u> (1883-1945), 1909 Oberlehrer in Hannover, <u>Kriegsteilnehmer</u>, 1925 Gauleiter der NSDAP Hannover-Braunschweig, 1930 MdR, 4.2.1933 Preußischer Minister für Wissenschaft, Kunst

und Volksbildung, September 1933 Preußischer Staatsrat, 30.4.1934 - April 1945 Reichsminister für Wissenschaft, Erziehung und Volksbildung, Mai 1945 Selbstmord.

Ein Brief Görings an Kultusminister Rust

... In diesem Schreiben bringt der Ministerpräsident zum Ausdruck, daß er mehrfach gebeten worden sei, in den Kirchenstreit und in die Maßnahmen des Herrn Preußischen Kultusministers Rust einzugreifen. ... Der Brief fährt fort: Ich habe mich deshalb entschlossen, Ihnen vor wenigen Tagen aufgrund Ihres Vertrages sämtliche Vollmachten meinerseits zu übertragen, um den Kirchenstreit zu beenden und die Belange des preußischen Kirchenvolkes zu wahren, und wiederhole auch heute schriftlich die Übertragung dieser Vollmachten.
FZ, Nr. 476 v. 29. Juni 1933 (2.M.A.), S. 2

s. a. Die Schreiben Görings zur Kirchenfrage
HHN, Nr. 297 v. 29. Juni 1933 (M.A.), S. 2

ZSg. 101/1/33   28. Juni 1933

D/N.
9086
Herrn
Verlagsdirektor Dr. Sieverts
Chemnitz

Sehr verehrter Herr Dr. Sieverts!

Über den Inhalt des Freundschaftsabkommens zwischen Hitler und Hugenberg, das im übrigen, wie ich höre nicht veröffentlicht werden soll, (erfahre-ich-noch,) verlautet (hdschr.) daß in dem Abkommen ein sehr wichtiger Passus enthalten ist, der ausdrücklich bestimmt, daß alle Einrichtungen, die direkt oder indirekt den Deutschnationalen nahestehen oder mit Ihnen sympathisiert haben, ausdrücklich unter Schutz gestellt worden sind. Das gilt insbesondere für die Zeitungen, Filmunternehmen, Nachrichtenagenturen usw., die direkt Hugenberg gehörten oder sachlich mehr oder weniger lose den Deutschnationalen nahe-

standen. Diesen soll ihre ungehinderte Tätigkeit auch weiterhin gewährleistet werden. Wenn wir auch direkt mit den Deutschnationalen nichts zu tun haben und uns in den letzten Monaten stark zurückgehalten haben, so glaube ich, daß in diesem Passus auch für uns eine gewisse Sicherheit liegt.
Mit den angelegentlichsten Empfehlungen
Ihr sehr ergebener
(gez. Dtg.)

s. a. ZSg. 101/1/36 v. 28. Juni 1933

Alfred Hugenberg (1865-1951), 1907-1908 Direktor der Berg- und Metallbank in Frankfurt, 1909-1918 erster Direktor der Kruppwerke, 1916 gründete er seinen Konzern (Zeitungen, Nachrichtenbüros, Filmgesellschaften, Anzeigenunternehmen), ab 1919 Reichstagsabgeordneter (DNVP), 1926 Nachfolger des Grafen Westarp in der Leitung der Deutschnationalen Volkspartei (DNVP), maßgeblich an der "Harzburger Front" 1931 beteiligt, 4.2.1933 Reichswirtschafts- und Ernährungsminister, 27.6.1933 Rücktritt, bis 1945 MdR ohne politischen Einfluß, sein Konzern geriet allmählich unter die Kontrolle der NSDAP. Nach dem Kriege führte er mehrere Prozesse, um aus seinem Entnazifizierungsverfahren als "unbelastet" hervorzugehen.

vgl. Dankwart Guratzsch, Macht durch Organisation. Die Grundlegung des Hugenbergschen Presseimperiums, Düsseldorf 1974.
Anton Ritthaler, Eine Etappe auf Hitlers Weg zur ungeteilten Macht. Hugenbergs Rücktritt als Reichsminister. In: VjhZ, 8. Jg. (1960), H. 2, S. 193-219

Freundschaftsabkommen mit Hitler.
Die Reichspresse der NSDAP teilt mit:
Im vollen Einvernehmen mit dem Reichskanzler und in Erkenntnis der Tatsache, daß der Parteienstaat überwunden ist, hat die Deutschnationale Front heute ihre Auflösung beschlossen. Sie wird bei den nötigen Maßnahmen zur Abwicklung nicht behindert werden. Die ehemaligen Angehörigen der Deutschnationalen Front werden vom Reichskanzler als voll- und gleichberechtigte Mitkämpfer des nationalen Deutschlands anerkannt und vor jeder Kränkung und Zurücksetzung geschützt. Das gilt insbesondere für alle Beamten und Angestellten. Die wegen politischer Vergehen in Haft befindlichen ehemaligen Mitglieder der Deutschnationalen Front werden unverzüglich in Freiheit gesetzt und unterliegen keiner nachträglichen Verfolgung. ...
Die Anerkennung, die Reichskanzler Adolf Hitler den Führern

der Deutschnationalen Front zu ihrem großzügigen Beschluß gezollt habe, gehe daraus hervor, daß er heute abend ein Freundschaftsabkommen mit der bisherigen Deutschnationalen Front abgeschlossen hat, das im Laufe des Mittwochs zur Veröffentlichung kommen wird. Danach dürften zumindest alle deutschnationalen Abgeordneten als Hospitanten in die nationalsozialistischen Fraktionen aufgenommen werden.
HHN, Nr. 295 v. 28. Juni 1933 (M.A.), S. 1
Die auch in anderen Zeitungen angekündigte Veröffentlichung des "Freundschaftsabkommens" fand nicht statt.
Offensichtlich bezieht sich Anton Ritthaler in seinem Aufsatz auf diese Ankündigung (a.a.O., Anm. 16a, S. 214): "Der Wortlaut des "Freundschaftsabkommens" wurde am 29.6.33 in der Presse veröffentlicht."
Nicht einmal in dem dem Hugenberg-Konzern zugehörigen "Berliner Lokal-Anzeiger" ist die Veröffentlichung erfolgt.
s.a. ARRH, Teil I, Bd. 1, Nr. 170

ZSg. 101/1/34   28. Juni 1933

D/N.
Kurfürst 9086
Herrn
von Neuhaus
Hamburg I
Speersort 11

Lieber, verehrter Herr von Neuhaus!
Ihre Beschwerde vom 27. wegen des Goebbels-Interviews habe ich bereits bei den maßgebenden Stellen im Propagandaministerium zur Sprache gebracht. Es ist aber das alte Lied, bei dem wohl auch gegenwärtig keine Änderung eintreten dürfte, daß die Verbote und Gebote des Ministeriums immer nur Geltung haben für die nichtnationalsozialistische Presse, während die nationalsozialistischen Blätter machen können, was sie wollen. Eine Einwirkung auf die Nazipresse seitens des Propagandaministeriums wird zwar immer wieder versucht, ist aber bisher ohne jeden

28.06.1933

Erfolg gewesen. Praktisch liegen die Dinge also so, daß wir
selber auf eigenes Risiko hin entscheiden müssen, ob und wie
weit wir uns im Einzelfall an die Richtlinien des Propagandaministeriums halten wollen oder nicht. Ich selber bin der
Auffassung, daß wir allmählich wieder zu einer etwas weither-
zigeren Auslegung der Richtlinien übergehen können. Das Entscheidende dürfte wohl immer sein, daß alle Darlegungen über
künftige Entwicklungen nicht den Charakter einer Schilderung
irgendwelcher krisenhaf-

b.w.

((ZSg.101/1/34a))

ten Zustände oder Erscheinungen tragen, sondern alle voraus-
schauenden Betrachtungen über das, was die Entwicklung bringen
werde, von dem entscheidenden letzten Ziel der NSDAP ausgehen
müssen. Im Rahmen nationalsozialistischer Ideologie werden wir
wohl auch eine ganze Reihe von Meldungen über kommende Maßnahmen bringen können. Hüten müssen wir uns, glaube ich, lediglich konkrete Kabinettsentscheidungen anzukündigen oder Mitteilungen über bevorstehende Pläne des Reichskanzlers zu bringen.
Dagegen wird es ohne Schwierigkeiten möglich sein, in vorsich-
tiger Form ähnliche Fälle, wie die Probleme um Hugenberg, auch
schon vor den endgültigen Entscheidungen zu erörtern. Auch in
der Kirchenfrage wird man Stellung nehmen können, sofern wir
eine Haltung im Sinne der deutschen Christen einnehmen. In
diesem Zusammenhang möchte ich noch kurz einige wichtige Mitteilungen machen, die ich auch Herrn Dr. Hartmeyer [1] zu unterbreiten bitte, daß in dem Freundschaftsabkommen zwischen Hitler
und Hugenberg, das im übrigen, wie ich höre, nicht veröffentlicht
werden soll, ein sehr wichtiger Passus enthalten ist, der ausdrücklich bestimmt, daß alle Einrichtungen, die direkt oder
indirekt den Deutschnationalen nahestehen oder mit ihnen sympathisiert haben, ausdrücklich unter Schutz gestellt worden
sind. Das gilt insbesondere für die Zeitungen, Filmunternehmen,

Nachrichtenagenturen usw., die direkt Hugenberg gehörten oder sachlich mehr oder weniger lose den Deutschnationalen nahestanden. Diesen soll ihre ungehinderte Tätigkeit auch weiterhin gewährleistet werden. Wenn wir auch direkt mit den Deutschnationalen nichts zu tun haben und uns in den letzten Monaten stark zurückgehalten haben, so glaube ich, daß in diesem Passus auch für uns eine gewisse Sicherheit liegt.
In aufrichtiger Verehrung
Ihr sehr ergebener
(D.)

s. a. ZSg. 101/1/20 v. 21. Juni 1933
    ZSg. 101/1/24 v. 23. Juni 1933
    ZSg. 101/1/28 v. 24. Juni 1933
    ZSg. 101/1/33 v. 28. Juni 1933

1) Dr. jur. Hermann Hartmeyer: Inhaber und Hauptschriftleiter der Hamburger Nachrichten, die sich seit 1821 im Besitz der Familie Hartmeyer befanden.

<u>Ein Interview des Reichsministers Dr. Goebbels</u>
Der Reichsminister für Volksaufklärung und Propaganda, Dr. Goebbels, hat dem Berliner Korrespondenten des "Petit Journal" eine Unterredung gewährt. Nach dem "Völkischen Beobachter" lautete sie im wesentlichen folgendermaßen: ... ((NSDAP und Österreich))
FZ, Nr. 471/472 v. 28. Juni 1933 (M.A.), S. 3
Deutsche Christen: s. ZSg. 101/1/4 v. 13. Juni 1933

ZSg. 101/1/35-35a   28. Juni 1933

Herrn Hauptschriftleiter Arvid Balk, Breslau

Bis auf Anrede und Schlußformel ist der Text identisch mit ZSg. 101/1/33.
Außerdem: "erfahre ich noch" statt "verlautet", "Filmunternehmungen" statt "Filmunternehmen".

ZSg. 101/1/36   28. Juni 1933

Nachstehende Meldung ist heute mittag von der Reichsregierung zurückgezogen worden:
"Der Reichspräsident hat das Rücktrittsgesuch des Reichswirtschaftsministers angenommen. Reichskanzler Hitler wird in den nächsten Tagen sich nach Neudeck begeben, um mit dem Reichspräsidenten die politische Lage zu erörtern und die erforderlichen Ernennungen vorzuschlagen."
Die Zurückziehung der amtl. Meldung über die Annahme des Rücktrittsgesuchs Hugenbergs durch den Reichspräsidenten ist auf formale Gründe zurückzuführen. Das Gesuch ist tatsächlich angenommen. Wir brauchen unsere Dispositionen in der Zeitung nicht zu ändern. Man will aber offenbar die amtl. Mitteilung zusammen mit einem Dankschreiben Hindenburgs an Hugenberg veröffentlichen. An der Tatsache selbst hat sich nichts geändert.
Berlin, den 28. Juni 1933

s. a. ZSg. 101/1/33 v. 28. Juni 1933
Die Berichterstattung über den Rücktritt Hugenbergs gestaltete sich bei den Hamburger Nachrichten folgendermaßen:

<u>Reichsminister Hugenberg zurückgetreten</u>
Rücktrittsgesuch Hugenbergs
HHN, Nr. 295 v. 28. Juni 1933 (M.A.), S. 1

<u>Reichskanzler Hitler fährt nach Neudeck</u>
Besprechung mit dem Reichspräsidenten
Die Nachfolge Hugenbergs regelt Reichskanzler Hitler
HHN, Nr. 296 v. 28. Juni 1933 (A.A.), S. 1

<u>Meißner berichtet dem Reichspräsidenten</u>
Entscheidung über Hugenbergs Rücktrittsgesuch erst nach der Aussprache mit Hitler
HHN, Nr. 297 v. 29. Juni 1933 (M.A.), S. 1

<u>Neue Reichsminister ernannt</u>
Das Rücktrittsgesuch Hugenbergs vom Reichspräsidenten genehmigt
HHN, Nr. 299 v. 30. Juni 1933 (M.A.), S. 1

28./29.06.1933

Der Reichspräsident dankt Hugenberg
Handschreiben Hindenburgs an Hugenberg
HHN, Nr. 300 v. 30. Juni 1933 (A.A.), S. 1
s.a. ADAP, Serie C, Bd. I,2, Nr. 338
s.a. ARRH, Teil I, Bd. 1, Nr. 175

ZSg. 101/1/37   29. Juni 1933

Meldung der Telegraphen-Union.

ZSg. 101/1/38   29. Juni 1933

<u>Rundruf</u> vom 29. Juni 1933. 10 Uhr abds.
Der bereits seit einiger Zeit bekannte, aber bisher nicht veröffentlichte Briefwechsel Meinberg-Rohr ist im Einverständnis mit Staatssekretär von Rohr zurückgezogen worden.
P.M.

s. ZSg. 101/1/16 v. 17. Juni 1933
<u>Aussprache Darré-von Rohr</u>
HHN, Nr. 300 v. 30. Juni 1933 (A.A.), S. 1
Die Aussprache sollte zur Klärung der Frage dienen, ob der Staatssekretär nach Hugenbergs Rücktritt trotz unterschiedlicher Auffassung zu der seines Nachfolgers im Amt des Reichsministers für Landwirtschaft und Ernährung auf seinem Posten bleiben könnte. Von Rohr's Rücktritt erfolgte erst im September 1933.

ZSg. 101/1/39   30. Juni 1933

D/N.
Kurfürst 9086
Herrn
von Neuhaus
Hamburg I
Speersort 11

Lieber, verehrter Herr von Neuhaus!
Anliegend übersende ich Ihnen einen Artikel, der vom Propagandaministerium uns zur Verfügung gestellt worden ist. Das Propagandaministerium bittet, den Artikel am Dienstag kommender Woche zu veröffentlichen. Da es sich um eine großzügige Propaganda in der deutschen Presse handelt und die Erscheinungstermine zwischen den einzelnen Zeitungen verabredet worden sind, bitte ich im eigenen Interesse der Zeitung um eine Innehaltung dieses Termins.
Gleichzeitig bittet bei dieser Gelegenheit das Propagandaministerium zur Vermeidung von Irrtümern in solchen Fällen <u>nicht</u> das Propagandaministerium als Ausgabestelle des Artikels zu kennzeichnen, sondern die Artikel sollen stets als redaktionseigen bezw. als Mitarbeit dritter Seite erscheinen. Einige Zeitungen haben den Fehler begangen, in solchen Fällen das Propagandaministerium als Quelle zu zitieren.
WTB gibt zu dem Inhalt des Artikels, der sich mit der Lage der Wolgadeutschen beschäftigt, noch Bildmatern aus,

                                                        b.w.

((ZSg.101/1/39a))

die wir wohl zweckmäßiger Weise von den Agenturen anfordern.[1]
Über die personellen Umgruppierungen bei der Dresdner Bank nach dem Vorbilde des Beamtengesetzes können die kurzen Meldungen veröffentlicht werden. Es wird aber ersucht, von besonderen Artikeln oder einer Aufmachung, die der Meldung beson-

30.06.1933

deres Gewicht geben würde, abzusehen.[2]
In aufrichtiger Verehrung
Ihr
sehr ergebener
(gez. Dtg.)
1 Anlage!

Die Anlage fehlt.
1) Es handelt sich hier um einen Propaganda-Feldzug der Aktion "Brüder in Not", mit der deutschen Bauern in der Sowjetunion geholfen werden sollte.

Der Untergang der deutschen Bauern in Rußland
Briefe sprechen eine erschütternde Sprache
Hunderte von Briefen deutscher Bauern in Rußland liegen vor uns, hunderte von mit ungelenker Handschrift eng beschriebenen Blättern, die Sprache dieser Briefe, die eigenartige altertümliche schwäbische Sprache, die sich in den deutschen Kolonien in Rußland z. T. völlig rein erhalten hat, spricht von der ungeheuren Not eines uralten Bauernvolkes, von leiblichen und geistigen Entbehrungen. Es handelt sich um die Briefe aus den deutschen Bauernkolonien im Wolgagebiet, dem Nordkaukasus und der Sowjet-Ukraine, in der Krim, in Sibirien und anderswo. In diesen Gebieten, die früher zu den Kornkammern Rußlands gehörten, herrscht größte Hungersnot. ...
HHN, Nr. 306 v. 4. Juli 1933 (A.A.), S. 3

2) Die Dresdner Bank im Rahmen des neuen Bankgesetzes
Da sich die Dresdner Bank fast vollständig, d.h. mit etwa 9/10 des Aktienkapitals im Besitze des Reiches befindet, greifen für die Angestellten des Unternehmens die Bestimmungen des Berufsbeamtengesetzes Platz. Infolgedessen sind nunmehr die notwendigen Kündigungen von Angestellten vorgenommen worden.
RWZ, Nr. 328 v. 1. Juli 1933 (M.A.), S. 12 (Wirtschaftsteil)

Dresdner Bank. (Berlin). In Durchführung des Beamtengesetzes, das auch auf dieses Institut Anwendung finden soll, sind nunmehr zum 31. Juli eine Anzahl von Kündigungen ausgesprochen worden. Bei dem Institut dürften im ganzen etwa 150 Personen in Frage kommen, worunter sich zahlreiche langjährige Angestellte befinden.
FZ, Nr. 480/481 v. 1. Juli 1933 (1. M.A.), S. 4 (Handelsteil)

Generalversammlung Dresdner Bank
"Alles bereinigt, was zu bereinigen ist" - Der neue Aufsichtsrat - Dr. Schippel im Vorstand - 105 Stimmen legen Protest ein.
BBC, Nr. 302 v. 1. Juli 1933 (A.A.), S. 8

30.06.1933   - 46 -

Diesem Bericht über die Generalversammlung ist nicht zu entnehmen, ob die Durchführung des Beamtengesetzes ein Punkt der Tagesordnung war. Das Thema wird nur andeutungsweise gestreift. Mit dem "Gesetz zur Wiederherstellung des Berufsbeamtentums" vom 7. April 1933 war die rechtliche Grundlage geschaffen worden, Parteilose oder Parteigegner aus dem öffentlichen Dienst zu entlassen. (vgl. Hans Mommsen, Beamtentum im Dritten Reich, Stuttgart 1966)

ZSg. 101/1/40-40a   30. Juni 1933

Herrn Hauptschriftschriftleiter Arvid Balk, Breslau

Bis auf Anrede und Schlußformel ist der Text identisch mit ZSg. 101/1/39-39a.

ZSg. 101/1/41-41a   30. Juni 1933

Herrn Verlagsdirektor Dr. Sieverts, Chemnitz

Bis auf Anrede und Schlußformel ist der Text identisch mit ZSg. 101/1/39-39a.

ZSg. 101/1/42   4. Juli 1933

Bestellung von der Reichsregierung vom 4.7.33.
Der "Petit Parisien" veröffentlicht
eine Meldung, nach der es Deutschland verboten
werden soll, Polizeiflugzeuge anzuschaffen.
Die Regierung bittet, diese Meldung des "Petit
Parisien" oder ähnliche Mitteilungen nicht zu
bringen und auch nicht dagegen zu polemisieren.

s. a. ZSg.101/1/27 v. 24. Juni 1933
ZSg. 101/1/66 v. 27. Juli 1933

Petit Parisien: Größte Pariser Tageszeitung, politisch neutral, eher
regierungsfreundlich. Im Besitz der Familie Dupuy;
Auflage 1,6 - 2 Millionen, durch ausgedehnten Versandapparat
in ganz Frankreich verbreitet, technisch im Stil der amerikanischen
Nachrichtenblätter aufgemacht. (Handbuch des öffentlichen Lebens,
1931 , S. 850)

Hat Frankreich Angst?
Deutschland darf keine Polizeiflugzeuge bauen
Paris, 4. Juli. Der "Petit Parisien" befaßt sich mit der Absicht
der Reichsregierung, einige Polizeiflugzeuge in Auftrag zu geben,
um der Verletzung der deutschen Hoheitsrechte durch ausländische
Flugzeuge wirksam entgegentreten zu können. In einer ausführlichen
Stellungnahme, die aller Wahrscheinlichkeit nach von oben her
eingegeben worden ist, spricht das Blatt der Reichsregierung das
Recht ab, die Luftpolizei mit Maschinen zu versehen. Deutschland
würde damit nicht nur den Versailler Vertrag, sondern auch das
deutsch-alliierte Abkommen vom Mai 1926 verletzen, in dem die
Satzungen der deutschen Luftfahrt noch einmal genau aufgestellt
worden seien. ...
Man würde sich deshalb fragen, ob Reichsminister Göring von
diesem Abkommen keine Kenntnis hatte, oder sie nicht haben wollte.
Das Abkommen von 1926 habe immer noch Gültigkeit, und wenn man
dies in Berlin zu vergessen scheine, so sei es gut, wenn man es
der Reichsregierung noch einmal in das Gedächtnis zurückrufe.
NZ, Nr. 181 v. 5. Juli 1933, S. 3

s. a. Die deutsche Forderung auf Polizeiflugzeuge
NZZ, Nr. 1230 v. 7. Juli 1933, S. 1

ZSg. 101/1/43 - 43a   4. Juli 1933

D/N.
Herrn
Dr. S i e v e r t s
Verlagsdirektion der
Allgemeinen Zeitung Chemnitz.
D r e s d e n - A

Beuststr. 1.

Sehr verehrter Herr Doktor Sieverts!
In der heutigen Pressekonferenz wurden folgende vertrauliche Mitteilungen gemacht:

1. Es ist dringend untersagt, irgendwelche Mitteilungen über Besetzung oder Nichtwiederbesetzung der französischen Gesandtschaft in München zu bringen. Was dort in München vor sich geht, dürfte in den nächsten Tagen noch vertraulich uns mitgeteilt werden. Im Augenblick habe ich nichts Näheres ermitteln können.
2. Es ist eine Anweisung des Reichskanzlers ergangen:
   a) dass die bisher eingesetzten Reichskommissare für die Wirtschaft sich jeder Betätigung zu enthalten haben,
   b) dass Mitteilungen an die Presse über wirtschaftliche Massnahmen nur durch das Reichswirtschaftsministerium bzw.
   auf dessen Anordnung durch die Presseabteilung der Reichsregierung ergehen dürfen.
Es sind also alle Veröffentlichungen von Mitteilungen zu unterlassen, die nicht das Wirtschaftsministerium bzw. die Presseabteilung als Absender tragen. Der Grund dafür, dass diese Tatsache vertraulich behandelt werden soll, liegt darin, dass einmal der Reichskanzler bezw. der neue Reichswirtschaftsminister sich die Möglichkeit vorbehalten wollen, im Notfall neue Wirtschaftskommissare einzusetzen, zum anderen aber will man durch die Unterlassung einer Veröffentlichung eine Kränkung der Kreise um Wagner vermeiden, die durch die Berufung Schmitts zum Wirt-

4.07.1933

schaftsminister und durch die Einlieferung der 4 bekannten Leute ins Konzentrationslager ohnehin schon stark gekränkt sind.

b.w.

((ZSg.101/1/23a))
4. erinnere ich an die Rubrik zur Arbeitsbeschaffung "Es geht aufwärts". T.U. und WTB verbreiten zwei Mitteilungen der Firma Wolf & Sohn sowie des Vorsitzenden der Deutschen Wagenbau-Vereinigung Krahe, deren Veröffentlichung ebenfalls von der Reichsregierung unter allen Umständen erwartet wird.
Mit den angelegentlichsten Empfehlungen
Ihr
sehr ergebener
((D.))

Ein Punkt 3. wurde ausgelassen.
Zu 1.
s.a. ZSg 101/4/16/Nr. 594 v. 12.Juli 1934
Im Juli 1934 wurde die Gesandtschaft in ein Konsulat umgewandelt.

Zu 2
Reichskommissare: seit 1922 und besonders in der nationalsozialistischen Zeit Sonderbehörden des Deutschen Reiches ... für Spezialaufgaben, doch insgesamt mit unterschiedlichen Vollmachten. (Lexikon zur Geschichte und Politik im 20. Jahrhundert, 1971 , II, S. 665)
Hitler über Staat und Wirtschaft
In der Konferenz der Reichsstatthalter vom 6. Juli machte Reichskanzler Hitler grundlegende Ausführungen über die Einstellungen der nationalsozialistischen Staatspolitik zur Wirtschaft. ...
Man darf ... nicht einen guten Wirtschafter absetzen, wenn er ein guter Wirtschafter, aber noch kein Nationalsozialist ist, zumal dann, wenn der Nationalsozialist, den man an seine Stelle setzt, von der Wirtschaft nichts versteht. In der Wirtschaft darf nur das Können ausschlaggebend sein. ... Die Geschichte aber wird ihr Urteil nicht danach abgeben, ob wir viele Wirtschafter ein- oder abgesetzt haben, sondern danach, ob wir es verstanden haben, Arbeit zu schaffen. ...
NZZ, Nr. 1241 v. 8. Juli 1933, S. 1

Otto Wagener (29.4.1888 - 9.8.1971), 1929 Mitglied der Reichsleitung NSDAP, 1929-30 Stabschef der SA, ab 1931 Leiter der wirtschaftspolitischen Abteilung der Reichsleitung der NSDAP, April -

Juni 1933 Reichskommissar für die Wirtschaft.
Die Vorgänge um die Entlassung werden auch geschildert in
Wageners Autobiographie: Hitler aus nächster Nähe, hrsg. von H.A.
Turner, Frankfurt 1978, S. III u. 482
s. a. ZSg. 101/1/61 v. 11. Juli 1933

Konflikt Hitler-Wagener
Der Reichskommissar für Wirtschaft, Dr. Otto Wagener, ist von
Hitler **abgesetzt** und aus dem Führerstab der Nationalsozialistischen
Partei ausgestoßen worden. Der Konflikt hat sich aus **gegensätzlichen Auffassungen** über den von der Reichsregierung zu verfolgenden wirtschaftspolitischen Kurs heraus entwickelt und sich
in letzter Zeit persönlich zugespitzt. Während Wagener auf eine
Verwirklichung nationalsozialistischer Programmpunkte hindrängte,
verfolgte Hitler eine vorsichtigere Linie, wie man sie aus seiner
jüngsten Ansprache an die Reichsstatthalter kennt, wo er vor überstürzten Experimenten warnt und den wirtschaftspolitischen
Dilettantismus mit einer ironischen Schärfe, die vielleicht
manchen unternehmungslustigen Parteigenossen wenig gelegen kommt,
verurteilt. Die Verminderung der Arbeitslosigkeit, die zur großen
Prestigefrage des Nationalsozialismus geworden ist, bildet gegenwärtig das einzige Wirtschaftsthema, das Hitler interessiert und
auf das er auch in seiner Sonntagsrede vor der SA in Dortmund
wieder zurückgekehrt ist.
Wagener, der dazu beigetragen hatte, Hugenberg die fünf Monate
seiner Ministertätigkeit sauer zu machen, erstrebte die Nachfolge
im Wirtschaftsministerium, und fühlte sich schwer enttäuscht, als
Hitler dem im wesentlichen unpolitisch eingestellten, aus der
wirtschaftlichen Praxis hervorgegangenen Dr. Schmitt den Vorzug
gab.
Die Aussichten hatten sich stark verschlechtert, seit in seiner
eigenen Umgebung eine Art Verschwörung gegen Hitler aufgedeckt und
mit wuchtigen Mitteln niedergeschlagen worden war. Es handelt sich
um die Affäre der 4 Parteifunktionäre <u>Cordemann</u>, <u>von Marwitz</u>, <u>Wolf</u>
und <u>Zucker</u>, die am 29. Juni plötzlich von ihren Ämtern enthoben,
aus der Partei ausgeschlossen <u>und in ein Konzentrationslager übergeführt wurden</u>. Die verschnörkelte amtliche Mitteilung, die
darüber ausgegeben wurde, warf den Verhafteten vor, durch telegraphische und telefonische Einwirkungen auf Wirtschaftsunternehmungen und Handelskammern versucht zu haben, die wirtschaftspolitischen Maßnahmen der Reichsregierung zu diskreditieren.
Wenn der Mantel gefallen ist, muß der Herzog nach. Alle 4 Verhafteten waren Mitarbeiter Wageners und ehemalige Offiziere...
Mit seiner Verabschiedung, die übrigens in aller Stille erfolgt
ist, fällt zum ersten Mal, seit dem Beginn der nationalsozialistischen
Regierungsära ein prominenter Nationalsozialist in Ungnade. Es ist
anzunehmen, daß der neue Wirtschaftsminister Schmitt keinen besonderen Wert darauf legt, einen neuen Wirtschaftskommissar, der
die Sturm- und Drangperiode der Hitlerbewegung repräsentiert,
neben sich gestellt zu sehen wünscht.
NZZ, Nr. 1260 v. 11. Juli 1933, S. 2

4./5.07.1933

Zu 4.
s. a. ZSg. 101/1/50 v. 8. Juli 1933
ZSg. 101/1/66 v. 27. Juli 1933

Die Ankurbelung der Wirtschaft
Es gehen uns noch folgende Stimmen zum Arbeitsbeschaffungsprogramm der Reichsregierung zu.Der Vorsitzende der Deutschen Wagenbau-Vereinigung Max Krahé, Geschäftsführer und Teilhaber der Waggonfabrik Talbot G.m.b.H., Aachen, äußert sich zum Arbeitsbeschaffungsprogramm folgendermaßen: ...
"Ich vertraue, daß die Auswirkungen des Gesetzes vom 1. Juni 1933 die allgemeine Notlage lindern und damit auch der Waggonindustrie, der es seit Jahr und Tag besonders schlecht geht, einen neuen Auftrieb geben werden. Aber nochmals sei gesagt, daß alle helfen müssen im Sinne der Regierung und ihrer Aufforderung zur freiwilligen Spende zur Förderung der nationalen Arbeit. Grauer Pessimismus muß lebendiger, aktiver Zuversichtlichkeit weichen, und jeder soll wissen, daß wohlverstandener Eigennutz bedacht sein muß auf Förderung des Gemeinnutzes."
Der Geschäftsführer der Karsruher Parfümerie- und Toilettenseifen-Fabrik F. Wolff & Sohn G.m.b.H., Fritz Rolf Wolff, Mitglied des Präsidiums des Verbandes Badischer Industrieller, äußert sich zum Arbeitsbeschaffungsplan folgendermaßen: ...
BBC, Nr. 307 v. 5. . Juli 1933 (M. A.), S. 2
s. a. "Es geht aufwärts"
BBC, Nr. 308 v. 5. Juli 1933 (A. A.), S. 4
BBC, Nr. 310 v. 6. Juli 1933 (A.A.), S. 3
BBC, Nr.314 v. 8. Juli 1933 (A.A.), S. 3
BBC, Nr. 318 v. 11. Juli 1933 (A.A.), S. 2

Die HHN halten sich in den seltensten Fällen an die Anweisungen, diese Artikel zu veröffentlichen.

ZSg. 101/1/44   5. Juli 1933

Anweisungen des Propaganda-Ministeriums vom 5. Juli 1933.
----

1. Die Regierung bittet, die Schilderungen aus Sowjetrussland abzustoppen, da die bisherigen Veröffentlichungen die notwendigen Wirkungen erzielt hätten. Wenn ausnahmsweise noch Material über die Zustände in Russland veröffentlicht wird, so bittet die Regierung, wenigstens direkte Angriffe gegen die Sowjetregierung unter allen Umständen zu vermeiden.
2. Der Aufruf für die Spende zur Arbeitsbeschaffung, die kürzlich

5.07.1933 - 52 -

im Auftrage des Staatssekretärs vom Reichsfinanzministerium Reinhardt von den Zeitungen als Auflage gebracht wurde, (am 1.7.) soll morgen oder übermorgen noch einmal <u>wiederholt werden</u>.
3. Vom Auswärtigen Amt wird für den wahrscheinlich eintretenden Abbruch der Londoner Konferenz folgender Gesichtspunkt für die Redaktionskommentare in den Vordergrund gestellt : " Deutschland ist für Beginn und Verlauf der Konferenz nicht verantwortlich; es hat sich stets zurückgehalten und niemals aktiv eingegriffen. Die Schuld für die Ergebnislosigkeit der Konferenz trifft daher die anderen Mächte. Deutschland wird weiterhin jene Zurückhaltung üben und die jeweils positiven Vorschläge unterstützen. " Mit aller Eindringlichkeit bittet die Regierung bei den Kommentaren anlässlich der Vertagung oder des Abbruchs der Konferenz dringend, Angriffe gegen die Regierung der Vereinigten Staaten und den Präsidenten Roosevelt unbedingt zu unterlassen.

Zu 1.
s. a. ZSg. 101/1/39 v. 30. Juni 1933
dennoch: <u>Helft den Wolga-Deutschen</u>
VB (N.A.), Nr. 189 v. 8. Juli 1933, S. 5
Zu 2.
s. a. ZSg. 101/1/62 v. 15. Juli 1933
<u>Fritz Reinhardt</u> (1895-1969), Finanzpolitiker, 1919-1924 Direktor an der Thüringischen Handelsschule und der Akademie für Wirtschaft und Steuern, später Landesfinanzamt Thüringen (Steuerbevollmächtigter); seit 1928 Gauleiter Oberbayern, 1930 MdR, seit 1933 Staatssekretär im Reichsfinanzministerium.
<u>Zeigt, daß ihr Volksgenossen seid!</u>
Aufruf zur freiwilligen Spende zur Förderung der nationalen Arbeit
HHN, Nr. 311 v. 7. Juli 1933 (M.A.), S. 1
<u>Denkt an die Arbeitslosen</u>
BBC, Nr. 308 v. 5. Juli 1933 (A.A.), S. 4
<u>Zeigt, daß ihr Volksgenossen seid!</u>
Staatssekretär Reinhardt im Rundfunk
BBC, Nr. 311 v. 7. Juli 1933 (M.A.), S. 2-3
<u>Spendet für die nationale Arbeit</u>
FZ, Nr. 480/81 v. 1. Juli 1933, S. 1
<u>Spendet für die nationale Arbeit</u>
FZ, Nr. 495 v. 6. Juli 1933, S. 2
s. a. ARRH, Teil I, Bd. 1, Nr. 162, 166

Zu 3.

Ziel der Weltwirtschaftskonferenz, die am 12. Juni 1933 in London eröffnet worden war, war eine mögliche Regelung des Kriegsschuldenproblems, um die Wirtschaft wieder anzukurbeln. Die "Goldländer" (Frankreich, Italien, Schweiz, Holland, Belgien, Polen) forderten Großbritannien und die USA auf, wieder zur Goldwährung zurückzukehren. Das wurde am 3. Juli durch die USA abgelehnt. Am 27. Juli 1933 fand die Schlußsitzung ohne weitere Ergebnisse statt. Roosevelt blieb trotz Vermittlungsversuchen von britischer Seite hart.
Zu den Vorgängen um die Konferenzvorbereitungen der deutschen Delegation (Hugenbergs Forderung nach neuem Siedlungsraum)
s. a. ZSg. 101/26/429-443 (Informationsbericht Nr. 18 v. 10. Juni 1933), bes. S. 437 und
ZSg. 101/26/463 ff. (17. Juni 1933)

Die Vertagung der Londoner Konferenz steht fest
Eine neue Erklärung Roosevelts
Keine Änderung der Haltung Roosevelts
HHN, Nr. 309 v. 9. Juli 1933 (M.A.), S. 1

Roosevelts zwiespältige Haltung
Amerikas Schuld
... Indem Amerika keinen Zweifel darüber läßt, in welchem Sinne es die vorgeschlagene Kompromißformel auslegen würde, hat es das Verdienst der Aufrichtigkeit für sich. ...
In Frankreich, ... ist man freilich schon jetzt im Begriff, dem amerikanischen Präsidenten die Schuld für das rasche Ende der Konferenz zuzuschreiben.
Deutschland gehört weder dem einen noch dem anderen Währungsblock an und hat schon aus diesem Grunde kein Interesse, sich an dieser Stimmungsmache zu beteiligen.
HHN, Nr. 310 v. 6. Juli 1933 (A. A.), S. 1

Deutsche Kommentare
Einige Berliner Blätter, wie die "Deutsche Allgemeine Zeitung" und der "Börsen-Courier", widmen in ihren Abendausgaben der Londoner Konferenz übereinstimmende Betrachtungen, die offenbar auf eine halbamtliche Darstellung zurückgehen. Man fühlt sich dabei auf deutscher Seite zum Schiedsrichteramt in der Frage berufen, welche Länder für das Scheitern der Konferenz die Schuld tragen, und schiebt diese einseitig dem Block der Goldwährungsländer zu. ...
NZZ, Nr. 1230 v. 7. Juli 1933 (M. A.), S. 1

dagegen:
Vertagung oder Nichtvertagung?
Amerika und Dominions in einer Front - Ein Artikel Dr. Schachts.
Deutschland hat in den Debatten dieser Tage öffentlich keine Stellung genommen. Um so interessanter ist ein Artikel des Reichsbank-Präsidenten Dr. Schacht im heutigen "Evening Standard", der sich mit Roosevelts Vorgehen befaßt. Dr. Schacht stellt fest, daß Roosevelts Zurückweisung der Stabilisierung eine schwere Krise der Weltwirtschaftskonferenz verursacht habe.
... Dr. Schacht erklärte sich in dem Aufsatz als ein strenger

5./6.07.1933 - 54 -

Anhänger des Goldstandards. ...
FZ, Nr. 496/497 v. 7. Juli 1933, S. 1
Zur Weltwirtschaftskonferenz s.a. Chronologische Übersicht der ADAP, Serie C, Bd. I,1, S. LXXIV-LXXVIII
s. a. Hans-Jürgen Schröder, Deutschland und die Vereinigten Staaten 1933 - 39, Wiesbaden 1970, S. 93 ff. (Die Beurteilung Roosevelts durch die nationalsozialistische Presse 1933-36)

ZSg. 101/1/45   6. Juli 1933

<u>Rundbrief vom 6. Juli 1933, mittags.</u>
Die Nachrichtenbüros und Zeitungen werden ersucht, über einen Flugzeugunfall, der sich heute früh in Dahlem ereignet hat, nicht zu berichten.
Sofort an alle Zeitungen weitergeben.

s. a. ZSg. 101/1/28 v. 24. Juni 1933
      ZSg. 101/1/99 v. 5. September 1933
      ZSg. 101/2/24/Nr 33 v. 1. November 1933
Den Berliner Blättern zu Folge wütete zu diesem Zeitpunkt ein heftiger Sturm über der Stadt und verursachte zahlreiche Verkehrsunfälle.

ZSg. 101/1/46 - 46 a   6. Juli 1933

Von Seiten des Propagandaministeriums wird noch einmal darauf aufmerksam gemacht, dass Meldungen über künftige Reisen und Besuche des Reichskanzlers **unter keinen Umständen veröffentlicht** werden dürfen, selbst dann nicht, wenn die örtlichen nationalsozialistischen Stellen diese Meldungen herausgeben. Der "Dortmunder Generalanzeiger" hatte gestern gemeldet, dass der Reichskanzler am Sonntag in Dortmund bei einem grossen SA-Aufmarsch sprechen würde. Das Blatt hat daraufhin eine Auflagenach-

6.07.1933

richt des Propagandaministeriums bekommen (obwohl es amtliches Parteiorgan der NSDAP, Gau Düsseldorf ist), in der das Verhalten des "Dortmunder Generalanzeigers" auf das schärfste gerügt und mißbilligt wird. Von nationalsozialistischen Parteistellen wird hierzu bemerkt, dass, wenn es sich um ein bürgerliches Blatt und nicht um ein Parteiorgan gehandelt hätte, das bürgerliche Blatt auf unbestimmte Zeit verboten worden wäre. Aus dieser Massnahme geht mit b.w.

((ZSg 101/1/46a))
Deutlichkeit die Notwendigkeit hervor, Meldungen über künftige Kanzlerbesuche genauestens zu beachten und zu überprüfen.
(K.)

s. a. ZSg. 101/1/20 v. 21. Juni 1933
ZSg. 101/3/76/Nr. 280 v. 15. Februar 1934
Der Führer kommt nach Dortmund
NZ, Nr. 181 v. 4. Juli 1933, S. 5

Der Reichskanzler kommt nicht nach Dortmund
NZ, Nr. 184 v. 7. Juli 1933, S. 2

Unmaßgebliche Meinungsäußerungen
Berlin, 8. Juli. Wie wir auf nochmalige Anfrage an zuständiger Stelle erfahren, wird über die Pläne des Führers zur Teilnahme an irgendwelchen Veranstaltungen auf dessen eigenen Wunsch nichts verausgabt. Es ist grundsätzlich allen Beamten verboten, über derartige Reisepläne des Führers der Presse Mitteilung zu machen. Dementsprechend konnte auch bis zum Samstagabend keine eindeutige Klarheit darüber geschaffen werden, ob das Gerücht, daß der Führer zum westfälischen SA-Aufmarsch in Dortmund kommen werde, - ein Gerücht, das bekanntlich auch vor zwei Tagen dementiert wurde, - auf Wahrheit beruht oder nicht.
Bis zum Augenblick eines etwaigen Eintreffens des Führers vermag kein Beamter und kein Parteigenosse authentisch darüber Auskunft zu geben, ob der Führer erscheint oder nicht.
Jegliche anderen Auskünfte oder Verlautbarungen sind als unmaßgebliche Meinungsäußerungen zu betrachten.
NZ, Nr. 186 v. 9. Juli 1933, S. 1

6.07.1933 - 56 -

Adolf Hitler kommt nach Dortmund
Der Führer, Stabschef Röhm, Obertruppenführer Hühnlein, Prinz August-Wilhelm und andere höchste Führer, kommen zum großen westfälischen SA-Treffen am Sonntag, dem 9. Juli (Drahtmeldung) Dortmund,3. Juli. Wie uns vor Redaktionsschluß von Gruppenführer Schepmann aus Berchtesgaden telegrafisch mitgeteilt wird, wird Adolf Hitler zu dem großen Treffen der westfälischen SA am kommenden Sonntag in Dortmund erscheinen. Außerdem haben der Stabschef Röhm, Obertruppenführer Hühnlein, Prinz August-Wilhelm und andere höchste Führer ihr Erscheinen für Sonntag zugesagt.
Rote Erde/General-Anzeiger,Nr.178 v. 3. Juli 1933, S. 1

Anwesenheit Hitlers beim westfälischen SA-Treffen ungewiß
Dortmund, 6. Juli. Bei Redaktionsschluß wird uns vom Gruppenführer Schepmann mitgeteilt, daß die Anwesenheit Adolf Hitlers beim westfälischen SA-Treffen in Dortmund noch ungewiß ist. Dringende Regierungsgeschäfte hindern den Führer, schon heute eine feste Zusage zu geben.
Rote Erde/General-Anzeiger,Nr.181 v. 6. Juli 1933, S. 1

Tatsächlich nahm Adolf Hitler an dem Treffen der westfälischen SA teil.

Der Verlag des Dortmunder "General-Anzeiger" war im April 1933 von der westfälischen Gauleitung übernommen worden. Am 30. Januar 1934 wurde das Blatt schließlich umbenannt in "Westfälische Landeszeitung - Rote Erde".
Zur wechselhaften Geschichte des Dortmunder "General-Anzeiger"
s. a. Kurt Koszyk,Jakob Stöcker und der Dortmunder "General-Anzeiger"
    1929-1933. In: Publizistik, 8.Jg.(1963), Nr. 4, S. 282-295
s. a. Manfred Wolf, Das Ende des Dortmunder General-Anzeigers
    In: Beiträge zur Geschichte Dortmunds und der Grafschaft
    Mark, Bd. 70, Dortmund 1976, S. 349-364

ZSg. 101/1/47   6. Juli 1933

Bestellung: Von zuständiger Stelle wird gebeten, Angriffe gegen die Goldwährungsländer Frankreich, die Schweiz, Holland vorläufig einzuschränken und vor allen Dingen Angriffe gegen Amerika zu unterlassen. Es wird empfohlen, bevor nähere Kommentare und Richtlinien vorliegen, keine weiteren kritischen Besprechungen

über den Ausgang der Londoner Konferenz zu bringen.
Bestellung: Der vertrauliche Kommentar zu der Beurlaubung Krukenbergs lautet: "Es ist nicht gut, wider den Stachel zu löcken".

Zu 1.
s. a. ZSg.101/1/44 v. 5. Juli 1933
Zu 2.
s. a. ZSg.101/1/8 v. 16. Juni 1933
ZSg. 101/1/10 v. 16. Juni 1933
ZSg. 101/26/457 f. v. 17. Juni 1933

Dr. Krukenberg gegangen worden
Ein Stück Weges weiter ...
Berlin, 7. Juli. Der bisherige Geschäftsführer der Reichsrundfunkgesellschaft, Dr. Krukenberg, ist am Donnerstag von seinem Amt beurlaubt worden.
... Mit Krukenberg scheidet einer derjenigen "Parteigenossen" aus einem wichtigen Amt, die Dank ihrer guten Nase schon einige Monate vor dem 30. Januar die große Konjunktur gewittert hatten, und sich entsprechend an die nationalsozialistische Bewegung anzubiedern versuchten. Nach dieser Beurlaubung ist der deutsche Rundfunkbetrieb, der sich in den Monaten vor der nationalsozialistischen Machtübernahme zu einem Dorado - auch nationaler Geschäftemacher entwickelt hatte, um ein erhebliches Stück auf dem Wege zur nationalsozialistischen Durchdringung des Volkes weitergebracht worden.
NZ, Nr. 184 v. 7. Juli 1933, S. 1

Dr. Krukenberg beurlaubt

Wie amtlich mitgeteilt wird, ist Dr. Krukenberg als Geschäftsführer der Reichsrundfunk-Gesellschaft beurlaubt worden.
HHN, Nr. 311 v. 7. Juli 1933 (M. A.), S. 2

ZSg. 101/1/48   (7. Juli 1933)

Bestellung von der Reichspressestelle:
Der Pressechef der N.S.D.A.P. Dr. Dietrich bittet einen der leitenden Herren der Redaktion zu einer Presse-Besprechung heute

7.07.1933 - 58 -

nachmittag 5 Uhr ins Haus der Presse. Der Landesinspekteur der NSDAP in Oesterreich Habicht wird über den Standpunkt in der österreichischen Frage und ihre Bedeutung sprechen. [1]

Wolff-Rundspruch am 7.7. nachm 5 Uhr 25.
Die Zeitungen werden gebeten, Meldungen betr. Vorgänge bei den **Standard-Werken** in Königsberg nicht zu bringen. [2]

Zu 1)
s. a. ZSg. 101/1/5 v. 15. Juni 1933
ZSg. 101/1/28 v. 24. Juni 1933
ZSg. 101/1/79 v. 10. August 1933

Theodor Habicht (1898-1944), 1919/20 Freikorps, 1927 Führer einer NSDAP-Ortsgruppe, 1927-1930 Herausgeber der Wochenschrift "Nassauer Beobachter" und der Tageszeitung "Rheinwacht", 1931 MdR, Wahlkreis Hessen-Nassau, mit der Reorganisation der NSDAP in Österreich beauftragt, 1932 Landesinspekteur in Österreich, 1934 abgesetzt, 1937 Oberbürgermeister von Wittenberg, 1939/40 Unterstaatssekretär im Auswärtigen Amt. Als Reserveoffizier eingezogen und gefallen.

Das Regiment Dollfuß bricht zusammen
Der österreichische Landesinspekteur der Nationalsozialisten zur Presse
Berlin, 7. Juli. Die Reichspressestelle der Nationalsozialisten gab am Freitag dem österreichischen Landesinspekteur der Nationalsozialisten, dem Reichstagsabgeordneten Habicht, Gelegenheit, die deutsche Presse über die weitere Entwicklung der Lage in Österreich zu unterrichten. ... Die Uneinigkeit in der Regierung Dollfuß habe nun den Versuch gezeigt, Uneinigkeit in die Nationalsozialisten hineinzutragen. Diese Spaltungshoffnung sei aber eine grobe Selbsttäuschung gewesen. ...
HHN, Nr. 313 v. 8. Juli 1933 (M. A.), S. 2

Deutschland und Österreich
Ausführungen des Landesinspektors Habicht
FZ, Nr. 502/503 v. 9. Juli 1933, S. 3

Zu 2)

Eingriff in die Verwaltung einer Aktiengesellschaft

Königsberg, Pr., 5. Juli. Amtlich wird mitgeteilt: Der Treuhänder der Arbeit für Ostpreußen hat sich veranlaßt gesehen, bei den **Standard-Werken** in Marienburg einzugreifen. Es bestand begründete Veranlassung zu dem Verdacht, daß der Hauptaktionär der Werke, der polnische Staatsangehörige Halperin, das Werk nicht im Interesse der deutschen Volkswirtschaft verwalte. Es besteht ferner der Verdacht, daß strafbare Handlungen Halperins vorliegen. Der Treuhänder der Arbeit hat den Aufsichtsrat seines Postens enthoben und den stellvertretenden Landrat und Kreisleiter der NSDAP, Dr. Schwendowius, mit der Wahrnehmung der Rechte und Pflichten des Aufsichtsrats betraut. Er hat ihn ferner mit der Wahrnehmung seiner Rechte auch in personeller Hinsicht beauftragt. Das bisherige Vorstandsmitglied Stadtrat Georg Hoff, hat sein Amt niedergelegt. An seine Stelle hat der Treuhänder der Arbeit den Diplom-Ingenieur Dr. Henkelmann, den früheren technischen Direktor und Erbauer der **Standard-Werke** eingesetzt. Die neuen Stellenbesetzungen bleiben bis zur Wahl einer demnächst erfolgenden Generalversammlung in Kraft. Der Betrieb der Standard-Gummiwerke wird in vollem Umfang weitergeführt. Der Belegschaft bleibt der Arbeitsplatz erhalten. Nach der bisherigen Feststellung ist das Unternehmen durchaus gesund.
FZ, Nr. 495 v. 6. Juli 1933, S. 3

Eingriffe in die deutsche Privatwirtschaft
NZZ, Nr. 1228 v. 6. Juli 1933, S. 2

Gleichzeitig:
Großzügige Aktion zur Rettung Ostpreußens
Berlin, 5. Juli. Unter dem Vorsitz des Reichskanzlers und in Gegenwart des Oberpräsidenten von Ostpreußen, Koch, fand heute, wie von zuständiger Stelle der Regierung mitgeteilt wird, in der Reichskanzlei eine Besprechung über Maßnahmen zum Wiederaufbau der ostpreußischen Wirtschaft statt. ...
FZ, Nr. 495 v. 6. Juli 1933, S. 1

ZSg. 101/1/49   7. Juli 1933

Bestellung vom 7. Juli 1933.

Alle Meldungen über das Konkordat sind verboten. Es darf nichts gebracht werden, auch keine Sonderberichte aus Rom und anderen Ländern usw., bis eine amtliche Wolff-Meldung über den Stand der Konkordats-verhandlungen kommt, die möglicherweise noch heute Nacht erwartet werden kann. Diese Bestellung ist besonders dringlich, Zuwiderhandlungen sind mit schwersten Strafen bedroht.

7./8.07.1933

s. a. ZSg. 101/1/53 v. 8. Juli 1933
ZSg. 101/1/54 v. 8. Juli 1933
ZSg. 101/1/66 v. 27. Juli 1933

Um das Reichskonkordat
Berlin, 4. Juli. Der Römische Entwurf eines Reichskonkordats wird zur Zeit in Berlin geprüft. Es ist damit zu rechnen, daß in kurzem diese Prüfung abgeschlossen sein wird. Nähere Mitteilungen werden in diesem Stadium der Verhandlungen noch nicht gemacht.
FZ, Nr. 490/491 v. 5. Juli 1933, S. 3
Der Ablauf des Geschehens wird geschildert in: Staatliche Akten über die Reichskonkordatsverhandlungen 1933, bearb. von Alfons Kupper, Mainz 1969, S. 218 ff.
Über die Krise vor der Paraphierung berichtet Ministerialdirektor Dr. Buttmann vom Reichsministerium des Innern, ebenda, S. 166 ff.
Teilnehmer der Verhandlungen zu diesem Zeitpunkt waren Kardinal-Staatssekretär Pacelli (später Pius XII.), Prälat Dr. Kaas (Zentrum), Konrad Gröber (Erzbischof von Freiburg), Vizekanzler von Papen.
Zu den Änderungswünschen Hitlers in dieser Phase, s. a. Klaus Scholder, Die Kirchen und das Dritte Reich, Frankfurt a. M. u. a. 1977, S. 509 ff.
s. dazu auch kirchliche Akten über die Reichskonkordatsverhandlungen 1933, bearbeitet von Ludwig Volk, Mainz 1969
s.a. ADAP, Serie C, Bd. I,2, Nr. 348-352, 362
s.a. ARRH, Teil I, Bd. 1, Nr. 193 (30.)

ZSg. 101/1/50					8. Juli 1933

Anweisungen des Propaganda-Ministeriums vom 8. Juli 1933.

1. Es wird ersucht, auf den Passus der letzten Arbeitslosenstatistik hinzuweisen, der darlegt, dass Landarbeiter- und Mädchen als Erntehilfe gesucht werden. Die Regierung will dadurch erreichen, dass der Bedarf in der Landwirtschaft möglichst bald gedeckt wird und ausserdem eine propandistische Wirkung erzielen.

2. In der Anlage gehen Ihnen wieder Stimmen zum Arbeitsbeschaffungsprogramm "Es geht aufwärts" zu, die veröffentlicht werden sollen.

3. Das Wort "polnischer Korridor" soll unter keinen Umständen mehr gebraucht werden, dafür soll das Wort Korridor oder Weichsel-Korridor treten.
4. Gegen das französische Ermächtigungsgesetz für Zollerhöhungen soll nicht polemisiert werden, da es sich im wesentlichen nicht gegen Deutschland richtet.
5. Meldungen über die Verhandlungen hinsichtlich Weizeneinfuhr aus Ungarn sollen nicht gross aufgemacht und kommentiert werden.
6. Bei allen Darlegungen über Arbeitsdienst und Arbeitsdienstpflicht, die von privater Seite zugehen, ist äusserste Vorsicht geboten. Es empfiehlt sich stets eine Rückfrage über das Berliner Büro.

Zu 1.
<u>Über 100.000 Jugendliche in der Landhilfe</u>
Berlin, 8. Juli. Am 15. Juni waren insgesamt rund 77.500 männliche und 22.800 weibliche Jugendliche unter 25 Jahren als Landhelfer in bäuerlichen Betrieben beschäftigt. Nach dem übereinstimmenden Urteil der landwirtschaftlichen Berufsverbände sind die Leistungen der Helfer durchaus zufriedenstellend.
HHN, Nr. 315 v. 9. Juli 1933, S. 3

Zu 2.
Anlage fehlt.
s. a. ZSg. 101/1/43 v. 4. Juli 1933

Zu 3.
<u>Beginn der Danzig-polnischen Besprechungen</u>
Danzig, 8. Juli. Die bereits angekündigten Danzig-polnischen Besprechungen wegen Aufstellung des Programms für die in Aussicht genommenen Verhandlungen haben begonnen. ...
HHN, Nr. 315 v. 9. Juli 1933, S. 3

Zu 4.
<u>Zollerhöhungen in Frankreich</u>
Paris, 8. Juli. ... Der Senat nahm zum Schluß seiner Freitagssitzung das bereits von der Kammer verabschiedete Gesetz an, das "gewisse Zollsätze auf **verschiedene Erzeugnisse und Waren abändert.**" Hinter dieser allgemein gehaltenen Bezeichnung verbirgt sich eine von der Regierung und den zuständigen Ausschüssen auch zugegebene, gegen Deutschland gerichtete Maßnahme, die eine <u>Antwort auf die von Deutschland vorgenommene Anwendung der im Zusatzabkommen vom vorigen Dezember vorgesehenen Zollmöglichkeiten sein soll.</u> ...

8.07.1933 - 62 -

Ein einseitiges Vorgehen gegen Deutschland stellen die Maßnahmen insofern nicht dar, als die aufgrund des neuen Gesetzes zu erhebenden Zollsätze auch andere Kunden Frankreichs treffen müssen.
...
BBC, Nr. 314 v. 8. Juli 1933, S. 2

s. a. Frankreichs Handelspolitik und der Londoner Währungskonflikt
BBC, Nr. 317 v. 11. Juli 1933, S. 9

Zu 5.
Deutsch-ungarische Wirtschaftsverhandlungen
FZ, Nr. 517 v. 14. Juli 1933, S. 3

Der Außenhandel mit Getreide im neuen Erntejahr
HHN, Nr. 318 v. 11. Juli 1933, S. 10

Deutschland hilft Ungarn
((Über die handelspolitischen Zugeständnisse, die Deutschland Ungarn gemacht hat))
BBC, Nr. 317 v. 11. Juli 1933, S. 9

Zu 6.
s. a. ZSg. 101/1/10 v. 16. Juni 1933
ZSg. 101/1/13 v. 17. Juni 1933
ZSg. 101/1/24 v. 23. Juni 1933
ZSg. 101/1/28 v. 24. Juni 1933
ZSg. 101/1/78 v. 10. August 1933

vgl. Richtlinien des Auswärtigen Amtes für die Inlandpropaganda vom 6. Juli 1933, in: Ursachen und Folgen, X, S. 36-38.
Darin wird gefordert, daß angesichts der Vorbereitungen für die Abrüstungskonferenz kein Anlaß gegeben wird, über "angebliche Aufrüstungsmaßnahmen Deutschlands" zu berichten.

Einschränkung der Arbeitslager-Besuche
Die Reichsleitung des Arbeitsdienstes gibt folgende Verlautbarung bekannt: Es sind in den letzten Wochen durch Vereine, Gesellschafter usw. von Berlin aus Besuche von Arbeitslagern in sehr großem Umfange erfolgt. So dankenswert das Interesse der Bevölkerung am Arbeitsdienst ist, die aufgetretenen Unzuträglichkeiten, vor allen Dingen die vielfach sehr starke Störung der Arbeit machen es zur Notwendigkeit, eine Einschränkung der Besuche eintreten zu lassen.
BBC, Nr. 315 v. 9. Juli 1933, S. 2

ZSg. 101/1/51   8. Juli 1933

Rundruf vom 8. Juli 1933.
Das Schlusswort des Ministerpräsidenten Göring über Pläne bezüglich Aenderung der Stellung Ostpreussens dürfen nicht gebracht werden, falls nicht die preussische Pressestelle ausdrücklich etwas anderes bestimmt.

s. a. ZSg. 101/1/52 v. 8. Juli 1933
Keine Loslösung Ostpreußens von Preußen
Berlin, 8. Juli. In der letzten Zeit waren mehrfach Gerüchte aufgetaucht, daß es beabsichtigt sei, Ostpreußen vom preußischen Staat zu trennen und unter einem Reichsstatthalter zum Bundesland zu machen. Ministerpräsident Göring erklärt dazu, daß dieser Gedanke nicht einmal ausgesprochen werden dürfe. Es gäbe keine Loslösung Ostpreußens in irgendeiner Form vom preußischen Staat, und Verbreiter derartiger Gerüchte würden sofort strafrechtlich belangt werden.
FZ, Nr. 504 v. 9. Juli 1933, S. 3
FZ, Nr. 505 v. 10. Juli 1933, S. 2
s. a. HHN, Nr. 315 v. 9. Juli 1933, S. 1
Kein Bundestaat Ostpreußen
Ein irrsinniges Gerücht
Berlin 8. Juli. Ministerpräsident Göring erklärte am Sonnabend am Schluß seiner Ausführungen über den neuen Staatsrat, daß entgegen umlaufender Gerüchte niemals beabsichtigt gewesen sei, Ostpreußen zu einem besonderen Bundestaat zu erklären. Er sage dies im ausdrücklichen Einvernehmen mit dem Reichskanzler. Verbreiter derartiger Behauptungen, daß eine solche Lösung angestrebt worden sei, würden der Staatsanwaltschaft zur Kenntnis gebracht.
NZ, Nr. 186 v. 9. Juli 1933, S. 2
s. a. BBC, Nr. 315 v. 9. Juli 1933, S. 2

ZSg. 101/1/52   8. Juli 1933

Wolff-Rundspruch 8.7.
3,15 nachm.
Die Pressestelle des Preuss. Staatsministeriums erklärt unter

8.07.1933

Bezug auf den letzten Rundruf, dass die Aeusserungen des Herrn Ministerpräsidenten über Ostpreussen veröffentlicht werden sollen.
Ste.

s. a. ZSg. 101/1/51 v. 8. Juli 1933

Ste.: Vermutlich Werner Stephan, geboren am 15. August 1895 in Hamburg, Referent in der Presseabteilung der Reichsregierung, Stellvertreter Kurt Jahnckes nach dessen Ernennung zum Leiter der Abteilung IV (Presse) im RMVP in der Nachfolge von Walther Heide, als solcher Sprecher in der Reichspressekonferenz, November 1937 zum "persönlichen Referenten des Reichspressechefs" (Otto Dietrich) ernannt.
s. a. W. Stephan, Acht Jahrzehnte erlebtes Deutschland. Ein Liberaler in vier Epochen, Düsseldorf 1983

ZSg. 101/1/53   8. Juli 1933

Bestellung vom 8. Juli 1933.
Das Konkordat ist in Rom paraphiert worden. Bei WTB in der Berliner Zentrale liegt auch bereits eine Erklärung Papens vor zum Abschluss des Konkordats. Der gestrigen Anweisung entsprechend wird jedoch von Wolf (sic) diese Papenerklärung noch nicht ausgegeben, ehe nicht von Seiten der Reichskanzlei amtlich der Abschluss des Konkordats mitgeteilt wird, was bis zur Stunde noch nicht erfolgt ist. Ich bitte bis zum Vorliegen der amtlichen WTB-Meldung über die Unterzeichnung des Konkordats alle Veröffentlichungen zu unterlassen. Sobald die Unterzeichnung des Konkordats amtlich mitgeteilt wird, wird gleichzeitig eine Verfügung des Reichskanzlers durch WTB veröffentlicht werden, die zusammen mit der amtlichen Mitteilung veröffentlicht werden muss. In diesem Augenblick ist dann auch eine Veröffentlichung der Erklärung Papens gestattet.
gez. Dertinger

s. a. ZSg. 101/1/49 v. 7. Juli 1933
     ZSg. 101/1/54 v. 8. Juli 1933

8./10.07.1933

s.a. D. Albrecht, Der Notenwechsel zwischen dem Heiligen Stuhl und der Deutschen Reichsregierung, Bde. 1 und 3, Mainz 1965 und 1980
s.a. K. Repgen, Über die Entstehung der Kirchenkonkordatsofferte im Frühjahr 1933 und die Bedeutung des Reichskonkordats. In: VjhZ, 26.Jg. (1978), S. 499-534. - Ders., Zur vatikanischen Strategie beim Reichskonkordat. In: VjhZ,31.Jg. (1983), H.3, S. 5o6-535
s.a. ADAP, Serie C, Bd. I,2, Nr. 356, 358, 371

ZSg. 101/1/54   8. Juli 1933

Rundruf vom 8.7.33.

Mit der amtlichen Mitteilung über das Reichskonkordat ist das Rundfunkverbot vom Freitag aufgehoben. Die Veröffentlichung der Mitteilung über den Konkordatsabschluss hat zusammen mit der Veröffentlichung des Reichskanzlers zu erfolgen.

s. a. ZSg. 101/1/53 v. 8. Juli 1933
ZSg. 101/1/49 v. 7. Juli 1933
ZSg. 101/1/66 v. 27. Juli 1933

Konkordat zwischen Reich und Vatikan abgeschlossen
...
Gleichzeitig mit dem Abschluß des Konkordats erläßt der Reichskanzler die folgende Verfügung: 1. Auflösung katholischer Organisationen, die durch die katholische Kirche anerkannt sind, wird rückgängig gemacht. 2.Ebenso Zwangsmaßnahmen gegen Geistliche und andere Führer dieser katholischen Organisationen ...

Eine Mitteilung Papens
...
Telegramm Hitlers an von Papen
...
HHN, Nr. 315 v. 9. Juli 1933, S. 1

ZSg. 101/1/55   10. Juli 1933

Bestellung vom 10. Juli 1933 mittags.

In der "Daily Mail" ist heute morgen ein Aufsatz von Lord Rothermere veröffentlicht worden, der ausführlichen Bericht

10./11.07.1933

über die Zustände in Deutschland bringt. Das Propagandaministerium bitte um möglichst grosse Aufmache der durch WTB und TU verbreiteten Auszüge aus diesem Artikel.

s. a. ZSg. 101/1/54 v. 11. Juli 1933

Daily Mail: Londoner Sensationszeitung mit Tagesauflage von 1 3/4 Millionen (Handbuch des öffentlichen Lebens, 1931 , S. 852)
Lord Rothermere: Vorher Harold Harmsworth (1868-1940), gründete mit seinem Bruder Lord Northcliffe 1896 die "Daily Mail", eines der ersten Massenblätter, 1917-18 Luftwaffenminister, nach dem Tod seines Bruders (1922) übernahm er für die folgenden zehn Jahre die Kontrolle über die Associated Newspapers (Daily Mail, Evening News, Sunday Dispatch), unterstützte Hitler, Mussolini und den britischen Faschistenführer Oswald Mosley in Artikeln, während sein Bruder deutschfeindlich war.

Deutschlands Jugend hat das Kommando
Lord Rothermere über den Sieg der Jugend im neuen Deutschland.
Hitlers starke Persönlichkeit
London, 10. Juli. In einem aus Norddeutschland an die "Daily Mail" gesandten Aufsatz preist Lord Rothermere die Umwälzung in Deutschland als einen "Sieg der Jugend". ...
HHN, Nr. 316 v. 10. Juli 1933, S. 1

Ein Artikel von Lord Rothermere über Deutschland
Lord Rothermere, der bekannte Herausgeber der "Daily Mail" unternimmt eine Reise nach Deutschland. Er hat seine Eindrücke in einem "Sieghafte Jugend" betitelten Artikel niedergelegt, von dessen Inhalt wir uns verpflichtet halten, unseren Lesern Kenntnis zu geben. ...
FZ, Nr. 508 v. 11. Juli 1933, S. 3
s. a. BBC, Nr. 316 v. 10. Juli 1933, S. 2

ZSg. 101/1/56   11. Juli 1933

In der Anlage übersenden wir wieder drei Exemplare von Auflagennachrichten über die Arbeitsbeschaffung [1] . Die Veröffentlichungen sind nicht unbedingt an die Ausgabe gebunden, sollen aber nach

Möglichkeit bald gebracht werden. Wir machen bei dieser Gelegenheit ausdrücklich darauf aufmerksam, dass von heute ab die Nachrichtenbüros die Anweisungen des Propagandaministeriums nicht mehr bringen [2], da es sich herausgestellt hat, dass auf diesem Wege das Ausland von manchen Dingen Kenntnis erhalten hat, die für das Ausland nicht angebracht waren. Aus diesem Grunde bitten wir sehr darum, dass unsere Hinweise auf Wünsche, Anordnungen oder Anregungen des Propagandaministeriums genau beachtet werden.
(gez. Dr. Kausch)

Anlage fehlt.
Zu 1)
s. a. ZSg. 101/1/43 v. 4. Juli 1933
Zu 2)
Diese Regelung wurde zunächst eingehalten, aber siehe ZSg. 101/1/94 - 97, 108 (August 1933), ab diesem Zeitpunkt waren Rundsprüche der Nachrichtenbüros wieder an der Tagesordnung.

ZSg. 101/1/57   11. Juli 1933

Dr.K./N.   xxx 9086
    11. Juli
An die
Redaktionsleitung der "Allgemeinen Zeitung"
z.Hd. Herrn Dr. Heerdegen.
C h e m n i t z .
Sehr verehrter Herr Doktor Heerdegen!
Das Propagandaministerium hat heute seinen Dank für die sorgfältige und wirkungsvolle Aufmachung des Rothermere-Artikels Ausdruck gegeben. Das Ministerium ersieht daraus, dass die

deutsche Presse im Rahmen der ihr gegebenen Möglichkeiten durchaus produktiv und selbständig im Interesse des neuen Deutschland zu arbeiten in der Lage ist. Wir können zu dieser Auffassung des Ministeriums nur hinzufügen, dass die Absicht besteht, innerhalb kurzer Zeit die strengen Richtlinien etwas zu lockern, wenn die Zeitungen weiter so selbständig und verantwortungsbewusst vor allem die aussenpolitische Linie der Reichsregierung innehalten. Bei dieser Gelegenheit haben wir eine Ausgabe der "Allgemeinen Zeitung" vom Dienstag den 11. Juli nachmittags dem Propagandaministerium übergeben, das sich sehr günstig über die Art der Veröffentlichung aussprach.
Ich verbleibe mit einer gehorsamen Empfehlung
Ihr
sehr ergebener
((Dr. K.))

s. a. ZSg. 101/1/55 v. 10. Juli 1933

ZSg. 101/1/58   11. Juli 1933
Herrn von Neuhaus, Hamburg, Hamburger Nachrichten
Bis auf die Anrede und Schlußformel ist der Text identisch mit ZSg. 101/1/57. Außerdem fehlt der letzte Satz über die "Allgemeine Zeitung".

ZSg. 101/1/59   11. Juli 1933
Herrn Dr. Dyrssen, Breslau, ((Schlesische Zeitung))
Bis auf die Anrede und Schlußformel ist der Text identisch mit

ZSg. 101/1/57. Außerdem fehlt der letzte Satz über die "Allgemeine Zeitung".

ZSg. 101/1/60   11. Juli 1933

Bestellung vom 11. Juli 1933 mittags.

Auf besonderen Wunsch des Propagandaministeriums wird das Berliner Büro heute einen Kommentar in Form eines Leitartikels über die Statistik des Internationalen Arbeitsamtes schreiben, der unter allen Umständen zu bringen ist.[1]

Heute nachmittag wird durch die Nachrichtenbüros ein Artikel des Ministers Goebbels über die nächsten Aufgaben des Propagandaministeriums veröffentlicht. Der Artikel muss morgen früh gebracht werden [2].

Sehr wichtig! Der Reichsinnenminister hat ein Rundschreiben an die Reichsstatthalter und Länderregierungen gerichtet. Dieses Rundschreiben, das zur Beruhigung der Wirtschaft dient, soll in besonders grosser Aufmachung möglichst schon in den Abendblättern erscheinen [3].

Zu 1)
Das Sinken der Arbeitslosigkeit in Deutschland
Die Feststellungen des Internationalen Arbeitsamtes.
HHN, Nr. 319 v. 12. Juli 1933, S. 2
Beginnende Abnahme der Arbeitslosigkeit
Auch in Großbritannien, Australien und Japan.
Genf, 10. Juli. Aus der Arbeitslosenstatistik des Internationalen Arbeitsamtes geht hervor, daß zum ersten Male seit Ausbruch der Krise in den Monaten April, Mai und Juni dieses Jahres ein offenbar nicht nur saisonaler Rückgang der Arbeitslosenzahlen in einer Reihe von Ländern, so Deutschland, Großbritannien, Australien und Japan konstatiert werden kann, während sie in anderen Ländern wie Italien, der Tschechoslowakei, den Skandinavischen Ländern,

11.07.1933

den Vereinigten Staaten und Kanada noch weiter angestiegen sind. Insgesamt beträgt der prozentuale Anstieg der unbeschäftigten Arbeiter noch immer 20 - 28 % der Gesamtarbeiterschaft. ...
FZ, Nr. 508 v. 11. Juli 1933, S. 1

Die Internationale Arbeitskonferenz war am 30. Juni 1933 in Genf zu Ende gegangen. Am 21. 6. 1933 hatte die deutsche Delegation die Konferenz unter Protest verlassen.
s. a. ZSg. 101/1/1 v. 19. Mai 1933

Zu 2)

Goebbels über die nächsten Aufgaben
HHN, Nr. 319 v. 12. Juli 1933 (M. A.), S. 1

"Unsere nächsten Aufgaben"
FZ, Nr. 511 v. 12. Juli 1933, S. 2

Reichsminister Dr. Goebbels: Unsere nächsten Aufgaben
... Die großen Probleme der Zeit, die Ankurbelung der Wirtschaft, die Beseitigung der Arbeitslosigkeit, die in so hoffnungsvollen Ansätzen stehen, können bis zum letzten Rest nur gemeistert werden durch eine nationalsozialistische Führung, die ein ganzes Volk hinter sich weiß. ...
Der Angriff, Nr. 160 v. 11. Juli 1933, S. 1

Der Artikel beschäftigt sich mit der allgemeinen politischen Lage, das Propagandaministerium wird überhaupt nicht erwähnt.

Zu 3)

Die Revolution ist abgeschlossen!
Ein Rundschreiben des Reichsinnenministers an die Reichsstatthalter und die Länderregierungen.
HHN, Nr. 318 v. 11. Juli 1933 (A. A.), S. 1

Die Autorität des Staates
Ein Rundschreiben des Reichsinnenministers an Reichsstatthalter und Landesregierungen.
Berlin, 11. Juli. Ein bedeutsames Rundschreiben hat der Reichsinnenminister Dr. Frick an die Reichsstatthalter und die Länderregierungen gerichtet, in dem er im Anschluß an die Rede, die der Reichskanzler kürzlich vor den Reichsstatthaltern gehalten hat, noch einmal feststellt, daß die deutsche Revolution jetzt abgeschlossen sei, daß keine Eingriffe in die Wirtschaft mehr erfolgen dürfen und die Reichsstatthalter und Länderregierungen die Aufgabe hätten, die Autorität auf allen Gebieten und unter allen Umständen sicher zu stellen... hätten. ... "Ich bitte ferner, dafür zu sorgen, daß aus diesen Gründen künftig auch von der bisher geübten Einsetzung von Kommissaren und Beauftragten Abstand genommen wird, da der unter ausschließlicher nationalsozialistischer Leitung stehende Staatsapparat in der Lage ist, die in Frage kommenden Aufgaben allein durchzuführen.

11.07.1933

... Spätestens bis zum 1. Oktober d. J. bitte ich mir mitzuteilen, auf welchen Gebieten ausnahmsweise die Beibehaltung von Kommissaren im Staatsinteresse unbedingt erforderlich erscheint."
FZ, Nr. 509/510 v. 12. Juli 1933, S. 1

ZSg. 101/1/61   11. Juli 1933

Rundsprüche vom 11. Juli 1933 abds.

Das Reichswirtschaftsministerium teilt mit, dass Dr. honoris causa Otto Wagener nicht mehr Reichskommissar und auch nicht mehr Leiter des Wirtschaftspolitischen Amtes der NSDAP ist. Der Reichswirtschaftsminister bittet die Zeitungen dafür zu sorgen, dass künftig diese Bezeichnungen fortfallen [1].

Ueber eine Neuordnung des Reichskuratoriums für Jugendertüchtigung sollen Meldungen vorerst nicht veröffentlicht werden [2].

Zu 1)
s. a. ZSg. 101/1/43 v. 4. Juli 1933
Zur Verleihung der Ehrendoktorwürde s. Hitler aus nächster Nähe, hrsg. von H. A. Turner, Frankfurt a. M. u. a. 1978, S. II, Anm. 5.

Zu 2)
... Es ist größter Wert darauf zu legen, daß der Anschein einer offen oder geheim betriebenen Aufrüstung vermieden wird. Das gilt insbesondere auf dem Gebiete des Wehrsportes. Der klare Unterschied zwischen den vom Reichskuratorium für Jugendertüchtigung organisierten Wehrsport und jeder militärischen Ausbildung darf in Auslassungen von offizieller Seite nicht verwischt werden ... (Richtlinien des Auswärtigen Amtes für die

11./15./17.07.1933   - 72 -

Inlandpropaganda vom 6. Juli 1933. In: Ursachen und Folgen, X, S. 37)

ZSg. 101/1/62   15. Juli 1933

Hbg. Bresl. Ch.

Anliegend übersenden wir Ihnen einen kurzen Artikel und zwei Bildmatern mit der Bitte, dem Wunsche des Propagandaministeriums zu entsprechen und Bilder sowie Text zu veröffentlichen.[1]
Des weiteren empfehlen wir einen wörtlichen Abdruck des Artikels des Staatsekretärs Reinhardt über die Steuererleichterungen, sofern nicht schon ein kurzer Auszug aus dem Artikel, wie er durch die Nachrichtenbüros verbreitet wurde, erschienen ist.[2]

Zu 1)
Anlage fehlt und war auch nicht zu ermitteln.
Zu 2)
s. a. ZSg. 101/1/44 v. 5. Juli 1933
<u>Neues Blut durch Steuersenkungen</u>
Staatssekretär Reinhardt: Das Gesetz über die Steuererleichtung.
HHN, Nr. 327 v. 16. Juli 1933, S. 1

ZSg. 101/1/63   17. Juli 1933

Hbg., Bresl. Chemn. Dresd.

Auf Grund einer Bitte, die Mussolini an die Reichsregierung gegeben hat, hat das Propagandaministerium angeordnet, daß dem Willen Mussolinis entsprechend anlässlich seiner 50-jährigen Geburtstagsfeier keinerlei Kundgebungen oder Artikel persönlicher Art gebracht werden sollen.

Benito Mussolini wurde am 29. Juli 1883 geboren.

Mussolinis Arbeitstag
Unser römischer Vertreter schreibt uns: Mussolini hat befohlen, daß zu seinem 50. Geburtstag keine Festartikel geschrieben werden sollen. Aber wir liegen außerhalb seines Befehlsbereichs und dürfen daher schon einen prüfenden Blick auf diesen Fünfzigjährigen werfen, von dem heute alle das Gefühl haben, daß er ihnen gehört. Er gehört unserer Zeit ...
HHN, Nr. 349 v. 29. Juli 1933, S. 1-2
Glückwünsche deutscher Minister
HHN, Nr. 349 v. 29. Juli 1933, S. 2
Hitler beglückwünscht Mussolini
HHN, Nr. 350 v. 29. Juli 1933, S. 2
s. a. FZ, Nr. 558 v. 29. Juli 1933, S. 1
VB, N. A., Nr. 210 v. 29. Juli 1933, S. 1

ZSg. 101/1/64   17. Juli 1933

Bestellungen: vom 17. Juli 1933.

1. Das Propagandaministerium erwartet, dass es zeitlich irgend einzurichten ist, dass die Rede des Reichspropagandaministers Goebbels, die er heute Abend im Rundfunk hält, im Wortlaut gebracht wird.

2. Durch das Conti-Büro ist ein Aufruf des früheren Staatskommissars in Kirchenfragen in Preussen Jäger veröffentlicht worden. Das Propagandaministerium bittet die Zeitungen, die den Aufruf noch nicht veröffentlicht haben, ihn nachzuholen.

Des weiteren bittet das Propagandaministerium in Vorbereitung der Kirchenwahlen die Deutschen Christen aufs wärmste zu unterstützen. Zu diesem Behufe werden noch in Kürze

17.07.1933

Artikel zur Verfügung gestellt werden. Von dem Umfang der
Beteiligung an dem Werbekampf für die Deutschen Christen wird
die Regierung abmessen, welche Bedeutung die einzelne
Zeitung für die neue Regierung hat.

Zu 1.
<u>Volk bei der Arbeit</u>. Minister Goebbels im Rundfunk.
Berlin, 15. Juli. Reichsminister Dr. Goebbels wird am Montag
abend (= 17. Juli 1933, gtz) in der Stunde der Nation, die um
19.50 Uhr beginnt, über das Thema: "Volk bei der Arbeit"
sprechen.
VB (N. A.), Nr. 197/198 v. 16./17. Juli 1933, S. 1
Goebbels über die gewaltige Leistung Hitlers
Volk an der Arbeit / Hitler schaffte in sechs Monaten mehr als
die anderen Regierungen in 14 Jahren.
HHN, Nr. 329 v. 18. Juli 1933, S. 1
  s. a. NZ, Nr. 195 v. 18. Juli 1933, S. 2
      FZ, Nr. 527 v. 18. Juli 1933, S. 1

Zu 2.
s. a. ZSg. 101/1/65 v. 17. Juli 1933
<u>Die Kirchenkommissare in Preußen zurückgezogen</u>
Berlin, 14. Juli. Nachdem die Verfassung für die Deutsche
Evangelische Kirche zustande gekommen ist, hat der Preußische
Minister für Wissenschaft, Kunst und Volksbildung mit Erlaß
vom 14. Juli 1933 mein Kommissariat für die Evangelischen Landeskirchen mit dem heutigen Tage für beendet erklärt. Ich erkläre
daher die von mir ... übertragenen Vollmachten mit sofortiger
Wirkung als erloschen. Hiermit verbinde ich meinen Dank für
die in treuer Pflichterfüllung geleistete Arbeit. Berlin, den
14. Juli 1933. Der Kommissar für die Evangelischen Landeskirchen
in Preußen, gez. Jäger.
HHN, Nr. 325 v. 15. Juli 1933, S. 2
<u>Es geht um die seelische Einheit und Freiheit</u>
Wahlaufruf des bisherigen Kirchenkommissars Jäger
HHN, Nr. 327 v. 16. Juli 1933, S. 3
<u>Warum Neuwahlen in der Evangelischen Kirche?</u>
Von Pfarrer Dr. Albert Freitag, Reichspresseleiter der "Deutschen
Christen", kommissarisches Mitglied des Evangelischen Oberkirchen-
rats.
HHN, Nr. 330 v. 18. Juli 1933, S. 1

Ansonsten sind die HHN und auch die NZ sehr zurückhaltend mit
Artikeln zu den Kirchenwahlen. Die Berichterstattung der FZ
hebt sich quantitativ davon deutlich ab.
  s. a. Kurt Meier, Die Deutschen Christen, Göttingen 1964

17.07.1933

Günther van Norden, Der Deutsche Protestantismus im Jahr der nationalsozialistischen Machtergreifung, Gütersloh 1979

ZSg. 101/1/65 17. Juli 1933

Rundruf vom 17. Juli 1933 abds.

Es wird auf die Bekanntmachung des Bevollmächtigten des Reichsministers des Innern für die Ueberwachung der Durchführung der Kirchenwahlen hingewiesen, die an die Nachrichtenbüros gegeben worden ist. Ihre Veröffentlichung hat in den Morgenausgaben zu erfolgen.
gegeb. nach Hbg., Breslau, Chemn.

Die Vorbereitung der Kirchenwahlen.
Eine Bekanntmachung über die unparteiische Durchführung.
Berlin, 17. Juli. Der Bevollmächtigte des Reichsministers des Innern für die Überwachung der unparteiischen Durchführung der Kirchenwahlen erläßt folgende Bekanntmachung: Die freie Wahl des Kirchenvolkes ist nach dem Wort des Reichskanzlers gemäß dem Reichsgesetz vom 14. Juli 1933 gewährleistet. Die Tageszeitungen haben Anträgen der Kirchenbehörden auf Abdruck der amtlichen kirchlichen Bekanntmachungen über das Wahlverfahren zu entsprechen. Der Bekanntgabe von Wahlaufrufen und Wahlartikeln der kirchlichen Wählergruppen stehen Bedenken nicht entgegen, sofern die Veröffentlichungen sich auf kirchlichem Gebiete bewegen und sich von verletzenden Angriffen freihalten. Unter der gleichen Voraussetzung steht der Vervielfältigung und Verbreitung von Flugblättern nichts im Wege. ...
Der Bevollmächtigte des Reichsministers des Innern: Pfundtner, Staatssekretär.
HHN, Nr. 329 v. 18. Juli 1933 (M. A.), S. 1

Eine zweite Bekanntmachung des Bevollmächtigten für die Kirchenwahlen
FZ, Nr. 533 v. 20. Juli 1933 (2. M. A.), S. 2

27.07.1933

ZSg. 101/1/66   27. Juli 1933

D/N.
Kurfürst 9086
An die
Hauptschriftleitung der "Hamburger Nachrichten"
Hamburg I
Speersort 11.
Sehr geehrte Herren!
Wir übersenden Ihnen anliegend wieder einen Beitrag zur Rubrik "Es geht aufwärts".[1]
Zu den Erklärungen im englischen Unterhaus über die deutschen Luftpolizeimassnahmen soll auf Anweisung des Propaganda-Ministeriums nach wie vor nichts gebracht werden, bis amtliche deutsche Meldungen vorliegen.[2]
In der ausländischen Presse und insbesondere im "Osservatore Romano" werden Kommentare an das deutsche Konkordat geknüpft und mit einer sachlichen bezw. polemischen Interpretation der einzelnen Bestimmungen begonnen. Die Reichsregierung bittet von derartigen Kommentierungen weder Notiz zu nehmen noch sich an diesen Kommentierungsbemühungen zu beteiligen. Sollten in der ausländischen Presse allzu abwegige Auslegungen erscheinen, so würde amtlicherseits dazu Stellung genommen werden.[3]
In der Presse werden Mitteilungen verbreitet über beabsichtigte Senkungen der Kanalabgaben im Kaiser Wilhelm-Kanal. Von interessierter Seite werden verschiedene Informationen zu diesem Thema in der Presse lanciert. Die Reichsregierung bittet von diesem Thema zunächst nichts zu bringen, da amtliche Beratungen schweben und den Entscheidungen nicht vorgegriffen werden soll.[4]
Zu der Rede des oberschlesischen Oberpräsidenten Koch über die Arbeitsschlacht in Ostpreussen und die Industrialisierungspläne wird die Bitte ausgesprochen, nur den amtlichen WTB-Text, nicht aber die Meldungen eigener Korrespondenten zu verwerten.
Mit vorzüglicher Hochachtung
(gez. Dtg.)

1 Anlage!

27.07.1933

Zu 1)
Anlage fehlt.
s. a. ZSg. 101/1/43 v. 4. Juli 1933
    ZSg. 101/1/50 v. 8. Juli 1933
Zu 2)
s. a. ZSg. 101/1/42 v. 4. Juli 1933

Irreführende Meldungen
Berlin, 25. Juli. Verschiedene englische Blätter berichten von einem angeblichen gegen das Pariser Luftfahrtabkommen gerichteten Vorstoß Deutschlands, der zu einer Demarche des englischen Geschäftsträgers in Berlin Anlaß gegeben habe. Ein englischer Protest in Berlin ist nicht erfolgt, konnte auch nicht erfolgen, da eine Verletzung der Bestimmungen des Pariser Abkommens weder vorliegt noch überhaupt in Frage kommt.
FZ, Nr. 547/548 v. 26. Juli 1933, S. 2

Unterhausanfragen über Deutschland
London, 26. Juli. Der Labourabgeordnete Cox fragte am Mittwoch im Unterhause an, ob die Regierung davon Kenntnis habe, daß die deutsche Regierung mit England wegen Polizeiflugzeugen in Verbindung getreten sei. Der Unterstaatssekretär des Auswärtigen, Eden, sagte, daß auf Anfrage des deutschen Luftfahrtministeriums der englische Geschäftsträger in Berlin der Reichsregierung mitgeteilt habe, daß die britische Regierung den Verkauf englischer Flugzeuge nicht billigen könne. ...
HHN, Nr. 345 v. 27. Juli 1933, S. 2

Zu 3)
s. a. ZSg. 101/1/49 v. 7. Juli 1933
    ZSg. 101/1/53 v. 8. Juli 1933
    ZSg. 101/1/54 v. 8. Juli 1933
    ZSg. 101/3/72/Nr 267 v. 13.Febr. 1934

Am 20. Juli 1933 war in Rom die Unterzeichnung des Konkordats vorgenommen worden. Georg Dertinger begleitete den Vizekanzler von Papen dorthin.

Der Begleitchor zum Konkordat (Kommentar)
((Die kritische Haltung der "Germania" wird gerügt))
HHN, Nr. 348 v. 28. Juli 1933, S. 2

Deutsche Erklärung zum Reichskonkordat
((Gegendarstellung zu den einzelnen Punkten des "Osservatore Romano"))
HHN, Nr. 349 v. 29. Juli 1933, S. 1
s. a. BBC, Nr. 347 v. 28. Juli 1933, (M. A.), S. 3
    BT, Nr. 349 v. 28. Juli 1933, S. 7

Zu 4)

Gebührensenkung im Kaiser-Wilhelm-Kanal
Der Reichsverkehrsminister hat ab 1. Juli die Kanalgebühren für den Kaiser-Wilhelm-Kanal gesenkt, um der Abwanderung der

Schiffahrt auf dem Wege um Kap Skagen herum entgegen zu wirken. Dem Reichsrat steht die Befugnis zu, binnen drei Monaten die Bestimmung aufzuheben. Er wird schon in nächster Zeit mit der Beschlußfassung befaßt werden.
BT, Nr. 348 v. 27. Juli 1933, S. 1

Neuordnung der Kaiser-Wilhelm-Kanal-Gebühren
In der letzten Sitzung des Reichsrates ist die Verordnung zur Senkung der Kanalabgaben im Kaiser-Wilhelm-Kanal einer Ausschußberatung überwiesen worden. Angesprochen wurde die Angelegenheit durch den Hamburgischen Vertreter, was insofern Beachtung verdiente, als gerade von Hamburg im Interesse der deutschen Schiffahrt und der Position der deutschen Häfen im internationalen Wettbewerb jahrelang für eine vernünftige Senkung der Kanal-Gebühren gekämpft wurde, nachdem vornehmlich die skandinavischen Länder unter dem Druck ihrer Währungsverschlechterung den Kaiser-Wilhelm-Kanal mieden und die längere Reise um Skagen aufnahmen, um die auf Goldmark-Basis erhobenen Gebühren zu sparen. Die vom Reichsverkehrsministerium auf dem Verordnungswege erlassene Senkung bedeutete die grundsätzliche Anerkennung der von Hamburg und den deutschen Hafenstädten erhobenen Forderungen. ... Es muß Sinn und Ziel der Gebührenermäßigung im Kaiser-Wilhelm-Kanal bleiben, die abgewanderte ausländische Flotte in einem Maße für den Kanalverkehr zurückzuholen, daß der gestiegene Kanalverkehr und die mengenmäßig erhöhten Einnahmen, die durch die Ermäßigungen entstandenen Ausfälle zumindest wieder ausgleichen. Um das zu erreichen bedarf es einer generellen, mindestens 30 %igen Senkung der Gebühren. Das jetzige Verfahren bedeutet bei dem Mangel an Aussicht auf Verkehrsbelebung ein glattes Verlustgeschäft, das die Kanalverwaltung viel Geld kosten wird.
HHN, Nr. 345 v. 27. Juli 1933, S. 4

Verkehrszahlen im Kaiser-Wilhelm-Kanal
HHN, Nr. 349 v. 29. Juli 1933, S. 4

Zu 5)

Erwerbslose aus dem Westen gehen nach Ostpreußen
Im nächsten Frühjahr beginnt die große Umsiedlung - 150.000 finden Arbeit - Rede des Oberpräsidenten Koch
HHN, Nr. 348 v. 28. Juli 1933, S. 2

Licht im Osten
Ostpreußen als Vortrupp des Aufbaus
BBC, Nr. 347 v. 28. Juli 1933, S. 2

Ostpreußens Arbeitsschlacht
Oberpräsident Koch über den Industrieaufbau der Ostmark
BT, Nr. 349 v. 28. Juli 1933, S. 7

Zeitungsverbot
Breslau, 1. August. Der Regierungspräsident hat die "Breslauer Neuesten Nachrichten" wegen wahrheitswidriger, unvollständiger und infolge dessen irreführender Berichterstattung über die Rede des Oberpräsidenten auf dem 8. Oberschlesier-Tag in Altheide auf drei Tage verboten.
FZ, Nr. 566/567 v. 2. August 1933, S. 3

ZSg. 101/1/67   29. Juli 1933

Bestellung:
Aus Königsberg kommen wieder Meldungen über zusätzliche Einstellungen in der ostpreussischen Industrie. Dort hat der Oberpräsident den Weg beschritten, dem ostpreussischen Arbeitgeberverband vorzuschreiben, dass seine Mitglieder ab 1. August mindestens 5 % der Angestellten und Arbeiter neu einzustellen haben ohne Rücksicht darauf, ob eine sachliche wirtschaftliche Notwendigkeit hierzu vorliegt und ob schon neue Einstellungen vorgenommen sind. Diese Meldung und diese Methode haben in Berlin sowohl im Arbeitsministerium wie im Wirtschaftsministerium und in der Reichskanzlei eine gewisse Bestürzung hervorgerufen insofern, als die Befürchtung besteht, dass andere Gegenden diesem Beispiel folgen könnten. Man bittet, diese Meldungen möglichst ohne besondere Aufmachung zu bringen, sofern die Redaktion sich nicht überhaupt entschliessen mag, von der Veröffentlichung abzusehen. Vertraulich kann ich noch mitteilen, dass gegenwärtig in Berlin ein Ausschuss tagt, der die ostpreussische Arbeitsbeschaffungsmethode eingehend prüft, da sich ergeben hat, dass die für Ostpreußen in Aussicht stehenden Mittel schon in Kürze erschöpft sein werden und dass die Gefahr besteht, dass die neue Arbeitsbeschaffung nur von vorübergehender Dauer sein könnte. Ausserdem befürchtet man, dass die neue Einstellung in der Industrie mit Rücksicht auf den mangelnden Absatz zu Arbeiten auf Lager führen, wodurch später eine ernste Gefährdung des Preisniveaus eintreten könnte. Man wird das Ergebnis dieser Prüfungen abwarten müssen. Bis dahin empfehlen wir grösste Zurückhaltung. Die Tatsache der Enquete muss unter allen Umständen streng vertraulich behandelt werden.

s. a. ZSg. 101/1/66 v. 27. Juli 1933
Arbeit für 56.662 in Ostpreußen
Königsberg, 26. Juli. ... Nicht einbegriffen sind die 18.000 vollbeschäftigten Arbeitslosen aus dem Ruhrgebiet und weiter nicht die dem Freiwilligen Arbeitsdienst angehörenden Volksgenossen.
HHN, Nr. 345 v. 27. Juli 1933, S. 2

29.07.1933

Die in der Bestellung angesprochene "ostpreußische Arbeitsbeschaffungsmethode" wird in keinem der entsprechenden Artikel erwähnt. Statt dessen:

<u>Das Wunder von Ostpreußen</u>
... Bisher noch keinen Pfennig Zuschuß vom Reich ...
HHN, Nr. 351 v. 30. Juli 1933, S. 3

<u>Ostpreußens Beispiel</u>
BT, Nr. 353 v. 30. Juli 1933, S. 1

<u>Die Arbeitsbeschaffung in Ostpreußen</u>
FZ, Nr. 565 v. 1. August 1933, S. 1

s. a. ARRH, Teil I, Bd. 1, Nr. 178

ZSg. 101/1/68 - 68a 3. August 1933

An alle Zeitungen gegangen
Nachstehend einige Wünsche des Reichspropagandaministeriums:
1. Das Auswärtige Amt hat Anstoß daran genommen, daß die deutsche Presse in den letzten Tagen wieder Mitteilungen über bevorstehende diplomatische Umbesetzungen im deutschen Aussendienst gebracht habe. Es wird aufs strikteste bestimmt, daß solche Vormeldungen unter allen Umständen zu unterbleiben haben. Die nichtparteiamtlichen Zeitungen haben gelegentlich dieser Warnung des Auswärtigen Amtes ihrerseits bei der Regierung Protest dagegen erhoben, daß die nationalsozialistische Parteipresse sich nicht an solche Bestimmungen zu halten pflege. Die letzten Veröffentlichungen über die diplomatischen Veränderungen seien nur auf vorhergehende Indiskretionen nationalsozialistischer Parteiblätter zurückzuführen gewesen. Die zuständigen Stellen haben Abhilfe versprochen, jedoch darauf hingewiesen, daß selbst bei einer Disziplinlosigkeit der nationalsozialistischen Parteipresse die übrige Presse nicht ebenfalls das Recht zur Disziplinlosigkeit habe.
2. Zu den angekündigten Demarchen der franz. Regierung bezw. anderen Mächten in Deutschland wegen des Konfliktes mit Österreich, der Zwischenfälle im Saargebiet und im Memelland wird **vertraulich** vom Auswärtigen Amt der Presse erklärt, daß nach Ansicht des Amtes die Franzosen nur deshalb eine Einheitsfront gegen Deutschland zustande zu bringen bemüht seien, weil sie durch einen Regierungswechsel in Österreich einen Verlust der jetzt in den letzten Jahren zugunsten der Regierung Dollfuss hergegebenen Kredite befürchten müssten. Es wird jedoch gebeten, auf diese Zusammenhänge nur sehr vorsichtig hinzuweisen.

b.w.

((ZSg.101/1/68a))
Diese sogen. vertraulichen Informationen des Auswärtigen Amtes sind nach meinen privaten Informationen sicher nicht erschöpfend. Dieses rein materielle Interesse der Franzosen dürfte nicht allein die Triebkraft für die jetzt erneut gesteigerte Aktivität sein. Vielmehr dürften die Vorgänge im engsten Zusammenhang stehen mit

der allgemeinen diplomatischen Aktivität aller beteiligten Regierungen bezüglich einer endgültigen Neuordnung der Verhältnisse im Donaugebiet. Es bestärkt sich tagtäglich der Eindruck, daß der Ring gegen Deutschland ständig enger und fester wird und die jetzige diplomatische Aktivität der Franzosen nur der Auftakt zu weiteren Aktionen gegen Deutschland ist.
3. Anliegend übersenden wir Ihnen eine Mater, um deren Veröffentlichung uns das Propagandaministerium bittet.
4. In der Kabinettssitzung vom 14. Juli waren, wie erinnerlich, Richtlinien über die Vergebung öffentlicher Aufträge von der Regierung beschlossen worden. Wir haben damals wie die übrige Presse auf Grund amtlicher Informationen einige Einzelheiten aus diesen Richtlinien veröffentlicht.Die Regierung hat nun den Eindruck bekommen, daß die auszugsweise Veröffentlichung dieser Richtlinien nur zu Unklarheiten Anlass gegeben habe und bittet, wenn noch einmal die Richtlinien von den Zeitungen veröffentlicht werden, worum sie an sich bittet, daß es dann im Wortlaut geschieht. Der Wortlaut wird im Laufe des heutigen Tages durch die Nachrichtenbüros noch einmal verbreitet werden.
(gez. Dtg.)

Zu 1.
Vor einem Botschafterwechsel
Die nationalsozialistische Presse veröffentlicht einige Mitteilungen über bevorstehende Personalveränderungen im Auswärtigen Amt, über die, wie bekannt, seit längerem Beratungen gepflogen worden sind. Nach Erkundigungen aus unterrichteter Stelle glauben wir zu wissen, daß der jetzige Botschafter in Tokio, Boretsch, der sich gegenwärtig in Deutschland aufhält, nicht nach Tokio zurückkehren wird, sondern daß er durch von Dircksen (sic) ersetzt wird, der gegenwärtig deutscher Botschafter in Moskau ist. An seine Stelle soll dem Vernehmen nach der jetzige Botschafter in Angora und Führer der deutschen Abrüstungsdelegation in Genf, Nadolny, treten, während nach Angora als Botschafter der Gesandte in Stockholm, von Rosenberg, versetzt werden soll. An seinen Platz in Stockholm soll Prinz von Wied treten. Personalveränderungen sind des weiteren zu erwarten bei den Botschaften in Rom, Paris und London.
HHN, Nr. 353 v. 1. August 1933, S. 2

Ganz offenbar wurde dieser Artikel telefonisch aufgenommen:
Der Vorgänger von Herbert von Dirksen in Tokio war Ernst-Arthur
Boretzsch und Rudolf Nadolny war Botschafter in Ankara (bis 1930
Angora).

Botschafterwechsel in Moskau und Tokio
Der Angriff, Nr. 178 v. 1. August 1933, S. 1

Berlin, 1. August. Wie der "Angriff" erfährt, soll Botschafter von
Dircksen (sic) von Moskau nach Tokio versetzt werden. Botschafter
Nadolny soll als Nachfolger Dircksens für die Leitung der Geschäfte der Botschaft in Moskau ausersehen sein. Eine Bestätigung
dieser Nachricht war von zuständiger Stelle nicht zu erlangen.
FZ, Nr. 568 v. 2. August 1933, S. 1

Zu 2.

Das französische Geld für Österreich
HHN, Nr. 359 v. 4. August 1933, S. 2

s. a. Frankreich und die deutsch-österreichischen Beziehungen
FZ, Nr. 572/573 v. 4. August 1933, S. 1

Die Entführungsaffaire im Saargebiet
Eine französische Demarche in Berlin
Der französische Botschafter in Berlin, André François-Poncet wurde
bei der deutschen Regierung vorstellig und protestierte lebhaft
gegen die Entführung französischer Staatsangehöriger aus dem
Saargebiet.
NZZ, Nr. 1403 v. 3. August 1933, S. 1

s.a. ADAP, Serie C, Bd. I,2, Nr. **385, 392, 393, 398, 402**

Zu 3.
War nicht zu ermitteln.

Zu 4.

Die Vergebung öffentlicher Arbeiten
((I. Zuständigkeit der Vergebung, II. Stellung des ausländischen
Kapitals, III. Bevorzugung deutscher Firmen, IV. Berücksichtigung
der ortsansässigen Unternehmer))
HHN, Nr. 359 v. 4. August 1933, S. 1-2

Nach diesen Richtlinien sollten bei der Vergabe von öffentlichen
Arbeiten im Hinblick auf die Sicherung der Arbeitsplätze des
"deutschen Personals"Betriebe, die mit dem Geld von Ausländern
oder Juden finanziert wurden, nicht benachteiligt werden."Im
übrigen sollten die Beschaffungsstellen sich jeder Schnüffelei
enthalten."

s. a. ARRH, Teil I, Bd. 1, Nr. 193 (26.)

ZSg. 101/1/69   3. August 1933

Berlin, den 3. August 1933. abds.

Das Propagandaministerium bittet darum, eine inzwischen herausgekommene Meldung des "Temps", die eine wesentliche Abschwächung der in Frage kommenden Havas-Meldung bedeutet, unter allen Umständen zu veröffentlichen, jedoch ohne Kommentar und mit einer möglichst neutralisierten Überschrift. Die Reichsregierung legt Wert darauf, dass die Situation nicht von unserer Seite aus verschärft wird.
An alle Zeitungen gegangen.

<u>Temps</u>: Französische Tageszeitung, die am ausführlichsten über In- und Ausland informiert; deutschfeindlich, republikanisch-konservativ im Sinne des Besitz-Bürgertums, mit stark industriellem Einschlag. Aufl. 80.000 (Handbuch des öffentlichen Lebens, 1931, S. 850 f.)

<u>Agence Havas</u>: (1832-1914) Zweitgrößte Nachrichtenagentur der Welt mit Sitz in Paris; verbreitet in Frankreich und Kolonien, Spanien, Portugal, Italien, Balkan, Südamerika (Handbuch des öffentlichen Lebens, 1931. S. 864).

<u>Eine Erklärung des "Temps".</u>
Die Mittwochabend von der Agentur Havas ausgegebene Mitteilung, die französische Regierung verfolge seit mehreren Monaten mit Aufmerksamkeit die österreichisch-deutsche Spannung, sie habe verschiedene andere Regierungen auf den Ernst der Lage hingewiesen und mit ihnen über die Mittel und Wege, beispielsweise eine gemeinsame Demarche, beraten, die diesen Zustand beheben könnten, ist von der französischen Presse als Stichwort angegriffen worden, eine regelrechte Kampagne gegen das neue Deutschland zu eröffnen. ... Diese Wirkung scheint dem französischen Außenministerium doch etwas ungelegen zu kommen, ...
Deshalb bemüht sich der "Temps", ohne seine bekannte Einstellung gegenüber Deutschland zu verleugnen, etwas zu dämpfen und er behauptet, in der am Mittwoch wiedergegebenen Form dürfte die ausgegebene Information nicht zutreffen....
HHN, Nr. 359 v. 4. August 1933, S. 1
s. a. <u>Die österreichisch-deutschen Beziehungen</u>
Der "Temps" ruft zurück
FZ, Nr. 574 v. 4. August 1933, S. 1

ZSg. 101/1/70   4. August 1933

Bestellungen vom Reichspropagandaministerium.
1. Der Reichskommissar für das Bankgewerbe bittet nachdrück (sic) darum, nichts über eine Enquete bei den Banken verlauten zu lassen, die feststellen soll, wie weit die einzelnen Banken Kredite an die Warenhäuser gegeben haben. Es würde nur zu einer Beunruhigung der Wirtschaftskreise führen, wenn von diesen Dingen jetzt schon berichtet wird.
2. Vom Auswärtigen Amt wird mitgeteilt, dass von nun an ausländische Pressestimmen über das Problem der Intervention und die Ablehnung der Intervention gebracht werden dürfen. Allerdings sollen für Deutschland ungünstige ausländische Pressestimmen nicht in allzu grosser Aufmachung erscheinen. Bekanntlich hatte das Auswärtige Amt noch gestern die Richtlinie herausgegeben, dass ausländische Pressestimmen und eigene Kommentare nicht gebracht werden dürfen. Diese Richtlinie ist nunmehr gegenstandslos geworden.
An alle Zeitungen weitergegeben.

Zu 1.
Reichsbankpräsident Schacht hatte eine Kommission eingesetzt, die eine Banken-Enquete durchführen sollte. Ab September 1933 liefen die Untersuchungen über ein Jahr. (s. a. Avraham Barkai, Das Wirtschaftssystem des Nationalsozialismus, Köln 1977, S. 161 ff.) Gleichzeitig lief in den Zeitungen eine Kampagne, in der behauptet wurde, die (jüdischen) Warenhäuser bedrohten den (deutschen) Einzelhandel.
Zu 2.
s. a. ZSg. 101/1/69 v. 3. August 1933
<u>Frankreich und England beruhigen</u>
Die grundlose "Besorgnis" um Österreichs Unabhängigkeit
HHN, Nr. 362 v. 5. August 1933, S. 2

ZSg. 101/1/71   5. August 1933

Rundruf vom 5.8.33. an alle drei Zeitungen gegeb.
Eine Polizeikorrespondenz gab heute Abend eine Meldung über Festnahmen von kommunistischen Funktionären heraus. Diese Meldung stammt nicht von amtl. Stelle, sie darf nicht veröffentlicht werden.

Erfolgreiches Vorgehen gegen die Kommunisten
HHN, Nr. 363 v. 6. August 1933, S. 3
Schlag gegen die K.P.D.
BT, Nr. 365 v. 6. August 1933, S. 15
Die Wühlarbeit der K.P.D.
Nachdem die Geheime Staatspolizei die beiden K.P.D.-Führer Cosca und Putz sowie 15 kommunistische Funktionäre ... festgenommen hatte. ...
BT, Nr. 367 v. 8. August 1933, S. 1

ZSg. 101/1/72 - 72 a   5. August 1933

Bresl., Chemn., Dresd.   D/N.   5. August 1933
Kurfürst 9086
Herrn
von Neuhaus,
Hamburg I
Speersort 11.
Lieber, verehrter Herr von Neuhaus!
Vom Propagandaministerium sind heute folgende Anweisungen ergangen:
1. **Vertraulich wurde mitgeteilt, dass in nächster Zeit vom Reichs**ernährungsministerium Massnahmen über die Verwertung der Kartoffelernte getroffen werden. Es handelt sich insbesondere um den Beimischungszwang von Kartoffelmehl zum Brot. Ueber

diese Frage hat sich ein sehr starker Interessentenkampf
zwischen Bäcker, Müllern und Kartoffelproduzenten entwickelt, der seinen Niederschlag bereits in der Fachpresse
gefunden hat. Es besteht die Absicht der Interessenten, den
Kampf nunmehr auch in die Tagespresse hinüberzuleiten. Die
deutschen Zeitungen werden ersucht, sich in diese zum Teil
rein wissenschaftlichen Fragen nicht einzumischen. Die Reichsregierung hat die Absicht, einen Abbau des Beimischungszwangs
von Kartoffelmehl zum Brot vorzunehmen.
2. Gregor Strasser hat an die Presseabteilung der Reichsregierung
ein Schreiben des Inhalts gerichtet, dass in Zukunft in der
Tagespresse doch keinerlei Aeusserungen über seine frühere
Haltung innerhalb der NSDAP gebracht werden möchten. Von
Seiten der Reichskanzlei wird die Tagespresse aufgefordert,
diesem Wunsche in vollem Umfange Rechnung zu tragen. Bekanntlich hat zwischen Gregor Strasser und dem Führer eine
Aussöhnung stattgefunden.
3. Beiliegend übermitteln wir 14 Kennworte zur Propaganda der
Arbeitsbeschaffungslotterie. Die Regierung bittet darum, in
den nächsten 14 Tagen diese Merksprüche als Streunotizen in
den Tageszeitungen zu veröffentlichen.
b.w
((ZSg.101/1/72a))
4. Ferner übersenden wir zwei Artikel zur Arbeitsbeschaffungs-
lotterie und zur Arbeitsspende. Beide Mitteilungen tragen den
Charakter von Auflagenachrichten und sollen am Montag oder
Dienstag veröffentlicht werden.
In aufrichtiger Verehrung
Ihr
sehr ergebener
(gez. Dr. K.)
2 Anlagen!

Zu 1.
<u>Vorbereitungen zur Sicherung des Kartoffelabsatzes</u>
Das Reichsernährungsministerium teilt mit: Im Reichsministerium
für Ernährung und Landwirtschaft sind die Vorbereitungen zur

5.08.1933

Sicherung des Kartoffelabsatzes in vollem Gange. Die Maßnahmen werden im Sinne echter Bauernpolitik unabhängig von den nicht selten polemischen Äußerungen und Forderungen einseitiger Interessentenkreise lediglich im Interesse des Gesamtwohls angeordnet und durchgeführt werden. Für Forderungen und Methoden, die zur Durchsetzung eigennütziger Interessen in den letzten 14 Jahren angewandt wurden, ist im neuen Deutschland kein Platz mehr.
BT, Nr. 365 v. 6. August 1933, S. 8

s. a. ZSg. 101/26/525 - 527 (Informationsbericht Nr. 24 v. 23.8. 1933): ... Unberufene Kreise äußern den Wunsch Gregor Strasser, der jetzt bekanntlich Generaldirektor der chemischen Firma Schering&Kahlbaum ist, als Leiter des Reichswirtschaftsministeriums zu berufen. Gregor Strasser soll dann auch weiter die Deutsche Arbeitsfront reorganisieren und Einfluß auf das Arbeitsministerium gewinnen. ...

<u>Gregor Strasser</u>: (31.5.1892 -30.6.1934), Ende 1932 war er als Vertreter des linken NSDAP-Flügels in Opposition zu Hitler geraten und legte seine Parteiämter nieder (Reichsorganisationsleiter). In seiner Direktorenstelle, die er im Frühsommer 1933 antrat, mußte er sich jeder politischen Tätigkeit enthalten. Am 1. Februar 1934 erhielt er das goldene Parteiabzeichen. Am 30. Juni 1934 wurde er ermordet. (s. a. Udo Kissenkoetter, Gregor Straßer und die NSDAP, Stuttgart 1978, S. 192 ff.)

Zu 3.

Anlage fehlt.

Es liegt in Deiner eig'nen Kraft, daß sie dem Bruder Arbeit schafft!

Mit einem Los zu einer Mark machst Du eines Feiernden Arm wieder stark!

Viel Geld für Dich - glückbringende Arbeit für Deine Brüder: Die arbeitbeschaffende Lotterie. - Lospreise 1,-- Mark.

Nicht Reich, nicht Länder allein schaffen Dir Brot, Du selbst mußt lindern die Arbeitsnot. Du selbst: Du sei'st mit einer einzigen Mark, mit einem Los machst Du andere stark!

Willst Du, daß ein Arbeitsloser wieder eine Stunde Arbeit hat ... dann nimm ein Arbeitsbeschaffungslos - um eine Mark - überall erhältlich!

Ein Los zur Arbeitsbeschaffung zu 1 Mark kann Dir viel Geld bringen, - Arbeit aber schafft es bestimmt.

Der Glaube kann Berge versetzen. Wahre Volkesliebe - kann Arbeit schaffen. Darum nimm ein Arbeitsbeschaffungslos!

Um eine Mark: Für ein Arbeitsbeschaffungslos schaffst Du 1 1/4 Stunde Arbeit und Brot für einen Bruder und kurbelst die Wirtschaft damit an. In 1 1/4 Stunde Arbeit werden Werte geschaffen; 1 1/4 Pfund Fleisch oder 5 Pfund Brot oder 4 Liter Milch oder 12 Eier können Absatz finden. Schließ Dich nicht aus! Denn Arbeitsbeschaffungslose bringen Segen: Dir, den Feiernden, den Bauern und Handwerkern.

"Wer nicht arbeitet, soll auch nicht essen", so hieß es einst - heute soll der, der ißt, bei jeglichem Bissen, den er zum Munde führt, dessen gedenken, der nicht arbeiten kann. Deshalb denkt auch an die Arbeitslosen!

Bei jedem Spiel setzt den Gewinn in Arbeitsbeschaffungslose um: So kannst Du ihn für Dich tausendfach vermehren - und Arbeit schaffen: Denen die gezwungen feiern!

Jedes Arbeitsbeschaffungslos ein Baustein im großen Arbeitsbeschaffungsprogramm! Hilf mit am großen Neubau für das Arbeitsglück Deiner Brüder.

Vom Urlaubsgeld: 1 Mark für ein Arbeitsbeschaffungslos! Denk daran: Du darfst feiern! Millionen Volksgenossen müssen es.

Die Arbeitsbeschaffungslotterie kennt keine Nieten, - denn selbst wenn Du nicht gewinnst: dann gewinnen doch bestimmt die, die bis jetzt ohne Arbeit waren. Ist das nicht eine Mark wert?

In den nüchternen Alltag fällt ein Hoffnungsstrahl; es kann Dir das Glück die Zukunft mit Geld vergolden: Der Schlüssel dazu: ist ein Arbeitsbeschaffungslos zu einer Mark.

HHN, Nr. 364 v. 7. August 1933 - Nr. 395 v. 25. August 1933, S. 6 bzw. S. 3

Zu 4.

Anlage fehlt.

<u>Deutscher Opferwille</u>
Von zuständiger Seite wird folgender Aufruf mitgeteilt: Welchen Erfolg hat die Spende zur Förderung der nationalen Arbeit?
BT, Nr. 364 v. 5. 8. 1933, S. 1

<u>Das Los der Nation</u>
Wir erhalten den folgenden Aufruf: In diesem Jahr wird sich das Schicksal Deutschlands und darüber hinaus das Schicksal der Welt für Jahrhunderte entscheiden ...
BT, Nr. 365 v. 6. August 1933, S. 15
s. a. HHN, Nr. 364 v. 7. August 1933, S. 6

ZSg. 101/1/73   8. August 1933
Bestellungen:

Zu der Auflösung der Hilfspolizei: Die preussische Regierung ersucht darum, unter allen Umständen von weiteren Kommentaren zu dieser Auflösung abzusehen. Die Auflösung der Hilfspolizei, die vom Reichskanzler in seiner grossen Reichstagsrede angekündet

8.08.1933

wurde, geschieht aus aussenpolitischen Gründen.[1]
Ueber die danzig-polnischen Abmachungen soll nicht ausführlich geschrieben werden, da die deutsche Regierung nicht weiss, welchen Charakter die Abmachungen im einzelnen tragen. In der Kritik ist auf jeden Fall eine starke Zurückhaltung geboten. Das Gleiche gilt von den bevorstehenden deutsch-litauischen Verhandlungen über den kleinen Grenzverkehr. Die deutsche Regierung will Litauen pressemässig die Initiative überlassen, etwas über den Verlauf und das Ergebnis zu sagen.[2]

Bei der Wiedergabe von ausländischen Pressestimmen zu der englisch-französischen Demarche in Berlin ist jetzt wieder die Linie der Abschwächung zu vertreten. Es liegt im Interesse der deutschen Regierung, dass dieser Fall als endgültig abgeschlossen angesehen wird. Besondere Vorsicht ist auch in den Ueberschriften geboten.[3]
An alle drei Zeitungen weitergegeben.

Zu 1)
Es ist größter Wert darauf zu legen, daß der Anschein einer offen oder gar geheim betriebenen Aufrüstung vermieden wird. ... Hinsichtlich der Hilfspolizei hat bereits das Reichsministerium des Innern die in Frage kommenden behördlichen Stellen sowie die oberste SA- und SS-Leitung und das Bundesamt des Stahlhelm um strikteste Beachtung dieser Gesichtspunkte ersucht. ... (Richtlinien des Auswärtigen Amtes für die Inlandpropaganda vom 6. Juli 1933. In: Ursachen und Folgen, X, S. 37)
<u>Auflösung der Hilfspolizei</u>
Wie der Amtliche Preußische Pressedienst mitteilt, hat der Preußische Ministerpräsident und Minister des Innern, Göring, die Hilfspolizei, nachdem sie ihrer Zweckbestimmung in vollem Umfange gerecht geworden ist, mit dem 15. August 1933 aufgelöst. Eine weitere Ausbildung findet daher nicht mehr statt. Die bisherigen Runderlasse treten mit dem Ablauf des 15. August 1933 außer Gültigkeit.
HHN, Nr. 366 v. 8. August 1933, S. 1
<u>Beweis guten Willens</u>
In einigen Tagen wird die preußische Hilfspolizei aufgelöst werden. Sie wurde zu Beginn der Nationalen Revolution aus SA- und SS-Leuten aufgestellt, weil aus mehreren Gründen eine Verstärkung der vorhandenen Polizeikräfte nötig schien. ...
BBC, Nr. 367 v. 9. August 1933, S. 1 und 4

s. a. FZ, Nr. 585/586 v. 9. August 1933, S. 1
NZ, Nr. 217 v. 9. August 1933, S. 3

Zu 2)
s. a. ZSg. 101/26/531 bis 543 (Informationsbericht Nr. 25 v. 24. August 1933): ... Es liegt z. B. durchaus in der aussenpolitischen Linienführung des Kanzlers, wenn der Danziger nationalsozialistische Präsident ein sehr loyales Abkommen mit Polen getroffen hat. Dieses Abkommen, das Polen konkrete **Zugeständnisse** gibt gegenüber nicht ganz so konkreten Verpflichtungen Polens, stellt den Versuch dar, mit Polen zu einem modus vivendi zu gelangen. Dabei liegt die Überzeugung zugrunde, daß das geistig bedeutendere deutsche Volk in allmählicher Aufbauarbeit das polnische Element zurückdrängen wird und es bevölkerungspolitisch und geistig nach Jahren zur Defensive treibt. Sollte sich diese Annahme als Utopie erweisen, so ist es nach Meinung des Führers und des Auswärtigen Amtes später immer noch Zeit, diesen Kurs zu revidieren, nämlich dann wenn eine stärkere deutsche Wehrmacht wohlausgebildet vorhanden ist und wenn die internationale Atmosphäre Polen in eine stärkere Isolierung gebracht hat als das heute der Fall ist. ...

Neue Grundlagen zu Danzig und Polen
Rauschning für Frieden und Verständigung
Der Inhalt des Danzig-polnischen Paktes
HHN, Nr. 367 v. 9. August 1933, S. 1
Auftakt zur Gesamtbereinigung in Danzig
HHN, Nr. 368 v. 9. August 1933, S. 2
s. a. HHN, Nr. 369 v. 10. August 1933, S. 2
FZ, Nr. 587 v. 9. August 1933, S. 2
s. a. **ADAP, Serie C, Bd. I,2, Nr. 417, 491**

Die deutsch-litauischen Verhandlungen
... Die Erfüllung der wirtschaftlichen Wünsche Litauens ist einfach nur möglich, bei einer deutlichen Bereinigung der politischen Atmosphäre.
HHN, Nr. 369 v. 10. August 1933, S. 2
Deutschland-Litauen
... Bemerkt sei noch, daß die deutsche Einfuhr nach Litauen mit einem Anteil von 48 % der Gesamteinfuhr an erster Stelle steht.
BT, Nr. 368 v. 8. August 1933, S. 2
s. a. FZ, Nr. 590 v. 10. August 1933, S. 1
NZZ, Nr. 1712 v. 24. September 1933, S. 2

s. a. ADAP, Serie C, Bd. I,2, **Nr.** 4o5

Zu 3)
Französischer und englischer Schritt in Berlin
HHN, Nr. 365 v. 8. August 1933, S. 1
Eine erledigte unerfreuliche Episode
HHN, Nr. 368 v. 9. August 1933, S. 2

8./9.08.1933

Eine Falschmeldung der ausländischen Presse
In der ausländischen Presse wird zu der Demarche des französischen und des englischen Botschafters in Berlin ausgeführt, daß Deutschland auf die Forderung nach Einstellung der deutschen Propaganda in Österreich eingegangen sei. Von deutscher Seite kann dazu gesagt werden, daß daran natürlich kein wahres Wort ist, daß vielmehr die ausländische Presse, nachdem sie die Demarche mit so großer Aufmachung angekündigt hat, jetzt ihren Lesern klar legen muß, was angeblich in Berlin erreicht wurde. Die böswilligen ausländischen Kommentare stimmen in keiner Weise mit den tatsächlichen Vorgängen überein.
HHN, Nr. 370 v. 10. August 1933, S. 2

s. a. BBC, Nr. 366 v. 8. Augstu 1933, S. 2-3
FZ, Nr. 587 v. 9. August 1933, S. 1

Auf dem Rückzug
Der Schritt war überflüssig
BBC, Nr. 368 v. 9. August 1933, S. 4

Der deutsch-österreichische Konflikt
... Die ganze Aktion wird als eine Mache ausländischer Zeitungen hingestellt, und die Tatsache, daß der italienische Botschafter gestern nicht auf dem Auswärtigen Amt erschienen ist, wird dahin ausgelegt, daß die Mächte unter sich uneinig seien. Vor dem deutschen Publikum wird verschwiegen, daß Italien schon letzte Woche in Berlin Vorstellungen erhoben hat. ...
NZZ, Nr. 1431 v. 8. August 1933, S. 1-2

ZSg. 101/1/74 - 74a   9. August 1933

9086

Dr.K./N.   3

Herrn

Dr. Sieverts,

Verlagsredaktion der

Allgemeinen Zeitung Chemnitz.

Dresden-A

Beuststr. 1

Sehr verehrter Herr Doktor Sieverts!

Wie wir schon kurz telefonisch nach Chemnitz mitteilten, bittet die Reichsregierung die deutschen Verleger an der grossen Stern-

9.08.1933

fahrt nach Ostpreussen zu Ende August teilzunehmen. Die deutsche Presse soll durch Teilnahme an dieser Fahrt beweisen, dass sie sich mit der abgetrennten Provinz Ostpreussen tief verbunden fühlt. Im einzelnen ist daran gedacht, dass drei Herren von jeder grösseren Zeitung nach Ostpreussen fahren. Diese Herren hätten dann gleichzeitig die Berichterstattung über die Feierlichkeiten und den Verlauf der Fahrt zu übernehmen. **Vertraulich wurde noch mitgeteilt, dass am Tannenberg-Denkmal ein grosser nationaler Appell abgehalten werden wird, an dem sowohl der Reichspräsident wie der Reichskanzler teilnehmen werden. Diese Mitteilung darf jedoch unter keinen Umständen veröffentlicht werden.**
Wir bitten Sie um Vorschläge, in welcher Weise wir in dieser Angelegenheit verfahren wollen. Wir möchten in

((ZSg.101/1/74a))   b.w.

diesem Zusammenhang jedoch gleich darauf hinweisen, dass gegebenenfalls vom Berliner Büro zu dieser Zeit nur Herr von Stosch zur Verfügung stehen würde, da Herr Dertinger sich zu der Zeit auf Urlaub befinden wird.
Mit den angelegentlichsten Empfehlungen
Ihr
sehr ergebener   ((Dr. K.))
NS!
Ueber die Einzelheiten geben die örtlichen Autoclubs bereitwillig Auskunft.

Am 28./29. August 1914 besiegte die deutsche Armee unter Hindenburg und Ludendorff die russische Armee (Schlacht von Tannenberg). Die Veranstaltungen der Ostland-Treuefahrt dauerten vom 25. - 28. August 1933, am Wochenende danach fand in Nürnberg der Parteitag der NSDAP statt.
s. dazu a. ZSg. 101/26/545 bis 547 v. 24. August 1933: Streng vertraulich kann ich Ihnen folgende Einzelheiten über die Feierlichkeiten in Ostpreußen mitteilen. Diese Einzelheiten dürfen unter keinen Umständen in die Öffentlichkeit gelangen, um den großen Eindruck nicht vorher zu verwischen. ...

9.08.1933					- 94 -

Ostland-Treuefahrt der Kraftfahrer
Vom 27. bis 29. August nach Ostpreußen.
HHN, Nr. 370 v. 10. August 1933, S. 9 (Sport-Seite)
Die Ostland-Treuefahrt hat begonnen
HHN, Nr. 396 v. 25. August 1933, S. 1
Ostpreußen auf ewig mit dem Reich verbunden
HHN, Nr. 397 v. 26. August 1933, S. 1
s. a. HHN, Nr. 399 v. 27. August 1933, S. 1 u. S. 13
         Nr. 400 v. 28. August 1933, S. 1
         Nr. 401 v. 29. August 1933, S. 1
Die unvergeßliche Tannenberg-Kundgebung
(von unserem an der Ostland-Treuefahrt teilnehmenden St.-Mitarbeiter)
HHN, Nr. 401 v. 29. August 1933, S. 3
St.: Hans-Jobst von Stosch, zeitweise Mitarbeiter der "Dienatag"
s. a. ZSg. 101/1/82 v. 15. August 1933

_____

ZSg. 101/1/75 - 75a				9. August 1933

Herrn Dr. Dyrssen, Breslau ((Schlesische Zeitung))

Der Text ist identisch mit ZSg. 101/1/74 - 74a bis auf Anrede,
Schlußformel und den Zusatz "Nach Chemnitz (1. Z.)".

_____

ZSg.101/1/76 - 76 a				9. August 1933

Herrn Verlagsdirektor Grimm, Chemnitz((Allgemeine Zeitung))

Bis auf Anrede und Schlußformel ist der Text identisch mit
ZSg. 101/1/75 - 75a.

Gottlob Grimm war bis 1934 bei der **"Allgemeinen Zeitung" Chemnitz**
tätig. Sein Nachfolger war Ernst Sieverts (s. ZSg. 101/1/74 - 74 a).
Ab 1937 war er Verlagsleiter der Konkurrenz-Zeitung "Chemnitzer
Neueste Nachrichten".

_____

ZSg. 101/1/77 - 77a   9. August 1933

Herrn von Neuhaus, Hamburg (Hamburger Nachrichten)
Bis auf Anrede und Schlußformel ist der Text identisch mit
ZSg. 101/1/75 - 75 a.

ZSg. 101/1/78   10. August 1933

Bestellungen vom Propagandaministerium:
1. Ueber den geplanten Umbau des Arbeitsdienstes darf unter keinen Umständen berichtet werden.
2. Das verbotene Hitler-Interview stammt aus dem Mai 1933 und ist vom Pressedienst der NSDAP wieder ausgegraben worden. Da dieses Interview keinerlei aktuelle Dinge behandelt, darf es nicht mehr veröffentlicht werden.

Berlin, den 10. August 1933.
An alle drei Zeitungen weitergegeben.

Zu 1.
s. a. ZSg. 101/1/50 v. 8. Juli 1933
     ZSg. 101/3/12/165 v. 10. Januar 1934

In seiner Rede vom 1. Mai 1933 auf dem Tempelhofer Feld hatte Hitler die Arbeitsdienstpflicht noch für dasselbe Jahr avisiert. Als jedoch am 10. Juni 1933 auf der Genfer Abrüstungskonferenz ein Verbot der Arbeitsdienstpflicht beschlossen wurde, sollte zur Vermeidung außenpolitischer Spannungen offiziell ihre Einführung bis zum 1. April 1934 zurückgestellt werden. Gleichzeitig liefen die Vorbereitungen, ähnlich wie beim geheimen Aufbau der Luftwaffe, getarnt weiter. (s. dazu Wolfgang Benz, Vom freiwilligen Arbeitsdienst zur Arbeitsdienstpflicht. In: VjhZ, 16.Jg. (1968), H.4, S. 335f.
Henning Köhler, Arbeitsdienst in Deutschland, Berlin 1967, S. 256 ff.

s. a. ZSg. 101/26/527 (Informationsbericht Nr. 24 v. 23. August 1933): ... Ursprünglich sollte die Arbeitsdienstpflicht am 1. Januar eingeführt werden, jetzt beschränkt man sich darauf, aus außenpolitischen und finanziellen Gründen die Zahl von 250.000 Mann als freiwillig Dienst tuende nicht zu überschreiten.
... Staatssekretär Hirl (sic) kämpft natürlich in diesen Fragen einen sehr harten Kampf, entsprach es doch seinem Plane, die Arbeitsdienstpflichtigen als Reserve der Armee zu gestalten. In dem Augenblick, wo das Ziel der Einführung der Arbeitsdienstpflicht in immer weitere Ferne rückt, gewinnt die SA als Reserve der Armee immer stärkere Bedeutung...

Zu 2.

Das einzige Interview Hitlers aus dem Mai 1933, das zu ermitteln war, führte er mit Sir John Foster Fraser vom Daily Telegraph. Es wurde am 6. Mai veröffentlicht. Darin ging es um die Revision des Versailler Vertrages und die Mittel dafür. Hitler sprach seine Hoffnung auf friedliche Mittel aus: "Das deutsche Schicksal hänge nicht von Kolonien oder Dominien ab, sondern von seinen östlichen Grenzen." (Max Domarus, Hitler. Reden und Proklamationen, Bd. I, Neustadt 1962, S. 264f)

ZSg. 101/1/79   10. August 1933

Bestellung für Hamburg und Chemnitz.

Die Reichsregierung bittet zu den Zwischenfällen in Appenrade und der deutschen Note in Kopenhagen wegen des Angriffs auf eine Hakenkreuz-flagge keine besonderen Kommentare zu bringen. Die Meldungen dürfen veröffentlicht werden, jedoch sind Polemiken unerwünscht, um die dänische Regierung nicht in innerpolitische Schwierigkeiten zu bringen, nachdem die dänische Regierung auf Grund der deutschen Demarche befriedigende Zusicherungen abgegeben hat.[1]

Die Rundfunkrede, die der Leiter der NSDAP. Oesterreichs, Habicht, der seinerzeit ausgewiesen wurde, gestern abend im bayerischen Rundfunk gehalten hat, soll nach Möglichkeit nicht gebracht werden.[2]

Bln. 10. Aug. 33.

Zu 1)

Generalstreik in Appenrade proklamiert
Nationalsozialisten löschen die "Maja". Beschimpfungen der
deutschen Fahnen.
... 10 deutsche Nationalsozialisten aus der Umgebung Appenrades
löschten die Ladung des wegen Führens der Hakenkreuzflagge von
den marxistischen Hafenarbeitern boykottierten deutschen
Schiffes"Maja". ...
HHN, Nr. 367 v. 9. August 1933, S. 1

Deutsche Vorstellungen in Dänemark
Die "Maja" wieder ausgefahren / Dänemark sagt Bestrafung zu
HHN, Nr. 369 v. 10. August 1933, S. 2
s. a. HHN, Nr. 370 v. 10. August 1933, S. 3
FZ, Nr. 593 v. 11. August 1933, S. 2

Zu 2)

Deutschland und Österreich
Zu der Rundfunkrede, die der nationalsozialistische "Landesinspektor für Österreich", Habicht, am Mittwoch über einen süddeutschen Sender verbreitet hat, erklärt die offiziöse Wiener
Zeitung "Reichspost", daß niemand selbst bei mißtrauischster
Beurteilung des guten Willens der Reichsregierung und ihres Einflusses bei der nationalsozialistischen Partei, hätte annehmen
können, daß Deutschland die dem italienischen Botschafter gegebene Versicherung, die österreichfeindlichen Rundfunksendungen
und die Fliegerraids einzustellen, schon nach drei Tagen brechen
werde. Die Reichsregierung hätte genügend Zeit gehabt, um auf
die Rundfunkstellen Einfluß zu nehmen. Die Situation habe sich
noch verschärft. Das Blatt stellt die volle Verantwortung der
Reichsregierung fest und deutet an, daß ein anderes Forum für
diese Angelegenheit zuständig sein werde.
NZZ, Nr. 1441 v. 10. August 1933, S. 1

Der deutsch-österreichische Konflikt
Entgegenkommen und Brüskierung aus Deutschland.
... Wien und die Alpenländer beobachteten gestern mit gespanntem
Interesse, ob die Rede des nationalsozialistischen "Landesinspektors für Österreich", Habicht, im Münchener Rundfunk abgesagt würde. Die Enttäuschung war groß, als Habicht eine noch
wildere Propagandarede hielt, als sie sonst üblich waren; er
verglich die Wiener Regierung mit Terroristen und die Heimwehr
mit den rheinländischen Separatisten. Seine Rede wurde in Wien
auf Schallplatten aufgenommen, die zu den diplomatischen Akten
gelegt werden. Zugleich wurden Vorträge der ausgewiesenen reichsdeutschen Korrespondenten im deutschen Rundfunk angekündigt.
Außerdem erweist sich, daß die österreichischen Emigranten, die
in Bayern eine eigene Legion aufstellen, jede Milderung der Gegensätze verhindern wollen.
NZZ, Nr. 1443 v. 10. August 1933, S. 1-2

11.08.1933

ZSg. 101/1/80   11. August 1933

Bestellungen vom Reichspropagandaministerium vom 11. August 1933.

1. Am 1.4.34 wird der Truppenübungsplatz Heuberg im Schwarzwald von der Reichswehr wieder in Betrieb genommen. Meldungen über diese Tatsache sind nicht erwünscht.
2. Das Reichswehrministerium bittet von den kleinen Uebungen, die gegenwärtig veranstaltet werden, nicht in allzu grossem Umfange zu berichten. Vor allen Dingen soll das Wort Manöver für diese kleinen Uebungen im Interesse der Genfer Verhandlungen nicht gebraucht werden. Die grossen Manöver fallen tatsächlich dieses Jahr aus und es soll im Ausland nicht der Eindruck entstehen, als ob in Deutschland doch Manöver stattfinden.
3. Die Mitteilungen der Agenturen über das Arbeitsbeschaffungsprogramm des Oberpräs. Kube sind in grosser Aufmachung zu veröffentlichen. Nachdem über die Massnahmen gegen die Arbeitslosigkeit in Pommern, Ostpreussen usw. gross berichtet wurde, soll auch über die Massnahmen in dem so schwierigen Gebiet der Provinz Brandenburg ausführlich berichtet werden.
4. Das Reichsinnenministerium hat einen sehr scharfen Erlass herausgegeben gegen die allzu grosse Veröffentlichung von nationalsozialistischen Aufmärschen, Felddienstübungen usw. Morgen wird in der Pressekonferenz eingehend ein Vertreter des Reichsinnenministeriums zu diesem ganzen Fragenkomplex Stellung nehmen. Da hierbei vielfach irrtümliche Auffassungen obwalten, werden wir in einem eingehenden Informationsbericht darüber Kenntnis geben.

An alle drei Zeitungen telefonisch weitergegeben.

Zu 1.
Im Herbst berichtet die Londoner "Times", daß nach dem Volksentscheid vom 12. November 1933 100 Gefangene aus dem Heuberger Konzentrationslager entlassen wurden (Times, Nr. 46,602 v. 15. November 1933, S. 13).

Zu 2.

Vgl. Richtlinien des Auswärtigen Amtes für die Inlandpropaganda vom 6. Juli 1933: ... Wer dem Gegner fahrlässig oder vorsätzlich Material für seine Propaganda und für die in Genf gegen Deutschland gerichtete Aktion liefert, d. h. wer innerdeutsche Vorgänge durch Bild, Schrift und Wort so darstellt, daß der Gegner auf angebliche Aufrüstungsmaßnahmen Deutschlands und dadurch einen Vorwand finden kann, sich der eigenen Abrüstung zu entziehen, begeht Landesverrat. ...
(Ursachen und Folgen, X, S. 37).

Pionierübungen an der Weser
FZ, Nr. 594/595 v. 12. August 1933, S. 1-2

Das bewegliche Gefecht
Die Durchführung der zweiten Kampfhandlungen im Wesergebiet
NZ, Nr. 219 v. 11. August 1933, S. 15

Zu 3.

In Brandenburg und der Grenzmark
10.500 Arbeitslose weniger!
NZ, Nr. 220 v. 12. August 1933, S. 2
s. a. BBC, Nr. 372 v. 11. August 1933, S. 1
    FZ, Nr. 593 v. 11. August 1933, S. 2

Zu 4.

s. a. ZSg. 101/26/509 f. (Informationsbericht Nr. 23 v. 12. August 1933): Staatssekretär Pfundtner erläuterte heute in der Pressekonferenz noch einmal den Erlass des Reichsinnenministeriums an die Länder, diejenigen verantwortlichen Schriftleiter in Schutzhaft zu nehmen, die sich Veröffentlichungen textlicher und bildlicher Art zu Schulden kommen lassen, aus denen das Ausland einen Vorwurf gegen die Reichsregierung herleiten kann, daß die deutsche Regierung die Versailler Friedensbestimmungen bezüglich der Abrüstung verletze. Insbesondere sollen alle Veröffentlichungen bildlicher und textlicher Art unterlassen werden, die eine militärische Ausbildung oder Bewaffnung der SA, SS, Stahlhelm usw. erkennen lassen. ...

ZSg. 101/1/83   14. August 1933

Bestellung:

Die Reichsregierung bittet zu deutschen Währungsfragen, insbesondere über Kreditausweitung, Devalvation, Schuldenabwertung und dergleichen möglichst nicht Stellung nehmen zu wollen.

14./15.08.1933

Unverantwortliche Gerüchte
Fa ((lk)) Berlin, 16. August. Wie aus mehrfachen Zuschriften von Kreditinstituten zu entnehmen ist, haben neuerdings in einzelnen Fällen Schuldner die Rückzahlung der ihnen gewährten Kredite oder die Entrichtung von Zinsen für diese Kredite mit der Begründung abgelehnt, es seien von der Reichsregierung gesetzliche Maßnahmen über einen allgemeinen Schuldennachlaß oder einen Nachlaß von Zinsen zu erwarten. Eine solche Erwartung entbehrt jeglicher Grundlage. Die zum Gegenstand berechtigter Klagen gemachte Haltung einzelner Schuldner ist nur geeignet, die allgemeine Kreditsicherheit zu erschüttern und den von allen Seiten mit Aufbietung aller Kräfte angestrebten Wiederaufbau der Wirtschaft ernstlich zu gefährden.
HHN, Nr. 380 v. 16. August, 1933, S. 10

s. a. Die inländische Verschuldung
FZ, Nr. 612 v. 18. August 1933, S. 1

Bestellungen dieser Art deuteten meistens daraufhin, daß eine offizielle Regelung vorbereitet wird und demnächst zu erwarten ist.

ZSg. 101/1/82   15. August 1933

Bestellungen:

Die Meldung des "Deutschen" über Judenverschwörung gegen Hitler darf nicht veröffentlicht werden.[1]

Die Meldung der "Vossischen Zeitung" über eine Erweiterung des Gutes Neudeck soll nicht veröffentlicht werden.[2]

Zu 1)

Der Deutsche: Ursprünglich (1921 gegr.) die Zeitung des Christlichen Deutschen Gewerkschaftsbundes, ab 1933 als amtliches Organ der Deutschen Arbeitsfront unter der Leitung von Robert Ley, am 31.Januar 1935 eingestellt.
  s.a. ZSg. 101/4/70/Nr. 678 v. 23. August 1934
       ZSg. 101/4/78/Nr. 682 v. 24. August 1934
       ZSg. 102/1/42 v. 5. November 1934 (=ZSg. 101/4/169/Nr.888 v. 3. November 1934)
       ZSg. 101/4/188/Nr.926 v. 20. November 1934
       ZSg. 102/1/31 v. 20. November 1934

Geheimkomplott gegen Hitler!
Der Deutsche, Nr. 190 v. 16. August 1933, S. 1-2

In dem Artikel werden keine konkreten Angaben gemacht, sondern nur sehr vage Beschuldigungen wegen einer Verschwörung des "internationalen Judentums" erhoben.

15./17.08.1933

Zu 2)

<u>Vossische Zeitung</u>: Die Vorläufer der Vossischen Zeitung gehen
bis 1617 zurück, ab März 1751 führte das Blatt "Berlinische
privilegirte Zeitung" den späteren Titel "Vossische Zeitung"
im Untertitel. 1911 wurde die "Königlich privilegirte
Berlinische Zeitung von Staats- und gelehrten Sachen" zum
letzten Mal umbenannt. Ab 1914 im Besitz der Ullstein AG,
stellte die zuletzt liberal-demokratisch geführte Zeitung am
31. März 1934 (1932: 86.240 Aufl.) ihr Erscheinen ein.

s. a. ZSg. 101/1/81 v. 17. August 1933

<u>Vergrößerung des Gutes Neudeck</u>
Die Staatsdomäne Langenau soll mit dem Neudecker Familiengut
des Reichspräsidenten von Hindenburg vereinigt werden. Die
Güter waren bereits 1853 vereint.
V. Z, Nr. 388 v. 15. August 1933, S. 1

Anläßlich der Ostland-Treuefahrt, (ZSg. 101/1/74 - 74 a v. 9.
August 1933) wurde Hindenburg die Domäne übereignet. "Die
preußische Regierung setzt damit die Dotationen fort, die die
preußischen Könige den verdienten Generalen gaben." (ZSg. 101/26/
545 v. 24. August 1933)

Vgl. a. Andreas Dorpalen, Hindenburg in der **Geschichte der Weimarer
Republik**, Berlin u.a. 1966, S. 445f.

s. a. VZ, Nr. 410 v. 28. August 1933, S. 1

ZSg. 101/1/81   17. August 1933

Hbg, Chem., Bresl. <u>Chemnitz</u>

Meldungen und Bestellungen aus der Pressekonferenz vom 17.8.33.

Unter 3, nicht zur Veröffentlichung:

Im Reichswirtschaftsministerium ist man der Ansicht, dass man
die Frage der Allgemeinen Deutschen Kredit-Anstalt als beendet
ansehen soll. Die Einberufung der GV ist demnächst zu erwarten.
Vorher sollen keine Veröffentlichungen irgendwelcher Art vorgenommen werden.[1]

Hitler hat an Koch ein Telegramm gerichtet, in dem er dem Oberpräsidenten seinen Dank ausspricht für seine rührige Tätigkeit
um die Arbeitslosenfrage und gleichzeitig den Wunsch äussert,

17.08.1933 - 102 -

dass der augenblickliche Zustand auch den Winter überdauern möge.[2]
Bestellung:
Es wird noch einmal dringend empfohlen, nichts über eine Vergrösserung des Gutes Neudeck zu bringen, bis amtliche Mitteilungen vorliegen.[3]

Zu 1)
Die Einberufung zu der Generalversammlung der Allgemeinen Deutschen Credit-Anstalt, Leipzig (ADCA) am 14. Oktober 1933, erfolgte am 21. September 1933.
ADCA-GV ohne Aussprache
Neuwahl des Aufsichtsrats
... Die Umgestaltung des Aufsichtsrats zeige, daß die ADCA bestrebt sei, das Geschäft in Zukunft auf nationalsozialistischer Grundlage zu führen. Es sei ausgeschlossen, daß die ADCA sich entwickeln könne, wenn sie nicht von dem Vertrauen der Nationalsozialistischen Partei getragen werde. Nach kurzer Aussprache wurden die von der Verwaltung vorgeschlagenen Maßnahmen gebilligt.
HHN, Nr. 285 v. 15. Oktober 1933, S. 11
s. a. Neuer Aufsichtsrat bei ADCA
BLA, Nr. 488 v. 15. Oktober 1933, 8. Beibl.

Zu 2)
s. a. ZSg. 101/1/66 v. 27. Juli 1933
ZSg. 101/1/67 v. 29. Juli 1933
Glückwunschtelegramm des Reichskanzlers an Oberpräsident Koch
Der Herr Reichskanzler hat an den Oberpräsidenten der Provinz Ostpreußen folgendes Glückwunschtelegramm gesandt: Zu der vollständigen Beseitigung der Arbeitslosigkeit in der Provinz Ostpreußen beglückwünsche ich Sie herzlich. Mit bestem Dank für Ihre Meldung hierüber wünsche ich Ihnen gleichfalls Erfolg bei der Arbeit an der Sicherung des erreichten Zieles. Adolf Hitler.
VB (N.A.), Nr. 230 v. 18. August 1933, S. 1

Zu 3)
s. a. ZSg. 101/1/82 v. 15. August 1933
Gut Neudeck soll vergrößert werden
Wie aus Ostpreußen gemeldet wird, werden im Kreise der Familie von Hindenburg Erwägungen angestellt, die auf eine Abrundung des Neudecker Familiengutes abzielen. Das Gut Neudeck ist bekanntlich

17./18.08.1933

dem Reichspräsidenten nach seiner ersten Wahl durch eine großzügige Stiftung des ganzen deutschen Volkes geschenkt worden. Es handelt sich aber dabei nur um ein Restgut. Für die Abrundung kommt in erster Linie die staatliche Domäne Langenau in Betracht, die bis 1833 mit Neudeck vereint war.
NZ, Nr. 224 v. 16. August 1933, S. 2

ZSg. 101/1/84 (17. oder 18. August 1933)

Unter 3, nicht zu veröffentlichen.

Ch., B.

Ueber den Vorgang in Malmedy, wo die SPD sich gespalten hat und einige Mitglieder zur NSDAP übergetreten sind, darf in den Zeitungen nichts erwähnt werden. Man kann nur schaden, wenn man jetzt zu grosses Interesse an diesen Dingen zeigt.[1]

Hbg.:

Meldung: Im "Matin" waren bekanntlich Berichte der drei elsass-lothringischen Präfekten abgedruckt hinsichtlich der Vereinigung der französischen Grenzbevölkerung in Elsass-Lothringen. Es handelt sich hier um die jüdische Einwanderung. Wichtig ist, dass selbst die alteingesessenen Juden sich gegen den neuen Zuzug zur Wehr setzen.[2]

Zur Verwertung

Der Wiener Berichterstatter der "Morningpost" hatte etwa ausgeführt, dass die antisemitische Bewegung auch in anderen Ländern starke Fortschritte mache, und sagte dann weiter, dass auch in Oesterreich von verschiedenen Verbänden usw. der numerus clausus gefordert würde. Der Vertreter der Morningpost sagte, dass in Oesterreich im Augenblick das antinationalsozialistische Regime überwiegend mit jüdischem Geld finanziert würde.[3]

Zu 1)

<u>Fünf führende Sozialdemokraten in Malmedy zur NSDAP übergetreten</u>
Fünf von acht Mitgliedern der Sozialdemokratischen Parteileitung

in Malmedy sind aus der Partei ausgeschieden und wie der "Etoile Belge" wissen will zur NSDAP übergetreten. Nach den Informationen des Conti-Büros, hat sich der Bruch tatsächlich vollzogen. Zur Zeit liegt aber noch keine offizielle Beitrittserklärung vor. Der Bruch entstand, weil sozialdemokratische Parteiführer aus Malmedy eine Gruppe Ferienkinder nach Deutschland begleitet hatten, obgleich die Verschickung von Ferienkindern nach Deutschland im Rahmen der sozialdemokratischen Boykottpropaganda von der Brüsseler Parteileitung ausdrücklich verboten worden war. Als die Partei Maßnahmen ergriff, erklärten sich noch drei andere Malmedyer Sozialdemokraten mit ihren Parteifreunden solidarisch und verließen die Partei. Zwei von den fünf ausgeschiedenen Sozialdemokraten besitzen Gemeinderatsmandate, so daß die NSDAP, wenn der Übertritt tatsächlich erfolgen sollte, demnächst im Gemeinderat von Malmedy vertreten wäre.
FZ, Nr. 609 v. 17. August 1933, S. 2

s. a. HHN, Nr. 381 v. 17. August 1933, S. 1

Zu 2)

Le Matin: Französisches Massenblatt, 400.000 Aufl.; für den Auslandsdienst mit "Times" und "New York Herald" kartelliert; politisch neutral, eher regierungsfreundlich (Handbuch des öffentlichen Lebens, 1931, S. 850)

Die elsaß-lothringischen Präfekten
Zur Flüchtlingsfrage
Paris, 17. August. Der "Matin" veröffentlich heute in Fortsetzung seiner gestrigen Untersuchung über die Lage, welche durch die deutschen politischen Flüchtlinge in den drei elsaß-lothringischen Departements geschaffen worden ist, die Ansichten der Präfekten dieser Departements über den Gegenstand. Die Vertreter der Zentralbehörde sind übereinstimmend der Auffassung, daß die elsaß-lothringischen Wirtschaftskreise die Gefahr, die ihnen von der wirtschaftlichen Betätigung der deutschen Flüchtlinge drohen könnte, stark überschätzen. Es ist zwar eine große Anzahl deutscher Flüchtlinge durch Elsaß-Lothringen passiert, aber nur ein kleiner Teil ist im Lande geblieben, während die bei weitem größte Mehrheit nach dem Innern Frankreichs weitergezogen ist. ...
FZ, Nr. 610/611 v. 18. August 1933, S. 1

Zu 3)

Morning Post: Englische Tageszeitung, konservativ, franzosenfreundlich mit betonter Einstellung gegen Sowjetrußland und den Kommunismus (Handbuch des öffentlichen Lebens, 1931, S. 852) 1937 mit "Daily Telegraph" zusammengelegt.

"Morningpost" stellt fest: Dollfuß "im wesentlichen mit jüdischem Geld finanziert"
Der Wiener Korrespondent der "Morning Post" sendet seinem Blatte einen Bericht über den heute in Prag beginnenden zionistischen Weltkongreß, in dem er den in Europa herrschenden Antisemitismus

17./18.08.1933

behandelt und darauf hinweist, daß Deutschland in dieser Hinsicht keineswegs alleine stehe. ... Schließlich macht der Korrespondent die interessante Feststellung, daß "selbst in Österreich, wo das augenblickliche Anti-Nazi-Regime im wesentlichen mit jüdischem Gelde finanziert werde" die christlich-soziale Presse doch bereits auf Anwendung des numerus clausus in juristischen und ärztlichen Berufen gedrungen habe ...
VB (N.A.), Nr. 230 v. 18. August 1933, S. 1

ZSg. 101/1/85-85 a 18. August 1933

Dr.K./S. 18.8.33.
Herrn
Dr. D y r s s e n ,
Schlesische Zeitung,
B r e s l a u .
Sehr verehrter Herr Doktor Dyrssen!
Vertraulich wurde heute in der Pressekonferenz ein Schreiben mitgeteilt, das im Auftrage der Reichsregierung an den Verlag "Des Deutschen" gerichtet wurde. "Der Deutsche" hatte bekanntlich vor einigen Tagen einen sehr ausfallenden Artikel gegen ein angebliches Komplott jüdischer Staatsmänner in einem französischen Badeort veröffentlicht; es wurden u.a. Tardieu, dann ein enger Vertrauter des Präsidenten Roosevelt Baruch, Litwinow usw. angegriffen. Die Reichsregierung stellt nun in ihrem Briefe an den "Deutschen" fest, dass es sich bei dem Bericht um völlig haltlose politische Kombinationen handele. Der Artikel sei ausserdem in einer Ausdrucksweise verfasst worden, die aufs schärfste missbilligt wird. Die scharfen Beleidigungen fänden keinerlei sachliche Rechtfertigung und die Reichsregierung wünsche, dass derartig unqualifizierte Artikel in Zukunft unter Androhung weittragender Konsequenzen nicht mehr im "Deutschen" erscheinen dürften. Das Schreiben schliesst mit der Feststellung, dass mit der-

18.08.1933

artigen Beleidigungen in der Presse die deutsche Regierung keine Aussenpolitik treiben könne. Die sehr scharfe Verwarnung eines der bekannten nationalsozialistischen Blätter (Herausgeber des "Deutschen" ist bekanntlich der Führer der Deutschen Arbeitsfront) soll beweisen, dass die Reichsregierung nicht gewillt ist, Störungsfeuer gegen die offizielle Aussenpolitik zu dulden, auch wenn es von nationalsozialistischer Seite betrieben wird.[1]

Vertraulich habe ich vom Reichswirtschaftsministerium erfahren, dass man in diesem Hause sehr verstimmt sei über die sich widersprechenden Anweisungen, die über die Zinsfrage in diesen Tagen herausgegeben wurden. Die erste Verlautbarung, dass in absehbarer Zeit keinerlei Zinssenkungsmassnahmen zu erwarten seien, stammte von einem leitenden Ministerial-

((ZSg.101/1/85a))
b.w.
direktor, der des guten Glaubens sein konnte, mit dem Minister in dieser Ueberzeugung übereinzustimmen. Das Reichsernährungsministerium wurde nach diesen Veröffentlichungen sofort vorstellig und veranlasste den Wirtschaftsminister, sich selbst zu desavouieren durch die Mitteilung, dass keinerlei Entscheidungen in der Zinsenfrage gefallen wären und alles noch offen stünde. Damit lebt aber die alte unbereinigte Auseinandersetzung zwischen Ernährungsministerium und Wirtschaftsminister wieder auf und es ist noch keinesfalls abzusehen, wer in diesem Konflikt Sieger bleiben wird. Das Wirtschaftsministerium ist natürlich sehr betrübt, dass die gerade beruhigten Wirtschaftskreise nun wieder unruhig geworden sind. Es hat aber vorläufig noch keinerlei Möglichkeit, weitere beruhigende Erklärungen abzugeben. Jedenfalls wird man die Absichten beider Ministerien aufmerksam verfolgen müssen. Die Aussprache zwischen Darré und Schmitt in Oberbayern soll sich in loyalster Form abgespielt haben, ohne dass sie eine Klärung der Lage erbrachte.[2]

Mit verbindlichsten Empfehlungen
Ihr sehr ergebener
((Dr. K.))

Zu 1)
s. a. ZSg. 101/1/82 v. 15. August 1933
s. a. ZSg. 101/26/525 (Informationsbericht Nr. 24 v. 23. August 1933): ... Die Stellung Ley's ist aus verschiedenen Gründen nicht allzu stark. Er hat durch das starke Hervortreten seines Organs des "Deutschen" außenpolitisch allerlei Porzellan zerschlagen und wohl auch im Aufbau der großdeutschen Arbeitsfront die Richtlinien des Führers nicht immer korrekt befolgt. ...

Zu 2)
Kurt Schmitt (1886-1950) Dr. jur., 1921 Generaldirektor der Allianz-Versicherungs AG , 1932 Vorsitzender des Präsidiums des Reichsverbandes deutscher Privatversicherungen. Nach Hugenbergs Rücktritt (Juni 1933) Reichswirtschaftsminister, am 2. August 1934 "in Folge schwerer Erkrankung" von Reichsbankpräsident Schacht in seinem Amt abgelöst.
Richard Walter Darré (1895 - 1953) Diplom-Landwirt, 1930 agrarpolitischer Beauftragter der NSDAP, Nachfolger Hugenbergs als Reichsernährungsminister, Reichsbauernführer, Leiter des Reichsnährstandes, Verfasser von : Blut und Boden. Ein Grundgedanke des Nationalsozialismus (1936). 1942 aus allen Ämtern entlassen. (Differenzen wegen der offiziellen Kriegspolitik).

s. a. ZSg. 101/26/525 (Informationsbericht Nr. 24 v. 23. August 1933)
s. a. ZSg. 101/1/83 v. 14. August 1933

Die inländische Verschuldung ((Rücknahme der Anweisungen durch das Reichswirtschaftsministerium))
FZ, Nr. 612 v. 18. August 1933, S. 1

Erklärungen zur Schuldenfrage ((Das Wirtschaftsministerium und das Ernährungsministerium))
VZ, Nr. 393 v. 18. August 1933 (M.A.), S. 10

Darré bei Schmitt
Reichsminister Darré besuchte in Begleitung des stellvertretenden Staatssekretärs im Reichsministerium für Ernährung und Landwirtschaft, Reichskommissar Backe, den Reichswirtschaftsminister Schmitt auf seinem Hof Tiefenbrunn in Oberbayern, um mit ihm die gemeinsame Linie der Wirtschaftsgestaltung in den kommenden Monaten durchzusprechen.
VZ, Nr. 394 v. 18. August 1933 (A.A.), S. 1
s. a. HHN, Nr. 383 v. 18. August 1933, S. 1
s. a. HHN, Nr. 385 v. 19. August 1933, S. 1

18./21.08.1933

ZSg. 101/1/86 - 86 a   18. August 1933

Herrn von Neuhaus, Hamburg (Hamburger Nachrichten)
Bis auf Anrede und Schlußformel ist der Text identisch mit
ZSg. 101/1/85 - 85 a.

ZSg. 101/1/87-87 a   18. August 1933

Herrn Dr. Heerdegen, Chemnitz (Allgemeine Zeitung)
Bis auf Anrede und Schlußformel ist der Text identisch mit
ZSg. 101/1/85 - 85 a.

ZSg. 101/1/88 - 88 a   18. August 1933

Herrn Dr. Sieverts, Dresden (Allgemeine Zeitung)
Bis auf Anrede und Schlußformel ist der Text identisch mit
ZSg. 101/1/85 - 85 a.

ZSg. 101/1/89   21. August 1933

Dr. K/Stu.
Herrn
Dr. D y r s s e n ,
B r e s l a u   1.
Sehr geehrter Herr Dr. Dyrssen!
Vom Reichswehrministerium wurde heute streng **vertraulich mitge**teilt, dass eine Erweiterung der bestehenden Pulverfabriken demnächst vorgenommen würde. Ueber diese Tatsache darf naturgemäss nicht ein Wort veröffentlich oder erwähnt werden, da dann der Tatbestand des Landesverrats erfüllt wäre.[1] Ferner werden die

21.08.1933

deutschen Zeitungen vom Reichswehrministerium gebeten, keinerlei Ausführungen zu den neuerrichteten Lehrstühlen für Wehrwissenschaft an den Universitäten und Technischen Hochschulen zu machen. Offiziell sollen diese Lehrstühle nicht bestehen, sie werden getarnt mit dem Namen irgend eines ingenieur-wissenschaftlichen Fachgebietes.[2]
Ich verbleibe mit einer gehorsamen Empfehlung
((Dr. K.))

Zu 1)
Offenbar wurde diese Anweisung eingehalten.
Zu 2)
Kriegsgeschichte und Wehrkunde
Der Privatdozent an der Heidelberger Universität, Staatsrat Major a. D. Dr. Paul Schmitthenner, ist zum planmäßigen außerordentlichen Professor für Geschichte mit besonderer Berücksichtigung der Kriegsgeschichte und Wehrkunde an der Universität Heidelberg mit der Amtsbezeichnung und den akademischen Rechten eines ordentlichen Professors ernannt worden.
HHN, Nr. 274 v. 15. Juni 1933, S. 5
K. L. von Oertzen: Exkurs über Wehrwissenschaft
... Man hat daher bei den Hochschulen für die Studierenden die Möglichkeit geschaffen, sich wehrpolitisch zu schulen. Die wehrwissenschaftliche Arbeitsgemeinschaft wurde in den Dienst dieser Arbeit gestellt, nachdem sie unter Hinzuziehung maßgeblicher nationalsozialistischer Wehrpolitiker zu der "Deutschen Gesellschaft für Wehrwissenschaft und Wehrpolitik" umgewandelt worden war. ...
BT, Nr. 399 v. 26. August 1933, S. 10

ZSg. 101/1/90   21. August 1933

Ueber die Verhandlungen Dollfuss-Mussolini sollen keine Kommentare gebracht werden. Nach Mitteilungen, die die Reichsregierung erhalten hat, sind im wesentlichen wirtschaftliche Fragen in Rom besprochen worden. Mussolini hat die politischen

Fragen auf das wirtschaftliche Gebiet abgedrängt. Es kann keine Rede davon sein, dass Dollfuss politische Erfolge mit nach Wien zurückbringt. Für Deutschland ist in der jetzigen Phase der Entwicklung grosse Zurückhaltung geboten. Die Presse wird ersucht, auch die ausländischen Pressestimmen auf einem denkbar kleinen Mass zu halten.
Berlin, 21. August 1933.

s. a. ZSg. 101/26/537 ff.(Informationsbericht Nr. 25 v. 24. August 1933): ... es ist Mussolinis Verdienst, daß er die Debatte über die österreichische Frage bei dem letzten Dollfuß-Besuch aus den Empfindlichkeiten in ein ruhigeres sachliches Fahrwasser hinübergeführt hat. Mussolini hat vor allem verhindert, daß die österreichische Frage vor den Völkerbund gebracht wurde, was für Deutschland immerhin unerfreulich gewesen wäre. ... Aus diesem Grunde ist es absolut richtig, wenn die deutsche Außenpolitik sich nach oben hin stärker orientiert als es nach rein machtpolitischen Verhältnissen notwendig wäre. Über die Interessengegensätze Deutschlands und Italiens ist sich keine maßgebende Stelle im unklaren, aber in Rom nicht mehr in Paris laufen die Fäden der akuten politischen Fragen zusammen und es ist besser, wenn man an diesen Fäden mitspinnen kann, als keine Bindungen einzugehen.

<u>Das Ergebnis von Riccione</u>
<u>Mussolini verweist Dollfuß auf den Viererpakt - nichts gegen Deutschland</u>
HHN, Nr. 388 v. 21. August 1933, S. 1
<u>Deutschland darf nicht beleidigt werden</u>
HHN, Nr. 389 v. 22. August 1933, S. 1
s. a. HHN, Nr. 390 v. 22. August 1933, S. 1
FZ, Nr. 620/21 v. 22. August 1933, S. 1
FZ, Nr. 622 v. 22. August 1933, S. 1
FZ, Nr. 625 v. 23. August 1933, S. 1-2
<u>Zur Italienreise des österreichischen Bundeskanzlers</u>
<u>Das Kommuniqué über die Besprechungen in Riccione</u>
FZ, Nr. 619 v. 21. August 1933, S. 1
Darin werden keine wirtschaftlichen Erörterungen angestellt, dafür werden auf derselben Seite die ausländischen Pressestimmen zitiert und auch kommentiert:

<u>Englische Kommentare</u>
... Die recht widerspruchsvollen Berichte und Kommentare lassen darauf schließen, daß keine Direktive oder Information von englischer Regierungsseite vorliegt; daher rührt wohl die lebhafte, buntschillernde Fantasie der Pressekommentare. ...

Die Beurteilung in Deutschland
Die deutsche Presse beschäftigt sich ausgiebig mit der Unterredung zwischen Mussolini und Dollfuß. Aus den verschiedenen Kommentaren spricht unverkennbar eine gewisse Nervosität, die durch das freundschaftliche Zusammensein Mussolinis und des österreichischen Bundeskanzlers hervorgerufen sein dürfte. ...
NZZ, Nr. 1508 v. 22. August 1933, S. 2

ZSg. 101/1/91   21. August 1933

Herrn Dr. Sieverts, Dresden (Allgemeine Zeitung, Chemnitz)
Verlagsredaktion

Bis auf die Anrede ist der Text identisch mit ZSg. 101/1/89 v. 21. August 1933.

ZSg. 101/1/92   21. August 1933

Herrn Dr. Heerdegen, Chemnitz (Allgemeine Zeitung) Redaktionsleitung.

Bis auf die Anrede ist der Text identisch mit ZSg. 101/1/89 v. 21. August 1933.

ZSg. 101/1/93   21. August 1933

Herrn von Neuhaus, Hamburg (Hamburger Nachrichten)

Bis auf die Anrede ist der Text identisch mit ZSg. 101/1/89 v. 21. August 1933.

ZSg. 101/1/94   26. August 1933

Wolff-Rundspruch am 26. 8. 33.
Ueber den Text der von der Pressestelle des Polizei-Präsidiums über den Unfall des Deutschlandfliegers Poss herausgegebenen Meldung hinaus darf über den Unfall nicht berichtet werden. Der Unfall darf nicht in einer Schlagzeile oder in einer mehrspaltigen Ueberschrift erwähnt werden.
Ste. (D.)

s. a. ZSg. 101/2/24/ Nr. 33 v. 1. November 1933

Sportflieger Poß und Begleiter tot
Auf der zweiten Tagesstrecke des Deutschlandfluges verunglückte am Sonnabend früh der bekannte deutsche Sportflieger Reinhold Poß, der Deutschland wiederholt bei internationalen Flugwettbewerben mit hervorragenden Erfolgen vertrat, sowie sein Begleiter Paul Weirich über Wildberg bei Neustadt an der Dosse tödlich. Der Absturz erfolgte dadurch, daß Poß in einer niedrigen Höhe flog und mit seiner linken Tragfläche einen Kirchturm berührte. Man nimmt an, daß Poß so niedrig flog, um die in der geringen Höhe günstigen Windverhältnisse auszunutzen. Die Besatzung war sofort tot. ...
HHN, Nr. 398 v. 26. August 1933, S. 1

Beileidtelegramm Görings
HHN, Nr. 398 v. 26. August 1933, S. 1

s. a. HHN, Nr. 400 v. 28. August 1933, S. 9
  FZ, Nr. 635/36 v. 27. August 1933, S. 2
  NZ, Nr. 235 v. 27. August 1933, S. 12

ZSg. 101/1/95   26. August 1933

Wolff-Rundruf vom 26.8.33.   1,25 Uhr mtgs.

Bei den Ausführungen des Staatssektretärs Feder auf der Genossenschaftstagung ist die Stelle, in der sich Staatssekretär Feder mit der Frage der Rasierklingen und Bananen usw. beschäftigt, fortzulassen oder zum mindesten möglichst zu kaschieren.

(D.)

Gottfried Feder (1881-1941), gründete 1917 den "Kampfbund zur Brechung der Zinsknechtschaft", führender Wirtschaftstheoretiker, 1933-34 Staatssekretär im Reichswirtschaftsministerium, April bis Dezember 1934 Reichskommissar für das Siedlungswesen, gleichzeitig nimmt sein Einfluß in der Partei erheblich ab. Danach in den Ruhestand versetzt.

- 113 -   26./30.08.1933

s. a. ZSg. 101/3/18/Nr. 180 v. 15. Januar 1934
Der Genossenschaftstag fand am 25./26. August 1933 in Berlin
statt.
Nationalsozialistische Wirtschaftspolitik
Eine Rede von Staatssekretär Feder
FZ, Nr. 637 v. 27. August 1933, S. 2
s. a. NZ, Nr. 235 v. 27. August 1933, S. 2
    VZ, Nr. 408 v. 26. August 1933, S. 1-2
    BBC, Nr. 398 v. 26. August 1933, S. 7 u. 9
    NZZ, Nr. 1534 v. 28. August 1933, S. 1
In keinem der Berichte wirddie "Frage der Rasierklingen und
Bananen" erwähnt, es sei denn hervorragend kaschiert.

ZSg. 101/1/96   30. August 1933

Wolff-Rundruf vom 30. August 33.

Meldungen über Beimischung von Milch, Kartoffelmehl oder
anderen Stoffen zu Brot [1] und über das deutsch-rumänische
Kompensationsgeschäft dürfen nicht gebracht werden [2].
(D.)

Zu 1)
s. a. ZSg. 101/1/72 v. 5.August 1933
      ZSg. 101/4/139/Nr. 806 v. 5. Oktober 1934
Zu 2)

Deutsch-rumänisches Kompensationsabkommen
... Es handelt sich um insgesamt etwa 20 bis 25 Mill. RM. In
diesem Rahmen erwirbt die der Reichsregierung nahestehende
deutsche Getreideindustrie- und kommissions AG vor allem Gerste
und Weizen in Rumänien... Rumänien wird etwa für die Hälfte des
Betrages Erzeugnisse der IG Farbenindustrie und der Junkers-
Flugzeugwerke abnehmen, sowie für annähernd 1/4 des Betrages
die bei der rumänischen Nationalbank gesperrten deutschen
Industrieguthaben freigeben.
NZZ, Nr. 1562 v. 31. August 1933, S. 3

30./31.08.1933 - 114 -

In den Artikeln der reichsdeutschen Presse wird nur ganz
allgemein auf den Gegenstand des Kompensationsgeschäftes
(Getreide gegen Devisen) hingewiesen.
s. HHN, Nr. 402 v. 29. August 1933, S. 11
HHN, Nr. 404 v. 30. August 1933, S. 13
BBC, Nr. 404 v. 30. August 1933, S. 9
VB (N.A.), Nr. 243 v. 31. August 1933, S. 12

s. a. ADAP, Serie C, Bd. I,2, Nr. 414, 415

ZSg. 101/1/97   31. August 1933

Die Pressestelle des Preuss. Staatsministeriums teilt mit:
Die Mitteilung über die Verleihung des Charakters eines
Generals an den Ministerpräsidenten Hauptmann a.D. Göring
darf nur in der Form veröffentlicht werden, die im Laufe des
heutigen Tages durch die Pressestelle des Staatsministeriums
der Presse amtlich übergeben wird.
Wolff-Rundspruch 31.8.33.
(D.)

General der Infanterie Hermann Göring!
Amtlich wird mitgeteilt: Der Herr Reichspräsident hat mit
Wirkung vom heutigen Tage den Herrn Reichswehrminister, General
der Infanterie von Blomberg, zum Generaloberst befördert. Er
hat ferner im Rahmen anderer Beförderungen den preußischen
Ministerpräsidenten und Hauptmann a. D. Göring, Ritter des Pour
le mérite, in Anerkennung seiner hervorragenden Verdienste im
Krieg und Frieden den Charakter als General der Infanterie ver-
liehen mit der Berechtigung zum Tragen der Uniform des Reichs-
heeres.
HHN, Nr. 406 v. 31. August 1933, S. 1
Mit dieser Beförderung wurden drei Ränge übersprungen.

ZSg. 101/1/98   2. September 1933

Hbg. Ch. Bresl.   Bln. 2. Sept. 33.
Vertrauliche Mitteilung an die Redaktion.
Die heutige Rede des Reichskanzlers vor den Amtswaltern darf
unter keinen Umständen in der von der T.U. veröffentlichten
Fassung gebracht werden. Es ist unter allen Umständen die amtliche
WTB-Fassung zu nehmen. Es liegt eine Anweisung des Reichspressechefs Dr. Dietrich vor, nach der sich alle Zeitungen höchst
strafbar machen, wenn sie die unkontrollierbare Fassung von
T.U. nehmen.
(D.)

"Niemals wieder ein November 1918!"
Adolf Hitler spricht zu 160.000 Amtswaltern
HHN, Nr. 410 v. 2. September 1933, S. 1
s. a. BLA, Nr. 415 v. 2. September 1933, S. 1

Die T.U.-Fassung konnte nicht nachgewiesen werden.

ZSg. 101/1/99   5. September 1933

Bestellungen vom Propagandaministerium v. 5.9.33
1. Ueber einen Absturz eines Sportflugzeugs bei Rostock darf
   nichts gebracht werden.
2. Ueber die Bemühungen Russlands um den Eintritt in den 4
   Mächte-Pakt darf nichts verbreitet werden.
(D.)

5./8.09.1933 - 116 -

Zu 1.

Ein Sportflugzeug abgestürzt
Der Führer tot
Am Dienstag nachmittag (5. Sept., gtz) stürzte in der Nähe von
Neustrelitz ein Sportflugzeug ab; hierbei verunglückte der
Führer des Sportflugzeuges, von Rochow, tödlich.
VB (N.A.), Nr. 250 v. 7. Sept. 1933, S. 4
s. a. BBC, Nr. 415 v. 6. Sept. 1933, S. 4
Die "Vossische Zeitung" (Nr. 425 v. 6. Sept. 1933, S. 5) meldet
unter der Seitenüberschrift "Fliegen leicht gemacht / Besuch
auf dem Rollfeld Staaken" ein Moskauer Flugzeugunglück (8 Tote)
und direkt daran anschließend auch den Absturz des Sportflugzeugs.

Zu 2.

Verhältnis Deutschland - Rußland
Französische Lügen und Hetze
NZ, NR. 245 v. 6. September 1933, S.1
s.a. HHN, Nr. 413 v. 5. September 1933, S.1
        Nr. 414 v. 5. September 1933, S.1-2
    BT, Nr. 417 v. 6. September 1933, S.1
s.a. ADAP, Serie C, Bd. I,2, Nr. 420
Am 15. Juli 1933 wurde der Viermächtepakt (Deutschland, England,
Frankreich und Italien) unterzeichnet.
s. dazu Chronologische Übersicht der ADAP, Serie C, Bd. I,1, S.
S. LXIV-LXXIV, Text des Viermächtepakts: ADAP, Serie C, Bd. I,2,
Nr. 292

ZSg. 101/1/100   8. September 1933

Bestellungen vom Propagandaministerium vom 8.9.1933.

1. Die Nachricht, dass Pilsudski nach Moskau eingeladen sei,
   trifft nicht zu. Ueber diese Dinge soll möglichst nichts veröffentlicht werden.

2. Alarmierende Nachrichten über einen bevorstehenden Sturz
   de'Valeras-Irland und Ausschreitungen in Irland sollen nach
   Möglichkeit unterbleiben.

3. Von italienischen Stellen werden reine Reklameartikel zur
Propaganda der italienischen Kunstseide verbreitet. Diese
Artikel sind selbstverständlich nicht zu veröffentlichen.
(D.)

Zu 1.

Eine Geheimkonferenz bei Pilsudski?
Wie sich der "Daily Herald" aus Warschau melden läßt, wird in
den nächsten Tagen eine geheime Konferenz zwischen Vertretern
Polens, der Sowjetunion und Rumänien in Zaleszyki stattfinden,
wo Marschall Pilsudski sich zur Zeit zur Erholung aufhält. ...
Das Blatt hält diese Nachricht aufrecht, obgleich es zugeben
muß, daß sowohl das polnische Außenministerium, wie auch die
Warschauer Sowjetbotschaft jegliche Kenntnis von derartigen Verhandlungen ableugnen. Das Blatt fügt hinzu, daß das Warschauer
Sozialistenblatt "Robotnik" beschlagnahmt worden sei, weil es
eine Liste der Beamten des polnischen Auswärtigen Amtes veröffentlicht hat, die sich nach Zaleszyki begeben hätten.
HHN, Nr. 420 v. 8. Sept. 1933, S. 2

Für oder wider Moskau
Polnische Pressestimmen zur russischen Politik
BBC, Nr. 423 v. 10. Sept. 1933, S. 3

Josef Pilsudski (1867-1935), Mitbegründer der polnischen
Sozialistischen Partei, seit 1922 Oberbefehlshaber der Truppen,
1926 durch Staatsstreich Diktator, der sich auf die Armee stützte.
Nach dem Regierungswechsel in Deutschland bemühte er sich um
Verhandlungen mit den westlichen Parteien wegen der zunehmenden
Aufrüstung. Die erste Verhandlungsrunde fand vom 15. November
bis zum 11. Dezember 1933 statt.

Zu 2.

Irland im Weltreich
BT, Nr. 424 v. 9. Sept. 1933, S. 2

Einigung der irischen Opposition
VZ, Nr. 431 v. 9. Sept. 1933, S. 2
s. a. BBC, Nr. 422 v. 9. Sept. 1933, S. 2

Eamon de Valera (1882-1975), einer der Anführer des gescheiterten
Osteraufstandes 1916 in Dublin. Trat in den folgenden Jahren
für eine vollständige Unabhängigkeit der Republik Irland (vereinigt mit Nordirland) ein. Nach dem Bruch mit den extremen Re-
publikanern war er mit Unterbrechungen Premierminister (1932 -
48, 1951 - 54, 1957 - 59), danach Staatspräsident (1959-1973).
Zu der unentschiedenen Haltung Deutschlands gegenüber Irland s. a.
Horst Dickel, Irland als Faktor der deutschen Außenpolitik von
1933 - 1945. Eine propädeutische Skizze. In: Manfred Funke (Hrsg.),
Hitler, Deutschland und die Mächte, Kronberg/Ts. u. a. 1978, S.565-
576)

8./14.09.1933

Zu 3.
Neugestaltung des deutschen Kunstseidesyndikats
Wie die "Deutsche Kunstseide-Zeitung" erfährt, werden in der nächsten Woche Verhandlungen wegen der Neugestaltung des deutschen Kunstseide-Syndikats in Rom beginnen. Diese Verhandlungen werden zwischen deutschen und italienischen Regierungsinstanzen und interessierten Gruppen gepflogen werden. Auch führende deutsche Firmen werden in Rom vertreten sein. Ziel der Besprechung ist eine Besserung der deutschen Kunstseideindustrie auf handelspolitischem Gebiet und eine Änderung der Mitte 1931 festgesetzen Absatzquoten für den deutschen Markt. Nach einem erfolgreichen Abschluß dieser Verhandlungen werden anschließend auch mit anderen ausländischen Mitgliedern Verhandlungen angestrebt.
HHN, Nr. 426 v. 12. Sept. 1933, S. 9

ZSg. 101/1/101   14. September 1933

Rundrufe vom 14.9.33.
Meldungen über Anregungen, dass die Reichsregierung gegen Ueberfliegung deutschen Gebiets durch österreichische Flugzeuge protestieren solle, sollen nicht gebracht werden.[1]
Das Statistische Reichsamt wird heute eine Ernteschätzung veröffentlichen. Diese Meldung darf nicht verbreitet werden, bevor nicht ein amtlicher Kommentar vorliegt.[2]
(D.)

Zu 1)
Österreichischer Flieger über Passau
Heute vormittag überflog das österreichische Polizeiflugzeug A 75 die südostdeutsche Grenzstadt Passau und zog dort eine Schleife. In der Überfliegung deutschen Gebiets liegt eine eklatante Verletzung deutschen Hoheitsrechts, die bei der gespannten politischen Lage nicht ohne Folgen bleiben kann.
Aus Passau erfahren wir, daß das Flugzeug gegen 3/4 10 Uhr über der Innenstadt zwischen Inn und Donau gesichtet wurde. In einer

Höhe von etwa 800 Metern zog die Maschine eine Schleife. Man konnte deutlich die Beschriftung A 75 erkennen. Um 9.50 Uhr etwa entschwand das Flugzeug wieder Innaufwärts in Richtung Scherding. Das Überfliegen hat in der Stadt allgemein Aufsehen erregt.
VZ, Nr. 436 v. 12. Sept. 1933, S. 1
s. a. BBC, Nr. 426 v. 12. Sept. 1933, S. 1

Neue Grenzverletzung durch österreichische Polizeiflugzeuge
Wie die Landesleitung Österreich der NSDAP erfährt, überflogen Donnerstag vormittag gegen 10 Uhr zwei österreichische Flugzeuge Freilassing, zogen über der Ortschaft in auffallend niedriger Höhe eine Schleife und flogen dann in Richtung Traunstein weiter. Eine der beiden Maschinen trug die Nummer A 32, das ist die Nummer eines der in Salzburg stationierten Polizeiflugzeuge.
HHN, Nr. 431 v. 15. Sept. 1933, S. 1
s. a. BT, Nr. 433 v. 15. Sept. 1933, S. 8
s. a. ARRH, Teil I, Bd. 1, Nr. 188

Zu 2)

Die neue Ernteschätzung
Nach den Meldungen der 7000 amtlichen Ernteberichterstatter über das Ergebnis der diesjährigen Getreideernte nach dem Stand von Anfang September ist weiterhin mit einem recht guten Gesamtertrag zu rechnen. ...
HHN, Nr. 433 v. 16. Sept. 1933, S. 5
s. a. BBC, Nr. 432 v. 15. Sept. 1933, S. 12
VZ, Nr. 442 v. 15. Sept. 1933, S. 10
BT, Nr. 435 v. 16. Sept. 1933, S. 5

ZSg. 101/1/122 (18. September 1933)

Informationen über die Mitarbeit der Presse im Dienst der Winterhilfe.

Die Reichsführung der NS.Volkswohlfahrt gab am Montag Anweisungen über die Mitarbeit der Presse zur Winterhilfe.

Die Zeitungen sollen in wechselnden Hinweisen auf die Bedeutung der Winterhilfe aufmerksam machen, zum Spenden von Geld und Sachwerten aufrufen und auch ganze Kästen in den Dienst der Sache stellen. Die Mitarbeiter der Zeitungen sollen angeregt werden, Leute aus dem Volk über ihre Ansicht betreffs der Winterhilfe

18.09.1933

zu befragen und diese dann in kurzen Artikeln wiederzugeben. Weiterhin werden Interviews mit den Leitern des Hilfswerkes angeregt.
In den Artikeln hat folgende Auffassung der Regierung zum Ausdruck zu kommen: Der nationalsozialistische Staat gibt mit vollen Händen aber er verlangt dafür Leistung, d.h. wer etwas kriegt, soll sich bewusst sein, dass ihm das der <u>Nationalsozialismus</u> gab und nicht der Marxismus. (Er soll also Nazi werden).
Die Zeitungen haben sich mit den Landes- und Gauleitern der NS.-Volkswohlfahrt in Verbindung zu setzen und mit diesen Stellen zusammenzuarbeiten. Das ist:
1.) für Hamburg: Landes-walter Wilhelm von Allwörden, Hamburg,
   Steckelhörn 12 Fernspr. 361022, Nebenst. 666
2.) für Breslau: Landeswalter Richard Fabig, Breslau, Tauentzienstr. 58 Fernspr. 23088
3.) für Chemnitz:Landeswalter Rudolf Büttner, Dresden A. 1,
   Pirnaischestr. 50, Fernspr. 26344
Die Landespropagandastellen sind:
1.) Hamburg-Schleswig-Holstein, Sitz Hamburg, Leiter: Fouquet,
   Buchardstr. Nr. 14 VI(Sprinkenhof
2.) Schlesien, Sitz Breslau, Leiter: Gunzer, Oberpräsidium.
3.) Sachsen: Sitz Dresden, Leiter: Salzmann, Landtagsgebäude,
   Eingang II.

Das Winterhilfswerk (WHW) war eine im Rahmen der NS-Volkswohlfahrt 1933 gegründete Hilfsorganisation unter der **Aufsicht des Propagandaministeriums**. Nach den jährlichen Sammlungen wurden Geld, Lebensmittel, Brennmaterialien und Kleider an materiell schlechter gestellte Bevölkerungsgruppen verteilt. Die Kampagne 1933 wurde am 13. September eröffnet.
s.-a. ARRH, Teil I, Bd. 1, Nr. 190, 303 Anm. 8

ZSg. 101/1/102　　　　　　　　　19. September 1933

Bestellung vom Propagandaministerium v. 19.9.33
Es liegt eine Meldung von "Evening Standard" vor, dass nach
Auffassung Englands Deutschland das Locarno-Abkommen verletzt
habe und demgemäss England von seinen Verpflichtungen frei
wäre. Diese Meldung soll nicht gebracht werden.
(D.)

Evening Standard 1827 als Blatt der Konservativen gegründet
(Abendzeitung); 1921 in den Beaverbrook-Zeitungskonzern aufgenommen.
Im Locarno-Abkommen (1925) wurde zwischen Belgien, Deutschland,
Frankreich, Großbritannien und Italien die Unverletzlichkeit der
Grenzen vertraglich festgelegt.
Ab 22. September 1933 tagte der Völkerbund wieder routinemäßig
zum Thema "Abrüstung".

ZSg. 101/1/103 - 103 a　　　　　21. September 1933
　　　　　　　　　　　　　　　　((Donnerstag))

Sieverts, Dr. Heerdegen, Dr. Dyrssen
D/N.　　　　　　　　　　　　　　21. September 1933

Kurfürst 9086
Herrn
von Neuhaus,
Hamburg 1
Speersort 11.
Lieber, verehrter Herr von Neuhaus!
Das Propagandaministerium legt wieder eine ganze Reihe von

21.09.1933

Wünschen vor:
1. wird daran erinnert, dass die Reichsregierung eine grosse **Propagierung** des Bauerntages auf dem Bückeberg erwarte. Nun wird übermorgen der Bericht von Herrn von Stosch über die Pressevorbesichtigung eintreffen, sodass es, glaube ich, ausreichend sein dürfte, wenn Mitte der Woche noch eine kurze Spitze über die Bedeutung des Tages erscheinen würde, aus der die Gleichstellung des Bauerntages mit dem Tag der Arbeit vom 1. Mai deutlich unterstrichen wird.
2. bittet das Propagandaministerium um die rassepolitischen Fragen besonders eindringlich und häufig zu behandeln. Es wird erwartet, dass keine Woche vergeht, in der nicht nachdrücklich zu diesem Thema Stellung genommen wird.
3. wird nochmals mit Nachdruck daran erinnert, dass die Propaganda für die sozialen Spenden gegen Hunger und Kälte unter keinen Umständen erlahmen dürfen und dass insbesondere die Listen über die eingegangenen Spenden unter allen Umständen veröffentlicht werden müssten.
4. In aussenpolitischer Hinsicht macht das Propagandaministerium darauf aufmerksam, dass die aussenpolitischen Anweisungen unter allen Umständen Beachtung finden müssten und dass vor allem die Berichte der Auslandskorrespondenten unter dem Gesichtspunkt der Berliner Regierungsanweisungen nachgeprüft und mit ihnen in Einklang gebracht werden müssten. In Zweifelsfällen empfehle ich sich hier mit dem Berliner Büro in Verbindung zu setzen.
5. Zu den Fragen der Handels- und Wirtschaftspolitik wird regierungsseitig der dringendste Wunsch ausgesprochen, alle Veröffentlichungen zu unterlassen, die irgendwie geeignet sein könnten, Misstrauen gegenüber dem Erfolg der Regierungsmassnahmen wachzurufen. Praktisch wird das bedeuten, dass von

((ZSg. 101/1/103a)) b.w.

einer allzu speziellen Behandlung der einzelnen Fragen Abstand genommen werden muss und statt dessen die Ideen der neuen Wirtschaftsgesinnung stärker propagiert werden sollen. Die Re-

21.09.1933

gierung erwartet, daß insbesondere die Propagierung der neuen Wirtschaftsauffassungen nicht nur im politischen Teil erfolgt, sondern vor allem auch im Handelsteil ihren Niederschlag findet. Der Umfang und das Ausmass der Pressedisziplin auf diesem Gebiet dürfte zweifellos von diesen Zentralstellen besonders aufmerksam nachgeprüft werden.
In aufrichtiger Verehrung
Ihr
sehr ergebener

(Dtg.)

v. Stosch: s. a. ZSg. 101/1/74 v. 9. Aug. 1933
Zu 1.
500.000 Bauern werden auf dem Bückeberg aufmarschieren
Riesige Vorbereitung zum Erntedank-Fest im Weserbergland
HHN, Nr. 448 v. 25. Sept. 1933, S. 3
Wie der Hamburger das Erntedankfest am 1. Oktober begehen wird
((Veranstaltungskalender mit ideologischer Verpackung und Motivierungshilfe))
HHN, Nr. 450 v. 26. Sept. 1933, S. 7
s. a. HHN, Nr. 454 v. 28. Sept..1933, S. 5
NZ, Nr. 264 v. 25. Sept. 1933, S. 2-3
VZ, Nr. 453 v. 22. Sept. 1933, S. 2
VZ, Nr. 459 v. 26. Sept. 1933, S. 2
BBC, Nr. 443 v. 22. Sept. 1933, S. 2
BBC, Nr. 449 v. 26. Sept. 1933, S. 2-3
Zu 2.
Rassenkunde in Preußens Schulen
Pflichtfächer für die Abschlußprüfung
VZ, Nr. 455 v. 23. Sept. 1933, S. 2
Offensichtlich wurde dieser Bitte des Propagandaministeriums in keiner der größeren Tageszeitungen entsprochen.
Zu 3.
Vorwärts mit Hitler gegen Hunger und Kälte!
HHN, Nr. 441 v. 21. Sept. 1933, S. 2
Spenden für das Winterhilfswerk
Dem Ruf des Führers, den notleidenden Volksgenossen zu helfen, folgten ...
HHN, Nr. 445 v. 23. Sept. 1933, S. 3
s. a. HHN, Nr. 451 v. 27. Sept. 1933, S. 3
FZ, Nr. 708/709 v. 23. Sept. 1933, S. 1
FZ, Nr. 711/712 v. 24. Sept. 1933, S. 3
VZ, Nr. 448 v. 19. Sept. 1933, S. 4

21./22.09.1933

VZ, Nr. 453 v. 22. Sept. 1933, S. 6
BBC, Nr. 445 v. 23. Sept. 1933, S. 3

Zu 5.
Am 21. September 1933 wurde das "Zweite Gesetz zur Verminderung der Arbeitslosigkeit" beschlossen, das durch steuerliche Vergünstigungen positiv auf die Wirtschaft einwirken sollte.

Dr. Schacht und Dr. Schmitt zu Wirtschaftsplan
HHN, Nr. 443 v. 22. Sept. 1933, S. 5

Die zweite Angriffswelle
Fa ((lk)). Der Kampf der Reichsregierung gegen die Arbeitslosigkeit wird in drei großen Etappen geführt. Die erste ist bereits überwunden...
I Direkte Ankurbelung durch öffentliche Arbeitsbeschaffung ...
II Ankurbelung durch organische Wirtschaftspolitik...
HHN, Nr. 447 v. 24. Sept. 1933, S. 13 (Handelsteil) ((halbseitig))

s. a. FZ, Nr. 707 v. 22. Sept. 1933, S. 3
s. a. Das Winterprogramm der Reichsregierung
NZZ, Nr. 1696 v. 21. Sept. 1933, S. 3

ZSg. 101/1/104   22. September 1933

Bestellungen: 22. Sept. 1933.

1. Heute sind die in Berlin mit Belgien geführten Kohlenverhandlungen ergebnislos abgebrochen worden. Die Reichsregierung bittet darum, über diese Tatsache nichts zu berichten. Dagegen können von belgischer Seite vorliegende Nachrichten darüber gebracht werden, jedoch wird bei einer evtl. Kommentierung grösste Zurückhaltung empfohlen.

2. Dagegen haben die deutsch-schweizerischen Handelsverhandlungen in Berlin jetzt zu einem Erfolg geführt. Von deutscher Seite ist den Schweizern ein voller Devisentransfer, also eine bevorzugte Behandlung gegenüber den anderen Auslandsgläubigern zugesichert worden. Die Reichsregierung bittet, vorläufig von einer Stellungnahme hierzu abzusehen, da wahrscheinlich schon im Laufe des morgigen Tages von Regierungseite hier-

über berichtet wird. Eine diesbezügliche Agenturmeldung, die angeblich heute abend vorliegen soll, soll nicht nachgedruckt werden.
(D.)

Zu 1.
Berliner Diplomaten
Im Auftrage des Auswärtigen Amtes lud Ministerialdirektor Dr. Ritter aus der Abteilung für Wirtschafts- und Reparationspolitik zu einem Diner zu Ehren der Anwesenheit der belgischen Wirtschaftsdelegation, die über Besatzungsmark-Abkommen und Kohlenkontingentierung mit den deutschen Wirtschaftlern verhandeln. ...
VZ, Nr. 456 v. 23. Sept. 1933, S. 11

Die belgisch-deutschen Kohlebesprechungen
... Wie wir hierzu von gut unterrichteter Seite erfahren, haben die deutschen Vertreter durchaus ihren Verhandlungswillen bekundet. Die von ihnen ausgearbeiteten Gegenvorschläge hätten durchaus zur Weiterverhandlung dienen können. ...
HHN, Nr. 449 v. 26. Sept. 1933, S. 5

Hoher belgischer Kohlenzoll?
Ein Vorschlag zur Lösung des belgischen Kohlenkonflikts
HHN, Nr. 457 v. 30. Sept. 1933, S. 5

Belgien wollte den Kohlenimport aus Deutschland reduzieren, da die eigene Produktion bereits auf Absatzschwierigkeiten stieß.

Zu 2.
Verständigung mit der Schweiz
BT, Nr. 449 v. 24. Sept. 1933, S. 2
s. a. BT, Nr. 447 v. 23. Sept. 1933, S. 5
FZ, Nr. 410 v. 23. Sept. 1933, S. 3
BBC, Nr. 445 v. 23. Sept. 1933, S. 4 u. 7
NZZ, Nr. 1706 v. 22. Sept. 1933, S. 1
NZZ, Nr. 1709 v. 23. Sept. 1933, S. 1 u. 3
s.a. **ADAP, Serie C, Bd. I,2, Nr. 453**

ZSg. 101/1/105 23. September 1933

Bestellungen vom Propagandaministerium vom 23. September 1933.
1. Meldungen über die deutsch-belgischen Verhandlungen bezüglich des Kohlenabkommens sind auch heute noch unerwünscht. Ebenso bleiben unerwünscht Meldungen über die deutsch-schweizerischen Vereinbarungen.
2. Die Meldungen der T.U., dass der englische Verleger Layton sich entschuldigt habe wegen seiner Angriffe auf Deutschland sollen nicht gebracht werden, da die Meldung nicht den Tatsachen voll entspricht.
3. Meldungen über Vorgänge in der Studentenschaft bezw. die Berufung ihres Führers dürfen unter keinen Umständen gebracht werden. Eine Ausnahme gilt lediglich für die Meldung, dass eine Reihe von Korporationen sich zu einer nationalsozialistischen Gemeinschaft zusammengeschlossen haben. Diese letzte Meldung darf gebracht werden.

Zu 1.
s. a. ZSg. 101/1/104 v. 22. Sept. 1933
Zu 2.
<u>Layton entschuldigt sich</u>
Er will selbst nach Leipzig fahren.
Der englische Wirtschaftler und Herausgeber der Wirtschaftszeitung "Economist", Sir Walter Layton, hat unter dem 14. September dem Reichsfinanzminister Graf Schwerin von Krosigk auf das Schreiben geantwortet, indem dieser die **Veröffentlichung** des deutschfeindlichen Artikels "Der Hitlerterror" im "Economist" gerügt hatte, der sich kritiklos auf die Angaben des berüchtigten "Braunbuches" stützte. Layton drückt in seinem nunmehr im "Economist" veröffentlichten Brief sein tiefes Bedauern aus, daß der "Economist" in dem betreffenden Artikel ein unfaires Urteil über die neueren Ereignisse in Deutschland gefällt habe. Er erklärt sich, um den deutschen Vorwürfen entgegenzukommen, bereit, persönlich einem Teil des Leipziger Prozesses beizuwohnen und einen vollen und wahrheitsgetreuen Bericht über die in Leipzig erhobenen Anklagen in seiner Zeitung wiederzugeben. Graf Schwerin von Krosigk hat den Briefwechsel mit einem Schreiben an Layton abgeschlossen, indem er sagt, daß man gerade in Folge

der allgemeinen Stellungnahme und der besonderen Kenntnis Laytons über die deutschen Angelegenheiten eine unparteiische Ansicht des englischen Wirtschaftlers über die innere Entwicklung des neuen Deutschland hätte erwarten sollen. Die bedauerliche Tatsache bleibe bestehen, daß der "Economist" ein einseitiges Urteil veröffentlicht habe, das in Deutschland sehr unangenehm gewirkt habe.
NZ, Nr. 262 v. 23. Sept. 1933, S. 2 (Hauptschriftleiter der NZ war Eberhard Graf von Schwerin)
s. a. BLA, Nr. 450 v. 23. Sept. 1933, S. 3

Zu 3.

Nationalsozialistische Gemeinschaft korpsstudentischer Verbände
Der Kösener Senioren-Konvent-Verband, der Miltenberger Ring, der Naumburger Senioren-Konvent, der Rudolfstädter Senioren-Konvent und der Weinheimer Senioren-Konvent haben sich aus dem Willen heraus, die den deutschen Korps und den Verbindungen korpsstudentischer Art innewohnende Kraft und das wertvolle Kulturgut ihrer Geschichte in gemeinsamer Arbeit dem Nationalsozialistischen ganz dienstbar zu machen, zur nationalsozialistischen Gemeinschaft korpsstudentischer Verbände zusammengeschlossen.
HHN, Nr. 447 v. 24. Sept. 1933, S. 3
s. a. BT, Nr. 445 v. 22. Sept. 1933, S. 6

Der neue Führer der deutschen Studentenschaft
Um den durch die Amtsniederlegung des bisherigen Führers der Deutschen Studentenschaften, Gerhard Krüger, herbeigeführten Zustand zu beenden, hat der Reichsminister des Innern den Reichsführer des Nationalsozialistischen Studentenbundes, Dr. Ing. Oskar Stäbel, zum Führer der Deutschen Studentenschaft ernannt und ihn ersucht, die Geschäfte sofort zu übernehmen.
VZ, Nr. 438 v. 13. Sept. 1933, S. 2

((Stäbel)) wurde am 4. Februar 1933 zum Reichsführer des NSDStB, am 23. Mai 1933 zum Führer der inzwischen als Zusammenfassung der Deutschen Studentenschaft und der Deutschen Fachschulschaft gebildeten Reichsschaft der Studierenden an Hoch- und Fachschulen und schließlich am 12. September des gleichen Jahres zum Vorsitzenden der Deutschen Studentenschaft ernannt. Stäbel war Landsmannschafter, und folglich wurden ihm Sympathien für das Korporationsstudententum nachgesagt; Stäbel war SA-Mann...
Die Verknüpfung zwischen Studentenschaft und SA konnte nach dem 30. Juni 1934 nicht ohne Folgen für die studentischen Organisationen bleiben. Stäbel wurde von seinen Funktionen abgelöst und in die Reichsleitung der Parteiorganisation versetzt. Die Führung der Deutschen Studentenschaft und des NSDStB wurde wieder getrennt. ... (Hans Bohrmann, Strukturwandel der deutschen Studentenpresse, München 1975, S. 99 ff.)
s. a. Anselm Faust, Der Nationalsozialistische Deutsche Studentenbund, Bd. 2, Düsseldorf 1973, S. 126 ff. und S. 162

23.09.1933

s. a. ZSg. 101/1/109 v. 25. Sept. 1933
ZSg. 101/1/110 v. 26. Sept. 1933

ZSg. 101/1/106   23. September 1933

Bresl., Dresd., Chemn.
D/N.   23. September 1933
Kurfürst 9086
Herrn
von N e u h a u s .
Hamburg 1
Speersort 11.
Lieber, verehrter Herr von Neuhaus!
Das Reichspropagandaministerium hat wieder eine Reihe von
Wünschen:
1. wird um sorgfältige und wiederholte Aufmachung der zweiten
nationalsozialistischen Lotterie gebeten, die in den näch-
sten Tagen aufgelegt wird.
2. wird darauf verwiesen, dass noch stärker als bisher der
Anzeigenteil daraufhin durchgeprüft werden müsse, dass un-
gehörige Anzeigen vermieden werden. Es handelt sich dabei
nicht nur um Anzeigen verbotener Sachen auf den verschiedensten Gebieten, sondern vor allem um Anzeigen, die das
Gebiet des nationalen Kitsches oder einer ungehörigen Aus-
nutzung irgendwelcher politischer Tatsachen betreffen. Als
Beispiel wird heute ein Inserat einer grossen Versicherungsgesellschaft angeführt, die darauf hinweist, dass 500 000
Erwerbslose bettelnd, raubend und plündernd sich durch's
Land bewegten und dass demgemäss Einbruchsversicherungen
zweckmäßig wären. Die Zeitungen werden für das Erscheinen
solcher Anzeigen ebenso verantwortlich gemacht wie die

Anzeigenden selber. Auch durch solche Fehler können unter Umständen Verbote entstehen.

In aufrichtiger Verehrung

Ihr

sehr ergebener

((D.))

Zu 1.
Ein großer Erfolg der Arbeitsbeschaffungs-Lotterie
Die 6.000.000 Lose sind ausverkauft!
... Noch ist das Ziel zur Hälfte erst erreicht. Am 15. Oktober flattern wieder die neuen, diesmal blauen Lose hinaus ins Land. Führerwille und Opfersinn, Arbeit und Fleiß werden auch dieses Mal das hohe Werk vollbringen, so daß am Weihnachtsabend die Meldung erstattet werden kann, daß auch die zweite Serie den Erfolg der ersten erbrachte.
VB (N.A.), Nr. 266 v. 23. Sept. 1933, S. 3

Zu 2.
s. dazu a. **Der Kampf gegen nationalen Kitsch**
Interview mit dem Leiter der Aktion
VZ, Nr. 453 v. 22. Sept. 1933, S. 5

ZSg. 101/1/107   25. September 1933

Vertrauliche Mitteilung aus Leipzig.

für Breslau

Soeben ist in der Reichsgerichtsverhandlung eine grosse Panne passiert. Der Vorsitzende liess es nämlich zu, dass Torgeler (sic) erstens eine Unschuldigkeitserklärung ausführlich abgab, und zweitens liess er zu, dass der Angeklagte aus den Akten Briefe zur Verlesung brachte, die klar darlegten, dass van der Lubbe mit der KPD nichts zu tun hat, sondern als Anarchist und Syndikalist Einzelgänger war. Aus den Briefen ging weiter hervor, dass er sich schon in den letzten Jahren von der offiziellen kommunistischen Partei Hollands abgewandt hat und in einem Kreis

25.09.1933

von Leuten verkehrte, denen die Anweisungen der Komintern furchtbar gleichgültig waren. Die Preussische Geheime Staatspolizei verhindert die genaue Wiedergabe dieser Vorgänge in der Reichsgerichtsverhandlung. In der deutschen Presse herrscht übereinstimmend die Meinung, dass der Vorsitzende die Grenze der Objektivität weit überschritten hat und dass es eigentlich unsere Aufgabe wäre zu fordern, dass derartige kommunistische Propaganda auch an der Stelle des Reichsgerichts nicht getrieben werden darf. Es steht zu erwarten, dass amtliche Erklärungen und Hinweise im Laufe des heutigen Montag noch kommen. Wir bitten sehr genau und sorgfältig auf diese Anweisungen zu achten. Die Einzelheiten sind einem weiteren vertraulichen informatorischen Bericht vorbehalten.
Dr. Kausch.

(D.)

Kausch war als Sonderberichterstatter nach Leipzig geschickt worden. Der Reichstagsbrand-Prozeß war am 21. September 1933 eröffnet worden.
Öffentliche Gebäude sollten angesteckt werden
...Torgler hielt dann eine Verteidigungsrede, als ob er sich im deutschen Reichstag alten Stils befände. Er versuchte ganz raffiniert, Wahrheit und Lüge durcheinander zu mengen. ...
HHN, Nr. 449 v. 26. Sept. 1933, S. 1
Der große Tag in Leipzig eine Enttäuschung!
Torgler darf eine Agitationsrede halten! Vernehmung einer "gewiegten" Zeugin
(Drahtbericht unseres nach Leipzig entsandten Redaktionsmitgliedes) ... Die Sensation des Tages sollte, wenn es nach dem Wunsch der beutegierigen Auslandspresse gegangen wäre, die Vernehmung des Angeklagten Torgler bringen. ... Immerhin hat es der Vorsitzende, der sich in dieser Stunde selbst überbot, fertig bekommen, den Herrn Reichstagsabgeordneten a.D. von der Anklagebank aus eine nette kleine Agitationsrede halten zu lassen...
NZ, Nr. 265 v. 26. Sept. 1933, S. 2
vgl. a. Alfred Berndt, Zur Entstehung des Reichstagsbrandes. Eine Untersuchung über den Zeitablauf. In: VjhZ, 23. Jg. (1975), S. 77-90

Karl-Heinz Janßen, Geschichte aus der Dunkelkammer. Sonderdruck aus: ZEIT, Nr. 38-41 v. Sept./Okt. 1979

Der Reichstagsbrandprozeß und Georgi Dimitroff. Dokumente Bd.1, hrsg. v. Institut für Marxismus-Leninismus beim ZK der SED, Berlin 1982

25.09.1933

Der Reichstagsbrand. Eine wissenschaftliche Dokumentation, hrsg. v. Walter Hofer, Bd. 1, Berlin 1972

ZSg. 101/1/108   25. September 1933

Wolff-Rundruf vom 25. Sept. 1933.
Der Erlass des Stabschef der SA., Röhm, gegen das Muckertum wird binnen kurzem durch die Nachrichtenbüros herausgegeben und soll nur in dieser Form veröffentlicht werden.
(D.)

<u>Aufruf Röhms gegen das Muckertum</u>
HHN, Nr. 449 v. 26. Sept. 1933, S. 2
s. a. FZ, Nr.717 v. 26. Sept. 1933, S. 1
   BT, Nr. 452 v. 26. Sept. 1933, S. 7 (mit Kommentar)
... Aus der jüngsten Zeit liegen neue Meldungen vor, daß auch SA-, SS-Führer- und Männer sich öffentlich zu Moralrichtern aufgeworfen und weibliche Personen in Badeanstalten, Gaststätten oder auf der Straße belästigt hätten. Es müsse einmal eindeutig festgestellt werden, daß die deutsche Revolution nicht von Spießern, Muckern und Sittlichtkeitsaposteln gewonnen worden sei, sondern von revolutionären Kämpfern...
VB (N.A.), Nr. 270 v. 27. Sept. 1933, letzte Seite

ZSg. 101/1/109 - 109a   25. September 1933

Bresl., Dresd., Chemn.
D/N.   25. September 1933
Kurfürst 9086
Herrn von   Neuhaus,
<u>Hamburg 1</u>
Speersort 11.

25.09.1933

Lieber, verehrter Herr von Neuhaus!
Das Reichspropagandaministerium legt heute folgenden Wunschzettel vor:

1. Zur Berichterstattung über den Reichstagsbrand-Prozess in Leipzig wird darauf hingewiesen, dass es nicht im Interesse der Regierungspolitik liege, wenn die Berichte einseitig tendenziös aufgemacht würden. Die Aussagen der Angeklagten seien ebenso zu berücksichtigen wie die Mitteilungen des Vorsitzenden und des Staatsanwalts. Polemische Betrachtungen und Bewertungen über den Prozessverlauf seien aus dem eigentlichen Bericht fern zu halten und in Stimmungsbildern bezw. Artikeln unterzubringen. Es soll unter allen Umständen der Eindruck vermieden werden, als ob die deutsche Oeffentlichkeit einseitig unterrichtet würde.

2. Die Frage, wer die Führung der Deutschen Studentenschaft bekommen soll, ist noch immer nicht entschieden. Das Verbot über diese Dinge zu schreiben, bleibt bis auf weiteres bestehen.

3. Meldungen über Waffenfunde sollen nicht sensationell aufgemacht werden, zumal es sich meistens um kleinere Mengen handelt, die keinerlei wehrpolitische Bedeutung hätten, auch innerpolitisch militärisch gesehen uninteressant wären.

4. Bezüglich der Vorgänge in Genf und der dort in Gang gekommenen Vorbesprechungen solle die Berichterstattung darauf Rücksicht nehmen, dass es sich immer nur jetzt um Vorbesprechungen handele, während die eigentlichen Entscheidungen erst in der Völkerbundsversammlung am 16. Oktober fielen. (Ich selber bin allerdings zweifelhaft, ob diese Anordnung praktisch durchführbar sein wird, da doch anzunehmen ist, dass die materiellen politischen Entscheidungen schon in den Vorverhandlungen fallen werden, zumal Deutschland an ihr ja jetzt beteiligt ist, und dass die Völkerbundsverhandlungen selber nur noch mehr formaler Natur sein werden.)

b.w.

((ZSg. 101/1/109a))
5. Um Zweifel zu beseitigen, wird darauf hingewiesen, dass Auflagemeldungen, die von Reichsstatthaltern oder Regierungsstellen der Länderregierungen ausgegeben werden, immer nur als Auflage zu betrachten sind für die Zeitungen, die im Regierungsbezirk des Statthalters bezw. der betreffenden Landesregierung liegen. Eine Auflage der thüringischen Regierung ist also beispielsweise nur für die thüringische Presse und nicht für andere Landesteile massgebend.
In aufrichtiger Verehrung
Ihr
sehr ergebener
(D.)

Zu 1.
s. a. ZSg. 101/1/107 v. 25. Sept. 1933
Zu 2.
s. a. ZSg. 101/1/105 v. 23. Sept. 1933
ZSg. 101/1/110 v. 26. Sept. 1933
Zu 4.
s. a. ZSg. 101/1/118 v. 2. Okt. 1933
ZSg. 101/1/121 v. 12. Okt. 1933
Generalversammlung in Genf
... Wir haben alle Veranlassung allen Arbeiten in Genf mit der größten Skepsis gegenüber zu treten und bei allen Vorschlägen, die dort an uns herantreten, uns zunächst zu fragen: Wo ist der Pferdefuß?
HHN, Nr. 449 v. 26. Sept. 1933, S. 1
Zu 5.
Vermutlich Anspielung auf:
Reichsstatthalter Sauckel über das Schicksal des Landes Thüringen
HHN, Nr. 450 v. 26. Sept. 1933, S. 2

ZSg. 101/1/110 - 110a 26. September 1933

Bresl., Dresd., Chemn.
D/N. 26. September 1933
Kurfürst 9086
Herrn
von N e u h a u s ,
Hamburg 1
Speersort 11.

Lieber, verehrter Herr von Neuhaus!

Aus der heutigen Pressekonferenz sind folgende vertrauliche Mitteilungen von Wichtigkeit:

1. Zu der Anweisung, dass die deutsche Presse über die Ausweisung der deutschen Journalisten aus Moskau noch nichts bringen soll, höre ich folgende Einzelheiten:
Bei Beginn des Leipziger Prozesses ist zwei sowjetrussischen Journalisten der Zutritt zur Verhandlung verwehrt worden, weil sie nicht die Gewähr für eine objektive Berichterstattung böten. Dessen ungeachtet haben die Journalisten auf Grund der ersten Zeitungsberichte und des Dienstes der Nachrichtenbüros von ihrem Hotelzimmer aus eigene Stimmungsbilder tendenziöser Art nach Moskau gekabelt. Da in Leipzig eine allgemeine Telefonüberwachung bezüglich der Berichterstattung im Gange war, hat die Geheime Staatspolizei das sofort festgestellt. Daraufhin hat die sächsische Staatspolizei die beiden Journalisten verhaftet. Die preussische Geheime Staatspolizei in Verbindung mit dem Reichspropagandaministerium hat diesen Uebereifer der Sachsen peinlich empfunden und für sofortige Freilassung der beiden russischen Berichterstatter gesorgt, sodass sie nur drei Stunden etwa hinter Schloss und Riegel sassen. Die russische Regierung hat daraufhin die Ausweisung der reichsdeutschen Journalisten verfügt und ihnen den genauen Abfahrstermin bereits mitgeteilt. Zu der Stunde, da heute in der Pressekonferenz amtlich erklärt wurde, dass man noch durch Verhandlungen mit Russland einen Ausweg suche, lagen aus Moskau schon

die Berichte vor, dass die Verhandlungen gescheitert wären. Sollten diese Moskauer Nachrichten zutreffen, so ist damit zu rechnen, dass auch die russischen Berichterstatter aus Deutschland ihrerseits ausgewiesen werden. Bis eine amtliche Mitteilung von WTB vorliegt, darf über diesen ganzen Fall nichts gebracht werden.

b.w.

((ZSg. 101/1/110a))

2. Im Gegensatz zu der gestrigen Sprachregelung des Propagandaministeriums über die Leipziger Berichterstattung wird heute erklärt, dass die Objektivität des Reichsgerichtes nicht allzu sehr unterstrichen werden solle, da das eine Selbstverständlichkeit wäre. Nach wie vor sind aber parteipolitische Polemiken, die den Eindruck der Objektivität stören könnten, unerwünscht.
3. Morgen kommt eine Ausführungsbestimmung zum Fettgesetz heraus, die im Reichsgesetzblatt erscheint. Hierzu wird ein amtlicher Kommentar angekündigt bezw. eine besondere Pressekonferenz in Berlin. Bis zum Vorliegen des Kommentars bezw. bis zum Abhalten der Pressekonferenz darf jedoch auch aus dem Reichsgesetzblatt über die Ausführungsbestimmungen zum Fettgesetz nichts gebracht werden.
4. Zu der Meldung, dass Frankreich Verhandlungen angeboten habe, eine Neugestaltung des deutsch-französischen Handelsvertrages vorzunehmen, widrigenfalls von Frankreich der Vertrag gekündigt werden müßte, eine Anregung, der von deutscher Seite entsprochen worden ist, so dass die Verhandlungen in Kürze aufgenommen werden, höre ich vertraulich, dass Frankreich allem Anschein nach die Absicht hat, das Meistbegünstigungsrecht zu beseitigen und Kontingentierungsabmachungen zu treffen, bei denen eine ausgesprochene Diskriminierung der deutschen Einfuhr gegenüber anderen Mächten in Aussicht genommen ist. Trotz allem will Deutschland zunächst in Verhandlungen eintreten.
5. Zu der inzwischen erfolgten Ernennung des Führers der Deutschen Studentschaft Staebel werden ebenfalls voraussichtlich morgen

26.09.1933

nähere Mitteilungen kommen. Mit Kommentaren bitte ich bis dahin zu warten.

In aufrichtiger Verehrung

Ihr

sehr ergebener

(Dtg.)

Zu 1 und 2.
s. a. ZSg. 101/1/107 v. 25. Sept. 1933
ZSg. 101/1/109 v. 25. Sept. 1933
<u>Ausweisung der deutschen Journalisten aus Rußland</u>
Sämtliche deutschen Zeitungskorrespondenten in Rußland haben heute Ausweisungsbefehle erhalten. Sie müssen innerhalb dreier Tage das Gebiet von Rußland verlassen. Gleichzeitig erhielten die russischen Journalisten in Deutschland Anweisung, unverzüglich nach Rußland zurückzukehren. Im Augenblick befinden sich vier deutsche Journalisten in Moskau, und zwar je ein Vertreter des Wolff-Telegraphen-Bureaus, der Kölnischen Zeitung, des Berliner Tageblatts und des Lokalanzeigers. Als Grund dieser plötzlichen Maßnahme wird angegeben, daß die russischen Journalisten in Deutschland belästigt würden. (Es wäre möglich, daß unter einer solchen "Belästigung" die Verhaftung von zwei russischen Journalisten in Leipzig verstanden wird; die Russen hatten keine Eintrittskarten zu den Gerichtsverhandlungen erhalten, befanden sich aber dennoch in Leipzig. Red.)
NZZ, Nr. 1733 v. 26. Sept. 1933, S. 2
s. a. NZZ, Nr. 1735 v. 27. Sept. 1933, S. 2
NZZ, Nr. 1738 v. 27. Sept. 1933, S. 1
NZZ, Nr. 1755 v. 29. Sept. 1933, S. 2
NZZ, Nr. 1760 v. 30. Sept. 1933, S. 1-2
<u>Ausweisung der deutschen Korrespondenten aus Rußland</u>
HHN, Nr. 451 v. 27. Sept. 1933, S. 1

<u>Deutscher Protest in Moskau</u>
Wegen der Ausweisung der Pressevertreter
HHN, Nr. 456 v. 29. Sept. 1933, S. 2
s. a. HHN, Nr. 457 v. 30. Sept. 1933, S. 2

<u>Heute Abreise der deutschen Pressevertreter aus Moskau</u>
HHN, Nr. 458 v. 30. Sept. 1933, S. 2

s. dazu a. Karlheinz Niclauß, Die Sowjetunion und Hitlers Machtergreifung, Bonn 1966

ADAP, Serie C, Bd. I,2, Nr. 455, 457, 458, 461, 467, 476 und Bd. II,1, Nr. 21, 25, 30, 53.

D. S. McMurry, Deutschland und die Sowjetunion 1933-1936, Köln 1979, S. 105ff

s. a. ARRH, Teil I, Bd. 2, Nr. 218 (II.)

Zu 3.
Darré's neuer Feldplan
Höchstpreis für Margarine - 5prozentige Schmalzbeimischung.
VZ, Nr. 462 v. 27. Sept. 1933, S. 3
Neue Wege in der Fettwirtschaft
Schaffung einer Margarine-Bezugskarte - Beimischzwang für Inlandsfette
BBC, Nr. 452 v. 27. Sept. 1933, S. 12
Nationalsozialistische Sozialpolitik
NZ, Nr. 267 v. 28. Sept. 1933, S. 3
s. a. HHN, Nr. 452 v. 27. Sept. 1933, S. 1

s. a. ARRH, Teil I, Bd. 1, Nr. 41, 44, 45, 57

Zu 4.
Die deutsch-französischen Kontingentsverhandlungen wurden am 30. September 1933 abgeschlossen. Über die Vorbereitungen, Verlauf und Abschluß s.
HHN, Nr. 450 v. 26. Sept. 1933, S. 10
HHN, Nr. 452 v. 27. Sept. 1933, S. 1
HHN, Nr. 463 v. 4. Okt. 1933, S. 5
BBC, Nr. 450 v. 26. Sept. 1933, S. 1
BBC, Nr. 452 v. 27. Sept. 1933, S. 10
VZ, Nr. 460 v. 26. Sept. 1933, S. 1
NZ, Nr. 266 v. 27. Sept. 1933, S. 1
FZ, Nr. 718/719 v. 27. Sept. 1933, S. 7
FZ, Nr. 720 v. 27. Sept. 1933, S. 3
FZ, Nr. 721/22 v. 28. Sept. 1933, S. 6
NZZ, Nr. 1744 v. 28. Sept. 1933, S. 3
NZZ, Nr. 1753 v. 29. Sept. 1933, S. 3

Zu 5.
s. a. ZSg. 101/1/105 v. 23. Sept. 1933
    ZSg. 101/1/109 v. 25. Sept. 1933

Die Neuordnung in der Deutschen Studentenschaft
Der Reichsinnenminister gibt eine neue Verfassung / Studentenreferent im Innenministerium
Der vom Reichsminister des Innern ernannte Führer der Deutschen Studentenschaft, Dr. Ing. Oskar Stäbel, hat seine Amtsgeschäfte übernommen. Zugleich ist er als Referent für allgemeine Studentenangelegenheiten in das Reichsministerium des Innern eingetreten. ...
Rote Erde/Generalanzeiger, Nr. 263 v. 26. Sept. 1933, S. 2

s. a. HHN, Nr. 449 v. 26. Sept. 1933, S. 1
    NZ, Nr. 265 v. 26. Sept. 1933, S. 2
    BBC, Nr. 457 v. 30. Sept. 1933, S. 2

ZSg. 101/1/111   26. September 1933

Bestellung vom R.P.M. vom 26.9.33.
Die Meldung über die Ausweisung deutscher Korrespondenten aus
Russland soll vorerst nicht ausgegeben werden. Eine amtliche
Meldung folgt.
(D.)

s. a. ZSg. 101/1/110 v. 26. Sept. 1933
Die zeitliche Einordnung durch das BA ist hier höchstwahr-
scheinlich falsch, denn in der Regel erfolgte zuerst die bloße
Anweisung, etwas nicht zu bringen und danach ging dann die ausführliche Information an die Redaktionen (vgl. ZSg. 101/1/110
"1. Zu der Anweisung ... höre ich ...")

ZSg. 101/1/112   26. September 1933

Vertrauliche Bestellung vom 26. September 1933.
Das Conti-Büro wird, wie ich höre, noch heute eine Verlautbarung
bringen zu den Kabinettsbeschlüssen über die Umschuldung der Erbhöfe. Im einzelnen handelt es sich dabei um folgendes: Die gesamten Erbhöfe im Reiche werden in einer Gemeinschaft zusammengeschlossen, deren gesamte Schulden auf die Rentenbank übergehen.
Die Rentenbank wird in bestimmter Form voraussichtlich mit lang-
fristigen Verpflichtungen diese Schulden abdecken. Die Rentenbank ihrerseits erhält die Mittel hierzu aus Leistungen, die der
einzelne Erbhof jährlich an die Rentenbank abzuführen hat. Diese
Leistung soll 1,5 pro Tausend des Einheitswertes, der neu festgesetzt werden soll, betragen. Da in diesen Entschuldungsverband
auch die Erbhöfe hereinkommen, die keine Schulden haben, andererseits aber verpflichtet sind, die 1,5 pro Tausend zu zahlen,
sollen diese schuldenfreien Erbhöfe Berechtigungsscheine in ent-

sprechender Höhe erhalten, auf Grund deren ein Zweit- oder nachgeborener Sohn Anspruch auf entsprechendes Siedlungsland erhält.
(D.)

Am 29. September 1933 wurde das Reichserbhofgesetz verkündet
(RGBl. 1933, I, S. 685-692)
Schaffung eines neuen deutschen Bauernrechts
HHN, Nr. 451 v. 27. Sept. 1933, S. 1
Neuschaffung deutschen Bauerntums
Die deutsche Scholle ist keine beliebige Ware - Eigentum ist Leben - Reichserbhofrecht und Umschuldung - Aus der gestrigen Kabinettsitzung
NZ, Nr. 266 v. 27. Sept. 1933, S. 1
s. a. VZ, Nr. 461 v. 27. Sept. 1933, S. 1
    VZ, Nr. 467 v. 30. Sept. 1933, S. 4
    BBC, Nr. 451 v. 27. Sept. 1933, S. 1
    BBC, Nr. 457 v. 30. Sept. 1933, S. 3
    BBC, Nr. 460 v. 2. Okt. 1933, S. 1
s. a. Friedrich Grundmann, Agrarpolitik im Dritten Reich, Hamburg 1979
s. a. ARRH, Teil I, Bd. 2, Nr. 217

ZSg. 101/1/113   27. September 1933

Bresl., Dresd., Chemn.
Dr.K./N.   27. September 1933
Kurfürst 9086
Herrn
von N e u h a u s ,
Hamburg 1
Speersort 11.
Sehr geehrter Herr von Neuhaus!
Das Reichspropagandaministerium legt heute folgende Wünsche vor:
1. Der Stadtrat von Dinant hat beschlossen, die Schandtafel "furore teutonico" in Dinant anzubringen, nachdem die Stadt Brüssel die Anbringung des Schildes abgelehnt hatte. Das

27.09.1933

Propagandaministerium bittet, auf diese Tatsachen in der deutschen Presse vorläufig nicht einzugehen, da gegenwärtig noch von der Deutschen Gesandtschaft in Brüssel Verhandlungen gepflogen werden, die durch Pressepolemiken nicht gestört werden sollen. Lediglich die s ä c h s i s c h e n Zeitungen, die an diesen Vorfällen besonders interessiert sind, weil sächsische Regimenter vornehmlich in Dinant usw. waren, dürfen Polemiken schreiben.
2. In Zukunft werden bei den Hebungsarbeiten in Scapa Flow nach längeren Verhandlungen keinerlei deutsche Reedereien mehr tätig sein. Es soll jedoch auch darüber nichts veröffentlicht werden, da die Vereinbarungen zwischen der Reichsregierung und den deutschen Reedereien bindenden Charakter tragen.
Mit vorzüglicher Hochachtung
(gez. Dr. K.)

Zu 1.
Südbelgien war das Aufmarschgebiet der deutschen Armee im 1. Weltkrieg.
<u>Nazi Propaganda from Ships</u>
Brussels, Oct. 1, Officers of the German ships Niassa and Taunus, which arrived at Antwerp yesterday, distributed among the dockers working on board the vessels manifestoes in German and English containing Nazi propaganda. The manifestoes were headed "Lies about the invasion of Belgium" ...
Times, Nr. 46,564 v. 2. Oktober 1933, S. 13
Zu 2.
Um eine Übergabe der meisten der verbliebenen Schiffe der deutschen Kriegsmarine an die Siegermächte entsprechend dem Versailler Vertrag zu verhindern, versenkten sich am Ankerplatz von Scapa Flow 50 der internierten Kriegsschiffe unter dem Kommando von Konteradmiral Reuter am 21. Juni 1919. Nur die Hälfte der Schiffe konnte gehoben werden, darunter lediglich 4 der größten Schiffe. (s. dazu Elmer P. Potter u. Chester Nimitz Seemacht, München 1974, S. 446 ff). Die Bergungsarbeiten im Jahre 1933 wurden von englischen und deutschen Reedereien durchgeführt.
s. dazu Times, Nr. 46,560 v. 27. Sept. 1933, S. 11
   Times, Nr. 46,565 v. 3. Okt. 1933, S. 13

ZSg. 101/1/114   29. September 1933

Rundruf vom 29.9.33.
Berichte über die Diskussion, die sich gestern an die Aussprache des Herrn Reichsministers Dr. Goebbels angeschlossen hatte, sollen nicht gebracht werden.
(D.)

Dr. Goebbels vor der Weltpresse
Ein wirklicher großer Tag in Genf
(Drahtbericht unseres ständigen Genfer Vertreters)
Genf, 29. September.
... dann umringte ihn alles eine gute Stunde lang und eine Frage löste die andere ab. Minister Goebbels wich keiner einzigen aus, auch nicht den allerheikelsten Fragen. Politische Fragen wurden freilich nur zwei gestellt, eine von einem Polen hinsichtlich des neuen Deutschland zu diesem und eine andere Frage von einem italienischen Kollegen hinsichtlich der gegenwärtigen Abrüstungsgespräche. Der Pole wollte wissen, wie das neue Deutschland seine Politik gegenüber Polen gestalten wolle. Dr. Goebbels wies auf die gerade heute vor dem Rat zur Sprache gekommene Befriedung zwischen der Freien Stadt Danzig und der polnischen Regierung hin. Ein gleicher modus vivendi werde sicherlich auch zwischen dem nationalen Deutschland und Polen gefunden werden können. Auf die Frage des italienischen Journalisten nach dem Stand der Abrüstungsbesprechungen verwies Dr. Goebbels auf die selbstverständliche Zurückhaltung, die solchen im Gang befindlichen Besprechungen gegenüber gewahrt werden müsse. Auf die direkte Frage, wie sich Deutschland zu dem Viermächte-Pakt stelle, erklärte Dr. Goebbels, daß es Deutschlands Wunsch sei, die Abrüstungsbesprechungen im Geiste und im Rahmen des Viermächtepaktes vorzunehmen. Eine Anzahl Juden interpellierte Dr. Goebbels über die Judenfrage. Dr. Goebbels erklärte, daß die Frage der Juden in Deutschland erst dann werde gelöst werden können, wenn sie aus der gegenwärtigen Vergiftung herausgeschält werden kann.
NZ, Nr. 268 v. 29. Sept. 1933, S. 2

29.09.1933   - 142 -

ZSg. 101/1/115   29. September 1933

Bestellungen: vom Reichspropagandaministerium vom 29.9.33.
1. In Schlagzeilen ist in den Freitag- und Sonnabendausgaben
   (29. bzw. 30.9.33, gtz.) auf die am 1. Oktober beginnende
   Winterhilfsaktion hinzuweisen.
2. Die Verbal-Note des Auswärtigen Amtes an die russische Regierung betr. Ausweisung der deutschen Journalisten aus Russland und die Zurückziehung der russischen Journalisten aus Deutschland soll nicht polemisch behandelt werden. Das Auswärtige Amt bittet, wenn überhaupt Kommentare gegeben werden, diese in dem Ton abzufassen, der der Verbal-Note der deutschen Regierung zugrundeliegt.
(D.)

Zu 1.
Im Hauptquartier des Winterhilfswerks
36 Millionen Zentner Kohlen werden gebraucht - 400 Millionen Reichsmark in Bargeld und Naturalien müssen aufgebracht werden.
HHN, Nr. 457 v. 30. Sept. 1933, S. 3
s. a. VZ, Nr. 465 v. 29. Sept. 1933, S. 5
     FZ, Nr. 724/725 v. 29. Sept.1933, S. 2
     VB (N.A.), Nr. 237 v. 30. Sept. 1933, S. 2
     BBC, Nr. 459 v. 1. Okt. 1933, S. 2
Zu 2.
s. a. ZSg. 101/1/110 und 11 v. 26. Sept. 1933
Deutsche Protestnote aus Moskau
BBC, Nr. 456 v. 29. Sept. 1933, S. 1
s. a. VZ, Nr. 466 v. 29. Sept. 1933, S. 2
Der deutsch-russische Journalistenkonflikt beigelegt
... Die russischen Journalisten werden ihre Tätigkeit in Deutschland und die deutschen Journalisten in der Sowjetunion wieder ausüben. Auf Anordnung des Senatspräsidenten werden der Vertreter der "Tass" und die Vertreterin der "Istvestja" Zulassungskarten zum Reichstagsbrandprozeß erhalten.
HHN, Nr. 509 v. 31. Oktober 1933, S. 2

ZSg. 101/1/116   29. September 1933

Bestellungen vom Propagandaministerium vom 29.9.33.
1. Heute abend kommt eine Verlautbarung der katholischen charitativen (sic) Verbände im Zusammenhang mit der Reichsregierung heraus, nach der diese charitativen Verbände sich zur Mitarbeit am Winterhilfswerk bereit erklären. Die Reichsregierung bittet, diese Verlautbarung in guter grosser Aufmachung zu bringen.
2. Der nationalsozialistische Strafrechtsentwurf des Ministers Kerrl wird vom Berliner Büro nicht weiter besprochen werden, da der preussische Entwurf bei den massgebenden Reichsstellen nicht auf allzu grosse Liebe gestossen ist. Wenn überhaupt der Entwurf in den Hamburger Nachrichten besprochen werden soll, so nur von Fachjuristen.
3. Das Propagandaministerium legt grössten Wert darauf, dass die ausländischen Pressestimmen über die grosse Rede von Dr. Goebbels in Genf ausführlich gebracht werden. Es können auch ruhig ungünstige Pressestimmen gebracht werden, da an amtlichen Stellen Wert darauf gelegt wird, dass ein sehr nachhaltiges Echo auch in der deutschen Oeffentlichkeit erzielt wird.
(D.)

Zu 1.
Die Erklärung zur Mitarbeit der katholischen caritativen Verbände am Winterhilfswerk findet überhaupt keinen Eingang in die Tagesberichterstattung.
Zu 2.
s. a. ZSg. 101/3/117/Nr. 351 v. (13. März 1934)

<u>Hanns Kerrl</u> (1887-1941), März bis April 1933 Reichskommissar für das Preußische Justizministerium, bis 17. Juni 1934 Preußischer Justizminister, danach Reichsminister ohne Geschäftsbereich, 16. Juli 1935 Ernennung zum Reichs- und Preußischen Minister für kirchliche Angelegenheiten.
<u>Preußische Denkschrift zur Strafrechtsreform</u>
Im nationalsozialistischen Geiste

29.09.1933

... Der erste Teil dient dem "Schutz der Volksgemeinschaft",
was bezeichnend ist für die **grundsätzliche neue Auffassung**.
Hier werden auch unsere vaterländischen Weihegesänge unter
Strafschutz gestellt. Völlig neu ist zum Beispiel der Schutz der
Rasse. So enthält die Denkschrift den Vorschlag, in Zukunft die
Schließung von Mischehen durch Reichsgesetz zu verhindern. Im
einzelnen wird in Vorschlag gebracht, den Begriff des "Rasse-Ver-
rates" als Straftat in das Strafrecht einzuführen. ...
In einem besonderen Artikel werden die Strafbestimmungen in
Bezug auf Angriffe auf Volksehre und Volksfrieden behandelt. ...
Neu eingeführt wird die Zulassung der sogenannten Sterbehilfe:
Dem Arzt soll es ermöglichst werden, die Qualen unheilbarer
Kranken auf Verlangen im Interesse wahrer Christenheit zu beenden.
...
HHN, Nr. 455 v. 29. Sept. 1933, S. 3

s. a. BBC, Nr. 456 v. 29. Sept. 1933, S. 2
    BBC, Nr. 459 v. 1. Okt. 1933, S. 1
    VZ, Nr. 465 v. 29. Sept. 1933, S. 2
    VZ, Nr. 466 v. 29. Sept. 1933, S. 2
    NZ, Nr. 268 v. 29. Sept. 1933, S. 1

Zu 3.
<u>Goebbels' starkes Echo</u>
Paris-London
BBC, Nr. 456 v. 29. Sept. 1933, S. 2

<u>Paris möchte Genf dramatisieren</u>
Gerüchtemacherei - Die anderen sind am Zug - Starker Widerhall
der Goebbels-Rede
HHN, Nr. 456 v. 29. Sept. 1933, S. 1

s. a. VZ, Nr. 466 v. 29. Sept. 1933, S. 1
    FZ, Nr. 727/728 v. 30. Sept. 1933, S. 3

ZSg. 101/1/117   2. Oktober 1933

1. Die Ansprache des Reichswehrministers von heute vor der Wachtruppe in Moabit darf nicht im Wortlaut veröffentlicht werden. Vielmehr soll nur darauf hingewiesen werden, dass der Reichswehrminister eine Ansprache gehalten hat, die mit einem Hurra auf den Reichspräsidenten endete. Diese Bitte geht vom Reichswehrminister selbst aus.
2. In den Mittagsstunden wird noch ein amtliches Communique über die Geburtstagsfeier des Reichspräsidenten herausgegeben werden. Das Propagandaministerium ebenso wie andere Stellen sind vor Herausgabe des Communiques nicht in der Lage, irgendwelche Einzelheiten mitzuteilen. Anscheinend beruht diese Sachlage auf technischen Schwierigkeiten, da viele der massgebenden Herren noch durch das gestrige Erntedankfest sehr stark in Anspruch genommen sind.

(D.)

Zu 1. u. 2.
Werner von Blomberg (1878 - 1946), seit 1927 Chef des Truppenamtes der Reichswehr, 1933 von Hindenburg zum Nachfolger Schleichers als Reichswehrminister ernannt; nach Hindenburgs Tod am 2. August 1934 ließ er die Reichswehr auf die Person Hitlers vereidigen. Mai 1935 Reichskriegsminister und Oberbefehlshaber der neuen Wehrmacht, 1936 zum 1. Generalfeldmarschall ernannt, 1938 verabschiedet, starb im Nürnberger Gerichtsgefängnis.

Das Volk ehrt Hindenburg
... Die Reichswehr beging den Geburtstag ihres Oberbefehlshabers des Generalfeldmarschalls von Hindenburg mit einer Parade des Wachregiments auf dem Moabiter Exerzierplatz vor dem Reichswehrminister, Generaloberst von Blomberg. Punkt 12 Uhr fuhr der Reichswehrminister, Generaloberst von Blomberg, am Exerzierplatz vor, das Regiment präsentierte, und unter den Klängen des Präsentiermarschs schritt der Reichswehrminister ... die Fronten ab, um dann eine Ansprache zu halten. Er gedachte der großen Verdienste des greisen Generalfeldmarschalls als Feldherr und Staatsmann und faßte den Glückwunsch der Wehrmacht für den obersten Befehlshaber in drei "Hurras" zusammen ...
BT, Nr. 462 v. 2. Okt. 1933, S. 3

s. a. HHN, Nr. 461 v. 3. Okt. 1933, S. 1
    BLA, Nr. 465 v. 2. Okt. 1933, S. 1

s. a. ARRH, Teil I, Bd. 2, Nr. 216

2.10.1933

ZSg. 101/26/555-556   2. Oktober 1933

(Bresl. Dresd. Chemnitz)
Dr. K./N.   2. Oktober 1933
Kurfürst 9086
Herrn von Neuhaus
Hamburg 1
Speersort 11
Sehr verehrter Herr von Neuhaus!
Der stellvertretende Reichspressechef Ministerialrat Dr. Jahncke teilte heute in der Pressekonferenz mit, daß die Korrespondenz "Deutscher Zeitungsdienst" verboten werden und dem verantwortlichen Redakteur Spiess die Zulassungskarte zur Pressekonferenz entzogen worden sei, weil die Korrespondenz (die auch Ausländern gelegentlich zugänglich ist) streng vertrauliche Informationen der Reichsregierung weitergegeben hat.[1] Aus diesem Anlaß wurde des näheren die Form der Übermittlung vertraulicher Informationen zwischen Berliner Vertretern und den Chefredakteuren der Provinzzeitungen erörtert. Dr. Jahncke betonte mit Nachdruck, daß die Berliner Vertreter, soweit sie Mitglieder der Pressekonferenz sind, die <u>absolute volle Verantwortung</u> für diese Übermittlung tragen, gleichgültig ob in den Heimatredaktionen eine von den Berliner Vertretern unverschuldete Indiskretion vorkommt. Es wurde ferner angekündigt, daß in Zukunft in derartigen Fällen noch viel schärfer vorgegangen werden soll. Insbesondere wurde uns nahe gelegt, keinerlei ver-

b w.

((ZSg. 101/26/556))

trauliche Mitteilungen telefonisch weiter zu geben, sondern diese nur innerhalb eines geschlossenen Briefes den Chefredakteuren persönlich zu übermitteln. Es steht zu erwarten, daß über die Verantwortlichkeit der Mitglieder der Pressekonferenz eine offiziöse Verlautbarung in Form eines Zusatzprotokolls zum neuen Pressegesetz herausgegeben wird.[2]
Auf Grund dieser Erörterung ist es angebracht, in Zukunft die vom Berliner Büro schriftlich übermittelten vertraulichen Bestellungen,

die mit dem Kennwort "Streng vertraulich" an die Chefredaktionen
gehen, noch sorgfältiger geheim zu halten als bisher. Es ist u.a.
nicht angängig, diese Mitteilungen in der Redaktion kursieren
zu lassen, sondern sie lediglich dem Redaktionsleiter und dem
politischen Sachbearbeiter zugänglich zu machen. Wir werden von
jetzt ab die allgemeinen Bestellungen des Propagandaministeriums,
die für den Tagesdienst wichtig sind, mit dem Kennwort "Technische
Anweisungen" telefonisch oder schriftlich übermitteln. Für diese
technischen Anweisungen, die oft auch eine gewisse Vertraulichkeit
verlangen, gelten die oben genannten scharfen Vorschriften
natürlich nicht. Wir bitten insbesondere die politischen Sachbearbeiter nachdrücklich darauf hinzuweisen, daß eine Umgehung
dieser aus staatspolitischen Gründen notwendigen Anordnungen uns
als Mitglieder der Pressekonferenz ausserordentlich gefährlich
werden kann. Bei aussergewöhnlich vertraulichen Mitteilungen z. B.
des Reichswehrministeriums behalten wir uns vor, die massgebenden
Herren lediglich mündlich bei ihrer gelegentlichen Anwesenheit in
Berlin zu unterrichten. Wir bitten Sie um eine Bestätigung dieses
Briefes.
Mit deutschem Gruss
Heil Hitler!
(gez. Dr. K.)

Dieser Brief ist der letzte, der an Hans-Joachim von Neuhaus
(Hamburger Nachrichten) persönlich gerichtet ist. In Form von
Briefen gibt es danach nur noch am 19. Oktober 1933 (Adressat
Dr. Esser) und am 20. Oktober 1933 (Dr. Dyrssen, Dr. Heerdegen)
Anweisungen. Nach diesem Zeitpunkt (ab 23. Oktober 1933) wurden
die Bestellungen durchnumeriert und als briefliche bzw. tele-
fonische Mitteilungen, meistens mit Zeitangabe weitergegeben.

Die Einteilung in "streng vertraulich" und "technische Anweisung"
wurde offenbar nicht lange eingehalten. Innerhalb der vorliegenden
Sammlung wurde sie nur dreimal vorgenommen, worunter sich auch
ein Kuriosum befindet: ZSg. 101/1/120 v. 4. Oktober 1933
"Technische Anweisung (vertraulich)". Ab dem 24. Oktober 1933
wird nicht mehr inhaltlich differenziert, sondern unterschieden
zwischen "Bestellungen" (meistens aus der regulären Pressekonferenz) und "Rundruf/spruch" (Zusatzinformation, teilweise

direkt von offiziellen Stellen). "Rundrufe" waren meist Ergänzungen zu dem Pressekonferenzen. (s.a. Einleitung, Kapitel 9)

Zu 1)

Eduard Spieß gab die "Nationalliberale Correspondenz" im Auftrag der Nationalliberalen Partei bis zu deren Auflösung 1918 heraus. Sie wurde danach als Pressedienst der DVP weitergeführt unter der Leitung von Gustav Wittig.
Spieß firmiert 1931 im selben Büro (Friedrichstraße 226, F. Bergmann 4073/76) wie die Nationale Korrespondenz mit demselben Fernsprechanschluß als Herausgeber einer "Deutscher Zeitungsdienst GmbH" ohne politische Bindung. Die Adresse ist übrigens gleichzeitig Sitz der Reichsgeschäftsstelle der DVP. Es ist anzunehmen, daß diese politische Nachbarschaft mit ausschlaggebend war für das Vorgehen Jahnckes. Die DVP hatte sich am 4. Juli 1933 selbst aufgelöst, und ihre durchgeführte Liquidation meldete Dingeldey, der letzte Parteivorsitzende, am 12. Oktober 1933 der Reichskanzlei.

Zu 2)

Am 4. Oktober 1933 wurde das Schriftleitergesetz verkündet (RGBl 1933, I, S. 713-717). Es hat kein solches Zusatzprotokoll gegeben und war auch nicht nötig, da die Verantwortlichkeit der Schriftleiter ganz allgemein so eindeutig geregelt war, daß eine zusätzliche Erklärung für die Mitglieder der Pressekonferenz speziell nicht notwendig war; z. B. § 13: "Schriftleiter haben die Aufgabe, die Gegenstände, die sie behandeln, wahrhaft darzustellen und nach ihrem besten Wissen zu beurteilen." § 14: "Schriftleiter sind in Sonderheit verpflichtet aus den Zeitungen alles fernzuhalten, ... 2. was geeignet ist, die Kraft des Deutschen Reiches nach außen oder im Innern, den Gemeinschaftswillen des deutschen Volkes, die deutsche Wehrhaftigkeit, Kultur oder Wirtschaft zu schwächen oder die religiösen Empfindungen anderer zu verletzen..."
Durch den § 4 wurde geregelt, daß Korrespondenzbüros, Nachrichtenagenturen und Nachrichtenvermittlungsstellen aller Art unter die Bestimmungen des Schriftleitergesetzes fallen sollten. Außerdem bestimmte §21: "Schriftleiter, die an der Gestaltung des geistigen Inhalts einer Zeitung durch ihre Tätigkeit an einem Unternehmen der im § 4 bezeichneten Art mitwirken, sind für den Inhalt im Umfang ihrer Mitwirkung verantwortlich.
Dazu der offizielle Kommentar: "Es können sich also, wenn ein von einem Korrespondenzunternehmen versandter Beitrag in einer Zeitung veröffentlicht wird, sowohl der im Korrespondenzbüro als der bei der Zeitung tätige Schriftleiter strafbar machen."
(H. Schmidt - Leonhardt u. P. Gast, Das Schriftleitergesetz v. 4. Oktober 1933 nebst den einschlägigen Bestimmungen, Berlin 1934, S. 128). Auf diese Weise waren alle Mitglieder der Pressekonferenz juristisch erfaßt.

ZSg. 101/1/118   2. Oktober 1933

Bestellungen vom Reichspropagandaministerium.

1. In der Abrüstungsfrage sollen nach Möglichkeit die "deutschen Gegenforderungen" noch nicht erörtert werden, da diese vom Auswärtigen Amt noch nicht formuliert sind und abhängen von dem Ausmass der Abrüstung der anderen. Nach wie vor steht Deutschland auf dem Standpunkt der Gleichberechtigung. Deutschland richtet sich nach den Rüstungsbeschränkungen der anderen und wird dann seine Massnahmen treffen. Es ist unerwünscht, dass die deutsche Presse schon jetzt die Diskussion über die möglichen Gegenforderungen und das Ausmass dieser Forderungen eröffnet.
2. Mittwoch ist Kabinettssitzung, u.a. wird wahrscheinlich das Pressegesetz erörtert werden.

(D.)

Zu 1.
In der Presse wird der Vorschlag Frankreichs diskutiert, in Deutschland das langdienende Berufsheer abzuschaffen und durch eine kurzdienende miliz-artige Truppe in einer Stärke von 200 000 zu ersetzen.
s. dazu
Hände weg von der Reichswehr!
Wirkliche, nicht scheinbare Gleichberechtigung!
HHN, Nr. 462 v. 3. Okt. 1933, S. 2
s. a. NZ, Nr. 272 v. 3. Okt. 1933, S. 2
Das große Mundwerk der Vasallen
Gerüchte über deutsche Gegenforderungen
Deutschlands Forderungen sind nach der Auffassung des "Echo de Paris" die bekannten und außerdem verlange Deutschland: 1. Gleichheit der Luftrüstungen; 2. Besitz derjenigen Waffen, die der MacDonald-Plan als Verteidigungswaffen bezeichne, die aber der Vertrag von Versailles bisher verboten habe, also kleinkalibrige Panzerkraftwagen und Luftabwehrgeschütze; 3. Befestigung der deutschen Ostgrenze und Ausrüstung dieser Befestigungen mit dem entsprechenden schweren Artilleriematerial. Die Ankunft der deutschen Minister in Genf erwartet man nicht vor dem 9. Oktober.
NZ, Nr. 274 v. 5. Okt. 1933, S. 2
s. a. NZZ, Nr. 1779 v. 3. Okt. 1933, S. 1-2
NZZ, Nr. 1809 v. 7. Okt. 1933, S. 1

2./3.10.1933   - 150 -

Zu 2.

Mittwoch: 4. Oktober 1933
Zu der Ankündigung der Kabinettsitzung für Mittwoch, den 4. Oktober
1933 s. ZSg. 101/1/28 vom 24. Juni 1933

... Der Weg vom Entwurf zum Gesetz war nicht so lang und hindernisreich, wie in der parlamentarischen Zeit. Nachdem der Entwurf im September 1933 fertiggestellt worden war, wurde er bereits auf die Tagesordnung der Kabinettssitzung vom 22. September gesetzt. An diesem Tage kam es zwar noch nicht zur Beratung, aber in der nächsten Sitzung des Kabinetts, am 4. Oktober 1933, bei der er wieder zur Beratung anstand, wurde er dann auf Grund des Ermächtigungsgesetzes für die nationale Regierung, des Gesetzes zur Behebung der Not von Volk und Reich verabschiedet. Am Abend des 4. Oktober fand in den Räumen des Reichsverbandes der Deutschen Presse, der durch das Gesetz zur staatlichen Organisation der Schriftleiter erhoben worden war, eine Feier statt, ...
(H. Schmidt-Leonhardt und P. Gast, Das Schriftleitergesetz vom 4. Oktober 1933 nebst den einschlägigen Bestimmungen, Berlin 1934, S. 8, Einleitung)

Bereits im Informationsbericht Nr. 17 vom 3. Juni 1933 wird über die Vorbereitungen zum neuen Pressegesetz berichtet, zu denen auch eine Reise von Goebbels nach Rom zählte, denn "der Grundgedanke des neuen Pressegesetzes lehnt sich eng an das italienische Vorbild an." (ZSg. 101/26/425).

s. a. HHN, Nr. 465 v. 5. Okt. 1933, S. 1
      HHN, Nr. 466 v. 5. Okt. 1933, S. 1-2

s. a. ARRH , Teil I, Bd. 2, Nr. 224 (4.)

ZSg. 101/1/119   3. Oktober 1933

Technische Anweisungen vom 3.10.33.

1. Es wird grosser Wert darauf gelegt, dass bei dem Rückblick auf den Juristentag in Leipzig die zahlreich vertretenen prominenten ausländischen Juristen erwähnt werden. Eine Liste dieser Auslandsjuristen, die an dem Juristentag teilgenommen haben, geht durch die Nachrichtenbüros.

2. Es wird hingewiesen auf den Aufruf der deutschen Industrie zum Winterhilfswerk.

(D.)

3./4.10.1933

Zu 1.
Für die Dauer des Juristentages wurde der ebenfalls in Leipzig stattfindende Reichstagsbrand-Prozeß unterbrochen (vom 30. September bis zum 3. Oktober 1933).

Die Teilnahme der ausländischen Juristen
((Aus der Schweiz, den Niederlanden, Italien, Spanien, Dänemark, Norwegen, Polen, Bulgarien, Ungarn, England kamen jeweils ein bzw. zwei Teilnehmer))
HHN, Nr. 463 v. 4. Okt. 1933, S. 1
s. a. BBC, Nr. 463 v. 4. Okt. 1933, S. 3

Zu 2.
Winterhilfe und Industrie
... Wenn am 1. Oktober der deutsche Bauer den Dank der Scholle zum Ausdruck bringt, dann muß auch die Industrie ihre Verbundenheit mit dem Winterhilfswerk durch großzügige Spenden zum Ausdruck gebracht haben. ...
BT, Nr. 465 v. 4. Okt. 1933, S. 10

ZSg. 101/1/120   4. Oktober 1933

Technische Anweisung (vertraulich). 4.10.33.
Von der Eröffnungstagung der Deutschen Gesellschaft für Wehrpolitik und Wehrwissenschaft, die am 6. und 7. Oktober in Berlin stattfindet, soll in der deutschen Presse nichts gebracht werden, weder eine Vorankündigung noch Berichte über den Verlauf der Tagung.
(D.)

Hochschulnachrichten
Die neugegründete Deutsche Gesellschaft für Wehrpolitik und Wehrwissenschaften hält ihre Eröffnungstagung am 6. und 7. Oktober in der Deutschen Heeresbücherei ab.
BBC, Nr. 454 v. 28. Sept. 1933, S. 6

s.a. ZSg. 101/4/ 140/Nr. 813 v. 6. Oktober 1934

ZSg. 101/1/121   12. Oktober 1933

Technische Anweisungen.^A

1. Es ist verboten, in der Presse über eine Krise der Genfer Abrüstungsverhandlungen zu sprechen und die Reise Nadolnys nach Berlin mit einem krisenhaften Zustand in Verbindung zu bringen. Das Wort Krise soll im Zusammenhang mit Genf überhaupt nicht gebraucht werden. In Kommentaren sollen niemals das Wort Aufrüstung, sondern Gleichberechtigung gebracht werden.
2. Die Forderungen nach den uns bisher verbotenen Waffen sollen vorläufig in der deutschen Presse nicht mehr erhoben werden. Auch aus dem Nachrichten- und Korrespondenzmaterial sollen irgendwelche Andeutungen, dass Deutschland neue Waffen verlangt, ausgemerzt werden.
3. Was die Verlegung des Reichsnährstandes aus Berlin betrifft, so ist über die Auswahl des Ortes noch keinerlei Entscheidung gefallen. Es werden Goslar und Wolfsbüttel genannt, ein bestimmter Ort liegt aber noch nicht vor. Bewerbungen von Bürgermeistern liegen bereits vor. Es ist verboten, in der Oeffentlichkeit darüber zu berichten.

Streng vertraulich!^B

1. Meldungen über die Finanzierung des Instituts des Prof. Bauer in Müncheberg dürfen auf keinen Fall verbreitet werden. Zuwiderhandlungen haben strengste Verfolgung zu erwarten. Das Institut ist pleite gegangen und wird augenblicklich von Minister Darré saniert.
2. Der Reichskanzler spricht nicht heute, sondern voraussichtlich morgen. Auch dieser Termin ist noch unbestimmt.

(D.)

Zu A 1. und A 2. und B 2.
s. a. ZSg. 101/1/109 v. 25. Sept. 1933
    ZSg. 101/1/118 v. 2. Okt. 1933

12.10.1933

Im März 1933, während der ersten Verhandlungsrunde der zweiten Genfer Abrüstungskonferenz, hatten sich die beteiligten Nationen, auch Deutschland, auf den vom britischen Premierminister MacDonald vorgelegten Abrüstungsplan als Ausgangsposition geeinigt. Nach der Sommerpause vertrat Sir John Simon, der britische Außenminister, eine ganze Reihe von Abänderungen zu Ungunsten von Deutschland vor dem Hauptausschuß des Völkerbunds. Wie sich nachträglich herausstellte, hatte sich Außenminister von Neurath bereits vorher teilweise mit den geplanten Abänderungen einverstanden erklärt. Der Leiter der deutschen Delegation, Botschafter Nadolny, wollte dagegen Stellung beziehen, wurde aber dann, zunächst von Neurath, später von Hitler nach Berlin zurückgerufen. Auf einer Kabinettsitzung am Morgen des 13. Oktober 1933 erläutert Nadolny den Ministern die Lage in Genf, Hitler erwägt den Austritt aus der Abrüstungskonferenz und verspricht Nadolny einen Aufschub der Entscheidungen um 24 Stunden. Tatsächlich findet am Nachmittag des 13. Oktober noch eine Kabinettsitzung statt, auf der der Reichskanzler die Regierungsmitglieder bittet, ihm zuzustimmen bei seiner Entscheidung Abrüstungskonferenz und Völkerbund zu verlassen. Gleichzeitig sollen der Reichstag aufgelöst, Neuwahlen ausgeschrieben und eine Volksabstimmung durchgeführt werden. Nadolny erfährt erst am nächsten Tag (Samstag, dem 14. Oktober) per Zufall im Auswärtigen Amt davon.
Hitler sprach am Abend des 14. Oktober 1933 um 19 Uhr im Rundfunk und verkündete den Völkerbundsaustritt. Erst am 21. Oktober wurde die schriftliche Bestätigung in Genf nachgereicht. Der Austritt wurde nach zwei Jahren rechtskräftig.
(s. dazu R. Nadolny, Mein Beitrag, Wiesbaden 1955, S. 139. Ursachen und Folgen, X, S. 38-40. S. Nadolny, Abrüstungsdiplomatie 1932/33, München 1978, S. 457. Günter Wollstein, Rudolf Nadolny - Außenminister ohne Verwendung. In: VjhZ, 28. Jg. (1980), S. 47-93)

Über Ziel und Taktik des Auswärtigen Amtes in der Abrüstungsfrage (Legalisierung der tatsächlich begonnenen Aufrüstung). s. Informationsbericht Nr. 26 v. 8. Sept. 1933 (ZSg. 101/26/549-553)

Deutschland will nur die Gleichberechtigung
HHN, Nr. 479 v. 13. Okt. 1933, S. 2

Herr von Neurath zur Rüstungskontrolle
FZ, Nr. 751 v. 12. Okt. 1933, S. 1

Entscheidende Stunden in Genf
NZZ, Nr. 1866 v. 16. Okt. 1933, S. 1

Hitler spricht zur Welt
Der Reichskanzler verteidigt die Ehre der Nation / Rede des Führers im Rundfunk
HHN, Nr. 485 v. 15. Okt. 1933, S. 1-2

s. a. ARRH , Teil I, Bd. 2, Nr. 230, 231

12.10.1933

Zu A 3.

Der Reichsnährstand war durch ein Gesetz vom 13. September 1933 als öffentlich-rechtliche Körperschaft geschaffen worden. Darin wurden alle Personen und Betriebe, die auf dem Gebiet der Ernährungswirtschaft tätig waren einschl. Landwirtschaftskammern zusammengefaßt (RGBl. 1933, I, S. 1060 ff.) § 1 "Der Reichsminister für Ernährung und Landwirtschaft wird ermächtigt, über den Aufbau des Standes der deutschen Landwirtschaft (Reichsnährstand) eine vorläufige Regelung zu treffen." An der Spitze stand der Reichsbauernführer und Minister Walter Darré (bis 1942), später Herbert Backe. Offensichtlich gab es hinsichtlich des Standorts sehr kontroverse Interessen. Die 1. Verordnung zu diesem Gesetz vom 8. Dezember 1933 besagte in § 1 (2) "Der Reichsnährstand ist eine Selbstverwaltungskörperschaft des öffentlichen Rechts. Er hat bis zur anderweitigen Regelung durch den Reichsbauernführer seinen Sitz in Berlin."
Im Januar 1934 wurde die Diskussion um die Verlegung wieder aufgenommen:

Goslar die Stadt des deutschen Bauerntums

Die Pressestelle des Reichsnährstandes teilt mit: Vorbehaltlich der endgültigen Verständigung auf dem Gebiet von Sonderfragen hat der Reichsbauernführer R. Walther Darre im Grundsatz der Stadt Goslar den Zuschlag erteilt, Goslar zum Sitz des Reichsnährstandes zu machen. ...
VB (N.A.), Nr. 17 v. 17. Januar 1934, S. 6
Aber die Verlegung wurde nie durchgeführt, lediglich der zweite Reichsbauerntag wurde vom 11. bis 18. November 1934 in Goslar abgehalten. Der erste Reichsbauerntag war für den 20. Oktober 1933 in Weimar vorgesehen, fand aber wegen der außenpolitischen Ereignisse nicht statt.

Zu B 1.

s. a. ZSg. 101/6/158/ Nr. 1770 v. 26. Okt. 1935

Es handelt sich um das Kaiser-Wilhelm-Institut für Züchtungsforschung. Sein Direktor Professor Dr. Erwin Baur starb am 2. Dezember 1933 im Alter von 58 Jahren nach einer Gedenkfeier für den Begründer der neuen Vererbungslehre Carl Correns. Baur hatte sich vor allem auf dem Gebiete der Pflanzenzüchtung, Rassenhygiene und Erblichkeitslehre einen Namen gemacht. Nach dem zweiten Weltkrieg wurde das Institut nach E. Baur benannt und ist heute Lehr- und Versuchsgut und Institut für Acker- und Pflanzenbau der Akademie der Landwirtschaftswissenschaften der DDR (53 km entfernt von Berlin).
... Die Grundlage seiner pflanzenzüchterischen Arbeiten bildeten umfangreiche Bastardisierungsversuche an verschiedenen Rassen und Arten des Löwenmauls, sowie die mustergültige Analyse der Erbfaktoren dieser Pflanze. (N. D. B., I, Berlin 1953, S. 669)

ZSg. 101/1/122 (18. September 1933)
s. S. 119f.

ZSg. 101/1/123 16. Oktober 1933

Bestellung vom P.M. vom 16. Okt. 1933
Vom Propagandaministerium wird folgendes angeordnet:
Alle Kundgebungen anlässlich der aussenpolitischen Ereignisse, alle Treuebekenntnisse usw. dürfen erst veröffentlicht werden, sofern eine Ermächtigung seitens des Propagandaministeriums in Berlin vorliegt. Da die Anregung, den Landesbehörden des Propagandaministeriums die Entscheidung zu überlassen, abgelehnt worden ist, muss ich bitten, alle diesbezüglichen Anfragen über das Berliner Büro zu leiten, damit ich hier bei den zuständigen Stellen einen Entscheid herbeiführen kann. Der Zweck der Anordnung ist, zu verhindern, dass Kundgebungen veröffentlicht werden, deren Inhalt aussenpolitische Schwierigkeiten verursachen könnte. Nicht betroffen von dieser Regelung sind Reden von Ministern usw. und hohen massgeblichen Persönlichkeiten. Bei der Unklarheit des Erlaubten und Unerlaubten empfehle ich grundsätzlich nur Material aus WTB zu veröffentlichen, von dem anzunehmen ist, dass eine Genehmigung vorliegt. Alle anderen Meldungen und Kundgebungen, die von TU oder gar direkt an die Redaktionen gelangen, bitte ich zurückzustellen, bezw. Entscheid in Berlin einzuholen. Diese Regelung gilt ab sofort.
(gez. Dertinger)

Zu den außenpolitischen Ereignissen s. ZSg. 101/1/121 v. 12. Okt. 1933.
Heute große Kundgebung auf dem Adolf-Hitler-Platz
HHN (Ausg. C), Nr. 285 v. 15. Okt. 1933, S. 1
s. a. HHN, Nr. 484 v. 16. Okt. 1933, S. 1
Treuegelöbnis Hamburgs an den Führer
HHN, Nr. 484 v. 16. Okt. 1933, S. 6

16./17.10.1933

Treuekundgebung der Industrie
NZ, Nr. 285 v. 16. Okt. 1933, S. 7
s. a. HHN, Nr. 486 v. 17. Okt. 1933, S. 2
HHN, Nr. 487 v. 18. Okt. 1933, S. 2

Das "Wolffsche Telegraphen Bureau" (WTB) hatte schon in der Weimarer Republik den Ruf offiziös zu sein. Die "Telegraphen-Union" (TU), die zum Hugenberg-Konzern gehörte, wurde gerade nach dem Ausscheiden Hugenbergs aus dem Kabinett seitens des Propagandaministeriums als oppositionell angesehen. Im November 1933 wurden die beiden größten deutschen Nachrichtenagenturen mit Wirkung vom 1. Januar 1934 zusammengelegt zum "Deutschen Nachrichtenbüro" (DNB).

ZSg. 101/1/124   17. Oktober 1933

Bestellungen vom P.M. vom 17. Oktober 1933.

1. Mit Rücksicht darauf, dass Daladier seine aussenpolitischen Erklärungen bis zum 27. Oktober verschoben hat, wird gebeten, die wenigen Unfreundlichkeiten, die er in seiner Etatrede heute gegen Deutschland zum Ausdruck gebracht hat, nicht aufzugreifen, sondern erst die aussenpolitischen Erklärungen abzuwarten. Daladier soll mit Würde aber vorsichtig behandelt werden.

2. Die von Norman Davis in Genf abgegebene Erklärung, dass Amerika mit den europäischen Händeln nichts zu tun haben wolle, ist bisher amtlich noch nicht bestätigt worden. Die Reichsregierung bittet daher, keine Lobeshymnen gegenüber den Amerikanern anzustimmen, sondern in Zurückhaltung die endgültigen Entschlüsse Amerikas abzuwarten.

3. Der dänische Minister Stauning hat eine sehr unfreundliche Rede gegen Deutschland gehalten. Diese Rede steht im Widerspruch zu den vor kurzem abgegebenen Erklärungen, dass zwischen Deutschland und Dänemark freundschaftliche Beziehungen bestünden. Da die Reichsregierung der Auffassung ist, dass Stauning aus innerpolitischen Gründen diese Angriffe gegen

17.10.1933

Deutschland habe unternehmen müssen, wird gebeten, sie nicht
besonders aufzugreifen und möglichst wenig von der Rede überhaupt Notiz zu nehmen.
4. wird die Veröffentlichung einer Meldung über "Neubelebung des
Flughafens Johannisthal" verboten.

Zu 1.

Edouard Daladier (1884-1970), 1927 - 1931 Parteivorsitzender der
Radikalsozialisten in Frankreich, Januar bis Oktober 1933, Januar
bis Februar 1934, 1938 - 1940 Ministerpräsident, 1934 - 1938 auch
Kriegsminister. 1940 durch die Vichy-Regierung verhaftet, später
in Deutschland interniert, nach dem Krieg wieder Abgeordneter und
ab 1949 Führer der Opposition.
s. a. Informationsbericht Nr. 27 v. 18. Oktober 1933 (ZSg. 101/26/
595): ... Die Lage gegenüber Frankreich ist insofern verhältnis-
mäßig günstig, als dort in Daladier ein Mann an der Regierung ist,
der nicht ohne weiteres zu **gewaltsamen** Abenteuern bereit ist und
bisher mit Erfolg dem Druck der Rüstungsindustrie und des General-
stabes, die auf einen Einmarsch in Deutschland seit langem drängen,
bisher hat widerstehen können. Der Reichskanzler hat ... gegenüber
Daladier in seiner Rede sehr versöhnliche Worte gebraucht, um
alles zu vermeiden, was einen Sturz Daladiers fördern könnte ...
Die Regierung Daladiers wurde am 23. Oktober 1933 gestürzt.

Daladiers nichtssagende Antwort
... so vorsichtig und diplomatisch die Worte Daladiers formuliert
waren, die sich an Deutschland richteten, freundlich waren sie
nicht und die Fragen, die er wieder an Deutschland stellte, enthielten deutliche Vorwürfe.
NZ, Nr. 287 v. 18. Okt. 1933, S. 1-2
s. a. HHN, Nr 486 v. 17. Okt. 1933, S. 2
   HHN, Nr.487 v. 18. Okt. 1933, S. 1
   FZ, Nr. 762 v. 18. Okt. 1933, S. 1

Zu 2.

Norman Davis (1878-1944), Wirtschafts- und Finanzfachmann, 1920/21
Mitglied des Finanzausschusses, später nordamerikanischer
Delegierter bei den Genfer Abrüstungsverhandlungen.

Mißbilligung für Norman Davis
... Er (Roosevelt, gtz) beabsichtigt, die Vereinigten Staaten mit
allen Mitteln aus den europäischen politischen Quertreibereien
herauszuhalten. ... Washingtoner Kreise erblicken in Roosevelts
Haltung eine Mißbilligung für die Haltung des Staatssekretärs Hull
und des amerikanischen Vertreters in Genf, Norman Davis, deren
Politik in Genf auf eine bedingungslose Unterstützung von England
und Frankreich hinausgelaufen sei.

17.10.1933

Erklärung Norman Davis' in Genf
NZ, Nr. 287 v. 18. Okt. 1933, S. 3
Amerika mischt sich nicht ein
HHN, Nr. 486 v. 17. Okt. 1933, S. 2
Zu 3.
s. a. ZSg. 101/1/79 v. 10. Aug. 1933
Thorwald August Stauning (1873 - 1942), seit 1910 **Vorsitzender** der dänischen Sozialdemokratischen Partei, April 1924 - Dezember 1926, April 1929 - Mai 1942 Ministerpräsident.
Zu 4.
s. a. ZSg. 101/1/133a v. 20. Okt. 1933
Johannisthaler Industriebahn wieder in Betrieb
... Ferner ist die Möglichkeit geschaffen worden, auf den seit Kriegsschluß leerstehenden Bauten des Flugplatzgeländes neue Industriezweige heranzuziehen....
BBC, Nr. 490 v.19. Okt. 1933, S. 5

ZSg. 101/1/125   17. Oktober 1933

Bestellungen vom P.M. vom 17. Oktober 1933.

1. Die aus London kommenden Meldungen über ein Interview des Daily Mail mit Minister Goebbels sollen zurückgestellt werden bis eine Wolff-Meldung aus Berlin vorliegt. Es handelt sich nicht um ein Interview, sondern um die Wiedergabe einer zwanglosen Unterhaltung im Anschluss an den gestrigen Presseempfang der Ausländer durch Minister von Neurath.

2. Der Reichsarbeitsminister bringt durch ein besonderes Rundschreiben die Richtlinien für die Treuhänder der Arbeit in Erinnerung, in denen darauf hingewiesen wird, dass nur in Ausnahmefällen die gegenwärtig geltenden Tarife geändert werden sollen. Diese Meldung soll nach Möglichkeit in bevorzugter Aufmachung veröffentlicht werden, um von vornherein allen Wünschen der Oeffentlichkeit und insbesondere einzelner Verbände der Arbeitgeber oder Arbeitnehmer entgegenzutreten. Auch werden die Zeitungen gebeten, sich von der Vertretung irgendwelcher

Sonderwünsche auf lohnpolitischem Gebiet usw. zu enthalten.
3. bittet das Preussische Staatsministerium um bevorzugte Aufmachung des Rundschreibens des Preussischen Innenministers bezüglich wirksamer Bekämpfung von Uebergriffen gegen Ausländer.

Zu 1.
s. a. ZSg. 101/1/55 v. 10. Juli 1933
Konstantin von Neurath (1873-1956) Gesandter in Kopenhagen (1919), Rom(1922), London (1930), Juni 1932 - Februar 1938 Reichsaußenminister, 1939 bis 1941 Reichsprotektor von Böhmen und Mähren.
Deutschland wünscht keine Gewalt
Der Reichspropagandaminister Dr. Goebbels hat dem Korrespondenten der "Daily Mail" in Berlin, Ward Price, einige Fragen im Zusammenhang mit dem Austritt Deutschlands aus dem Völkerbund und der Abrüstungskonferenz beantwortet. ... Wenn Deutschland die Saar zurückerhalte, werde es keine gebietsmäßigen Klagegründe gegen Frankreich haben. Auf die Frage, ob dies auch auf Polen zutreffe, habe der Propagandaminister erwidert: Deutschland könne den Korridor sicher nicht als ständige Einrichtung betrachten, aber es sei der Ansicht, daß es keine Frage in Mitteleuropa gäbe, die einen neuen Krieg rechtfertigen und notwendig machen würde. Deutschland wünsche den Korridor zurückzuerhalten, aber es sei überzeugt, daß dies Sache von Verhandlungen sei.
HHN, Nr. 487 v. 18. Okt. 1933, S. 1
s. a. Ein Interview mit Reichsminister Dr. Goebbels
FZ, Nr. 761 v. 18. Okt. 1933, S. 1
Zu 2.

Treuhänder der Arbeit: Regionale Reichsbehörden, die die Funktion der Gewerkschaften und Arbeitgeberverbände in der Tarifpolitik übernahmen. Die Tarifverträge wurden durch Tarifordnungen ersetzt, die in Absprache mit dem Reichsarbeitsminister erlassen wurden. (s. a. Tim Mason, Sozialpolitik im Dritten Reich, Opladen 1977, S. 107 f.)
Erlaß des Arbeitsministers zur Lohnpolitik
... Eine grundsätzliche Änderung des Lohnsystems, wie z. B. die allgemeine Einführung eines Wochenlohns unter wesentlich verlängerten Kündigungsfristen und dergleichen, kann jetzt also ebensowenig wie eine materielle Änderung der Lohnhöhe in Betracht gezogen werden. ...
HHN, Nr. 486 v. 17. Okt. 1933, S. 2
s. a. NZ, Nr. 287 v. 18. Okt. 1933, S. 3

17./18.10.1933 - 160 -

Zu 3.

Schutz ausländischer Staatsbürger
... Nach wie vor machen sich Versuche marxistischer oder kommunistischer Provokateure bemerkbar, durch Übergriffe gegen einzelne Ausländer Verwicklungen zu schaffen und das Ansehen des neuen Reiches und der nationalsozialistischen Bewegung im Ausland zu untergraben oder mindestens der Reichsregierung außenpolitische Schwierigkeiten zu machen. ... Der Innenminister hat insbesondere allen Behörden nochmals zur Pflicht gemacht, auch bei den nachgeordneten Dienststellen darauf hinzuwirken, daß ausländischen Staatsbürgern in jeder Weise der öffentliche Schutz gewährt wird. ... Überdies hat der Minister die zuständigen Behörden veranlaßt, sich mit der lokalen Leitung der Partei sowie der SA, SS und des Stahlhelms in Verbindung zu setzen, um Vorkommnisse der geschilderten Art mit allen Mitteln entgegenzutreten, in der gemeinsamen Überzeugung, daß es eine selbstverständliche Pflicht eines echten Nationalsozialisten ist, das Gastrecht zu schützen und hochzuhalten.
HHN, Nr. 487 v. 18. Okt. 1933, S. 1
NZ, Nr. 287 v. 18. Okt. 1933, S. 3

Zur Mißhandlung eines Amerikaners
Die Sonderabteilung des Berliner Schnellgerichts verurteilte einen Glasarbeiter und einen Kraftwagenführer wegen Körperverletzung zu je 6 Monaten Gefängnis. Es handelt sich um die Mißhandlung des amerikanischen Staatsangehörigen Roland Voltz in Düsseldorf, die anläßlich des Vorübertragens einer Hakenkreuzfahne erfolgte.
NZZ, Nr. 1883 v. 18. Okt. 1933, S. 2

ZSg. 101/1/126   18. Oktober 1933

Bestellungen vom P.M. vom 18. Oktober 1933.

1. Bei der Besprechung der Rede von Sir John Simon ist vorläufig nur der WTB-Kommentar zu veröffentlichen. Vielleicht kommt heute im Laufe des nachmittags noch eine halbamtliche ergänzende Erklärung dazu. Die persönlichen Angriffe gegen den englischen Aussenminister sind nach Möglichkeit einzuschränken, da die bisherigen Angriffe schon genügend gewirkt haben.

2. Kombinationen über die zukünftige Gestaltung des Reiches,

18.10.1933

wie sie in einigen westdeutschen Zeitungen erschienen sind, sollen nicht aufgewärmt werden.

(D.)

Zu 1.

Sir John Simon (1873-1954), 1906 liberaler Abgeordneter im Unterhaus, 1915-1916 Innenminister, 1931-1940 Begründer und Vorsitzender der Nationalliberalen Partei, 1931-1935 Außenminister, 1935-1937 Innenminister, 1937-1940 Schatzkanzler, 1940-1945 Lordkanzler.
Nach dem Völkerbundsaustritt Deutschlands hatte der deutsche Außenminister auf einer Pressekonferenz in Genf die unbeugsame Haltung Großbritanniens in der Aufrüstungsfrage für diesen Schritt verantwortlich gemacht. Daraufhin war in einer Sendung der BBC von einem englischen Schriftsteller das Recht Deutschlands auf militärische **Gleichberechtigung** unterstrichen worden, worauf das Foreign Office eine Rundfunkrede des britischen Außenministers ankündigte, in der er seine Position verteidigte. Am 20. Oktober 1933 erschien zur Entlastung von Simon ein Weißbuch, in dem der Ablauf der Ereignisse des 14. Oktober bei den Genfer Verhandlungen aus britischer Sicht geschildert wird.
s. dazu FZ, Nr. 762 v. 18. Okt. 1933, S. 2
FZ, Nr. 763 v. 19. Okt. 1933, S. 1
FZ, Nr. 764 v. 19. Okt. 1933, S. 1
HHN, Nr. 487 v. 18. Okt. 1933, S. 2
HHN, Nr. 489 v. 19. Okt. 1933, S. 2

s.a. ADAP ,Serie C, Bd. II,1, Nr. 13, 19
Text der Rede des Außenministers: **Times, Nr. 46,578 v. 18. Okt. 1933**

Zu 2.
Informationsbericht Nr. 27 v. 18. Okt. 1933 (ZSg. 101/26/567 f.):
... Die Verselbständigung der Träger der Bewegung draußen im Lande ist allem Anschein nach die Hauptsorge, die auch den Führer selber erfüllt. Man wird annehmen dürfen, daß die starke Forcierung der Reichsreform den Zweck hat, dieser Selbständigkeit entgegenzuarbeiten durch die Auflösung der Länder usw., das Nebeneinander von Landesregierungen und Parteistellen zu beseitigen und andererseits durch große Zentralisierung die Parteistellen enger an die Beschlüsse der Zentralregierung zu binden. ...
Reich-Länder-Landschaften
Wir entnehmen den"Deutschen Führerbriefen" (politisch - wirtschaftliche Privatkorrespondenz, 1928 gegründet, gtz) die nachstehenden Ausführungen zum Thema Reichsreform mit dem ausdrücklichen Bemerken, daß die Angaben keinerlei endgültigen Charakter tragen, vielmehr nur als interessante, **private Diskussionsgrundlage zu bewerten sind - Schriftleitung NZ. ...
Somit soll wahr werden, wofür auch andere gute Deutsche schon gekämpft haben: Neugliederung des Reiches in Stammes- und geopolitisch organisch geformte Landschaften...
NZ, Nr. 288 v. 19. Okt. 1933, S. 1-2

s. a. ARRH, Teil I, Bd. 2, Nr. 253

18./19.10.1933

darunter, S. 2:
Kombinationen
Ein Teil der Presse brachte Meldungen über die künftige Einteilung des Reiches. Darin wird u. a. behauptet, das Reich solle in 20 Gaue eingeteilt und der Reichstag in einen Reichsführerrat umgebildet werden. Wie von zuständiger Stelle erklärt wird, handelt es sich hierbei um reine Kombinationen.
s. a. ZSg. 101/2/66/Nr. 104 v. 8. Dezember 1933

ZSg.101/26/581-583   19. Oktober 1933

Bresl. Hambg. Chem.   19. Oktober 1933
D/N.
Kurfürst 9086
An die Hauptschriftleitung der "Hamburger Nachrichten"
z.Hd. Herrn Dr. E s s e r ,
Hamburg 1
Speersort 11.
Sehr geehrter Herr Doktor Esser!
Im Zuge der Vorbereitungen für die Volksabstimmung [1] ist der Leiter der Presseabteilung im Propagandaministerium, Herr Ministerialrat Jahncke [2], in die Reichsleitung der NSDAP zur Wahrnehmung der Interessen der Presse während der Wahlen berufen worden. Auf diese Weise soll sicher gestellt werden, dass ein einheitlicher Wahlkampf auch bezüglich der Presse zur Durchführung kommt. Zur praktischen Durchführung unterstehen Herrn Jahncke die Landesstellen des Propagandaministeriums, die wiederum ihrerseits Fühlung mit der Provinzpresse aufnehmen sollen.

Die Regierung will, dass auf der einen Seite die Tendenz vollkommen gleichmässig und überzeugend ist, dass auf der anderen Seite aber eine Uniformierung vermieden wird, die der Aktion jede Ueberzeugungskraft nehmen würde. Soweit es sich um die Zentralstellen handelt, werden Artikel und Material in ausreichendem Masse derart zur Verfügung gestellt, dass jede Zeitung anderes Material erhält und andere Artikel, als die sonst noch in ihrem Erscheinungsbereich liegenden anderen

b.w.

((ZSg. 101/26/582))
Zeitungen. Ausserdem werden durch die Landesstellen des Propagandaministeriums Pressekonferenzen abgehalten werden, in denen Material zur Verfügung gestellt wird, das dann je nach dem Gesicht der Zeitung verarbeitet werden soll. Abgesehen von den an sich äusserlich erkennbaren Erklärungen, die im Wortlaut gebracht werden müssen, kann jedes Material von der Zeitung verarbeitet und umgearbeitet werden, sofern darunter die Gesamttendenz nicht leidet. Es wird dringend gewünscht, daß die Zeitungen ihr besonderes Gesicht erhalten.

In der Erkenntnis, dass die Durchführung dieser Richtlinien Schwierigkeiten machen kann angesichts häufiger Unkenntnis und Unerfahrenheit lokaler Instanzen ist heute in der Pressekonferenz ausdrücklich erklärt worden, was auch den zuständigen lokalen Instanzen mitgeteilt werden wird, dass die Berliner Vertreter der auswärtigen Zeitungen, soweit sie durch Minister Goebbels zur Pressekonferenz aufgefordert sind, nicht nur als Vertreter ihrer Zeitungen betrachtet werden müssen, sondern vor allem auch Beauftragte und Vertrauensleute des Ministers Goebbels gegenüber der Presse sind und dass ihre Anweisungen grundsätzlich als dem Willen und dem Auftrage des Ministers entsprechend angesehen und demgemäß berücksichtigt werden müssen. Es ist also jetzt endlich eine Gelegenheit gegeben, im Falle von Schwierigkeiten mit den lokalen Instanzen sich auf die Berliner Anweisungen berufen zu können und dadurch einen gewissen Schutz zu erhalten. Diese Regelung gilt zunächst nur für den Wahlkampf. Es empfiehlt sich im Interesse der Zeitungen klug und vorsichtig von dieser Chance Gebrauch zu machen, um allmählich aus der engen Klammer der Reglementierung insbesondere durch die lokalen Instanzen herauszukommen. Ich bitte dringend, auch in Uebereinstimmung mit den zuständigen Berliner Instanzen, mir umgehend jeglichen Zwischenfall zu melden, wo lokale Instanzen der Erfüllung des Willens der Berliner Regierung sich widersetzen.

((ZSg. 101/26/583))
Es besteht der begründete Eindruck, dass diese Anweisungen vollkommen übereinstimmen mit den Erklärungen, die der Reichskanzler auf der Führertagung [3] gegenüber den Unterführern der

NSDAP abgegeben hat.
Als Richtlinien für die materielle Gestaltung der Wahlbewegung sind ausschliesslich die Reden des Reichskanzlers anzusehen, die in jeder Beziehung immer wieder ausgewertet werden sollen und als **Masstab** auch gegenüber den Erklärungen unterer Organe zu gelten haben.
Was das Anzeigengeschäft im Wahlkampf betrifft, so ist ein Runderlass herausgegangen, dass alle amtlichen Anzeigen nicht nur der Parteipresse, sondern auch der bürgerlichen Presse zur Verfügung gestellt werden müssen. Allerdings scheint die Auffassung vorzuherrschen, dass diese Anzeigen allgemein kostenlos aufgenommen werden sollen.
In vorzüglicher Hochachtung
Ihr
sehr ergebener
(gez. Dr. K.)

s. a. ZSg. 101/26/585 - 591 v. 1. November 1933 ((Jahncke zur Wahlpropaganda))
    ZSg. 101/1/132 - 133a v. 20. Oktober 1933

Zu 1)
Nach dem Austritt aus dem Völkerbund war der Reichstag aufgelöst worden und zusammen mit dem Volksentscheid zu diesem Schritt wurden Neuwahlen angesetzt für den 12. November 1933. Der Wahlkampf wurde am 24. Oktober eröffnet.

Zu 2)
<u>Kurt Jahncke</u> (geb. 1898), Nationalökonom, Kriegsfreiwilliger, Syndikus des oldenburger Arbeitgeberverbandes, Redakteur der "Nachrichten für Stadt und Land" in Oldenburg (1929), 1. Mai 1933 zunächst kommissarisch in die Presseabteilung des RMVP berufen, im Juli zum Abteilungsleiter und stellvertretenden Reichspressechef (als Nachfolger von Walther Heide) ernannt worden, ab 1. April 1936 Verlagsdirektor der Berliner Druck- und Zeitungsbetriebe AG.

Zu 3)
Am 17. Oktober 1933 wurde in Berlin eine Führertagung abgehalten, die sich mit Fragen der Vorbereitung der Wahl und der Volksabstimmung befaßte.

ZSg. 101/1/127 19. Oktober 1933

Bestellungen vom RPM vom 19. Oktober 1933.

Es sollen nach Möglichkeit keinerlei bedauernde Kommentare darüber geschrieben werden, dass man auf dem Wege des Viererpaktes vorläufig nicht zu Verhandlungen kommt. Die deutsche Regierung hält den Verhandlungsweg über den Viererpakt für unzulänglich. [1] Heute mittag wird ein Interview des Reichskanzlers mit der Daily Mail gefunkt werden im Umfange von einer Spalte gedruckt WTB. Es soll der deutsche Wortlaut genommen werden, nicht derjenige, der von den deutschen Korrespondenten aus London herübergegeben wird. Das Interview wird an zuständiger Stelle für sehr wichtig gehalten und soll leitartikelmässig behandelt werden. [2]
(D.)

Zu 1)
Französische Kundgebung gegen den Viererpakt
...
Henderson über den Viererpakt
... Er betonte, es gäbe Umstände in denen der Viermächtepakt von Wert sein könnte als Mittel, um innerhalb des Völkerbundes Übereinstimmung zwischen den Mächten herbeizuführen. ... Jedoch würde jeder Versuch den Viermächtepakt an die Stelle der Abrüstungskonferenz zu stellen, einen erheblichen Schaden sowohl der Abrüstungskonferenz als auch dem Viermächtepakt zufügen.
Italien wartet ab
FZ, Nr. 766 v. 20. Okt. 1933, S. 2
Zu 2)
Das Interview, das entgegen der Anweisung vom Korrespondenten wiedergegeben wird, wurde jeweils in der nächsten Nummer durch weitere Äußerungen "ergänzt".
Deutschland will Frieden und Freundschaft
HHN, Nr. 490 v. 19. Okt. 1933, S. 1
Der Reichskanzler über den Umbau der Verfassung
... Frage: Der Ausdruck "Volk ohne Raum" hat gewisse Unsicherheit erregt. Auf welchem Wege erblickt der Reichskanzler eine Möglichkeit für die räumliche Ausdehnung Deutschlands? Bildet die Wiedererlangung von früheren deutschen Kolonien eines der Ziele der Regierung? Wenn ja, welche Kolonien kommen in Frage und werde ein Mandatsystem Deutschland genügen oder würde Deutschland

volle Souveränität verlangen?
Antwort: Deutschland hat zu viele Menschen auf seiner Bodenfläche.
Es liegt im Interesse der Welt, einer großen Nation die erforderlichen Lebensmöglichkeiten nicht vorzuenthalten. ... Wir sind der Überzeugung, daß wir genau befähigt sind, eine Kolonie zu verwalten und zu organisieren wie andere Völker. Allein wir sehen in all diesen Fragen überhaupt keine Probleme, die den Frieden der Welt irgendwie berühren, da sie nur auf dem Wege von Verhandlungen zu lösen sind. ...
HHN, Nr. 491 v. 20. Okt. 1933, S. 1

  s. a. FZ, Nr. 765 v. 19. Okt. 1933, S. 1
      FZ, Nr. 766 v. 20. Okt. 1933, S. 1-2

ZSg. 101/1/128   19. Oktober 1933

Bestellung vom Pr. M. vom 19. Okt. 33 abds.
Die Meldung aus Hamburg, dass die neugegründete hanseatische Schiffahrts- und Betriebsgesellschaft m.b.H. zwei Schiffe bauen lassen will, soll vorläufig nicht gebracht werden. Sie wird von der Hapag verbreitet, ist wohl richtig, aber ihre Veröffentlichung ist im Augenblick noch unerwünscht.

  s. a. ZSg. 101/1/130 v. 20. Okt. 1933

Dampfer-Neubauten der Hanseatischen Schiffahrts G.m.b.H.
Die in Bremen erfolgte Gründung einer Hanseatischen Schiffahrts- und Betriebsgesellschaft m.b.H., die mit einem Kapital von 200 000 RM der Finanzierung des Baues von Schiffen und dem Betrieb von Schiffahrtsgesellschaften allgemein dienen soll, ist zunächst für einen ganz bestimmten Zweck erfolgt. Es handelt sich um den Neubau von zwei großen Fracht- und Passagierdampfern für die Hapag-Lloyd-Union, die jedoch nicht in die Nordatlantikfahrt eingestellt werden. Der Neubau dieser beiden Schiffe wird auf je eine Werft in Hamburg und Bremen verteilt. ...
BT, Nr. 492 v. 19. Okt. 1933, S. 7

  s. a. HHN, Nr. 489 v. 19. Okt. 1933, S. 1
      HHN, Nr. 490 v. 19. Okt. 1933, S. 12
      VZ, Nr. 498 v. 18. Okt. 1933, S. 10
      VZ, Nr. 500 v. 19. Okt. 1933, S. 10

  s. a. ARRH, Teil I, Bd. 1, Nr. 143 (10.)

ZSg. 101/1/129   19. Oktober 1933

Rundruf vom 19.10.33 abds.
Die durch den "Grossdeutschen Pressedienst" veröffentlichte
Notiz "Freikorps Oesterreich" darf nicht veröffentlicht werden.

Großdeutscher Pressedienst (GdP), 1928 gegründet von Kurt
Dühmert, konnte sich bis Kriegsende halten.
Die Notiz war nicht zu ermitteln.

ZSg. 101/1/130   20. Oktober 1933

Bestellungen des Pr.M. vom 20.10.33 mittags.
1. Berliner Tageblatt und Vossische Zeitung bringen Meldungen
über den Bau zweier neuer Schiffe Hapag und Lloyd 10 000 T
Dampfer mit einer Geschwindigkeit von 19 Knoten. In diesem
Zusammenhang wird an die alte Anweisung erinnert, dass solche
Meldungen unter keinen Umständen veröffentlicht werden
dürfen. BT beruft sich darauf, dass die Meldungen zuerst in
Hamburger Blättern erschienen seien. Ich kann das im Augenblick nicht nachprüfen, bitte aber mit aller Eindringlichkeit
unter keinen Umständen, jemals derartige Meldungen zu bringen.
Die Zeitungen sind aufs schwerste verwarnt worden. Es ist
damit zu rechnen, dass künftighin die Chefredakteure persönlich bei Zuwiderhandlungen zur Verantwortung gezogen werden.
2. Die Rede des Ministers Goebbels soll nur im amtlichen Text
verbreitet werden. Das bedeutet, dass erst im Laufe des
morgigen Vormittags der WTB-Text vorliegen wird. Es ist beabsichtigt, durch WTB einen kurzen Vorbericht für die Morgenblätter vorbereiten zu lassen.

20.10.1933

3. Der Wortlaut der Note über den Austritt Deutschlands aus dem Völkerbund wird erst für die Sonnabend-Abendblätter (21. Okt., (gtz) zur Veröffentlichung kommen.

Zu 1.
s. ZSg. 101/1/128 v. 19. Oktober 1933
Zu 2.
<u>Goebbels über Frieden und Gleichberechtigung</u>
HHN, Nr. 494 v. 21. Oktober 1933, S. 1-2
Zu 3.
s. ZSg. 101/1/121 v. 12. Oktober 1933
<u>Die deutsche Note an den Völkerbund</u>
HHN, Nr. 494 v. 21. Oktober 1933, S. 2
s.a. ADAP, Serie C, Bd. II,1, Nr. 18, 39

ZSg. 101/1/131   20. Oktober 1933

<u>Rundspruch 20.10.33.</u>
Die Pressestelle des Oberpräsidiums der Provinz Brandenburg (Weidlich) teilt mit: Ueber den Fall Heinze und der Stadtschaft der Provinz Brandenburg darf in der Presse nichts gebracht werden.
(D.K.)

<u>Stadtschaften</u>: Öffentliche Kreditanstalten, entstanden durch die Vereinigung von Hauptgrundstückseigentümern, die ihren Mitgliedern durch Hypotheken gesicherte Zahlungsdarlehen gewähren.

Heinze war der Generaldirektor der Stadtschaft der Provinz Brandenburg in Berlin, Viktoriastr. 20.

ZSg. 101/1/132 - 133 a   20. Oktober 1933

9086
D/N.   20. Oktober 1933.
Herrn Chefredakteur Dr.   D y r s s e n ,
Breslau 1
Sehr geehrter Herr Doktor Dyrssen!
Auf Grund einiger Mitteilungen heute in der Pressekonferenz
möchte ich Sie kurz über folgendes informieren:
Die pressepolitische Lage kommt im Augenblick wieder etwas in
Bewegung. Wie ich schon gelegentlich anderer Briefe in den
letzten Tagen mitteilen konnte, macht sich in stärkerem Masse
innerhalb der Regierung des Reiches das Bestreben geltend, die
unglückselige Uniformierung der deutschen Presse zu beseitigen.
Diese Tendenzen haben durch die letzte Führertagung ^{a)} der NSDAP
in Berlin eine gewisse Förderung erfahren. Der Reichskanzler hat
u.a. sich sehr stark kritisch über die nationalsozialistische
Presse geäussert, die ausgesprochen schlecht sei und die sich
endlich die bürgerliche Presse zum Vorbild nehmen solle. Solange
sie aber nicht dasselbe leisten könne, solange solle sie die
bürgerliche Presse zufrieden lassen. Dieser Hinweis ist im
Zusammenhang zu verstehen mit der Anordnung an die Partei überhaupt, für die Dauer des Wahlkampfes einen absoluten Burgfrieden
zu beobachten und keinerlei Abrechnungen mit früheren Gegnern
vorzunehmen. Zuwiderhandlungen innerhalb der NSDAP und ihrer
Presse werden vom Führer mit grösster Rücksichts-
                                                    b.w.
((ZSg. 101/1/132a))
losigkeit geahndet, und ich weiss, dass im Rheinland bereits
zwei nationalsozialistische Redakteure wegen Verstoss gegen den
Burgfrieden fristlos entlassen worden sind. Der Eine davon wird
aus der Partei ausgeschlossen und es ist sämtlichen nationalsozialistischen Schriftleitern das Konzentrationslager ange-
droht, falls sie gegen die Anweisung verstossen. Diese Entwicklung bedeutet grundsätzlich für uns einen ausserordentlich
grossen Fortschritt, hat aber auch eine Gefahr: In dem Masse,
in dem stärker denn je auch die nationalsozialistische Presse

20.10.1933

der Kontrolle bezüglich der Befolgung von Regierungsanweisungen unterworfen wird und in dem ihre Mitarbeiter auch persönlich zur Verantwortung gezogen werden, in dem Masse wächst natürlich auch der Zwang der Regierung, keinerlei Verstösse seitens der bürgerlichen Presse zu dulden. Man will nicht, dass überall einheitlich geschrieben wird, man will, dass die Presse ihr lebendiges Gesicht behält, aber die konkreten Anweisungen der Regierung und die Gesamtlinie müssen unter allen Umständen innegehalten werden. Das bedeutet praktisch, dass bis in die kleinsten Einzelheiten hinein die Regierungsweisungen die stärkste Berücksichtigung erfahren müssen. Der Leiter der Pressekonferenz, Ministerialrat Dr. Jahncke, hat heute mitgeteilt, dass die Regierung entschlossen sei, alle Schriftleiter, insbesondere die Chefredakteure, persönlich zur Verantwortung zu ziehen, wenn irgendwelche Verstösse passieren. Es ist ja beispielsweise bereits in Essen geschehen, wo der "Essener Allgemeinen Zeitung" eine Bildverwechslung passierte und eine Unterschrift unter ein Karnevalsbild offenbar aus Versehen unter ein Bild von einem SA-Aufmarsch geriet b). Dort sind der verantwortliche Redakteur, der Chefredakteur und der Verleger ins Konzentrationslager abgeführt worden. Es ist also wichtig, auf der einen Seite von der gewährten Pressefreiheit vorsichtig Gebrauch zu machen, im übrigen aber den Rahmen streng zu beachten.

((ZSg. 101/1/133))

Um nach Möglichkeit alle Zwischenfälle auszuschliessen, werden wir hier von Berlin aus folgendes durchführen:
Mit Wirkung vom Sonnabend den 21. Oktober werden wir jede vertrauliche Mitteilung oder technische Anweisung laufend nummerieren und telefonisch bezw. brieflich Ihnen übermitteln. Die Anweisungen werden hier in einem Protokollbuch von Herrn Dr. Kausch, Herrn Dr. Falk und mir gezeichnet zum Beweise, dass jeder einzelne Kenntnis davon hat. Ich muss nun andererseits bitten, dass mir laufend schriftlich auf einem kurzen Zettel der Eingang der Informationen und Bestellungen bescheinigt wird, damit wir hier schwarz auf weiss den Beweis dafür haben, dass die Anweisungen in die Hände der Redaktionen gelangt sind. Ich

bitte diesen Wunsch dringendst zu beachten und ihm nachzukommen, denn ich bin der Regierung gegenüber verpflichtet, die Gewähr dafür zu schaffen, dass die Mitteilungen der Regierung auch in die Hände der Redaktionen gelangen. Diese Vorschläge entsprechen im wesentlichen Anregungen, die die Regierung selber uns unter der Hand gegeben hat. Ich darf in diesem Zusammenhang mit allem Nachdruck auf die bereits von mir gestern erwähnte Erklärung des Ministerialrats Jahncke hinweisen, dass die Mitglieder der Pressekonferenz in Berlin nicht wie früher als Vertreter ihrer Zeitungen gegenüber der Regierung gelten, sondern umgekehrt auch die Vertrauensmänner des Ministers Goebbels gegenüber den Zeitungen sind und dass ihren Anweisungen usw. eine Art amtlicher Charakter zukommt. Bei der Kompliziertheit der Lage, in der sich alle unsere Zeitungen befinden, bitte ich diesem Umstand immer Rechnung zu tragen, damit uns nicht unangenehme Ueberraschungen passieren. Ich bitte auch mir diese Mitteilung bestätigen zu wollen, damit ich in der Lage bin, dem Ministerium wunschgemäss eine entsprechende Auskunft geben zu können, dass Sie von diesen Mitteilungen des Ministeriums

b w.

((ZSg. 101/1/133a))
Kenntis erhalten haben.

Im einzelnen liegen heute folgende Bestellungen vor:

1. Im Zusammenhang mit dem Austritt aus dem Völkerbund sollen keine Erörterungen angestellt werden, ob und wie lange die deutschen Vertreter innerhalb des Völkerbundsapparates noch arbeiten werden. Insbesondere sollen keine Forderungen erhoben werden, dass Deutschland die deutschen Vertreter aus dem Völkerbundssekretariat abberufen solle. Es ist dabei zu beachten, dass die deutschen Vertreter nicht mehr deutsche Staatsangehörige sind, sondern die Staatsangehörigkeit des Völkerbundes besitzen.

2. wird das vor einigen Tagen ausgesprochene Verbot, keine Meldungen über den Flugzeugbau Johannisthal zu bringen, aufgehoben. Im allgemeinen empfehle ich aber auch hier ähnlich wie bei Schiffsbauten usw. die allergrösste Vorsicht.

20.10.1933

Ebenso wird aufgehoben das Verbot, Meldungen über den Zentralverband der deutschen Haus- und Grundbesitzervereine zu bringen. Nachdem dort sich die Verhältnisse geklärt haben, können Meldungen in dieser Angelegenheit gebracht werden.
3. ist an die alte Anweisung zu erinnern, keinerlei Vorankündigungen über Reden des Reichskanzlers, des preussischen Ministers usw. zu bringen. Es sind jetzt wieder namentlich in der nationalsozialistischen Parteipresse Vorankündigungen über Propagandareisen Hitlers und Görings erschienen, die auch von den Nachrichtenbüros übernommen worden sind. Es gilt nach wie vor das alte Verbot, dass derartige Vorankündigungen nicht erfolgen sollen, weil die beteiligten Minister sich nicht von Aussenstehenden auf eine Versammlungsliste festlegen lassen wollen.

Mit den angelegentlichsten Empfehlungen
Ihr
sehr ergebener
((D))

Zu a)
s. a. ZSg. 101/26/581 - 583 v. 19. Oktober 1933
Zu b)
Essener Allgemeine Zeitung (seit 1918), 1875 bis 1917 Essener General-Anzeiger, am 1. 4. 1941 wird die EAZ (Girardet) mit dem Essener Anzeiger (Reismann-Grone) zusammengelegt - 8. 4. 1945.
Fröhliche Stunden bei fahrendem Volk
Das Schulfest des Helmholtz-Realgymnasiums
((Bild: SA-Aufmarsch mit Fahnen und klingendem Spiel; Unterschrift: Eine Szene aus dem lustigen Komödienspiel))
EAZ, Nr. 285 ((a)) v. 17. Oktober 1933, S. 3
Verbot!
Der Herr Regierungspräsident in Düsseldorf hat die Essener Allgemeine Zeitung bis 21. Oktober einschließlich verboten wegen eines in der Ausgabe vom 17. Oktober veröffentlichten Bildberichtes. ...
((Darunter nebeneinander die vertauschten Bilder: "Nachrichtensturm 10/60 weihte seine Fahne" und "Fröhliche Stunden bei fahrendem Volk". Unterschrift: So war die Wiedergabe der Bilder von uns beabsichtigt.
EAZ, Nr. 285 v. 17. Oktober 1933, S. 1
Nachrichtensturm: SA-Sonderabteilung, bestehend aus Winkern, Blinkern, Fernsprechern, Telephonisten und Funkern (Taschenwörterbuch des Nationalsozialismus von H. Wagner, Leipzig 1934, S. 238)

20.10.1933

Das Original der dieser Meldung zugrunde liegenden Auflagenachricht befindet sich im Nachlaß Stephan Quirmbach (1884-1960), des Chefredakteurs der EAZ. Quirmbach wurde mit dem Sohn des Verlegers, dem Redakteur Georg Wenz und dem Metteur verhaftet. (vgl. Entnazifizierungs-Fragebogen im Nachlaß Quirmbach im Institut für Zeitungsforschung, Dortmund)

Die "Essener Allgemeine Zeitung" auf vier Tage verboten
... Der Verlagsdirektor Dr. Girardet, der Chefredakteur, der verantwortliche Redakteur und ein Metteur wurden in Schutzhaft genommen.
FZ, Nr. 763 v. 19. Oktober 1933, S. 3
  s. a. ZSg. 101/2/1 v. 23. Oktober 1933
     ZSg. 101/1/136 - 137 v. 27. Oktober 1933 und dort:
     ZSg. 101/26/573 - 575 v. 24. Oktober 1933 (Erklärung des Polizeipräsidenten):
"... Auch nach dem Druck muß die fertige Zeitung in geeigneter verantwortungsbewußter Weise geprüft werden, und wenn doch **eine** Zeitung mit einer objektiven Beschimpfung des Staates, der Bewegung oder deren Träger den Verlag verläßt, dann haften nach dem Führerprinzip die Führer des Betriebes ..."

s. a. ZSg. 101/26/555 - 556 v. 2. Oktober 1933
Die Unterteilung in "Vertrauliche Mitteilungen" und "Technische Anweisungen" wird - anders als hier angekündigt - im weiteren nicht gemacht. Ab dem 23. Oktober 1933 werden die Anweisungen einfach durchnumeriert, daneben gibt es bis zum 28. Oktober 1933 (ZSg. 101/1/138) noch Anweisungen nach dem alten Muster.

Zu 1.
s. a. ZSg. 101/1/130 v. 20. Oktober 1933
Deutschland hat die Konsequenzen gezogen
Sorgenvolle Stimmung in Genf nach der Überreichung der deutschen Austrittsnote (Drahtbericht unseres ständigen Genfer Vertreters)
... Unmittelbar nach der Übereichung der deutschen Austrittsnote hat Deutschlands höchster Beamter im Völkerbundsekretariat, der bisherige deutsche Untergeneralsekretär Dr. Trendelenburg, Monsieur Avenol seine Demission überreicht, ...
Etwas anders ist die Lage der übrigen deutschen Beamten. Selbstverständlich sind sie alle der Ansicht, daß sie nicht in einem Hause bleiben können, aus dem sich ihr Land zurückziehen mußte, weil es seine Ehre verlangte. Sie unterliegen aber einem sechsmonatigem Kündigungszwang, den sie als vorläufig noch internationale Beamte respektieren müssen. Man kann aber annehmen, daß hierüber in den nächsten Tagen zwischen Berlin und Genf verhandelt werden wird. ...
NZ, Nr. 291 v. 22. Oktober 1933, S. 2
Die Mitteilung über den Austritt aus dem Internationalen Arbeitsamt abgegangen
HHN, Nr. 498 v. 24. Oktober 1933, S. 2
Zu 2.
s. a. ZSg. 101/1/124 v. 17. Oktober 1933
     ZSg. 101/1/130 v. 20. Oktober 1933

20.10.1933

Neues Flugzeugwerk in Johannisthal
Der Flughafen Johannisthal, der über Fliegertradition verfügt und in der Ausbildung der deutschen Vorkriegs- und Kriegsflieger eine große Rolle spielte, erfährt eine neue Belebung. Unter Beteiligung der Ambi-Budd Preßwerk G.m.b.H. ist vor kurzem die "Bücker-Flugzeugbau G.m.b.H. Berlin-Johannisthal" gegründet worden. ... Durch die Beteiligung der Ambi-Budd G.m.b.H. stehen dem neuen Flugzeugwerk u.a. auch die technischen Einrichtungen und Erfahrungen dieses Werkes, in deren Fabrikationsräumen auf dem Flughafen Johannisthal es untergebracht wird, zur Verfügung.
BBC, Nr. 495 v. 22. Oktober 1933, S. 12

Das Großfeuer in Johannisthal
Auf dem Grundstück der Ambi-Werke in der Sturmvogelstraße in Johannisthal brach in der vergangenen Nacht ... ein großes Schadenfeuer aus, das vier Züge der Feuerwehr bis in die frühen Morgenstunden hinein beschäftigte. ... Die Ambi-Werke selbst sind durch das Feuer in keiner Weise in Mitleidenschaft gezogen worden, insbesondere auch das Ambi-Budd-Preß-Werk sowie die Ambi-Lagerei, die der Automobillagerungsgesellschaft gehört, sind absolut nicht mit dem Feuer in Berührung gekommen.
BBC, Nr. 502 v. 26. Oktober 1933, S. 5

Humar rehabilitiert
Mit Rücksicht auf Angriffe, die gegen die Geschäftsführung des Zentralverbandes Deutscher Haus- und Grundbesitzervereine E.V. ... gerichtet waren, hatte der Reichsarbeitsminister eine Nachprüfung... veranlaßt. Die Nachprüfung hat die völlige Haltlosigkeit der Angriffe ergeben. ... Der Präsident des Zentralverbandes Humar hat seine Tätigkeit wieder aufgenommen.
BBC, Nr. 491 v. 20. Oktober 1933, S. 4

Zu 3.

s. a. ZSg. 101/1/20 v. 21. Juni 1933
ZSg. 101/1/46 v. 6. Juli 1933

Adolf Hitler und Göring im Wahlkampf
Der Führer wird in 15 Massenkundgebungen sprechen. Göring will 13 Versammlungen abhalten (Drahtbericht unserer Berliner Redaktion)
Wie wir hören, wird Reichskanzler Adolf Hitler, der bekanntlich persönlich die Führung in dem Kampf für die politische Entscheidung am 12. November übernimmt, insgesamt in 15 gewaltigen Massenkundgebungen zum deutschen Volke sprechen ... Es ist anzunehmen, daß Adolf Hitler auch im Ruhrgebiet sprechen wird. Der Preußische Ministerpräsident Hermann Göring, der sich im Lande Preußen an die Spitze des Wahlfeldzuges gestellt hat, wird, wie wir erfahren, in der Zeit vom 25. Oktober bis 11. November insgesamt 13 Wahlkundgebungen abhalten.
Essen, 20. Oktober. Wie wir aus zuverlässiger Quelle erfahren, wird der Preußische Ministerpräsident Hermann Göring am 28. Oktober in einer Wahlversammlung in Essen sprechen.
NZ, Nr. 289 v. 20. Oktober 1933, S. 1

20./23.10.1933

ZSg. 101/1/134 - 135 a   20. Oktober 1933

Herrn Dr. Heerdegen, Chemnitz, "Allgemeine Zeitung"
Bis auf Anrede und Schlußformel ist der Text identisch mit
ZSg. 101/1/132 - 133 a vom 20. Oktober 1933.

ZSg. 101/26/577 - 580   20. Oktober 1933

Herrn Dr. Esser, Hamburg "Hamburger Nachrichten"
Bis auf Anrede und Schlußformel ist der Text identisch mit
ZSg. 101/1/132 - 133a vom 20. Oktober 1933.

ZSg. 101/2/1/Nr. 1   23. Oktober 1933

<u>Anweisung Nr. 1</u>   <u>Rundruf</u> vom 23.10.33 vorm.
Die Aeusserungen des Essener Polizeipräsidenten zum Verbot der
"Essener Allgemeinen Zeitung" dürfen nicht veröffentlicht werden,
sondern sind von den Redaktionen lediglich als Informations-
material anzusehen.
Gesehen: Fa. D. K.   Weitergegeben an Hbg.   um 11.55 Uhr
                         "   "   Bresl. " 12.05 "
                         "   "   Chemn. " 12.17 "

s. a. ZSg. 101/1/132 - 133 a vom 20. Oktober 1933
      ZSg. 101/1/136 vom 24. Oktober 1934
<u>Zum Verbot der "Essener Allgemeinen Zeitung"</u>
Zum Verbot der "Essener Allgemeinen Zeitung" schreibt der Polizeipräsident: ...
NZ, Nr. 292 v. 23. Oktober 1933, S. 4
(identisch mit ZSg. 101/26/573 - 575 vom 24. Oktober 1933)

ZSg. 101/1/136 - 137				24. Oktober 1933

An Hamburg, Breslau, Chemnitz, Dresden. Berlin, den 24.10.1933.
In der Anlage [1] übersende ich Ihnen die Abschrift einer Zuschrift, die der Essener Polizeipräsident in der "Allgemeinen Zeitung Essen" veröffentlicht hat. Wie erinnerlich, war vor einigen Tagen die "Allgemeine Zeitung Essen" auf 4 Wochen [2] verboten worden. Gleichzeitig wurden der Verleger, der Chefredakteur, der verantwortliche Umbruchsredakteur und der Metteur für einige Tage in Schutzhaft genommen. Der Grund für die Aktion war, wie vielleicht schon bekannt ist, der, dass bei der Herstellung der Zeitung zwei Bilder verwechselt wurden und demzufolge das Bild eines SA-Aufmarsches über eine Unterschrift geriet, die auf ein Karnevalsbild Bezug hatte. Die ursprüngliche scharfe Strafe eines langen Verbots und einer langwierigen Schutzhaft sind auf Betreiben Berliner Stellen abgemildert worden, sodass die Verhafteten inzwischen frei sind und die Zeitung wieder erscheint. Sie hat aber beigefügte Zuschrift des Polizeipräsidenten veröffentlichen müssen. Es ist unmittelbar nach Veröffentlichung dieser Zuschrift an die deutsche Presse die Aufforderung ergangen, diese Zuschrift nicht zu übernehmen. Ich habe mich erkundigt, ob diese Anweisung als Ablehnung der Auffassungen des Polizeipräsidenten von Essen durch die Zentralstellen in Berlin aufzufassen sei. Das ist nicht der Fall. Man hält es lediglich grundsätzlich nicht für zweckmässig, über die Frage der Pflichten und Aufgaben der Journalisten in der Oeffentlichkeit zu diskutieren, weil das wiederum Anlass zu einer unerwünschten Auslandspropaganda geben könnte. Die in der Zuschrift zum Ausdruck gebrachten Auffassung des Polizeipräsidenten werden aber auch von den Zentralstellen in Berlin geteilt und ich glaube, dass auch die Oberpräsiden-						b.w.

((ZSg. 101/1/137))
ten bezw. die Reichsstatthalter ebenfalls die Auffassung vertreten, dass die Verantwortung über den Inhalt der Zeitung sich erstreckt bis zu dem Augenblick, da das erste Exemplar die Rotation ver-

lässt. Ich teile Ihnen das in dieser Ausführlichkeit mit, weil
ich glaube, dass es absolut notwendig ist, auch in dieser Frage
zu überprüfen, ob in unserem Betrieb die erforderlichen
Sicherheitsfaktoren eingebaut sind.
gez. Dertinger.

Zu 1) ZSg. 101/26/573
Zum Verbot der "Essener Allgemeinen Zeitung" schreibt der
Polizeipräsident: "Ich nehme nicht an, daß einer der beteiligten
Angestellten der "Essener Allgemeinen Zeitung" das objektiv als
schwere Beschimpfung der SA und der nationalsozialistischen Bewegung wirkende Versehen der Druckerei absichtlich herbeigeführt hat. Lägen hierfür irgendwelche Anhaltspunkte vor, dann
wäre das kurzfristige Verbot der Zeitung und die ebenfalls nur
kurzfristige Inschutzhaftnahme der Beteiligten selbstverständlich
keine hinreichende Sühne. Aber, wenn ich auch anerkenne, daß es
sich nur um das Walten eines - allerdings recht boshaften -
Druckfehlerteufels handelt, so ist andererseits nicht zu verkennen, daß die Wirkung des Versehens in der Öffentlichkeit und
namentlich im Ausland genauso staatsschädigend ist, wie wenn sie
beabsichtigt gewesen wäre, und der jüdischen Hetzpropaganda im
Ausland konnte aus Deutschland kaum ein willkommenerer Bissen
vorgeworfen werden, wie das Versehen der "Essener Allgemeinen
Zeitung". Diese Erkenntnis macht es notwendig, daß der gesamten
Presse Essens und ganz Deutschlands so eindrucksvoll wie nur
möglich, vor Augen geführt wird, daß sie alles daran zu setzen
hat, um Versehen gleicher oder ähnlicher Art in Zukunft zu vermeiden. Es darf in Zukunft einfach nicht möglich sein, daß eine
Zeitung mit derartigen Druckfehlern die Druckerei verläßt. Mit
der Arbeit des Metteurs und dem Druck darf die Tätigkeit der
Redaktion nicht beendet sein. Auch nach dem Druck muß die fertige
Zeitung in geeigneter verantwortungsbewußter Weise geprüft
werden, und wenn doch **eine Zeitung mit einer objektiven Beschimpfung**
des Staates, der Bewegung oder deren Träger den Verlag verläßt,
dann haften nach dem Führerprinzip die Führer des Betriebes- in
erster Linie also der Verleger und Hauptschriftleiter und dann
die unmittelbar Verantwortlichen, ohne daß sie mit etwaigen Entschuldigungen gehört werden könnten.
Zeitungsnachrichten wirken in der Öffentlichkeit absolut, wenn
sie einmal verbreitet sind.

ZSg. 101/26/575
<u>Ebenso absolut ist die Verantwortlichkeit der Führer des Zeitungsverlages</u>, wenn die Wirkung ihrer Zeitung volksschädigend ist. Das
ist die Lehre, welche alle verantwortlichen Leiter von Zeitungsbetrieben aus dem Verbot der "Essener Allgemeinen Zeitung" und
der Inschutzhaftnahme des Verlegers, des Hauptschriftleiters und
zweier weiterer Angestellten zu ziehen haben. Ich möchte nicht
unterlassen, darauf hinzuweisen, daß der Herr Regierungspräsident

24.10.1933

nur deshalb von einem längeren Verbot der Zeitung abgesehen hat, weil er Rücksicht auf die an dem grobfahrlässigen Versehen der verantwortlichen Schriftleitung unschuldige Belegschaft und nicht zuletzt auf die Leserschaft der "Essener Allgemeinen Zeitung" nehmen wollte."
(ZSg. 101/26/573-575 v. 24. Oktober 1933)
Zu 2)
Das Verbot erstreckte sich auf 4 Tage. Die EAZ erschien am 22. Oktober 1933 wieder.
s. a. ZSg. 101/1/132 - 133a v. 20. Oktober 1933
ZSg. 101/2/1/Nr. 1 v. 23. Oktober 1933

ZSg. 101/2/2/Nr. 2   24. Oktober 1933

Anweisung Nr. 2.   Rundruf vom 24.10.33
Bilder über die Notlandung des Postflugzeuges in der Nähe des Witzlebener Senders dürfen nicht veröffentlicht werden.
Gesehen: D., Fa., K.   Weitergeben an Hbg.   um 11.43 Uhr
                                    "   " Brs.   " 11.19 Uhr
                                    "   " Chmn. " 12.33 "

s. a. ZSg. 101/1/45 v. 6. Juli 1933
ZSg. 101/1/99 v. 5. September 1933
ZSg. 101/2/24/Nr. 33 v. 1. November 1933
Witzlebener Sendeantenne vom Flugzeug beschädigt
Die Maschine beim Sportforum gelandet. Niemand verletzt.
... Das Postflugzeug D 901, eine dreimotorige Junkersmaschine vom Typ G 24, versieht den regelmäßigen Dienst auf der Postfrachtlinie Pf 1 Berlin-London und zurück. Das Flugzeug, das von dem Piloten Drechsel gesteuert wurde, hatte London mit Post und Fracht für Berlin verlassen und sollte flugplanmäßig gegen 5 Uhr früh auf dem Zentralflughafen Tempelhof eintreffen. ...
BLA, Nr. 503 v. 24. Oktober 1933, S. 3
Postflugzeug zerreißt Sende-Antenne
... Auf keinen Fall wird die heute abend erfolgende Übertragung der Kanzlerrede durch den Rundfunk irgendeine Beeinträchtigung erfahren.
VZ, Nr. 508 v. 24. Oktober 1933, S. 4

s. a. HHN, Nr. 498 v. 24. Oktober 1933, S. 3
BBC, Nr. 498 v. 24. Oktober 1933, S. 5
BLA, Nr. 504 v. 25. Oktober 1933, S. 6

ZSg. 101/2/3/Nr. 3   24. Oktober 1933

Anweisung Nr. 3.   Bestellung aus der Pressekonferenz
                               v.24.10.33

Ueber die heutige Hitlerrede darf wie üblich nur der amtliche Text von WTB veröffentlicht werden. Er wird keinesfalls rechtzeitig für die Morgenblätter kommen. Mit einer Veröffentlichung ist erst in den Mittwoch-Abendblättern (25.10., gtz) zu rechnen. Möglicherweise wird durch WTB ein kurzer Vorbericht für die Morgenblätter gebracht, dieser kann veröffentlicht werden, jedoch ist es sehr zweifelhaft, ob dieser Bericht rechtzeitig eintreffen wird.

Gesehen: Fa., D., K.   Weitergegeben an Hbg.   um 12.52 Uhr
                               "   " Brs.   " 12.50 "
                               "   " Chmn. "   1.00 "

<u>Berliner Begeisterungssturm für den Führer</u>
Die erste Wahlrede des Reichskanzlers. Ganz Berlin will den Führer hören - Triumphfahrt zum Sportpalast. Scharfe Abrechnung.
((Großer Stimmungsvorbericht über die Hälfte der Seite))
HHN, Nr. 499 v. 25. Oktober 1933 (M.A.), S. 1

<u>Hitlers gewaltige Abrechnung</u>
Das Diktat von Versailles - Die Abrüstungsfrage - Die Hand des Redens - Das Volk soll entscheiden.
Die große Rede des Führers / Der Reichskanzler über das System der Nachkriegsverträge
HHN, Nr. 500 v. 25. Oktober 1933 (A.A.), S. 1-2

ZSg. 101/2/4/Nr. 4   24. Oktober 1933

Anweisung Nr. 4.   Bestellung aus der Pressekonferenz
v.24.10.33.
In Teheran wird ein Prozess gegen einen deutschen Staatsangehörigen mit Namen Lindenblatt in Kürze durchgeführt werden. Das Deutsche Konsulat bittet bis auf Widerruf von Veröffentlichungen über diesen Prozess abzusehen.
Gez. Dertinger.
Gesehen: D., Fa., K.   Brieflich an Hbg., Bresl., Chemn. mittags.

Bestellungen aus der Pressekonferenz v.25.10.33.

ZSg. 101/2/5/Nr. 5   25. Oktober 1933

Der Aufruf der Sportverbände zur Reichstagswahl, der bereits durch die TU verbreitet worden ist, soll nicht veröffentlicht werden, da er noch nicht die Kontrollinstanzen passiert hat.

ZSg. 101/2/5/Nr. 6   25. Oktober 1933

Zur Kündigung des deutsch-finnischen Handelsvertrages wird morgen ein amtlicher deutscher Kommentar ausgegeben werden. Bis dahin soll sich die deutsche Presse einer Kommentierung des Vorganges enthalten.

Die Kündigung des deutsch-finnischen Handelsvertrages
Der deutsche Gesandte in Helsingfors hat der finnischen Regierung heute die Kündigung des deutsch-finnischen Handelsvertrages überreicht. Die Kündigung ist zum 31. Dezember 1933 er-

folgt. Der Gesandte erklärte bei dieser Überreichung des Kündigungsschreibens, daß Deutschland bereit sei, vor Ablauf des Vertrages in Verhandlungen einzutreten.
HHN, Nr. 499 v. 25. Oktober 1933, S. 5

<u>Zur Kündigung des deutsch-finnischen Handelsvertrages</u>
... Die Vertragslage zwischen Deutschland und Finnland hat sich nämlich grundlegend geändert durch die handelspolitischen Vereinbarungen, die Finnland im Laufe des September mit England getroffen hat. Am 29. September ist der englisch-finnische Handelsvertrag zum Abschluß gekommen. In diesem Vertrag werden den Engländern zuviel Zugeständnisse gemacht, so daß dadurch das Gleichgewicht der deutsch-finnischen Handelsbeziehungen auf das Schwerste gestört worden ist. ... Bei dieser Sachlage blieb der Reichsregierung nichts anderes übrig, als den deutsch-finnischen Handelsvertrag zu kündigen mit dem Ziele der Herstellung neuer erheblicher Vertragsbeziehungen zwischen Deutschland und Finnland, die gegenüber England auch auf handelspolitischem Gebiet die deutsche Gleichberechtigung sicherstellen. ...
HHN, Nr. 505 v. 28. Oktober 1933, S. 5
s. a. BBC, Nr. 504 v. 27. Oktober 1933, S. 8

ZSg. 101/2/5/Nr. 7   25. Oktober 1933

Die Reichsregierung bittet **dringend um grosszügigste Aufmachung** der gestrigen Rede des Reichskanzlers. Sollte bereits mit der Veröffentlichung der Rede heute abend ein Kommentar verbunden sein, so müsse trotzdem morgen und in den nächsten Tagen noch weiter in Kommentaren zu der Rede Stellung genommen werden. Hierzu bestellt die Berliner Redaktion, dass auch wir für das Morgenblatt noch einen Kommentar liefern werden, der besondere aussenpolitische Gesichtspunkte unterstreicht.

Gesehen: Fa., D., K.   Weitergegeben an Hbg.   um 12.40 Uhr
                             "   " Brsl.   " 12.55 "
                             "   " Chmn.   " 1.00 "

s. a. Zsg. 101/2/3 Nr. 3 v. 24. Oktober 1933

25.10.1933

Anlage und Bekenntnis
... Mit der Rede des Reichskanzlers hat das aussenpolitischen Gesicht der Welt sich geändert.
... Der Führer hat der Welt die große Chance gegeben. Wir werden sie in Ehren und Entschlossenheit für den Frieden der Völker duchzusetzen versuchen. Um das Glück oder Unglück der Welt spielen jetzt aber die anderen Völker.
HHN, Nr. 502 v. 26. Oktober 1933, S. 1

Außenpolitik durch Reichstagswahlen
HHN, Nr. 504 v. 27. Oktober f933, S. 1

s. a. FZ, Nr. 775 v. 25. Oktober 1933, S. 1
FZ, Nr. 776 v. 26. Oktober 1933, S. 3

ZSg. 101/2/6/Nr. 8   25. Oktober 1933

Der in der "Deutschen Volkswirtschaft" (Nationalsozialistischer Wirtschaftsdienst) Nr. 14 veröffentlichte Artikel "Sicherung der deutschen Zuckerversorgung" darf nicht nachgedruckt werden.
Gesehen: D., Fa., K.   Weitergegeben an Hbg.   um 2.13 Uhr
                                     "   " Brsl.   " 1.57 "
                                     "   " Chmn.   " 1.09 "

R.E.Gr.: Sicherung der deutschen Zuckerversorgung
... Die heute am 16. Oktober erschienene Schätzung der Zuckerfabriken selbst kommt ebenfalls betreffs der zu erwartenden Ernte zu einer niedrigeren Ziffer von 8 086 000 Tonnen Zuckerrüben und kaum 1 290 000 Zuckers. Die unzweifelhaft in eine gewisse Gefahr gebrachte Versorgung der deutschen Bevölkerung mit Zucker verlangt die Feststellung der Verantwortlichkeit für die zu weit getriebenen Einschränkungsmaßnahmen. Hier ist ein Mißbrauch mit der Kartellgewalt getrieben worden, um sich der Kosten für die Haltung von notwendigen Vorratsreserven an Zucker unter Gefährdung der Allgemeinheit zu entledigen.
Die Deutsche Volkswirtschaft, 2. Jg. (1933),Nr. 14 v. 20. Oktober 1933, S. 422-423.

ZSg. 101/2/7/Nr. 9   25. Oktober 1933

Rundruf vom 25.10.33.
Da das italienische Kronprinzenpaar nur inkongnito in Berlin ist, darf in der Presse über seinen Aufenthalt und über seinen harmlos verlaufenen Autounfall nichts gebracht werden.
Gesehen: Fa., D.,K.   Weitergegeben an Hbg. um 2.13 Uhr
                                     " Brsl.   " 6.35 "
                                     " Chemn. " 3.20 "

Der italienische Kronprinz Umberto II. war durch die Heirat seiner Schwester Mafalda mit Prinz Philipp von Hessen verschwägert (s. a. ZSg. 101/3/159/Nr. 422 v. 9. April 1934)

ZSg. 101/2/8/Nr. 10   25. Oktober 1933

Bestellung vom Pr.M. v. 25.10.33.
Streng vertraulich!
Für den Fall, dass der gestürzte französische Ministerpräsident Daladier als Kriegs- oder Aussenminister in einem neuen Kabinett wiederkehren sollte, wird gebeten, von allzu freundlichen Begrüssungen abzusehen und insbesondere seine Verständigungsbereitschaft nicht zu sehr zu unterstreichen. Ein deutsches Lob würde Daladier allzu grosse innerpolitischen Schwierigkeiten bereiten. Andererseits sollen aber auch keine Angriffe gegen ihn gerichtet werden, die geeignet wären, seine Eitelkeit zu verletzen.
Gesehen: Fa., D., K.   Weitergegeben an Hbg. um 9.45 Uhr abds.
                                     " Brsl. " 8.05 "   "
                                     " Chemn. brieflich

25./26.10.1933 - 184 -

s. a. ZSg. 101/1/124 v. 17. Oktober 1933
ZSg. 101/26/557 ff. (Informationsbericht Nr. 27 v. 18. Oktober 1933)
Nach seinem Sturz am 23. Oktober 1933 wurde Daladier zunächst Kriegsminister und im Januar 1934 wieder Ministerpräsident für einen Monat.

Das Kabinett Sarraut gebildet
Daladier Kriegsminister - Paul-Boncour Außenminister - Kaum personelle Änderungen
HHN, Nr. 504 v. 27. Oktober 1933, S. 2
s.a. ADAP, Serie C, Bd. II,1, Nr. 27

ZSg. 101/2/9/Nr. 11   26. Oktober 1933

Bestellung aus der Pressekonferenz v. 26.10.33.
Ueber die neuen Baumethoden bei den Reichsautobahnen und über neue technische Probleme, die damit im Zusammenhang stehen, sollen Mitteilungen nur nach Verständigung mit den zuständigen Stellen veröffentlicht werden.
Gesehen: Fa., K., D.   Weitergegeben an Hbg. um 2.05 Uhr
                                          " Brsl. " 7.05 "
                                          " Chmn. brieflich abds.

Deutschlands Straßennetz wird mustergültig
Generalinspektor Dr. Todt zu akuten Fragen des Straßenbaues
... für die Reichsautobahnen, die sehr hohe Geschwindigkeiten zulassen, kommen nur Bauweisen in Frage, die sich im Straßenbau einwandfrei bewährt haben, keine hohen Unterhaltsaufwendungen erfordern und genügend Tragfähigkeit besitzen. ...
NZ, Nr. 303 v. 3. November 1933, S. 3

27.10.1933

Bestellungen aus der Pressekonferenz v. 27.10.33

ZSg. 101/2/10/Nr. 12   27. Oktober 1933

Die Mitteilungen der NSK über die Wahllisten können gebracht werden. Dagegen ist die Meldung der TU, dass in allen Wahlkreisen ein und dieselbe Liste vorgelegt würde, falsch. Die Dinge liegen so, dass die ersten 10 Namen auf allen Wahllisten die gleichen sind, ab Nummer 11 jedoch jeder Wahlkreis verschiedene Kandidaten aufstellt.

Nationalsozialistische Parteikorrespondenz (NSK): ab 1931/32 im Eher-Verlag von Wilhelm Weiß im Auftrag von Hitler herausgegebener Pressedienst; Hauptschriftleiter: Helmut Sündermann.
"Die NSK ist der einzige Parteiamtliche Pressedienst der NSDAP. Sie dient der Verlautbarung der Parteimeinung in allen politischen, wirtschaftlichen und kulturellen Fragen. Außerdem unterrichtet ihr Artikel- und Nachrichtendienst die deutsche Öffentlichkeit über alle wesentlichen Vorgänge und Arbeiten innerhalb der Partei."
(Handbuch der deutschen Tagespresse, 6. Aufl. Berlin 1937, S. 302)
s. a. ZSg. 101/2/82/Nr. 141 v. 30. Dezember 1933
Kandidatenliste für die Reichstagswahl
Der Führer an der Spitze der Einheitsliste
((Hitler, Heß, Frick, Göring, Goebbels, Röhm, Darré, Seldte, von Papen, Hugenberg))
HHN, Nr. 504 v. 27. Oktober 1933, S. 1
s. a. VB (N.A.), Nr. 301 v. 28. Oktober 1933, S. 2

ZSg. 101/2/10/Nr. 13   27. Oktober 1933

Der Reichsverband des Deutschen Gross- und Ueberseehandels veröffentlicht in seiner Korrespondenz einen Artikel, in dem zu den letzten Erklärungen des Wirtschaftsbeauftragten beim Reichskanzler Keppler Stellung genommen wird und in dem wieder auf den alten Gegensatz Einzelhandel-Genossenschaften hingewiesen wird. Die Regierung bedauert diesen Artikel und bittet ihn nicht zu veröffentlichen.

27.10.1933

Wilhelm Keppler (1882-1960), am 13. Juli 1933 von Hitler zum Wirtschaftsbeauftragten in der Reichskanzler und in der Partei ernannt worden (als Nachfolger von Otto Wagener, s.a ZSg. 101/1/61 v. 11. Juli 1933)

Richtlinien für den Handel
... Die Mißstände wurden noch dadurch gesteigert, daß im Laufe der letzten Jahrzehnte neuartige Systeme sich im Handel breitmachten. Es sind dies vor allem die korporativen Handels- und Finanzsysteme, wie Warenhäuser, Einkaufs- und Konsumgenossenschaften, Werkhandelsgesellschaften, die Filialsysteme und Aktiengesellschaften.
Alle diese Unternehmungen können wir im Handel entbehren. Wir wollen statt dessen aufbauen auf der einzelnen Person des unternehmenden Kaufmanns, ...
Deutscher Groß- und Überseehandel, 18. Jg. (1933), Nr. 10, S.111f.
s. a. BT, Nr. 495 v. 21. Oktober 1933, S. 1

Hamburger Handel begrüßt Wirtschaftspolitik der Reichsregierung
BT, Nr. 505 v. 27. Oktober 1933, S. 8
s. a. FZ, Nr. 775 v. 25. Oktober 1933, S. 3

ZSg. 101/2/10/Nr. 14   27. Oktober 1933

Die Reichsregierung bittet, sofern es noch nicht geschehen ist, den Wahlaufruf des Reichsbischofs möglichst in guter Aufmachung zu veröffentlichen.

Der Reichsbischof an die Christenheit der Welt
Aufruf zu flammendem Protest gegen die Herrschaft der Lüge im Leben der Völker
Zum 450. Geburtstag Dr. Martin Luthers am 10. November übergibt Reichsbischof Müller der Öffentlichkeit eine Kundgebung, die sich nach einer Aufforderung an das deutsche Volk zur Erfüllung der vaterländischen Pflicht am 12. November mit großer Eindringlichkeit an die Christenheit der Welt richtet. ...
BLA, Nr. 508 v. 27. Oktober 1933, S. 1

- 187 -   27.10.1933

ZSg. 101/2/10/Nr. 15   27. Oktober 1933

Die Meldung, die auch leider in der BZ schon erschienen ist, über die Notlandung eines deutschen Wasserflugzeuges in England, soll nicht veröffentlicht werden. Ueber den Flug an sich mit Ausnahme des Unfalls kann andererseits berichtet werden.
Gesehen: Fa., D., K.   Weitergegeben an Hbg.   um 1 Uhr
                                       " Brsl.   " 1.05 Uhr
                                       " Chmn.   " 1.15 "

s. a. ZSg. 101/2/24/Nr. 33 v. 1. November 1933
<u>Zwei deutsche Flugboote nach Rio unterwegs</u>
Zwei Dornierwalflugboote, die am Donnerstagmorgen von Travemünde zu einem Versuchsflug Berlin - Rio de Janeiro aufgestiegen sind, trafen am Donnerstagnachmittag um 16.30 Uhr MEZ. im Seeflughafen Woolston bei Southampton ein. Die Wasserung ging bis auf einen leichten Unfall des einen Flugbootes glatt vonstatten. Die starke Flut hatte die Maschine gegen einen Landungssteg getrieben, wobei die eine Tragfläche leicht beschädigt wurde. ...
VB (N.A.), Nr 301 v. 28. Oktober 1933, S. 9
s. a. BLA, Nr. 508 v. 27. Oktober 1933, S. 3
HHN, Nr. 506 v. 28. Oktober 1933, S. 3
Joachim Matthias, Deutscher Luftverkehr und deutsche Volkswirtschaft. In: Deutsche Volkswirtschaft, 2. Jg. (1933), Nr. 16, S. 504-507.

ZSg. 101/2/11/Nr. 16   27. Oktober 1933

Wolff-Rundspruch am 27.10.33.
Die Notiz des Reichsarbeitsministeriums in der Pressekonferenz wurde mit falscher Ueberschrift herausgegeben. Die richtige Ueberschrift lautet: "Starke Steigerung der Einnahmen der **Invalidenversicherung**".
Gesehen: D., Fa., K.   Weitergegeben an Hbg. um 9.15 Uhr
                                       " Bresl." 6.45 "
                                       " Chemn." 3.15 "

27./28.10.1933

Starke Steigerung der Einnahmen in der Invalidenversicherung
Der Rückgang der Arbeitslosigkeit zeigt sich nunmehr auch in
den gesteigerten Einnahmen bei der Invalidenversicherung...
(Die Steigerung der Eingänge bei der Invalidenversicherung verdient besonders deshalb Interesse, weil die Ziffern der Arbeitslosenstatistik dadurch von einer anderen Seite her bestätigt werden. Red.)
FZ, Nr. 781 v. 28. Oktober 1933, S. 3
s. a. HHN, Nr. 505 v. 28. Oktober 1933, S. 2
ZSg. 101/2/28/Nr. 40 v. 2. November 1933

ZSg. 101/1/138   28. Oktober 1933

An Hamburg, Breslau, Chemnitz, Dresden.
Betr. Propaganda zur Reichstagswahl.
Das Reichspropagandaministerium hat die Landesstellen aufgefordert, die örtliche Presse zusammenzufassen und sie planmässig im Wahlkampf einzusetzen. Die Landesstelle Berlin hat bereits mit dieser Tätigkeit begonnen und die Berliner Zeitungen zu einer besonderen Pressebesprechung eingeladen. An diesem Vorgang ist von Interesse der Inhalt des Schreibens, in dem diese Einladung ausgesprochen wurde. In diesem Schreiben wird zunächst erklärt, dass die Presse unter allen Umständen zu dieser Veranstaltung erscheinen müsse und dass irgendwelche Entschuldigungen, wie sie merkwürdigerweise sonst immer vorgebracht würden, nicht anerkannt werden könnten und man ein Fernbleiben der Zeitung als böswilligen Akt betrachten müsse. Des weiteren wird die Zeitung aufgefordert, ihre Auflagenhöhe, ihre finanzielle Kraft usw. anzugeben. Der Grundgedanke für diese Fragen ist natürlich der, statistische Unterlagen über die Werbekraft, über den Bedarf an Flugblättern usw. zu erhalten. Wie ich hier von der Zentralstelle des Reichspropagandaministeriums höre, wird jedoch dieses Schreiben der Landesstelle Berlin missbilligt. Es wird ausdrücklich darauf hingewiesen, dass keiner-

lei Verpflichtungen bestehen, derartige indiskrete Fragen zu beantworten. Ich beeile mich Ihnen das mitzuteilen, da ich annehmen muss, dass auch die Landesstellen draussen mit ähnlichen Fragen an die Zeitungen herantreten werden.
gez. Dertinger.

s. a. ZSg. 101/26/581 - 583 v. 19. Oktober 1933
    ZSg. 101/26/585 - 591 v. 1. November 1933
Leiter der Landesstelle Berlin (Hermann-Göring-Str. 5) war Walther Schulze-Wechsungen.

Pressekonferenz

ZSg. 101/2/12/Nr. 17   28. Oktober 1933

In der zweiten Novemberhälfte finden Küstenluftschutz-Uebungen, vor allem an der Ostsee statt. Es dürfen hierüber keine Meldungen gebracht werden, bevor nicht eine amtliche Mitteilung des Reichspropagandaministeriums vorliegt.

s. dazu: <u>Die Luftabrüstung Deutschlands und der fehlende Luftschutz</u>
    Ministerpräsident Göring über deutsche Luftfragen
    VB (N.A.), Nr. 304 v. 31. Oktober 1933, S. 2

ZSg. 101/2/12/Nr. 18   28. Oktober 1933

In der ausländischen Presse erscheinen wiederholt Nachrichten, dass Durchgangspost in Deutschland beschlagnahmt worden sei. Es

28.10.1933   - 190 -

handelt sich um Post, die vom Auslande durch Deutschland
wieder ins Ausland geht. Die Regierung bittet, solche Meldungen
nicht aufzugreifen oder gar gegen sie zu polemisieren. Es
handelt sich meistens um Sendungen an sich in Deutschland unerlaubten Inhalts. Da es sich aber um reine Durchgangspost
handelt, besteht an sich keine Handhabe, diese Post zu beschlagnahmen. Da und dort sind im Uebereifer Fehler passiert,
die Beschlagnahmen müssen jedoch fast ausnahmslos rückgängig
gemacht werden. Man bittet von diesen Vorgängen keine Notiz zu
nehmen.

Ausländische Postspionage
In jüngster Zeit sind Fälle bekannt geworden, wonach ausländische Stellen die für deutsche amtliche Personen bestimmte
Post unbefugterweise schriftlich bei deutschen Postämtern umbe-
stellt haben. Die Anträge lauteten auf Umleitung dieser Post
in einen ausländischen Staat. Offenbar bezwecken die Antrag-
steller hiermit, auf diese Weise widerrechtlich Einblick in
die ihnen wichtig erscheinenden Postsachen zu gewinnen. Die
Öffentlichkeit wird hierauf aufmerksam gemacht.
HHN, Nr. 519 v. 5. November 1933, S. 7

ZSg. 101/2/12/Nr. 19   28. Oktober 1933

Der Aufruf "Das ganze Deutschland soll es sein", soll nicht nur
im textlichen Wortlaut gebracht werden, sondern nach Möglichkeit
auch die Liste der Unterschriften. Die Veröffentlichung soll
in der Sonntagsnummer [1] erfolgen.
Gesehen: D., Fa., K.   Weitergegeben an Hbg. briefl. Bh.Brf.
                                   " Brsl. um 7.04 Uhr
                                   " Chmn, brieflich abd.

1) Sonntag: 29. Oktober 1933
Das ganze Deutschland soll es sein!
In der Erkenntnis, daß der Entschluß der Reichsregierung, die Ehre

- 191 - 28./30.10.1933

Deutschlands über die Mitarbeit im Völkerbund zu stellen, im ganzen Volke als eine befreiende Tat begrüßt wird, haben sich die unterzeichneten Verbände zusammengefunden, um in den Kreisen ihrer Mitglieder alle Kräfte dafür einzusetzen, daß der freudige Widerhall dieser Regierungsmaßnahme seinen Ausdruck findet in einer einstimmigen Bejahung am 12. November. ...
((Mit Liste))
BBC, Nr. 507 v. 29. Oktober 1933, S. 3
s. a. HHN, Nr. 508 v. 30. Oktober 1933, S. 1 ((ohne Liste))

Bestellungen aus der Pressekonferenz v. 30.10.33.

ZSg. 101/2/13/Nr. 20 30. Oktober 1933

Die heutige Abendveranstaltung im Sportpalast mit den Reden von Rosenberg und Koch sind zur Berichterstattung frei. Ein amtlicher Text braucht nicht abgewartet zu werden.

Alfred Rosenberg (1893 in Reval-1946 in Nürnberg), Architektur-Studium in Riga und Moskau, seit 1921 Chefredakteur des "Völkischen Beobachter", 1930 MdR, 1933 Leiter des Außenpolitischen Amtes der NSDAP, 1934 Beauftragter für die Überwachung der weltanschaulichen Erziehung der NSDAP, 1941-1945 Minister für die besetzten Ostgebiete (s. a. ZSg. 101/3/72/Nr. 267 v. 13. Februar 1934)

Erich Koch (geb. 1896), 1922-1928 Mitglied der Gauleitung Ruhr, 1928 Gauleiter von Ostpreußen, 1930 MdR, 1933 Oberpräsident in Königsberg, 1941-1944 Reichskommissar für die Ukraine, 1950 an Polen ausgeliefert, zunächst zum Tode, wegen Erkrankung zu lebenslänglicher Haft verurteilt.
(s. a. ZSg. 101/1/66 v. 27. Juli 1933
  ZSg. 101/1/67 v. 29. Juli 1933
  ZSg. 101/1/81 v. 17. August 1933)

Rosenberg und Koch über Deutschlands Weltgeltung und die Arbeitsschlacht
HHN, Nr. 510 v. 31. Oktober 1933, S. 2

ZSg. 101/2/13/Nr. 21   30. Oktober 1933

Die für heute in Aussicht genommene Rede des Reichskanzlers in Würzburg findet nicht statt. Statt dessen spricht Ministerpräsident Göring.

Wir wollen keine Kanonen, sondern unsere Ehre
Ministerpräsident Göring spricht in Würzburg
HHN, Nr. 509 v. 31. Oktober 1933, S. 3

ZSg. 101/2/13/Nr. 22   30. Oktober 1933

Der schwedische Aussenminister [1] hat in Göteborg eine grosse Rede gehalten. Zu dieser wird WTB einen Kommentar veröffentlichen. Die Rede soll nur zusammen mit diesem WTB-Kommentar gebracht werden.
Gesehen: Fa. K., D.   Weitergegeben an Hbg. um 12.50 Uhr
                                    "   Brsl. " 12.55 "
                                    "   Chmn. "   1.10 "

[1] **Eickard Johann Sandler** (1884-1964), 1925-1926 schwedischer Ministerpräsident, 1932-1939 Außenminister

Schwedens Außenminister zur deutschen Nordgrenze
In der am Sonnabend in Göteborg über die deutsch-schwedischen Beziehungen gehaltenen Rede wiederholte der schwedische Außenminister Sandler seine Erklärung vom 6. Mai, daß die Wiedervereinigung Nordschleswigs mit Dänemark von der schwedischen Öffentlichkeit mit tiefer Sympathie begrüßt worden sei. ...
Wenn man sich überlegt, welchen Zweck der schwedische Außenminister mit dieser eigentümlichen Erklärung verfolgt, so kann man nur zu dem Schluß kommen, daß die schwedische Regierung ein Interesse daran hat, die deutsch-dänischen Beziehungen erneut zu stören. Es ist eine Art amtlicher Greuelpropaganda, die die Folge davon ist, daß gewisse Regierungen in enger Abhängigkeit von den deutschfeindlichen sozialistischen Drahtziehern sind.
HHN, Nr. 509 v. 31. Oktober 1933, S. 2

Dagegen:
Gegen Boykott deutscher Waren
Der schwedische Außenminister hielt am Sonntag in Gotenburg einen

außenpolitischen Vortrag, in dem er sich entschieden gegen den von den sozialdemokratischen Gewerkschaften Schwedens verhängten Boykott deutscher Waren aussprach. Diese Stellungnahme hat insofern ganz besondere Bedeutung, als Schweden eine sozialdemokratische Regierung hat und der Außenminister selbst Sozialdemokrat ist.
BBC, Nr. 508 v. 30. Oktober 1933, S. 2

ZSg. 101/2/14/Nr. 23 31. Oktober 1933

Bestellung aus der Pressekonferenz v. 31.10.1933
Das Propagandaministerium bittet Veröffentlichungen über die Zusammensetzung der Reichswahlliste nicht zu bringen, bevor die amtliche Verlautbarung erfolgt. Ein Teil nationalsozialistischer Zeitungen hat aus lokalen Gründen einige Veröffentlichungen vorgenommen, die nicht den Tatsachen entsprechen und die die Zusammenstellung der Liste erheblich verzögert haben. Es wird daher gebeten, diese Kombinationen nicht fortzusetzen.
Gesehen: Fa., D., K. Weitergegeben an Hbg. um 1.32 Uhr
                                    " Brsl. " 1.40 "
                                    " Chmn. brieflich abd.

s. a. ZSg. 101/2/10/Nr. 12 v. 27. Oktober 1933
<u>Reichswahlvorschlag der NSDAP **wird Anfang nächster Woche veröffentlicht**</u>
... Die Vorschrift des Reichswahlgesetzes, wonach Reichswahlvorschläge spätestens am 11. Tag vor dem Wahltag veröffentlicht werden sollen, ist keine zwingende Bestimmung, wie sich aus der "Soll"-Formulierung ergibt. ... Da es bei dieser Wahl nur einen Wahlvorschlag gibt, besteht keine Veranlassung, die Soll-Vorschrift hinsichtlich der Frist der Einreichung des Reichswahlvorschlages einzuhalten.
BT, Nr. 514 v. 1. November 1933, S. 1
<u>Hamburgs Kreiswahlvorschlag festgesetzt</u>
...
Der Wahlvorschlag im Wahlkreis XIII (Schleswig-Holstein-Lübeck)
...
HHN, Nr. 510 v. 31. Oktober 1933, S. 6

31.10.1933

Bestellungen aus der Pressekonferenz v. 31.10.1933.

ZSg. 101/2/15/Nr. 24   31. Oktober 1933

Bei Berichterstattungen über Veranstaltungen der Reichswehr soll ein genauer Unterschied zwischen Besuchen der Reichswehr und Besichtigungen gemacht werden. Wenn der Reichskanzler, ein Minister, ein Reichsstatthalter usw. oder SA-Führer zur Reichswehr kommen, so handelt es sich stets um Besuche. Eine Besichtigung liegt nur dann vor, wenn ein militärischer Vorgesetzter in militärischem Sinne die Truppen besichtigt, also der Reichspräsident, der Reichswehrminister, kommandierende Generäle usw. Man bittet bei allen Berichten diese Unterscheidungen durchzuführen. Durch diese Bestellung wird im übrigen die seinerzeitige Anweisung, bei solchen Meldungen überhaupt Vorsicht walten zu lassen, bei denen es sich um Besuche von SA-Führern handelt, nicht berührt.

ZSg. 101/2/15/Nr. 25   31. Oktober 1933

Seitens des Propagandaministeriums sind Matern an die Zeitungen versandt worden, die die beiden Stimmzettel zu der Wahl zum 12. November wiedergeben. Diese Matern sollen zweimal veröffentlicht werden: einmal jetzt nach Eingang der Matern und ein zweites Mal kurz vor der Wahl.
Gesehen: K., D., Fa.   Weitergegeben an Hbg. brieflich Bh. Brf.
                                          " Brsl. um   Uhr
                                          " Chmn. brieflich Bh. Brf.

<u>Wie wähle ich?</u>
<u>HHN, Nr. 512 v. 1. November 1933, S. 3</u>
<u>Achtung! - Am Sonntag wird zweimal gewählt</u>
<u>HHN, Nr. 530 v. 11. November 1933, S. 1</u>

Die Vorlage zeigt die beiden Stimmzettel, die jeweils bei NSDAP (Reichstagswahl) bzw. "ja" (Volksabstimmung) angekreuzt sind.

Bestellungen vom Propagandaministerium v. 31.10.1933 abds.

ZSg. 101/2/16/Nr. 26   31. Oktober 1933

Es wird noch einmal vom Propagandaministerium nachdrücklich darauf aufmerksam gemacht, dass von morgen ab bis einschließlich Sonntagsausgabe das Eintopfgericht in grosser Aufmachung propagandistisch wieder vorbereitet werden soll. Die für diesen Zweck durch die Nachrichtenbüros gehenden Schriftsätze sollen im lokalen Teil in grosser Aufmachung Tag für Tag bis zum Sonntag gebracht werden.

s. dazu ZSg. 101/2/19-23 v. 1. November 1933: Telegraphen-Union: **Mitteilung an die Redaktionen**: ... Die Durchführung des W.H.W. ist mit die beste Wahlpropaganda für den 12. November. Aus diesem Grund muß der nächste Eintopf-Sonntag ganz groß in der Presse aufgemacht werden. ... Die Reichspropagandaleitung des Winterhilfswerks gibt in der Anlage Beispiele von Schlagzeilen und Artikeln. Diese oder ähnliche Artikelschlagzeilen müssen ab Mittwoch dem 1. morgens und abends in der Presse erscheinen, wenn die Propaganda gelingen soll. ((Genaue Auflistungen der Propaganda "Einsatz der Pressepropaganda": Schlagzeilen, Artikel, Bildreportage, Eintopfrezepte))

Das Echo in der Presse auf diese Propagandaanregungen ist nicht besonders groß:
s. a. HHN, Nr. 512 v. 1. November 1933, S. 6
       HHN, Nr. 513 v. 2. November 1933, S. 3
       HHN, Nr. 514 v. 2. November 1933, S. 6
       HHN, Nr. 515 v. 3. November 1933, S. 3
       HHN, Nr. 516 v. 3. November 1933, S. 1
       HHN, Nr. 518 v. 4. November 1933, S. 6
Die angebotenen Artikel fanden hier keine Verwendung.

31.10.1933   - 196 -

ZSg. 101/2/16/Nr. 27   31. Oktober 1933

Durch WTB wurde ein Interview des Führers mit Herrn von Wiegand [1]
verbreitet. Bei der Aufmachung dieses Interviews soll insbesondere
der Satz hervorgehoben werden, in dem es heisst, dass von (sic) Parteigenossen im Auslande es untersagt sei, nationalsozialistische
Propaganda im Auslande zu treiben, da die deutsche Regierung Wert
darauf lege, mit allen Völkern in besten Beziehungen zu leben.
Gesehen: D., Fa., K.   Weitergegeben an Hbg. um 9.15 Uhr
                    "   "   Brsl. " 8.10 "
                              "   Chmn.. brieflich Bh.Brf.

1) Karl Heinz von Wiegand war Chefkorrespondent des amerikanischen
   Hearst-Konzerns in Berlin.
<u>Keine nationalsozialistische Propaganda im Ausland</u>
... Als besonders interessant für die amerikanische Öffentlichkeit und wichtig für die Entwicklung der Beziehungen zwischen
den Vereinigten Staaten und Deutschland wird die Äußerung des
Führers hervorgehoben, daß er den Parteigenossen im Auslande
strengstens untersage, nationalsozialistische Propaganda zu betreiben. ...
HHN, Nr. 511 v. 1. November 1933, S. 1

ZSg. 101/2/17/Nr. 28   1. November 1933

Rundruf vom 1. November 1933.
Meldungen über deutsch-holländische Roggenverhandlungen und
Verkäufe deutschen Roggens an Holland dürfen keinesfalls gebracht werden.

Gesehen: D., Fa., K.   Weitergegeben an Hbg. 12.30 Uhr
                                        " Brsl. 1.03 "
                                        " Chmn. 1.12 "

Die deutsch-holländischen Handelsvertragsverhandlungen
BT, Nr. 514 v. 1. November 1933, S. 7
Neue holländische Einfuhrkontingentierungen
NZ, Nr. 302 v. 2. November 1933, S. 9
Als Ersatz für den Ende 1933 ablaufenden Handelsvertrag wurde
ein neuer Vertrag abgeschlossen, der die Wirtschaftsbeziehungen
zwischen Deutschland und Holland nach beiderseitiger amtlicher
Mitteilung auf eine neue befriedigende Grundlage stellte.
(Keesing, 1189 G v. 16. 12. 1933)

Bestellungen aus der Pressekonferenz v. 1.11.1933.

ZSg. 101/2/18/Nr. 29   1. November 1933

Kommentare zur Beneschrede sollen ab heute abend nicht mehr
veröffentlicht werden. Mit den bisherigen Kommentaren sei
genug geschehen.

Eduard Benesch (1884-1948), 1918 - 1935 tschechischer Außenminister, 1936 - 1938 Staatspräsident, 1940 Präsident der
tschechoslowakischen Exilregierung in London, 1945 - 1948 wieder
Staatspräsident der Tschechoslowakei.

1.11.1933

In einer Rede vor den außenpolitischen Ausschüssen des
Parlaments und Senats hatte Benesch zur deutschen Außenpolitik
Stellung bezogen und den Austritt aus dem Völkerbund ver-
urteilt.

Hier irrt Benesch
HHN, Nr. 511 v. 1. November 1933, S. 1
Benesch der Richter
Eine unfreundliche Rede im Prager Parlament
VZ, Nr. 521 v. 1. November 1933, S. 1
Benesch polemisiert
BT, Nr. 513 v. 1. November 1933, S. 1-2
Eine deutsche Antwort an Benesch
FZ, Nr. 789 v. 2. November 1933, S. 1

ZSg. 101/2/18/Nr. 30   1. November 1933

Kommentare zu der Rede des Papstes, die er vor den katholischen
Jungmännervereinen gehalten hat, sollen nicht veröffentlicht
werden. Die Rede selber kann in der WTB-Fassung gebracht werden.
Gesehen: D., Fa., K.   Weitergegeben an Hbg. um 12.50 Uhr
                                        " Brsl. " 1.04 "
                                        " Chmn. " 1.12 "

Papst Pius XI.(1857 - 1939), 1914 - 1919 Nuntius in Polen,
1921 Erzbischof in Mailand, 1922 Papst.
s. a. ZSg. 101/2/24/Nr. 31 v. 1. November 1933
Vom 23. - 27. Oktober 1933 fanden im Vatikan Besprechungen statt
über die Einhaltung des im Juli abgeschlossenen Konkordats
(vgl. ZSg. 101/1/49 ff. v.7.Juli 1933). Dabei kam es zu heftigen
Auseinandersetzungen aufgrund eines drohenden Gesetzes, mit
dessen Hilfe die katholischen Jugendverbände, wie alle anderen
Jugendverbände in die Hitler-Jugend eingegliedert werden sollten.
Ein solches Vorhaben hätte einen klaren Verstoß gegen Artikel
31 des Reichskonkordats (Verbandsschutz) bedeutet. (s. Klaus
Scholder, Die Kirchen und das Dritte Reich, Frankfurt u. a. 1977,
S. 640 ff.)
Am 27. Oktober 1933 hatte eine Sonderaudienz eines Pilgerzuges
des Katholischen Jungmännerverbandes stattgefunden. Bei dieser
Gelegenheit hatte der Papst zu Wachsamkeit und Gebet aufge-
rufen.

Eine Aussprache des Hl. Vaters
Germania, Nr. 303 v. 3. November 1933, S. 3
Veränderungen in der päpstlichen Diplomatie
Kardinal Schulte in Rom
Einer Meldung der "Vossischen Zeitung" aus Rom zufolge, sind im Zusammenhang mit dem Konsistorium, das für Mitte Dezember vorgesehen ist, größere Veränderungen in der päpstlichen Diplomatie zu erwarten, die unter anderen auch die Vertretung des Heiligen Stuhls in Deutschland berühren werden. In vatikanischen Kreisen heißt es, daß die Münchener Nuntiatur in Anpassung an die deutschen Verfassungsverhältnisse nach den Reichstagswahlen zur Aufhebung gelangen wird, so daß der Heilige Stuhl nur noch am Sitz der Reichsregierung vertreten ist. ...
NZ, Nr. 304 v. 4. November 1933, S. 3

s. a. ZSg. 101/3/149/Nr. 407 v. 3. April 1934

(ZSg. 101/2/19 - 23: Agenturmaterial der Telegraphen-Union zum Winterhilfswerk)

Bestellungen aus der Pressekonferenz v. 1. November 1933

ZSg. 101/2/24/Nr. 31   1. November 1933

In einigen evangelischen Blättern wird wiederholt die Behauptung verbreitet, der gegenwärtige Papst sei Jude. Von der Reichsregierung wird mitgeteilt, dass diese Behauptung in jeder Beziehung falsch sei und dass gebeten wird, derartige Behauptungen nicht zu übernehmen.

s. a. ZSg. 101/2/18/Nr. 30 v. 1. November 1933

1.11.1933

ZSg. 101/2/24/Nr. 32   1. November 1933

In japanischen Kreisen hat man Beschwerde darüber erhoben, dass die deutsche Presse in Bezug auf die Japaner immer von "den Gelben", "die gelbe Gefahr" usw. spreche. Mit Rücksicht darauf, dass die Japaner in diesen Dingen ebenso wie die Chinesen sehr empfindlich sind, wird die deutsche Presse gebeten, dieses Beiwort "gelb" nicht zu gebrauchen.

s. a. ZSg. 101/2/65/Nr. 102 v. 7. Dezember 1933
Zum Zeitpunkt dieser Annäherung stand Japan ziemlich isoliert in der Weltpolitik. Im März 1933 war es aus dem Völkerbund ausgetreten, im September kam durch einen Regierungswechsel eine nationalistische Regierung an die Macht, die im Oktober vergeblich versuchte mit den USA zu einem Nichtangriffs-Pakt zu gelangen. Gleichzeitig befand sich Japan im Konflikt mit China und der Sowjetunion, die sich im Falle eines japanischen Kriegs mit Finnland, Lettland, Estland, Frankreich und Polen durch einen Nichtangriffs-Pakt abgesichert hatte. (s. a. Bernd Martin, Die deutsch-japanischen Beziehungen während des Dritten Reiches. In: M. Funke (Hrsg.) Hitler, Deutschland und die Mächte, Düsseldorf 1978, S. 454-470
Gerhard L. Weinberg, The Foreign Policy of Hitler's Germany, Chicago 1970, S. 120 ff.)
Der japanische Konferenzplan
HHN, Nr. 512 v. 1. November 1933, S. 1
s.a. HHN, Nr. 515 v. 3. November 1933, S. 2

s.a. H. Gollwitzer, Die gelbe Gefahr. Geschichte eines Schlagworts, Göttingen 1962

s.a. ADAP, Serie C, Bd. II,1, Nr. 122

ZSg. 101/2/24/Nr. 33   1. November 1933

In Ergänzung einer Reihe besonderer Anweisungen bezüglich Flugzeugunglücken wird jetzt generell bestimmt, dass über Luftverkehrsunfälle, Luftsportunfälle usw. nur die Meldungen veröffentlicht werden sollen, die vom Reichsluftfahrtministerium ausgegeben werden. Insbesondere soll jede grosse Aufmachung derartiger Meldungen vermieden werden. Das gilt auch für Unfälle deutscher Flugzeuge im Ausland. Umgekehrt sind Meldungen über Unfälle ausländischer Flugzeuge, sei es in ihrer Heimat, sei es auf deutschem Reichsgebiet, keinerlei Beschränkungen unterworfen.

1./2.11.1933

s. a. ZSg. 101/1/45 v. 6. Juli 1933
ZSg. 101/1/99 v. 5. September 1933
ZSg. 101/1/194 v. 26. August 1933
ZSg. 101/2/2/Nr. 2 v. 24. Oktober 1933
ZSg. 101/2/10/Nr. 15 v. 27. Oktober 1933
ZSg. 101/4/17/Nr. 596 v. 14. Juli 1934((ausl. Flugzeugunglücke nicht allzu groß))

<u>Ein französisches Flugzeug fliegt gegen eine Bergspitze</u>
FZ, Nr. 790 v. 2. November 1933, S. 2

ZSg. 101/2/24/Nr. 34   1. November 1933

Die Reichsregierung bittet alle Artikel, Kommentare, Stellungnahmen usw. über Scrips und das Zusatzausfuhrverfahren zu unterlassen. Die Diskussion über diese Fragen sei geeignet, die deutschen Aussenhandels- und Währungsinteressen zu gefährden.
Gesehen: Fa., K., D.   Weitergegeben an Hbg. brieflich Bh.Brf
                                           " Brsl. um 7.20 Uhr
                                           " Chmn. " 2.50 "

<u>Scrips</u>: Bescheinigungen über nicht gezahlte Zinsen von Schuldenverschreibungen, durch die der Zinsanspruch zunächst abgegolten ist.
<u>Bedeutung der Scrips</u>
HHN, Nr. 510 v. 31. Oktober 1933, S. 11
s. a. Avraham Barkai, Das Wirtschaftssystem des Nationalsozialismus, Köln 1977, S. 135 ff.

Bestellungen aus der Pressekonferenz v. 2. November 1933.

ZSg. 101/2/25/Nr. 35   2. November 1933

<u>Besonders wichtig!</u> Der Reichswirtschaftsminister bittet, über Anleiheverhandlungen des Norddeutschen Lloyd vorläufig nichts

zu bringen. Auch über Anleihen anderer Reedereien sollen keine Veröffentlichungen stattfinden.

Der November-Coupon des Nord-Lloyd
Der Norddeutsche Lloyd verhandelt bekanntlich seit einigen Wochen über eine Herabsetzung der Zinsen für die Amerika-Anleihe vom Jahre 1927. ... Soweit man weiß, gehen die Bestrebungen der Nordlloyd-Verwaltung dahin, eine Ermäßigung des Zinssatzes von 6 auf 5 Prozent zu erreichen. ...
BT, Nr. 516 v. 2. November 1933, S. 9
Lloyd November-Kupon unbezahlt
BBC, Nr. 513 v. 2. November 1933, S. 4

ZSg. 101/2/25/Nr. 36   2. November 1933

Es ist soeben eine Broschüre herausgekommen "Der 14. Oktober". Diese Broschüre enthält die Rede des Führers (Absage an Genf), eine Darstellung der letzten Vorgänge in Genf, das Echo der Welt. Es wird gebeten, dass wir Auszüge bezw. Besprechungen über diese Broschüre bringen.

s. dazu ZSg. 101/1/121 v. 12. Oktober 1933

ZSg. 101/2/25/Nr. 37   2. November 1933

Es wird noch einmal an die frühere Anweisung erinnert, dass über das Netz der Reichsautobahnen keine Veröffentlichungen erfolgen sollen, weil das Netz noch nicht im einzelnen feststeht.
Gesehen: Fa.,D.,K.   Weitergegeben an Hbg. um 1.05 Uhr
                              " Brsl. " 1.08 Uhr
                              " Chmn. " 1.25 Uhr

s. a. ZSg. 101/2/9/Nr. 11 v. 26. Oktober 1933

2.11.1933

Neue Millionen für den Straßenbau
560 Kilometer Reichsautobahnen
Der Generalinspektor für das deutsche Straßenwesen, Dr. Ing. Todt, hat in einer Besprechung mit den beteiligten Stellen am 1. November die Bauvorbereitung der Reichsautobahn Köln - Düsseldorf - Duisburg - Dortmund freigegeben. ... Damit sind insgesamt 560 Kilometer Reichsautobahnen vom Generalinspektor für das deutsche Straßenwesen für den Bau freigegeben und zwar: Frankfurt - Mannheim - Heidelberg 100 km, München - Reichenhall 120 km, Berlin - Stettin 120 km, Elbing - Königsberg 100 km, Köln - Düsseldorf - Duisburg - Dortmund 120 km.
Germania, Nr. 303 v. 3. November 1933, S. 1

ZSg. 101/2/26/Nr. 38   2. November 1933

Rundruf vom 2. November 1933.
In der Mitteilung über den Empfang des deutschen Gesandten in Dublin Dr. von Dehn-Schmidt durch den Herrn Reichskanzler muss es heissen, dass der Empfang etwa nicht heute stattgefunden hat. Die Redaktionen werden gebeten, die heute früh herausgegebene Mitteilung entsprechend abzuändern.
Gesehen: D., K., Fa.   Weitergegeben an Hbg. um 9.25 Uhr
                                                " Brsl. " 7.42 "
                                                " Chmn. brieflich Bh. Brf.

Vom Kanzler empfangen
Der Reichskanzler empfing am Mittwoch den deutschen Gesandten in Dublin Dr. von Dehn-Schmidt.
BBC, Nr. 514 v. 2. November 1933, S. 3
Hitler befand sich am 2. November (= Donnerstag) auf einer Wahlkampfreise mit Auftritten in Weimar und Essen.

2.11.1933

ZSg. 101/2/27/Nr. 39   2. November 1933

Wolff-Rundspruch. vom 2.11.33. abends
Die im Rundfunk für die Woche vom 5. - 11. ds. vorgesehenen
Kurzhör-folgen dürfen in der Tagespresse nur ohne Verfasser-
namen bekannt gegeben werden, gleichgültig ob irgend eine Stelle
des deutschen Rundfunks eine andere Anweisung herausgibt.
Gesehen: D., Fa., K.   nach Hbg. weitergeleitet: 9.25
                         "   Brsl.   "   7.42
                         "   Chem.   "   briefl. Bh. Brf.

Es handelt sich dabei vermutlich um das von Werner Plücker verfaßte Kurzhörspiel "Die Münchener Geiselmorde und die Tage des
roten Schreckens in München", eine Hörfolge mit Musik von Rudolf
Wagner-Regeny (27' 10 "). (Schallaufnahmen der Reichs-Rundfunk GmbH
von Ende 1929 bis Anfang 1936 (Berlin 1936), S. 432)

<u>Rundfunk: Der Münchener Geiselmord</u>
Ein Hörwerk, das ohne Angabe von Verfasser, Regisseur und Sprechern
zuerst von der Berliner Funkstunde gesendet und dann auf eine
Reihe anderer Sender übernommen wurde. "Oder die Tage des roten
Schreckens" lautet der Untertitel. Die Räterepublik wird in Bayern
ausgerufen, von einem fanatischen Redner, der nur gebrochen
deutsch spricht, Geiseln, Künstler, Bürger und Prinzen werden
mit groben Manieren in Haft genommen, ohne Verhör roh beschuldigt.
Als eine Orgie des Blutrausches wird die Erschießung gezeigt:
das Volk johlt und lacht, Musik übertönt die Schreie der Opfer,
eine Gewehrsalve folgt auf die andere. .. Am Schluß erklärt ein
Sprecher: das waren die Tage des Schreckens, dann wurde Bayern
wieder frei. ...
VZ, Nr. 529 v. 10. November 1933, S. 6

<u>Hörspiel zur Mahnung</u>
Im Rahmen des Rundfunkfeldzuges zum 12. November gelangte gestern
das Hörspiel "Die Münchener Geiselmorde" zur Aufführung, das in
diesen Tagen von allen deutschen Sendern übertragen wird. ...
BLA, Nr. 531 v. 9. November 1933, S. 4

(s. a. Gerhard Hay, Rundfunk und Hörspiel als "Führungsmittel" des
Nationalsozialismus. In: Die deutsche Literatur im Dritten Reich,
hrsg. von H. Denkler und K. Prümm, Stuttgart 1976, S. 376-381)

Werner Plücker hatte im Juli 1933 das Buch von Josef Goebbels
"Kampf um Berlin" gemeinsam mit Heinrich Borges zu einem 90-minütigen
Hörspiel umgearbeitet.

<u>Auszeichnung für Hörspielautoren</u>
Wie wir erfahren, ist Werner Plücker und Rudolf Wagner-Regeny,

- 205 - 2.11.1933

den Autoren des Hörspiels "Die Münchener Geiselmorde", das in
der Öffentlichkeit mit Recht als künstlerisch hochstehende Arbeit
anerkannt und gewürdigt worden ist, eine besondere Auszeichnung
zuteil geworden. Reichssendeleiter Hadamovsky, der bei der
Festsetzung des neuen Etats betont hatte, daß selbst angesichts
der dringend erforderlichen Sparmaßnahmen schöpferische Hochleistungen
besonders zu honorieren seien, hat für die Verfasser
des Hörspiels eine Verdoppelung des ursprünglichen Honorars angeordnet.
Die beiden Künstler haben mit ihrem Hörspiel nicht nur
eine neue Gattung des Kurzhörspiels geschaffen, es ist ihnen auch
gelungen, einem packenden historischen Stoff eine außerordentlich
wirksame funkische Form zu geben.
Der Deutsche Rundfunk, 11. Jg. (1933), H. 47 v. 17. November 1933,
S. 9

Bestellungen vom Propagandaministerium v. 2. November 1933. abds.

ZSg. 101/2/28/Nr. 40   2. November 1933

Die im "Berliner Tageblatt" erschienene Meldung über Aenderungen
in der Invalidenversicherung darf nicht gebracht werden.

s. a. ZSg. 101/2/11/Nr. 16 vom 27. Oktober 1933
Reformvorschläge für die Invaliden-Versicherung
... Eine Entscheidung über diesen Reformentwurf kann aber erst
fallen, wenn der Kanzler selbst die Genehmigung dazu erteilt
haben wird. ... Unter den möglichen Wegen für die Sanierung ...
((sei)) eine Erhöhung des Beitragssatzes unter gleichzeitiger
Senkung der Beiträge zur Arbeitslosenversicherung erörtert worden. ...
BT, Nr. 516 v. 2. November 1933, S. 1

ZSg. 101/2/28/Nr. 41   2. November 1933

Die Meldung vom DHD-Handelsdienst [1] über Zinsaufschub für die
Nordlloyd-Dollaranleihe darf nicht gebracht werden.
Nur für Hamburg: Ich persönlich schlage vor, die Meldung umzudiktieren
und in einer mehr privaten Form ruhig im Handelsteil zu

2./3.11.1933 - 206 -

veröffentlichen. Wir werden trotz des Verbots damit rechnen
müssen, dass ein Teil der Presse die Meldung bringt und es ist
nicht einzusehen, warum wir immer nachhinken sollen. Die Hauptsache ist, dass die Meldung eine Form erhält, als ob sie lokal,
etwa vom Norddeutschen Lloyd, uns gegeben wäre. Ich muss
natürlich der Redaktion die Verantwortung überlassen.
Gesehen: D., Fa., K.　　　Weitergegeben an Hbg. um 9.25 Uhr
　　　　　　　　　　　　　　　　　　　　　" Bresl. " 7.35 "
　　　　　　　　　　　　　　　　　　　　　" Chmn. brieflich Bh. Brf.

s. a. ZSg. 101/2/25/Nr. 35 vom 2. November 1933
Offensichtlich hat die Hamburger Redaktion die Verantwortung
nicht übernommen.
1) <u>Deutscher Handelsdienst</u> (DHD): Kursdienst, volkswirtschaftliche
   Korrespondenz von der Telegraphen-Union, ab 1934 vom Deutschen
   Nachrichtenbüro (DNB) herausgegeben

ZSg. 101/2/29/Nr. 42　　　　　　　　　3. November 1933

Bestellung vom 3. November 1933.
<u>Betr. Aufrufe der SA und des Stahlhelm.</u>
Die SA-Gruppe Berlin-Brandenburg weist auf Folgendes hin:
Es wird erneut darauf hingewiesen, dass es verboten ist, Aufrufe
irgendwelcher Art in den redaktionellen und Anzeigenteil der
Zeitungen aufzunehmen, die an die wehrfähige Bevölkerung gerichtet sind mit dem Hinweis, dass die Aufnahmesperre für die SA vom
1. bis 5. November aufgehoben sei und in denen wehrfähige Männer
im Alter von 21 bis 35 Jahren aufgefordert werden, sich bei
irgendwelchen Dienststellen zu melden. Es wird dabei auf entsprechende Verfügungen des Reichsministers für Volksaufklärung
und Propaganda und des preussischen Ministerpräsidenten hingewiesen. Bei der Werbung während der unterbrochenen Aufnahmesperre

muss jeder militärische Eindruck vermieden werden.
Gesehen: D., Fa., K.   Weitergegeben an Hbg. um 9.15 Uhr
                                      " Brsl. brieflich abds.
                                      " Chmn. im Frühabonnement.

Pfarrer in die S.A.
Das Landeskirchenamt in Kiel und der Braunschweigische Landesbischof haben, ... die jüngeren Pfarrer ihrer Kirchen aufgefordert, in die S. A. einzutreten. Die Aufhebung der Aufnahmesperre biete allen Pfarrern und Kandidaten der Theologie, soweit sie das 35. Lebensjahr noch nicht erreicht haben, Gelegenheit, durch den Eintritt in die Reihen der S. A. ihren Willen zur tatkräftigen Mitarbeit am Aufbau unseres Vaterlandes zu bestätigen.
VB (N.A.), Nr. 311 vom 7. November 1933, S. 2

Unsere SA meldet:
Der Führer der Gruppe Berlin-Brandenburg, Gruppenführer Ernst, gibt der Berlin-Brandenburger Öffentlichkeit folgendes bekannt: Der Wehr- und Jungstahlhelm ist in die S. A. meiner Gruppe eingegliedert und besteht somit weder als selbständige Formation, noch als Auffangsorganisation innerhalb der S. A. Lediglich kann in der von der obersten S.A.-Führung gestatteten kurzen Frist vom 1.-5. November 1933 der Eintritt in die S. A. in beschränktem Umfange vollzogen werden.
Der Führer der Gruppe Berlin-Brandenburg: Ernst, Gruppenführer.
VB (N.A.), Nr 308 v. 4. November 1933, S. 3

Bestellung aus der Pressekonferenz vom 4.11.33.

ZSg. 101/2/30/Nr. 43   4. November 1933

(für den Handel.)
Aus dem Marktbericht Hansa-Blum soll der Artikel "Festpreiserzielung in frachtungünstig gelegenen Gebieten" nicht nachgedruckt werden auch nicht auszugsweise, wie überhaupt über die Tätigkeit der Reichsstelle für Getreide keine anderen als amtlichen Nachrichten gebracht werden sollen.

4./7.11.1933

Die Reichsstelle für Getreide, Futtermittel und sonstige landwirtschaftliche Erzeugnisse übernahm nach dem Gesetz vom 30. Mai 1933 (RGBl. 1933,I, S. 313 f.) die Aufgaben der Reichsmaisstelle und der Deutschen Handels-Gesellschaft. Sie unterstand dem Minister für Ernährung und Landwirtschaft. In der Verordnung über Preise für Getreide vom 29. September 1933 (RGBl. 1933, I, S. 701 f.) werden Festpreise für Weizen und Roggen festgelegt, die für die Monate Oktober 1933 bis Juni 1934 gestaffelt waren und das Preisgefälle in den verschiedenen Gebieten des Reichs von West nach Ost berücksichtigten.

ZSg. 101/2/30/Nr. 44   4. November 1933

Von ungarischer Seite ist heute eine Adresse wegen des deutschen Völkerbundsaustritts veröffentlicht worden. Bei etwaigen Kommentaren zu dieser Adresse soll jede Spitze gegen die ungarische Regierung vermieden werden.
Gesehen D., Fa., K.   Weitergegeben an: Hbg. 12,38 Uhr
                                         "   Brsl. 1.04   "
                                         "   Chmn. 1.55   "

<u>Ungarische Huldigungsadresse an die Regierung Hitler</u>
Die Vereinigung der Freunde Deutschlands in Ungarn wird in den nächsten Tagen eine Abordnung nach Berlin entsenden, um ein Album zu überreichen, in dem die nationalsozialistische Regierung aus Anlaß ihrer Haltung gegenüber den Genfer Institutionen begrüßt und ihr aus diesem Anlaß die Huldigung der genannten Vereinigung ausgesprochen werden soll. Das Album, für das die Sammlung von Unterschriften im Gange ist, erhält auf dem Titelblatt das ungarische Merkwort: "Nein, nein, niemals!", das sich auf die Friedensverträge bezieht.
VB (N.A.), Nr. 311 v. 7. November 1933, S. 6
s. a. BT, Nr. 519 v. 4. November 1933, S. 2
    BBC, Nr. 519 v. 5. November 1933, S. 2

ZSg. 101/2/31/Nr. 45   7. November 1933

Wolff-Rundspruch vom 7.11.33.
Ueber die heute nachmittag im Reichsanzeiger veröffentlichte Ver-

ordnung, die den Zusammenschluß der Roggen- und Weizenmühlen herbeiführt, soll nichts gebracht werden bis eine amtliche Presse-Notiz vorliegt.

D., Fa., K.   nach Hambg. gegeben 9.15
                         "   Chem.   "   8.45   8.11 ((1934))
                         "   Bresl.   "   8 Uhr 45

s. a. ZSg. 101/2/32/Nr. 47 vom 8. November 1933
<u>Verordnung über den Zusammenschluß der Roggen- und Weizenmühlen vom 5. November 1933</u>
...
§ 1 Zur Regelung der Verwertung von inländischem Roggen und Weizen werden die Mühlen nach Maßgabe der folgenden Vorschriften zu einer Vereinigung zusammengeschlossen.
§ 2 Die Vereinigung führt den Namen "Wirtschaftliche Vereinigung der Roggen- und Weizenmühlen" (Wirtschaftliche Vereinigung). Sie ist rechtsfähig und hat ihren Sitz in Berlin. ...
§ 18 Solange die Kontingente noch nicht zugeteilt worden sind, ist jedes Mitglied verpflichtet, mindestens 150 von Hundert der Menge an Inlands- und Auslandsroggen ... für eigene Rechnung ständig auf Lager zu halten.
((Die eingelagerte Menge darf weder verkauft noch zur Deckung des laufenden Bedarfs herangezogen werden))
(veröffentlicht im Deutschen Reichsanzeiger und Preußischen Staatsanzeiger, Nr. 261 vom 7. November 1933; s. a. RGBl. 1933, I, S. 810 f.)
<u>Zusammenschluß der Roggen- und Weizenmühlen</u>
HHN, Nr. 524 v. 8. November 1933, S. 10
s. a. ARRH, Teil I, Bd. 2, Nr. 2o7 (6b)

Bestellungen aus der Pressekonferenz v. 8.11.1933

ZSg. 101/2/32/Nr. 46   8. November 1933

In einem Teil der Berliner Presse sind Meldungen erschienen über Neuregelung der Subventionen der deutschen Seeschiffahrt durch das Reich. Diese Meldungen sollen nicht übernommen werden. Ueber dieses Thema ist nichts zu bringen.

8.11.1933

s. a. ZSg. 101/3/13/Nr. 167 v. 11. Januar 1934
Reichshilfe für die Schiffahrt verlängert
... Wie verlautet, ist eine Verlängerung der Reichshilfe für die Schiffahrt über den 31. Oktober hinaus inzwischen zustande gekommen. Dieser Beschluß beruht auf der Erkenntnis, daß bei der fortdauernden Verschlechterung der wichtigsten Weltwährungen die deutsche Schiffahrt auch weiterhin nicht ganz sich selbst überlassen bleiben kann. ... Es zeuge, so wird weiterhin gesagt, von dem Verantwortungsgefühl der deutschen Reedereien, daß von den rund 1 Million BRT Schiffsraum, die nicht in der Hand der Großunternehmungen seien, schätzungsweise 150 bis 250 000 to ohne die Reichshilfe gefahren seien.
BT, Nr. 525 v. 8. November 1933, S. 9

ZSg. 101/2/32/Nr. 47   8. November 1933

Es liegt jetzt eine amtliche Meldung über den Zusammenschluss der Roggen- und Weizenmühlen vor. Diese Meldung kann gebracht werden.

s. a. ZSg. 101/2/31/Nr. 45 v. 7. November 1933
Der Mühlenzusammenschluß
BBC, Nr. 524 v. 8. November 1933, S. 4

ZSg. 101/2/32/Nr. 48   8. November 1933

Ueber die Erklärungen Simons zum Falle Panter soll keine Diskussion entstehen.
Gesehen: Fa.,D.,K.   Weitergegeben an Hbg. um 1.05 Uhr
                                       "   Brsl.   " 1.10 "
                                       "   Chmn. "

Noël Panter, der Korrespondent des "Daily Telegraph" war 9 Tage in Haft gewesen, nachdem er über eine Parade von 20 000 SA-Männern vor Hitler in Kelheim berichtet hatte. Durch seine Reportage geriet er in den Verdacht der Spionage (Verschaffung von Material über militärische Maßnahmen und Verbreitung im Ausland) und des Landesverrats. Der Fall Panter fand große Beachtung in der eng-

8./9.11.1933

lischen Presse, die Freilassung Panters wurde auch in der deutschen Presse gemeldet.
s.a. **Times**, Nr.46,586 v. 27. Oktober 1933, S. 12
    Times, Nr.46,592 v. 3. November 1933, S. 4
    Times, Nr.46,593 v. 4. November 1933, S. 10
    Times, Nr.46,594 v. 6. November 1933, S. 13
    Times, Nr.46,596 v. 8. November 1933, S. 7
    Times, Nr.46,597 v. 9. November 1933, S. 12

<u>Das Treuebekenntnis der bayerischen Ostmark</u>
Die gewaltige Kundgebung in Kelheim - Triumpffahrt des Führers durch riesige Menschenmassen
VB (N.A.), Nr. 297 v. 24. Oktober 1933, S. 4

<u>Der Fall Panter</u>
Im Unterhaus wurde der Außenminister Sir John Simon über den Fall Panter befragt. Er erwiderte: Ich habe bei der deutschen Regierung durch Vermittlung der Londoner deutschen Botschaft und der englischen Botschaft in Berlin ernste Vorstellungen erhoben und darauf gedrungen, zu erfahren, welche Beschuldigung gegen Panter erhoben werde. Panter ist jetzt freigelassen worden und in seine Heimat zurückgekehrt. Nach seiner Freilassung bin ich, da er von den deutschen Behörden aufgefordert worden ist, Deutschland zu verlassen, obwohl keine Anklage gegen ihn erhoben werden konnte, in weiterer Verbindung mit dem Reichsaußenminister geblieben. Frhr. v. Neurath hat den englischen Botschafter in Berlin am 4. November dahin unterrichtet, daß gegen Panter kein Ausweisungsbefehl erlassen worden sei und daß es ihm daher frei stehe, nach Deutschland zurückzukehren. Es liegt keine Anklage gegen ihn vor und es ist auch keine Strafe über ihn verhängt worden. (Heiterkeit.) ...
FZ, Nr. 801 v. 8. November 1933, S. 2

ZSg. 101/2/33/Nr. 49   9. November 1933

Bestellung aus der Pressekonferenz. v. 9. November 1933.
Der Aufruf der bayerischen Bischöfe und des Erzbischofs Bertram aus Breslau soll, sofern er nicht schon veröffentlicht ist, nicht mehr gebracht werden.
Gesehen: Fa., K., D.   Weitergegeben an Hbg. um 1.20 Uhr
                                           " Brsl.   " 1.10 "
                                           " Chmn.   " 1.26 "

9.11.1933

Adolf Bertram (1859-1945), Seit 1919 Kardinal, 1929 Erzbischof von Breslau, Vorsitzender der Fuldaer Bischofskonferenz, Sprecher des Episkopats der katholischen Kirche in Deutschland, Teilnehmer an Verhandlungen über das Konkordat.

Die beiden Aufrufe legen den Katholiken nahe, bei der Reichstagswahl und der Volksabstimmung mit "ja" zu stimmen, in der Hoffnung, daß von Seiten der Reichsregierung das Konkordat ungeschmälert respektiert wird und Anwendung findet.

Kardinal Bertram zur Volksabstimmung
Germania, Nr. 309 v. 9. November 1933, S. 1
s. a. FZ, Nr. 802 v. 9. November 1933, S. 1
Aufruf der bayerischen Bischöfe
FZ, Nr. 809 v. 12. November 1933, S. 2

ZSg. 101/2/34/Nr. 50　　　　　　　　9. November 1933

Bestellung aus der Pressekonferenz v. 9.11.33
Die Regierung erwartet, dass die Stimmzettel noch einmal veröffentlicht werden. Wir legen dafür noch Matern bei. Ausserdem soll der Aufruf der Reichsregierung vor der Wahl noch einmal veröffentlicht werden.
Gesehen: Fa., D., K.　　　Weitergegeben an Hbg. Bh.Brf.
　　　　　　　　　　　　　　　　　　　" Brsl. brieflich abds.
　　　　　　　　　　　　　　　　　　　" Chmn. brieflich "

s. a. ZSg. 101/2/15/Nr. 25 v. 31. Oktober 1933
Aufruf der Reichsregierung
VZ, Nr. 531 v. 12. November 1933, S. 3

ZSg. 101/2/35/Nr. 51   9. November 1933

Heute Abend ist ein Rundruf des Propagandaministeriums und Reichsernährungsministeriums bei uns eingetroffen, demzufolge die Zeitungen verpflichtet werden, die Neuregelung der Margarinepreise in ihrer Freitag-Frühausgabe auf der ersten Seite zu veröffentlichen. Diese Anweisung ist, wie mir von den beiden Ministerien bestätigt wird, dahin zu verstehen, dass nur die Zeitungen auf der ersten Seite die amtliche Margarinemeldung morgen früh noch einmal veröffentlichen müssen, die in der Donnerstag-Abendausgabe das nicht bereits getan haben. Ich nehme an, dass die Zeitungen entsprechend unserer Bestellung von heute mittag ((schon)) in der Donnerstag-Abendausgabe die Margarinemeldung auf der ersten Seite veröffentlicht haben. In diesem Falle genügt es, wenn an guter sichtbarer Stelle der folgende Kommentar noch einmal kurz veröffentlicht wird, da die Reichsregierung mit Rücksicht auf die Wahlen eine wirksame Unterstreichung der Aktion verlangt.
gez. Dertinger.
Gesehen: Fa., D., K.   Weitergegeben an Hbg. um 9.15 Uhr
                                           " Brsl. brieflich abds.
                                           " Chmn,   "

<u>Die Reichsregierung hilft</u>
Verbilligung der Margarine - Bereitstellung größerer Mengen ((erweiterter Kreis der Bezugsberechtigten))
HHN, Nr. 526 v. 9. November 1933, (A.A.) (Donnerstag), S. 1
<u>Die Aktion der Margarine-Verbilligung</u>
Soziale Gestaltung der Fettwirtschaft im neuen Deutschland
HHN, Nr. 528 v. 10. November 1933 (A.A.), S. 2
Am 12. November fand die Reichstagswahl bzw. die Volksabstimmung statt.
s. a. ARRH, Teil I, Bd. 2, Nr. 236

9./10.11.1933 - 214 -

ZSg. 101/2/36/Nr. 52   9. November 1933

Wolff-Rundspruch v. 9.11.33.
Ueber die Vereidigung der Leib-Standarte in München darf nur der
Bericht der Pressestelle der NSDAP verwendet werden, der über
die Nachrichtenbüros geht.
D., Fa., K.   nach Hbg. gegeben um 11.39 Uhr
                         "   Ch.   "   " 2.35 "
                         "   Bresl. "   " 12.-   "

Die Feier fand zur Erinnerung an den 9. November 1923 statt.
<u>Vereidigung der SS-Leibstandarte "Adolf Hitler"</u>
<u>VB (N.A.)</u>, Nr. 315 v. 11. November 1933, S. 6
s. a. HHN, Nr. 527 v. 10. November 1933, S. 1-2 (gekürzte Fassung)

Rundrufe v. 10. Nov. 1933.

ZSg. 101/2/37   10. November 1933

1. Wenn nichts anderes bestimmt wird, können die Zeitungen die
   heutige Kanzlerrede im Siemensbetrieb dem Rundfunk entnehmen.
2. Voriger Rundruf wegen Veröffentlichung der Rede des Reichskanzlers wird zurückgezogen. Die Rede des Reichskanzlers darf
   nur aus dem amtlichen Text, der heute nachmittag übergeben
   wird, entnommen werden.
Erledigt durch mündliche Weitergabe an die Zeitungen.
Fa., D., K.

<u>Hitlers große Rede an die Nation</u>
Das schaffende Deutschland am Rundfunk
HHN, Nr. 529 v. 11. November 1933, S. 1-2

Nach dem Datum dieser reichsweiten Rundfunkübertragung mit Gemeinschaftsempfang in allen größeren Betrieben wurde ein neuer Rundfunkgeräte-Typus benannt (wie der Volksempfänger VE 301 nach dem Datum der Machtübernahme) DAF 10 11.

ZSg. 101/2/38/Nr. 53   10. November 1933

Wolff-Rundspruch. 10.11.33.
Die Zeitungen werden gebeten in der Morgen- und Abendausgabe von Sonnabend den 11. Nov. an hervorragender Stelle die Meldung zu bringen, dass abends um 19 Uhr der Herr Reichspräsident über alle deutschen Sender zum Deutschen Volke spricht. Die Rede wird 21,45 Uhr wiederholt.
D., Fa., K.   nach Hbg. gegeben 9.15
                             "   Brsl.   "   6.31
                             "   Chem.   "   6.30 früh

s. a. ZSg. 101/2/39 v. 10. November 1933
Hindenburg spricht heute im Rundfunk
HHN, Nr. 529 v. 11. November 1933, S. 1

Hindenburg spricht heute zu Deutschland
Übertragung durch den Rundfunk / Übertragung auch durch die ausländischen Sender
HHN, Nr. 530 v. 11. November 1933, S. 1

ZSg. 101/2/39   10. November 1933

Bestellung. Hbg. Bresl. Ch.
Es ist der Wunsch des Reichskanzlers, dass in der Morgenausgabe bereits die Tatsache der Rundfunkansprache des Reichspräsidenten am Sonnabend Abend grösste Berücksichtigung findet. Er wünscht, dass der Reichspräsident schon in der morgigen Ausgabe stärker

10./12.11.1933   - 216 -

im Vordergrund steht als er selber und seine Rede. Ich empfehle
daher nachstehende Meldung auf der ersten Seite zu veröffentlichen.
und gegebenenfalls aus ihr die grosse Ueberschrift zu nehmen.
gez. Dertinger.

s. ZSg. 101/2/38/Nr. 53 v. 10. November 1933

ZSg. 101/2/40/Nr. 54   12. November 1933

Bestellung v. Reichspropagandaministerium v. 12.11.33.
Nachrichten über die Inschutzhaftnahme des Herzogs Albrecht von
Württemberg dürfen unter gar keinen Umständen veröffentlicht werden.
Rein informatorisch teilen wir mit, dass Herzog Albrecht sich
heute vormittag geweigert hat, an der Wahl teilzunehmen. Dieses
ist der Oeffentlichkeit zu Ohren gekommen, die sich in grossen
Mengen vor seiner Wohnung ansammelte. Gegenüber der Menge hat dann
Herzog Albrecht abfällige Aeusserungen über die Reichsregierung
und den neuen Staat getan. Er musste wegen der Bedrängung durch
die Menge in Schutzhaft genommen werden. Der Stahlhelm hat ihn
sofort aus seinen Reihen ausgestossen.
Weitergegeben an Hbg. um 1.30 nachts   Gesehen: D., Fa., K.
           " Brsl. " 1.30   "
           " Chmn. " 6.30 morg.

Herzog Albrecht von Württemberg (1865-1939), ab 1917 preußischer
Generalfeldmarschall und Führer einer Heeresgruppe in Elsaß-
Lothringen.
Herzog Albrecht nicht in Haft
In einer gewissen nichtdeutschen Presse taucht immer wieder die Be-
hauptung auf, daß Herzog Albrecht von Württemberg, weil er sich
nicht an der Wahl am 12. November beteiligt habe, sich in einem

12./14./15.11.1933

Konzentrationslager befinde. Herzog Albrecht von Württemberg hat sich an der Wahl nicht beteiligt. Herzog Albrecht von Württemberg ist deswegen aus dem Stahlhelm und den Offiziersvereinigungen, denen er bis dahin angehörte, ausgeschlossen worden. Er ist sonst in keiner Weise belästigt und nicht einmal vorübergehend in ein Konzentrationslager gebracht worden. Der Herzog lebt völlig unbehelligt auf seinem Schloß Böblingen am Neckar.
BT, Nr. 19 vom 12. Januar 1934, S. 7

ZSg. 101/2/41/Nr. 55 (14. oder 15. November 1933)

Die Zeitungen werden ersucht über den Reichstagsbrandprozess keine langen Berichte mehr zu bringen, insbesondere sollen ausführliche Schilderungen über die Angeklagten sowie die Wiedergabe von direkten Reden und Verhören vermieden werden. Zugelassen sind lediglich kurze knappe Schilderungen des Prozessverlaufs. Diese Anordnung gilt ab sofort.

vgl. ZSg. 101/26/595 - 603 (Informationsbericht Nr. 28 vom 3. November 1933): Am Donnerstag Abend fand eine kleine Pressebesprechung bei Professor Grimm, dem bekannten Anwalt aus Essen statt, der im Auftrage der Preußischen Staatsregierung eingehend den Reichtagsbrandstifter-Prozeß verfolgt. ...((603)) Im ganzen hatte ich den Eindruck, daß die Ausführungen von Grimm schon jetzt darauf vorbereiten sollten, daß nur van der Lubbe verurteilt wird.

ZSg. 101/2/41/Nr. 56 (14. oder 15. November 1933)

Die Zeitungen werden gebeten, keine Berichte über Wahlergebnisse mehr aus Konzentrationslagern zu bringen.
Gesehen: Fa., D., K.   Weitergegeben an Hbg. um 9.15 abds.
                                                " Brsl. " 7.00 abds.
                                                " Chmn. brieflich Bh.Brf.

14./15./17.11.1933

Wie die Städte wählten
...
und die Konzentrationslager
...
Brandenburg: Reichstag: Abgegebene Stimmen 1037, NSDAP 1006, Ungültig 31; Volksabstimmung: Abgegebene Stimmen 1036, Ja 1012, Nein 12, Ungültig 12.
Oranienburg: Wahlberechtigt 517. Abgegebene Stimmen bei der Volksabstimmung 377, davon 329 Ja, 36 Nein, Ungültig 12; Reichstag: Abgegebene Stimmen 374, davon 301 NSDAP, 73 ungültig.
VZ, Nr. 532 v. 14. November 1933, S. 8

Im Schutzhaftlager Heuberg haben, wie von zuständiger Seite bekanntgegeben wird, 454 Schutzhäftlinge von ihrem Wahlrecht Gebrauch gemacht. Abgegeben wurden in Stufe 3 für die Volksabstimmung 75 Ja, 30 Nein, 36 ungültig, für die Reichstagswahl 62 für die NSDAP, ungültig 72; in Stufe 2 für die Volksabstimmung 159 Ja, 28 Nein, 9 ungültig; für die Reichstagswahl 148 für die NSDAP, ungültig 46; in Stufe 1 für die Volksabstimmung 111 Ja, 5 Nein, 1 ungültig, für die Reichstagswahl 103 für die NSDAP, 14 ungültig. Im Laufe des heutigen Tages sind aus dem Lager 100 Schutzhäftlinge entlassen worden.
FZ, Nr. 811 v. 14. November 1933, S. 1

Bestellungen aus der Pressekonferenz v. 17.11.1933.

ZSg. 101/2/42/Nr. 57   17. November 1933

Ueber die Dollarklausel des deutsch-russischen Handelsvertrages sollen keine Kommentare veröffentlicht werden, bevor nicht amtlicherseits dazu Stellung genommen worden ist.

Die Reaktion der Sowjetregierung auf die Anzeichen einer deutschpolnischen Verständigung und auf die deutsch-französischen Kontakte blieb nicht aus. In Moskau versuchte man zunächst auf indirektem Wege die deutschen Stellen auf die Folgen hinzuweisen, die ein eventueller Kurswechsel in der deutschen Ostpolitik für das deutschrussische Verhältnis haben würde. Mitte November nahm die Sowjetregierung in einer weniger bedeutenden finanzpolitischen Frage eine auffallend starre Haltung ein. Es ging hierbei um die sogenannten "Dollarwechsel": Sowjetische Zahlungen an deutsche Firmen im Rahmen des 1931 abgeschlossenen Pjatakov-Abkommens sollten nach damaliger Vereinbarung in Dollar gezahlt werden. Die deutschen Firmen beabsichtigten nach dem Rückgang des Dollar-Kurses die Bezahlung der Aufträge auf Gold-Basis durch die Anrufung deutscher Gerichte zu erzwingen. ... (Karlheinz Niclauß, Die Sowjetunion und Hitlers Machtergreifung, Bonn 1966, S. 154 ff.)

ZSg. 101/2/42/Nr. 58   17. November 1933

Bei der Enthüllung des "Petit Parisien" über eine Denkschrift des Propagandaministers an die Vereinigten Staaten handelt es sich um einen Versuch der Vergiftung der Atmosphäre. Gewisse französische Kreise standen bereits Deutschland wieder vorurteilsloser gegenüber. Aus diesem Grunde sahen sich amtliche Stellen veranlasst, über den "Petit Parisien" diese Giftbombe gegen Deutschland zu werfen und die Oeffentlichkeit zu neuem Hass gegen Deutschland aufzustacheln. Daneben sollte diese Veröffentlichung dazu dienen, die deutsch-polnischen Verhandlungen [1] zu stören, da in dem angeblichen Rundschreiben des Propagandaministers auch auf osteuropäische Probleme Bezug genommen wird. Bei dem Dokument handelt es sich um eine ähnliche wichtige Fälschung, die der Sinowjew-Brief [2] oder das Utrechter Dokument über die belgischen Rüstungen.

---

1) Entgegen den Vorstellungen des Reichsaußenministers v. Neurath plädierte Hitler für eine Wende in der Ostpolitik in Richtung "deutsch-polnisches Bündnis mit antisowjetischer Tendenz" (s. Hans-Adolf Jacobsen, Nationalsozialistische Außenpolitik 1933-1938, Frankfurt u. a. 1968, S. 403 ff.). Die erste Phase der Verhandlungen dauerte vom 15. November bis 11. Dezember 1933, ihr Auftakt war der Empfang des polnischen Gesandten Lipski bei Hitler am 15. November 1933.

2) <u>Grigorij Sinowjew</u> (1883-1936) kehrte mit Lenin 1917 nach Rußland zurück, <u>1919-1926</u> Vorsitzender des Exekutivkommitees der Kommunistischen Internationale, wurde als ein Opfer der Stalinschen Säuberungen 1936 nach einem Schauprozeß hingerichtet.

17.11.1933

Am 24. Oktober 1924 hatte das Foreign Office in London ein
Schreiben des Exekutivkommitees der Kommunistischen Inter-
nationale an das Zentralkommitee der Britischen Kommunistischen
Partei veröffentlicht, in dem zur Revolutionierung Englands
und zur Zersetzung der britischen Wehrmacht aufgefordert wurde.
Der Brief war vom 15. September 1924 datiert und trug die
Unterschrift des Vorsitzenden der Komintern , Sinowjew. ...
Bei diesem Brief Sinowjews handelt es sich wahrscheinlich um
eine Fälschung, die von den britischen Konservativen im gerade
stattfindenden Wahlkampf sehr erfolgreich ausgenutzt wurde.
(Ursachen und Folgen, IX, Berlin 1967 f., S. 60, Anm. 17)
Der Text der angeblichen Denkschrift, der im "Petit Parisien"
am 16., 17. und 22. November 1933 erschien, wurde auch als
Broschüre veröffentlicht:
Le vrai visage des Maîtres Du IIIe Reich
Les instructions secrètes de la Propagande Allemande
Texte complet des Documents confidentiels Publié par le
Petit Parisien
Le Petit Parisien, o.O. o.J. (1933)
Darin:
1) Instructions Générales de la propagande allemande sur
l'action dans les deux Amériques.
2) Le retrait de l'Allemagne de la conférence du desarmement et
de la S.D.N. (Völkerbund).
Am 18. November hat Goebbels in der Presse die Existenz einer
solchen Denkschrift dementiert.
s. dazu HHN, Nr. 539 v. 17. November 1933, S. 1
      HHN, Nr. 542 v. 18. November 1933, S. 1
      HHN, Nr. 543 v. 19. November 1933, S. 3
s. a. Die Geheim-Dokumente des "Petit Parisien". In: Das Neue Tage-
Buch, Nr. 22 v. 25. November 1933, S. 515
In dieser von Leopold Schwarzschild im französischen Exil
herausgegebenen Zeitschrift werden die Dokumente als authentisch
eingestuft.

ZSg. 101/2/42/Nr. 59   17. November 1933

Ueber das Problem des Zusatzeinfuhrverfahrens (Skrips, Sperr-
mark, Registermark) soll nichts mehr veröffentlicht werden. An
diese Bitte erinnert das Reichswirtschaftsministerium noch
einmal.

s. ZSg. 101/2/24/Nr. 34 v. 1. November 1933

ZSg. 101/2/42/Nr. 60   17. November 1933

Im Sportteil soll die Auseinandersetzung zwischen Buchmachern und Buchmachergehilfen nicht breit getreten werden. Die Verbände der Buchmacher und Buchmachergehilfen sind angewiesen, keinerlei Mitteilungen in die Presse gelangen zu lassen über ihren Streit. Sie tun das aber trotzdem, deshalb werden die Zeitungen ersucht, dem nicht Folge zu leisten.

ZSg. 101/2/42/Nr. 61   17. November 1933

Es sollen keine Meldungen und Abhandlungen über die Frage der Absatzregelung der deutschen Wolle gebracht werden.
Gesehen: Fa.,D., K.   Hbg., Bresl., Ch. 1.30 Uhr mittags

<u>Neuordnung der Wollverwertung</u>
((die Zwangsbewirtschaftung unter Ausschluß des freien Handels wird diskutiert))
VZ, Nr. 535 v. 17. November 1933, S. 16

ZSg. 101/2/43/Nr. 62   (17. November 1933)

Angesichts der Unglaubwürdigkeit der heute vernommenen Belastungszeugen bitten die zuständigen Stellen die Prozessberichterstattung über den Reichstagsbrand auf ein Mindestmass zu beschränken.
Gesehen: D., K., Fa.   Weitergegeben an Hbg. 2.53
                                        " Chmn. 2.54 17.11.((1934))
                                        " Bresl. 7.05 18.11.((1934))

s. a. ZSg. 101/2/41/Nr. 55 v. (14. oder 15. November 1933)

17.11.1933

Neue Enthüllungen über den roten Terror
HHN, Nr. 540 v. 17. November 1933 (A.A.), S. 1
Urteil im Brandstifterprozeß nicht vor Weihnachten
Unzuverlässige Zeugenangaben
HHN, Nr. 541 v. 18. November 1933 (M.A.), S. 2

ZSg. 101/2/44/Nr. 63   17. November 1933

Rundrufe vom 17.11.1933.
Die Zeitungen werden gebeten, nichts zu bringen
1. über die heutige Berliner Amtswalterversammlung der Deutschen Christen und
2. über den Brief Ernst Jüngers an die Dichterakademie.
Gesehen: D., K., Fa.   Weitergegeben an Hbg. 9.15 abds.
                                    " Brsl. 9.20 abds. 18.11.
                                    " Chmn. 6.30 morg.

Zu 1.
Am 13. November hatte die sog. Sportpalastkundgebung der DC stattgefunden, die eine Krise in der evangelischen Kirche auslöste, da sich die DC eindeutig auf die Seite der NSDAP stellten und die Durchführung des Arierparagraphen auch in der evangelischen Kirche forderten. Vom Pfarrernotbund, der gegnerischen Organisation, zur Rede gestellt, sah sich der Reichsbischof gezwungen, sich von der Veranstaltung zu distanzieren. (Vgl. Kurt Meier, Die Deutschen Christen, Göttingen 1964, S. 17 ff u. ders., Der Evangelische Kirchenkampf, Bd. 1, Göttingen 1976, S. 122 ff.)
Hossenfelder stellt sich hinter den Reichsbischof
... Der Reichsleiter der Glaubensbewegung Deutsche Christen, Bischof Hossenfelder, versammelte heute abend die Kreisleiter des Gaues Groß-Berlin der Glaubensbewegung und gab ihnen die Ernennung des neuen Gauobmannes, Pfarrer Tausch, bekannt. Sämtliche Kreisleiter gelobten dem Reichsleiter und dem Gauobmann Treue und Gefolgschaft.
BLA, Nr. 542 v. 16. November 1933, S. 1
s. a. VZ, Nr. 535 v. 17. November 1933, S. 11

17./20.11.1933

Zu 2.

Ernst Jünger (geb. 1895), bis 1923 in der Reichswehr, im 1. und 2. Weltkrieg Offizier, studierte Naturwissenschaften, stand den Kreisen der revolutionären Rechten nahe.
Am 9. Juni 1933 war die "Sektion für Dichtkunst der preußischen Akademie der Künste" "erneuert" worden zur "Deutschen Akademie für Dichtung". Am 10. Juni 1933 wurde Ernst Jünger in die Akademie berufen. In einem Brief vom 16. November 1933 lehnte er die Berufung ab. (Für diesen Brief und den sich daran anschließenden Briefwechsel mit der Akademie s. Joseph Wulf, Literatur und Dichtung im Dritten Reich, Gütersloh 1963, S. 10-11 u. 34-37)

ZSg. 101/2/45/Nr. 64   20. November 1933

Die im Reichsanzeiger veröffentlichte Nachricht über die Einziehung des Vermögens von Prof. Einstein bittet die preussische Regierung nicht zu übernehmen. Es ist das ein Wunsch, keine Anordnung.

Gesehen: K., D., Fa.   Weitergegeben an Hbg. 9.15 abds.
          " Brsl. 7.25 20.XI.abds.
          " Chmn. 6.30 morg.

Bekanntmachung
Aufgrund des Paragraphen 1 des Gesetzes über die Einziehung kommunistischen Vermögens vom 26. Mai 1933 (RGBl. 1933,I, S.293) in Verbindung mit dem Gesetz über die Einziehung staats- und volksfeindlichen Vermögens vom 14. Juli 1933 (RGBl., 1933,I, S.479) und der Preußischen Ausführungsverordnung vom 31. Mai 1933 (Gesetzsamml. S. 207) sind Vermögensgegenstände der Eheleute Albert und Else Einstein, zuletzt Berlin W 30, Haberlandstr. 5, insbesondere sämtliche Bankguthaben und Depots ... zugunsten des Preußischen Staates eingezogen worden. ...
Deutscher Reichsanzeiger und Preußischer Staatsanzeiger, Nr. 272 v. 20. November 1933, S. 2

Einstein hielt sich schon seit 1931 in Princeton (USA) auf. Die Nachricht wurde noch von den "Münchner Neuesten Nachrichten", der "Frankfurter Zeitung" und "Vossischen Zeitung" übernommen.

ZSg. 101/2/46/Nr. 65   21. November 1933

Wolff-Rundspruch 21.11.33.
Es wird gebeten, die in einem Artikel der Essener National-
zeitung mitgeteilten Personalveränderungen im Geheimen Staatspolizeiamt nicht weiter zu veröffentlichen.
D., K., Fa.   nach Hbg. gegeben 12.47
                       "   Bresl.   "   8.45
                       "   Ch.   "   2.02 mittags

Aufklärung eines Mißverständnisses
Das Geheime Staatspolizeiamt teilt der Schriftleitung der
"National-Zeitung" nachstehendes mit: "Durch die auf einem
technischen Versehen beruhende verstümmelte Übermittlung eines
Funkspruches des Geheimen Staatspolizeiamtes an die Polizei-
behörden, die infolgedessen Anlaß zu einer irrtümlichen Aus-
legung gab, ist ein erheblicher Teil der Morgenausgabe der
"National-Zeitung" vom 21. November 1933 versehentlich einge-
zogen worden."
NZ, Nr. 322 v. 22. November 1933, S. 1
Am 20. November 1933 war der Berliner Polizeivizepräsident,
Dr. Wilhelm Mosle, mit sofortiger Wirkung in den Ruhestand ver-
setzt worden. Mit der vertretungsweisen Wahrnehmung seiner
Stelle wurde der Leiter des Geheimen Staatspolizeiamts,
Ministerialrat Dr. Rudolf Diels betraut. Polizeipräsident war
seit dem 15. Februar 1933 Magnus von Levetzow.

Für die Biographie von R. Diels (1900-1957) s. C. Graf, Politische
Polizei zwischen Demokratie und Diktatur, Berlin 1983, S. 317ff.,
für die internen Zwistigkeiten besonders S. 320, für die Umstände
seiner Ablösung S. 208ff.

s.a. ZSg. 101/2/48/Nr.67 v. 22. November 1933
     ZSg. 101/3/181/Nr.467 v. 20. April 1934

ZSg. 101/2/47/Nr. 66   21. November 1933

Bestellung aus der Pressekonf. v. 21.11.1933.
In einigen Provinzzeitungen sind Meldungen erschienen, dass
in Städten und Landkreisen teilweise den neuzugezogenen Er-
werbslosen die Unterstützungssätze gekürzt worden seien. Ueber
diese Vorgänge, die von amtlicher Seite sofort geklärt werden,

- 225 -   21./22.11.1933

soll vorläufig nichts berichtet werden.
Gesehen: D., Fa., K.   Weitergegeben an Hbg. 2.15
                       "   Brsl. 8.45
                       "   Chmn. 2.02 mittag.

Fühlbare Hilfe für die Großstädte
... Es ist geplant, allen Gemeinden eine Generalermäßigung zu
erteilen, wonach für diejenigen Wohlfahrtserwerbslosen, die
erst nach dem 1. Januar 1931 zugezogen sind, die Unterstützungssätze wesentlich gesenkt werden können. Erwerbslose, die sich
mit dieser Kürzung nicht zufrieden geben, müssen in ihre
Heimatorte überwiesen werden, wo sie den normalen Unterstützungs-
satz erhalten. ...
NZ. Nr. 321 v. 21. November 1933, S. 1

Wolff-Rundruf vom 22.11.33.

ZSg. 101/2/48/Nr. 67   22. November 1933

Es wird nochmals darauf hingewiesen, dass über Personalveränderungen und über eine Neuorganisierung des Geheimen-Staats-
polizeiamts vor Herausgabe einer amtl. Verlautbarung in der
Presse nichts gebracht werden darf.

s. ZSg. 101/2/46/Nr. 65 v. 21. November 1933

ZSg. 101/2/48/Nr. 68   22. November 1933

Das Reichsinnenministerium bittet, Aenderungen bei der Wohl-
fahrtsfürsorge nicht zu veröffentlichen.

s. a. ZSg. 101/2/47/Nr. 66 v. 21. November 1933
s. a. ARRH, Teil I, Bd. 1, Nr. 30, Bd. 2, Nr. 212, 213

22./24.11.1933

ZSg. 101/2/48/Nr. 69   22. November 1933

Gelegentlich der gestrigen Standartenübergabe auf dem Fest
der SS. im Zoo, wurden trotz Verbot photographische Aufnahmen
gemacht. Es ist der Presse verboten diese Photographien zu
veröffentlichen.
Gesehen: D., Fa., K.   Weitergegeben an Hbg. 12.23
                                           " Brsl. 12.43
                                           " Chemn. 1.15 mittags

<u>SS-Standarte VI feierte ihr erstes Fest</u>
In den Sälen des Zoo wogte es vom Schwarz der Uniformen der
Berliner Schutzstaffeln, vom hellen Weiß der Ballkleider der
Mädel und Frauen, vom Braun der Gäste von den Sturmabteilungen,
vom Feldgrau des Stahlhelm und der Reichswehr, vom Blau der
Polizei und all den festlich gestimmten Menschen, den Freunden
der Träger des Totenkopfzeichens am Mützenrand. Es war das
erste Mal, daß die schwarzen Uniformen sich auf dem Parkett
des Tanzsaals zeigten. Der Preußische Präsentiermarsch wirbelte,
Bannerträger marschierten, Standartenführer Braß sprach.
Feierliche Übergabe der auf dem Reichsparteitag in Nürnberg ver-
liehenen Feldzeichen. ...
BLA, Nr. 553 v. 23. November 1933, S. 3

Bestellungen aus dem Reichspropagandaministerium.
Berlin, den 24. November 1933.

ZSg. 101/2/49/Nr. 70   24. November 1933

Bezüglich der Aktion gegen den "Petit Parisien" soll zunächst
das Auslandsecho abgewartet werden. Eigene Angriffe sollen
unterbleiben. Mit neuen Angriffen soll in der Sonnabendpresse
(= 25. Nov., gtz) wieder begonnen werden.

24.11.1933

s. ZSg. 101/2/42/Nr. 58 v. 17. November 1933
Im Versteck
((über das Verhalten des "Petit Parisien"))
BBC, Nr. 553 v. 26. November 1933, S. 1
Ein bestechliches Subjekt
Enthüllungen aus dem Vorleben des Chefredakteurs des "Petit Parisien" ((Eli Bois unterstützt auch Münzenberg und seine Hetzschrift "Die Aktion"))
HHN, Nr. 552 v. 25. November 1933, S. 2

ZSg. 101/2/49/Nr. 71   24. November 1933

Das Statistische Reichsamt veröffentlicht heute die endgültige Ernteschätzung für 1933. Das Reichsernährungsministerium bittet, die Meldung ohne besondere Aufmachung und ohne irgendwelche sensationelle Kommentare zu veröffentlichen, um Beunruhigungen des Getreidemarktes zu vermeiden.

Die endgültigen Ergebnisse der deutschen Getreideernte 1933
BBC, Nr. 551 v. 25. November 1933, S. 1
ebd. **Mühlen füllen Läger auf**

ZSg. 101/2/49/Nr. 72   24. November 1933

Am 25. November findet in Neuruppin ein Termin gegen Buchholz und Genossen wegen Untreue statt. Hierüber darf nichts gebracht werden. (Meiner Erinnerung nach handelt es sich um einen nationalsozialistischen Stadtkämmerer oder Bürgermeister, der Unterschlagungen begangen hat.)

ZSg. 101/2/49/Nr. 73   24. November 1933

Die Reichsregierung bittet die Diskussionen zu kirchlichen Fragen, insbesondere zu den Vorgängen in der Glaubensbewegung Deutscher Christen einzustellen.

24.11.1933

Die Vorgänge um die Sportpalastkundgebung (s. ZSg. 101/2/44/Nr. 63 v. 17. November 1933) hatten verschärfte Auseinandersetzungen zwischen den DC und dem Pfarrer-Notbund zur Folge, die dazu führten, daß einzelne Landeskirchenleitungen (z. B. Bayern) aus der Bewegung DC austraten. Die Position der DC wurde deutlich geschwächt anstatt ausgebaut. Die weiteren Ereignisse: Am 29. November 1933 tritt der Reichsleiter DC, Bischof Hossenfelder von seinem Amt als Kirchenminister der evangelischen Kirche zurück, am 1. Dezember schaltet sich Hitler ein und ordnet an, daß in die Kirchenstreitigkeiten weder von Staatsseite, noch sonst von außen eingegriffen werden darf. Durch eine innerkirchliche Regelung wird der Reichsbischof veranlaßt, die Schirmherrschaft über die Glaubensbewegung DC niederzulegen.

<u>Grundsätzliche Erklärung der Deutschen Christen</u>
BBC, Nr. 551 v. 25. November 1933, S. 4

<u>Auseinandersetzung bei den Deutschen Christen</u>
BBC, Nr. 553 v. 26. November 1933, S. 1 u. 4

s. a. HHN, Nr. 552 v. 25. November 1933, S. 1

ZSg. 101/2/49/Nr. 74   24. November 1933

Die "Korrespondenz für Volksaufklärung und Rassenforschung" hat wiederholt den Versuch gemacht, von den Zeitungen einen wörtlichen Abdruck ihrer Artikel zu verlangen, und ausserdem häufig gefordert, dass jeder Artikel dieser Korrespondenz gebracht werden müsste. Das Reichspropagandaministerium weist daraufhin, dass keine private Einrichtung berechtigt ist, derartige Forderungen zu stellen. Wenn auch das Propagandaministerium eine starke Aktivität der Presse auf dem erwähnten rassepolitischen Gebiet befürwortet, so hält es doch eine individuelle Behandlung der Dinge durch die einzelnen Zeitungen für besser. Bei dieser Gelegenheit wurde grundsätzlich festgestellt, dass Auflagemeldungen nur ergehen können von polizeilichen Instanzen sowie von den obersten Reichs- und Länderbehörden. Die Leiter der Landesstelle des Reichspropagandaministeriums sind zu Auflagemeldungen nicht berechtigt.

Gesehen: D., K., Fa.   Weitergegeben an Hbg. Bh. Brf.
                                    " Brsl. brf. abds.
                                    " Chmn. "   "

24.11.1933

Die "Korrespondenz für Volksaufklärung und Rassenpflege" (KVR) wurde 1933 gegründet. Stoffgebiet: Bevölkerungspolitik, Rassenpflege, Volksaufklärung.
1936 Trennung von der "Rassenpolitischen Ausland-Korrespondenz" (RAK), die seit 1934 vom Aufklärungsamt für Bevölkerungspolitik und Rassenpflege herausgegeben wurde. (Handbuch der deutschen Tagespresse, 6. Aufl., 1937, S. 317 u. 327)

ZSg. 101/2/50/Nr. 75   24. November 1933

Berlin, den 24. November 1933.
Das Reichspropagandaministerium bittet anlässlich des bevorstehenden Weihnachtsgeschäftes zur Unterstützung der notleidenden Glasheimindustrie im warmer Form Propaganda zum rechtzeitigen Einkauf von Gläsern und Christbaumschmuck zu machen. Auch wird angeregt, in den Bildbeilagen Abbildungen über die Herstellung dieser Dinge usw. zu bringen.
Gesehen: D., K., Fa.   Weitergegeben an Hbg. Bh. Brf.
                                      " Brsl. brf. abd.
                                      " Chmn. " "

<u>Besserung in der Glasindustrie</u>
VZ, Nr. 541 v. 24. November 1933, S. 14
<u>Notarbeit schafft Freude</u>
Vergeßt die Glasbläser aus den Walddörfern nicht!
Vorweihnachtsfest im Thüringenhaus
BLA, Nr. 561 v. 28. November 1933, S. 6

27.11.1933

Bestellungen aus der Pressekonferenz vom 27.11.1933.

ZSg. 101/2/51/Nr. 76   27. November 1933

Ueber den Pastorenstreit innerhalb und ausserhalb der Deutschen Christen soll die Berichterstattung erheblich mehr eingeschränkt werden. Nachdem die Mitteilungen über die Austritte und die Eintritte in die Glaubensbewegung im grossen wiedergegeben worden sind, hat es keinen Zweck, gegenüber dem Auslande den Eindruck zu erwecken, als ob das deutsche Volk völlig aufgewühlt in religiösen Konflikten sei. Das Gegenteil ist der Fall. Es handelt sich lediglich um einen dogmatischen oder politischen Streit innerhalb der Geistlichkeit bezw. der Führung der Deutschen Christen. Von Fall zu Fall wird natürlich ein bedeutenderes Ereignis auf diesem Gebiete genauer besprochen werden müssen. Von Fall zu Fall werden dann von der Regierung besondere Anweisungen ergehen.

s. ZSg. 101/2/49/Nr. 73 v. 24. November 1933

ZSg. 101/2/51/Nr. 77   27. November 1933

Im Leipziger Prozess wird heute der Kriminalrat Heller vernommen, der ausführlich über die kommunistischen Umsturzbewegungen des Jahres 1932 und 1933 berichtet. Seine Vernehmung wird sehr ausführlich sein und die Reichsregierung bittet, sehr ausführliche Prozessberichte an dem heutigen Tage zu geben. Wir werden von uns aus einen Kommentar dann geben, wenn uns der Prozessbericht vorliegt.
Gesehen D., K., Fa.   Weitergegeben an Hbg. 1.10 Uhr
                          "'Brsl. 1.15 "
                          " Chmn. 1.25 "

s. a. ZSg. 101/2/43/Nr. 62 v. (17. November 1933)
<u>Der politische Teil des Brandprozesses beginnt</u>
Beweise für revolutionäre Bestrebungen der Kommunisten
HHN, Nr. 554 v. 27. November 1933, S. 2
<u>Der Reichstagsbrand war Fanal zum Bürgerkrieg</u>
Aufsehenerregende Enthüllungen im Brandstifterprozeß / Die
Vorbereitungen für den roten Aufstand / "Bürgerkrieg unvermeidlich!" - Der kommunistische Aufruhr stand auf des Messers
Schneide
HHN, Nr. 555 v. 28. November 1933, S. 1

ZSg. 101/2/52   27. November 1933

Rundruf vom 27.11.1933.
Ueber die in das Berliner Restaurant Dührmeyer einberufene
Konferenz zur Demonstration eines Mittels zur Krebsbekämpfung
soll höchstens von erfahrenen kritischen ärztlichen Mitarbeitern von den Zeitungen mit äusserster Vorsicht berichtet
werden.
D. K.

<u>Ein neues Krebsheilmittel</u>
Gegenüber einer voreiligen Publikation, die zu Gerüchten Anlaß
gegeben hat, es sei nunmehr ein sicheres Heilmittel gegen den
Krebs gefunden worden, sind wir ermächtigt, mitzuteilen, daß
zwar Arbeiten für ein neues Mittel gegen den Krebs im Gange
seien, vor einem vorschnellen Optimismus aber dringend gewarnt
werden müsse. Die IG Farben, in deren Laboratorien die Versuche stattfinden, werden zu gegebener Zeit im Einvernehmen mit
der Reichsregierung die Öffentlichkeit unterrichten.
FZ, Nr. 838 v. 29. November 1933, S. 3

27.11.1933   - 232 -

Vertrauliche Mitteilungen!
Berlin , den 27. November 1933.

ZSg. 101/2/53   27. November 1933

Das Propagandaministerium teilt folgendes mit:
1. Ueber den Empfang des französischen Botschafters Francois
Poncet beim Reichskanzler wird vom Auswärtigen Amt die
Richtlinien ausgegeben: "Es sei keine neue Phase der deutsch-
französischen Beziehungen eingetreten". Diese Richtlinie
geschieht auf einen Wunsch Poncets hin, der eine zu hohe
Erwartung dieses ersten Gesprächs durch die deutsche Presse
vermieden wissen will, um von seiner Regierung keine
Schwierigkeiten zu bekommen. Das Auswärtige Amt teilt streng
vertraulich mit, dass im Mittelpunkt der Verhandlungen die
Saarfrage und die Abrüstungsfrage gestanden habe und dass man
überein gekommen ist, die Besprechungen fortzusetzen, ohne
Erörterungen in der Oeffentlichkeit zuzulassen. Die
französische Presse hat sich nur zum Teil an diese Abmachungen gekehrt und die italienische Presse hat die
französischen Blätterstimmen im Wortlaut gestern übernommen,
worüber in der Wilhelmstrasse einige Verärgerung herrscht.

(Bestellungen)

André François-Poncet (1887-1978), Germanist, seit 1924 in
der Politik, 1930-31 Vertreter Frankreichs im Völkerbund,
danach Botschafter in Berlin, 1938-40 in Rom, 1943-44 in
Deutschland interniert, 1953-55 Botschafter in der Bundesre-
publik.
Über die Unterredung schreibt François-Poncet in seinem Buch
"De Versailles à Potsdam. La France et le Problème Allemand,
Contemporain 1919-1943, Paris 1948, S. 214
Der französische Botschafter bei Hitler
HHN, Nr. 553 v. 26. November 1933, S. 1
Die deutsch-französische Aussprache wird fortgesetzt
HHN, Nr. 554 v. 27. November 1933, S. 1
Die Aussprache muß kommen!
Starke Wirkung der Unterredung Hitler-Poncet
... Man glaubt hier zu wissen, daß der Reichskanzler in der Aus-

sprache mit dem französischen Botschafter energisch gegen die Fortsetzung der Lügenkampagne des "Petit Parisien" protestiert und außerdem eingehend über die Saar- und Abrüstungsfrage gesprochen habe. ...
NZ, Nr. 328 v. 28. November 1933, S. 1
s.a. NZZ, Nr. 2159 v. 29. November 1933, S. 1
s.a. ADAP, Serie C, Bd. II,1, Nr. 86

ZSg. 101/2/53/Nr. 78   27. November 1933

2. Das Urteil gegen den Deutschtumsbund in Polen soll nicht veröffentlicht werden. Die deutsche Regierung hat zuverlässige Anhaltspunkte, dass das Urteil kassiert wird.

Vor einem neuen großen Deutschtums-Prozeß in Ostoberschlesien
Der Kampf gegen den Deutschen Volksbund
VB (N.A.), Nr. 335 v. 1. Dezember 1933, S. 6

ZSg. 101/2/53/Nr. 79   27. November 1933

3. Der Führer der Arbeitsfront hatte zu seiner Kundgebung über das Thema "Nach der Arbeit" weder die Presse noch die Behörden, noch die Reichsregierung eingeladen. Nur durch einen Zufall hat der Propagandaminister von dieser Veranstaltung Kenntnis erhalten und sich in letzter Minute, wie es heisst "eingeschmuggelt". Auf Grund dieser merkwürdigen Vorgänge stehen das Reichspropagandaministerium und die Reichskanzlei auf dem Standpunkt, dass nur die Reden und der Aufruf Dr. Leys auszugsweise veröffentlicht werden sollen, dass aber von Kommentaren abzusehen sei.

4. Durch eine Meldung der "Deutschen Allgemeinen Zeitung" vom Montagabend ist in verschiedenen politischen Kreisen die Vermutung aufgetaucht, dass der Reichsjustizminister Gürtner zurücktreten und Dr. Frank sein Nachfolger werden würde.

27.11.1933 - 234 -

Diese Beurteilung geht völlig fehl. Der Reichsjustizminister hat mehr denn je das Vertrauen des Reichskanzlers.

Zu 3.
Die Freizeit des schaffenden Deutschen
Große Kundgebung der Arbeitsfront
HHN, Nr. 555 v. 28. November 1933, S. 1-2
Ley über die Aufgabe der Arbeitsfront
HHN, Nr. 556 v. 28. November 1933, S. 1
Die Anweisung wurde offensichtlich nicht besonders ernst genommen.

Zu 4.
Franz Gürtner (1881-1941), 1922-32 Justizminister in Bayern (deutschnational), Juni 1932 bis Januar 1941 Reichsjustizminister.
Hans Frank (1900-1946), 1923 am Putschversuch in München beteiligt, Leiter der rechtspolitischen Abteilung der NSDAP, seit Frühjahr 1933 bayerischer Justizminister und Reichsjustizkommissar (verantwortlich für die Übertragung der Justizverwaltung der Länder auf das Reich), 1934 Reichsminister ohne Geschäftsbereich, 1939 Generalgouverneur für Polen, in Nürnberg hingerichtet.
Übernahme der Länderjustiz auf das Reich
Eine Bitte Franks an den Kanzler
DAZ, Nr. 525 v. 27. November 1933, S. 2

ZSg. 101/2/53/Nr. 80   27. November 1933

5. Ueber die Reichstagseröffnung steht ein genaues Datum noch nicht fest. Die Nachrichten, die VDZ darüber bringt, sind reine Kombinationen.
gez. Dr. Kausch.
Gesehen: Fa., K. D.   Weitergegeben nach Hbg. brf. abd.
                                     "   Brsl.   "   "
                                     "   Chmn.   "   "

- 235 -   27./28.11.1933

Die Eröffnungssitzung des Reichstags findet am 12. Dezember 1933 statt. Sie wird durch einen Gottesdienst eingeleitet, es gibt nur eine Fraktion (NSDAP). Diese Meldung wird am 29. November 1933 durch WTB ausgegeben.

ZSg. 101/2/54/Nr. 81   28. November 1933

Bestellung aus der Pressekonferenz v. 28.11.1933.
Es ist nunmehr vom Propagandaministerium ein offizielles Verbot herausgegeben worden, wonach keine Zeile mehr über den Streit innerhalb der deutschen Christen veröffentlicht werden darf. Ein Verstoss gegen diese Richtlinien würde ein sofortiges Verbot der betreffenden Zeitung nach sich ziehen. Unter das Veröffentlichungsverbot fallen ebenso die offiziellen Verlautbarungen der Kirchenregierung, ferner Verlautbarungen des Reichsbischofs, sofern nicht ausdrücklich die Genehmigung des Propagandaministeriums hierfür vorliegt. Wir bitten dringend darum, sich im Einzelfall mit dem Berliner Büro in Verbindung zu setzen. Das Propagandaministerium ist der Meinung, dass sich die evangelische Geistlichkeit mehr um die Seelsorge und das Winterhilfswerk zu kümmern habe, als einen dogmatischen oder politischen Streit auszufechten, dessen Sinnlosigkeit offen zutage liegt. Es wird lediglich heute nachmittag noch eine kurze Meldung herausgegeben, deren Tenor lautet: "Es ist alles geklärt". In Wirklichkeit ist keineswegs alles geklärt, aber die Regierung hat von sich aus in dieser Richtung eingegriffen.
Gesehen: D., K., Fa.   Weitergegeben an Hbg. um 1.00 Uhr
                                    " Brsl. " 12.50 "
                                    " Chmn. "   1.30 "

28./30.11.1933

s. ZSg. 101/2/49/Nr. 73 v. 24. November 1933
ZSg. 101/2/51/Nr. 76 v. 27. November 1933
Die Anweisung wird nicht befolgt und z. B. die HHN bringen auch
in den nächsten Tagen noch Berichte von der weiteren Entwicklung.

Bestellungen vom 30. 11. 1933.
Streng vertraulich!

ZSg. 101/2/55/Nr. 82   30. November 1933

Zu der Meldung von WTB-Conti, dass die Warenausfuhr für Lebensmittel und Gebrauchsgegenstände aus Danzig nach Polen durch die polnische Regierung restlos gesperrt sei, bittet das Auswärtige Amt, diese Meldung in unauffälliger Form zu veröffentlichen und sich eines Kommentars zu enthalten. Die Reichsregierung will abwarten, ob der Danziger Regierung es von sich aus gelingt, in Verhandlungen mit Polen die Massnahmen zu Fall zu bringen. Die Reichsregierung möchte nicht durch eine Diskussion über diese Massnahme einer Verständigung zwischen Deutschland und Polen Vorschub leisten. Man steht hier in Berlin auf dem Standpunkt, dass diese Massnahme des polnischen Wirtschaftsministers nicht im Einklang steht mit dem Willen Pilsudskis und Becks. Aus diesem Grunde hat auch die Regierung eine Veröffentlichung der Telegramme einzelner deutscher Verbände und Organisationen untersagt, in denen dem Reichsführer für das Deutschtum im Auslande das Beileid zu den drei Toten von Graudenz in demonstrativer Form ausgesprochen worden war.

Schwerwiegende Verfügung des polnischen Wohlfahrtsministers (sic)
Gestern ist im polnischen Gesetzblatt eine Verordnung des polnischen Wohlfahrtsministers erschienen, die sich auf den Warenverkehr zwischen Danzig und Polen bezieht. Durch diese

Verordnung wird die gesetzliche Grundlage für eine völlige Sperrung der Wareneinfuhr (Lebensmittel und Gebrauchsgegenstände) aus dem Danziger Staatsgebiet geschaffen. Es ist noch nicht abzusehen, welche praktischen Auswirkungen diese Verordnung, die am 2. Dezember in Kraft tritt, haben wird. Eine Stellungnahme der Danziger Regierung ist noch nicht erfolgt.
HHN, Nr. 561 v. 1. Dezember 1933, S. 2

Drei Deutsche von Polen erstochen
Blutige Unruhen in Graudenz / Trauer des ganzen Deutschtums in Westpolen
VB (N.A.), Nr. 330/331 v. 26./27. November 1933, S. 6

Am 1. Dezember 1933 wird das deutsch-polnische Abkommen über den Grenzverkehr in Berlin ratifiziert. In den Verhandlungstagen davor war Hitler darauf bedacht, den Polen Konzessionen zu machen, damit die Verhandlungen nicht scheitern (s. a. HHN, Nr. 563 v. 2. Dezember 1933, S. 1)

Hans Steinacher (1892-1971), Reichsführer des Volksbundes für das Deutschtum im Ausland (VDA) (1933-1937). s. a. Hans Steinacher, Bundesleiter VDA 1933-1937. Erinnerungen und Dokumente, hrsg. von Hans-Adolf Jacobsen, Boppard 1970

Am 30. November 1933 empfing der Reichspräsident von Hindenburg den Führer des VDA zur Entgegennahme eines Berichts über die Neuorganisation und die Arbeit des VDA (s. VB (N.A.), Nr.334 30. November 1933, S. 2)

ZSg. 101/2/55/Nr. 83   30. November 1933

Die Mitteilung des Petit Parisien, dass in Bezug auf die Veröffentlichungen dieser Zeitung dem Reich durch eine ferne Gesandtschaft Mitteilungen von einer "bedauerlichen Flucht" gemacht worden seien, die aber zeige, welcher Spur man folgen müsse, um die Umstände zu erforschen, die diese vertraulichen Denkschriften in die Hände des Petit Parisien spielten, hat in Berlin noch keine Aufklärung gefunden. Das Auswärtige Amt hat die Deutsche Botschaft in Paris um nähere Mitteilungen gebeten, deren Bemühungen jedoch erfolglos geblieben sind. Man vermutet, dass diese Wendung des Petit Parisien nicht direkt die Quelle der Fälschungen wiedergeben will, sondern auf einen anderen Fall anspielt, der sich in Brasilien ereignete, wo eine Indiskretion in der dortigen Redaktion von Transozean passierte, als von den

30.11.1933

deutschen Nachrichtenstellen dieser Korrespondenz, die ja vornehmlich mit Deutschen und im deutschen Interesse arbeitet, bestimmte Wünsche und Anregungen übermittelt wurden. Es hat den Anschein, dass die Fälschungen des Petit Parisien durch ähnliche Indiskretionen angeregt sind. Es wird in Berliner Kreisen nach wie vor versichert, dass die Veröffentlichungen des Petit Parisien in jeder Beziehung Fälschungen sind.
Gesehen: Fa., D., K.   Weitergegeben an Hbg. brf. abd.
                                                  " Brsl. "   "
                                                  " Chmn. "   "

s. a. ZSg. 101/2/49/Nr. 70 v. 24. November 1933
     ZSg. 101/43/74 v. 21. November 1933 (Bericht eines angeblichen ehemaligen Redakteurs der Transocean-Agentur, der die Aussagen des "Petit Parisien" bestätigt)

<u>Transocean</u> (TO), 1915 gegründet als GmbH, Auslandsnachrichtendienst, vermittelte Nachrichten vornehmlich aus dem Wirtschaftsbereich ins Ausland; 1933, als WTB und TU zum DNB zusammengelegt wurden, fanden in der TO keine personellen Veränderungen statt. Erst 1942 anläßlich des Todes des damaligen Chefredakteurs Friedrich von Homeyer (seit 1936) wurde die TO in die Telos G.m.b.H., eine von Otto Dietrich eingerichtete Dachgesellschaft aller bestehenden Nachrichtenbüros eingegliedert. Neuer Chefredakteur wurde Erich Schneyder, bis dahin Vertreter der Essener "National-Zeitung" in Berlin.

<u>Neue Verleumdungen des "Petit Parisien"</u>
HHN, Nr. 563 v. 2. Dezember 1933, S. 1

1.12.1933

Bestellungen von der Pressekonferenz v. 1.12.1933.

ZSg. 101/2/56/Nr. 84   1. Dezember 1933

Ueber den ersten Spatenstich an der Reichsautobahn München-Salzburg soll vorläufig nichts veröffentlicht werden, da der Zeitpunkt noch nicht festliegt.

s. a. ZSg. 101/2/25/Nr. 37 v. 2. November 1933
Der Baubeginn der Strecke München - Landesgrenze war erst am 21. März 1934. Zur Zeit der Anweisung herrschte ein besonders gespanntes Verhältnis zwischen Deutschland und Österreich: Am 23. November war an der österreichischen Grenze ein Soldat der Reichswehr auf deutschem Boden erschossen worden.

ZSg. 101/2/56/Nr. 85   1. Dezember 1933

Staatssekretär Reinhardt bittet um Veröffentlichung des Wortlautes seines Erlasses über die Anrechnung von Steuerrückständen bei Massnahmen zur Arbeitsbeschaffung, der heute früh von uns im Auszug veröffentlicht wurde. Wir schicken brieflich diesen Erlass im Wortlaut. Die Veröffentlichung kann im Wortlaut morgen oder übermorgen nachgeholt werden.

s. a. ZSg. 101/1/44 v. 5. Juli 1933
ZSg. 101/1/62 v. 15. Juli 1933
<u>Erlaß von Steuerrückständen bei Arbeitsbeschaffung</u>
HHN, Nr. 561 v. 1. Dezember 1933, S. 1
<u>Der Erlaß alter Steuerrückstände</u>
... alle Reichssteuern, die bis zum 31.Dezember vorigen Jahres an sich fällig waren, aber aus irgend einem Grunde nicht pünktlich entrichtet worden sind,((werden))antragsgemäß erlassen...
HHN, Nr. 563 v. 2. Dezember 1933, S. 2
s. a. ARRH, Teil I, Bd. 1, Nr. 149

1./4.12.1933

ZSg. 101/2/56/Nr. 86 1. Dezember 1933

Bei den Artikeln über die Bankenenquete sind alle Angriffe
gegen diejenigen, die gegen eine Sozialisierung der Banken
auftreten, zu unterlassen.
Gesehen: D., K., Fa. Weitergegeben an Hbg. um 1.05
" Brsl. " 1.10
" Chmn. " 1.25

s. a. ZSg. 101/1/70 v. 4. August 1933
Die bisher vertraulich geführte Bankenenquete hat eine Reihe von
öffentlichen Sitzungen   abgehalten, in denen alle Fragen der
Verstaatlichung, Staatsaufsicht, Rationalisierung und Kredit-
versorgung in Vorträgen erörtert wurden. Staatssekretär Feder
erklärte, daß die NSDAP keine Verstaatlichung der Banken, wohl
aber Leitung der Banken durch den Staat fordere. Dies bedeute,
wie die Initiative der Regierung zeige, keine Bürokratisierung.
Das Führerprinzip müsse auf die Wirtschaft übertragen werden,
die Banken seien zu nationalisieren, nicht aber zu sozialisieren.
Keesing, 1149 H v. 23. November 1933

Bestellungen aus der Pressekonferenz v. 4.12.1933.

ZSg. 101/2/57/Nr. 87 4. Dezember 1933

Die Reichsregierung bittet darum, gewisse Vorgänge bei den
Junkers-Werken in Dessau, über die wahrscheinlich in den
nächsten Tagen amtliche Notizen vorliegen, keinesfalls zu
kommentieren.

s. a. ZSg. 101/2/68/Nr. 111 v. 11. Dezember 1933
ZSg. 101/3/17/Nr. 178 v. 13. Januar 1934
ZSg. 101/3/48/Nr. 219 v. 31. Januar 1934
ZSg. 101/3/133/Nr. 387 v. 20. März 1934

4./5.12.1933

Die Junkers Flugzeug- und Motorenwerke in Dessau waren für Göring und den heimlichen Aufbau der Luftwaffe besonders wichtig. Deswegen wurde Hugo Junkers (1859-1935) vor die Wahl gestellt, entweder zu verkaufen oder aus Dessau verbannt zu werden. Am 24. November 1933 legte er den Vorsitz der beiden Werke nieder. Sein Hausarrest in Bayrisch Zell wurde aufgehoben, aber er kam nie wieder nach Dessau zurück. Im Februar 1934 erklärte sich Junkers zum Verkauf bereit, im April 1935 wurden die Junkerswerke verstaatlicht (vgl. David Irving, Die Tragödie der Deutschen Luftwaffe, Frankfurt/Main u. a. 1970, S. 76-77)

ZSg. 101/2/57/Nr. 88   4. Dezember 1933

Die Kursrückgänge bei den kommunalen Umschuldungspapieren dürfen ebenfalls nicht in sensationeller Aufmachung wiedergegeben bezw. kommentiert werden.

Gesehen: D., K. Fa.   Weitergegeben an Hbg. um 2.05 Uhr
                                      " Brsl. " 3.50 "
                                      " Chmn. " 1.50 "

Von der Umschuldung zur kommunalen Einheitsanleihe?
BT, Nr. 564 v. 1. Dezember 1933, S. 11

Bestellungen aus der Pressekonferenz v. 6.12.1933.

ZSg. 101/2/58/Nr. 89   (5. Dezember 1933)[1]

Das Propagandaministerium erinnert an das uneingeschränkte und strikte Verbot aller Veröffentlichungen über Kirchenfragen mit Ausnahme der kirchenamtlichen Mitteilungen des Reichsbischofs. Auch Erklärungen der streitenden Parteien usw. sollen nicht gebracht werden. Nur der Evangelische Pressedienst für das Kirchenministerium darf Veröffentlichungen herausgeben.

5.12.1933

1) Aufgrund der nachfolgenden Anweisungs-Anordnung ist anzunehmen, daß die Anweisungen Nr. 89 - 91 irrtümlich vordatiert wurden.
s. a. ZSg. 101/2/49/Nr. 73 v. 24. November 1933
ZSg. 101/2/51/Nr. 76 v. 27. November 1933
ZSg. 101/2/54/Nr. 81 v. 28. November 1933
ZSg. 101/26/613-617 (Informationsbericht Nr. 30 v. 1. Dezember 1933)

Am 29. November 1933 war das Geistliche Ministerium zurückgetreten. Am 4. Dezember 1933 tagte das neue Kirchenkabinett zum ersten Mal und beschloß ein "Kirchengesetz über die kirchenpolitische Unabhängigkeit der Reichskirchenregierung". Dadurch wurde den Mitgliedern des Geistlichen Ministeriums und den Beamten der Kirchenregierung die "Zugehörigkeit zu kirchenpolitischen Parteien, Gruppen und Bewegungen" verboten. Der Reichsbischof mußte die Schirmherrschaft über die DC niederlegen. (vgl. Klaus Scholder, Die Kirchen und das Dritte Reich, Frankfurt u.a. 1977, S. 725)

ZSg. 101/2/58/Nr. 90   (5. Dezember 1933)

Es ist unerwünscht, die Diskussion über Spengler fortzusetzen.
Die Regierung bittet, von diesem Manne keinerlei Notiz mehr zu nehmen.

s. a. ZSg. 101/3/122/Nr. 362 v. 15. März 1934
<u>Oswald Spengler</u> (1880-1936), Geschichtsphilosoph, Lehrer, Schriftsteller (Anhänger Nietzsches): "Der Untergang des Abendlandes" (1918-1922). Im August 1933 war das als erster Teil eines Gesamtwerkes ("Deutschland in Gefahr") geplante Buch mit dem Titel "Deutschland und die weltgeschichtliche Entwicklung" erschienen. (Weitere Teile wurden jedoch nicht veröffentlicht). In einem Brief vom 26. 10. 1933 hatte Goebbels Spengler gebeten, im Hinblick auf die Volksabstimmung am 12. November in einem Aufsatz für die Politik Hitlers zu werben. Am 3. November 1933 lehnte Spengler ab. Unter dem Datum des 9. Dezember entschuldigte sich Hugenberg für die Angriffe in der Scherl-Presse, die er nicht hatte verhindern können. (vgl. Oswald Spengler, Briefe 1913 - 1936, München 1963, S. 709-711. s. a. Anton M. Koktanek, Oswald Spengler in seiner Zeit, München 1968, Heinz Raabe, Spengler fällt in Ungnade. In: Das Neue Tagebuch, 1. Jg. (1933)H. 27 v. 30. Dezember 1933, S. 649)

s.a. A.Baeumler, <u>Revolution - von ferne gesehen. Zu Oswald Spenglers neuer Schrift.</u>
VB, Nr. 243 v. 31. August 1933, S. 7

ZSg. 101/2/58/Nr. 91 (5. Dezember 1933)

Das Propagandaministerium bezw. der parteiamtliche Franz Eher-Verlag versendet in diesen Tagen ein Buch des Ministers Goebbels über den Kampf um Berlin. Das Ministerium bittet um grosszügige Behandlung dieses Werkes und möglichst um Vorabdrucke vor Weihnachten.
Gesehen: Fa.,D., K.   Weitergegeben an Hbg. um 1.09 Uhr
                                       " Brsl. " 1.06 "
                                       " Chmn. " 1.20 "

Joseph Goebbels, Das erwachende Berlin, München 1933
((Aus einer Anzeige)): Der Kampf um die Macht! Ein Rückblick auf die letzten 14 Jahre!
Der Kampf um Berlin begann als aussichtslose Sache und wurde trotzdem von einer Sekte verwegener Menschen gewagt.
VB (N.A.), Nr. 342 v. 8. Dezember 1933, S. 8
Ein neues Buch von Dr. Goebbels
Der Franz-Eher-Verlag bringt soeben ein neues Buch von Dr. Goebbels heraus, das unter dem Titel "Das erwachende Berlin" das Gesicht Berlins in den Kampfjahren von 1918 - 1933 schildert. Hunderte von ganzseitigen Fotomontagen, die den Text begleiten, sollen eine Geschichtsschreibung aus der Anschauung heraus vermitteln. Wir werden auf das Buch noch zurückkommen.
FZ, Nr. 587 v. 9. Dezember 1933, S. 3
s. a. HHN, Nr. 589 v. 22. Dezember 1933, S. 3

Bestellungen aus dem Propagandaministerium v. 5.12.1933.

ZSg. 101/2/59/Nr. 92   5. Dezember 1933

Der Polnische Westmarkenverein in Kattowitz hat deutschfeindliche Entschliessungen gefasst. Die Reichsregierung bittet, diese Entschliessungen nicht zu veröffentlichen, um eine Verschärfung der Polemik zu vermeiden.

5./6.12.1933

Der polnische Westmarkenverein war ein nationalistischer Verband, der 1922 gegründet wurde. Er bekämpfte das Deutschtum in den 1919/20 an Polen abgetretenen Gebieten. Im Zuge der deutsch-polnischen Annäherung änderte er 1934 seinen Namen in "Polnischer Westverband" und verlegte seinen Sitz von Posen nach Warschau (s. a. HHN, Nr. 436 v. 19. September 1934, S. 2) Zum Problem der deutschen Minderheit in Polen s. a. Gerhard L. Weinberg, The Foreign Policy of Hitlers Germany, Chicago u.a. 1970, S. 187-188

ZSg. 101/2/59/Nr. 93   5. Dezember 1933

Die Erklärung des Prof. Lauerer-Nürnberg, der als Mitglied des Geistlichen Ministeriums in Aussicht genommen war und dieses Amt abgelehnt hat, darf nicht veröffentlicht werden.

Gesehen: D., Fa., K.   Weitergegeben an Hbg. um 9.15 abd.
          " Brsl. " 8.05 "
          " Chmn. Bh. Brf.

s. a. ZSg. 101/2/58/Nr. 89 v. (5. Dezember 1933)
  Germania, Nr. 335 v. 5. Dezember 1933, S. 2

Hans Lauerer, der Rektor der Diakonissenanstalt in Neuendettelsau war am 3. 12. vom Reichsbischof in das neue Großgeistliche Ministerium berufen worden, hatte das Amt aber trotz dreimaliger Berufung nicht angenommen. (Dokumente zur Kirchenpolitik des Dritten Reiches, Bd. 1, München 1971, S. 178, Anm. 3) vgl. a. Kurt Meier, Der Evangelische Kirchenkampf, Bd. 1, Göttingen 1976, S. 137

ZSg. 101/2/61   6. Dezember 1933

Bestellung vom 6.12.1933.

Die von uns herübergegebene Erklärung des Reichsbischofs darf nicht gebracht werden. Die ursprüngliche Mitteilung, dass das Propagandaministerium die Veröffentlichung genehmigt habe, ent-

6.12.1933

spricht nicht den Tatsachen. Eine untergeordnete Instanz des Ministeriums hatte fälschlich die Erlaubnis gegeben. Es muss der endgültige Entscheid des Ministeriums abgewartet werden. Telefonisch mittags weitergegeben an alle drei Zeitungen.
Fa., K., D.

s. a. ZSg. 101/2/58/Nr. 89 v. (5. Dezember 1933)
ZSg. 101/2/59/Nr. 93 v. 5. Dezember 1933
Mit der Niederlegung der Schirmherrschaft über die DC zieht der Reichsbischof die Konsequenzen aus dem am 4. Dezember 1933 erlassenen Kirchengesetz.
<u>Kundgebung des Reichsbischofs an die Deutschen Christen</u>
Meine Mitkämpfer! ... Endlich muß allen sichtbar und deutlich werden, daß die Kirche der Reformation und der nationalsozialistische Staat nicht Gegensätze sind, daß sie fest und innerlich zueinander gehören. Dieses große Ziel kann nur bei klarer und einheitlicher Führung erreicht werden. Deshalb mußte ich die Kirchenleitung freimachen von Bindungen an alle kämpfenden Gruppen. Im Verfolg des dazu notwendigen Gesetzes des geistlichen Ministeriums mußte ich als erster diesem Gesetze gehorchen und die Schirmherrschaft niederlegen. Dieser Entschluß ist mir schwergefallen. Es hat mir weh getan. Ich habe lange darum gerungen. Aber ich weiß: Ihr als Nationalsozialisten folgt der Führung auch dort, wo Gehorsam not macht! ...
Günther van Norden, Der deutsche Protestantismus im Jahr der nationalsozialistischen Machtergreifung, Gütersloh 1979, S. 228-229

ZSg. 101/2/60   6. Dezember 1933

Wolff-Rundruf vom 6. Dezember 1933. 1,50 nm.
Der Erlass des Reichsbischofs an die Deutschen Christen darf nicht gebracht werden.
Fa., K., D.

6.12.1933

s. a. ZSg. 101/2/61 v. 6. Dezember 1933
   ZSg. 101/2/70/Nr. 117 v. 14. Dezember 1933

Bestellungen aus der Pressekonferenz v. 6.12.1933.

ZSg. 101/2/62/Nr. 94   6. Dezember 1933

Der englische Botschafter Sir Erik Phibbs (sic) ist am Dienstag (5.12.33, gtz.) vom Reichskanzler empfangen worden zu einer längeren Aussprache über schwebende aussenpolitische Fragen. Nähere Mitteilungen werden von amtlicher deutscher Seite nicht gegeben. Es ist streng untersagt, Mitteilungen aus der englischen Presse über diese Unterredung zu bringen, wenn sie von den Korrespondenten stammen. Lediglich WTB ist ermächtigt, einige Pressestimmen über den Funk zu leiten.

Sir Eric Phipps (1875-1945), britischer Diplomat, 1909-1912 in Paris, Konstantinopel, Rom, St. Petersburg, Madrid, danach Sekretär auf der Pariser Friedenskonferenz, 1922-1928 Botschafter in Brüssel, 1925-1933 in Wien, 1933-1937 in Berlin, 1937-1939 in Paris.

Der englische Botschafter bei Hitler
Am Dienstag stattete der englische Botschafter Sir Eric Phipps dem Reichskanzler Adolf Hitler einen Besuch ab.
HHN, Nr. 570 v. 6. Dezember 1933, S. 1

Dagegen: The British Ambassador, Sir Eric Phipps, spent an hour with Herr Hitler, the Chancellor, today discussing the disarmament question.
Times, Nr. 49,620 v. 6. Dezember 1933, S. 14

Die Unterredung wurde am 8. Dezember fortgeführt. (vgl. H.-A. Jacobsen, Die nationalsozialistische Außenpolitik 1933-1938, Frankfurt/M. u.a. 1968, S. 780)

Reuter über den Besuch des britischen Botschafters beim Reichskanzler
Reuter meldet zu der einstündigen Unterredung, die der

britische Botschafter mit dem Reichskanzler über die Abrüstungsfrage hatte, die deutsche Regierung warte jetzt auf einen
Schritt der neugebildeten französischen Regierung in der Frage
der Verhandlungen, da sie den Standpunkt vertrete, daß die
kürzlichen Besprechungen zwischen dem deutschen Reichskanzler
und dem französischen Botschafter in Berlin eine Antwort von
Seiten der französischen Regierung erforderten.
FZ, Nr. 854 v. 7. Dezember 1933, S. 1
s.a. ADAP, Serie C, Bd. II,1, Nr. 23, 99, 107, 111, 117, 141

ZSg. 101/2/62/Nr. 95   6. Dezember 1933

Die Untersuchung im Reichstagsbrandprozeß über das Putzmittel
Salodol, das Ursache zu dem Reichstagsbrand mit gewesen sein
soll, wird heute zu Sachverständigengutachten führen. Anscheinend ist diese ganze Geschichte von der Firma Salodol aus
Reklamegründen ventiliert worden. Das Sachverständigengutachten ist daher in der Form zu bringen, dass keine Reklame
für Salodol dadurch erwächst.
Gesehen: Fa., K., D.   Weitergegeben an Hbg. um 1.10 Uhr
                                  " Brsl. " 1.13 "
                                  " Chmn. " 1.22 "

s. a. ZSg. 101/2/51/Nr. 77 v. 27. November 1933
<u>Der Prozeß um den Reichstagsbrand</u>
... Die Sangajtol-Legende, die durch ein gewöhnliches Putzmittel
die Ausbreitung des Brandes im Plenarsaal und damit auch die
Alleintäterschaft van der Lubbes erklären wird rasch
zerstört. ...
NZZ, Nr. 2217 v. 7. Dezember 1933, S. 1
<u>Putzmittel, die nicht brennen</u>
BBC, Nr. 571 v. 7. Dezember 1933, S. 2 ((ausführliche Schilderung))

ZSg. 101/2/63/Nr. 96   6. Dezember 1933

Bestellung aus der Pressekonferenz v. 6.12.1933.
In die Diskussion über die italienischen Reformvorschläge für
den Völkerbund ist nur insoweit einzugreifen, als die Frage
"Los von Versailles" gestützt wird. Dagegen sollen die Einzelheiten nicht weiter diskutiert werden, vor allen Dingen nicht
die Frage, ob die Kleine Entente [1] zu stark im Völkerbund
vertreten ist oder nicht.
Gesehen: K., Fa., D.   Weitergegeben an Hbg. 9.15
                                          " Brsl. 8.02
                                          " Chmn. Bh. Brf.

1) Tschechoslowakei, Rumänien, Jugoslawien.
... Nach einer Reuter-Meldung wünscht Italien die Reform in
drei Richtungen, und zwar 1. Beschränkung des Rechtes der Kleinstaaten, über Probleme abzustimmen, die sie nur teilweise berühren, 2. Vereinfachung des Verfahrens, das bisher endlose Erörterungen und viele Ausschüsse gebracht haben, 3. Lösung des
Völkerbundes von Versailles und anderen Friedensverträgen.
Der Völkerbund sei zu einer Einrichtung für Sicherung der Kriegsgewinne geworden und habe zwischen besitzenden und besitzlosen
Nationen unterschieden. Keesing, 1172 A v. 4. November 1933
<u>Ultimatum Italiens an den Völkerbund</u>
Umbau des Völkerbundes gefordert / Loslösung von Versailles
HHN, Nr. 570 v. 6. Dezember 1933, S. 1
<u>Die Auffassung in Berlin</u>
ebd.
s.a. ADAP, Serie C, Bd. II,1, Nr. 104

Bestellungen aus dem Propagandaministerium v. 6.12.1933.

ZSg. 101/2/64/Nr. 97   6. Dezember 1933

Ueber die heutige Sitzung im Landeshaus der Provinz Brandenburg
die sich mit der Ostsiedlung befasste, soll nichts gebracht werden,

Ostsiedlung beginnt!
Oberpräsident Kube entwickelt sein Programm
... In seiner Eröffnungsansprache betonte Oberpräsident Staatsrat Kube, für die Überwinterung der Winternot sei der Bau von Straßen, Kanälen usw. nur ein Übergang. Die Hauptaufgabe für die Ostmark ((sei)) die Siedlung. <u>Bauernsiedlungen seien besser als Betonfestungen</u> (Hervorh. i. O.). Im deutschen Wohnraum des Ostens liege, wie Hitler einmal gesagt habe, die Zukunft Deutschlands. ... Es sei vom Reich die Schaffung von insgesamt 90.000 Besitzungen geplant, und zwar im Jahre 1934: 15.000, 1935: 20.000, 1936: 25.000, 1937: 30.000 Bauernstellen.
BT, Nr. 573 v. 6. Dezember 1933, S. 5

ZSg. 101/2/64/Nr. 98   6. Dezember 1933

Meldungen über die Gemeindewahlen im Weichselkorridor sollen nach Möglichkeit nicht gebracht werden.

s. a. ZSg. 101/1/50 v. 8. Juli 1933
Die Gemeinderatswahlen im Korridor
Halbamtlich wird das endgültige Ergebnis der Gemeinderatswahlen im Korridor mitgeteilt. In 33 Städten wurden insgesamt 559 Stadträte gewählt. Auf die Regierungsliste entfielen 286, auf die Rechtsopposition 177, auf die Nationale Polnische Arbeiterpartei 51, auf die Deutschen 23 und auf die übrigen zusammen 22 Mandate. In 22 Städten hat die Regierungsliste die Mehrheit erlangt. ...
BBC, Nr. 570 v. 6. Dezember 1933, S. 3

ZSg. 101/2/64/Nr. 99   6. Dezember 1933

Das Verbot bezüglich Veröffentlichungen in Kirchenfragen bezieht sich auch auf Veranstaltungen des Reichsbundes für deutsche Kultur, die heute in Plauen stattfinden.

s. a. ZSg. 101/2/49/Nr. 73 v. 24. November 1933
     ZSg. 101/2/58/Nr. 89 v. (5. Dezember 1933)
     ZSg. 101/2/70/Nr. 116 v. 14. Dezember 1933

ZSg. 101/2/64/Nr. 100   6. Dezember 1933

Meldungen über das Unglück des Wasserflugzeuges D 2512 sollen
nicht gebracht werden.
Gesehen: D., Fa., K.   Weitergegeben an Hbg. 9.15
                                        " Brsl. 8.15
                                        " Chmn. Bh. Brf.

s. ZSg. 101/2/24/Nr. 33 v. 1. November 1933

Bestellungen aus der Pressekonferenz v. 7.12.1933.

ZSg. 101/2/65/Nr. 101   7. Dezember 1933

Es wird gewarnt vor der publizistischen Tätigkeit des Dr. Stratil
Sauer, der recht merkwürdige Forschungsergebnisse über Persien
verbreitet. Die wissenschaftliche Qualifikation dieses Herrn
ist sehr umstritten. Wir bitten auch das Feuilleton darauf hinzuweisen.

s. a. ZSg. 101/3/15/Nr. 172 v. 12. Januar 1934
Dr. G. Stratil-Sauer, <u>Zu Land nach Indien. Die revolutionäre Ver-
kehrsentwicklung im Orient</u>
FZ, Nr. 3 v. 2. Jan. 1935, S. 1-2

ZSg. 101/2/65/Nr. 102   7. Dezember 1933

Die Ausdrücke "gelbe Gefahr" und "Drang nach dem Osten" sollen
bei Artikeln über ostasiatische Probleme nicht mehr verwendet
werden.
Gesehen: D., K., Fa.   Weitergegeben an Hbg. 2.-
                                        " Brsl. 8.45
                                        " Chmn. 2.14 Uhr

7./8.12.1933

s. a. ZSg. 101/2/24/Nr. 32 v. 1. November 1933
Vor einer Militärdiktatur in Japan?
HHN, Nr. 575 v. 9. Dezember 1933, S. 1

Bestellungen aus der Pressekonferenz v. 8.12.1933.

ZSg. 101/2/66/Nr. 103   8. Dezember 1933

Die Reichsjugendführung bittet darum, das neue Buch über die deutsche Fliegerei mit einem Vorwort von Minister Göring ausführlich zu besprechen. Die Besprechungsexemplare werden in diesen Tagen die Zeitungen erreichen.

Eine derartige Rezension konnte nicht nachgewiesen werden. Möglicherweise wurde sie auch storniert wegen des schweren Flugzeugunglücks am 11. Dezember 1933, bei dem 6 Menschen ums Leben kamen und 4 verletzt wurden. Das Unglück ereignete sich infolge plötzlich stark verschlechterter Sichtverhältnisse auf der Strecke Berlin - Hamburg bei der Landung in Fuhlsbüttel.

ZSg. 101/2/66/Nr. 104   8. Dezember 1933

Ueber den Reichsreformplan von Nicolai darf unter keinen Umständen über unsere Meldungen hinaus etwas berichtet werden. Das Verbot, diese Reichsreformpläne weiter zu erörtern, geht direkt vom Führer aus.
Gesehen: Fa., D., K.   Weitergegeben an Hbg. 1.-
                            " Brsl. 1.03
                            " Chmn. 1.38

8./9.12.1933

s. a. ZSg. 101/1/126 v. 18. Oktober 1933
ZSg. 101/2/68/Nr. 110 v. 11. Dezember 1933

<u>Helmut Nicolai</u> (geb. 1895), Regierungspräsident in Magdeburg, 14. März 1934 Ministerialdirektor im Reichsinnenministerium.

<u>Die Erörterung der Reichsreform</u>
Noch keine amtlichen Pläne
... Dr. Nicolai sieht eine Möglichkeit zur Reichsreform in der Richtung, daß das Reich in 13 Länder oder Gaue neu eingeteilt wird, die einerseits der territorialen Notwendigkeit, andererseits aber auch der jahrhundertealten kulturellen Entwicklung Rechnung tragen. U. a. sieht diese Neueinteilung ein Land Niedersachsen vor, das aus den Provinzen Schleswig-Holstein und Hannover mit Ausnahme des Regierungsbezirks Osnabrück, ferner dem nördlichen Teil von Oldenburg, den Freien Städten Hamburg, Lübeck und Bremen und den Ländern Braunschweig ... und Schaumburg-Lippe bestehen soll. Diese Gliederung begegnet naturgemäß in Niedersachen und den Hansestädten einem besonders lebhaften Interesse...
HHN, Nr. 574 v. 8. Dezember 1933, S. 2

<u>Nicolais Ansichten zur Reichsreform</u>
... Es handelt sich, wie mit besonderem Nachdruck betont werden muß, was auch der Verfasser hervorhebt, nur um Vorschläge, die aber außerordentlich beachtlich sind. Da es sich hier aber um eine der Lebensfragen der Nation handelt, die nicht über das Knie gebrochen werden kann, dürfte noch geraume Zeit verstreichen, bis der Führer das entscheidende Wort spricht.
NZ, Nr. 338 v. 8. Dezember 1933, S. 1

<u>Reichsreform noch nicht festgelegt</u>
Amtlich wird mitgeteilt, daß in der Frage der Reichsreform noch keine Pläne bestimmter Art festgelegt wurden. Insbesondere sei die Schrift von Pg. Nicolai "Grundlagen der kommenden Reichsverfassung", wie auch aus der Meldung der NZ eindeutig hervorging, in keiner Weise für das Reichsinnenministerium bindend.
NZ, Nr. 341 v. 11. Dezember 1933, S. 3
s. a. ARRH, Teil I, Bd. 2, Nr. 253

Bestellungen aus der Pressekonferenz v. 9.12.1933.

ZSg. 101/2/67/Nr. 105   9. Dezember 1933

Die Rede des Reichswirtschaftsministers Schmitt in Jena darf nur im amtlichen WTB Text veröffentlicht werden, nicht in Sondermeldungen aus Jena.

9.12.1933

Der Reichswirtschaftsminister vor den Versicherungsvertretern
... Weniger auf die Mitgliedskarte, sondern auf das Herz kommt es an. Diese Männer müssen aus der praktischen Schule des Wirtschaftslebens zum Führer herangereift sein.
HHN, Nr. 577 v. 10. Dezember 1933, S. 3
s. a. VB (N.A.), Nr. 344/345 v. 10./11. Dezember 1933, S. 2

ZSg. 101/2/67/Nr. 106   9. Dezember 1933

Zur Information: Ein Antrag des Präsidenten der Reichsanstalt [1] ist jetzt genehmigt worden, der darauf hinzielt, um der Genauigkeit der Berichte willen nur noch zu Ende eines jeden Monats (nicht mehr in der Mitte des Monats) einen Bericht über die Erwerbslosenzahlen zu veröffentlichen. Die nächste Arbeitslosenstatistik wird darum nicht am 21. Dezember, sondern erst am 8/9. Januar erscheinen. Es hat sich ja schon in den letzten Monaten herausgestellt, dass die Zahlen um Mitte des Monats sehr ungenau waren, weil die Gesamtzählungen nur Ende des Monats vorgenommen werden. Es wird unter Umständen noch eine amtliche Mitteilung herausgegeben werden; solange ist diese Mitteilung nur zur Information.

1) **Reichsanstalt für Arbeitsvermittlung und Arbeitslosenversicherung**
Berlin-Charlottenburg 2, Hardenbergstr. 12
Präsident: Dr. Syrup

Friedrich Syrup (1881-1945), Jurist, seit 1920 Präsident der Reichsanstalt für Arbeitsvermittlung und Arbeitslosenversicherung, Dezember 1932 bis Januar 1933 Reichskommissar für Arbeitsbeschaffung, Juni 1932 bis Januar 1933 auch Reichskommissar für den Freiwilligen Arbeitsdienst, 1945 in der Haft gestorben.

Anlaß der Anweisung ist vermutlich die Bilanz der 2. Novemberhälfte, die am 8. Dezember 1933 der Presse übergeben wurde.

Weiter gebesserte Arbeitsmarktlage im Reich
HHN, Nr. 575 v. 9. Dezember 1933, S. 2

ZSg. 101/2/67/Nr. 107   9. Dezember 1933

Am Montag um 11 Uhr wird im München-Gladbacher Prozess Krupp von Bohlen und Halbach als Zeuge vernommen. Diese Vernehmung ist wegen ihrer Bedeutung gross aufzumachen.

Gustav Krupp von Bohlen und Halbach (1870-1950), durch die Heirat mit der ältesten Tochter von Friedrich Krupp wurde er 1906 Leiter der Krupp-Werke, bis 1943 Vorsitzender des Reichsverbandes der deutschen Industrie.

Prof. Friedrich Joseph Dessauer (1881-1963), Physiker (bes. Radiologie), seit 1924 Zentrumsabgeordneter im Reichstag, Vorstandsmitglied im "Volksverein für das katholische Deutschland". Diesen Posten hatte er als Herausgeber der links-katholischen "Rhein-Mainischen Volkszeitung" (1870-1935) übernommen, nachdem sich der Volksverein bei der Carolus-Druckerei in Frankfurt (Verlag RMV) eingekauft hatte. Er war der Konkursverbrechen und Bilanzfälschungen beim Rückkauf der Carolus-Anteile beschuldigt worden. In dem Prozeß ging es weniger um Bilanzen als vielmehr um die politische Einstellung von Dessauer und die seines Bekanntenkreises: z.B. des ehemaligen Krupp-Direktors Mühlon, der die deutsche Kriegsschuld-These vertrat. Um die "landesverräterische Einstellung" dieses Mühlon geht es bei der Zeugenvernehmung von Krupp.

Krupp von Bohlen als Zeuge im Volksvereinsprozeß
HHN, Nr. 579 v. 12. Dezember 1933, S. 3
s. a. VB (N.A.), Nr. 346 v. 12. Dezember 1933, S. 1 u. 2
  NZ, Nr. 342 v. 12. Dezember 1933, S. 12
  FZ, Nr. 862 v. 12. Dezember 1933, S. 1
  RMV, Nr. 290 v. 12. Dezember 1933, S. 2
s. a. Prozeß Dessauer, NTB, 1. Jg. (1933), H. 25 v. 16. Dezember 1933, S. 589-590
Professor Dessauer wurde in dem München-Gladbacher Volksvereins-Prozeß ... am Ende freigesprochen. ... Die Polizei, war unzufrieden mit der Milde des Gerichts, verhängte über den Freigesprochenen sofort die "Schutzhaft".
NTB, 1. Jg. (1933), H. 27 v. 30. Dezember 1933, S. 633-634
Zum Volksvereinsprozeß s. a. Bruno Lowitsch, Der Kreis um die Rhein-Mainische Volkszeitung, Wiesbaden, Frankfurt/M. 1980, S. 12 ff.

ZSg. 101/2/67/Nr. 108   9. Dezember 1933

Zur Information: Der Reichsführer der Deutschen Aerzteschaft Dr. Wagner-München [1] und der Kommissar der NSDAP., der Heilpraktiker Heinisch, gleichfalls München, sind sich darin einig, dass bis zur Verabschiedung des im Entwurf der Reichsregierung bereits vorliegenden Heilpraktikergesetzes eine Einmischung von

9./11.12.1933

Seiten der Oeffentlichkeit sowie der beiden in Frage kommenden Berufe zu unterbleiben hat. Die prinzipiellen Fragen und Regelungen werden von beiden Standesführern selbst vorgenommen. Im Interesse der allgemeinen Beruhigung ist es unbedingt notwenig, dass aufklärende Zeitungsberichte und dergl. nur dann gedruckt werden dürfen, wenn sie den Reichsführern vorgelegt worden sind. Die Schriftleitungen werden angewiesen, diese Wünsche genauestens zu beachten und sich danach zu richten.

Gesehen: D., Fa., K. Weitergegeben an Hbg. 1,15
                                "   " Br. 1,15
                                "   " Ch. 1,20

1) <u>Gerhard Wagner</u> (1888-1939), einige Jahre Führer der Deutschtums-Verbände in Oberschlesien, Mitbegründer des Nationalsozialistischen Deutschen Ärztebundes; seit 1932 dessen Führer, Beauftragter des Stellvertreter des Führers Rudolf Hess für die Fragen der Volksgesundheit, Initiator des Euthanasieplanes, Reichsführer der Deutschen Ärzteschaft.
<u>Ärzteschaft und Naturheilkunde</u>
Eine Richtigstellung des Reichsministers Hess zur Heilpraktikerfrage
Germania, Nr. 338 v. 8. Dezember 1933, S. 4
s. a. HHN, Nr. 573 v. 8. Dezember 1933, S. 2

Bestellungen aus der Pressekonferenz v. 11. Dezember 1933.

ZSg. 101/2/68/Nr. 109 11. Dezember 1933

Die Veröffentlichungen der Saarbrücker Zeitung über die Tätigkeit der Emigranten soll in grosser Aufmachung übernommen werden. Wolff und TU bringen darüber hinaus noch einen Kommentar des Preussischen Pressedienstes, um dessen Nachdruck ebenfalls die Regierung bittet.

11.12.1933

Saarbrücker Zeitung. 1761 als Nassau-Saarbrückisches Wochenblatt gegründet. Das Blatt charakterisierte sich 1932 noch als "unabhängig, liberal für Fortschritt in sozialer und politischer Hinsicht" (Hdb der dt. Tagespresse, 4. Aufl. 1932 , S. 380) 1934 war der Chefredakteur Arnold Nagel durch den Feuilleton-Chef August Helbrück ersetzt worden (Hdb der dt. Tagespresse, 5. Aufl. 1934 , S. 280)

Die Emigranten putschen das Ausland auf
HHN, Nr. 578 v. 11. Dezember 1933, S. 2

Wölfe im Schafspelz
HHN, Nr. 580 v. 12. Dezember 1933, S. 2

Flüchtlinge aus Deutschland
III. Die Agitation gegen das deutsche Volk - Emigrantenliteratur - Der Ausgang des Kampfes
HHN, Nr. 580 v. 12. Dezember 1933, S. 5

ZSg. 101/2/68/Nr. 110   11. Dezember 1933

Bezüglich der Fragen der Reichsreform ergeht eine strikte Anweisung im Auftrage des Reichskanzlers, dieses Thema unter keinen Umständen in der Presse zu behandeln. Gegen Verstösse wird unnachsichtig vorgegangen. Die Zeitungen werden auf 3 Monate verboten und die verantwortlichen Schriftleiter in Schutzhaft genommen. Darüber hinaus wird vertraulich mitgeteilt, dass die Schrift von Prof. Nicolai über die Reichsreform beschlagnahmt worden ist. Ob er noch länger im Reichsinnenministerium tätig sein wird, ist mit Sicherheit nicht festzustellen.

s. a. ZSg. 101/2/66/Nr. 104 v. 8. Dezember 1933
    ZSg. 101/3/48/Nr. 217 v. 31. Januar 1934

ZSg. 101/2/68/Nr. 111   11. Dezember 1933

Der "Reichsanzeiger" veröffentlicht heute abend das Ausscheiden von Prof. Junkers aus den Junkers-Werken. Diese Meldung darf nur in kleiner Form im Handelsteil veröffentlicht werden.

11./12.12.1933

s. a. ZSg. 101/2/57/Nr. 87 v. 4. Dezember 1933
ZSg. 101/3/17/Nr. 178 v. 13. Januar 1934
Weder im "Reichsanzeiger" noch in den anderen Zeitungen findet
sich eine solche Meldung. Möglicherweise ist sie kurzfristig
zurückgezogen worden.

ZSg. 101/2/68/Nr. 112　　　　　　　11. Dezember 1933

In Fulda ist es zu Ausschreitungen gegen eine Zeitung gekommen.
Hierüber dürfen keine Meldungen gebracht werden.
Gesehen: D., Fa., K.　　　Weitergegeben an Hbg.　um 12.55 Uhr
　　　　　　　　　　　　　　　　　　　" Brsl.　"　1.--　"
　　　　　　　　　　　　　　　　　　　" Chmn.　"　1.20　"

Zeitungsverbot
Wie mitgeteilt wird, hat der Leiter der Staatspolizei Kassel,
Polizeipräsident von Pfeffer, die "Fuldaer Zeitung" bis zum
20. Dezember verboten.
FZ, Nr. 868 v. 15. Dezember 1933, S. 3

Fuldaer Zeitung (gegr. 1873) gibt 1932 ihre Tendenz noch mit
"Zentrum" an (Hdb. d. dt. Tagespresse, 4. Aufl. 1932, S. 170)
Übernimmt 1936 nach Austausch der Hauptschriftleitung den
"Fuldaer Anzeiger" (Hdb. d. dt. Tagespresse, 7.Aufl. 1944, S. 81)

ZSg. 101/2/69/Nr. 113　　　　　　　12. Dezember 1933

Wolff-Rundruf vom 12.12.1933 abds.
Anlässlich einer am 11. Dezember stattgefundenen konstituierenden
Sitzung der Bauwirtschaft wurde heute von den Beteiligten eine
Erklärung mit der Unterschrift Hugo Hoffmann herausgegeben. Die
Presse wird gebeten, diese Erklärung nicht zu veröffentlichen.
Gesehen: Falk., D., K.　　　Weitergegeben an Hbg.　um 10.10 Uhr
　　　　　　　　　　　　　　　　　　　" Brsl.　" 12.45　" 15/12.
　　　　　　　　　　　　　　　　　　　" Chmn.　"　1.00　" 15/12.

14.12.1933

Bestellungen vom Propagandaministerium v. 14.12.1933.

ZSg. 101/2/70/Nr. 114   14. Dezember 1933

Ein Verlag hat ein Buch "Tausend Worte Marine-Deutschland" herausgegeben. Das Reichswehrministerium bittet, dieses Buch nicht zu besprechen, da es zurückgezogen wird.

ZSg. 101/2/70/Nr. 115   14. Dezember 1933

Ueber den Fall des Landesbauernführers Luber mit seinem Erbhof in Bayern soll nichts mehr gebracht werden. Auch soll nicht in grundsätzlichen Artikeln zu dieser Frage Stellung genommen werden.

<u>Staatssekretär Luber aus der bayerischen Staatsregierung ausgeschieden</u>
... Aus Anlaß des Geburtstages des Staatssekretärs Luber wurde von dem bayerischen Landesbauernobmann das ... Hofgut Hirschwang dem Staatssekretär als Geschenk übereignet. ... die bayerische Staatsregierung ((hat)) aufgrund ihrer nationalsozialistischen Weltanschauung die Auffassung, daß durch diesen Vorgang die Unabhängigkeit und Entschlußfreiheit eines ihrer Mitglieder und damit ihre eigene Regierungstätigkeit beeinträchtigt werden könnte.
HHN, Nr. 575 v. 9. Dezember 1933, S. 2
s. a. NTB, 1. Jg. (1933), H. 25 v. 16. Dezember 1933, S. 584-585

ZSg. 101/2/70/Nr. 116   14. Dezember 1933

Zu der Anweisung, keine Meldungen über den Kirchenkonflikt zu bringen, wird vom Propagandaministerium mitgeteilt, dass auch Vorsicht angebracht ist gegenüber Berichten bezüglich Verhandlungen von Landessynoden usw. Die Landesstellen des Propagandaministeriums sind angewiesen, mit den betreffenden kirchlichen Stellen zusammenzuarbeiten und dafür zu sorgen, dass nur Berichte über diese Verhandlungen an die Oeffentlichkeit gelangen, die nicht indirekt zum kirchenpolitischen Streit Stellung nehmen.

Es empfiehlt sich, unter diesen Umständen stets nur die von WTB gebrachten Texte zu veröffentlichen.

s. a. ZSg. 101/2/58/Nr. 89 v. 6. Dezember 1933

Pfarrer und Volk
Das Kirchengesetz über die Rechtsverhältnisse der evangelischen Geistlichen / Sicherung des Verantwortungsbewußtseins
NZ, Nr. 344 v. 14. Dezember 1933, S. 3

ZSg. 101/2/70/Nr. 117   14. Dezember 1933

Gewisse kirchliche Stellen beginnen jetzt wieder mit dem Versuch, die seinerzeitige Erklärung des Reichsbischofs Müller, in der er seine Trennung von den Deutschen Christen begründete, zur Veröffentlichung zu bringen. Diesen Versuchen ist Widerstand zu leisten. Das Verbot besteht nach wie vor.

s. a. ZSg. 101/2/60 v. 6. Dezember 1933
ZSg. 101/2/61 v. 6. Dezember 1933

ZSg. 101/2/70/Nr. 118   14. Dezember 1933

Seitens sächsischer Industrieller wird gegen die Industrialisierungspläne Ostpreussens Protest eingelegt. Ueber dieses Thema sollen keine Meldungen oder gar Artikel veröffentlicht werden. Die Industrialisierung Ostpreussens entspricht dem Willen des Führers.
Gesehen: D., Fa., K.   Weitergegeben an Hbg. 10.10 Uhr
                                        " Brsl.12.45 " 15/12.
                                        " Chmn. 1.00 " 15/12.

Der gewaltige Ostpreußen-Plan
Von Ernst-Hubert Kraemer
... Es hat sich gezeigt, daß durch landwirtschaftliche Siedlung

allein der Bevölkerungsüberschuß nicht untergebracht werden kann. Mithin bleibt nur der eine Weg: Neben der landwirtschaftlichen Siedlung müssen gewerbliche Werkstätten geschaffen werden. ...
VB (N.A.), Nr. 348 v. 14. Dezember 1933, S. 11

ZSg. 101/2/71/Nr. 119   15. Dezember 1933

Bestellung vom Propagandaministerium vom 15. Dez.33.
Die Reichsregierung weist darauf hin, dass die Behauptung der englische Aussenminister Simon sei Jude, falsch ist. Er stammt aus einem alten Walliser Geschlecht. Diskussionen über die Herkunft des englischen Aussenminister haben unter allen Umständen zu unterbleiben.
Gesehen: Fa., D., K.   Weitergegeben an Hbg. 12.35 Uhr
                                      " Br.   12.45   "
                                      " Ch.   1.00   "

Bestellungen aus der Pressekonferenz v. 16.12.1933.

ZSg. 101/2/73/Nr. 120   16. Dezember 1933

Der Reichswirtschaftsminister hat einen Runderlass an die Landesregierungen und Wirtschaftsverbände bezüglich des Weihnachtsgeschäftes gerichtet. Die Regierung bittet, den Wortlaut des Schreibens ungekürzt zu bringen, möglichst an hervorragender Stelle.

16.12.1933

Störung des Weihnachtsgeschäftes untersagt
... Diese Anordnung richtet sich vor allem gegen Maßnahmen und Sonderaktionen, die eine Benachteiligung der Waren- und Kaufhäuser, Einheitspreis- und Filialgeschäfte sowie nichtarischer Geschäfte gegenüber einzelnen Gruppen des Einzelhandels darstellen. ...
HHN, Nr. 588 v. 16. Dezember 1933, S. 2

ZSg. 101/2/73/Nr. 121   16. Dezember 1933

Zu dem Abschluss des deutsch-holländischen Wirtschaftsabkommens bittet die Reichsregierung im Wirtschaftsteil der Zeitungen freundliche Kommentare zu veröffentlichen. Gleichzeitig bittet die Reichsregierung von unfreundlichen Erklärungen gegen Finnland anlässlich der deutsch-finnischen Besprechungen künftighin abzusehen.

Gesehen: Fa., D., K.   Weitergegeben an Hbg.   um 1.15
                                              " Brsl.   7.07
                                              " Chmn.   1.10

Deutsch-holländischer Handelsvertrag unterzeichnet
Angleichung der beiderseitigen Interessen
HHN, Nr. 587 v. 16. Dezember 1933, S. 2
Die Verhandlungen mit Finnland wurden am 21. Dezember 1933 zunächst abgebrochen. Zu einem Vertrag kam es im März 1934 (s. a. ZSg. 101/3/145/Nr. 396 v. 28. März 1934)

16.12.1933

Bestellungen aus der Pressekonferenz v. 16. 12. 1933

ZSg. 101/2/72/Nr. 122   16. Dezember 1933

Zu der Neuregelung bezüglich des Verkehrs mit Eiern und Milcherzeugnissen wird von der Reichsregierung gebeten, bei den Besprechungen insbesondere bei kurzen Kennzeichnungen das Wort "Monopol" zu vermeiden.

Das "Gesetz über den Verkehr mit Milcherzeugnissen vom 20. 12. 1933" (RGBl. 1933, I, S. 1093) und das "Gesetz über den Verkehr mit Eiern vom 20. Dezember 1933" (RGBl. 1933, I, S. 1094) bestimmen, daß Milcherzeugnisse und Eier nur durch Reichsstellen in den Verkehr gebracht werden dürfen.

Wichtige Gesetzesbeschlüsse der Regierung
Wirtschaft- und finanzpolitische Neuregelungen
HHN, Nr. 587 v. 16. Dezember 1933, S. 1-2

Organische Wirtschaft
((Leitartikel))
HHN, Nr. 588 v. 16. Dezember 1933, S. 1

s. a. ARRH, Teil I, Bd. 2, Nr. 274 (10. a und b)

ZSg. 101/2/72/Nr. 123   16. Dezember 1933

In der Presse erscheinen einzelne Veröffentlichungen bezüglich des rassischen Niederganges Frankreichs durch Vordringen farbiger Elemente. Gegen eine Behandlung der Tatsachen hat die Regierung nichts einzuwenden, bittet jedoch, diskriminierende Aeusserungen wie "rassischen Niedergang" oder "Mischvolk" zu vermeiden.

s. a. ZSg. 101/4/153/Nr. 841 v. 20. Oktober 1934

Frankreichs Verniggerung
Der Rückgang der Rekrutenquote wird durch Farbige ausgeglichen
... Der Budgetentwurf des Kriegsministeriums für 1934 sieht bisher die Verlegung von 5.000 Farbigen nach Frankreich vor. ...
NZ, Nr. 321 v. 21. November 1933, S. 3

16./19.12.1933

Frankreichs farbiges Heer
Ein europäisches Rassenproblem
Von Major a.D. von Keiser
HHN, Nr. 34 v. 21. Januar 1934, S. 5

ZSg. 101/2/72/Nr. 124   16. Dezember 1933

Zur Reise von Benesch nach Paris bittet die Regierung Zurückhaltung zu beobachten und die Reise nicht als Sensation zu behandeln.
Gesehen: Fa., D., K.   Weitergegeben an Hbg. Bh. Brf.
                                            " Chmn. "   "
                                            " Brsl. 7.07
s. a. ZSg. 101/2/18/Nr. 29 v. 1. November 1933
Frankreich läßt alle Minen sprengen
HHN, Nr. 588 v. 16. Dezember 1933, S. 2

ZSg. 101/2/74/Nr. 125   19. Dezember 1933

Bestellung aus der Pressekonferenz v. 19.12.1933.

Ueber die heutige **Eröffnung der Reichsautobahnstrecke Königsberg-Elbing** soll verläufig nichts veröffentlicht werden. In der morgigen Pressekonferenz wird darüber von authentischer Seite zuverlässiges Material gegeben werden.
Gesehen: Fa., D., K.   Weitergegeben an Hbg. 1.10
                                            " Brsl. 1.15
                                            " Chmn. 1.20

s. a. ZSg. 101/3/60/Nr. 244 v. 6. Februar 1934
      ZSg. 101/2/56/Nr. 84 v. 1. Dezember 1934
Der erste Spatenstich zur Reichsautobahn Elbing-Königsberg
An der Chaussee zwischen Elbing und Pomehrendorf, etwa 9 Kilometer von Elbing entfernt, wurde Dienstagvormittag (19.12., gtz) der erste Spatenstich zum Bau der Reichsautobahn Elbing-Königsberg

19./20.12.1933

durch den Oberpräsidenten, Staatsrat Gauleiter Koch, getan.
HHN, Nr. 592 v. 19. Dezember 1933, S. 2
s. a. HHN, Nr. 595 v. 21. Dezember 1933, S. 1

ZSg. 101/2/75/Nr. 126　　　　　　　　19. Dezember 1933

Rundruf v. 19.12.1933.
Die Oberste SA-Führung ersucht die Zeitungen, den von einem
Blatte versehentlich schon jetzt veröffentlichten Neujahrsbe-
fehl des Stabschefs Reichsminister Röhm auf keinen Fall vor
Neujahr zu bringen.
Gesehen: Fa., D., K.　　　Weitergegeben an Hbg. 10.10
　　　　　　　　　　　　　　　　　　　　　" Brsl. 7.20
　　　　　　　　　　　　　　　　　　　　　" Chmn. Bh. Brf.

<u>Neujahrsbefehl des Stabschefs an die SA</u>
... Die Parole für das Jahr 1934 heißt wieder: Kampf. Es gilt,
den Sieg zu erhalten, das Erreichte zu festigen und zu verankern.
Die SA wird sein der Garant des Sieges, der Revolution und der
Sendbote unseres Glaubens an Deutschland. ...
HHN, Nr. 609 v. 31. Dezember 1933, S. 1

ZSg. 101/2/76/Nr. 127　　　　　　　　20. Dezember 1933

Wolffrundruf vom 20.12.1933.
Der Artikel "Quo vadis" aus der Nummer 15 des "Neuen Deutschen
Pressedienstes" darf nicht gebracht werden.
Gesehen: Fa., K.　　　Weitergegeben an Hbg. um 9.15 Uhr
　　　　　　　　　　　　　　　　　　　　　" Brsl. " 7.30 "
　　　　　　　　　　　　　　　　　　　　　" Chmn. " 6.50 früh

Ein "Neuer Deutscher Pressedienst" konnte nicht ermittelt werden. 1933 wurde folgende ähnlich lautende Nachrichtendienste neu gegründet:
Der Neue Pressedienst für das Deutsche Reich, Neuer Deutscher Nachrichten- und Informationsdienst, Neuer politischer Pressedienst (Handbuch der deutschen Tagespresse, 6. Aufl. 1937, S. 322)

Bestellungen aus der Pressekonferenz vom 21. Dez. 33.

ZSg. 101/2/77/Nr. 128   21. Dezember 1933

Wir übersandten gestern brieflich Material des Winterhilfswerkes mit einer Reihe von Artikeln. Darunter befindet sich ein Artikel "Aufwärts aus eigener Kraft". Dieser Artikel darf frühestens am 27. Dez. veröffentlicht werden.

Aufwärts aus eigener Kraft!
((Appell an die Opferbereitschaft der Bevölkerung))
HHN, Nr. 604 v. 28. Dezember 1933, S. 6
s. a. FZ, Nr. 890 v. 29. Dezember 1933, S. 2

ZSg. 101/2/77/Nr. 129   21. Dezember 1933

WTB veröffentlicht heute abend eine Liste derjenigen Verbände, bei denen Anmeldungen vorgenommen werden müssen zur Reichskulturkammer und deren Untergruppen. Die Regierung bittet, diese Mitteilung ungekürzt zu bringen, weil nur bei einer vollständigen Aufzählung der Vereine und Verbände der Sinn der Meldung erreicht werden. Es handelt sich über 100 Organisationen.

Das "Reichskulturkammergesetz" vom 22. September 1933 (RGBl. 1933, I, S. 661) bestimmte, daß alle Kulturschaffenden in dieser Standesorganisation erfaßt sein müßten, bevor sie ihren Beruf

21./23.12.1933

ausüben dürfen. Eine Ablehnung des Aufnahmeantrags bedeutete Berufsverbot. Die RKK wurde am 15. November 1933 durch ihren Präsidenten Joseph Goebbels eröffnet.

<u>Die Gliederung der Reichsschrifttumskammer</u>
HHN, Nr. 596 v. 21. Dezember 1933, S. 2
s. a. HHN, Nr. 600 v. 23. Dezember 1933, S. 17
   FZ, Nr. 888 v. 28. Dezember 1933, S. 3
s. a. ARRH, Teil I, Bd. 1, Nr. 193, 196, 204, 206, Bd. 2, Nr. 215

ZSg. 101/2/77/Nr. 130   21. Dezember 1933

Es wird an das Verbot erinnert, etwas über Reisepläne usw. des Führers zu veröffentlichen. Das gilt insbesondere für den Weihnachtsurlaub Hitlers usw.
Gesehen: Fa., K., D.   Weitergegeben an Hbg. 1.10 Uhr
                                       " Br. 1.05
                                       " Ch.

s. a. ZSg. 101/1/20 vom 21. Juni 1933
      ZSg. 101/3/76/Nr. 280 v. 15. Februar 1934

Bestellungen aus der Pressekonferenz vom 23. Dez. 33.

ZSg. 101/2/78/Nr. 131   23. Dezember 1933

Die Botschaft des Papstes, die vielleicht im Laufe des heutigen Tages zum Weihnachtsfest kommen wird, darf erst dann gebracht werden, wenn die amtliche Genehmigung vorliegt. Es könnte sein, dass in dieser Botschaft unfreundliche Dinge über Deutschland gesagt werden, jedoch ist diese Vermutung noch nicht erwiesen.

s. a. ZSg. 101/2/18/Nr. 30 v. 1. November 1933
      ZSg. 101/2/24/Nr. 31 v. 1. November 1933

23.12.1933

Weihnachtsansprache des Heiligen Vaters
Die Weihnachtsansprache, die der Papst am Sonnabendmittag vor dem versammelten Kollegium der Kurienkardinäle hielt, trug vorwiegend religiösen Charakter. ... Über die internationale Lage sagte der Papst, inmitten des allgemeinen Chaos, der Widersprüche, der endlosen und zahllosen Verhandlungen, der ungeheuren Anstrengungen aller Menschen bleibe dem Statthalter Christi nichts weiter übrig, als immer wieder aufs eindringlichste zum Gebet aufzufordern.
Germania, Nr. 354 v. 24. Dezember 1933, S. 1

ZSg. 101/2/78/Nr. 132   23. Dezember 1933

Ueber Zusammenhänge zwischen dem Grossen Schauspielhaus in Berlin und dem Propagandaministerium darf unter keinen Umständen etwas gebracht werden.

s. a. ZSg. 101/3/22/Nr. 183 vom 17. Januar 1934
Vereinheitlichung der deutschen Kulturpolitik
Zwischen dem preußischen Ministerpräsidenten Göring und dem Reichsminister für Volksaufklärung und Propaganda Dr. Goebbels fand eine mehrstündige Besprechung über Fragen der deutschen Kulturpolitik statt. ... Beide Reichsminister werden in Zukunft in engstem Einvernehmen die sich berührenden Fragen lösen, um dadurch Reibungen innerhalb der Ressorts von vornherein auszuschalten.
HHN, Nr. 599 v. 23. Dezember 1933, S. 1

Einheitliche deutsche Kulturpolitik
Volles Einvernehmen zwischen Pg.Göring und Dr. Goebbels
... Dem preußischen Kultusministerium fallen in dieser Hinsicht sehr bedeutungsvolle Aufgaben zu, die sich nicht allein in der Betreuung der preußischen Theater, Museen und sonstigen Bildungsstätten erschöpfen. ... Dem Propagandaministerium auf der anderen Seite ist als neuentstandenem Reichsministerium ein Betätigungsfeld eröffnet worden, das sich in vieler Hinsicht mit dem von Landesseite wahrgenommenen Aufgabenkreis überschneidet. So sei darauf verwiesen, daß es im Propagandaministerium u.a. eine eigene Theaterabteilung gibt und daß das Propagandaministerium gerade in letzter Zeit mehrfach genannt wurde in Verbindung mit Bestrebungen, die darauf hinauslaufen, dem besonders in der Reichshauptstadt stark darniederliegenden Theaterleben neuen Auftrieb zu verleihen.
NZ, Nr. 353 v. 23. Dezember 1933, S. 1

23.12.1933

Hanns Johst beantragt Beurlaubung
Wie wir erfahren, ist der Intendant des Staatlichen Schauspieles, Hanns Johst, bis zur endgültigen Regelung der allgemein schwebenden Fragen der Staatstheater um seine einstweilige Beurlaubung eingekommen.
HHN, Nr. 606 v. 29. Dezember 1933, S. 2

ZSg. 101/2/78/Nr. 133   23. Dezember 1933

In diesen Tagen erscheinen die Richtlinien über den Aufbau der SA-Reserve II. Diese Richtlinien dürfen nur in den Zeitschriften der Regimentsvereine usw. erscheinen. Ein Abdruck in der Tagespresse ist verboten.

s. a. ZSg. 101/26/605 - 607 (Informationsbericht Nr. 29 v. 16. November 1933) Streng vertraulich!: ((607)) In absehbarer Zeit wird auch eine SA-Reserve II aufgestellt, die in erster Linie die Männer über 45 Jahre erfassen soll. Der Träger dieser Formation wird der Kyffhäuserverband sein. Die Dinge stehen sich also so gegenüber, daß die SA zum aktiven Reichsheer steht wie die Gemeinschaft der alten Reservisten, SA-Reserve I (Kernstahlhelm) bildet die Landwehr, SA-Reserve II (Kyffhäuser) den Landsturm. Es ist zu beachten, daß es sich hier nur um eine Übergangsregelung mit Rücksicht auf die außenpolitische Lage handelt, deren möglichst baldige Beseitigung und Ersetzung durch ein einwandfreies militärisches System beabsichtigt ist.
gez. Dertinger

Wegen der Angriffe seitens der SA und der Armee, die sich beide nicht stark genug berücksichtigt fühlten bei der Neuregelung des Heereswesens, trat der Chef der Heeresleitung, General von Hammerstein, bald darauf zurück (vgl. ZSg. 101/26/627 - 629 Informationsbericht Nr. 33 v. 22. Dezember 1933)

ZSg. 101/2/78/Nr. 134   23. Dezember 1933

Die Regierung hat mit Befremden beobachtet, dass in den Wirtschaftsteilen der Zeitungen immer wieder Betrachtungen zur Wirtschaftspolitik usw. angestellt werden, die eine Kritik an den Regierungsmassnahmen darstellen. Die Regierung erwartet von den Handelsredaktionen, dass sie sich bei ihrer Arbeit grundsätzlich an die Auffassungen der Regierungsstellen, der Reichsbank usw. halten und vor Veröffentlichungen sich vergewissern, dass die vertretenen Auffassungen mit den amtlichen Auffassungen übereinstimmen. Es wird überhaupt als unerwünscht betrachtet, allzu grundsätzliche Erwägungen und Ausführungen zur veröffentlichen.

ZSg. 101/2/78/Nr. 135   23. Dezember 1933

Anlässlich des bevorstehenden Staatsbegräbnisses des Polarforschers Rasmussen bittet die Reichsregierung die deutsche Presse freundliche Kommentare über das Leben des Forschers zu veröffentlichen.
Gesehen: D., Fa., K.   Weitergegeben an Hbg. 1,15 Uhr
                                               " Br. 1,15 "
                                               " Ch. 1,20 "

<u>Knud Rasmussen</u> (1879-1933) dänischer Polarforscher
<u>Knud Rasmussen als Mensch und Forscher</u>
Entdecker der grönländischen Volksseele. Das Leben eines Tapferen in der Ewigkeit des Eises
VB (N.A.), Nr. 358/359/360 v. 24./25./26. Dezember 1933, S. 10
s. a. FZ, Nr. 883 v. 23. Dezember 1933, S. 7
    HHN, Nr. 599 v. 23. Dezember 1933, S. 3

ZSg. 101/2/79/Nr. 136   27. Dezember 1933

Bestellung   aus der Pressekonferenz vom 27. Dezember 1933.

Der österreichische Hirtenbrief darf in der gekürzten WTB.-Fassung veröffentlicht werden. Sollten Kommentare geschrieben werden, so sollen sich diese nicht mit Einzelheiten befassen,

27./29.12.1933

sondern nur das Motto erhalten: "Unzulässige Einmischung in
deutsche Verhältnisse, Störung des Weihnachtsfriedens."
Gesehen: Fa., D., K.   Weitergegeben an Hbg.
                                    " Br. 1.23
                                    " Ch. 1.23

s. a. ZSg. 101/2/81/Nr. 137 v. 29. Dezember 1933
Unangebrachte Einmischung der österreichischen Bischöfe
HHN, Nr. 604 v. 28. Dezember 1933, S. 2
s. a. VB (N.A.), Nr. 362 v. 28. Dezember 1933, S. 1

Bestellungen aus der Pressekonferenz v. 29.12.1933.

ZSg. 101/2/81/Nr. 137   29. Dezember 1933

Der österreichische Hirtenbrief ist jetzt in der deutschen Presse
hinreichend behandelt worden. Die Debatte soll auf Wunsch mass-
gebender Stellen abgestopt werden.

s. a. ZSg. 101/2/79/Nr. 136 v. 27. Dezember 1933

ZSg. 101/2/81/Nr. 138   29. Dezember 1933

Die Zahlenangaben darüber, wie viele Saarkinder im Reich untergebracht sind, sind unerwünscht. Dagegen kann natürlich das
Hilfswerk des Reichs für die Saarkinder ausführlich besprochen
werden.

ZSg. 101/2/81/Nr. 139   29. Dezember 1933

Der Zentralverband der Blecheisen- und Stahlwerksindustrien hat ein Rundschreiben zur Veröffentlichung an die Zeitungen übersandt, das sich in längeren Ausführungen gegen die unfaire japanische Konkurrenz wendet. Die Veröffentlichung wurde für den 30. ds.Js. freigestellt. Massgebende Stellen überprüfen jetzt noch dieses Rundschreiben und bitten vorläufig von dem Abdruck abzusehen.
Gesehen: D., Fa., K.   Weitergegeben an Hbg. um 1.05 Uhr
                                            " Brsl. " 1.10 "
                                            " Chmn. " 1.40 "

s. a. ZSg. 101/2/24/Nr. 32 v. 1. November 1933
     ZSg. 101/2/65/Nr. 102 v. 7. Dezember 1933
     ZSg. 101/2/80 v. 29. Dezember 1933

ZSg. 101/2/80   29. Dezember 1933

Bestellung von Dr. Salinger (Zentralverband der Blecheisen- und Stahlwerksindustrien)
Der vom Zentralverband namens und im Auftrage des Reichsverbandes deutscher Spielwarenindustrie-Händler zugesandte Artikel über unfaire japanische Konkurrenz ist nicht zu veröffentlichen, sondern zu vernichten auf Anweisung des Auswärtigen Amtes.
Berlin, den 29. Dezember 1933.
D., Fa., K.

s. a. ZSg. 101/2/81/Nr. 139 v. 29. Dezember 1933

30.12.1933

Bestellungen aus der Pressekonferenz vom 30.12.1933.

Streng vertraulich!

ZSg. 101/2/82/Nr. 140   30. Dezember 1933

Streng vertraulich können wir mitteilen, dass die grosse Autoausstellung auf den Monat März vorverlegt worden ist. Diese Nachricht soll aber zunächst unter keinen Umständen gebracht werden. Es wird insbesondere gebeten, die Handelsredaktionen entsprechend zu unterrichten, damit nicht auch durch Veröffentlichungen seitens der beteiligten Firmen usw. die Vorverlegung vorzeitig bekannt wird. Zur Unterrichtung über den Zweck der Vorverlegung erinnere ich an meine seinerzeitige Meldung über Verhandlungen der Arbeitsfront auf Vorverlegung der grossen Ausstellungen, um zu verhindern, dass das saisonübliche Abflauen in der Beschäftigung bei Jahresbeginn sich diesmal wiederholt. Die Vorverlegung bedeutet also, dass ein natürlicherweise später einsetzender Wirtschaftsantrieb schon jetzt ins Frühjahr vorverlegt wird, um ein Absinken der Arbeitslosenziffer zu vermeiden. Man muss das beachten, damit nicht später eine Verwunderung darüber entsteht, dass im Sommer das saisonübliche Ansteigen der Arbeitslosenzahlen nicht voll zur Durchführung kommt.

s. a. ZSg. 101/3/4/Nr. 150 v. 3. Januar 1934
ZSg. 101/3/60/Nr. 245 v. 6. Februar 1934
Die Ausstellung wurde am 8. März 1934 von Adolf Hitler eröffnet.

ZSg. 101/2/82/Nr. 141   30. Dezember 1933

Meldungen über Handlungen des Führers wie beispielsweise die Verschenkung seines Mantels an Wanderburschen usw. sollen nur dann veröffentlicht werden, wenn sie amtlich mitgeteilt werden, und zwar entweder durch WTB oder durch die NSK. Der "Völkische Be-

- 273 -				30.12.1933

obachter", aus dem die oben erwähnte Meldung stammte, ist in diesem Zusammenhang nicht als amtliches Organ zu betrachten.

<u>Adolf Hitler verschenkt seinen Mantel</u>
... Beim Aussteigen entledigte sich der Kanzler seiner beiden Mäntel und schenkte sie mit einem Geldbetrag den beiden Arbeitsdienstwilligen.
NZ, Nr. 354 v. 24. Dezember 1933, S. 1
In der überprüften norddeutschen Ausgabe des "Völkischen Beobachters" ist diese Meldung nicht enthalten.

ZSg. 101/2/82/Nr. 142			30. Dezember 1933

Zu den verschiedenen Veröffentlichungen über die Olympiade 1936 und die bevorstehenden Bauten bittet das Reichsinnenministerium vor derartigen Veröffentlichungen sich beim Propagandaministerium bezw. beim Reichssportführer [1] über die Richtigkeit der Mitteilungen zu erkundigen. Die bisherigen Veröffentlichungen beruhen auf Kombinationen und sind zum grossen Teil irreführend gewesen.

1) <u>Hans von Tschammer und Osten</u> (1887-1943), 1929 Eintritt in die NSDAP, Juli 1933 Reichssportführer, Januar 1934 Leiter des Sportamtes "Kraft durch Freude" und Staatssekretär im Innenministerium.
Am 18. Dezember 1933 waren die amtlichen Einladungen "an die Länder der Welt" ergangen. (s. dazu VB (N.A.), Nr 356 v. 22. Dezember 1933, S. 8)

ZSg. 101/2/82/Nr. 143			30. Dezember 1933

Ueber ein bevorstehendes Richard Wagner-Schutzgesetz sollen Nachrichten nicht weiter verbreitet werden. Die Vorarbeiten sind noch nicht abgeschlossen.
s. a. ARRH, Teil I, Bd. 2, Nr. 244 (5.)

30.12.1933

s. a. ZSg. 101/3/64/Nr. 254 v. 9. Februar 1934
Am 6. März 1934 erfolgte die Grundsteinlegung für das Richard-
Wagner-Nationaldenkmal in Leipzig in Anwesenheit von Adolf
Hitler. Das geplante Gesetz kam nicht zur Ausführung.

ZSg. 101/2/82/Nr. 144　　　　　　　　30. Dezember 1933

Es wird gelegentlich einer Stellungnahme der "Berliner Börsen-
Zeitung" an das Verbot erinnert, keine Kommentare mehr zu dem
österreichischen Hirtenbrief zu bringen.
gez. Dertinger
Gesehen: D., K., Fa.　　Weitergegeben an Hbg. Bh. Brf.
　　　　　　　　　　　　　　　　　　　　" Brsl. Brf.
　　　　　　　　　　　　　　　　　　　　" Chmn. Bh. Brf.

s. a. ZSg. 101/2/79/Nr. 136 v. 27. Dezember 1933
　　　ZSg. 101/2/81/Nr. 137 v. 29. Dezember 1933
<u>Der Hirtenbrief der österreichischen Bischöfe</u>
Berliner Börsen-Zeitung, Nr. 607 v. 30. Dezember 1933, S. 1
Darin wird die Vermutung gestützt, daß der österreichische Hirten-
brief ohne Mitwirkung des Vatikans zustande gekommen ist.

ZSg. 101/2/83/Nr. 145　　　　　　　　30. Dezember 1933

Bestellungen a. d. Pressekonferenz v. 30.12.1933
<u>Streng vertraulich!</u>
Zur Behandlung der österreichischen Frage gibt das Propagandaministerium folgende Richtlinien:
In Oesterreich wird gegen den Nationalsozialismus mit dem Argument
operiert, dass im Reiche der Oesterreicher als Mensch zweiter
Klasse betrachtet würde und dass es den Oesterreichern ähnlich ergehen würde wie seinerzeit den Elsässern. Um dieser Agitation entgegenzutreten, wird darum gebeten, im politischen wie auch im

Unterhaltungsteil beispielsweise die Heldentaten der österreichischen Truppen etwas hervorzustellen und österreichische Schriftsteller wie Strobel, Jelusich usw. häufiger zu Wort kommen zu lassen. Auch soll die allgemeine Berichterstattung über Oesterreich nicht so sehr abgestellt werden auf Widergabe der Massnahmen der österreichischen Regierung, sondern vielmehr solche Nachrichten bevorzugt werden, die sich mit dem Kampf des einzelnen deutschen nationalen Oesterreichers gegen das Dollfuss-System beschäftigen. Mitteilungen über die Wirtschaftsentwicklung in Oesterreich, höhere Steuereingänge, Besserung des Aussenhandels usw. sollen, sofern sie einen für die österreichische Regierung günstigen Inhalt haben, selbstverständlich nicht gebracht werden bzw. nur mit Hinweisen darauf, wie die Wirtschaft der deutschen Kreise in Oesterreich darniederläge.

gez. Dertinger.

Gesehen: Fa., K., D.   Weitergegeben an Hbg. Bh. Brf.
                                " Brsl. brf.
                                " Chmn. Bh. Brf.

s. a. ZSg. 101/1/28 v. 24. Juni 1933

<u>Mirko Jelusich</u> (geb. 1886) **Schriftsteller** (Lyrik, Bühnendichtung, Drama, Roman, Essay) und <u>Karlhans Strobl</u> (1877-1946) betätigten sich schon frühzeitig als Anhänger des Nationalsozialismus, Jelusich als Vorsitzender des "Bundes deutscher Schriftsteller" in Österreich und Strobl als Mitglied Nr. 960 der Reichsschrifttumskammer. Bei dem österreichischen Anschluß im März 1938 bot sich Strobl in einem Brief an den Präsidenten der RSK, Hanns Johst, als Führer der Reichsschrifttumskammer des Gaues Österreich an, wurde aber nicht eingesetzt (vgl. Josef Wulf, Literatur und Dichtung im Dritten Reich, Gütersloh 1963, S. 192 - 194).

Anhang

LITERATURVERZEICHNIS

1. Persönliche Auskünfte (Briefe und Gespräche)

2. Unveröffentlichte Quellen

3. Veröffentlichte Quellen- und Aktensammlungen

4. Zeitungen und Zeitschriften

5. Monographien, Aufsatzsammlungen, Dokumentationen und Vorträge
   I. vor 1945
   II. nach 1945

6. Aufsätze und Rezensionen

7. Nachschlagewerke

1. Persönliche Auskünfte (Briefe und Gespräche)

Maria Dertinger

Dorothea Kausch

Fritz Sänger

2. Unveröffentlichte Quellen

Bundesarchiv, Koblenz
R 34 Deutsches Nachrichtenbüro

R 55 Reichsministerium für Volksaufklärung und Propaganda,
   Auslandpressebüro, insbesondere politische Zeichner:
   /395 Bd. 1, A - H
   /393 Bd. 2, J - W

ZSg. 1-88/3 Stahlhelm 1921 - 1929

ZSg. 101 Sammlung Brammer

ZSg. 102 Sammlung Sänger

ZSg. 109 Sammlung Oberheitmann

ZSg. 110 Sammlung Traub

ZSg. 116 Pressedienst-Sammlung Deutsches Nachrichtenbüro

Sammlung Schumacher zur Geschichte des Nationalsozialismus

Institut für Zeitgeschichte, München
NG 2655 Affidavit Karl Brammer v. 2. Oktober 1947

NG 3070 Affidavit Karl Brammer v. 22. Oktober 1947

NG 3414 Affidavit Georg Dertinger v. 10. November 1947

ZS 1088 Affidavit Dr. H. J. Kausch v. 16. Oktober 1947

Institut für Zeitungsforschung der Stadt Dortmund

Nachlaß Bernhard Guttmann

Nachlaß Stephan Quirmbach

National Archives, Washington

German Records Filmed at Alexandria, Va.

T-70 Reichsministerium für Volksaufklärung und Propaganda

/82 Personalangelegenheiten 1936 - 44

Politisches Archiv des Auswärtigen Amtes, Bonn

Presseabteilung, Bd. 227, 1 und 2

3. Veröffentlichte Quellen- und Aktensammlungen

Akten zur Deutschen Auswärtigen Politik. 1918-1945, Serie C: 1933-1937. Das Dritte Reich: Die ersten Jahre, Bd. I.2: 16. Mai bis 14. Oktober 1933, Bd. II.1: 14. Oktober 1933 bis 31. Januar 1934, Göttingen 1971 und 1973

Akten deutscher Bischöfe über die Lage der Kirche 1933-1945, Bd. I: 1933-1934, bearb. v. Bernhard Stasiewski, Mainz 1968 (Veröffentlichungen der Kommission für Zeitgeschichte bei der Katholischen Akademie in Bayern. Reihe A: Quellen. 5)

Akten der Reichskanzlei. Regierung Hitler 1933-1938, Teil I: 1933/34, Bd. 1: 30. Januar bis 31. August 1933, Dokumente Nr. 1 bis 206, Bd. 2: 12. September 1933 bis 27. August 1934, Dokumente Nr. 207 bis 384, bearb. v. Karl-Heinz Minuth, Boppard 1983

Boberach, Heinz (Hrsg.), Meldungen aus dem Reich. Auswahl aus den geheimen Lageberichten des Sicherheitsdienstes der SS 1939-1944, Neuwied, Berlin 1965

Boelcke, Willi A. (Hrsg.), Kriegspropaganda 1939-1941. Geheime Ministerkonferenzen im Reichspropagandaministerium, Stuttgart 1966

Boelcke, Willi A. (Hrsg.), "Wollt Ihr den totalen Krieg?" Die geheimen Goebbels-Konferenzen 1939-1943, München 1969

Dokumente zur Kirchenpolitik des Dritten Reiches, Bd. 1: Das Jahr 1933, bearb. v. Carsten Nicolaisen, hrsg. v. Georg Kretschmer, München 1971

Domarus, Max, Hitler. Reden und Proklamationen 1932-1945. Kommentiert von einem deutschen Zeitgenossen, Bd. 1: Triumph (1932-1938), Bd. 2: Untergang (1939-1945), Neustadt a. d. Aisch 1962 und 1963

Goebbels Tagebücher. Aus den Jahren 1942-43, mit anderen Dokumenten hrsg. v. Louis P. Lochner, Zürich 1948

Kirchliche Akten über die Reichskonkordatsverhandlungen 1933, bearb. v. Ludwig Volk, Mainz 1969 (Veröffentlichungen der Kommission für Zeitgeschichte bei der Katholischen Akademie in Bayern. Reihe A: Quellen. 11)

Der Notenwechsel zwischen dem Heiligen Stuhl und der Deutschen Reichsregierung, Bd. 1: Von der Ratifizierung des Reichskonkordats bis zur Enzyklika "Mit brennender Sorge", Bd. 3: Der Notenwechsel und die Demarchen des Nuntius Orsenigo, bearb. v. Dieter Albrecht, Mainz 1965 und 1980 (Veröffentlichungen der Kommission für Zeitgeschichte bei der Katholischen Akademie in Bayern. Reihe A: Quellen. 1 und 29)

Reichsgesetzblatt 1933 I und II

Der Reichstagsbrandprozeß und Georgi Dimitroff. Dokumente, Bd. 1: 27. Februar bis 20. September 1933, hrsg. vom Institut für Marxismus-Leninismus beim ZK der SED, Institut für Marxismus-Leninismus beim ZK der KPdSU, Institut für Geschichte der BKP beim ZK der BKP, Berlin 1982

Staatliche Akten über die Reichskonkordatsverhandlungen 1933, bearb. v. Alfons Kupper, Mainz 1969 (Veröffentlichungen der Kommission für Zeitgeschichte bei der Katholischen Akademie in Bayern. Reihe A: Quellen. 2)

Ursachen und Folgen. Vom deutschen Zusammenbruch 1918 und 1945 bis zur staatlichen Neuordnung Deutschlands in der Gegenwart. Eine Urkunden- und Dokumentensammlung zur Zeitgeschichte, hrsg. v. Herbert Michaelis und Ernst Schraepler, 28 Bde, Berlin 1958-1979

Das Urteil im Wilhelmstraßen-Prozeß, hrsg. v. Robert Max Wasilij Kempner und Carl Haensel, Schwäbisch Gmünd 1950

Völker, Karl-Heinz, Dokumente und Dokumentarfotos zur Geschichte der Deutschen Luftwaffe. Aus den Geheimakten des Reichswehrministeriums 1919-1933 und des Reichsluftfahrtministeriums 1933-1939, Stuttgart 1968 (Beiträge zur Militär- und Kriegsgeschichte. 9)

4. Zeitungen und Zeitschriften (1933)

Der Angriff, Berlin

Berliner Börsen-Courier, Berlin

Berliner Börsen-Zeitung, Berlin

Berliner Lokal-Anzeiger, Berlin

Berliner Tageblatt, Berlin

Der Deutsche, Berlin

Deutsche Allgemeine Zeitung, Reichsausgabe und Ausgabe Groß-Berlin, Berlin

Deutscher Reichsanzeiger- und Preußischer Staatsanzeiger, Berlin

Dortmunder Zeitung, Dortmund

Essener Allgemeine Zeitung, Essen

Frankfurter Zeitung, Frankfurt a. M.

General-Anzeiger, Dortmund

Germania, Berlin

Hamburger Fremdenblatt, Hamburg

Hamburger Nachrichten, Hamburg

National-Zeitung, Essen

Neue Zürcher Zeitung, Zürich

Rheinisch-Westfälische Zeitung, Essen

Rhein-Mainische Volkszeitung, Frankfurt a. M.

Saarbrücker Zeitung, Saarbrücken

Schlesische Zeitung, Breslau

The Times, London

Völkischer Beobachter, Norddeutsche Ausgabe, Berlin

Vossische Zeitung, Berlin

Deutsche Justiz, Rechtspflege und Rechtspolitik. Amtliches Blatt der deutschen Rechtspflege, 95. Jg.

Deutsche Presse. Zeitschrift für die gesamten Interessen des Zeitungswesens. Organ des Reichsverbandes der Deutschen Presse e.V., 23. Jg.

Der Deutsche Rundfunk. Rundschau und Programm für alle Rundfunkteilnehmer. Zeitschrift der am deutschen Rundfunk beteiligten Kreise, 11. Jg.

Deutsche Wirtschafts-Zeitung, 30. Jg.

Deutsche Wochenschau für Politik, Wirtschaft, Kultur, Technik, 11. Jg. (1934)

Internationale Rundschau der Arbeit, 11. Jg.

Das neue Tage-Buch, hrsg. v. Leopold Schwarzschild, Paris, Amsterdam, 1. Jg.

Zeitschrift des Vereines Deutscher Ingenieure, 77. Jg.

Zeitungs-Verlag. Fachblatt für das gesamte Zeitungswesen. Eigentum des Vereins Deutscher Zeitungsverleger e.V., 34. Jg.

Zeitungswissenschaft. Zweimonatsschrift für internationale Zeitungsforschung, 8. Jg.

5. Monographien, Aufsatzsammlungen, Dokumentationen und Vorträge

I. vor 1945

Althaus, Hermann, Nationalsozialistische Volkswohlfahrt. Wesen, Aufgaben und Aufbau, 4. überarb. Auflage Berlin 1939 (Schriften der Hochschule für Politik. II. Heft 2)

Baumann, Gerhard, Der organisatorische Aufbau der deutschen Presse, phil. Diss. München 1938

Fürst Bismarck und die "Hamburger Nachrichten". Authentische Tagebuchblätter von einem Eingeweihten, 2. Auflage Berlin 1894

Blechschmidt, Willy, Die Abonnentenversicherung, Erlangen 1931 (= Diss. Wirtschafts- und Sozialwissenschaft Frankfurt a. M. 1930)

Brück, Max von (Hrsg.), Im Lauf der Zeit. Arbeiten eines Feuilletons, Frankfurt a. M. 1940

Bücher, Karl, Lebenserinnerungen, Bd. 1 (1847-1890), Tübingen 1919

Collasius, Franz, Die Außenpolitik der Frankfurter Zeitung im Weltkrieg, Greifswald 1921

Dalichow, Fritz, Die deutschen Landschaften in ihren Zeitungen. Vortrag vor dem Institut für Zeitungskunde und der Zeitungswissenschaftlichen Vereinigung in München am 19. Mai 1938, Heilbronn (1938)

Drei Jahrhunderte Schlesien im Spiegel der Schlesischen Zeitung, Breslau 1935

Dyrssen, Carl, Die Botschaft des Ostens. Faschismus, Nationalsozialismus und Preußentum, Breslau 1933

Eigenbrodt, August, Berliner Tageblatt und Frankfurter Zeitung in ihrem Verhalten zu den nationalen Fragen 1887-1914. Ein geschichtlicher Rückblick, 2. Auflage Berlin-Schöneberg 1917

Es war alles ganz anders. Aus der Werkstätte eines politischen Journalisten 1891-1914. Aufsätze August Steins ("Irenäus"), 2. verm. Auflage Frankfurt a. M. 1922

Die Frankfurter Zeitung in Wort und Bild, Frankfurt a. M. 1914

Geschichte der Frankfurter Zeitung 1856-1906, hrsg. v. Verlag der Frankfurter Zeitung, Frankfurt a. M. 1906

Goebbels, Joseph, Das erwachende Berlin, München 1933

Heiden, Konrad, Adolf Hitler. Eine Biographie, Bd. 1: Das Zeitalter der Verantwortungslosigkeit, Bd. 2: Ein Mann gegen Europa, Zürich 1936 und 1937

Heinrichsdorff, Wolff, Die liberale Opposition in Deutschland seit dem 30. Januar 1933 (dargestellt an der Entwicklung der "Frankfurter Zeitung"). Versuch einer Systematik der politischen Kritik, phil. Diss. Hamburg 1937

Hitler, Adolf, Mein Kampf, 317.-321. Auflage München 1938

Hofmann, Hermann, Fürst Bismarck 1890-1898, Bd. 1, 8. Auflage Stuttgart, Berlin, Leipzig 1914

Les instructions secrètes de la propagande allemande. Le vrai visage des Maîtres du IIIe Reich. Texte complet des documents confidentiels publiés par le Petit Parisien, o.O. o.J. (1933)

Jessen, Hans, Zweihundert Jahre Wilhelm Gottlieb Korn, Breslau 1732-1932, Breslau 1932

Kircher, Rudolf, Im Land der Widersprüche. Ein Deutschland Buch, Frankfurt a. M. 1933

Klawitter, Willy, Die Zeitungen und Zeitschriften Schlesiens. Von den Anfängen bis zum Jahre 1870, beziehungsweise bis zur Gegenwart (1930), Breslau 1930, Nachdruck Hildesheim 1978

Kris, Ernst und Hans Speier, German Radio Propaganda. Report on Home Broadcasts During the War, London, New York, Toronto, Oxford 1944

Langerbein, Eugen, Zum Wesen und Werden der Deutschen Arbeitsfront, jur. Diss. Marburg 1938

Lochner, Louis P., What about Germany? New York 1942

Müller, Georg-Wilhelm, Das Reichsministerium für Volksaufklärung und Propaganda, Berlin 1940 (Schriften zum Staatsaufbau, Neue Folge der Schriften der Hochschule für Politik. II. 43)

Nassauer, Siegfried, Josef Stern. Lebensbild eines Journalisten, 2. Auflage Frankfurt a. M. o. J.

Nicolai, Walter, Nachrichtendienst, Presse und Volksstimmung im Weltkrieg, Berlin 1920

Noßke, Gottfried, Das Zeitungswesen der Industriestadt Chemnitz und ihrer Umgebung, Stadt und Amtshauptmannschaft Chemnitz, Amtshauptmannschaft Flöha ausschl. Oederan und Eppendorf sowie der Orte Hohenstein-Ernstthal, Oberlungwitz und Jahnsdorf, Würzburg-Aumühle 1940 (= phil. Diss. Leipzig 1938)

Oeser, Albert, Proben aus vierzig Jahren Arbeit für die Frankfurter Zeitung, Frankfurt a. M. 1942

Penzler, Johannes, Bismarck und die Hamburger Nachrichten. Die vom Ersten Reichskanzler beeinflußten Artikel in den Hamburger Nachrichten aus den Jahren 1890-1898. Bd. 1: April 1890 - März 1892, Berlin 1907 (Geschichte des Fürsten Bismarck in Einzeldarstellungen. 13)

Richtlinien für die Gesamthaltung der deutschen Presse, o.O. o.J. (1934)

Salomon, Erich von, Die Kadetten, 4. Auflage Gütersloh 1933

Schmidt-Leonhardt, Hans und Peter Gast, Das Schriftleitergesetz vom 4. Oktober 1933 nebst den einschlägigen Bestimmungen, Berlin 1934

Sembritzki, Werner, Das politische Zeitungswesen in Hamburg von der Novemberrevolution bis zur nationalsozialistischen Machtübernahme. Untersuchungen zur Geschichte des liberalen Pressesystems, phil. Diss. Leipzig 1944 (MS)

Shirer, William L., Berlin Diary. The Journal of a Foreign Correspondent 1934-1941, New York 1941

Sington, Derrick und Arthur Weidenfeld, The Goebbels Experiment. A Study of Nazi Propaganda Machine, New Haven 1943

Stoll, Karl, Die politische Stellung der Frankfurter Zeitung
(Neue Frankfurter Zeitung, Frankfurter Handelszeitung) in den
Jahren 1859-1871, Frankfurt a. M. 1932 (= phil. Diss. Frankfurt
1922)

Tödt, Hermann, "Volksparole" und "Rheinische Landeszeitung".
Geschichte des Kampfblattes des Gaues Düsseldorf, Düsseldorf
1937 (= phil. Diss. Köln 1937)

Vier Jahre Völkischer Verlag. Die NS-Presse im Gau Düsseldorf.
Kampf und Aufbau 1930-1934, Düsseldorf (1934)

Vierzig Jahre - Albert Oeser - Frankfurter Zeitung. Albert
Oeser am Tage seiner vierzigjährigen Verbundenheit mit der
Frankfurter Zeitung gewidmet, Frankfurt a. M. 1942

Zöller, Ludwig, Die wirtschaftspolitischen Quellen der Tageszeitung, phil. Diss. Heidelberg 1935

II. nach 1945

Abel, Karl-Dietrich, Presselenkung im NS-Staat. Eine Studie zur
Geschichte der Publizistik in der nationalsozialistischen Zeit,
Berlin 1968 (Einzelveröffentlichungen der Historischen Kommis-
sion zu Berlin beim Friedrich-Meinecke-Institut der Freien
Universität Berlin. 2)

Absolon, Rudolf, Die Wehrmacht im Dritten Reich, Bde 1 und 2:
30. Januar 1933 bis 2. August 1934, Boppard 1969 und 1971
(Schriften des Bundesarchivs. 16/I und 16/II)

Achterberg, Erich, Albert Oeser. Aus seinem Leben und hinterlassenen Schriften, Frankfurt a. M. 1978 (Studien zur Frankfurter Geschichte. 13)

Aigner, Dietrich, Das Ringen um England. Das deutsch-britische
Verhältnis. Die öffentliche Meinung 1933-1939. Tragödie zweier
Völker, München, Eßlingen 1969

Aleff, Eberhard (Hrsg.), Das Dritte Reich, 9. Auflage Hannover
1979

Allard, Sven, Stalin und Hitler. Die sowjetrussische Außenpolitik 1930-1941, Bern, München 1974 (Erweiterte deutsche
Fassung von Stalin och Hitler, Stockholm 1970)

Aus der Arbeit des Bundesarchivs. Beiträge zum Archivwesen, zur Quellenkunde und Zeitgeschichte, hrsg. v. Heinz Boberach und Hans Booms, Boppard 1977 (Schriften des Bundesarchivs. 25)

Bach, Jürgen A., Franz von Papen in der Weimarer Republik. Aktivitäten in Politik und Presse 1918 - 1932, Düsseldorf 1977

Barkai, Avraham, Das Wirtschaftssystem des Nationalsozialismus. Der historische und ideologische Hintergrund 1933-36, Köln 1977 (Bibliothek Wissenschaft und Politik. 18)

Bauer, Peter, Die Organisation der amtlichen Pressepolitik in der Weimarer Zeit. (Vereinigte Presseabteilung der Reichsregierung und des Auswärtigen Amtes), phil. Diss. Berlin 1962

Becker, Werner, "Demokratie des sozialen Rechts". Die politische Haltung der Frankfurter Zeitung, der Vossischen Zeitung und des Berliner Tageblatts 1918 - 1924, phil. Diss. München 1965

Berghahn, Volker R., Der Stahlhelm. Bund der Frontsoldaten 1918-1935, Düsseldorf 1966 (Beiträge zur Geschichte des Parlamentarismus und der politischen Parteien. 33)

Birkenfeld, Wolfgang, Der synthetische Treibstoff 1933-1945. Ein Beitrag zur nationalsozialistischen Wirtschafts- und Rüstungspolitik, Göttingen, Berlin, Frankfurt a. M. 1964 (Studien und Dokumente zur Geschichte des 2. Weltkrieges. 8)

Böschenstein, Hermann, Vor unseren Augen. Aufzeichnungen über das Jahrzehnt 1935-1945, Bern 1978

Bohrmann, Hans, Strukturwandel der deutschen Studentenpresse. Studentenpolitik und Studentenzeitschriften 1848-1974, München 1975 (Kommunikation und Politik. 4)

Bosch, Michael, Liberale Presse in der Krise. Die Innenpolitik der Jahre 1930 - 1933 im Spiegel des "Berliner Tageblatts", der "Frankfurter Zeitung" und der "Vossischen Zeitung", Bern, Frankfurt a. M., München 1976 (Europäische Hochschulschriften. III. 65)

Boveri, Margret, Wir lügen alle. Eine Hauptstadtzeitung unter Hitler, Olten, Freiburg i. Br. 1965

Bracher, Karl Dietrich, Wolfgang Sauer, Gerhard Schulz, Die nationalsozialistische Machtergreifung. Studien zur Errichtung des totalitären Herrschaftssystems in Deutschland 1933/34, Köln 1960, Neuauflage Berlin 1973 (Schriften des Instituts für politische Wissenschaft. 14)

Bramsted, Ernest K., Goebbels und die nationalsozialistische Propaganda 1925-1945, Frankfurt a. M. 1971 (Englisches Original: Goebbels and National Socialist Propaganda 1925-1945, East Lansing, Mich. 1965)

Brandenburg, Hans-Christian, Die Geschichte der HJ. Wege und Irrwege einer Generation, Köln 1968, 2. Auflage 1982

Broszat, Martin, Der Staat Hitlers. Grundlegung und Entwicklung seiner inneren Verfassung, München 1969

Brunzel, Hans Paul, Die "Tat" 1918-1933. Ein publizistischer Angriff auf die Verfassung der Weimarer Republik innerhalb der konservativen Revolution, phil. Diss. Bonn 1952 (MS)

Chronik deutscher Zeitgeschichte. Politik, Wirtschaft, Kultur, Bd. 2/I: Das Dritte Reich 1933-1939, bearb. v. Manfred Overesch und Friedrich Wilhelm Saal, Düsseldorf 1982

Delarue, Jacques, Geschichte der Gestapo, Düsseldorf 1964, Neudruck Königstein/Ts., Düsseldorf 1979 (Französisches Original: Histoire de la Gestapo)

Diel, Helmut, Grenzen der Presselenkung und Pressefreiheit im Dritten Reich untersucht am Beispiel der "Frankfurter Zeitung", phil. Diss. Freiburg i. Br. 1960 (MS)

Diller, Ansgar, Rundfunkpolitik im Dritten Reich, München 1980 (Rundfunk in Deutschland. 2)

Dorpalen, Andreas, Hindenburg in der Geschichte der Weimarer Republik, Berlin, Frankfurt a. M. 1966 (Englisches Original: Hindenburg and the Weimar Republic, Princeton, New Jersey 1964)

Duesterberg, Theodor, Der Stahlhelm und Hitler, Wolfenbüttel, Hannover 1949

Ebermayer, Erich, Denn heute gehört uns Deutschland ... Persönliches und politisches Tagebuch. Von der Machtergreifung bis zum 31. Dezember 1935, Hamburg, Wien 1959

Ehrenforth, Gerhard, Die schlesische Kirche im Kirchenkampf 1932-1945, Göttingen 1968 (Arbeiten zur Geschichte des Kirchenkampfes. Erg.Reihe 4)

Eichstädt, Ulrich, Von Dollfuß zu Hitler. Geschichte des Anschlusses Österreichs 1933-1938, Wiesbaden 1955 (Veröffentlichungen des Instituts für Europäische Geschichte Mainz. 10)

Eksteins, Modris, The Limits of Reason. The German Democratic Press and the Collapse of Weimar Democracy, London 1975

Epping, Heinz, Die NS-Rhetorik als politisches Kampf- und Führungsmittel. Ihre organisatorische Entwicklung, Bedeutung und Wirkung. Ein Beitrag zur Publizistik im Dritten Reich, phil. Diss. Münster 1954 (MS)

Facsimile Querschnitt durch die Frankfurter Zeitung, hrsg. v. Ingrid Gräfin Lynar, Bern, München, Wien 1964 (Facsimile Querschnitte durch alte Zeitungen und Zeitschriften. 3)

Faust, Anselm, Der Nationalsozialistische Deutsche Studentenbund. Studenten und Nationalsozialismus in der Weimarer Republik, 2 Bde, Düsseldorf 1973

Fischer, Heinz-Dietrich (Hrsg.), Deutsche Kommunikationskontrolle des 15.-20. Jahrhunderts, München, New York, London, Paris 1982 (Publizistik-Historische Beiträge. 5)

François-Poncet, André, De Versailles à Potsdam. La France et le Problème Allemand Contemporain 1919-1943, Paris 1948

Frei, Norbert, Nationalsozialistische Eroberung der Provinzpresse. Gleichschaltung, Selbstanpassung und Resistenz in Bayern, Stuttgart 1980 (Studien zur Zeitgeschichte. 17)

Fritzsche, Klaus, Politische Romantik und Gegenrevolution. Fluchtwege in der Krise der bürgerlichen Gesellschaft. Das Beispiel des "Tat"-Kreises, Frankfurt a. M. 1976

Fromme, Jürgen, Zwischen Anpassung und Bewahrung. Das "Hamburger Fremdenblatt" im Übergang von der Weimarer Republik zum "Dritten Reich". Eine politisch-historische Analyse, Hamburg 1981 (Beiträge zur Geschichte Hamburgs. 17)

Funke, Manfred (Hrsg.), Hitler, Deutschland und die Mächte. Materialien zur Außenpolitik des Dritten Reiches, Düsseldorf 1976, Nachdruck Kronberg/Ts., Düsseldorf 1978

Geck, Rudolf, -ck. Die schönsten Geschichten von Rudolf Geck. Ein Zeitungsmann erzählt, Frankfurt a. M. 1962

Götte, Karl-Heinz, Die Propaganda der Glaubensbewegung "Deutsche Christen" und ihre Beurteilung in der deutschen Tagespresse. Ein Beitrag zur Publizistik im Dritten Reich, Münster 1957

Gollwitzer, Heinz, Die gelbe Gefahr. Geschichte eines Schlagworts. Studien zum imperialistischen Denken, Göttingen 1962

Gradl, Bergita, Rudolf Geck. Theaterkritiker der "Frankfurter Zeitung" (1898 - 1939), phil. Diss. Berlin 1968

Gradl, Johann Baptist, Anfang unter dem Sowjetstern. Die CDU 1945-1948 in der sowjetischen Besatzungszone Deutschlands, Köln 1981

Graf, Christoph, Politische Polizei zwischen Demokratie und Diktatur. Die Entwicklung der preußischen Politischen Polizei vom Staatsschutzorgan der Weimarer Republik zum Geheimen Staatspolizeiamt des Dritten Reiches, Berlin 1983 (Einzelveröffentlichungen der Historischen Kommission zu Berlin. 36)

Groth, Michael, Ein Publizist im Dritten Reich. Vorstudien zu einer Biographie von Hans Fritzsche, M.A.-Arbeit, Münster 1979 (MS)

Grundmann, Friedrich, Agrarpolitik im Dritten Reich. Anspruch und Wirklichkeit des Reichserbhofgesetzes, Hamburg 1979 (Historische Perspektiven. 14)

Günsche, Karl-Ludwig, Phasen der Gleichschaltung. Stichtags-Analysen deutscher Zeitungen 1933 - 1938, Osnabrück 1970 (Dialogos. Zeitung und Leben. N.F. 5)

Guratzsch, Dankwart, Macht durch Organisation. Die Grundlegung des Hugenbergschen Presseimperiums, Düsseldorf 1974 (Studien zur modernen Geschichte. 7)

Guttmann, Bernhard, Das alte Ohr, Frankfurt a. M. 1979

Guttmann, Bernhard, Schattenriß einer Generation 1888-1919, Stuttgart 1950

Hagemann, Jürgen, Die Presselenkung im Dritten Reich, Bonn 1970

Hagemann, Walter, Publizistik im Dritten Reich. Ein Beitrag zur Methodik der Massenführung, Hamburg 1948

Hale, Oron James, Presse in der Zwangsjacke 1933-1945, Düsseldorf 1965 (Englisches Original: The Captive Press in the Third Reich, Princeton, N.J. 1964)

Hausenstein, Wilhelm, Licht unter dem Horizont. Tagebücher 1942 bis 1946, München 1967

Hauser, Oswald, England und das Dritte Reich. Eine dokumentierte Geschichte der englisch-deutschen Beziehungen von 1933 bis 1939 auf Grund unveröffentlichter Akten aus dem britischen Staatsarchiv, Bd. 1: 1933 - 1936, Stuttgart 1972

Heftrich, Eckhard, Das Gewissen der Demokratie. Bernhard Guttmann - Porträt eines Publizisten. HR, I. Programm 28. Dezember 1965

Heiber, Helmut, Joseph Goebbels, Berlin 1962

Hepp, Fred, Der geistige Widerstand im Kulturteil der "Frankfurter Zeitung" gegen die Diktatur des totalen Staates 1933 - 1943, phil. Diss. München 1949 (MS)

Hermelink, Heinrich (Hrsg.), Kirche im Kampf. Dokumente des Widerstands und des Aufbaus in der Evangelischen Kirche Deutschlands von 1933 bis 1945, Tübingen, Stuttgart 1950

Hildebrand, Klaus, Das Dritte Reich, 2. Auflage München, Wien 1980 (Grundriß der Geschichte. 17)

Hildebrand, Klaus, Vom Reich zum Weltreich. Hitler, NSDAP und koloniale Frage 1919-1945, München 1969 (Veröffentlichungen des Historischen Instituts der Universität Mannheim. 1)

Holzbach, Heidrun, Das "System Hugenberg". Die Organisation bürgerlicher Sammlungspolitik vor dem Aufstieg der NSDAP, Stuttgart 1981 (Studien zur Zeitgeschichte. 18)

Irving, David, Die Tragödie der Deutschen Luftwaffe. Aus den Akten und Erinnerungen von Feldmarschall Milch, Frankfurt a. M., Berlin, Wien 1970

Jacobsen, Hans-Adolf, Nationalsozialistische Außenpolitik 1933-1938, Frankfurt a. M., Berlin 1968

Jacoby, Fritz, Die nationalsozialistische Herrschaftsübernahme an der Saar. Die innenpolitischen Probleme der Rückgliederung des Saargebietes bis 1935, Saarbrücken 1973 (Veröffentlichungen der Kommission für saarländische Landesgeschichte und Volksforschung. 6)

Jagschitz, Gerhard, Der Putsch. Die Nationalsozialisten 1934 in Österreich, Graz, Wien, Köln 1976

Ein Jahrhundert Frankfurter Zeitung begründet von Leopold Sonnemann. In: Die Gegenwart. Sonderheft. 11. Jg. (1956)

Kalberer, Wilhelm, Ich sprach mit Hitler, Himmler, Goebbels. Berliner Erlebnisse eines Schweizer Journalisten, St. Gallen 1945

Kater, Horst, Die Deutsche Evangelische Kirche in den Jahren 1933 und 1934. Eine rechts- und verfassungsgeschichtliche Untersuchung zu Gründung und Zerfall einer Kirche im nationalsozialistischen Staat, Göttingen 1970 (Arbeiten zur Geschichte des Kirchenkampfes. 24)

Kessemeier, Carin, Der Leitartikler Goebbels in den NS-Organen "Der Angriff" und "Das Reich", Münster 1967 (Studien zur Publizistik. Münstersche Reihe. Institut für Publizistik. 5)

Kissenkoetter, Udo, Gregor Straßer und die NSDAP, Stuttgart 1978 (Schriftenreihe der Vierteljahrshefte für Zeitgeschichte. 37)

Klemperer, Klemens von, Konservative Bewegungen. Zwischen Kaiserreich und Nationalsozialismus, München, Wien 1962 (Englisches Original: Germany's New Conservatism. Its History and Dilemma in the Twentieth Century, Princeton, New Jersey 1957)

Klimka, Ute, Bernhard Guttmann. Sozialbiographie eines liberalen Publizisten. Schriftliche Hausarbeit zur 1. Staatsprüfung für das Lehramt (Sekundarstufe II), Münster 1983

Klotzbücher, Alois, Der politische Weg des Stahlhelm, Bund der Frontsoldaten, in der Weimarer Republik. Ein Beitrag zur Geschichte der "Nationalen Opposition" 1918-1933, Erlangen 1965 (= phil. Diss. Erlangen 1964)

Köhler, Henning, Arbeitsdienst in Deutschland. Pläne und Verwirklichungsformen bis zur Einführung der Arbeitsdienstpflicht im Jahre 1935, Berlin 1967 (Schriften zur Wirtschafts- und Sozialgeschichte. 10)

Koerner, Ralf Richard, Die publizistische Behandlung der Österreichfrage und die Anschlußvorbereitungen in der Tagespresse des Dritten Reiches, phil. Diss. Münster 1955 (= So haben sie es damals gemacht ... Die Propagandavorbereitungen zum Österreichanschluß durch das Hitlerregime 1933-1938, Wien 1958)

Koktanek, Anton M., Oswald Spengler in seiner Zeit, München 1968

Koszyk, Kurt, Deutsche Presse im 19. Jahrhundert, Berlin 1966 (Geschichte der deutschen Presse. 2)

Koszyk, Kurt, Deutsche Presse 1914-1945, Berlin 1972 (Geschichte der deutschen Presse. 3)

Koszyk, Kurt, Deutsche Pressepolitik im 1. Weltkrieg, Düsseldorf 1968

Krebs, Albert, Tendenzen und Gestalten der NSDAP. Erinnerungen an die Frühzeit der Partei, Stuttgart 1959 (Quellen und Darstellungen zur Zeitgeschichte. 6)

Krejci, Michael, Die Frankfurter Zeitung und der Nationalsozialismus 1923 - 1933, phil. Diss. Würzburg 1965

Krogmann, Carl Vincent, Es ging um Deutschlands Zukunft, 1932-1939. Erlebtes täglich diktiert von dem früheren Regierenden Bürgermeister von Hamburg, 2. Auflage Leonie am Starnberger See 1977

Küsel, Herbert, Zeitungs-Artikel, Heidelberg 1973 (Veröffentlichungen der Deutschen Akademie für Sprache und Dichtung Darmstadt. 48)

Lauinger, Artur, Das öffentliche Gewissen. Erfahrungen und Erlebnisse eines Redakteurs der Frankfurter Zeitung, Frankfurt a. M. 1958

Lochner, Louis P., Stets das Unerwartete. Erinnerungen aus Deutschland 1921 - 1953, Darmstadt 1955

Lowitsch, Bruno, Der Kreis um die Rhein-Mainische Volkszeitung, Wiesbaden, Frankfurt a. M. 1980

Ludwig, Karl-Heinz, Technik und Ingenieure im Dritten Reich, Düsseldorf 1974, Nachdruck Königstein/Ts., Düsseldorf 1979

Lückenhaus, Alfred, Von draußen gesehen. Bericht eines deutschen Auslandskorrespondenten aus Großbritannien, den Vereinigten Staaten von Amerika, Japan, China 1924-1945, Düsseldorf 1955

McMurry, Dean Scott, Deutschland und die Sowjetunion 1933-1936. Ideologie, Machtpolitik und Wirtschaftsbeziehungen, Köln, Wien 1979 (Dissertationen zur neueren Geschichte. 6)

Mason, Timothy, W., Sozialpolitik im Dritten Reich. Arbeiterklasse und Volksgemeinschaft, Opladen 1977

Meier, Kurt, Die Deutschen Christen. Das Bild einer Bewegung im Kirchenkampf des Dritten Reiches, Göttingen 1964

Meier, Kurt, Der Evangelische Kirchenkampf, Bd. 1: Der Kampf um die "Reichskirche", Göttingen 1976

Mommsen, Hans, Beamtentum im Dritten Reich. Mit ausgewählten Quellen zur nationalsozialistischen Beamtenpolitik, Stuttgart 1966 (Schriftenreihe der Vierteljahrshefte für Zeitgeschichte. 13)

Mühlen, Patrick von zur, "Schlagt Hitler an der Saar!" Abstimmungskampf, Emigration und Widerstand im Saargebiet 1933-1945, Bonn 1979 (Politik- und Gesellschaftsgeschichte. 7)

Nadolny, Rudolf, Mein Beitrag, Wiesbaden 1955

Nadolny, Sten, Abrüstungsdiplomatie 1932/33. Deutschland auf der Genfer Konferenz im Übergang von Weimar zu Hitler, München 1978

Neuberger, Helmut, Freimaurerei und Nationalsozialismus. Die Verfolgung der deutschen Freimaurerei durch völkische Bewegung und Nationalsozialismus 1918-45, 2 Bde, Hamburg 1980

Niclauß, Karlheinz, Die Sowjetunion und Hitlers Machtergreifung. Eine Studie über die deutsch-russischen Beziehungen der Jahre 1929 bis 1935, Bonn 1966 (Bonner Historische Forschungen. 29)

Nolte, Ernst, Der Faschismus in seiner Epoche. Die Action Française. Der italienische Faschismus. Der Nationalsozialismus, 5. Auflage München 1979

Norden, Günther van, Der deutsche Protestantismus im Jahr der nationalsozialistischen Machtergreifung, Gütersloh 1979

Norden, Günther van, Kirche in der Krise. Die Stellung der Evangelischen Kirche zum nationalsozialistischen Staat im Jahre 1933, Düsseldorf 1963

Nowak, Kurt, "Euthanasie" und Sterilisierung im "Dritten Reich". Die Konfrontation der evangelischen und katholischen Kirche mit dem Gesetz zur Verhütung erbkranken Nachwuchses und der "Euthanasie"-Aktion, 2. Auflage Göttingen 1980 (Arbeiten zur Geschichte des Kirchenkampfes. Erg. Reihe.12) (= theol. Diss. Leipzig 1971)

Albert Oeser und die Frankfurter Zeitung. Mit einem Geleitwort von Hermann Josef Abs, hrsg. v. Erich Welter, Frankfurt a. M. 1979 (Neudruck der 1942 hrsg. Schrift: Vierzig Jahre - Albert Oeser - Frankfurter Zeitung)

Oschilewski, Walther G., Zeitungen in Berlin. Im Spiegel der Jahrhunderte, Berlin 1975

Petersen, Jens, Hitler - Mussolini. Die Entstehung der Achse Berlin - Rom 1933 - 1936, Tübingen 1973

Pitsch, Ilse, Das Theater als politisch-publizistisches Führungsmittel im Dritten Reich, phil. Diss. Münster 1952 (MS)

Plieg, Ernst-Albrecht, Das Memelland 1920-1939. Deutsche Autonomiebestrebungen im litauischen Gesamtstaat, Würzburg 1962 (Marburger Ostforschungen. 19)

Pöhls, Joachim, Die "Tägliche Rundschau" und die Zerstörung der Weimarer Republik 1930-1933, 2 Bde, Münster 1975 (Arbeiten aus dem Institut für Publizistik der Universität Münster. 14)

Poliakov, Léon und Joseph Wulf, Das Dritte Reich und seine Denker. Dokumente, Berlin 1959

Potter, Elmer P. und Chester W. Nimitz, Seemacht. Eine Seekriegsgeschichte von der Antike bis zur Gegenwart, deutsche Fassung hrsg. v. Jürgen Rohwer, München 1974 (Amerikanisches Original: Sea Power. A Naval History, Englewood Cliffs 1960)

Price, George Ward, Extra-Special Correspondent, London, Toronto, Wellington, Sidney 1957

Der Reichstagsbrand. Eine wissenschaftliche Dokumentation, Bd. 1, hrsg. v. W. Hofer, E. Calic, K. Stephan, F. Zipfel, Berlin 1972 (Veröffentlichungen des Internationalen Kommitees zur wissenschaftlichen Erforschung der Ursachen und Folgen des Zweiten Weltkrieges)

Reifenberg, Benno, Landschaften und Gesichter, Wien 1973

Ross, Dieter, Hitler und Dollfuß. Die deutsche Österreichpolitik 1933-1934, Hamburg 1966 (Hamburger Beiträge zur Zeitgeschichte. 3)

Saage, Richard, Faschismustheorien. Eine Einführung, 2. Auflage München 1977

Sänger, Fritz, Politik der Täuschungen. Mißbrauch der Presse im Dritten Reich. Weisungen, Informationen, Notizen 1933-1939, Wien 1975

Sänger, Fritz, Verborgene Fäden. Erinnerungen und Bemerkungen eines Journalisten, Bonn 1978

Schmeer, Karlheinz, Die Regie des öffentlichen Lebens im Dritten Reich, München 1956

(Schmidt, Fritz), Presse in Fesseln. Eine Schilderung des NS-Pressetrusts, Berlin (1948)

Scholder, Klaus, Die Kirchen und das Dritte Reich, Bd. 1: Vorgeschichte und Zeit der Illusionen 1918-1934, Frankfurt a. M., Berlin, Wien 1977

Schröder, Hans-Jürgen, Deutschland und die Vereinigten Staaten 1933-1939. Wirtschaft und Politik in der Entwicklung des deutschamerikanischen Gegensatzes, Wiesbaden 1970 (Veröffentlichungen des Instituts für Europäische Geschichte Mainz. 59)

Schwarzenbeck, Engelbert, Nationalsozialistische Pressepolitik und die Sudetenkrise 1938, München 1979

Schwierskott, Hans-Joachim, Arthur Moeller van den Bruck und der revolutionäre Nationalismus in der Weimarer Republik, Göttingen, Berlin, Frankfurt a. M. 1962 (Veröffentlichungen der Gesellschaft für Zeitgeschichte. 1)

Siegele-Wenschkewitz, Leonore, Nationalsozialismus und Kirche. Religionspolitik von Partei und Staat bis 1935, Düsseldorf 1974 (Tübinger Schriften zur Sozial- und Zeitgeschichte. 5)

Silex, Karl, Mit Kommentar. Lebensbericht eines Journalisten. Frankfurt a. M. 1968

Smith, Howard K., Feind schreibt mit. Ein amerikanischer Korrespondent erlebt Nazi-Deutschland, Berlin 1982 (Amerikanisches Original: Last Train from Berlin, London 1942)

Sonne, Hans-Joachim, Die politische Theologie der Deutschen Christen. Einheit und Vielfalt deutsch-christlichen Denkens, dargestellt anhand des Bundes für die deutsche Kirche, der Thüringer Kirchenbewegung "Deutsche Christen" und der christlich-deutschen Bewegung, Göttingen 1982 (Göttinger theologische Arbeiten. 21)

Spengler, Oswald, Briefe 1913 - 1936, hrsg. v. Anton M. Koktanek, München 1963

Oskar Stark zu seinem achtzigsten Geburtstag, Freiburg 1970

Hans Steinacher. Bundesleiter VDA 1933-1937. Erinnerungen und Dokumente, hrsg. v. Hans-Adolf Jacobsen, Boppard 1970 (Schriften des Bundesarchivs. 19)

Stephan, Werner, Acht Jahrzehnte erlebtes Deutschland. Ein Liberaler in vier Epochen, Düsseldorf 1983

Sternberger, Dolf, Bernhard Guttmann. Eine Würdigung, HR, II. Programm 7. April 1959 (MS)

Stoll, Gerhard E., Die evangelische Zeitschriftenpresse im Jahre 1933, Witten 1963

Storek, Henning, Dirigierte Öffentlichkeit. Die Zeitung als Herrschaftsmittel in den Anfangsjahren der nationalsozialistischen Regierung, Opladen 1972 (Beiträge zur sozialwissenschaftlichen Forschung. 12)

Strothmann, Dietrich, Nationalsozialistische Literaturpolitik. Ein Beitrag zur Publizistik im Dritten Reich, Bonn 1960

Struve, Walter, Elites Against Democracy. Leadership Ideals in Bourgeois Political Thought in Germany, 1890-1933, Princeton, N. J. 1973

Sündermann, Helmut, Tagesparolen. Deutsche Presseanweisungen 1939-1945. Hitlers Propaganda und Kriegsführung, aus dem Nachlaß hrsg. v. Gert Sudholt, Leonie am Starnberger See 1973

Taucher, Franz, Frankfurter Jahre, Wien, München, Zürich 1977

Taucher, Franz, Schattenreise. Von Landsleuten und anderen Menschen, Wien 1973

Vieweg, Klaus, Der Funktionswandel der sogenannten bürgerlichen Presse, dargestellt an einem Vergleich zwischen der "Frankfurter Zeitung" der Weimarer Republik und der "Frankfurter Allgemeinen Zeitung" in Westdeutschland, phil. Diss. Leipzig, Fakultät für Journalistik 1963 (MS)

Völker, Karl-Heinz, Die Deutsche Luftwaffe 1933-1939. Aufbau, Führung und Rüstung der Luftwaffe sowie die Entwicklung der deutschen Luftkriegstheorie, 2. Auflage Stuttgart 1967 (Beiträge zur Militär- und Kriegsgeschichte. 8)

Wagener, Otto, Hitler aus nächster Nähe. Aufzeichnungen eines Vertrauten 1929-1932, hrsg. v. H. A. Turner, Frankfurt a. M., Berlin 1978

Weinberg, Gerhard L., The Foreign Policy of Hitler's Germany. Diplomatic revolution in Europe 1933-1936, Chicago, London 1970

Werber, Rudolf, Die "Frankfurter Zeitung" und ihr Verhältnis zum Nationalsozialismus, untersucht an Hand von Beispielen aus den Jahren 1932 - 1943. Ein Beitrag zur Methodik der publizistischen Camouflage im Dritten Reich, Bonn 1965 (= phil. Diss. Bonn 1964)

Wermuth, Helga, Dr. h. c. Max Winkler. Ein Gehilfe staatlicher Pressepolitik in der Weimarer Republik, München 1975

Winkler, Dörte, Frauenarbeit im "Dritten Reich", Hamburg 1977 (Historische Perspektiven. 9)

Wippermann, Wolfgang. Faschismustheorien. Zum Stand der gegenwärtigen Diskussion, 4. Auflage Darmstadt 1980

Wirthle, Werner, Feuer vom Feuer lebt, Frankfurt a. M. 1970

Wirthle, Werner, Frankfurter Zeitung und Frankfurter Societätsdruckerei GmbH. Die wirtschaftlichen Verhältnisse 1927 - 1939, Frankfurt a. M. 1977

Wittek, Bernhard, Der britische Ätherkrieg gegen das Dritte Reich. Die deutschsprachigen Kriegssendungen der British Broadcasting Corporation, Münster 1962 (Studien zur Publizistik. 3)

Wulf, Joseph, Literatur und Dichtung im Dritten Reich. Eine Dokumentation, Gütersloh 1963

Wulf, Joseph, Presse und Funk im Dritten Reich. Eine Dokumentation, Gütersloh 1964

Zierold, Kurt, Forschungsförderung in drei Epochen. Deutsche Forschungsgemeinschaft. Geschichte, Arbeitsweise, Kommentar, Wiesbaden 1968

Zipfel, Friedrich, Kirchenkampf in Deutschland 1933-1945. Religionsverfolgung und Selbstbehauptung der Kirchen in der nationalsozialistischen Zeit, Berlin 1965 (Veröffentlichungen der Historischen Kommission zu Berlim beim Friedrich-Meinecke-Institut der Freien Universität Berlin. 11)

6. Aufsätze und Rezensionen

Apfel, Karl, In den zwanziger Jahren. Erinnerungen an die Frankfurter Zeitung, Frankfurt a. M. 1976. Sonderdruck aus: Archiv für Frankfurts Geschichte und Kunst, Heft 55

Baerns, Barbara, Vielfalt und Vervielfältigung. Befunde aus der Region - eine Herausforderung für die Praxis. In: Media Perspektiven, 3/83, S. 207-215

Bajohr, Stefan, Weiblicher Arbeitsdienst im "Dritten Reich". Ein Konflikt zwischen Ideologie und Ökonomie. In: VjhZ, 28. Jg. (1980), S. 331-357

Benz, Wolfgang, Vom Freiwilligen Arbeitsdienst zur Arbeitsdienstpflicht. In: VjhZ, 16. Jg. (1968), S. 317-346

Berndt, Alfred, Zur Entstehung des Reichstagsbrands. Eine Untersuchung über den Zeitablauf. In: VjhZ, 23. Jg. (1975), S. 77-90

Boelcke, Willi A., Presseabteilung und Pressearchive des Auswärtigen Amtes 1871-1945. In: Archivmitteilungen, 9. Jg. (1959), H. 2, S. 43-48

Bohrmann, Hans und Arnulf Kutsch, Der Fall Walther Heide. Zur Vorgeschichte der Publizistikwissenschaft. In: Publizistik, 20. Jg. (1975), H. 3, S. 805-808

Booms, Hans, Bemerkungen zu einer fragwürdigen Quellenedition. Die Veröffentlichung der "Kaltenbrunner-Berichte" vom "Archiv Peter". In: Der Archivar, 15. Jg. (1962), Sp. 105-112

Booms, Hans, Der Ursprung des 2. Weltkrieges - Revision oder Expansion? In: Geschichte in Wissenschaft und Unterricht, 16. Jg. (1965), H. 6, S. 329-353

Bracher, Karl Dietrich, Stufen totalitärer Gleichschaltung: Die Befestigung der nationalsozialistischen Herrschaft 1933/34. In: VjhZ, 4. Jg. (1956), S. 30-42

Buchheim, Hans, Die organisatorische Entwicklung der politischen Polizei in Deutschland in den Jahren 1933 und 1934. In: Gutachten des Instituts für Zeitgeschichte, München 1958, S. 294-307

Conrads, Norbert, Schlesische Zeitung, Breslau/Bunzlau (1742-1945). In: H. D. Fischer (Hrsg.), Deutsche Zeitungen des 17.-20. Jahrhunderts, Pullach 1972, S. 115-130

Dickel, Horst, Irland als Faktor der deutschen Außenpolitik von 1933 bis 1945. Eine propädeutische Skizze. In: Manfred Funke (Hrsg.), Hitler, Deutschland und die Mächte, Kronberg/Ts., Düsseldorf 1978, S. 565-576

Zur Edition zeitgeschichtlicher Quellen. In: Jahrbuch der historischen Forschung der Bundesrepublik Deutschland 1975, hrsg. v. der Arbeitsgemeinschaft außeruniversitärer Forschungseinrichtungen in der Bundesrepublik Deutschland, Stuttgart 1976, S. 137 - 147

Fackler, Maxim, München, Perusastraße Nr. 5. Erinnerungen an das Jahr 1930. In: Publizistik, 10. Jg. (1965), H. 3 (Festschrift für Otto Groth), S. 206-208

Fröhlich, Elke, Die Kulturpolitische Pressekonferenz des Reichspropagandaministeriums. In: VjhZ, 22. Jg. (1974), S. 347-381

Fromme, Jürgen, Hamburger Fremdenblatt, Hamburg (1828 - 1945). In: H. D. Fischer (Hrsg.), Deutsche Zeitung des 17. - 20. Jahrhunderts, Pullach 1972, S. 159-176

Glenthøj, Jørgen, Hindenburg, Göring und die evangelischen Kirchenführer. Ein Beitrag zur Beleuchtung des staatspolitischen Hintergrunds der Kanzleraudienz am 25. Januar 1934. In: Zur Geschichte des Kirchenkampfes. Gesammelte Aufsätze, Göttingen 1965 (Arbeiten zur Geschichte des Kirchenkampfes. 15), S. 45-91

Hauenstein, Fritz, Der Beginn: Wirtschaftspolitik. In: Die Gegenwart. Sonderheft: Ein Jahrhundert Frankfurter Zeitung, 11. Jg. (1956), S. 5-9

Hay, Gerhard, Rundfunk und Hörspiel als "Führungsmittel" des Nationalsozialismus. In: Horst Denkler und Karl Prümm (Hrsg.), Die deutsche Literatur im Dritten Reich. Themen. Traditionen. Wirkungen, Stuttgart 1976, S. 366-381

Wendelin Hecht. Ansprache am Grab gehalten von Benno Reifenberg. 20. November 1947. In: Die Gegenwart. Sonderheft: Ein Jahrhundert Frankfurter Zeitung, 11. Jg. (1956), S. 35-36

Janßen, Karl-Heinz, Geschichte aus der Dunkelkammer. Kabalen um den Reichstagsbrand. Eine unvermeidliche Enthüllung. Sonderdruck aus: Zeit, Nr. 38-41 vom September/Oktober 1979

Koszyk, Kurt, Jakob Stöcker und der Dortmunder "General-Anzeiger" 1929-1933. In: Publizistik, 8. Jg. (1963), H. 4, S. 282-295

Küsel, Herbert, Corpus delicti. In: Die Gegenwart. Sonderheft: Ein Jahrhundert Frankfurter Zeitung, 11. Jg. (1956), S. 36-39

Lerg, Winfried B., (Rez.) Jürgen Hagemann, Die Presselenkung im Dritten Reich, Bonn 1970/Karl-Dietrich Abel, Presselenkung im NS-Staat. Eine Studie zur Geschichte der Publizistik in der nationalsozialistischen Zeit, Berlin 1968 (Einzelveröffentlichungen der Historischen Kommission zu Berlin beim Friedrich-Meinecke-Institut der Freien Universität Berlin. 2). In: Publizistik, 16. Jg. (1971), H. 2, S. 217-219

Lerg, Winfried B., (Rez.) Oron James Hale, Presse in der Zwangsjacke 1933-1945, Düsseldorf 1965. In: Publizistik, 12. Jg. (1967), H. 1, S. 60-62

Lerg, Winfried B., Richtlinien für die Gesamthaltung der Deutschen Presse (November 1934). In: Gazette, Vol. 8 (1962), S. 228-245

Lerg, Winfried B., Max Winkler, der Finanztechniker der Gleichschaltung. In: ZV + ZV, 60. Jg. (1963), Nr. 13 vom 1. Mai 1963, S. 610-612

Lorenz, Heinz, "Such is life". In: 1933: Wie die Deutschen Hitler zur Macht verhalfen. Ein Lesebuch für Demokraten, hrsg. v. I. Brodersen, K. Humann, S. v. Paczensky, Reinbek 1983, S. 222-265

Martin, Bernd, Die deutsch-japanischen Beziehungen während des Dritten Reiches. In: Manfred Funke (Hrsg.), Hitler, Deutschland und die Mächte, Kronberg/Ts., Düsseldorf 1978, S. 454-470

Mommsen, Wilhelm, Die Zeitung als historische Quelle. In: Archiv für Politik und Geschichte, 4. Jg. (1926), S. 244-251. Und in: Zeitungswissenschaft, 18. Jg. (1943), S. 4-13. Und in: Beiträge zur Zeitungswissenschaft. Festgabe für Karl d'Ester, Münster 1952, S. 165-173

Münster, Hans Amandus, Die Zeitung als Quelle der historischen Forschung. In: Berliner Monatshefte, N.F., 15. Jg. (1937), Juni, S. 453-475

Paupié, Kurt, Frankfurter Zeitung, Frankfurt a. M. (1856-1943). In: H. D. Fischer (Hrsg.), Deutsche Zeitungen des 17. - 20. Jahrhunderts, Pullach 1972, S. 241 - 256

Reifenberg, Benno, Die zehn Jahre 1933 - 1943. In: Die Gegenwart. Sonderheft: Ein Jahrhundert Frankfurter Zeitung, 11. Jg. (1956), S. 40-54

Repgen, Konrad, Über die Entstehung der Kirchenkonkordatsofferte im Frühjahr 1933 und die Bedeutung des Reichskonkordats. In: VjhZ, 26. Jg. (1978), S. 499-534

Repgen, Konrad, Zur vatikanischen Strategie beim Reichskonkordat. In: VjhZ, 31. Jg. (1983), S. 506-535

Ritthaler, Anton, Eine Etappe auf Hitlers Weg zur ungeteilten Macht. Hugenbergs Rücktritt als Reichsminister. In: VjhZ, 8. Jg. (1960), S. 193-219

Sänger, Fritz, Zur Geschichte der "Frankfurter Zeitung". In: Publizistik, 22. Jg. (1977), H. 3, S. 275-294

Sänger, Fritz, Das schmale Seil. In: Die Gegenwart. Sonderheft: Ein Jahrhundert Frankfurter Zeitung, 11. Jg. (1956), S. 23-25

Sänger, Fritz, "Wählt Adolf Hitler und ihr wählt den Krieg". In: 1933: Wie die Deutschen Hitler zur Macht verhalfen. Ein Lesebuch für Demokraten, hrsg. v. I. Brodersen, K. Humann, S. v. Paczensky, Reinbek 1983, S. 176-194

Scharp, Heinrich, Oskar Stark. In: Oskar Stark zu seinem achtzigsten Geburtstag, Freiburg 1970, S. 11-16

Sontheimer, Kurt, Der Tatkreis. In: VjhZ, 7. Jg. (1959), S. 229-260

Spahn, Martin, Die Presse als Quelle der neuesten Geschichte und ihre gegenwärtigen Benutzungsmöglichkeiten. In: Internationale Wochenschrift für Wissenschaft, Kunst und Technik, Beigabe zur Münchner Allgemeinen Zeitung, 2. Jg. (1908), Nr. 37 v. 12. September 1908, Sp. 1163-1170 und Nr. 38 v. 19. September 1908, Sp. 1202-1212

Stark, Oskar, Im Reichstag der Weimarer Zeit. In: Die Gegenwart. Sonderheft: Ein Jahrhundert Frankfurter Zeitung, 11. Jg. (1956), S. 17-18

Vogel, Walter, Erschließung moderner Quellen durch Edition und Darstellung. Zu den letzten Publikationen der Kommission für Geschichte des Parlamentarismus und der politischen Parteien und ihrem historischen Ertrag. In: Der Archivar, 15. Jg. (1962), Sp. 97-106

Wand, Albert, Aus der Jugendzeit der Zeitungswissenschaft in Westdeutschland. In: Beiträge zur Zeitungswissenschaft. Festgabe für Karl d'Ester, Münster 1952, S. 31-54

Wegner, Walter, Karl Brammer. In: Der Journalist, 14. Jg. (1964), H. 4, S. 28-29

Werner, Wolfram, Probleme zeitgeschichtlicher Editionen am Beispiel der Publikation "Akten zur Vorgeschichte der Bundesrepublik Deutschland". In: Aus der Arbeit des Bundesarchivs, hrsg. v. Heinz Boberach und Hans Booms, Boppard 1977 (Schriften des Bundesarchivs. 25), S. 480-486

Wolf, Manfred, Das Ende des Dortmunder General-Anzeigers. In: Beiträge zur Geschichte Dortmunds und der Grafschaft Mark, Bd. 70, Dortmund 1976, S. 349-364

Wollstein, Günter, Rudolf Nadolny - Außenminister ohne Verwendung. In: VjhZ, 28. Jg. (1980), S. 47-93

7. Nachschlagewerke

Adressenwerk der Dienststellen der NSDAP, hrsg. unter Aufsicht der Reichsleitung der NSDAP, Reichsband, 3. Ausgabe 1941/42, 2 Bde, Berlin 1942

ALA-Zeitungskatalog, Berlin 55. Jg. 1930, 59. Jg. 1934 bis 63. Jg. 1938

Das **Archiv**, Nachschlagewerk für Politik, Wissenschaft und Kultur, hrsg. v. Alfred-Ingemar Berndt, 1. Jg. (1933)

Biographisches Handbuch der deutschsprachigen Emigration nach 1933, Bd. I: Politik, Wirtschaft, Öffentliches Leben, München, New York, Paris 1980

Die **bürgerlichen** Parteien in Deutschland. Handbuch der Geschichte der bürgerlichen Parteien und anderer bürgerlicher Interessenorganisationen vom Vormärz bis zum Jahre 1945, hrsg. v. einem Redaktionskollektiv unter der Leitung von Dieter Fricke, 2 Bde, Leipzig 1968 und 1970

Das **Bundesarchiv** und seine Bestände, 3. erg. und neu bearb. Auflage v. Gerhard Granier, Josef Henke, Klaus Oldenhage, Boppard 1977 (Schriften des Bundesarchivs. 10)

Das **Deutsche** Führerlexikon 1934/1935, Berlin 1934

Egelhaafs Historisch-politische Jahresübersicht für 1933, hrsg. v. Friedrich Neubauer, Stuttgart 1934

Findbücher zu Beständen des Bundesarchivs. 2: R 53. Stellvertreter des Reichskanzlers (Vizekanzlei von Papen), bearb. v. Thomas Trumpp, Koblenz 1970

Findbücher zu Beständen des Bundesarchivs. 3: Bestand NS 10. Persönliche Adjutantur des Führers und Reichskanzlers, bearb. v. Friedrich P. Kahlenberg, Koblenz 1970

Findbücher zu Beständen des Bundesarchivs. 12: Bestand R 11. Deutscher Industrie- und Handelstag/Reichswirtschaftskammer, bearb.v. Friedrich Facius und Thomas Trumpp, Koblenz 1976

Findbücher zu Beständen des Bundesarchivs. 13: Bestand R 43. Reichskanzlei, bearb. v. Walter Vogel und Gregor Verland, 3 Teile, Koblenz 1975

Findbücher zu Beständen des Bundesarchivs. 15: Bestand R 55. Reichsministerium für Volksaufklärung und Propaganda, bearb. v. Wolfram Werner, Koblenz 1979

Handbuch zur deutschen Militärgeschichte 1648-1939, hrsg. v. Militärgeschichtlichen Forschungsamt, Bd. 4: Wehrmacht und Nationalsozialismus 1933-1939, München 1978

Handbuch der deutschen Tagespresse, hrsg. v. Deutschen Institut für Zeitungskunde, Berlin 4. Auflage 1932, 5. Auflage 1934, Leipzig 6. Auflage 1937, 7. Auflage 1944

Handbuch des öffentlichen Lebens, hrsg. v. Maximilian Müller-Jabusch, Berlin, Leipzig, 6. Ausgabe des Politischen Almanachs 1931

Jahrbuch der Tagespresse, Berlin 1. Jg. 1928, 2. Jg. 1929, 3. Jg. 1930

Kammer, Hilde und Elisabeth Bartsch (Hrsg.), Jugendlexikon Nationalsozialismus. Begriffe aus der Zeit der Gewaltherrschaft 1933-1945, Reinbek 1982

Keesings Archiv der Gegenwart, Wien 1933

Kosch, Wilhelm, Biographisches Staatshandbuch. Lexikon der
Politik, Presse und Publizistik, fortgeführt von Eugen Kuri,
2 Bde, Bern, München 1963

Lexikon zur Geschichte der Parteien in Europa, hrsg. v. Frank
Wende, Stuttgart 1981

Lexikon zur Geschichte und Politik im 20. Jahrhundert, hrsg. v.
Carola Stern, Thilo Vogelsang, Erhard Klöss, Alfred Graff, 2
Bde, Köln 1971

Munzinger-Archiv, Internationales Biographisches Archiv

Neue Deutsche Biographie, hrsg. v. der historischen Kommission
bei der bayerischen Akademie der Wissenschaften, bisher 13 Bde,
Berlin 1953 ff.

Parteien in der Bundesrepublik. Studien zur Entwicklung der
deutschen Parteien bis zur Bundestagswahl 1953, Stuttgart,
Düsseldorf 1955 (Schriften des Instituts für politische Wissenschaft. 6)

Pressehandbuch, Gesetze, Anordnungen, Erlasse, Bekanntmachungen,
zusammengestellt und erläutert nach den Bedürfnissen der Praxis,
hrsg. v. Reichsverband der deutschen Zeitungsverleger, Berlin 1938

Schallaufnahmen der Reichs-Rundfunk G.m.b.H. von Ende 1929 bis
Anfang 1936 (Berlin 1936)

Taschen-Brockhaus zum Zeitgeschehen, 2. erweiterte Auflage
Leipzig 1942

Taschenwörterbuch des Nationalsozialismus von Hans Wagner,
Leipzig (1934)

Verzeichnis der schriftlichen Nachlässe in deutschen Archiven
und Bibliotheken, Bd. 1: Mommsen, Wolfgang A., Die Nachlässe in
den deutschen Archiven, Bd. 1, Teil I, Boppard 1971 (Schriften
des Bundesarchivs. 17), Bd. 1, Teil II, Boppard 1983 (Schriften
des Bundesarchivs. 17/II),
Bd. 2: Dennecke, Ludwig, Die Nachlässe in den Bibliotheken der
Bundesrepublik Deutschland, 2. Auflage/völlig neu bearb. v.
Tilo Brandis, Boppard 1981

Volkmann, Hans Erich, Wirtschaft im Dritten Reich. Eine Bibliographie, Bd. 1: 1933-1939, München 1980 (Schriften der Bibliothek für Zeitgeschichte. 20)

Wistrich, Robert, Who's Who in Nazi Germany, London 1982

Zeitungs- und Zeitschriftenregister

(einschließlich Nachrichtenagenturen und Korrespondenzen)

A

Aachener Post	71*
Agence Havas	84
die aktion, Paris	227
Der Allgäuer	62*
Allgemeine Zeitung, **Chemnitz**	54*; 61ff.; 65*; 73*; 102*-106*; 68; 94
Amtlicher Preußischer Pressedienst	116*; 36; 90; 255
Der Angriff	68*; 100*; 83
Associated Press	36*

B

Basler Nachrichten	36*
Bayerischer Kurier	29
Bergedorfer Zeitung	86*
Berliner Börsen-Courier	120*; 122*; 26; 28; 34; 53
Berliner Börsen-Zeitung	86*; 274
Berliner Lokal-Anzeiger	120*; 39; 136
Berliner Tageblatt	49*; 90*; 96*; 120*; 136; 167; 205
BZ am Mittag	187
Berlingske Tidende, Kopenhagen	28
Berlinische privilegirte Zeitung	101
Braunschweiger Neue Presse	66*; 69*
Braunschweiger Neueste Nachrichten/ Braunschweigische Landeszeitung	105*
Braunschweiger Zeitung	69*
Bremer Nachrichten	66*
Breslauer Neueste Nachrichten	78*; 78
Breslauer Zeitung	75*

C

Chemnitzer Neueste Nachrichten	103*f.; 94
Chemnitzer Tageszeitung	104*
Chemnitzer Zeitung	66*

D

Daily Herald	117
Daily Mail	36*; 121*; 65f.; 158f.; 165
Daily Telegraph	96; 104; 210f.
Danziger Neueste Nachrichten	86*
Danziger Volksstimme	14f.
Demokratischer Zeitungsdienst (Korrespondenz)	71*; 73*
Der Deutsche	100; 105ff.
Deutsche Allgemeine Zeitung	42*; 62*; 53; 233
Deutsche Führerbriefe (Korrespondenz)	161
Deutsche Kunstseide-Zeitung	118
Deutsche Presse	32*; 97*f.; 129*
Deutsche Presseagentur	69*
Deutsche Volkswirtschaft (Korrespondenz)	182
Deutsche Wehrbeiträge (Korrespondenz)	71*
Deutsche Wirtschaftszeitung	129*
Deutsche Zeitung	26; 28f.
Deutscher Groß- und Überseehandel (Korrespondenz)	185f.
Deutscher Handels-Dienst (Korrespondenz)	205f.
Deutscher Pressedienst (Korrespondenz)	66*; 69*
Deutscher Reichsanzeiger und Preußischer Staatsanzeiger	208f.; 223; 256f.
Deutscher Zeitungsdient (Korrespondenz)	146; 148
Deutsches Nachrichtenbüro	24*; 37*; 40*; 53*; 63*; 68*; 73*; 98*; 107*; 114*; 117*; 122*; 124*; 128*; 156; 206; 235; 238
Dienst aus Deutschland (Korrespondenz)	62*ff.; 66*

Dienst nationaler Tageszeitungen (Korrespondenz)	41*; 43*; 54*f.; 59*; 61*f.; 64*ff.; 70*; 72*; 81*; 83*f.; 86*; 103*ff.; 107*; 110*; 124*; 2; 94
Dienst nationaler Zeitungen (Korrespondenz)	61*; 81*; 83*
Dortmunder Zeitung	34*; 102*
Dresdner Nachrichten	86*; 105*
Dresdner Neueste Nachrichten	86*

E

Echo de Paris	149
Economist	126f.
Essener Allgemeine Zeitung	109*; 170; 172f.; 175; 178
Essener Anzeiger	172
Essener General-Anzeiger	172
Etoile Belge	104
Evangelischer Pressedienst für das Kirchenministerium (Korrespondenz)	241
Evening News	66
Evening Standard	53; 121

F

Fränkischer Kurier	62*; 86*
Frankfurter Geschäftsbericht	92*
Frankfurter Handelszeitung	92*
Frankfurter Nachrichten	78*; 99*
Frankfurter Zeitung	33*; 50*; 56*; 59*; 64*; 67*f.; 73*; 84*; 89*-102*; 112*f.; 115*; 120*; 122*; 124*; 128*; 223
Der Freie Beamte	68*
Fuldaer Anzeiger	257
Fuldaer Zeitung	257

G

General-Anzeiger, Dortmund	27*; 120*; 54ff.
General-Anzeiger für Stettin und die Provinz Pommern	67*
Germania	46*; 64*; 115*; 120*; 77
Großdeutscher Pressedienst (Korrespondenz)	167

H

Hagener Zeitung	70*
Hakenkreuzbanner	86*
Hamburger 8-Uhr Abendblatt	84*
Hamburger Anzeiger	86*ff.
Hamburger Echo	88*
Hamburger Fremdenblatt	83*f.; 87*f.; 104*; 111*f.
Hamburger Nachrichten	54*; 59*; 61*f.; 70*; 73*; 76*; 78*-89*; 91*; 102*-105*; 108*; 111*ff.; 115*; 117*; 120*; 122*; 128*; 41; 143; 147
Hamburger Nachrichten am Mittag	82*
Hamburger Nachrichten am Montag	82*
Hamburger Neueste Nachrichten	84*
Hamburger Tageblatt	79*; 83*; 86*ff.
Hamburger Zeitung	88*f.
Hamburgischer Correspondent	84*
Hannoverscher Kurier	81*; 86*
Hannoversches Tageblatt	70*
Harburger Anzeigen und Nachrichten	86*
Harburger Tageblatt	71*
Heidelberger Tageblatt	71*
Herald Tribune	36*

I

Industrie- und Gewerbezeitung	82*
Istvestija	142

J

Jenaer Volksblatt	71*

K

Kasseler Neueste Nachrichten	86*
Kieler Zeitung	62*
Kölnische Zeitung	77*; 86*; 136
Königlich privilegirte Berlinische Zeitung von Staats- und gelehrten Sachen	101
Königsberger Allgemeine Zeitung	64*; 81*
Korrespondenz Brammer	52*; 54*; 71*
Korrespondenz für Rasseforschung und Familienkunde	71*; 73*
Korrespondenz für Volksaufklärung und Rassenpflege	228f.
Kulturpolitischer Dienst (Korrespondenz)	68*
Kurier	72*
Kurjer Warszawski	34

L

Leipziger Neueste Nachrichten	63*; 81*

M

Magdeburgische Zeitung	60*
Le Matin	103f.
Metger-Sonderdienst (Korrespondenz)	53*
Mittagsblatt, Hamburg	84*; 87*
Morningpost	103f.
München-Augsburger Abendzeitung	86*

München-Augsburger Zeitung	116*
Münchner Neueste Nachrichten	86*; 223

N

Nachrichten für Stadt und Land, Oldenburg	164
Nachrichtenbüro des Vereins Deutscher Zeitungsverleger (Korrespondenz)	95*; 13; 15; 234
Nachrichten- und Informationsblatt	38*
Nassauer Beobachter	58
Nassau-Saarbrückisches Wochenblatt	256
National-Zeitung, Essen	33*; 115*f.; 120*; 16; 31; 127; 224; 238; 252
Nationale Korrespondenz	148
Nationalliberale Korrespondenz	148
Nationalsozialistische Partei-Korrespondenz	185; 272
Neue Breslauer Zeitung	75*
Neue Deutsche Zeitung	93*
Neue Frankfurter Zeitung - Frankfurter Handelszeitung	92*f.
Neue Freie Presse	64*
Neue Preußische (Kreuz-)Zeitung	115*; 121*
Das Neue Tage-Buch, Paris, Amsterdam	220
Neue Zeit	70*ff.
Neue Zürcher Zeitung	102*; 121*
Neuer Deutscher Nachrichten- und Informationsdienst (Korrespondenz)	265
Neuer Deutscher Pressedienst (Korrespondenz)	264f.
Neuer Görlitzer Anzeiger	86*
Neuer Politischer Pressedienst (Korrespondenz)	265
Neuer Pressedienst für das Deutsche Reich (Korrespondenz)	265
Neues Wiener Journal	64*
Neues Wiener Tagblatt	64*; 68*; 100*
Die Neueste Zeitung	95*
New York Herald	104

Niedersächsische Tageszeitung, Hannover 86*
Norddeutsche Allgemeine Zeitung 80*
Norddeutsche Nachrichten 86*
Nordhäuser Zeitung und General-Anzeiger 71*

O

Oberhessische Landeszeitung, Marburg 78*
L'Osservatore Romano 76f.
Observer 85*

P

Parole der Woche 40*
Petit Journal 41; 47
Petit Parisien 47; 219f.; 226f.; 233; 237f.
Pommersche Tagespost, Stettin 78*
Preußische Lehrerzeitung 68*

R

Rassenpolitische Ausland-Korrespondenz 229
Das Reich 100*f.
Reichspost 97
Reuter 246; 248
Rheinische Landeszeitung 85*
Rheinisch-Westfälische Zeitung 62*; 81*; 116*
Rhein-Mainische Volkszeitung 254
Rheinwacht 58
Robotnik, Warschau 117
Rostocker Anzeiger 86*
Der Ruf 67*

S

Saarbrücker Zeitung	255f.
Schlesische Privilegirte Staats-Kriegs- und Friedenszeitung	74*
Schlesische Privilegirte Zeitung	74*f.
Schlesische Tageszeitung	78*
Schlesische Volkszeitung	78*
Schlesische Zeitung	54*; 61*; 73*-79*; 81*; 85*f; 91*; 102*f.; 105*; 120*
Schlesischer Nouvellen-Courier	74*
Sozialdemokratischer Pressedienst (Korrespondenz)	69*
Sozialpolitische Information (Korrespondenz)	68*
Stadt-Anzeiger, Hamburg	82*; 88*f.
Stadt-Anzeiger mit Fremdenblatt, Frankfurt a. M.	95*
Stahlhelm	60*f.
Standarte	60*
Sunday Dispatch	66

T

Tägliche Rundschau	81*
Der Tag	72*f.
Die Tat (Deutschland)	61*
Die Tat (Schweiz)	38*
Telegraphen-Agentur der Sowjet-Union	142
Telegraphen-Union	40*; 53*; 63*; 77*; 117*; 124*; 43; 49; 66; 115; 126; 155f.; 180; 206; 238; 255
Le Temps	84
The Times	98; 104
Transocean	237f.

U

United Press	36*; 30f.

V

Völkische Zeitung	85*
Völkischer Beobachter	25*; 27*; 100*; 116*; 121*; 129*; 14; 41; 191; 272f.
Vogtländischer Anzeiger und Tageblatt	85*
Volksgemeinschaft	85*
Volksparole	85*
Volksstimmer, Chemnitz	103*
Vorwärts	81*; 14
Vossische Zeitung	90*; 120*; 100f.; 116; 167; 199; 223

W

Die Welt	66*
Westfälische Landeszeitung - Rote Erde	56*
Wochenend-Dienst (Korrespondenz)	68*
Wolffs Telegraphisches Büro	40*; 81*; 117*; 124*; 25; 44; 49; 59; 64; 66; 73; 76; 104; 114f.; 131; 135f.; 138; 155f.; 158; 160; 165; 167; 179; 187; 192; 196; 198; 204; 214; 235f.; 238; 245f.; 252; 255; 257; 259; 264; 269; 272

Z

Zeitschriften-Dienst (Korrespondenz)	38*
Zeitungs-Verlag	47*

Personenregister

A

Abel, Karl-Dietrich	49*-52*; 51*f.
Adametz, Johann Friedrich	74*
Adenauer, Konrad	69*
Albrecht, Herzog v. Württemberg	216f.
Alexander I., König v. Jugoslawien	42*
Allwörden, Wilhelm v.	120
Amann, Max	25*f.; 45*f.; 48*; 106*
Aschmann, Gottfried	36*
August Wilhelm, Prinz von Preußen	56
Avenol, Joseph	173

B

Backe, Herbert	107; 154
Backer, Heike	20*
Bade, Wilfrid	37*; 39*
Baerns, Barbara	29*f.
Balk, Arvid	77*; 85*
Barthou, Jean Louis	42*
Baruch, Bernard Mannes	105
Baumann, Heinrich K.	22
Baur, Erwin	152; 154
Beck, Josef	236
Beilfuß (Kommunist)	3
Benesch, Eduard	197f.; 263
Bergmann, Luise v.	76*
Bergmann-Korn, Richard v.	76*ff.
Berndt, Alfred-Ingemar	35*
Bertram, Adolf	211f.
Besenbeck, Hans	105*
Bismarck, Herbert v.	28
Bismarck, Otto v.	31*; 76*; 80*f.; 87*; 91*; 93*

Blomberg, Werner v.	114; 145; 194
Bodelschwingh, Friedrich v.	5f.; 24; 36
Bömer, Karl	35*
Bohrmann, Hans	19*
Bois, Eli	227
Bonsels, Waldemar	26ff.
Booms, Hans	29*; 123*
Boretzsch, Ernst-Arthur	82f.
Borges, Heinrich	204
Bornschier, Werner	78*; 105*
Bosch, Carl	96*; 98*f.
Bosch, Michael	96*
Bosch, Robert	99*f.
Boveri, Margret	49*; 96*
Brammer, Karl August	30*; 40*; 53*f.; 62*; 69*-73*
Bramsted, Ernest K.	34*; 48*f.
Braß (SS-Standartenführer)	226
Braun v. Stumm, Gustav	12*f.
Braunfels, Ludwig	94*
Bredow, Hans	16
Buchholz (Neuruppin)	227
Bücher, Karl	94*; 105*
Büttner, Rudolf	120
Busse, Waltraud	20*
Buttmann, Rudolf Hermann	60

C

Clausewitz, Carl v.	75*
Clauss, Max	64*
Cohn, Gustav	94*
Cohnstaedt, Wilhelm	97*
Conrad, Walther	10
Cordemann, Hermann	50
Correns, Carl	154
Cosca (KPD-Führer)	86

Cox (Horace Brinson Trevor) 77
Curtius, Julius 36*

D

Daladier, Edouard 156f.; 183f.
Dalichow, Fritz 114*f.
Dammann, Otto 86*; 112*
Dang, Alfred 14
Darré, Richard Walter 19; 43; 106f.; 137; 152; 154; 185
Davis, Norman 156f.
Dehn-Schmidt, Georg v. 203
Dertinger, Georg 16*; 40*; 54*; 58*; 60*-66*; 68*ff.; 72*f.; 83*; 105*; 108*; 110*ff.; 2; 77; 93
Dertinger, Maria 19*; 60*; 62*ff.; 66*; 70*
Dertinger, Rudolf 60*
Dertinger, Sophie 60*
Dessauer, Friedrich Joseph 254
Dette, Werner 87*; 18
Diel, Helmut 101*
Diels, Rudolf 224
Dietrich, Otto 37*; 44*; 69*; 72*; 106*; 116*; 124*; 57; 64; 115; 238
Dingeldey, Eduard 148
Dirksen, Herbert v. 82f.
Doctor, Bernhard 94*
Dollfuß, Engelbert 7; 58; 81; 104f.; 109ff.; 275
Dorpmüller, Julius 22f.
Dovifat, Emil 49*; 72*
Drechsel (Pilot) 178
Dresbach, August 100*
Dreßler-Andreß, Horst 10
Dühmert, Kurt 167
Düsterdieck, Carl 87*
Dyrssen, Carl 78*; 147

E

Eckart, Dietrich	100*; 102*
Eden, Robert Anthony	77
Einstein, Albert	223
Einstein, Else	223
Engel, Hans	21
Ernst, Karl	207
Erzberger, Matthias	60*
Esser, Hermann	29
Esser, Wilhelm	84*f.; 111*; 113*; 147

F

Fabig, Richard	120
Fackler, Maxim	57*
Falk, Hans	16*; 54*; 62*; 64*; 110*; 170
Feder, Ernst	96*
Feder, Gottfried	112f.; 240
Feiler, Arthur	96*
Fischer, Erich	100*
Flesch, Hans	16
Fouquet (Leiter der Landespropagandastelle Hamburg-Schleswig-Holstein)	120
François-Poncet, André	83; 232f.
Frank, Hans	233f.
Fraser, Sir John Foster	96
Frick, Wilhelm	10; 70f.; 160; 185
Friedrich der Große, König v. Preußen	73*
Friedrich Wilhelm III., König v. Preußen	75*
Friedrich Wilhelm IV., König v. Preußen	92*
Fritzsche, Hans	12*; 35*

G

Geyer, Max	102*; 105*
Giesecke, Heinrich	10

Gieseke, Gerhard	3
Girardet, Wilhelm	109*; 173
Gneisenau, August Neithardt Graf v.	75*
Goebbels, Joseph Paul	11*; 17*; 22*; 31*f.; 35*; 39*f.; 42*; 44*; 47*; 68*; 99*; 101*f.; 106*; 108*; 110*f.; 114*; 116*; 124*; 8; 10; 15f.; 39f.; 41; 69f.; 73; 141; 143f.; 150; 158f.; 163; 167f.; 171; 185; 204; 206; 219; 233f.; 242f.; 266f.
Göring, Hermann	33*; 115*f.; 15f.; 30f.; 36f.; 47; 63f.; 90; 112; 114; 172; 174; 185; 189; 192; 206; 251; 267
Goldschmidt, Salli	97*
Gradl, Johann Baptist	72*
Gries, Wilhelm	64*; 72*
Grimm, Friedrich	217
Grimm, Gottlob	94
Gröber, Konrad	60
Groth, Otto	94*
Gürtner, Franz	233f.
Gunzer, Karl	120
Guratzsch, Dankwart	82*; 102*
Guttmann, Bernhard	96*

H

Habicht, Theodor	7f.; 58; 96f.
Hadamovsky, Eugen	16; 205
Hagemann, Jürgen	24*; 40*; 50*ff.
Hagemann, Walter	46*f.; 51*; 57*
Hale, Oron James	45*f.; 48*; 52*
Halperin (Hauptaktionär der Standard-Werke)	59
Hammerstein, Kurt v.	268
Hardenberg, Karl August Fürst v.	75*
Hartmeyer, Ambrosius Heinrich	80*

Hartmeyer, Hans	86*; 105*
Hartmeyer, Heinrich Emil	80*f.
Hartmeyer, Hermann	81*f.; 84*; 40f.
Hase, Heinrich	87*
Hauptmann, Hans	86*
Hecht, Wendelin	99*
Heerdegen, Ernst	105*; 147
Heide, Walther	63*ff.; 64; 164
Heilmann, Ernst	18*
Heilmann, Peter	18*
Heinisch, Erich	254f.
Heinrichsdorff, Wolff	101*
Heinze (Generaldirektor d. Stadtschaft d. Provinz Brandenburg in Berlin)	168
Heißmann, Friedrich	62*f.
Helbrück, August	256
Heller (Kriminalrat)	230
Henderson, Arthur	165
Henkelmann (Vorstandsmitglied der Standard-Werke)	59
Hermann, Johann Heinrich	80*
Heß, Rudolf	11f.; 185; 255
Hierl, Konstantin	96
Hilscher, Friedrich Daniel Rudolf	75*
Hilscher (Hrsg. v. Allgemeinen Zeitung Chemnitz)	102*
Hindenburg, Paul v. Beneckendorff und v.	6; 19; 42f.; 93; 101ff.; 114; 145; 194; 215; 237
Hitler, Adolf	11*ff.; 21*f.; 27*; 58*; 79*; 83*f.; 87*; 95*; 100*; 106*; 109*; 111*; 116*; 129*; 5f.; 9; 16; 19; 23; 26; 28; 32; 34; 37ff.; 42; 48ff.; 54ff.; 59; 63ff.; 70-74f.; 88f.; 91; 93; 95f.; 100ff.; 115; 123; 145; 152f.; 155; 157; 163ff.; 169; 172; 174; 178f.; 181f.; 185f.; 192; 194; 196; 202f.; 205; 208; 210f.; 214f.; 219; 228; 232ff.; 237; 242; 246f.; 249; 256; 266; 272ff.

Hoff, Georg	59
Hoffmann, Gisela	20*
Hoffmann, Hugo	257
Hofmann, Hermann	82*
Homeyer, Friedrich v.	238
Hossenfelder, Joachim	222; 228
Hubmann, Claus	16
Hübbe, Thomas	87*
Hühnlein, Adolf	56
Hugenberg, Alfred	53*; 64*; 77*; 82*f.; 102*; 19; 28; 37-43; 50; 53; 107; 156; 185; 242
Hull, Cordell	157
Humar (Präsident des Zentralverbandes Deutscher Haus- und Grundbesitzervereine)	174
Hummel, Hermann	96*; 98*

J

Jäger, August Friedrich Christian	73f.
Jahncke, Kurt	32*; 39*; 63*; 64; 146; 148; 162; 164; 170ff.
Jelusich, Mirko	275
Johst, Hanns	268; 275
Jünger, Ernst	222f.
Junkers, Hugo	241; 256

K

Kaas, Ludwig	60
Kaiser, Jakob	65*; 72*
Kaufmann, Karl	88*; 8
Kausch, Dorothea	19*; 66*; 70*; 125*
Kausch, Hans-Joachim	16*; 54*; 62*; 64*ff.; 69*f.; 105*; 108*; 110*; 124*; 2; 130; 170
Keiser, Karl Fritz Richard v.	263
Kempner, Robert Max Wasilij	57*

Keppler, Wilhelm	185f.
Kerrl, Hanns	143
Kircher, Rudolf	96*f.
Klippgen, Herbert	105*
Koch, Erich	59; 76; 78; 101f.; 191; 261; 264
Köhn, Friedrich	85*f.
Kohlmann, Doris	18*; 20*
Korn, Bertha	75*
Korn, Heinrich v.	75*f.
Korn, Johann Gottlieb	74*
Korn, Johann Jacob	73*f.
Korn, Julius	75*
Korn, Wilhelm	76*
Korn, Wilhelm Gottlieb	61*f.; 74*; 76*
Koszyk, Kurt	16*; 46*; 52*; 99*
Krahé, Max	49; 51
Kruckow, August	10
Krüger, Gerhard	127
Krukenberg, Gustav	116*; 9f.; 13; 15f.; 57
Krupp, Friedrich Albert	254
Krupp v. Bohlen und Halbach, Gustav	254
Kube, Richard Paul Wilhelm	98f.; 249
Küsel, Herbert	100*; 102*
Küster, Otto	86*

L

Lange, Hermann	85*
Langenberg, Hans	86*; 105*
Lasalle, Ferdinand	93*
Lauerer, Hans	244
Layton, Sir Walter Thomas	126f.
Lemmer, Ernst	72*
Lenin, Wladimir Iljitsch	219
Lerg, Winfried Bernhard	42*; 50*f.
Levetzow, Magnus von	224

Ley, Robert	1; 13f.; 21; 100; 107; 233f.
Lindenblatt (Prozeß in Teheran)	180
Lipski, Joseph	34; 219
Litwinow, Maxim Maximowitsch	105
Lochner, Louis P.	36*f.
Longerich, Peter	20*
Lorenz, Heinz	20*
Lubbe, Marius van der	129; 217; 247
Luber (Staatssekretär)	258
Ludendorff, Erich	93
Luther, Martin	186

M

MacDonald, James Ramsay	153
Mafalda Maria Elisabeth v. Savoyen	183
Magnani, Franca	68*
Magnus, Kurt	10
Marwitz, v. (Mitarbeiter Otto Wageners)	50
Meinberg, Wilhelm	19f.; 43
Metger, Kurt	53*
Moeller van den Bruck, Arthur	60*f.; 78*
Mommsen, Wilhelm	119*f.
Mosle, Wilhelm	224
Mosley, Sir Oswald Ernald	66
Mühlon, Johann Wilhelm	254
Müller, Herbert	20*
Müller, Ludwig	5f.; 24; 186; 222; 228; 235; 241-245; 259
Müller-Brandenburg, Hermann	17f.
Münster, Hans Amandus	119*f.
Münzenberg, Wilhelm (Willi)	227
Mussolini, Benito	58*; 109*ff.; 66; 72f.; 109ff.

N

Nadolny, Rudolf	82f.; 152f.
Nagel, Arnold	256
Napoleon III., französischer Kaiser	92*f.
Naumann, Friedrich	71*
Neuhaus, Hans-Joachim v.	83*f.; 147
Neurath, Konstantin v.	153; 158f.; 211; 219
Nicolai, Helmut Alphons Gottfried	251f.; 256
Nicolai, Walter	30*
Northcliffe, Alfred Lord	66
Nowak (Sekretärin der Dienatag)	62*; 2
Nuschke, Otto	65*; 72*

O

Ohlsberg, Hans	105*

P

Pacelli, Eugenio	60
Panter, Noël	210 f.
Papen, Franz v.	22*; 60*; 112*; 60; 64f.; 77; 185
Paul-Boncour, Joseph	184
Pfundtner, Hans	75; 99
Philipp, Prinz v. Hessen	183
Phipps, Sir Eric	246f.
Pilsudski, Josef	116f.; 236f.
Pius XI.	198f.; 266f.
Plücker, Werner	204f.
Poß, Reinhold	111f.
Price, George Ward	159
Putz (KPD-Führer)	86

Q

Quirmbach, Stephan   109*; 173

R

Raabe, Paul   103*; 105*
Rasch, Ernst   86*
Rasmussen, Knud   269
Rathenau, Walther   60*
Rauscher, Ulrich   31*
Rauschning, Hermann   91
Reifenberg, Benno   57*; 99*; 102*
Reinhardt, Fritz   52; 72; 239
Reismann-Grone, Theodor   116*
Reuter, Ludwig v.   140
Ribbentrop, Joachim v.   11*
Rienhardt, Rolf   48*
Rinne, Will   105*
Ritter, Erwin   125
Ritthaler, Anton   39
Robens, Josef   61*
Rochow, v. (Flieger)   116
Röhm, Ernst   120*; 56; 131; 185; 264
Rohr (-Demmin), Hans Joachim v.   19f.; 43
Roosevelt, Franklin Delano   52f.; 105; 157
Rosenberg, Alfred   37*; 48*; 85*; 191
Rosenberg, Frederic Hans v.   82
Rosenthal, Heinrich Bernhard   92*; 94*
Roßberg, Fritz   78*f.; 86*
Rothermere, Lord Harold Sidney
(Harold Harmsworth)   121*f.; 65ff.
Rudolph, Fritz   78*
Rust, Bernhard   36f.

S

Sänger, Fritz Paul	16*; 18*f.; 39*; 46*; 49*; 56*ff.; 59*; 66*-69*; 91*; 97* - 100*; 109*
Sänger, Ida	67*
Sänger, Paul	67*
Salinger (Zentralverband der Blecheisen- und Stahlwerksindustrien)	271
Salomon, Erich v.	60*
Salzmann, Heinrich	120
Sandler, Eickhard Johann	192f.
Sarraut, Albert	184
Sauckel, Fritz	133
Schacht, Hjalmar Horace Greely	71*; 53; 85; 107; 124
Schaffalitzky de Muckadell (Berliner Chefredakteur der Berlingske Tidende)	28
Scharnhorst, Gerhard v.	75*
Schepmann, Wilhelm	56
Schippel, Hans	45
Schleicher, Kurt v.	61*; 145
Schmidt, Fritz	45*f.
Schmidt, Paul-Karl	36*; 48*
Schmitt, Kurt	48ff.; 106f.; 124; 252f.; 260
Schmitthenner, Paul	109
Schneyder, Erich	238
Schörner, Ferdinand	66*
Scholz, Erich	10
Schottky, Richard	77*
Schreiber, Walther	72*
Schult, Heinrich	12
Schulte, Karl Joseph	199
Schulze-Wechsungen, Walther	189
Schwarz van Berk, Hans	48*
Schwarzenbeck, Engelbert	35*
Schwarzschild, Leopold	220
Schwendowius, Heinz	59

Schwerin, Eberhard Graf v.	116*; 127
Schwerin v. Krosigk, Johann Ludwig (Lutz) Graf	126
Seldte, Franz	60*; 185
Seligo, Irene	100*
Sembritzki, Werner	88*
Sethe, Paul	100*
Shirer, William L.	37*
Sieverts, Ernst	105*; 94
Silex, Karl	42*
Simon, Heinrich	95*; 97*f.
Simon, Sir John Alsebrook	153; 160f.; 210f.; 260
Simon, Kurt	95*; 98*
Sinowjew, Grigorij	219f.
Smith, Howard K.	34*
Sonnemann, Leopold	89*; 91*-95*
Spahn, Martin	119*
Spengler, Oswald	242
Spiess, Eduard	146ff.
Stäbel, Friedrich Oskar	127; 135ff.
Stalin, Josif Wissarionowitsch	12*
Stark, Oskar	96*
Stauning, Thorwald August	156; 158
Steinacher, Hans	237
Stellbrecht, Helmut	14
Stephan, Werner	64
Storek, Henning	51*f.
Stosch, Hans-Jobst v.	93f.; 122f.
Strasser, Gregor	87f.
Stratil-Sauer, G. (Reiseschriftsteller)	250
Stresemann, Gustav	36*
Strewe, Theodor Maria	62*
Strobl, Karlhans	275
Sündermann, Helmut	44*; 185
Syrup, Friedrich	253

T

Tardieu, André	105
Taucher, Franz	100*
Tausch (Pfarrer)	222
Terboven, Josef	116*
Thielsch, Hermann	2f.
Thomas, Wilhelm	56*
Tillmanns, Robert	72*
Todt, Fritz	184; 203
Toepser-Ziegert, Gabriele	18*
Torgler, Ernst	129ff.
Traub, Hans	42*
Trendelenburg, Ernst	173
Tschammer und Osten, Hans v.	273

U

Umberto II., Kronprinz von Italien	183

V

Valera, Eamon de	116f.
Vieweg, Klaus	100*ff.
Vogel, Walter	123*
Vogtherr, Johann Albrecht	94*
Voltz, Roland	160
Voss, Hermann	16

W

Waas, Kurt	54*; 62*; 64*; 70*; 72*f.
Wagener, Otto	11; 48ff.; 71; 186
Wagner, Gerhard	254f.
Wagner, Richard	273f.
Wagner-Regeny, Rudolf	204f.
Wasserbäck, Erwin	7

Weidenbach, Karl	78*
Weidlich (Pressestelle des Oberpräsidenten der Provinz Brandenburg)	168
Weill, Alphons	105*
Weinhausen, Friedrich	71*
Weirich, Paul	112
Weiß, Wilhelm	25*; 48*; 185
Weizsäcker, Ernst Freiherr v.	49*
Welter, Erich	100*
Wenz, Georg	173
Werber, Rudolf	102*
Werner, Wolfram	20*
Westarp, Kuno Graf v.	38
Wied, Viktor Prinz zu	82
Wiegand, Karl Heinz v.	196
Wilhelm I., deutscher Kaiser und König von Preußen	92*
Willikens, Werner	19
Winkler, Max	26*; 106*
Wittig, Gustav	148
Wolf (Mitarbeiter Otto Wageners)	50
Wolff, Fritz Rolf	51
Wolff, Theodor	71*; 96*
Wulf, Joseph	124
Wysocki, Alfred	34

Z

Zehrer, Hans	61*
Zöller, Ludwig	32*; 40*
Zucker (Mitarbeiter Otto Wageners)	50

Sach- und Ortsregister

Abrüstung	98f.; 149; 152f.; 179; 232f.; 247
Abrüstungskonferenz	62; 152f.; 158f.
Allgemeine Deutsche Credit-Anstalt	101f.
Amerika-Anleihe	202
Antisemitismus	103f.
Antwerpen	140
Anweisungen	29*ff.; 40*ff.; 44*-52*; 54*ff.; 111*
Anzeigen(werbung)	128f.; 164
Appenrade	96f.
Arbeitsbeschaffung	8; 49; 51; 60; 66f.; 76; 79f.; 87ff.; 101f.; 124; 128f.; 239
Arbeitsdienst	12; 14; 17f.; 26f.; 29f.; 33; 61f.; 95f.
Arbeitslager	61f.
Arbeitslosigkeit	8; 32; 34; 50; 60; 69f.; 124; 188; 205; 253; 272
Arbeitsmarkt	3; 7f.; 253
Arbeitsschlacht	191
Arbeitsspende	7; 33f.; 51f.; 87ff.
Arierparagraph	222
Aufrüstung	71f.; 90; 99; 152f.
Ausländer	159f.
Auslandpressebüro	64*
Auslandskorrespondenten	36*ff.; 107*; 122
Auslandspropaganda	196
Ausreisesperre	7
Ausrichtungen	57*f.
Auswärtiges Amt	34*; 36*ff.; 62*f.; 81f.; 85; 125; **271**
Autoausstellung	272

B

Banken	44ff.; 85; 240
Bauern	19; 258
Bauwirtschaft	257
Bayrisch Zell	241
Belgien	124ff.; 219
Berlin	22; 29; 31; 36; 54; 78; 145; 151; 154; 183; 187ff.; 191; 203f.; 206f.; 226; 231; 243; 251; 267f.
Berliner Funk-Stunde	3
Bismarck-Bund	29
Böblingen	217
Börsenberichte	92*f.
Börsenverein der Deutschen Buchhändler	27
Brandenburg	98f.; 168; 218; 248f.
Brasilien	237
Braunschweig	207; 252
Bremen	166; 252
Breslau	211
Brüssel	139
Buchmacher	221
Bückeberg	122f.
Bulgarien	151
Bund deutscher Schriftsteller	275

C

Cautio Treuhand GmbH	26*
China	200

D

Dänemark	96f.; 151; 156ff.; 192f.; 269
Danzig	61; 90f.; 141; 236f.; 249
Dessau	240f.

Deutsche Ärzteschaft	254
Deutsche Akademie für Dichtung	223
Deutsche Arbeitsfront	1; 14; 100; 106; 233f.; 272
Deutsche Bauernschaft	19
Deutsche Christen	5; 24; 40; 73ff.; 222f.; 227f.; 230; 235f.; 242; 244ff.; 259
Deutsche Demokratische Republik	64*
Deutsche Gesellschaft für Wehrpolitik und Wehrwissenschaft	151
Deutsche Heeresbücherei	151
Deutsche Reichsbahn-Gesellschaft	22
Deutsche Studentenschaft	127; 132; 135ff.
Deutsche Volkspartei	148
Deutscher Herrenclub (Berlin)	60*f.
Deutschlandflug	111f.
Deutschnationale Volkspartei	79*ff.; 19f.; 37ff.; 40
Deutschtumsbund	233
Devalvation	99
Dinant	139
Dortmund	50; 54ff.; 203
Dresdner Bank	44ff.
Dublin	203
Düsseldorf	160; 172; 203
Duisburg	203

E

Eher Verlag	26*f.; 46*; 48*; 99*; 185; 243
Eintopf-Sonntag	195
Einzelhandel	185; 261
Elbing	203; 263
Elsaß-Lothringen	103f.; 274
Emigranten	255f.
Emigration	97*
Erbhof	138f.
Erlaß über die Anrechnung von Steuerrückständen bei Maßnahmen zur Arbeitsbeschaffung	239

Ernteschätzung (1933)	118f.; 227
Erwerbslose	224f.
Essen	169ff.; 203; 217
Estland	200

F

Fachpressekonferenz	34*
Fettgesetz	135; 137
Finnland	181; 200
Flugzeuge	30f.; 47; 54; 76f.; 111f.; 115f.; 118f.; 157f.; 171; 174; 178f.; 187; 189; 200f.; 240f.; 250f.
Frankfurt a. M.	203
Frankfurter Societäts-Druckerei	95f.
Frankreich	12*; 47f.; 56; 61f.; 81ff.; 90ff.; 135; 149; 156ff.; 183f.; 200; 232f.; 246f.; 262f.;
Frauenbild	22*
Führerprinzip	21*; 23*
Führertagung (der NSDAP in Berlin)	163f.; 169; 172
Fulda	257

G

Geheime Staatspolizei	86; 130; 134; 224f.
Geistliches Ministerium	242; 244
Gelbe Gefahr	200; 250f.
Genossenschaften	185
Genossenschaftstagung	113
Gesetz über die Einziehung kommunistischen Vermögens	223
Gesetz über die Einziehung staats- und volksfeindlichen Vermögens	223
Gesetz über die kirchenpolitische Unabhängigkeit der Reichskirchenregierung	242

Gesetz über den Reiseverkehr nach Österreich	7
Gesetz über den Verkehr mit Eiern	262
Gesetz über den Verkehr mit Milcherzeugnissen	262
1. Gesetz zur Verminderung der Arbeitslosigkeit	8
2. Gesetz zur Verminderung der Arbeitslosigkeit	124
Gesetz zur Wiederherstellung des Berufsbeamtentums	44ff.
Glasindustrie	229
Gleichschaltung	23*
Glossenkonferenz	39*
Göteborg	192
Goldwährung	53; 56
Goslar	152; 154
Graudenz	236
Großbritannien	13*; 76f.; 85; 90ff.; 121; 151; 161; 181; 187; 210f.; 219f.; 246f.; 260
Grundgesetz	14*

H

Hamburg	8; 78; 166; 186; 193; 251f.
Handelsvertrag (deutsch-finnisch)	180f.; 261
Handelsvertrag (deutsch-französisch)	135; 137
Handelsvertrag (deutsch-niederländisch)	197; 261
Handelsvertrag (deutsch-sowjetisch)	218
Hannover	252
Hanseatische Schiffahrts GmbH	166
Hapag-Lloyd-Union	166f.
Harzburger Front	19
Hearst-Konzern	196
Heidelberg	109; 203
Heilpraktiker	254
Herold Verlagsanstalt	26*; 99*

Heuberg/Schwarzwald	98; 218
Hilfspolizei	89f.
Hirtenbrief	269f.; 274
Hitler-Jugend	198

I

IG Farbenindustrie	96*; 113f.; 231
Informationsberichte	55*f.
Informationsbeschaffung	98*
Internationale Arbeitskonferenz	1; 12f.; 20f.; 69f.; 95; 141; 149; 152f.; 159ff.
Internationales Arbeitsamt	14; 69f.; 173
Invalidenversicherung	187f.; 205
Irland	116f.
Italien	72f.; 109ff.; 117f.; 151; 183; 248

J

Japan	200; 250f.; 271; 257
Jena	252
Johannisthal	157f.; 171; 174
Journalistenausschuß	32*
Juden	100; 103ff.; 141; 260
Jugoslawien	248
Junkers-Werke	240f.
Juristentag	150f.

K

Kaiser-Wilhelm-Institut für Züchtungsforschung	152; 154
Kaiser Wilhelm-Kanal	76ff.
Kampfbund der Deutschen Architekten und Ingenieure	11
Kampfbund für deutsche Kultur	27
Kampfstaffeln (deutschnational)	26; 28f.; 33

Kanzlerinterview	32; 95f.; 165f.; 196
Katholischer Jungmännerverband	198
Kattowitz	243f.
Kelheim	210f.
Kiel	207
Kirche (evangelische)	5; 6; 21; 24; 36f.; 40; 73ff.; 235; 241f.; 244ff.; 249; 258
Kirche (katholische)	65; 198; 211f.; 275
Kirchenbund (deutsch-evangelisch)	24
Kirchenwahlen	73ff.
Kleine Entente (Jugoslawien, Rumänien, Tschechoslowakei)	248
Köln	203
Königsberg	58; 79; 203; 263
Kohleabkommen	124ff.
Kolonien	28; 165f.
Komintern	130; 220
Kommunistische Partei Deutschlands	2; 86; 129
Kompensationsabkommen (Deutschland/Rumänien)	113f.
Kompetenzstreitigkeiten	21*; 34*; 106*f.
Konzentrationslager	50; 169; 217f.
Korporationen	126f.
Korridor	61; 249
Kraft durch Freude-Gemeinschaft	1; 273
Krebsheilmittel	231
Kriegsberichterstattung (1914-18)	30*f.
Kulturpolitik	267f.
Kunstseide	117f.
Kyffhäuserverband	268

L

Landessynode	258f.
Landhilfe	61
Leipzig	126f.; 129ff.; 134; 150; 274
Lettland	200

Litauen	90f.
Locarno-Abkommen	121
Lohnpolitik	158f.
Lübeck	252
Luftschiff (Graf Zeppelin)	33; 35
Luftschutz	189

M

Mähren	12*
Malmedy	103f.
Mannheim	203
Manöver	98f.
Marienburg	59
Marine	140; 258
Medizin	231; 254f.
Memelland	81
Ministerkonferenz	44*
Mischehe	144
Mönchen-Gladbach	254
Moskau	134ff.; 142
Müncheberg	152
München	48f.; 203; 214; 239

N

Nachrichtenagenturen	40*; 108*
Nachrichtensturm	172
Nationalsozialistische Gemeinschaft korpsstudentischer Verbände	127
Nationalsozialistischer Deutscher Ärztebund	254f.
Nationalsozialistischer Deutscher Studentenbund	127
Nauen	30
Neudeck	42; 100ff.
Neuruppin	227
Neustrelitz	116

Nichtangriffserklärung (deutschfranzösisch)	12*
Niederlande	56; 129; 151; 197
Niedersachsen	252
Norddeutscher Lloyd	201f.; 205f.
Nordschleswig	192f.
Norwegen	151
NS-Volkswohlfahrt	119f.
Nürnberg	1; 93; 244
Nürnberger Prozeß	72*f.

O

Oberschlesien	233
Oberschlesier-Tag	78
Öffentlichkeitsarbeit	29*f.
Österreich	12*; 117*f.; 6f.; 28; 33; 58; 81ff.; 90ff.; 96f.; 103f.; 109ff.; 118f.; 239; 269f.; 274f.
Oldenburg	252
Olympiade (1936)	273
Oranienburg	218
Osnabrück	252
Ostland-Treuefahrt der Kraftfahrer	92ff.; 101
Ostpolitik	218f.
Ostpreußen	59; 63f.; 76; 78ff.; 92ff.; 101ff.; 259f.
Ostsee	189
Ostsiedlung	248f.

P

Passau	118f.
Persien	250
Pfarrernotbund	222f.; 227f.; 230
Phönix GmbH	26*
Plauen	249

Polen	11*; 32ff.; 36; 61; 90f.; 116f.; 141; 151; 200; 219; 233; 236f.; 243f.; 249
Pommern	98
Postspionage	189f.
Presse (bürgerliche)	169f.
Presse (nationalsozialistische)	169f.
Presse Ausland (AP)	35*f.
Presse Inland (DP)	35*
Pressedisziplin	123
Pressefreiheit	71*
Pressegesetzgebung	46*
Pressehandbuch	25*
Pressekonferenz	12*; 24*; 29*ff.; 45*ff.; 53*ff.; 71*; 147f.; 163; 170f.
Presselenkung	21*ff.
Presselenkung (inhaltlich)	27*f.; 108*f.
Presselenkung (wirtschaftliche)	26*; 48*
Pressevielfalt	162f.
Preußen	89f.; 267f.
Propaganda	11*; 22*
Pulverfabriken	108

R

Rassenpolitik	122f.; 228f.; 262f.
Rauschgiftschmuggel	4
Reichenhall, Bad	203
Reichsanstalt für Arbeitsvermittlung und Arbeitslosenversicherung	253
Reichsarbeitsministerium	79; 158; 187
Reichsautobahn	184; 202f.; 239; 263f.
Reichsbank	269
Reichsbauerntag	122f.; 154
Reichsbischof	23
Reichsbund für deutsche Kultur	249
Reichserbhofgesetz	138f.

Reichsgemeinschaft der technisch-wissenschaftlichen Arbeit	11
Reichsjugendführung	251
Reichskanzlei	79
Reichskommissar für das Bankgewerbe	85
Reichskommissar für die Wirtschaft	48
Reichskonkordat	59f.; 64f.; 76f.; 198; 212
Reichskulturkammer	25*; 265f.
Reichskuratorium für Jugendertüchtigung	71
Reichs-Landbund	19
Reichsluftfahrtministerium	77; 200f.
Reichsministerium des Innern	98; 225; 252; 256; 273
Reichsministerium für Ernährung und Landwirtschaft	86ff.; 106; 113; 208; 213; 227
Reichsministerium für Volksaufklärung und Propaganda	39f.; 44; 64; 67; 69f.; 155; 162f.; 188f.; 267
Reichsnährstand	152; 154
Reichspressekammer	24*
Reichspressetag	25*
Reichspropagandaämter	43*; 58*
Reichsrat	78
Reichsreform	160ff.; 251f.; 256
Reichs-Rundfunk-Gesellschaft	10; 15; 57
Reichsrundfunkkommissar	10; 15
Reichsstatthalter	49; 69; 133; 176; 194
Reichsstelle für Getreide, Futtermittel und sonstige landwirtschaftliche Erzeugnisse	207f.
Reichstagsauflösung	153; 164
Reichstagsbrand-Prozeß	126f.; 129f.; 132; 134ff.; 142; 151; 217; 221f.; 230f.; 247
Reichtagseröffnung	234f.
Reichstagswahl	164; 180; 182; 185f.; 194f.; 211f.; 217f.
Reichstagswahlergebnisse	217f.
Reichstagswahlkampf	108*f.; 162ff.; 169; 174; 179ff.; 188ff.; 212

Reichsverband des Deutschen Groß- und Überseehandels	185f.
Reichsverband der Deutschen Presse	24*f.; 150
Reichsverband deutscher Spielwaren-industrie-Händler	271
Reichsverkehrsministerium	22; 78
Reichswahlgesetz	193
Reichswahlliste	193
Reichswehr	98; 149; 194; 239
Reichswehrministerium	98; 108f.; 258;
Reichswirtschaftsministerium	79; 101; 106; 201; 220; 260;
Rentenbank	138
Revolution	70f.
Rheinland	169
Richard-Wagner-Schutzgesetz	273f.
Richtlinien für die Gesamthaltung der deutschen Presse	42*
Richtlinien für die Vergebung öffentlicher Arbeiten	82f.
Rio de Janeiro	187
Rom	198f.
Rostock	115f.
Roter Frontkämpfer-Bund	2f.
Ruhrgebiet	79; 174
Rumänien	113f.; 117; 248
Rundfunk	13*f.; 22*ff.; 3; 9f.; 13; 15; 57; 204f.; 214f.
Rundruf	124*; 147f.

S

Saarabstimmung	121*f.
Saargebiet	81; 83; 232; 270
Sachsen	140; 259
Salzburg	119; 239
Scapa Flow	140
Schaumburg-Lippe	252
Schiffahrt	140f.; 166f.; 209f.

Schleswig-Holstein	252
Schriftleitergesetz	24*; 84*; 94*; 97*; 146ff.; 150
Schutzstaffel	226
Schweden	192f.
Schweiz	56; 124f.
Scrips	201; 220
Selbstkontrolle	110*
Siemens	214
Sowjetunion	11*; 45; 51f.; 115ff.; 134ff.; 142; 218f.
Sozialdemokratische Partei Deutschlands	103f.
Spanien	151
Sperrmark (Registermark)	220
Spionage	24; 210
Sport	221
Sportpalast	191; 222; 228
SS-Leibstandarte "Adolf Hitler"	214
Stadtschaft	168
Stahlhelm	18; 160; 206f.; 216; 268
Standard-Werke	58
Standarte Verlags- und Druckerei GmbH	26*
Statistisches Reichsamt	227
Sterbehilfe	144
Stettin	203
Steuersenkung	72
Strafrechtsreform	143f.
Studentenschaft	126f.; 132f.; 135f.
Sturmabteilung	2; 54ff.; 127; 131; 160; 170ff.; 176f.; 194; 206f.; 264; 268
Sudetenland	12*

T

Tagesparole	28*; 44*
Tannenberg	93f.
Teheran	180

Theater	267
Thüringen	133
Totalitarismusforschung	51*
Travemünde	187
Treuhänder der Arbeit	59; 158f.
Tschechoslowakei	248

U

Ullstein	101
Umschuldung	241
Ungarn	61f.; 151; 208
Uniform	12f.

V

Vera Verlags GmbH	99*
Verband Badischer Industrieller	51
Verein deutscher Ingenieure	10f.
Vereinigte Staaten von Amerika	52f.; 156ff.; 196; 219f.; 223
Vereinigung der christlichen Bauernvereine	19
Versailler Vertrag	47; 96; 99; 140; 149; 179; 248
Verschuldung (inländische)	106f.
Viermächte-Abkommen	110; 115f.; 141; 165
Völkerbund	117*f.; 121; 132f.; 141; 143; 152f.; 158f.; 161; 164f.; 168; 171; 173; 190f.; 198; 200; 202; 208; 219f.; 248
Volk ohne Raum	165
Volksabstimmung	153; 162ff.; 190f.; 194f.; 211f.; 217f.
Volksbund für das Deutschtum im Ausland	237
Volksverein für das katholische Deutschland	254

W

Währung	99f.; 201
Waffenfunde	132
Warenhäuser	85; 186; 261
Wehrsport	70
Wehrwissenschaft	109
Weihnachtsgeschäft	260f.
Weimar	203
Weltwirtschaftskonferenz	52ff.; 57
Westmarkenverein (polnischer)	243f.
Wettbewerb	111*f.
Winterhilfswerk	119f.; 122f.; 142f.; 150f.; 195; 235; 265
Wirtschaft	48ff.; 59; 72; 81ff.; 86; 106ff.; 112f.; 117ff.; 122ff.; 135ff.; 158f.; 180ff.; 185f.; 197; 201f.; 207ff.; 213; 229; 257; 259ff.; 268f.; 272
Wirtschaftliche Vereinigung der Roggen- und Weizenmühlen	209f.
Wirtschaftspolitisches Amt der NSDAP	11; 71
Witzleben	178
Wohlfahrtsfürsorge	225
Wolfenbüttel	152
Wolgadeutsche	44f.; 51f.
Wolle	221
Würzburg	192

Z

Zensur	74*f.
Zentralverband der Blecheisen- und Stahlwerksindustrien	271
Zentralverband der deutschen Haus- und Grundbesitzervereine	172; 174
Zinssenkung	106f.
Zuckerversorgung	182